春秋·战国超好看

君玉离　萧十二◎编著

北京联合出版公司
Beijing United Publishing Co.,Ltd.

图书在版编目（CIP）数据

春秋战国超好看 / 君玉离，萧十二编著 . — 北京 : 北京联合出版公司，2015.8（2021.8 重印）

ISBN 978-7-5502-5664-4

Ⅰ . ①春… Ⅱ . ①君… ②萧… Ⅲ . ①中国历史—春秋战国时代—通俗读物 Ⅳ . ① K225.09

中国版本图书馆 CIP 数据核字（2015）第 165221 号

春秋战国超好看

编　　著：君玉离　萧十二
责任编辑：王　巍
封面设计：中英智业
责任校对：王　梓
美术编辑：宇　枫

出　　版：北京联合出版公司
地　　址：北京市西城区德外大街 83 号楼 9 层　100088
经　　销：新华书店
印　　刷：唐山楠萍印务有限公司
开　　本：720 毫米 ×1040 毫米　1/16　印张：26　字数：620 千字
版　　次：2015 年 12 月第 1 版　2021 年 8 月第 4 次印刷
书　　号：ISBN 978-7-5502-5664-4
定　　价：59.00 元

前言

这是一个风云变幻的时代，是狂风暴雨下搏击的日月，是一页写满惊叹号的历史。

虽然刀光剑影早已黯淡，鼓角争鸣渐渐远去，湮没的黄尘古道也已了无踪迹，荒芜的烽火边城再无人记起……但那一个个鲜活的面容，一串串熟悉的名字并没有被岁月带走。刀光剑影之间，春秋战国的英雄们在纵横驰骋。

遥想当年，褒姒初嫁了，西周的江山就倾倒在她嫣然的笑靥之下。戎人入侵镐京，天子蒙尘、梓泽丘墟，当郑武公一路辅佐着周平王东迁洛阳，史书就翻开了新的一页。从此以后，礼乐征伐自诸侯出，周天子虽然还是名义上的天下共主，但中国却已经进入了剑拔弩张、战火纷飞的新时代，这一年是公元前771年。

这是一个争杀不断的年代，“争地以战，杀人盈野，争城以战，杀人盈城”，虽然生灵涂炭，却又英雄辈出，创造了一个个英雄造时势的神话。

齐桓公首霸诸侯，楚庄王一鸣惊人，赵武灵王励志兴邦，燕昭王求才若渴，这些贤明的君主渴望国家崛起，于是有了管鲍之交、问鼎中原、胡服骑射、黄金台招贤的典故。

孔子为了宣传“仁”的思想周游列国、有教无类，老子追求“道”的精髓飘然出关留下千古奇书，荀子为传播学说传道授业，韩非将自己的思想著书立说，庄子追求精神自由寄情笔端……于是有了百家争鸣的热潮。

商鞅有经天纬地之才，吴起为求留名于青史，历尽艰辛百折不挠，于是有了五马分尸的惨烈，有了杀妻求将的悲壮，更有了雄起的强秦及数十年无敌于天下的魏武卒。

曹刿、白起、王翦、廉颇、李牧这些有勇有谋的将领们，在战场上力挽狂澜。

管仲、晏婴、子产、范蠡、孟尝君、信陵君、平原君、春申君这些万众瞩目的政治家，在政坛上风生水起。

还有张仪、苏秦这两位师出同门却分道扬镳的纵横家，他们的雄辩和智慧令其在各诸侯国大展拳脚。

……

“兴亡谁人定，盛衰岂无凭”，正是有了这些君王及臣子的不懈努力，“春秋五霸”和“战国七雄”才在诸侯中脱颖而出，并在中原大地上交替问鼎。

“担当生前事，何计身后评”，群雄为一展胸中抱负逐鹿争霸，为了满腔热血驰骋纵横。君择臣，臣择君，名臣将相们引领着时代的风骚，他们奔走游说，合纵连横，才为重己者用，身为知己者死。

可是在这样的历史关头，也有很多来不及的遗憾。

汨罗江畔，屈原发出了“举世混浊而我独清，举世皆醉而我独醒”的感叹，生不逢时与壮志难酬是他的悲哀。

易水河边，荆轲高唱着“风萧萧兮易水寒，壮士一去兮不复还”的雄心，只身抗秦、慷慨赴死是他的悲壮。

生存的智慧在血与火的交织中迸发，竞争的残酷在硝烟的弥漫中隐忍。战争号角依旧在高奏，群雄争霸的战火还在中原大地上盘旋。凭借强大的国力，秦国最终结束了几百年的纷乱局势，建立了统一的帝国。

“滚滚长江东逝水，浪花淘尽英雄，是非成败转头空”，春秋战国已经越来越远，那段岁月里的恩怨情仇已经随着时间的前行变得越来越理性，但它留给历史的余响依然在飘荡。

回顾春秋战国时期的历史，有人说过这样一句话：有那么一个时期，中国人曾经血脉贲张、肆无忌惮、精彩绝伦地生活着。

书写一部历史，是为了与历史中的人物身影交错，携手同游，共经兴衰的波澜，体味人生的豪迈与遗憾。本书在正史的基础上，综合各家之言，将古今中外许多历史学者的研究成果汇聚其中。在这些巨人的肩膀上，我们细心汲取，精心雕琢，将春秋战国群雄逐鹿中原的霸气以及他们在乱世中驰骋的最真实内幕展现给读者，并试图进入到历史事件的背后，深度挖掘历史人物内在的真实情感，用历史事件来展现人性的复杂和诡秘，透过历史的迷雾，解构历史中的人物，以人性洞察历史，还原历史真相。

在这里，为你打开了一个了解春秋战国历史的门扉，从群雄激荡的强弱之争中找到智慧的钥匙。

目录

第一卷　谁是强者，诸侯纷起下的霸主初现

第二卷　谁主沉浮，新旧交替的争霸之路

第三卷　兴亡谁属，春秋收官与战国先声

第四卷　三家分晋，从春秋五霸到战国七雄

第五卷 合纵连横，烽烟四起的七国角力

第六卷 大国之争，争夺霸权掀起惊天波澜

第七卷　天下一统，成王败寇谁与争锋

第一卷

谁是强者，诸侯纷起下的霸主初现

第一章　风起云涌，落地的天子不如侯

乱世风云的揭幕

三千六百多年以前，夏朝诸侯商汤亲率大军在鸣条大败夏桀，建立了大商王朝。一战成功，当初有戎氏活泼娇媚的女儿吞下天命玄鸟之卵而生下的传奇人物契的后代们，终于享有了无限的权力，无上的尊荣。

但是，仅仅六百年以后，大商的王位传到了帝辛的手中，他骄奢淫逸、暴虐成性，遭到了天下人的唾弃，最后被人冠以“纣”字作为谥号。《说文解字》援引谥法的解释：“残忍捐义曰纣。”而这个“残忍捐义”的帝王，正是那位被列为圣人明主，一向与尧、舜、禹并称的商汤的后代。

同商一样，周也有一个背负着传奇出身的始祖后稷，有邰氏之女姜嫄“履大人迹”而怀孕生下了后稷；若干代以后，也出现了一个足以与商汤相提并论的圣人明主——周文王。牧野之战，周文王的儿子周武王打败了商汤的后裔商纣王，于是后稷的后代们取代了契的后代们，成为了天下共主，开创了大周王朝。

周幽王十一年（公元前771年）的某一天，周王朝的首都镐京，这个天子所住的中心之地，往日曾经是一片欢乐祥和的和平景象，如今却陷入了战乱之中。男女老少哭声震天，仓皇慌乱地试图从戎族的铁蹄下逃得性命。镐京城外，骊山上的烽火台正在熊熊燃烧，滚滚浓烟缓缓飘摇到远方，但是原本应该见烽火而勤王的诸侯军队却不见踪影，徒留下数个烽火台无助地矗立在寒风中。

大周天下承平了四百年，“分”的时代即将到来。当年武王伐纣之后，在镐京定都，建立了西周王朝。然而数代之后，周昭王南征，死在汉水之畔，周王室的权威受到挑战，势力逐渐衰落下来。

到周厉王时，虽然对外大肆扩张，但对内却极尽盘剥之能事，任用荣夷公实行“专利”政策，将原本为公用的山林川泽一概划归天子专有，禁止人民入内砍伐渔猎。为了压制国人的不满情绪，周厉王又实行因言获罪的高压政策。三年之后，不堪暴政的国人发生暴动，推翻了周厉王的统治，史称“国人暴动”。此后，各路诸侯齐聚镐京，以会议的方式暂时摄政，史称“共和行政”。周王室的统治这一次是真真正正被动摇了。

十四年之后，周宣王即位，苟延残喘的西周王朝似乎又出现了中兴的迹象。在周宣王的指挥下，周朝在西北、东南、南方等地都拓展了疆土。然而，积重难返的经济形势却让中兴只是一场空谈。日益瓦解的井田制让周朝经济面临着危机，而周宣王在处理内政上的不智和妄杀也使大臣噤若寒蝉，诸侯离心离德。到周宣王晚年，四周的夷、狄、蛮、戎复又卷土重来，一度攻入中原地带。

周宣王之后，周幽王继承了王位。他即位伊始就遭遇了一场严重的地震，诗经中描写这场地震："百川沸腾，山冢崒崩；高岸为谷，深谷为陵。"足见这场地震对人民生产生活的破坏。可是周幽王面对周纲陵迟的局面，不仅不励精图治，反而迷上了一个叫褒姒的绝色佳人，"从此君王不早朝"。

周幽王不顾朝政大事、国计民生，成日绞尽脑汁想博美人一笑。不过褒姒虽然如花似玉，但却冷若冰霜，始终没有对周幽王展露过笑颜。大臣虢石父为周幽王想出了一个十分荒唐的办法：将向诸侯报警用的烽火台点燃，请美人看看兵荒马乱却白扑一场的丑态。这个计划果然成功了，看着从各地星夜赶来勤王救驾的诸侯们人喊马嘶劳师动众，褒姒居然真的展颜一笑。这下周幽王大悦，他重赏虢石父，全然不顾真相大白后愤怒和气恼的诸侯们。

数年之后，褒姒生下一子伯服。爱屋及乌的周幽王，居然将原来的王后申后和太子宜臼全部废去，想要以褒姒和伯服取而代之。申后的父亲是申国的诸侯，当被废黜的消息传来时，申后大怒，奔回了父亲处哭诉自己的不幸。周王室的权威此时本来就所剩无几，而申侯又护女心切，一怒之下联合鄫国和犬戎向周幽王发起了进攻。

大兵压境，无力抵挡的周幽王燃起烽火台向诸侯求救，可诸侯却以为仍然是周幽王和褒姒的把戏，根本不予理睬。面对着蜂拥而至的犬戎，周幽王瞠目结舌，手足无措。于是之前的那一幕乱相便出现了，西周就此宣告灭亡。

犬戎轻易攻占了镐京后，又掳掠了不计其数的人口和财物，然后退兵而去。数日之后，得到消息的各国诸侯才先后赶到了镐京，可是为时已晚。周幽王和伯服死在了乱军之中，而褒姒也下落不明。在申侯、鄫侯等诸侯的支持下，太子宜臼在申即位称天子，是为周平王。

此时整个镐京乃至周边地区残破不堪、一片狼藉，完全没有能力防御西戎的二次进攻。周平王决定向东迁都，于是，在晋国和郑国的支持下，周平王将镐京中劫后余生的王公贵族、贵重财物等搬迁到成周（今河南洛阳），正式定都成周，史称"平王东迁"。

至此，周王朝由盛而衰，不过，周并没有如同商一样，被继起的诸侯取而代之，而是转化为诸侯混战、各不相让的新时代——春秋战国时代。

天子跌落神坛

平王东迁虽然在形式上保住了周王室的天子地位，但在事实上却远非如此。由于连年天灾和西戎的兵祸，又兼之自厉王以来的穷兵黩武政策，周王室不可避免地陷入了内外交困的地步。领地逐渐缩小，财政入不敷出，礼制破坏殆尽，权威也一落千丈。

关中地区原本是周王室的发祥之地。秦国将西戎击败后，将关中岐山以东的土地归还了周王室，但由于西戎对中原的威胁，东迁之后的周王室根本无力顾及此处，于是不久之后，这块名义上属于周王室的土地便被同样地处西陲的秦国顺理成章地接收了。

为了奖掖支持周王室有功的晋国、郑国等诸侯，周王室又先后将周围的一些土地分赐给他们。周惠王四年（公元前673年），将虎牢关以东之地赐给郑国，将陕西东部的酒泉地赐给虢国。周襄王十七年（公元前635年），又将黄河以北的温地赐给晋国，这种行为导致周王室的领地不断缩小，其实际占有领域东至荥阳，西抵潼关，南达汝河，北临黄河。周襄王十四年（公元前638年）随着秦晋二国征服陆浑，并将其族人内迁至中原伊川一带，周王室的领土被进一步压缩，仅据有今河南省西北一部分土地，方圆不过一二百里，其面积甚至不能和稍大的诸侯国相提并论。

土地缩小带来的恶果就是财政状况的捉襟见肘。春秋初期，手工业和商业并不发达，国家的经济来源几乎全仰仗于农业生产。而周王室靠着那么一点点地盘，连支应国家机器的正常运转都勉为其难，更遑论王室的巨大日常开销。据说，周平王死后，王室居然穷到拿不出钱为平王办一场像样的丧礼，继位的周桓王只得派人到鲁国“求赙”，希望鲁国赞助些丧葬费和陪葬品。

虽然说“天子不求私财”，但在恶化的经济局势面前，周王室也无法再维持高高在上的形象了。周襄王即位后，居然倾全国之力也找不到一辆供天子乘坐的马车，只得又派人到鲁国去要，结果被鲁桓公以冠冕堂皇的理由“诸侯不贡车服”赶了回来。

周景王曾经责难晋国不向王室进贡日常用品，却被掌管典籍的籍谈以从来没有受过周王室的恩赐为理由回绝，周景王立刻历数了周王室对晋国的封赏，把籍谈说得哑口无言。这就是成语“数典忘祖”的来历。可是，周景王的伶牙俐齿并不能缓解周王室的财政危机。

郑国大臣子大叔曾对晋国执政的范献子谈到晋国和王室之间的关系时，引用了诗经中的一句“缾之罄矣，惟罍之耻”，意思是说：酒瓶如果空了，就是酒缸的耻辱啊。子大叔将周王室比作酒瓶，而将晋国比作酒缸。这个比喻准确而深刻地揭示了当时周王室在经济上对诸侯国的依赖程度。

辖地减少，财政匮乏，周天子原本凌驾于其他诸侯之上的政治和经济资本都烟消云散了。正所谓“经济基础决定上层建筑”，原本依托于西周时期旧的政治和经济局势建立起来的一套全面而系统的礼制也“礼崩乐坏”，天子的权威得不到尊重，往往遭到有实力的诸侯轻视。

在西周时期名目繁多、体系严密的礼仪系统中，最为重要的就是列鼎制度。鼎原本是一种烹煮食物的炊具，后来由于在祭祀礼仪中的重要地位而逐渐被神圣化，成为权力的象征。根据《周礼》规定，在祭祀时，天子列九鼎，诸侯列七鼎，卿大夫列五鼎，士列三鼎，死后也以相同的数目陪葬。

然而到春秋时期，这一制度被早就不将周天子权威放在眼里的诸侯们破坏殆尽。周庄王九年（公元前688年），南方的楚灭申，从此领土直接同周王室毗邻。后来楚庄王争霸中原，在周王室边境陈兵数万，并向周王室派出的大夫王孙满打听周天子九鼎的轻重大小。这就是成语“问鼎中原”的来历，楚庄王赤裸裸地暴露了他想要取周王室而代之的野心。

明面上尚且如此，在地下长眠的诸侯就更加肆无忌惮地僭越礼制了。在新中国成立后考古人员对河南虢太子墓的发掘时，在墓中发现了七鼎，根据礼制，诸侯才能用七鼎，而太子同卿大夫只可以用五鼎。而今太子如此，虢国国君自然用的是九鼎，这无疑是僭越之举。这种在西周时期一定会导致身死国灭的行为，在春秋时期却十分寻常。

另一件能表现周天子权威的事就是“巡狩”。所谓“巡狩”，就是每隔几年，周天子都要出行祭祀名山大川，考察诸侯政绩，并且根据考察结果，重新分配诸侯的爵位。然而自周平王以后，天子几乎就没有进行过巡狩。泰山脚下原本有一块周王室的田产，其收成专供周天子祭祀泰山之用。由于周王室不能直接管理，就交给郑国代为耕种。结果后来郑国看周天子久不巡狩，便将这块地据为已有，并用其交换了鲁国的另外一块领土。

在传统礼制中，除了周天子要定期出行，诸侯也要不时赴王都觐见天子。举凡诸侯死后，要继位的新君必须亲自到王都请天子赐予爵位和衣冠圭璧等礼器，由天子赋予其继位的正当性和合法性，之后才能够正式成为新的诸侯，这就是所谓的“受天子之命”。此外，诸侯还要定期进京述职。若无正当理由不述职者，周天子有权对其进行包括降低爵位、削减封地乃至兴师问罪的处罚。

到了春秋时期，受天子之命的礼仪虽然还有，但形式的庄严神圣性却大不如前，诸侯继位时只需要派个使者去“请”周天子的王命就可以了，而周天子也只好自欺欺人地称之为“赐命”；至于一些势力较大的诸侯，周天子更是不请自来地主动将“王命”送给对方。受命尚且如此，述职就更无从谈起。诸侯不仅不去成周述职，相反倒是周天子几次三番地派大夫“聘问”诸侯。

在西周时期，周王室的统治者作为“天子”，身兼神和人的属性，是神圣不可侵犯的，然而在实际的政治斗争中，仍然还是实力说话，跌落神坛的周天子不仅无力掌控天下，在不久的将来，还要面对着野心勃勃的诸侯对其地位展开的轮番冲击。

兄弟不是兄弟，叔侄不是叔侄

随着政治、经济、军事、文化等方面的逐一破产，周王室的权威一落千丈，只能在各个诸侯的夹缝中勉强度日。可是对各国的诸侯来说，日子也并不好过，他们同样面临着来自卿、大夫乃至于士的压力。整个社会出现了一场“下克上”的巨变，无怪乎孔子要哀叹“乐崩乐坏”了。这一情况的出现，乃是由于宗法制度的解体所造成的。

简而言之，宗法制就是基于血缘关系分配权力和财产的制度。其历史十分悠久，根据考古材料得知，早在商代就有了这一制度的雏形。但西周对此制度进行了改造和发展，使其更合于当时的政治和经济局势。

西周宗法制规定“立嫡以长不以贤”，也就是说在选择王位继承人时，只有正妻所生的长子——也就是嫡长子才有资格；其余妾生的诸子则称为庶子，被分封在各地成为诸侯。依此类推，在诸侯国内，同样由嫡子继承诸侯之位，而庶子则被封为卿，卿的庶子封为大夫，大夫的庶子则成为士，士的庶子则成为一般平民。

这样的设计使整个统治阶级形成了一个庞大的金字塔形结构，在如此复杂而严密的体系当中，每个人的身份都是相对的，居于金字塔顶端的天子是绝对的大宗，而诸侯相对于天子是小宗，在封国内又是大宗。如此环环相扣，紧密相连。在政治上，天子是一国之君，具有绝对的政治权力，而在宗族上，天子又是族长，具备血缘上的优势，在宗庙祭祀时也占据主祭的地位。而处于这一链条上的诸侯、卿、大夫、士也莫不如此。宗法制将政权和族权融为一体，紧密地结合起来，使周王室的统治更加牢固。周天子的权力便由此而来。

可是，随着时代的发展，宗法制逐渐从内部出现了裂痕。它规定的“立长不立贤”的原则屡屡被当权者挑战。前面已经说过，周幽王宠幸褒姒，将其所生的伯服立为太子，这无疑破坏了嫡长子继承制。虽然周幽王自作聪明地先行将申后废除并改立褒姒为皇后，但这一掩耳盗铃的行为却不能改变他肆意践踏规则的事实。结果周幽王因此身死国灭。

周幽王给后来的王室子弟们做了一个非常恶劣的榜样，到春秋年间，那些不安于现状的庶出子弟纷纷联合大臣或是有力诸侯，想要登基篡位，王室内乱频频上演。周庄王三年（公元前694年），执政的大臣周公黑肩（又称周桓公）对即位没多久的周庄王不满意，竟然打算弑君政变，改立庄王之弟王子克。幸得事情后被辛伯告发，周公黑肩身死，王子克流亡到燕国避难。

周公黑肩和王子克虽然没有成功篡位，但他们的所作所为却被越来越多的人所效仿。周惠王即位时，曾经夺取了蔿国、边伯、石速、詹父、子禽祝跪几位大夫的土地田产，心怀不满的五大夫遂拥护蔿国的学生、周惠王的叔父王子颓发动叛乱。虽然一度被周惠王击败，但在卫国和南燕国军队的支持下，王子颓反败为胜，将周惠王赶到郑国。这是发生在周惠王二年（公元前675年）的事情。直到三年之后，周惠王才在郑厉公和虢叔的帮助下回到成周，平定叛乱。

周襄王三年（公元前649年），其异母弟王子带勾结西戎和北狄，想要弑君造反。虽然周襄王先下手为强，把王子带赶到了齐国，但王子带并不死心。周襄王十六年（公元前636年），王子带卷土重来，在周王室一些大臣和北狄的里应外合下，攻占了成周，周襄王只得逃到郑国避难，后来还是晋文公重耳出兵平叛，杀掉王子带，周襄王才得以重登大宝。

这样的事情愈演愈烈。周景王二十四年（公元前520年），周景王去世，原本应该由太子王子猛即位，但周景王生前却宠爱庶长子王子朝，并指定由其即位。二人为王位发生争夺，王子猛虽然称王，但旋即被王子朝杀死。王子猛之子王子匄即位后，同王子朝混战三年之久。

周定王二十八年（公元前441年），周定王去世，继位的太子去疾即位仅三个月就被弟弟王子叔杀死，而王子叔即位五个月后又被弟弟王子嵬杀死。此时已是春秋末期，而周王室的内乱却到了变本加厉的地步，终于导致了周王室的再次分裂。王子嵬即位后，封其子王子班于巩（今河南巩义西南），后来分裂为“东周国”。

王室如此内乱，在政治和经济上占据优势的诸侯国已经不把周天子放在眼里，往往参与到周王室的内乱中；但与此同时，卿大夫在诸侯国内为了争夺国君之位而掀起的内乱却也层出不穷，此起彼伏。根据后世历史学家对史书记载的统计，整个春秋时期，竟然有四十三名君主被臣下或敌国杀害，至于在动乱中丧生的卿大夫更是数不胜数。

宗法制的衰败，也导致了官吏任用制度的变革。原本在宗法制下，官吏采取世袭制度，不同级别的官吏由卿、大夫、士等贵族世代担任，父死子继。在西周时期的青铜器上，往往看到周王册封某人“更乃祖考服，司某事”——也就是换上祖辈的官服去上任的意思。

然而随着宗法制的破产，这种被称为“世官制”的任官制度也动摇了。随着卿大夫甚至是士等下层贵族势力的日益崛起，他们借助人数优势，广泛地参政议政，进入权力中心。即使是对传统礼乐制度颇多维护之词的孔子，他的父亲也只是低级贵族出身，而孔子却一度当上了鲁国的司寇。

大量的下层贵族进入原本由少数高级贵族把持的政坛，难免造成僧多粥少的现象。因此，在本国郁郁不得志的人，就会转而到他国求官。“楚材晋用”便反映了这一情况。大量的异国人才，在其他国家诸侯，甚至是卿、大夫家中担任家臣，这在西周时期是不可想象的。

选官制度的改变也造成了俸禄制度的变化，原本宗法制能够与井田制联系起来，用分封土地的方式来发放俸禄，《国语》中对此描述为：“公食贡，大夫食邑，士食田。”然而随着做官人数的增多，商品经济的兴起以及土地的私有和买卖，土地明显不够分配，因此便改成了以粮食为支付手段的谷禄制。

《诗经·大雅·板》写道：“价人维藩，大师维垣，大邦维屏，大宗维翰。怀德维宁，宗子维城。毋俾城坏，毋独斯畏。”这段话用充满赞美的语气将宗法制度比喻为坚固的城墙，然而在春秋时代，这座看似牢不可破的城堡却被时代的洪流冲击得摇摇欲坠。

按下葫芦浮起瓢

武王伐纣，牧野一战，灭掉商朝，建立了西周王朝。为了巩固统治，西周统治者按照宗法制的原则，将土地分封给周王室的子弟以及有功之臣。武王、周公、成王时期，陆续封赏了七十一国。随着周王朝的扩张和贵族子弟的增多，诸侯封国日益增多，到春秋时竟然有所谓千八百国的说法。

当然，在这千余国之中，必定有大有小，而且其名目也并非全部载于史册。史学研究者统计了《春秋》《左传》的记载，其中共有国家一百四十八个，而较大的则有齐、晋、楚、秦、鲁、曹、郑、宋、卫、燕、陈、蔡、吴、越等十四国。

之所以会出现诸侯国数量逐渐减少的情况，是因为，在西周时期的分封制中，对诸侯的管辖范围成为“邦域”，并有严格的限定，诸侯不能随意变更或离开领土。但是诸侯的邦域毕竟有大有小，从而造成了诸侯的国力也有强有弱，随着时代的发展，一些领土广袤、治理有方的诸侯国，其影响力逐渐跨越邦域，扩展到周围地区，构建了自己的势力范围。

在强国势力范围内的小国家或者成为附庸，或者干脆为大国所灭。这种情况，在西周时期已经有之，到了春秋时期，随着周王室势力衰微，已经不能有效管制诸侯国之间的事务，于是野心勃勃的诸侯国之间往往爆发了激烈的兼并战争，小国沦亡的情况就更加寻常。据清代学者顾栋高统计，春秋时期，齐国兼并10个国家，晋国兼并18个，秦国兼并12个，楚国兼并42个；而像鲁国这种中等诸侯国也兼并了9个，宋国则兼并了6个。

在春秋时期诸侯之间的争霸中，地理位置起到了至关重要的作用。位于中原地带、交通便利的国家，或是自然资源丰富、经济实力雄厚的国家，以及位于边疆、地域广袤的国家均先后强大起来，在春秋时期的政治舞台上留下了浓墨重彩的一笔。

在十几个较大的国家中，位于东部的是齐国和鲁国。齐国是姜太公的封地，位于现在山东省东部，虽然看似远离中原，但却“据渔盐之利”，在春秋时期发展得很快，后来成为一方霸主。

跨过泰山，鲁国就位于齐国的西南角。鲁国原本是周公的封地，和周王室关系亲密，因此也享受着特殊待遇。诗经中有这样的诗句：“王曰叔父，嘉尔元子，俾侯于鲁，大启尔宇，为周室辅。”可见鲁国对于周王室的意义尤为重大。春秋初期，鲁国还一度在政治舞台上扮演着重要的角色，但后来对外受制于齐，对内受困于卿、大夫掀起的连绵不断的内乱，逐渐衰落下去。

位于南部的是楚国。楚国的先祖熊绎据说是祝融的后代，虽然经过周文王的册封，但由于地理位置游离于中原之外，一向被中原各国目为蛮夷。可是，正是这个蛮夷，在周昭王、穆王时一度与西周王室打得难解难分，逼得周王室在南方册封申国，作为防备楚人的前哨站。到春秋初期，日渐强大的楚国干脆自行称王，和周天子平起平坐起来。

位于西部的是秦国。秦国和楚国一样，虽然号称是名门之后（秦国国君据称是大禹治水的主要助手——伯益的后代），但亦因地处偏远而被视作戎狄。直到秦襄公时，适逢平王东迁，而秦襄公出力颇多，才正式被封为诸侯，随后又接收了西周的王室故地，从此逐渐成长为一方霸主。

位于北部的是晋国和燕国。晋国是周武王之子、周成王的幼弟唐叔虞的封地，原本称为唐国，后来因为晋水的原因，改称为晋国。平王东迁时，晋国也曾经参与其中。春秋时期，晋国长期陷于内乱，还出现了小宗攻灭大宗的情况。尽管如此，晋国国力始终很强，在春秋政治舞台上有着举足轻重的作用。

晋国的东北是燕国，燕国的始祖是和周公旦齐名的召公奭。燕国地处东北，本来地势偏远，幸好是周王室的嫡亲子孙，才没有被中原诸侯排挤。不过，收到地理位置的影响，燕国在春秋时期也没有什么太大的动静。

中原地带——也就是今天的河南一带邻近周王室，诸侯国更是众多，形成犬牙交错之势。其中比较大的首推郑国，其实郑国立国颇晚，是由周宣王册封其弟王子友而形成。王子友颇有政治眼光，在西周末年的动乱中，他提前就转移了封地的财产和人口，因此郑国不但没有受到损失，反而因为在平王东迁时出力颇多、地位陡升，成为春秋初年中原地带的强国。

郑国往东是宋国。宋国是商朝王族的后代，作为前朝旧人，被封在中原地带原本是要接受四周周王室子弟的监视。可到了春秋时代，宋国居然凭借着有利地形还短暂地崛起，可惜其国力并不足以支撑其野心，因此霸权一瞬即逝。后来更沦为兵家必争之地，饱受战争的祸害。

卫国也是中原比较重要的诸侯国，它的历史也很悠久，是周文王之子康叔的封地。春秋时期，卫国曾经多次参与政治活动，表现也算活跃。令人称奇的是，也许是卫国太小，小到无足轻重，卫国之名一直存留到秦二世时才被正式废国。

到春秋后期，东南地区的吴国和越国也相继崛起。这两个国家原本也是“蛮夷”，但都先后以其强大的实力获得了中原霸主的地位。

春秋时期风云变幻，错综复杂的政治形势，就是由这些国家共同创造的。不过，春秋初年，各国诸侯势力还算相对平均，受制于相对平衡的势力范围，各个国家暂时还尊重名义上的“共主”周天子，共同抵御四方蛮夷戎狄的入侵，因此周王室虽然窘迫，倒也还能勉强维持稳定，惨淡经营。不过，这种情况仅仅持续了几十年。随着诸侯国实力的强弱变化，脆弱的平衡终于被打破。春秋时期的政治局势终究还是发生了天翻地覆的变化，率先发难的，就是和周天子相距不远的郑国。

第二章　初露锋芒，郑庄公小霸中原

拿下弟弟的两种方法

在春秋初期的各诸侯国中，郑国与周王室的关系十分密切。公元前771年周平王东迁之时，郑武公便护送周平王到洛阳，并因护驾有功而被封为卿士，参与周王室的政务决策，还获得了很多土地作为封赏。第二年，郑武公又将郑国的首都迁到新郑（今河南新郑北），由于这里土壤肥沃、交通便利，郑国很快便成为了当时最为强大的诸侯国。

郑武公的妻子是申国国君的女儿武姜，她为郑武公生了两个儿子，大儿子是在她睡梦之中出生的（一说难产所生），因此命名为寤生；小儿子名叫叔段。寤生的出生很不顺利，所以武姜一直不喜欢他，再加上“百姓爱幺儿”，武姜十分偏爱幺儿叔段。

其实，母亲偏爱哪一个儿子并不重要，但是武姜的态度却引起了郑国的一场内乱，起因就在于武姜极力劝说郑武公将小儿子叔段立为太子，在武公百年之后继承郑国的基业。但是在宗法制余威尚存的春秋初期，废长立幼在人们眼里简直是与开门揖盗一样危险的做法，于是郑武公很干脆地拒绝了武姜这个荒谬的请求。

公元前743年，郑武公去世，寤生以长子的身份顺利继承了父亲的位置，史称郑庄公。武姜看到心爱的小儿子没能成为郑国国君，觉得十分心疼，便摆出母亲的架子，要求郑庄公将制邑，也就是今天河南汜水附近的虎牢关一带给叔段作为封邑。

郑庄公对母亲说："制邑是地势险要的关隘，虢叔就死在那里，实在不能给人，其他的地方您随便挑。"于是武姜便说："制邑不行的话，那就将京邑（今河南荥阳附近）封给他吧。"郑庄公一看无法再砌词推脱，只好答应了下来，将京邑封给了叔段，从此叔段就根据封地被称为京城太叔。

当时郑国的大夫祭仲对郑庄公提出京邑地盘太大，超过了整个郑国的三分之一，违背了先王之制，将京邑封给京城太叔，对郑国和郑庄公都是一件危险的事。郑庄公听了故作无奈地说："姜氏要这么做，我又能怎样呢？"祭仲说："姜氏哪有满足之日！请您早作打算，别让京城太叔的势力蔓延开来，否则后果将难以收拾。"郑庄公神秘地一笑，说："别着急，多行不义必自毙，等着瞧好了。"

不久之后，京城太叔命令郑国的西部和北部边境臣服于自己，后来又干脆将他们划入自己的封邑，这样他的势力范围就达到了廪延（今河南延津附近）。看到京城太叔肆无忌惮地扩张自己的势力范围，公子吕多次对郑庄公提出警告："天无二日民无二主，如果您想把国君之位拱手让给京城太叔，那就请放我去侍奉新君；否则就请您当机立断，铲除京城太叔，不要白白地让百姓生出二心来。"

见公子吕真着急了，郑庄公好脾气地安慰他说："京城太叔不义，收揽的势力越大，离崩溃也就不远了。"就这样郑庄公毫无反应地看着弟弟的势力坐大，京城太叔很快羽翼丰满，便积聚军粮、修缮兵器和盔甲、集结军队和战车，打算攻击首都新郑。并且与母亲武姜提前联络好，由武姜作为内应，为京城太叔的军队打开城门。

郑庄公表面上对弟弟的势力扩张不管不问，其实暗地里早就派出了眼线在京城太叔身边探听消息。他们即将发动叛乱的计划一敲定，郑庄公很快便得知了消息，决定先下手为强，便命公子吕率领二百乘战车前去攻打京邑。京城的官民百姓毕竟还是忠于名正言顺的郑庄公，此刻又见到浩浩荡荡的二百乘战车气势汹汹地兵临城下，便纷纷背叛了京城太叔。

众叛亲离的叔段仓皇逃到鄢邑（今河南鄢陵附近），郑庄公又派军队攻打鄢邑，叔段守不住鄢邑，只好再次出逃到更远的共邑（今河南辉县）。为了彻底铲除叔段的势力，凯旋而归的郑庄公将母亲武姜赶出宫廷，放逐到城颍（今河南临颍附近）软禁起来，还发下誓言说："不及黄泉，无相见也。"

关于郑国的此次内乱，《春秋》上的记载很简略，只有九个字："夏五月，郑伯克段于鄢。"但是这九个字传达的信息却很丰富。

叔段是郑庄公的弟弟、郑武公的儿子，但是此处既不点出他的弟弟身份，也不称呼他公子叔段，这是因为作者认为叔段身为弟弟却率兵叛乱想要攻打兄长，违背了孝悌之道，因此以这样的说法来表示谴责。

而郑庄公是公爵，而此处称之为"郑伯"，是因为作者认为郑庄公身为兄长对于叔段没有善加教导以尽兄长之责，只是冷眼旁观弟弟走上覆灭之路，所以以这样的称呼来讥讽他。

"克"字在当时专指两国交战中一方战胜另一方，郑国内乱是郑庄公以兄伐弟，本来不应该用这个字，但是作者认为郑庄公和叔段二人哥哥不像哥哥、弟弟不像弟弟，双方就像敌国一样毫不留情地相互征伐，因此便用了一个"克"字。

而点出克于鄢这个地点，则代表了叔段之所以被"克"是因为他犯上作乱，与国家为敌。《春秋》关于类似的齐人杀公孙无知的事件的记载就没有特地点明地点，这是因为其中并没有发生与国家为敌的情况。所以“于鄢”二字不仅仅说明了事件发生的地点，更点名了事件的性质。

就这样，“夏五月，郑伯克段于鄢”这短短的九个字就说明了郑国内乱发生的时间、地点、人物、结果、性质和双方的责任，堪称“微言大义”。

叛乱结束后，没有善待母亲成为了郑庄公被人指责的话柄，于是他在颖考叔的建议下派人挖掘了一个深入地底可以见到地下水的隧道，然后请母亲武姜在隧道中相见。武姜与郑庄公毕竟是母子，何况郑庄公已经是她唯一的指望了，于是便很爽快地跟随郑庄公派来的人到隧道中等候自己的大儿子。

之后的事情非常具有仪式性，见到母亲的郑庄公赋诗曰：“大隧之中，其乐也融融。”武姜也随之赋诗曰：“大隧之外，其乐也泄泄。”在这次愉快而友好的会面之后，武姜得到了很好的侍奉，而郑庄公洗脱了不孝的罪名，再次成为了受人称道的贤明国君，郑国内乱就此告一段落。

老爸大义灭亲

叔段在郑国掀起的内乱虽然被老谋深算的郑庄公以欲擒故纵之计迅速而坚决地击溃了，但这场掀起春秋时期动乱局势的政治斗争的影响却远远没有结束。

叔段虽然不成气候，但他的儿子公孙滑在父亲被大伯打得大败的时候，没有坐以待毙，也没有和父亲一同逃窜，而是逃到了卫国。虽然跟随父亲造反不成，但公孙滑却并没有绝了弑君自立的心思。之所以要逃到卫国，很大程度上是因为他看准了卫国也有一个野心勃勃的人物——“卫前庄公”的庶子州吁，大可以借他的势力来为自己张目，重新实现自己的美梦。

之所以有“卫前庄公”的称呼，是因为在卫国八百多年漫长的历史上，有过两位庄公。为了区别，分别称为前庄公和后庄公。这位卫前庄公在史籍中记载寥寥，他的夫人，齐庄公的女儿庄姜则要比他有名得多。据记载，这位庄姜十分漂亮，《诗经·卫风·硕人》中有几句十分著名的描写“手如柔荑，肤如凝脂，领如蝤蛴，齿如瓠犀，螓首蛾眉，巧笑倩兮，美目盼兮”，据说就是描写庄姜的。不仅如此，庄姜还是中国历史上第一位有据可考的女诗人，这一点也得到了理学大师朱熹的确认。《诗经》中的《燕燕》《柏舟》《绿衣》《日月》相传都是她的作品。

不过，尽管庄姜温柔美貌，但政治眼光颇为不佳，庄姜没有孩子，她便将卫前庄公另一位早逝的妾戴妫所生的庶子公子完视若己出。可是庄姜的眼光和卫前庄公并不一样。卫前庄公最喜欢的儿子，乃是另一个不知名的宠妾生的儿子，这就是公子州吁。

由于卫前庄公没有嫡子，因此似乎应该立庄姜更加喜欢的公子完为太子，可是州吁恐怕并不这么认为，他仗着卫前庄公的宠溺，成天舞刀弄枪，大有图谋继承人的架势，而卫前庄公对此也并不多加干涉。

二虎相争，必有一伤。卫国的大夫石碏看出了这个问题，便向卫前庄公进谏：“我听说，爱护子女，要有正确的教育方法，不能把他们引到邪路上去。骄横、奢侈、荒淫、放荡，一个人走上邪路，都是从这四个方面开始的啊。”因此，他建议，当今之计，应当赶紧明确储君的人选。如果想立州吁，就赶紧明确下来，否则就对其加以管教，彻底打消他的念头，否则迟早酿成祸乱，可惜卫前庄公对石碏的建议置若罔闻。

卫前庄公二十三年（公元前735年），卫前庄公去世，公子完继承诸侯之位，是为卫桓公。州吁对此大为不满，视卫桓公若无物，继续骄奢淫逸，结果招来了卫桓公的批评和斥责。恼羞成怒的州吁见此情况，干脆离开了卫国都城朝歌，回到了自己的采邑。

卫桓公很快就把州吁忘到了脑后，可州吁却时刻不忘篡权自立。他大肆招兵买马，收买人心，纠集了一大堆和他臭味相投的人。虽然石碏对州吁非常不看好，但他的儿子石厚却和州吁过从甚密，石碏管教了几次，毫无作用，只得罢了，任凭石厚和州吁狼狈为奸。结果，在州吁和石厚的密谋下，卫桓公十六年（公元前719年），州吁借卫桓公出行赴周王室的机会，假意为卫桓公设宴饯行，于席中将其杀死，取而代之。

州吁用这种阴谋诡计登上了国君的位置，国人虽然无力反抗，但是却都纷纷表示出了不情愿的态度，州吁自己也知道这一点。为了取得国人的支持，他决定联合外部势力，进行扩张战争，夸耀自己的武力，让国人心服口服。

正当此时，公孙滑来到了卫国。州吁和他可谓是一拍即合。于是，州吁借口帮助公孙滑取回封地，出兵讨伐郑国。两军交锋，居然打了个胜仗，将廪延夺了下来。初次的胜仗让州吁志得意满，于是他决心扩大战事规模。在州吁的策动和联络下，与宋国、陈国、蔡国结成同盟，一同进攻郑国。郑庄公虽然勇猛，怎奈对方军势浩大，吃了败仗，被联军直捣黄龙，一直攻到新郑城下，围困了五天。联军才得意洋洋地退兵。

同一年秋天，州吁再次起兵攻郑，这一次，在州吁使者的约请下，鲁国也勉强派出军队参战。郑国再次战败，联军攻入郑国境内，时值秋天，粮食丰收之际，联军将郑国的新粮劫掠一空，各自还国。从此郑国和卫国陷入了交战状态。

从历史的角度来看，州吁的这次军事行动有着深远的意义。这是春秋历史上第一次诸侯联合讨伐其他国家的战争，而势力早已衰微的周王室却插不上手，完全不能制止昔日的臣子们彼此攻伐。从此，春秋乱世更加复杂混乱。

不过，州吁虽然打了胜仗，但令他始料未及的是，这几次战争并未让国人对他印象有所改善，反而更因为他的穷兵黩武，加深了对他的厌恶。如此一来，州吁确实不知所措了，诚然，他从小虽然熟习军事，也算精通兵法，但对于内政确实一窍不通。无奈之下，他想到了石厚的父亲石碏，作为卫国的元老，石碏可谓足智多谋，又有足够的影响力，于是他便派石厚回家去请教。

此时石碏早已回家养老，不问政务。可是，原本厌恶州吁的他见到石厚却一反常态，和颜悦色地和石厚深谈良久。他告诉石厚，要想稳定人心，莫若朝见周天子，通过受命来获得统治的正当性和合法性。当然，毕竟州吁目前还是处于篡位的状态，想要直接面见周天子还是有些困难。因此可以先行去陈国拜见陈桓公，请其在周天子处说项更为妥善。

石厚随即回复了州吁。自以为得计的州吁便立刻同石厚动身前往陈国。然而，州吁万万没想到的是，甫一到陈国，迎接他们的并不是陈桓公，而是如临大敌、全副武装的陈国士兵。猝不及防的州吁和石厚毫无还手之力，只得沦为陈国的阶下囚。

石碏虽然退休，但推翻州吁的心思却一直没变。此番见石厚前来问计，正好将计就计。假意劝说州吁和石厚前往陈国，暗中却派人先行告知陈桓公，表示这俩人在卫国弑君篡位，乃是叛逆之徒，请求陈桓公将其拿下送回卫国处置。陈桓公听从了石碏的意见。

得知州吁和石厚中了石碏的调虎离山之计，在石碏的主张下，卫国当即派人赴陈国将这二人杀死，接着又将流落在邢国的卫前庄公另一子公子晋迎回，是为卫宣公。至此，州吁之乱告一段落，卫国暂时回复了安定。而石碏为了结束动乱，不惜结果自己儿子的性命，也受到了后世的尊崇。这就是成语“大义灭亲”的由来。

郑宋卫的纠纷

州吁之乱虽然随着州吁的身死而暂时告一段落，可是因为州吁的穷兵黩武而导致的郑卫两国的战争状态却并没有结束，双方继续攻伐，彼此征战不休，而同处中原地带的陈国、蔡国、宋国甚至鲁国等诸侯国也被卷了进来。

卫国在忙着处理州吁之乱的遗留问题，从几次三番的败仗中缓过来的郑庄公也决心出兵趁乱报复卫国的侵略，于是出兵攻入了卫国境内。面对来势汹汹的郑军，卫国则联合了南燕国组成联军摆开阵势和郑国交上了手。

南燕国是位于今日河南延津东北的一个小国。其始祖伯倏号称是黄帝的后裔，和北方由召公奭创立的北燕并非同一国家，只是封号相同而已。南燕本来不大，春秋时期在列强的环伺下早已沦为附庸，此时联合卫国出战恐怕也只是勉强从命，自然不可能有多强的战力和战意。

因为这个缘故，刚从州吁之乱中恢复过来的卫国自然不是战意高涨的郑国的对手，何况郑庄公又堪称一代豪杰。郑军一方面派大夫祭足、原繁、泄驾率军和卫燕联军正面对峙，吸引联军注意力；暗中却派大夫曼伯和子元带奇兵抄了联军的后路。联军受此打击，阵脚大乱。郑军正面兵力趁势发动攻击，两下里夹攻，将联军杀得大败。郑国总算报了卫国入侵的一箭之仇。

旗开得胜的郑国随即又对在州吁之乱中倒向卫国，一同攻打郑国的宋国挥兵相向。在此之前，宋国曾经进攻郳国，强占了其田地。郳国的始祖曹挟传说是颛顼的后裔，位于今天的山东省邹城市、滕州市一带。郳国只是个位于宋、鲁之间的小国，哪里抵挡得住宋国的侵凌？于是便向郑国求救。能够找到一个可以出兵的理由，郑国当然无有不从。于是，郑庄公便打着周天子的旗号，率领郑郳联军伐宋。

一开始，郑军的进展相当顺利，长驱直入包围了宋的都城，又攻破了外城；陷于困境的宋国向鲁国求援，鲁国本就不愿掺和到郑卫宋几国的矛盾冲突中，当即予以拒绝，看起来宋国似乎要亡国了。幸好郑庄公也只是想报复一下宋国，并没有灭国的心思；而且连番征战的郑国也确实没有余力再消耗下去，不久之后郑军就退兵了。谁料宋国却不甘示弱，随即整顿兵马出兵包围了郑国的长葛（今河南长葛东北）。

如此兵荒马乱自然会影响到正常的农业生产，春秋时期还没有职业军人，士兵都是入则为民出则为兵。成天出征，使得大片田地抛荒，任何一个诸侯国都支持不下去。于是郑庄公虽然占据优势，还是决定在谈判桌上解决问题，缔结和议。没想到的是，郑庄公本来打算通过陈桓公从中斡旋，达成和平，陈桓公却不知为何判断卫国和宋国占据优势，必能将郑国击溃，于是果断拒绝了郑庄公的要求。大怒的郑庄公当即进攻陈国，尽掠人口财帛而去。而宋国为了给陈国报仇，又乘虚而入，攻下了长葛。一时间中原地区乱成了一锅粥。

郑国虽然屡屡获得战争的胜利，无奈却丢失了一座城池。只好再次和陈国求和。为了表示诚意，郑庄公还让自己的儿子公子忽赴陈迎娶陈桓公之女。已经吃过郑国苦头的陈国这次自然不敢怠慢，也就答应了郑国的请求。

这时候，齐国忽然站出来提出希望能调停中原诸侯之间的战事。郑庄公当然愿意，而打得精疲力竭的卫国和宋国也乐得有台阶下。于是在齐僖公的斡旋下，周桓王五年（公元前715年），齐国、郑国、卫国、宋国等诸侯在温（今河南温县）歃血为盟。

可是，卫国和宋国万万没想到的是，老奸巨猾的郑庄公借着会盟获得了喘息之机。盟誓之血未干，郑国当即以宋殇公没有随郑庄公朝见周天子为由，指责其“不共王事”，联合齐国和鲁国再次讨宋，连夺郜、防两处城池；宋国也随即出兵，联合卫国和蔡国反戈一击，夺取郑国的戴邑。但宋国终究不能同仗了周天子权威的郑国相比，很快郑国就夺回了戴邑，并在宋、卫、蔡之间纵横捭阖，分化瓦解，各个击破；又联合虢国大败宋军。

此时的宋国，可谓屋漏偏逢连夜雨。宋国之前的国君宋宣公去世时，并没有把诸侯之位传给自己的儿子公子与夷，而是传给了弟弟公子和，是为宋穆公。而宋穆公知恩图报，去世时又将君位交还给了与夷，也就是宋殇公，并让自己的儿子公子冯迁居到了郑国。宋宣公和宋穆公虽然在道德上无可指摘，足以作为楷模，但他们违反嫡长子继承制的行为却给宋国带来了一场内乱。

宋殇公即位后，郑国曾经想把公子冯送回宋国，这一明显不怀好意的行为当然得不到宋国的答应。从此双方有隙，这也是郑宋交恶的原因之一。而宋殇公生性好战，即位十年，居然大大小小打了十一场仗，偏偏又败多胜少，导致国内苦不堪言，民怨沸腾，这时候，宋国内部先乱了起来。

宋国太宰华督生性好色，路遇大司马孔父嘉的妻子，居然色迷心窍，魂不守舍，一心想要夺过来。为了达到其罪恶的目的，华督在国内大造舆论，声称宋殇公之所以征伐不休，乃是听信了大司马的谗言。不明真相的国人当即群情汹涌，纷纷声讨孔父嘉。华督趁势纠集徒党，杀了孔父嘉，又抢了孔妻。宋殇公原本颇为信赖孔父嘉，得知此事后颇为愤怒。华督见势不妙，索性一不做二不休，又攻入宫中，把宋殇公也一并杀死。后世史家称之为“华督之乱”。

华督弑君后，便向郑国示好，要求将公子冯迎回国中。郑国自然不会放过这个壮大其势力的机会，于是便和宋国化干戈为玉帛，将公子冯送回郑国，是为宋庄公。华督自己也知道弑君之举终究不得人心，为了获取其他诸侯国的认可和支持，避免州吁那样的悲惨下场，他又刻意交好邻国。将从郜国夺取的大鼎馈赠给鲁国，并大肆贿赂齐国、陈国。得了华督的好处，诸侯国自然也不愿横生枝节。不久之后，郑庄公、鲁桓公、齐僖公、陈桓公举行会盟，居然正式承认了宋庄公的诸侯之位。而孔父嘉的后人只得接受流亡鲁国的命运。

至此，随着华督之乱的结束，中原诸国之间总算暂时宣告和平。

说错话，后果很严重

在春秋初年的政治舞台上，除了纵横捭阖、大杀四方的郑国外，鲁国也是一个重要的角色，也是郑国想要结纳的对象。作为制定周礼、建立周王室一整套统治秩序的始作俑者——周公旦的封地，鲁国在维护和执行周礼方面一向都是各诸侯国的表率。然而，在世风日下、礼崩乐坏的大环境下，鲁国终于也没能抵挡住这一趋势，在理想和现实间来回摇摆，最终酿成各种悲剧。而正是因为郑国趁着鲁国内乱，新君急切地结纳诸侯寻求承认的时机与鲁国结成盟友，交换两国土地之事，更进一步地打击了礼制，推进了周天子权威的没落。

春秋初期，鲁国执政的是鲁惠公。鲁惠公的正室孟子（当然不是战国时期那位亚圣，而是宋国的诸侯之女）没有生育就去世，继室声子则生了公子息姑。原本公子息姑很有望继位，然而鲁惠公却在垂暮之年，又立了一房正室，并且生下了一个幼子公子允。

根据周礼的规定，诸侯的正室只能有一房，任何续娶的妻子都无权成为正室，因此鲁惠公的做法本身就严重地违反了周礼。而且，根据后世史学家的研究，鲁惠公的这房妻子仲子甚至极有可能原本是为公子息姑娶的，后来却被年老昏庸的鲁惠公占为己有，上演了一出鲁国版的“新台故事”。

周平王四十八年（公元前723年），鲁惠公去世，按例应该由“嫡长子”公子允即位，然而此时只有两三岁的公子允完全不能承担作为一个国君的责任。于是公子息姑便作为摄政，代行国君之职，等公子允长大，再将政权交还给他。翌年正月，息姑“继位”，是为鲁隐公。

原本可以成为名正言顺的诸侯，如今却只能作为摄政，不尴不尬地执掌朝政，鲁隐公的心情可想而知。有父亲违反周礼在先，他不再严格遵守礼制，竟然没有出席父亲鲁惠公的葬礼。

先君逝世，留下孀妻弱子，掌握大权的鲁隐公完全可以不承认仲子的正室地位，然后将幼弟斩草除根，确保君位高枕无忧。不过鲁国公室不愧是周公之后，鲁隐公忠实地执行了鲁惠公的遗嘱。鲁隐公五年（公元前718年），他祭拜了仲子庙，并举行了符合诸侯之妻身份的祭礼。这意味着鲁隐公正式承认了仲子的正室身份，也意味着公子允仍然是合法的诸侯继承人。

鲁隐公执政时期，正值郑国崛起，中原诸侯动乱之时。春秋初期，鲁国还是地位很高的诸侯，其政治态度对于混战中的各国都至关重要。因此各国都先后向鲁伸出橄榄枝。其中势头正劲的郑国，就屡次想要同鲁国结盟。

其实，就鲁隐公个人而言，他与郑国本有仇怨。早年鲁惠公执政时，还是公子息姑的鲁隐公曾经带兵与郑国交战，不幸落败被俘，郑国将其带回新郑，囚禁在大夫尹氏的家中。不料鲁隐公通过贿赂，策反了尹氏，二人一同逃回鲁国，因此鲁隐公起初是倾向于和郑国敌对的宋国和卫国。宋国遭到郑庄公的进攻时，曾经向鲁国求援，但由于宋国使者的愚蠢，激怒了鲁隐公，最终鲁隐公拒绝了和宋结盟。

鲁国与宋国关系的疏远给了郑国修复同鲁国关系的机会。鲁隐公八年（公元前715年），郑国打算将代周王室管理的祭田同鲁国交换其在许国的田土。这一举动意味着郑国不再对周天子的巡狩尽义务，无疑是对周礼的极大破坏和对周王室权威的公然挑战。对这一十分无礼的行为，鲁隐公自然没有轻易答应。然而郑庄公并未放弃，经过一再的努力，鲁隐公最终口头上答应了这次交换以为权宜之计，并亲自会见了郑庄公，两国暂时结成了同盟关系。有了鲁国的支持，郑庄公没有了后顾之忧，可以放心大胆地对付中原诸国，扩张自身势力。

当然，为了向鲁国示好，郑庄公也可谓煞费心机。在郑鲁联军一同攻下宋国的郜和防后，郑国主动将这两处城池送给了鲁国。此后没过多久，郑国同齐国、鲁国一同攻打许国并大获全胜。由于许国本来就是鲁国的附庸，齐僖公曾经表示将许国直接划给鲁国，但鲁隐公却将许国让给了郑国，并表示自己的出兵完全是由于许国国君违背周礼，并不是为了利益云云。尽管诸侯们口中说得冠冕堂皇，但这一行为无疑可以视作鲁隐公对郑国知恩图报的示好行为。

不过谁也没有想到的是，正当鲁隐公率领鲁国有条不紊地扩展势力时，鲁惠公埋下的悲剧种子却在此时突然爆发了。鲁隐公十一年（公元前712年），公子翚自告奋勇向鲁隐公提出建议，谋杀公子允，让鲁隐公的君位彻底坐稳。毫无疑问，鲁隐公绝不会同意这个主意，当即将公子翚斥责一顿。

和鲁隐公不时还能坚守周礼的心态不同，这位公子翚从来就是个野心勃勃之辈。早在州吁之乱、卫宋诸联军攻打郑国时，曾经邀请鲁隐公一同出兵，鲁隐公并未答应。然而公子翚却再三要求出兵，在鲁隐公坚决拒绝之后，居然擅自领兵参加了对郑国的“东门之役”。后来在鲁国对宋、对许的战争中，公子翚又立功颇多，积累了一定的政治资本。不过他并不满足，一心想要升到太宰的高位。公子翚并不把周礼看在眼里放在心上，他自以为鲁隐公一定也是如此，这才自作聪明地向鲁隐公提出了这样的建议，谁料却碰了个钉子。

不过公子翚堪称一代枭雄。被鲁隐公拒绝之后他迅速就意识到，鲁隐公拒绝谋杀公子允的态度如此坚决，那么也很有可能将这件事告知公子允。一旦如此，日后公子允即位，自己难免身首异处。与其如此，倒不如反戈一击，支持公子允登基。于是公子翚连忙又到公子允处，大造谣言，声称鲁隐公见公子允年长，早已动了杀人之心。目前情况极其危急，不如先下手为强，并表示自己甘愿效劳。

公子允并不是个聪明人，而数年的储君生涯也必然让日渐长大的公子允觉得很不舒服。经过公子翚一番哄骗，居然对其坚信不疑，二人一番谋划，很快就制定了一个谋杀计划。

原来鲁隐公执政后，为了感谢曾经救助自己脱离郑国的尹氏，在鲁国为其祭祀的钟巫神建立了神庙，并时常前往拜祭，事毕就在附近的大夫蔿氏家中居住一夜。公子翚便利用这个机会，派出刺客杀死了鲁隐公，并栽赃给蔿氏一家。公子允遂即位，就是后来的鲁桓公，而公子翚也得偿所愿，坐上了太宰之位。

鲁隐公虽然并非正式诸侯，但其国君的身份却因其较为杰出的执政能力得到了诸侯国甚至是周天子的承认。因此鲁隐公之死，也可看作是一件弑君事件，鲁桓公的继位也有名不正言不顺的嫌疑。为了平复各诸侯国的意见，在公子翚的指使下，鲁桓公尽力与各国修好，特别是之前往来密切的郑国。鲁桓公元年（公元前711年），鲁桓公与郑庄公在越地会盟，并将之前达成的田土交换协议正式执行，郑庄公数年以来的梦想终于实现了。

周礼规定：“天子在上，诸侯不得以地相与。”而鲁郑二国的行为毫无疑问违反了这一规定。郑国早已放弃了周礼自不待言，而作为周公后裔的鲁国最终也如此这般，无疑表明周礼的崩塌已经成为不可逆转的趋势。

一箭射了个周天子

东迁之后的周王室，已经失去了它往日的荣光。然而传统的力量毕竟是巨大的，各诸侯国彼此之间投鼠忌器，虽然对周天子不再像以前那样尊重，却都不敢冒天下之大不韪公开挑战周王室的权威。有赖于此，周王室还仍然暂时保持了其天下共主的地位。不过很快，当时最强大的诸侯之一郑国就第一个出来打破了周天子的权威。

在春秋初期的政治舞台上，郑国的风头可谓一时无二。在一代豪杰郑庄公的带领下，郑国先是平定了国内的叛乱，接着又在中原诸国的混战中纵横捭阖，依仗高明的外交手段和较为强大的军事实力，压过了宋、卫、陈、蔡等国。郑国的势力扩张得如此之快，以至于郑庄公已经不满足于作为一名普通的诸侯了，他开始向周王室所谓的“权威”发起了挑战。

由于郑国在平王东迁时发挥了重要作用，而且郑国领土与周王室接壤，关系密切，因此郑武公和郑庄公先后进入周王室担任执政的卿。郑武公本就是权力欲极强的人，而郑庄公比起其父更是有过之而无不及。他们在周王室把持朝政，让周平王颇有掣肘之感。不仅如此，郑庄公时期郑国的四处扩张，也让周平王感到了危机。

为了削弱郑庄公的权势，周平王便决定以其忙于处理国内事务，无暇顾及朝政为由，将郑庄公掌握的部分职能转交给了虢国国君虢公忌父。虢国同样是平王东迁时的有功之臣，而且虢公忌父是又甚得周平王的宠信。平王如此这般，自然是想以虢国的势力来牵制郑国。可是，平王没有想到领土狭小、国力有限的虢国怎么能是郑国的对手呢？

消息传到新郑，郑庄公自然大为恼火，便赶到成周质问周平王这么做的原因。周平王眼见郑庄公气势汹汹来者不善，顿时没了先前做出决定时的胆气，知道郑庄公得罪不得，只好矢口否认了对郑庄公心怀不满的事实。可这样苍白无力的谎言怎么能骗得了老谋深算的郑庄公呢？为了安慰郑庄公，表明自己的对郑国的信赖，周平王只好表示愿意同郑国交换人质。郑庄公派出自己的儿子公子忽住到成周，而周平王则派出自己的儿子王子狐到郑国去。这一事件，史称"周郑互质"。

在那个时候，诸侯之间为了表示同盟的诚意，交换人质本是寻常之事，但"周郑互质"却绝非如此简单。交换人质的一方，乃是此前君权神授、神圣不可侵犯的周王室。原本具有绝对统治权威的周王室，为了自身的安全考虑，居然不得不用交换人质的方法来确保和平，真可谓是破天荒头一遭。这也说明周王室的地位实与普通诸侯无异。

然而事情还远未结束，受到羞辱的周王室试图挽回面子，结果却遭到了更惨痛的教训。周平王五十一年（公元前720年），周平王逝世，其孙王孙林即位，是为周桓王。周桓王年轻气盛，对郑庄公更是不客气。他甫一上台，就重申要将周王室的政务全权交给虢公忌父。郑庄公对这一声明的回应则是命大夫祭仲带兵将周王室田土上生产的粮食抢了回来。这次硬碰硬的交锋，让周郑关系迅速恶化了。

按照周礼，新天子即位，诸侯应前往觐见。而郑庄公作为离周王室最近的诸侯之一，又在周王室担任职务，本应该在第一时间出现在成周。然而郑庄公为了给周桓王一个下马威，居然直到三年之后才到成周朝拜周桓王。而周桓王对此也毫不让步，以极其冷淡的态度接待了郑庄公，过程简慢，毫无礼法可言。

周郑双方的冷战还在继续。周桓王八年（公元前712年），郑国刚刚攻下宋国的邬、刘、蔿、邘四座城池，周桓王就表示要用自己的领地同郑庄公交换。郑庄公答应了此事，却没想到，周桓王接受四邑之后，拿出来的却是周王室无法直接管理、司寇苏子位于温地的采邑。郑庄公吃了这个大亏，一怒之下，这才有了前文所述与鲁国交换祭田的举动。

平心而论，周桓王虽然看似在几轮交锋中占了便宜，重新找回了周天子的威风，但周王室的确已经今非昔比，并非建立在实力之上的威吓，只能是有百害而无一利。面对前来朝觐的诸侯，周桓王居然不以礼相待；而作为天子，周桓王又用诈术骗取诸侯的土地，这两件事都大大败坏了周王室的身份和尊严。

可是沉浸在"胜利"中的周桓王可并没意识到这些。到周桓王十三年（公元前707年），他干脆彻底解除了郑庄公的职务，并以其长期不朝见天子为由，召集了陈、蔡、虢、卫数国军队联合讨伐郑国。面对王师，郑庄公不甘示弱，也率领一众大夫统兵迎战。双方在繻葛（今河南长葛北）发生了一场激战，史称"繻葛之战"。

在这场至关重要的大战中，周王室摆出了传统的"鸟阵雁行"之势，将军队分为左中右三军，周桓王自领中军，而由左右卿虢公忌父和周公黑肩各领一军分列左右。周军主力集结在中路，盟国军队则分属左右两翼。在战争主力还是兵车和步卒的时代，这是一种很正统的战法。

针对周军的布阵，郑国大夫子元则提出了一种称为"鱼丽之阵"的阵法：全军仍然分为三军，但主将所率领的中军的位置则位于全军后方。主力集结在突出的左右两翼，并将步卒和兵车混合编队，全军形成密集的方阵。

按照子元的设想，战斗开始后，先以较强的两翼猛攻周军较弱的两翼，击溃对方后，左右军向中间收缩，对敌主力形成包围之势。而且，位于左右两军的诸侯国军队本来就不是真心参战，战意不强，士气不高，倘若被击败，必将四散奔逃，极大地影响周军的战斗力。

郑庄公接受了子元的意见，命大夫曼伯、祭仲分率左右两军，自己率原繁、高渠弥坐镇中军；并下令以鼓声为号，左右两军同时出击。果然战事的进展一如子元的预料，两军交战，周军的两翼被杀得大败，主力随即陷入了郑军的重重包围。周桓王更是被郑国大夫祝聃一箭射中肩膀，只得忍痛负伤逃窜。最终，周郑“繻葛之战”以郑国的大胜而告终。得了便宜的郑庄公见好就收，他并未对周军赶尽杀绝，相反还在夜里派祭足问候了周桓王。

“繻葛之战”的影响是深远的，周王室残存的那点儿摇摇欲坠的权威，就这样被祝聃的一箭射落在地。原本代表正义和权威的王师，居然被区区诸侯以一国之力击败。在战争手段都无效的情况下，周天子已经对诸侯国没有任何威慑力了。威信扫地的周王室只能听凭诸侯国恣意妄为，“礼乐征伐自天子出”的时代一去不复返了。

我的地盘听我的

如果说在中原混战之时，郑国虽然占尽优势，但还只是一个普通强国的话，那么在繻葛之战大获全胜以后，已经没有人可以轻易对郑国说不了。敢于并且能够将王师击败的诸侯国，毫无疑问配得上霸主的地位。就这样，春秋初年的政治舞台上出现了一个被后世历史学家称为“郑庄公小霸”的局面。

和同时代的其他诸侯比起来，郑庄公的眼光要长远很多。他是那个时代为数不多能够看清形势的国君，并且他也有勇气打破数百年来形成的各种惯例。虽然郑国立国时间很短，国土亦不广袤，开始实力也并非很强，周围又有列国环伺，不过，郑国的崛起自然有其优势和原因。

郑国虽然在周宣王时才立国，在资历上无法与其他老牌诸侯相提并论，但这也使郑国没有其他诸侯国的各种尾大不掉的忧患，反而能够另辟蹊径。原本郑国的封地位于镐京附近的郑（今陕西华县东），但开国国君郑桓公颇有才干，周幽王时他在王室担任卿，很早就看出了西周王室必将覆亡的局面。

正所谓覆巢之下，安有完卵，郑桓公为了如何避免卷入周王室的覆亡中而苦思明哲保身之策。在一次和周朝太史伯的谈话中，太史伯分析了当时的政治形势，指出“济、洛、河、颖之间”没有大国势力，而且位于其间的东虢和郐两个小国国君“皆有骄侈怠慢之心”，不妨对其恩威并施，在此处谋得侧身之处。

郑桓公接受了太史伯的建议，贿赂虢、郐两国国君，取得了十个城池。不久果然周幽王烽火戏诸侯导致犬戎攻入镐京，西周宣告灭亡，整个关中之地也随着平王东迁不复为周王室所有。尽管郑桓公为国殉职，但郑国却保存了下来，在中原地区立住了脚。

郑国在中原地区占据的这块领土具有得天独厚的地理优势，特别是在地缘政治上表现得更为明显。其时，南方的楚国、东方的齐国、西方的秦国由于距离遥远，无法对郑国构成威胁，而北方的晋国在春秋初期发生了大宗和小宗的分裂，彼此之间征战数十年，无暇他顾。中原仅有宋、卫、陈、蔡几个与郑国不相上下的诸侯国，不足以对郑国造成实质性的威胁，而位于背后的周王室则能够给予郑国多方面的支持。

郑国与周王室关系始终很密切。在平王东迁中立了大功自不待言，而郑武公和郑庄公又先后在周王室担任卿，掌握了一定的实际权力。在平王东迁中作出贡献的几国诸侯中，秦国地处西北一隅，鞭长莫及，又尚未被中原诸国广泛认可；虢国国小势弱，发言没有底气；而晋国则陷于内乱，因此郑国俨然成了周王室唯一可以依赖的诸侯。

郑国很巧妙地利用了周王室对其的信赖，常常打着周王室的旗号参与诸侯之间的事务，这在周王室权威尚未完全崩溃的春秋初期，可算是其雄厚的政治资本。郑国凭借这一有利条件，获得了和其他大诸侯国平起平坐的地位，当时虽然还没有“挟天子以令诸侯”的说法，但郑国的所作所为却和这一策略丝毫不差。

此外，郑国优越的地理位置还大大有利于郑国商业的发展，地处中原，水陆联结，四通八达，本就为交通运输提供了便利的条件，而郑武公和郑庄公亦十分开明，给予郑国商人充分的支持。他们先后和商人订立盟约，规定一方面国君要促进商业，给予政策上的倾斜，允许商人自由贸易；而另一方面商人也要积极纳税，从各方面给予国君支持。于是郑国的商业有了突飞猛进的发展，无数商人从新郑出发，东及齐鲁、南抵荆楚，西达周秦，北至燕晋，几乎在每个诸侯国都留下了他们的足迹。

发达的商业使郑国获得了丰厚的利润以及高额的税收，郑国利用这些收入大力发展农业和手工业，国力迅速强盛起来。具备了这些条件，又有像郑庄公这样的有为之君治理，郑国的坐大也就是情理之中的事了。

繻葛之战的胜利，不仅让周王室蒙羞，也极大地震动了其他诸侯国。就在战争结束后的第二年，北戎进攻齐国，也是一方诸侯的齐国居然抵挡不住，只得向郑国求救，郑庄公当即派出太子忽率兵前往营救。郑军一到，北戎抵挡不住，大败亏输，郑军不仅斩首三百余人，还生擒了北戎的主帅大良和少良。

感激涕零的齐僖公打算将女儿文姜嫁给太子忽，可太子忽却以“齐是大国，和郑国门不当户不对”为由，推掉了这门亲事。虽然从后来文姜的表现看太子忽的决定并没错，但敢于拒绝齐国的示好之举，这无疑是一个强国才能具备的行为。

齐国对郑国的示好，使得原本与郑国敌对的诸侯国也不得不改变自己的态度，主动向郑国靠拢。周桓王十五年（公元前705年），周王室原本赐予郑国的盟邑和向邑叛变了郑国，重新投向周桓王。郑国当即联合齐国和卫国攻打这两个城池。值得注意的是，卫国原本同郑国多年交战，如今也不得不和郑庄公合作。到第二年，郑国、齐国、宋国和卫国在恶曹之地会盟。曾经是郑国主要对手的宋国和卫国，终于向郑国低下了头颅。郑庄公称霸的局面正式确立了。

成为中原霸主的郑庄公很快就去世了，而史籍中也没有更多关于他的记载，但近年来的考古发现却让郑庄公的勃勃野心重现天日。1923年，在新郑出土了著名的“王子婴次炉”，据有关专家考证，这位王子婴次很可能是郑庄公的儿子公子仪。按照周礼规定，只有天子之子才能称为王子，而诸侯之子只能称为公子。这件青铜器的发现，就很有可能说明郑庄公曾经有短暂的称王时期。

老公随便换，老爸只有一个

郑国虽然在郑庄公的治理下国力臻于极盛，在春秋初年的诸侯争霸中独占鳌头。但正所谓“日中则昃，月满则亏”，郑庄公死后，几位公子为了国君之位争执不休，而诸大夫在其中的推波助澜无疑又恶化了这种局势。宋、卫诸国原本就不是真心附和郑国，见此情况纷纷对郑国大动干戈。在长达22年的动荡局势中，郑国好容易树立的霸主地位如昙花一现般瞬间蒸发。

其实，郑国内乱的根子，早在郑庄公时就已埋下了。郑庄公广纳妻妾，公子众多，而郑庄公又颇为宠溺子女。因此公子忽虽然是法定继承人，在春秋时期礼崩乐坏的现实面前却没有多少可靠的保证。当公子忽奉郑庄公之命援助齐国击退北戎时，齐僖公打算妻之以女，被公子忽拒绝了。当时祭仲对这一举动并不赞成，他曾经劝说公子忽答应这门亲事，以便在日后争夺国君之位时获得齐国的支持。然而公子忽终究没有听从他的建议。这个决定日后果然带来了祸患。

郑庄公死后，在祭仲的主持下，公子忽继任国君之位，是为郑昭公，可是郑昭公的位置并没有坐得太长。郑庄公有一子公子突，其母是宋国雍氏家族之女。雍氏家族深受宋庄公宠信，在宋国颇有势力。雍氏家族本来指望公子突能够继位，进而为自己乃至宋国谋取更大的利益，但公子忽的继位却让他们的如意算盘落空了。

愤怒的宋国并不打算善罢甘休。没过多久，他们想方设法把祭仲和公子突先后骗到宋国并囚禁了起来。一面以死威胁祭仲与宋结成同盟，并拥护公子突即位，一面则以支持公子突继任国君的合法性为条件，向其要求大量财帛。在这关键时刻，祭仲贪生怕死，不禁动摇，只得答应了宋庄公的要求。在宋军的护送下，祭仲将公子突带回郑国立为国君，是为郑厉公。祭仲是庄公老臣，说话极有分量，又有宋国作为奥援，这个决定自然无人公开反对。郑昭公无奈之下，只得逃到卫国。

郑厉公即位后，宋国俨然以恩主自居，频频向郑国索要财物。次数多了，郑庄公自然无法忍受。郑国和宋国的关系渐渐恶化了。此时鲁国想要从中调解，便在句渎之丘与宋会盟，劝宋庄公与郑国修好，谁知宋国坚决不从。此后鲁国又分别在虚地和龟地与宋会面，不料宋庄公仍然不肯转变态度。自觉失了面子的鲁国一气之下，同郑国在武父结盟，合力讨伐宋国。第二年，郑国、鲁国联合纪国，发兵攻宋，宋国则联合了齐国、卫国和南燕国合兵抵抗。

正所谓“百足之虫，死而不僵”，郑庄公虽然去世，郑国又发生了内乱，但小霸余威尚存。两军交战，郑鲁纪联军居然大获全胜。自此郑国和鲁国的同盟密切起来，双方又进行了两次会盟。然而没过多久，宋国卷土重来，纠集齐国、卫国、陈国、蔡国一同攻郑。这一次郑国寡不敌众，损失惨重。五国联军攻入新郑，焚烧了城门，退兵时又大肆劫掠，连郑国祖庙的木材都拆了回去修建宋国的城门。此战过后，郑国不仅丢失了牛首之地，更重要的是国家形象受到了极大的羞辱，作为霸主的时代一去不复返了。

然而，郑国的噩运还远远没有到头。还没从惨败中恢复过来，郑国又发生了内乱。大夫祭仲是两朝元老，势力庞大，又有拥立之功，不免专权独断。这让郑厉公很是不满，便萌发了除掉祭仲的念头。

周桓王二十三年（公元前697年），郑厉公拉拢了祭仲的女婿雍纠，二人密议，打算以宴会的名义请祭仲进宫，在席上将其杀死。计划已定，不料雍纠口风不密，将这件事告诉了妻子雍姬。雍姬得知此事后左右为难，便向母亲请教道：“父亲和丈夫哪个更重要呢？”母亲答道：“男人多了去了，可父亲只有一个。你说呢？”雍姬便将郑厉公的计划一五一十地告诉了祭仲。祭仲随即杀了雍纠，又将其抛尸城外。郑厉公见事不成，只得逃往蔡国。祭仲则将郑昭公迎回郑国复位。

然而，郑昭公这一次登基，时间仍是不长。郑昭公还是公子时，就不喜欢大夫高渠弥，曾经多次建议郑庄公疏远之。郑庄公虽然并未听从公子忽的意见，但高渠弥却由此对公子忽产生了仇恨。郑昭公复位之后，高渠弥担心其可能对自己下手，于是先下手为强，假意邀请郑昭公外出打猎，于途中杀死了后者。

弑君得手的高渠弥和祭仲又将郑庄公的另一个儿子公子亹扶上国君之位。就在第二年，齐襄公在卫国的首止会盟，邀请郑国参加。由于公子亹少时曾经与当时也是公子的齐襄公在会盟时发生争斗，彼此不睦，因此祭仲建议公子亹拒绝。但公子亹认为此次会盟可以避免给诸侯支持仍然流亡在外的郑厉公的口实，因此决定前往。劝阻不成的祭仲称病不出，高渠弥则作为相礼陪同前往。结果事实再一次证明了祭仲的深谋远虑：齐襄公在会盟时要求公子亹就从前之事道歉，被后者拒绝，大怒之下的齐襄公便设伏杀死了公子亹，而高渠弥也一同被车裂。

公子亹死后，祭仲只得又将在卫国的公子仪迎回郑国立为国君。然而此时郑厉公却逐渐获得了诸侯的支持，逐渐强大起来。出奔蔡国的郑厉公没过多久就回到了郑国，占领了栎邑，并获得了鲁国的支持。鲁国先后两次会盟诸侯，又数次组织联军伐郑，企图拥立郑厉公复位。虽然始终无果，但郑国受困于接连不断的内乱，已经不是郑厉公的对手。

周僖王二年（公元前680年），郑厉公攻打郑国，在大陵与公子仪交战，擒获大夫傅瑕。为了保住性命，傅瑕在郑厉公的威逼利诱下，表示愿意作为内应回到郑国。果然，他回国后趁公子仪不备，杀死了后者及其两个儿子。郑国再次大乱，而郑厉公趁机回到国内，重新登上了国君之位。

郑国的动荡形势至此终于告一段落。经过数十年的内乱和外患，又兼之齐国的崛起，此时的郑国几乎已经失去了“小霸”的地位。不过，郑厉公还算是个有为之君，在他的率领下，郑国还将在春秋初年的政治舞台上留下最后的荣光。

登了基也不安全

郑国小霸的局面虽然结束了，但长期被郑国压制的周王室却并没有因此获得喘息的机会。相反，随着宗法制的土崩瓦解，周王室内部的矛盾也极为尖锐，周惠王初年爆发的“王子颓之乱”让周天子的地位再次跌入一个史无前例的低谷。

王子颓是周庄王的庶子，深得庄王的宠爱。但由于嫡长子继承制，他并没有继承权。庄王去世后，由嫡长子王子胡齐继位，是为周僖王。谁知没过几年，周僖王也去世了。其子公子阆继位，是为周惠王。而王子颓也就成为了周天子的叔父。虽然贵为王叔，但失去了本可能属于自己的天子之位，看着和自己年纪差不多的侄子成为天下共主，王子颓显然对此耿耿于怀。

周惠王即位以后对王子颓的不满不仅毫无觉察，反而一心忙着求田问舍，为自己置办宫苑田产。周惠王甫一登基，就仗着天子的势力强行夺取了大夫蔿国的园圃据为己有，接着又征用了大夫边伯的住所，将其改为王宫，没过多久，大夫子禽祝跪和詹父的田产也先后被周惠王弄到了手，又收回了膳夫石速的俸禄。

周惠王的举动，必然引起朝臣的不满和抱怨。更糟糕的是，蔿国不是别人，乃是王子颓的老师。于是在蔿国的联络下，这几位大夫凑在一起，商量拥立王子颓为天子。而这一计划又得到了大夫苏氏的暗中支持。周桓王时，曾经用苏氏的十二个城池与郑国交换田地。这个做法不仅激怒了郑庄公，也让苏氏颇为恼怒。于是他便同五大夫一起密谋叛乱。

周惠王二年（公元前675年），蔿国、边伯、子禽祝跪和詹父、膳夫共同起兵攻打周惠王，不料出师不利，五大夫被周惠王击败，只得逃到了苏氏的封地温，而蔿国则侍奉王子颓逃到了卫国。王子颓大约说动了卫国支持自己，于是卫国联合南燕国起兵，进攻周王室。这一次周惠王吃了败仗，只得出奔。而王子颓随后回到成周，并被五大夫拥立为天子。

周王室的内乱给了刚刚复位的郑厉公一个重新提高声望和地位的机会。郑厉公复位后，为了结束长期内乱导致的动荡局面，花了很大力气重新树立自己的权威。他首先以弑君犯上的罪名，杀死了曾经支持自己的傅瑕，接着以不支持自己为由，将老臣原繁逼死。随后，他又处死、处罚了公子阏、强鉏等人，清除了已死的祭仲在郑国的影响。国内稳定之后，郑厉公便将视线投向了为王子颓之乱所困的周惠王。

周惠王三年（公元前674年），郑厉公表示要调解周王室的内乱，希望以赦免王子颓的罪行为代价，请周惠王复位。但大权在握的王子颓拒绝了这个提议。郑厉公见事不成，便发兵攻打周王室，并俘虏了南燕国的国君仲父。随后又将流亡中的周惠王迎到自己曾经的根据地栎邑安顿下来。随后又再次讨伐王子颓，大破周军，还将周王室世代相传，只有天子才能使用的器具抢了回来献给周惠王。

尽管篡位的王子颓并不是郑厉公的对手，可要想全面铲除王子颓并拥立周惠王复位，单靠郑国的势力却也远远不够。王子颓和郑厉公都深深地知道这一点。这年冬天，觉得郑国无计可施，自己王位坐稳的王子颓大排筵宴，犒劳支持自己的五大夫。场面极其豪华隆重，《左传》记载当时的场面“乐及遍舞”，也就是使用了黄帝、尧、舜、夏、商、周六代的礼乐为宴席助兴。

在周礼中，六代的礼乐只有天子才能享用，并且是极其郑重严肃的事情，非正式祭祀大典不能轻举妄动。而王子颓作为篡位的天子，又和大夫一起享用，无疑是严重的犯上作乱的行为。郑厉公抓住这个机会，向虢国发出了联合讨伐王子颓的邀请。他亲自会见了虢国国君，表示王子颓歌舞不倦，乃是取祸的征兆，不如趁此机会拥立周惠王复位。虢国和郑国原本就是周王室的卿，与周王室关系至为密切，因此毫不犹豫地答应了郑国的请求。

第二年春天，郑国和虢国在弭地会盟，随后兵分两路围攻成周。虢公自北门入，郑厉公则护送周惠王自南门入。面对优势兵力，王子颓一党腹背受敌，根本无力抵抗，败军当中逃命不及，悉数丧命。历时三年之久的“王子颓之乱”至此结束。

重新登上天子宝座的周惠王自然对郑国和虢国感恩戴德。为了酬谢郑国，周惠王也以六代的礼乐宴请了郑厉公和虢国国君，又赐给二人大量财宝，更是将虎牢以东的土地全部赐给了郑国。然而正所谓乐极生悲，周惠王在赏赐二人时，将王后使用的鞶鉴——也就是镜子，赐给了郑厉公，而将自己使用的爵——也就是酒杯赐给了虢国国君。爵是比鉴贵重的东西，郑厉公自以为劳苦功高，受赐的器物却不如虢国，于是结怨于周惠王。刚刚好转的周郑关系眼看又要趋于恶化了。

周王室的日子并没有因为王子颓之乱的结束而好转，在政治上已是饱受打击的周王室又因为周惠王打肿脸充胖子的行为丢失了大片土地，从此势力日衰，只能继续任有势力的诸侯玩弄于股掌之中。然而，郑厉公也并没有来得及报复周王室。就在周惠王复位后没多久，郑厉公就去世了，而郑国最后的辉煌也随着郑厉公的去世彻底烟消云散。从此郑国逐渐沦为二流诸侯国。在郑国之后的春秋舞台上，一个来自东方的诸侯国迅速崛起，从此春秋进入了五霸继起的时代。

第三章　突出重围，乱世升起的璀璨新星

你们杀错人了

春秋时期礼崩乐坏的表现之一就是周王室和各国公室内部此起彼伏的内乱，郑国和周王室的内乱刚刚平息，卫国内乱再起。卫国在州吁之乱后，迎回了流落在邢国的公子晋登上国君之位，是为卫宣公。然而这位卫宣公却并未带领卫国在中原诸侯的争斗中占据上风，眼看着郑国坐上霸主的地位。不仅如此，卫宣公在其统治末年，又给卫国带来了一场让卫国一蹶不振的内乱。

大凡涉及继承权的斗争，都和宫闱不修有关，卫国自然也不例外。卫宣公早在做公子时，曾经和父亲卫庄公的宠妾夷姜有染并生下一子，取名为急子——也称为伋子。州吁之乱结束后，卫宣公回国继承君位，将夷姜立为正室，伋子也就顺理成章地成为嫡长子。其实早在夷姜之前，卫宣公已经娶了邢国国君的女儿为正室，而且夷姜又是其父亲的宠妾，因此卫宣公此举不仅有违周礼，更有乱伦的嫌疑。

然而，卫宣公的乱伦行为并未结束。急子成年之后，卫宣公为其迎娶了齐僖公的长女宣姜为妻——这位宣姜，就是前文中提到的文姜之姊。然而当新娘来到卫国时，卫宣公看到宣姜的美色，居然色心大动，起了取而代之的心思。他借故派急子出使宋国，自己却在淇河搭起新台，将宣姜娶做继室。这就是有名的“新台故事”。

急子回国后，并未对父亲的这一举动有所不满。然而，闭门家中坐，祸从天上来。卫宣公与宣姜成亲后，居然又生了两个儿子，分别是公子寿和公子朔。原本急子的储君之位，就得益于卫宣公对夷姜的宠爱；而此时宣姜受宠，夷姜受到冷落，急子的储君之位就日渐不稳了。再加上宣姜为了让自己的儿子成为国君，每日在卫宣公面前吹枕边风，离间卫宣公与夷姜和急子之间的关系。长此以往，卫宣公居然起了杀人灭口的心思，想要把急子除去，另立宣姜之子。

尽管卫宣公有这样的念头，但迫于舆论的压力，他并不敢公开动手，于是便和宣姜商量出一条计策：先假意令急子出使齐国，暗中却派遣刺客在急子的必经之路先期埋伏，给人造成一种路遇劫匪的假象。急子不疑有他，欣然前往。然而宣姜的毒计却被其子公子寿知道了。

公子寿虽然是宣姜的孩子，但从小却是在卫宣公的两个弟弟——人称左、右公子的抚养下长大的。而急子当年出生时，流落在外的卫宣公亦曾将他交给左、右公子抚养。因此二人关系甚好，虽然年纪相差甚远，又是同父异母，却仍然兄友弟恭，十分融洽。公子寿知道母亲想要除掉急子，情急之下，连忙星夜出城，追上了毫不知情欣然出使的急子，将事情的经过告诉了他，让他不要去齐国，逃到其他国家避难。

谁知急子天性仁孝，虽然知道了一切，却并不愿意违逆父亲。他连父亲强夺妻子都不多计较，又怎么会随随便便逃掉呢？于是他拒绝了公子寿的提议，打算按原计划前往齐国。救兄心切的公子寿只得假意为哥哥饯行，在席中将其灌醉，自己则乘急子的车队前行，慨然赴死。

果然，卫宣公派出的刺客看到卫国的车队，便将公子寿误认为急子，一拥而上，将公子寿杀害。而急子酒醒之后，发现公子寿和车队都不见了，也立刻猜到了是怎么回事。于是匆匆赶到事发现场，看到刺客刚刚杀死公子寿，正欲离开，急子便朗声说道：

“你们杀错人了。我才是急子！”刺客见此，便索性将急子一同杀了。回卫国复命去了。

由于这一乌龙事件，卫宣公的阴谋还是败露了。卫国两公子相互友爱、视死如归的精神也被卫国人写进了诗经中永为后世传唱，这就是著名的《诗经·卫风·乘舟》。而卫宣公得知此事后，被急子和公子寿的行为所打动，深深为自己的行为而后悔，不久就在悲痛中去世。这一事件，史称“宣姜之乱”。

在宣姜之乱中，唯一得到好处的只有宣姜的另外一个儿子公子朔。由于兄长公子寿意外身亡，卫国国君继承人的身份顺理成章地落到了他的身上。卫宣公去世后，公子朔继位，是为卫惠公。然而由于卫国人感念两公子的美德，大都不支持卫惠公，而曾经抚养急子和公子寿的左、右二公子更是对卫惠公深恶痛绝，二人决心联合起来，将卫惠公推翻。

三年后，左、右公子联合大夫宁跪发动政变，拥立急子的亲兄弟公子黔牟继位。不得人心的卫惠公只得仓皇出奔，逃到母家齐国寻求庇护。此时齐国国君乃是齐僖公之子齐襄公，齐襄公虽然荒淫无耻，但却颇有野心，他知道这正是一个介入卫国事务、为齐国捞取利益和声望的好机会。于是他收留了外甥卫惠公，并在数年之后纠集诸侯，打着周天子的旗号杀回了卫国。屡经内乱的卫国根本无法与齐抗衡，于是卫惠公在齐襄公的支持下又重新坐上了国君的位置，左右二公子被杀，公子黔牟则由于是周王之婿，逃得一命，被赶到了成周。

然而，齐襄公心知卫惠公的君位仍然不稳，仍然有倾覆的可能。为了在卫国埋下齐国的势力，齐襄公居然想出了一个堪称荒唐的办法：他宣称宣姜原本是要嫁给急子的，只是由于卫宣公中途反悔才未能实行，虽然如此，可婚约仍在。如今急子已死，卫宣公亦不在人世，这一婚约应当由急子的另一个亲兄弟公子顽履行，也就是让公子顽迎娶自己的继母宣姜。

面对这种近于乱伦的提议，公子顽坚决不从，但齐襄公仗着齐国势力，趁公子顽酒醉之机，强行把宣姜塞给了公子顽生米做成了熟饭，无可奈何的公子顽也只好从命。后来公子顽的子孙果然成为国君，并与齐国保持了密切的关系。

从州吁之乱到宣姜之乱，卫国内乱频仍，又屡遭敌对诸侯国的侵扰，在内忧外患之下逐渐衰落下去。然而卫国的厄运还不算完，卫惠公去世后，在其子卫懿公的统治下，卫国又经历了另外一次灭国之祸，虽然在齐国的帮助下复国，但也从此成为大诸侯国的附庸。

娶媳嫁女是个很严肃的政治问题

卫国的内乱，与齐国有着千丝万缕的关系。这个在春秋初年地处一隅的诸侯国，在齐僖公时期逐渐兴起，开始积极参与到中原争霸的形势中来。

春秋初年的山东半岛上，除了齐国、鲁国以外，还有一个叫做纪国的诸侯国。齐国同纪国虽是邻国，但彼此关系却甚为恶劣。原来早在西周夷王年间，当时的纪国国君向周天子说了齐哀公的坏话，周天子信以为真，便将齐哀公活活煮死，另立其弟公子静为国君，是为齐胡公。齐胡公为了躲避纪国的迫害，甚至一度迁都。从此齐纪二国结下了深仇。到春秋初年，齐国逐渐强盛起来，为了实现霸业，自然首先将矛头对准了纪国。

此时的纪国虽然已逐渐沦为二等小国，但深知齐国心思的纪国却并没有坐以待毙，而是积极开展外交以对付齐国。为了自保，纪国同鲁国结为儿女亲家，后来又多次结盟，企图借齐鲁两大国的矛盾，闪转腾挪。不仅如此，纪国国君又将女儿献给周天子成为王后，企图借助周王室的权威压制齐国。然而，在强大的齐国面前，纪国的种种外交努力都收效甚微。

齐僖公当政时，齐国开始向外扩张。齐僖公曾经尝试同郑庄公结盟，共同讨伐纪国，因故未能成功，但齐僖公并不死心。郑庄公去世后，郑国陷入内乱，同宋国发生了纠纷。郑国联合了希望调停郑宋纠纷的鲁国，以及纪国与宋国、卫国、南燕国和齐国发生了战争并获得了胜利。其实，在这场战争中站在宋卫一方的齐国原本同郑国有同盟关系，之所以参战，恐怕大多是由于纪国的原因，齐僖公希望能在战争中浑水摸鱼，打击纪国，但没想到居然再次失败。周桓王二十二年（公元前698年），壮志未酬的齐僖公怀着吞并纪国的遗憾去世，其子公子诸儿即位，是为齐襄公。

齐襄公凭借着父亲留下来的政治遗产，继续投身到争霸的事业中去。他见在鲁国的庇护下，纪国始终不能被消灭，于是便转而同鲁国作对。齐襄公即位伊始，鲁桓公曾经想调解齐国和纪国之间的矛盾，因此召集齐襄公和纪国国君进行会盟，然而齐襄公并不买账，不仅没有同纪国修好，反而随即派兵进攻鲁国，双方在奚地打了一仗。紧接着，齐襄公又以将同周天子之女大婚为由，邀请鲁桓公前往齐国为其主持婚礼。鲁桓公欣然前往，却没想到此一去竟送了性命。

齐襄公虽然颇有政治才干，但在私生活上却极其不检点。齐僖公有两个女儿，宣姜和文姜。宣姜被卫宣公夺去，引发了宣姜之乱；而文姜曾经打算被许配给郑昭公，但是未果；后来鲁国发生内乱，鲁隐公被公子翚杀死，鲁桓公即位。公子翚为了安定局势，与各国交好，便表示愿意同齐国结为亲家，替鲁桓公做主，迎娶了文姜。

和宣姜一样，文姜也是个著名的美女，早在她未出嫁前待字闺中时，就与兄长——当时还是公子的齐襄公发生了乱伦关系。《诗经·齐风》中的《南山》《敝笱》《载驱》这几首诗记载了这一情况。

文姜嫁到鲁国后，自然与齐襄公断了联系，十余年没有来往。齐襄公此次请鲁桓公访问齐国，一方面可能有又打又拉的政治策略在内，另一方面也不能排除借此机会与文姜重聚。文姜自然也知道这一点，于是不仅怂恿鲁桓公前往，更以归宁之名要求一同前去。鲁桓公自然不知内情，被文姜的枕边风一吹，便答应了文姜的请求。结果，兄妹二人在齐国重新勾搭到了一起。文姜干脆夜不归宿，就住在齐襄公的宫殿内。

鲁桓公得知此事，自然勃然大怒，将文姜痛斥一顿，并决定离开齐国。文姜向齐襄公哭诉前情，齐襄公为了给妹妹而兼情人出气，居然一不做二不休，动了杀人的心思。于是，齐襄公趁给鲁桓公饯别之际，在酒席上将后者灌得大醉，又命叔叔公子彭生为其驾车，在途中趁机害死了鲁桓公。为了应付鲁国的追责，齐襄公又将所有罪名安在彭生的头上，将其杀死当做了替罪羊。

继位的鲁庄公面对这个不讲道理的舅舅实在无可奈何，他也只好默认了文姜从此离家不归的事实。在齐鲁之间的禚地为文姜修建了一座行宫，从此文姜就居住在那里。更可笑的是，鲁庄公为了与齐国修好，再次前往齐国，为齐襄公和王姬主持了婚礼。

齐国在与鲁国的明争暗斗中大占上风，所谓唇亡齿寒，纪国自然也不能幸免。齐襄公见鲁庄公新近上台，自顾不暇，便腾出手来对付纪国。鲁桓公死后一年，齐军就入侵纪国的郱、鄑、郚三邑并占领之。在齐国的压力下，纪国内部也发生了分裂，纪国国君之弟纪季投降了齐国，并将酅地献出。

这时候，鲁庄公还想保全纪国，便打算同郑国结盟，对抗齐国。但此时的郑鲁关系早就不比从前。在郑庄公死后的内乱中，被高渠弥拥立的公子亹由于同齐襄公有私怨，在会盟时被后者杀死，连高渠弥也未能幸免。此时郑国国内动荡，公子仪继位不久，自然不会贸然同齐国结怨，于是拒绝了鲁庄公的请求。这下纪国彻底断了生路，又过一年，齐军攻破纪国都城，纪侯出奔，纪国宣告灭亡。

吞并纪国的齐国领土大增，陡然成为一股强劲的势力。在齐襄公的治理下，齐国先后又干涉卫国的内政，出兵推翻了公子黔牟，并强迫公子顽迎娶庶母宣姜，在卫国安插齐国的势力。之后齐襄公又联合鲁国进攻郕国，俨然成为一时霸主。不过，齐襄公的称霸美梦并未实现，就因为内乱的爆发戛然而止。齐国的霸业还要留待后人来完成。

不守诺言很危险

周庄王十一年（公元前686年），郕国在齐国和鲁国的联军攻击下投降。至此，齐襄公的霸业达到了一个新的高度，只要他能够会盟诸侯，就足以被称为一方霸主。然而，齐襄公终究没有再向前一步，一场突然爆发的内乱，不仅断送了他的性命，也暂时中断了齐国的霸业之路。

事情起因于齐襄公的一次出尔反尔。之前，齐襄公曾经派遣大夫连称、管至父二人领兵戍守葵丘（今山东临淄西南），并告诉他们："瓜时而往，及瓜而代。"也就是戍守时间为期一年。一年之后，连称和管至父并没等到换防的齐军，疑惑不解的二人便向齐襄公请求回到临淄，可齐襄公似乎早把当初的许诺忘到九霄云外，断然拒绝了二人的要求。戍守在外，风餐露宿，生活自然没有在国都舒服。连称和管至父见换防无望，心生怨恨，便想造反作乱。

要推翻齐襄公，自然先要找到一个有资格代替其继位的人，连称和管至父想到了齐襄公的表弟公孙无知。公孙无知是齐僖公之弟夷仲年的儿子，齐僖公在世时，对这个侄子非常疼爱，他的起居饮食标准都和公子诸儿——也就是后来的齐襄公一样，这自然让后者很不舒服。

等齐襄公一继位，就将公孙无知的待遇标准降低，公孙无知便对齐襄公心生不满。连称和管至父找到公孙无知一商量，双方一拍即合，便紧锣密鼓地开始策划。为了确保叛乱成功，连称还在齐襄公宫中找到了一个内应。连称有个堂妹是齐襄公的妾，但并不得宠，连称趁机游说她参加叛乱，随时向自己报告齐襄公的动向，并许诺成功后将其许配给公孙无知立为正室。

一场叛乱即将爆发，但齐襄公却茫然无知。也许是齐国不断扩张的势力让他愈发骄奢淫逸。这一年冬天，齐襄公外出到姑棼游玩，在贝丘田猎时，遇到一头大得异常的野猪。打猎遇到野猪原本并不稀奇，但春秋初年的人十分畏惧鬼神，齐襄公的左右侍从见到这怪异的野猪，竟然以为是屈死的公子彭生变形前来寻仇，便惊叫起来。

当初齐襄公为了能与妹妹文姜天长地久，就派叔叔公子彭生趁鲁桓公酒醉将其杀死，事后为了安抚鲁庄公的情绪，又栽赃陷害公子彭生，将其处死。彭生对齐襄公的出尔反尔，鸟尽弓藏大为愤恨，曾经在受刑之前高呼要化为厉鬼前来寻仇。齐襄公得知此事，自然对彭生又怕又恨。如今看到这大得出奇的野猪，又见左右侍从如此慌张，不禁勃然大怒，弯弓搭箭射去。

齐襄公毕竟做了亏心事，难免底气不足，这一箭虽然射中，但并未杀死野猪。受伤的野猪疼痛难忍，前脚腾空，大声吼叫起来，却把疑神疑鬼的齐襄公吓得魂飞魄散，从兵车上直摔下来。幸好左右侍从手疾眼快，七手八脚将齐襄公救了回去。

经此一闹，齐襄公心里自然是无名大火无处发泄。当晚回到宫中发现跌伤了脚，又丢了鞋袜，遍寻不得，便痛打了管理鞋袜的侍者费三百鞭子，藉此泄愤。费出宫时，却发现宫外人声鼎沸，灯火通明，兵戈之声阵阵，随即被兵卒抓了起来。蓄谋已久的连称管至父和公孙无知，听说齐襄公受伤，行动不便，便趁此机会发动了叛乱，率领手下进攻王宫。费见到他们，便声称受到齐襄公的虐待，愿意同他们合作，希望叛军不要轻举妄动，否则惊动了宫中，齐襄公一旦脱逃，便前功尽弃。

公孙无知等人见费伤痕累累，自然相信了他的话，将他释放。不料费却是个忠心耿耿之人，他脱身之后立刻回到王宫，告诉了齐襄公叛乱的消息，并将他藏在门后。公孙无知见费良久不出，知道上当，便率兵攻打王宫。费与叛军激战片刻，最终寡不敌众，被杀死在宫门口。

面对准备充分的叛军，齐襄公的左右侍从根本不是对手。公孙无知等人很顺利就攻入了内室，将假扮齐襄公就寝的孟阳杀死在床上。叛军四处寻找，终于看到门后齐襄公露出的脚，于是一拥而上，手起刀落。齐襄公就这么死在了堂弟的手上，随即公孙无知被拥立为齐国国君。

不过，公孙无知的国君宝座却并没坐多久。他本身并不是个有道的明君，还是公子的时候，他曾经虐待雍林地方的人们。当地人对其怀恨在心，等公孙无知即位后，便趁他出游雍林时，发动突袭杀死了无知，连称和管至父也未能幸免。

齐国这下陷入了群龙无首的局面，正所谓国不可一日无君。齐襄公没有子息，而齐僖公的儿子除了齐襄公之外，还有公子纠和公子小白二人，新的国君自然就要在这两人之间产生。然而在这个关键的时刻，这两位公子却并不在齐国。由于早年齐襄公杀死公子彭生，他的胡作非为已经引起了公卿大臣们的不满和恐惧，为了个人的一己私利，连自己的亲叔叔都下得了手，谁知道屠刀哪一天会落到自己的头上？特别是公子纠和公子小白更是栗栗危惧。

由于齐襄公没有儿子，按照“父死子继，兄终弟及”的继承制度，他们二位都是合法的王位继承人。如果齐襄公有一天以他们有篡位之心当借口，那可真是百口莫辩了。于是这俩人先后出奔到自己的母家，公子纠的母亲是鲁国人，因此逃到了鲁国；而公子小白则逃到了莒国。

二人虽在国外，但却时刻关注着国内的消息，齐国爆发内乱，齐襄公和公孙无知先后身死的消息传到他们的耳朵里时，流亡在外的公子纠与公子小白立刻明白此时回国正是继位的大好时机。然而天无二日，民无二王，国君只有一个，谁先返回齐国，谁就占据了上风。齐国的未来，依旧混沌难定。

谁跑得快，谁就是齐桓公

周庄王十二年（公元前685年）的一天，从莒国（今山东莒县）到齐国都城临淄（今山东淄博）的路上烟尘滚滚，几十辆隆隆作响的兵车正飞快地向西北方向疾驰而去。在队伍中间的一辆兵车上，着一名白袍的年轻人居左而立，紧抓着扶手向前眺望，面呈焦急之色，似乎在期待着什么；他右边有一名面目忠厚的中年人，手持长戈，似乎是白袍青年的骖乘，此人东张西望，一脸紧张。白袍的年轻人就是公子小白，而那名中年汉子叫做鲍叔牙，是齐国的大夫，也是公子小白的陪臣。这一行人的目的，正是齐国虚悬的国君之位。

齐国爆发内乱之后，齐襄公死在了堂弟公孙无知手里，而后者旋即又被雍林地方的人袭杀。公孙无知弑君篡位，并不算是正式的国君，而雍林人也只是为了报仇，并非另一次政变。他们向齐国大夫表示，此次行动乃是诛杀逆贼，希望诸位大夫能够另立明君，早定国是。

当时，国氏和高氏是齐国最大的两股贵族势力。其中高氏的始祖是姜太公的六世孙，由于被封在高地，因此人称公子高，后世遂以高为氏。公子高的孙子高傒，曾经担任齐襄公的正卿，原本与公子小白关系密切。于是便暗中联系了在莒国的公子小白，让他尽速回国继位。

公子小白是齐僖公的幼子，其母是莒国国君之女。他的早年事迹并不清楚，似乎并不被时人所看好。当初，齐僖公曾经命令大夫鲍叔牙作为陪臣辅佐公子小白，鲍叔牙对这一任命甚为失望，认为这是齐僖公不认可自己才能的表现，竟然闭门不出。在其好友管仲和召忽的劝说下才回心转意，接受了这一任命。

管仲又称为管夷吾，据说是周穆王的后裔，不过到他这一辈早已家道中落，在春秋这个礼崩乐坏、四民不分的年代，王孙公子流落街边也是很平常的事情。年轻时的管仲家中甚为贫寒，只得与鲍叔牙合伙做生意。

管仲分红的时候一定要多拿一份，伙计们都愤愤不平，鲍叔牙却不以为意，他觉得管仲家境不好，因此多拿些钱也无可厚非；后来管仲和鲍叔牙又一同参加了齐国同卫国的战争，鲍叔牙是一员猛将，立功无数；而管仲却在战场上贪生怕死，战友们看不过眼，纷纷指责管仲，又是鲍叔牙出面替他解释，原来管仲家中尚有老母需要奉养，正所谓忠孝不能两全。由于鲍叔牙生性忠厚正直，管仲始终过得不错，后来更是当上了齐国的大夫。

管仲虽然看起来贪财怕死，但是他并不是等闲之辈，和忠厚老实的鲍叔牙不同，管仲头脑聪明，心思活络。他对于齐襄公时的混乱朝纲看得很清楚，对国君之位的继承也有自己独到的看法。

得到密报的公子小白迅速向莒国借了兵车，星夜向齐国出发。然而小白的野心并没有那么顺利地实现：正当莒国的兵车风驰电掣向临淄疾驰时，斜刺里杀出一彪军队拦住了他们的去路，为首的兵车内站着一员大将。鲍叔牙见到此人，脸色大变，连忙命御者停车，横戈拦在小白身前。来者非是旁人，正是管仲。

公子小白虽然抢先一步得知了齐国的近况，但公子纠随即也得知了公孙无知身死的消息。足智多谋的管仲当即判断了局势，他认为，公子小白必然已经提前动身，此时护送公子纠直接回到齐国为时已晚，只能派兵在路上拦截公子小白。

鲍叔牙知道管仲足智多谋，此番前来必定是阻止小白回国，因此摆出一副如临大敌的姿态，谁知管仲全然不以为意，却冲着小白一拱手，笑容可掬地问道："不知公子这是要去哪里啊？"小白未及答言，鲍叔牙厉声叱道："夷吾少要多言！我家主公的事，不劳你费心！"此言一出，莒国士兵顿时喧哗起来，冲着管仲一行人怒目而视，大有一言不合就动手的意思。

谁知管仲并不以为忤，依然满面笑容道："既如此，管仲先行告退了。"说罢调转兵车正待要走，蓦地扭回身来，弯弓搭箭，觑得真切，冲着小白射去。说时迟，那时快，只见小白大叫一声，摔在地上，口吐鲜血，昏迷过去。鲍叔牙等人都惊呆了，顿时乱作一团，纷纷跳下兵车去救小白，顾不得管仲等人。管仲哈哈大笑，把弓一扔，带领兵车扬长而去。

自以为得手的管仲满以为这样一来，公子纠就没有了后顾之忧。谁知道正所谓智者千虑，必有一失。原来这一箭恰好射在了小白的带钩上，小白急中生智，咬破自己的舌头，造成自己已死的假象，成功骗过了所有的人。等管仲一走，他就连忙起身，同鲍叔牙抄小路赶回了齐国。当鲁国重兵压境，护送公子纠优哉游哉地返回临淄时，小白早已在高氏和国氏的拥戴下，顺利即位，这就是著名的齐桓公。

被公子小白略施小计戏耍了的公子纠只得回到鲁国，向鲁庄公求援。勃然大怒的鲁庄公当即决定发兵攻打齐国。当年秋天，鲁军侵入齐国，新即位的齐桓公率兵在乾时与鲁军交战，史称“乾时之战”。结果鲁军被打得大败，鲁庄公甚至丢弃了乘坐的兵车，派其御手秦子和骖乘驾车迷惑齐军，自己狼狈逃回鲁国。

乾时之战标志着齐国内乱的结束，齐桓公由此坐稳了君位。不过，他的称霸之业还尚未开始，因为另一位主角管仲还在鲁国。

勇气要省着点用

乾时之战以后，大获全胜的齐军在鲍叔牙的带领下进入鲁国，直逼曲阜。这让鲁庄公惊慌不已。然而出乎他的意料，齐军前来，并不是要攻灭鲁国，而是索取人质。鲍叔牙给鲁庄公写了一封信，其中希望鲁国处死公子纠，并将召忽和管仲送回齐国。虚惊一场的鲁庄公面对着齐军大兵压境，并未多想，便将公子纠杀死，召忽闻听此事，也自杀成仁。而管仲则被鲁庄公抓起来，派人押送至齐国。

其实，鲁庄公又一次上了齐国的当。鲍叔牙和管仲交情莫逆，怎么会加害于他呢？这个主意其实是鲍叔牙的建议，当齐桓公打算拜他为相的时候，鲍叔牙毅然决然地以能力不足为理由推辞了，他明白只有经天纬地之才、济世匡时之略的管仲才能辅佐雄才大略的齐桓公成就霸业。于是他建议齐桓公拜管仲为相。

原本齐桓公还在为管仲的一箭之仇耿耿于怀，但在鲍叔牙的一再推荐下，他对管仲的才能也起了兴趣。便借口要手刃管仲报仇，将其从鲁国要了回来。管仲是个绝顶聪明的人，他自然明白鲍叔牙的一番苦心。经过三天的斋戒、沐浴、更衣之后，齐桓公亲临驿馆，恭恭敬敬地将管仲请到宫中问政，而管仲自然顺水推舟，决定为齐桓公效力。

不过，年轻气盛的齐桓公一开始并未完全听从管仲的建议。由于鲁国之前一直与齐国不睦，之后又支持公子纠继位，齐桓公对鲁国可谓深恶痛绝。虽然在乾时之战中获得了胜利，但齐桓公并不满足于自卫反击的成果。于是，他不顾管仲的再三劝阻，于第二年发动了对鲁国的战争。

应该说，刚刚从乾时之战中恢复过来的鲁国，此时确实不是齐国的对手。倘若再次失败，大有可能从此一蹶不振，从此沦为齐国附庸。然而，鲁国的一个下级贵族曹刿却改变了这一切，他知道以鲁庄公的军事能力并不足以指挥鲁国获胜，便自告奋勇前往参战。

曹刿同鲁庄公曾有一段非常有名的对话，被记载在《左传》中，原文如下：

问：“何以战？”公曰：“衣食所安，弗敢专也，必以分人。”对曰：“小惠未徧，民弗从也。”公曰：“牺牲玉帛，弗敢加也，必以信。”对曰：“小信未孚，神弗福也。”公曰：“小大之狱，虽不能察，必以情。”对曰：“忠之属也，可以一战。战则请从。”

曹刿否定了鲁庄公靠小恩小惠收买人心和求神拜佛祈求神灵庇护的做法，而是建议鲁庄公公正、公平、公开地对待下属，只有这样才能提振全军的士气。

齐鲁两军在长勺（今山东曲阜东北）摆开了战场。按照春秋时期的作战方法，双方先擂鼓激发士气，然后出兵交战。齐国仗着人多势众，率先擂鼓，发起了攻击。鲁庄公正打算擂鼓迎战，却被曹刿阻止；见鲁军不应战，齐军只好再次擂鼓，曹刿依然不理不睬；就在齐军擂第三通鼓的时候，鲁军忽然鼓声大作，两军交战，齐军居然被杀得大败。在这场战争中，曹刿后发制人，利用“一鼓作气，再而衰，三而竭”的道理，击溃了强于自己的齐军。后世称之为“长勺之战”，这也是中国军事史上以弱胜强的著名战例。

鲁国本来在齐国的压制下日渐衰退，但长勺之战却让鲁国国势重振。受到这一战役的刺激，当年鲁国就趁势进攻宋国，希图再次提高鲁国的地位和声望。这给了齐桓公另一个进攻鲁国的机会。原本长勺之战的失败并没有让齐桓公死心，于是他再次联合了同鲁国不睦的宋国，共同进攻齐国。

鲁庄公原本打算坚守不出，但公子偃却认为可以分而治之，各个击破。相比起军容严整、战力较强的齐国，宋军破绽百出。可以先击破宋军，齐军自然就会退兵了。鲁庄公并没有听从公子偃的建议，但后者却并不打算奉命。为了壮大气势，公子偃在马匹上蒙了虎皮，偷偷率军从南门出城攻打宋军，鲁庄公得知后也率主力随后接应。宋军果然不是鼓起士气的鲁军的对手，被鲁军在乘丘打得大败。齐国见此情况，只得退兵。第二年宋国为了报仇，再度兴兵攻鲁，可惜有齐国帮助的宋国尚且不能战胜鲁国，如今单独出兵，自然更不是敌手。两军在鄑地交战，鲁国先排好阵形，并趁宋军尚未列阵完毕时就发动攻击，再次将宋军击溃。

宋国没来由地被卷进了齐鲁的纠纷中，又连战连败，由此也引发了宋国的另一场内乱。原来在乘丘之战中，宋国的猛将南宫长万被鲁庄公以金仆姑箭射中，活捉了去，后来在宋国的再三恳求下才被释放回国。在迎接南宫长万时，宋闵公随口说道：因为南宫沦落为鲁国的囚犯，所以以后不会再尊敬南宫了。这本来是个无心的玩笑，没想到却因此断送了宋闵公的一条性命。

南宫长万被鲁国羞辱，本来就心怀愤懑，被国君如此嘲讽，自然怀恨在心，于是决定造反。周僖王元年（公元前682年），南宫长万发动叛乱，先在蒙泽杀死了宋闵公，又在东宫附近杀死了太宰华督，并立公子游为国君。宋国的公子们纷纷出奔曹国，并迅速组织起一支军队试图打退南宫长万。萧叔大心以及公室其他族人向曹国借兵，杀回宋国，先杀了南宫长万的族人南宫牛，又进入都城杀死了公子游，另立逃亡到亳地的公子御为国君，是为宋桓公。南宫长万及其另一员手下猛获仓皇出逃到陈国和卫国。宋国随即与陈、卫交涉，希望将这两人送回。卫国一开始还想庇护猛获，但在大夫石祁子的劝说下还是将猛获交了出来。而陈国在宋国许下的财礼的诱惑下，也乐得做个顺水人情，便将南宫长万灌醉，用牛皮裹紧送回了宋国。最终这二位都被处死。

经过这场内乱，宋国再次衰弱下去，无力与周边诸国抗衡。同时，齐桓公也意识到以齐国现在的国力还无法称霸诸侯，于是他将注意力转向国内，在管仲的主持下开始了政治经济体系的改革。

第四章　九合诸侯，首位霸主华丽现世

比肩接踵临淄城

齐国在管仲主持下的政治军事改革虽然轰轰烈烈，但对于任何改革措施来讲，首先要有充足的财政支持做保障，齐桓公并非不懂这个道理，他曾经担心地向管仲询问财货从何而来。而管仲对此早已胸有成竹，因为他早就针对齐国得天独厚的自然条件，设计了一套经济改革的方案。

齐国位于今天的胶东半岛一带，此地丘林众多，又有漫长的海岸线，虽然在农业方面的发展潜力要稍逊中原一筹，不过却坐拥渔盐之利，更有不少矿产资源可以开发；此外，四通八达的水陆两路交通也便于货物的运送流转。正如《尚书·禹贡》中对胶东半岛的描述：

“嵎夷既略，潍、淄其道。厥土白坟，海滨广斥。厥田惟上下，厥赋中上。厥贡盐絺，海物惟错。岱畎丝、枲、铅、松、怪石。莱夷作牧。厥篚檿丝。浮于汶，达于济。”

这一段略显古奥的文字，说的正是齐国的地理环境和特征。为了最大程度地利用这些优势，管仲确立了优先发展手工业的国策——单单把商贾吸引到齐国来还不够，还需要让他们看到此地有利可图。

首先，将采矿业和制盐业收归国有，“销山为钱，煮海为盐”，开矿冶铁、晒海煮盐可以允许私人开采，但必须由官府专卖，不准私人贩卖。这样一来，原本掌握在贵族甚至商人手中的盐铁贸易被牢牢地把握在了国家手中，从根本上控制了齐国的经济命脉，通过垄断，获得了高额的利润。其次，大力推销齐国的土特产品，“通齐国之渔盐于东莱”，“皮币玩好，使民鬻于四方”，同时给予来自四面八方的行商坐贾以减免税收的便利。正所谓“天下熙熙，皆为利来”，面对如此优惠的政策和丰富的产品市场，商贾们自然闻风而动，很快就挤满了临淄城，这是以前从来没有过的盛景。

为了将大量的商人吸引到齐国，管仲还想出了一条堪称空前的妙计。管仲为相后不长时间，临淄的国人惊讶地发现，在临淄城最繁华的街道两侧盖起了大片的房屋，每到晚上，就有无数打扮得花枝招展的美女逡巡其中，她们或倚门卖笑，或浅吟低唱，整条街上灯红酒绿，几乎彻夜不眠，把个临淄城装点得热闹非凡。

孔夫子当时还没出世，因此也没有什么满脸严肃的道学家出来跳脚大骂伤风败俗。齐国国人在惊讶之余，也只是觉得偶尔有些吵闹而已。不过有见识的人很快就发现，自从这些被称为“女闾”的官营风月场所开张后，临淄城内忽然多了不少慕名而来的外地人，简直达到了摩肩接踵、挥汗成雨的地步，而齐国的金库，也日渐充盈了起来。

管仲不愧是一个思维开阔的改革家，他居然能够想到通过开设风月场所来增加财政收入的妙计。根据清代学者褚人获所著笔记《坚瓠续集》的记载：“管子治齐，置女闾七百，征其夜合之资，以充国用，此即教坊花粉钱之始也。”管仲堪称是这一古老行业的创始人，后世的瓦舍勾栏之中，多有供奉管仲神像者，管仲也就逐渐演变为青楼妓馆的行业保护神了。

其实对于管仲而言，开设风月场所的目的并不仅仅是为了广开财源，更重要的是，这可以招徕大量的外地人，有了人员的流动，就有了经济上的交流。曾经做过商人的管仲非常重视商业的发展，他在临淄开办了七处市场，吸引了各地的商人，又用风月场所让他们流连忘返。

为了应付商品经济日益繁荣的局面，管仲还下令铸造钱币。根据经济学理论，贵金属货币在出现之前，曾经有过一个以物易物的交换时期，随后则会出现一种一般等价物可以通吃所有的交换行为。在齐国，由于大多数国人都与海洋打交道，织网捕鱼，煮海晒盐，因此对小刀的需求颇为广泛，因此曾经一度以刀作为一般等价物。管仲所铸造的钱币也模仿了刀的形状，这就是直到今天还能看到的刀币。后来这种刀币的形制也被燕赵等地采用，由此可以看出齐国繁荣的商业对其他国家的影响。

当然，发展商业固然重要，但在两千多年前，它并不能够完全支撑一个国家的经济。民以食为天，农业生产才是前现代社会经济的重中之重，只有发展雄厚的农业基础，让老百姓有饭吃，国家才能稳定。随着铁制农具的使用，井田制已经严重地阻碍了生产力发展，那么就必须针对新的形势进行农业改革。

管仲深刻地认识到了这一点，他有一句流传千古的名言："仓廪实而知礼节，衣食足而知荣辱。"这句话的意思大致类似于后世所谓的"经济基础决定上层建筑"。

为了发展生产，管仲索性将已经名存实亡的井田制一举废除，承认土地私有化，并且允许土地买卖。这一政策极大地鼓舞了土地所有者的生产热情——以前耕种土地是为了国家，现在收成都是自己的，焉有不劳动之理？而且，土地买卖所导致的土地集中也便于新农业技术的推广——这一点很好理解，在井田制下，土地被分割得七零八落，放头牛进去连转身都有困难，怎么可能拉犁耕地呢？随着井田制的废除，齐国出现了一个农业生产的高潮。

当然，促进农业生产的根本目的，还是为了增加税收。在井田制时代，赋税是通过奴隶和平民对公田的无偿劳动而得到的，但井田制一废除，这个办法显然行不通了——"公家"既没钱，也不掌握奴隶。管仲提出了相应的解决之道："相地而衰征。"这一政策的意思是，根据土地的地理环境和收成多寡，将其划分为三六九等，例如平地、丘陵、海滨、生田、熟田等，再按照等级分别征税。这样既符合了土地私有化之后的局势，又尽量照顾到生产者的情绪。

为了保护农业生产的积极性，管仲还提出了"无夺民时"的主张，即不在农忙季节征发劳役；禁止滥伐滥捕，保护自然资源；禁止贵族抢夺平民的牛羊去作祭祀用，保护牲畜的繁殖。通过这一系列措施，奴隶主贵族对平民和奴隶的人身控制进一步松弛，新的社会经济模式逐渐固定下来。

管仲在齐国推行的全面改革取得了立竿见影的效果，仅仅数年时间，齐国就基本上从奴隶制经济中转型出来，向封建经济迈出了重要而坚实的一步。接下来，齐国就要重新踏上扩张之路，举起霸主的旗帜了。

在齐国的国土上划了一道沟

鲁庄公三十年（公元前664年），曾经侵略过齐国的老对手山戎再次南下，袭扰中原，其中北方的燕国首当其冲，大片国土沦陷敌手，国都也被围困，十万火急之际，燕庄公派出使者突出重围到齐国去求救。

当初，为了建立齐国的霸业，管仲劝齐桓公打出"尊王攘夷"的旗号，一改秦、晋、楚等强国雄踞一方、各自为政的做法，奉周天子为尊，号召天下各诸侯国联合起来，共同抵御戎狄等部落的袭扰，这样就能让齐国自然而然地成为各国的盟主。

如今，经过管仲的精心治理，齐国国力大盛，临近的鲁、宋、卫、郑等诸侯国也与齐国关系比较好，齐国正是处于对内繁荣安定、对外威望日隆的时候。如今接到燕国的求救请求，自诩"尊王攘夷"而又自信心十足的齐桓公自然不会拒人于千里之外。于是他决定亲率大军出征，既解救燕国于倒悬，又报当年的一箭之仇，而且防止燕国被灭，齐国唇亡齿寒。

此时山戎已入燕国三月有余，一路烧杀抢掠，裹挟了大量的子女玉帛，贪欲已经得到了一定程度上的满足，而且很多将士沉湎于寻欢作乐，再也提不起冒死杀敌的精神。听说齐桓公亲率大军前来，山戎军队不敢恋战，收拾起战利品逃之夭夭。

见山戎逃窜，齐桓公便召来管仲问计，管仲说："山戎不战自退，实力未损，极易卷土重来。听说山戎首领残暴嗜杀，受他胁迫的诸部落早有叛离之心，如今山戎军心不稳、人心不齐，如果齐燕两国合力追击，定可直捣其巢穴，歼灭其主力，以绝后患，保北方安宁。"

齐桓公听了深觉有理，找到燕庄公商议此事，二人一拍即合，又联络了同样与山戎有仇的邻国无终国，一起率领部队追击山戎军队。此时山戎将士们正满载而归，高高兴兴地准备带着战利品回家享受，丝毫没有战意，谁知被齐燕联军衔尾追来，只得仓促迎战。本就无心恋战的山戎军一触即溃，丢下了不少财物和百姓。齐桓公下令善待被俘的山戎百姓，并从他们口中问出山戎军已经逃向了孤竹国（今辽宁朝阳境内）。于是决定继续追击，灭掉孤竹国，彻底安定北方。

此时，山戎首领已经率领残部逃到了孤竹国，并且将自己从燕国掳掠来的财物献给孤竹国主，以此换取孤竹国的援助。孤竹国主收下了财物，便派出了大将黄花率军支援山戎军待齐燕联军一起应战。谁料齐燕联军锐不可当，经过一番激战，山戎和孤竹军联合起来也抵挡不住。

见势不好，为了将功折罪，黄花决定使一招诈降计，将齐燕联军引入茫茫沙漠中的迷谷里，那里没有水源，而且路途难辨，没有向导的人很难走出来，故称"迷谷"。齐燕联军初来乍到、不知深浅，如果真的进入了迷谷，一定会在里面饥渴而死，到时黄花就可以不费一兵一卒取得胜利了。

为了表示自己的诚意，不使齐桓公起疑心，黄花杀掉了献出重金前来投靠的山戎国主，带着他的首级去见齐桓公。黄花在齐桓公面前编出了一套孤竹国君已经率部逃走去寻找救兵，自己愿意投降齐桓公的谎话，并且表示自己带领齐燕联军去追击孤竹国君，以除后患。

齐桓公见黄花带来了山戎国主的首级，大敌已除十分开心，于是便轻信了黄花的话，率领大军继续北上。谁知进入沙漠之后，一个不小心，黄花的部队就消失得无影无踪，只剩下齐燕联军在迷谷中不辨方向地乱转，齐桓公这才知道中计了，将士们得知在沙漠中迷失了方向，也十分恐惧，军心受到了极大的震动。

在此危急时刻，管仲想起了老马大多识得路途，于是建议齐桓公挑选几匹无终国从山戎那里得来的老马，放在部队前方带路。此时大军几乎已经陷入绝境，齐桓公也想不出什么更好的办法，就听从了管仲的建议，让大军跟在挑选出来的老马后面行军，不久以后果然走出了迷谷。

后来齐桓公又听从隰朋的建议，根据蚂蚁的生长习性找到了水源。经过休整，齐燕联军如狼似虎地挥师孤竹国报仇雪恨，很快就势如破竹地攻破了孤竹国的守军和山戎的残部，灭掉了山戎和孤竹国，消除了山戎对中原的威胁。

胜利得来不易，但齐桓公并没有将胜利果实据为己有，而是将原来山戎和孤竹国占据的领土全部送给了燕庄公。燕庄公认为如果不是齐桓公带兵来援，燕国此刻恐怕早已亡国，如今横遭兵祸的燕国拿不出太多珍贵的礼物酬谢齐国，就更不能接受齐军拼死奋战得来的土地了。

齐桓公亲自率军援救燕国，还追击千里，不灭山戎誓不罢休，本来就是为了高扬"尊王攘夷"的大旗，树立齐国在各诸侯国之间的声威，自然不愿意为了一些蛮荒的土地背上一个小气的名声。更何况齐国与山戎、孤竹的领土并不接壤，在交通十分不便利的春秋时期，很难控制这么远的疆土，时间久了自然而然就会被燕国吞并，还不如此时故作大方地送给燕国，还能趁机收买人心。

于是齐桓公对燕庄公说："敝国离此路途遥远，即使接受下来也是鞭长莫及，你我都是为周天子守卫疆土的臣子，请以天子为重，守好边界，使中原免受侵袭。"燕庄公见齐桓公抬出了周天子的旗号，明白了齐桓公的心意，也就不再推辞，接受了下来。

齐桓公此行灭掉了孤竹国、驱逐了山戎的势力、解救了燕国的亡国危机，在各诸侯国间声威大震，完满地达到了目的，于是十分满意地班师回国。燕庄公对于齐国来援的义举非常感激，于是便亲自为齐桓公送行，久久不愿分别。直到进入齐国境内的长芦（今河北沧州北），才依依不舍地分别。

根据周礼规定，没有周天子的命令，诸侯相送不可以出国界，送齐桓公入齐境虽然是燕庄公自愿的，但却也是齐桓公的大大失礼。为了显示齐国的大国风度，也是为了收买人心，齐桓公当即下令，就地划沟为界，将燕庄公走过的五十里土地全部划归燕国。

援救燕国、追击山戎是"攘夷"，划沟为界，赠土于燕是"尊王"，齐桓公这一招尊王攘夷玩得十分高明。从此之后，燕国成为了齐国比盟友更加忠实的邻国，而齐桓公也在诸侯之间声望日隆，隐隐有霸主之势。

庆父不死，鲁难未已

正在齐国国势蒸蒸日上之际，鲁国却陷入了内乱之中，而且这场内乱与齐桓公之女哀姜有扯不清的干系。鲁庄公的弟弟庆父在鲁庄公死后，先后杀了两任鲁国国君，因而被称为"庆父之乱"。

鲁庄公作为鲁国的国君算是一个另类。鲁国是一个遵守和注重周礼的国家，而鲁庄公上任之后，并不按照礼制办事，打破了鲁国恪守周礼的传统，令国人大不信服。鲁庄公二十三年（公元前671年），齐国打破周礼而举行了祭神大典，鲁庄公听到消息后没有听从臣下曹刿的劝阻，不顾礼制跑去齐国观看大典。第二年，鲁庄公又去齐国，这次他是迎娶齐桓公的女儿哀姜。在这次婚庆的过程中，鲁庄公再次打破礼制，甚至将鲁桓公庙堂的柱子都涂成了红色，而按照周礼，庙堂前的柱子只能是黑色。

在鲁庄公迎娶哀姜之前，他就碰见了孟任。孟任是党氏的女儿，鲁庄公在一次偶然的机会见到了孟任，当即就被孟任的美貌所迷，于是孟任走到哪里，鲁庄公就跟到哪里。孟任回到家中，鲁庄公也跟到孟任家中，随后鲁庄公与孟任歃血为盟，答应孟任立她为夫人。鲁庄公和孟任有一个儿子，就是公子般。而鲁庄公从齐国迎娶来的哀姜并没有给鲁庄公生下儿子，可哀姜的妹妹叔姜却为鲁庄公生了一个儿子公子开。鲁庄公因为宠信孟任便想让公子般继承王位，但是公子般不是嫡长子，不可立，因而鲁庄公迟迟未立太子。

哀姜不得鲁庄公宠信之后，就私通鲁庄公的弟弟庆父。由于庆父与哀姜私通，庆父便支持哀姜的妹妹叔姜所生的公子开继承君位。鲁庄公与庆父之间的矛盾就在这种复杂的关系中不断凸显出来，而鲁庄公迟迟不立太子也是日后庆父之乱的重要原因。鲁庄公三十二年（公元前662年），庄公突然感染重病，并且久治不愈。于是鲁庄公开始为王位的继承事宜而担忧，他就请来他的弟弟前来商议。鲁庄公有三个弟弟，大弟是庆父，二弟是叔牙，小弟是季友。鲁庄公先请来二弟叔牙问谁来继承王位比较合适？叔牙就对鲁庄公说："庆父很有才能。"

随后，鲁庄公又召来小弟季友，问他支持谁继承王位。季友就说："臣愿意以死拥立公子般。"于是鲁庄公就告诉季友说："可是刚才叔牙说庆父很有才能。"季友听到鲁庄公这么说之后，于是借用君命令叔牙到针巫氏家中等待处置。随后，季友又命人给叔牙送去毒酒，逼其自尽。叔牙怕自己的后代受到牵连而被赶尽杀绝，于是喝下毒酒后，往家中走，死在了逵泉。鲁庄公死后，季友就按照庄公的意思拥立公子般即位。公子般继承王位后，开始为庄公守灵。但是不到两个月，庆父就派荦刺杀了公子般。

庆父之所以派荦去暗杀公子般是有缘由的，在鲁庄公去世的那一年，鲁国在大夫梁氏的庭院中进行祈雨演练，梁氏之女则在旁观看操演，而负责养马的荦看到梁氏之女后，借机调戏，被公子般发现。公子般看到荦不守规矩后十分恼怒，于是便把荦绑了起来，鞭打了一顿。鲁庄公对公子般说："不如杀了他，而不能鞭笞他。荦这个人十分有力气，能把门扇投到稷门的城墙之上。"但是公子般最终没有杀荦，而荦也因为被鞭笞一事对公子般怀恨在心。于是，在公子般继承王位之后，庆父就利用荦的这种心态和力大的本事策划了刺杀公子般的事件，并获得成功。

在公子般被杀之后，季友害怕庆父对自己也下毒手，就逃到了陈国。庆父在杀了公子般之后，就拥立哀姜妹妹叔姜所生之子公子开即位，是为鲁闵公。鲁闵公元年（公元前661年）六月，鲁庄公的尸首才得以下葬，这是由于鲁国内乱的缘故，所以才使鲁庄公入葬推迟。同年八月，鲁闵公与齐桓公在落姑结盟，鲁闵公借此机会请求齐桓公帮助季友回国。齐桓公答应了鲁闵公的请求，于是派使者去陈国，鲁闵公则在郎（今山东曲阜东南）等候季友。季友果然归来，于是鲁闵公褒奖了他。在齐桓公的努力之下，季友才得以回到鲁国，为鲁国的平稳安定做出了努力。

这年冬天，齐国大夫仲孙湫来到鲁国慰问灾情，之后仲孙湫回国面见齐桓公，禀告了鲁国的情况。仲孙湫说："庆父不死，鲁国就会不得安宁。"齐桓公就问道："那要怎么除去庆父呢？"仲孙湫回答说："鲁国灾难不停，庆父只是在自寻死路，君王只要耐心等待就好了！"于是齐桓公又问："那现在可以攻伐鲁国吗？"仲孙湫则说："不行，鲁国秉承周礼，而周礼就是鲁国的根基。臣听说：'一个国家将要灭亡，其根基必先动摇，然后才是枝叶的颠覆。'鲁国并没有抛弃周礼，所以并不能撼动鲁国的根基。君王必须趁现在鲁国为难之机，亲近鲁国。亲近有礼的国家，依靠稳固的国家，离间不合的国家，倾覆昏乱的国家，这才是霸王之道啊！"

虽然齐桓公此时已经把齐国营造成一个春秋大国，自己也成为一代霸主，但是在对待鲁国这件事上齐桓公并没有狂傲自大，而是听取了仲孙湫的建议，在鲁国危难之机亲近鲁国而没有借机侵占鲁国。不得不说，这是齐桓公所作出的又一巨大贡献，维护了尊崇周礼的鲁国，也就是维护了周朝的纲纪。

后来，果然不出仲孙湫的所料，庆父再次引发鲁国动乱。鲁闵公二年（公元前660年）初，鲁闵公的老师夺取了卜齮田地，鲁闵公没有管。于是这一年的八月二十四日，庆父就派卜齮在武闱偷袭鲁闵公，并将鲁闵公刺死。庆父连续派人暗杀了两任鲁君，自知罪责难逃，于是逃离了鲁国，来到了莒国。随后，季友带着鲁闵公的弟弟从邾国回到鲁国即位，是为鲁僖公。鲁僖公即位之后，季友便贿赂莒国，让他们把庆父交还归鲁国。莒国同意了季友的请求，于是送庆父回鲁国，走到密（今山东费县北）时，庆父派公子鱼向季友请求宽恕，但季友不许，公子鱼便哭着回到密地。

庆父听到公子鱼的哭声之后，就知道了自己命运的终结，当即悬梁自尽。而与庆父私通的哀姜，本想要拥立庆父为鲁君。在庆父逃跑之后，哀姜由于知道庆父刺杀鲁闵公的内情，怕受惩罚，便也逃到了邾国。后来，齐桓公觉得哀姜是齐国的耻辱，就派人抓住了哀姜并在夷地杀了她，然后把她的尸体送回了鲁国。鲁僖公则安葬了她的尸首，鲁国的庆父之乱也就此完结。

在整个庆父之乱中，齐桓公始终没有偏袒自己的女儿哀姜，而是大义灭亲，最后还杀了自己的女儿，为鲁国彻底了解了祸患。正是在齐桓公的帮助下，鲁国才能最终获得了安定，恢复了礼制，平定了内乱。

抗击戎狄

周朝以前，威胁中原的北方民族主要有山戎、猃允、荤粥、土方、鬼方等，其中居于北方的称为狄，居于西方的称为戎。到了西周，鬼方和玁狁成为威胁中原的主要强敌，《诗经·小雅·采薇》中提道："靡室靡家，玁狁之故。不遑启用，玁狁之故。"

为了扫平强敌，解决戎狄的袭扰，历代周王曾多次派军前去征伐，虽然曾经多次大获全胜，但戎狄的实力却屡次死灰复燃。到了周幽王时期，犬戎强盛，王室倾颓，西周竟然灭于犬戎之手，以致周平王不得不东迁雒邑，重建周王朝。同时戎族也深入中原腹地，甘肃、陕西、山西、河南一带都有戎族分布，直到秦国兴起，经过历代秦公的开拓，到穆公时期秦霸西戎，这才解决了西戎对中原的威胁。

由于春秋时期周天子的权威衰颓，无力号召诸侯共同抵御戎狄，狄人变本加厉地入侵中原，他们的势力自山西、陕西一带一直向东深入到河北、河南、山东地区。并且趁着中原各国之间相互征伐的机会大肆南侵，对中原诸国造成了极大的威胁。正是在这种背景下，齐桓公才举起了周王室已经无力举起的"攘夷"大旗，以抗击戎狄为借口，得以九合诸侯，一匡天下。

河南北部淇水、卫河一带的卫国，在春秋初期是中原北部诸侯中比较大的一国，都城就是原来商朝的都城朝歌。身为一位春秋时期大国的国君，卫懿公既不爱好富国强兵，也不爱好扩张领土，他的爱好是养鹤，在宫廷中和都城附近的宫苑中，到处都有为卫懿公精心饲养的鹤。为了表示自己对鹤的喜爱，卫懿公还特意给它们授予爵禄，最上等的鹤与大夫同等，差一点的可以得到士的俸禄，还有专门的"鹤将军"，每次卫懿公外出游玩，就让它们在车前引路，像威武的大将军一样。

公元前660年，狄人大举南侵，直奔卫国而来，卫懿公赶快召集军队迎战，谁知将士们谁也不愿意作战。因为他们在战场上拼杀，即使立下功勋也很难获得爵位，而卫懿公却只会浪费财力物力给鹤封爵，这些将士们十分不满，于是他们纷纷说："国君派您的鹤将军去迎战吧！"卫懿公无奈，只得命人放掉所有的鹤，勉强收拢人心集结军队，然后将玉玦交给大夫石祁子，请他凭此处理国家内政，又将箭矢交给大夫宁庄子，请他带领军队守卫都城，殷殷嘱咐道："以此赞国，择利而为之。"

卫懿公将都城交托给石祁子和宁庄子之后，便亲自披挂上阵，命渠孔担任御戎，为自己驾驭战车；命子伯为车右，护卫自己的安全；又命黄夷为先锋，孔婴殿后。此时狄人已经兵临城下，卫懿公带人在都城朝歌郊外的荧泽与狄人作战，卫军军心不齐，又是仓促应战，很快就溃败了。卫懿公守着卫国的大旗不愿离去，于是被狄人碎尸，只剩下一块肝脏。

卫懿公一死，再也没有任何人能够阻挡狄人的脚步，于是狄人大军攻入卫国都城，一番烧杀抢掠之后灭掉了卫国，有逃出去的卫人也遭到了狄人的追击。等到齐桓公闻讯赶来救援之时，幸存的卫人只剩下了七百三十人，加上共邑、腾邑的居民才凑够了五千人。卫懿公的堂兄，卫宣公的孙子公子申收拾残余的百姓，召集仅余的大臣，在曹邑（今河南滑县西南）即位，史称卫戴公。

齐桓公一开始听说狄人进攻卫国，并没有当回事，也没有发兵去救援，谁知不久以后就听说卫国被狄人灭掉，卫懿公也死了，才发觉事态严重。赶快派自己的儿子公子无亏带着三百战车、三千士兵到曹邑去帮助维持，又赠送给卫戴公国君所需的乘马、祭服五套，送给卫夫人华丽的鱼轩车和重锦，此外还有牛羊猪鸡狗等家畜各三百，还有一些建筑用的木材。得到了齐国的资助和护卫，卫国这才得以重建。

然而祸不单行，卫戴公即位不到一年就去世了，百废待兴的卫国再次陷入巨大的惶恐之中，此时流亡齐国的公子毁回到卫国即位，史称卫文公。同时，嫁到许国的卫懿公的妹妹许穆公夫人听说卫国被灭悲痛欲绝，立即离开许国回卫国来帮助重建，同时还发挥自己的外交才能四处奔走，为卫国的重建征集援助。

卫国的重建正如火如荼地展开，狄人的铁蹄又踏向了邢国。前一年，狄人就曾经攻打邢国，但是齐桓公耽于逸乐，不愿意派兵出战。但是管仲劝谏道："戎狄豺狼，不可厌也；诸夏亲昵，不可弃也。安逸享乐就像毒药一样，不可贪恋。岂不闻《诗经》云：'岂不怀归，畏此简书。'所谓简书就是告诫各国要共同抵御强敌。请您遵从简书的精神，发兵援救邢国。"齐桓公如醍醐灌顶，当即不敢再耽于逸乐，派兵打退了狄人，解救了邢国。

这一次，敌人蹂躏了卫国之后又大举进攻邢国，齐国如果置若罔闻，又何谈尊王攘夷呢？于是齐桓公邀集宋国、曹国的军队在聂北（今山东聊城）会合，一起去救援邢国。但是当联军赶到时邢国的国都已经被狄人攻破，一番大肆抢掠之后，又放了一把大火将都城付之一炬。

联军赶走了狄人，救了逃出来的邢国人，但是邢国的都城已经成为了一片废墟，再也无法修复。于是齐桓公下令联军开到邢国人口比较多的夷仪（今山东聊城西），帮助邢国在此修建城墙，建立新的国都。有了齐国和其他各国的物资援助，邢国的新都城很快就建好了，邢国人兴高采烈地搬入新居，心情像回家一样高兴，故而史称"邢迁如归"。

然后，齐桓公又号召各国合力在楚丘（今河南滑县东）为卫国兴建了新的都城，重新过上安稳和平生活的卫国人很快就在新的土地上扎根，忘记了亡国的痛苦，故而史称"卫国忘亡"。

齐桓公利用齐国在各诸侯国中举足轻重的地位，逐渐将黄河中下游一带的各国团结起来，共同抵御戎狄的袭扰。孔子说："微管仲，吾其披发左衽矣。"对齐国保护中原文化和中原百姓不受凌辱涂炭所做出的贡献给予了高度评价。安鲁、救邢、存卫是齐桓公称霸之路上的三大功业，通过召集各国共同"攘夷"，也为齐国日后九合诸侯以匡天下的霸业打下了坚实的基础。

第一个霸主出炉了

齐桓公通过抗击戎狄，救援燕国、卫国、邢国，扶住周太子登基等一系列尊王攘夷的行动，提高了齐国在各诸侯国之间的威望，逐渐拥有了霸主的地位。为了使这实际上的霸主地位进一步得到名义上的确认，齐桓公在鲁僖公九年（公元前651年），也就是周襄王即位后的第二年，在葵丘（今河南考城附近）大会诸侯，召集鲁、宋、卫、郑、许、曹等国在此集会结盟。

各国国君如约而至，新即位的周襄王为了表彰齐桓公为天下安宁做出的丰功伟绩，特意派出太宰周公孔（也称宰孔）亲自与会，并将周天子祭祀祖先用的祭肉赐给齐桓公。由于周王室姬姓与齐国姜姓时代通婚，故而宰孔以周天子的名义尊称齐桓公为伯舅："周天子刚刚祭祀过文王和武王，特命我将祭肉赐给伯舅。"

齐桓公赶快下拜行礼，宰孔说：“等一下，天子还有命令。天子派我来时说，伯舅年高德昭、劳苦功高，加赐一级，不必下拜。”齐桓公听宰孔这么说，就停止行礼，打算直接接受祭肉。管仲赶快拦住，让齐桓公一定要对周天子表示出最大的尊重，不可违背周礼。于是齐桓公又神色恭谨地对宰孔说：“天子威严容不得半点冒犯，小白岂敢从命免礼破坏礼法，令天子蒙羞呢？今日万万不可不下拜！”于是齐桓公从容下拜行礼，然后走上祭台接受了周天子的赏赐。

按照周礼，周天子祭祀祖先用的祭肉只能赐给姬姓诸侯，这次特意在诸侯盟会上派太宰将祭肉赐给姜姓的齐桓公，在各国诸侯面前表示了对齐桓公的殊荣尊宠，并以此举彰显了对齐桓公霸主地位的承认。而齐桓公在管仲的劝说下坚持跪拜行礼，是为了继续摆出尊王的姿态，以达到挟天子以令诸侯的效果。

当年秋天，齐桓公再次于葵丘大会诸侯，以盟主的口吻发出命令：“凡是我同盟之人，已经盟誓过之后，都要言归于好。”然后又对各与会诸侯申明周天子的禁令：“不可壅塞泉水！不可多藏谷米！不可改立继承人！不可以妾为妻！不可使女子参与国事！”与此前齐桓公为了攻打戎狄和楚国而大会诸侯不同，这次葵丘之会的主题是呼吁和平，让同盟各国中止战乱、重新修好，为各国休养生息、恢复发展提供一个稳定的外部环境。同时也代表了齐国至少在名义上负起了代表周天子约束诸侯的责任和权力，标志着齐国的霸业达到了顶峰。

所谓“水满则溢，月满则亏”，齐桓公霸业的顶峰也代表着衰败的即将来临，周天子派来送祭肉的宰孔就敏锐地看到了这一点。宰孔完成了任务以后，就自己回去向周天子复命，正好晋献公听闻齐桓公在葵丘大会诸侯，也赶来参加，路上遇到了回程的宰孔，便请他过来询问情况。

宰孔说：“您不必去参加盟会了，齐桓公不注重涵养德行道义，却一味南征北战、开疆拓土，因此在北方讨伐山戎，在南方则征伐楚国，在西方就召集诸侯在此盟会。齐国的东方政策效果还不知如何，但西方这个盟会，我看效果并不好。晋国现在正有内乱，您还是专心平定内乱，不必外出了。”听了宰孔的话，晋献公觉得很有道理，于是便命人打道回府了。

春秋初期，周王室衰微，只有齐国、楚国、秦国、晋国是守卫边疆的大国。晋国在晋献公晚年陷入内乱，无力经营霸业；秦穆公尚在西方开辟疆土，不参加中原的会盟之事；而楚成王收服荆楚之地少数民族，享有广阔的土地，自立为王。只有齐国有能力有意愿主持中原的会盟，而齐桓公又能做到尊王攘夷，宣扬王道，因此诸侯才会服从他的号令。

但是，齐桓公并没有认清自己成就霸业与时机、大势的重要关系，只是认为自己南征北战、功勋卓著、国家富庶、兵强马壮，因此剑锋所指，诸侯莫敢不从。齐桓公认为自己九合诸侯的功业堪比夏商周三代受命于天，于是打算封泰山、禅梁父，管仲三番两次以理相劝都不能阻止齐桓公。无奈之下，只好对齐桓公说：“古人封禅，必须有鄗地的黍、北里的禾、江淮一带胜仗的三脊茅草、东海的比目鱼、西海的比翼鸟，然后祥瑞的灵物就会不召而至。现在凤凰和麒麟没有出现，佳美的谷物也没有生长出来，田里杂草丛生、乌鸦乱飞，这样的情况岂可封禅！”齐桓公无言以对，只好作罢。

齐桓公虽然并没有真正将封禅付诸实践，但是此事说明齐桓公的野心已经越来越大，而且被自己取得的成果冲昏了头脑。在这样的情况下，齐国的霸业走向衰落。

第五章　日落西山，强齐也没有不散的宴席

天下没有不散的筵席

葵丘之会以后，齐国的霸业虽然已经逐渐衰落，但仍然维持了一段时间。鲁僖公九年（公元前651年）九月（由于《春秋》是按照鲁公纪年，故而研究春秋历史的著作多用周王纪年或鲁公纪年），晋献公去世，晋献公指定因为受宠而被立为夫人的骊姬之子奚齐继承国君之位。晋国的大夫里克认为奚齐的君位得来不正，心中不服，于是纠集党羽杀死了奚齐，而后骊姬妹妹的儿子、奚齐的弟弟公子卓即位为国君，又被里克等人杀死。晋献公的几个儿子死的死、逃的逃，晋国从此群龙无首，陷入内乱之中。

齐桓公见此情况，便召集各国诸侯会师伐晋，来平定晋国的叛乱，大军到达高梁（今山西临汾东北）之后就回去了。里克杀死奚齐和公子卓之后，派人迎接流亡在外的公子重耳回国即位，重耳婉言谢绝，里克转而迎接同样流亡在外的公子夷吾回国。夷吾一方面又想回国，一方面又担心其中有什么阴谋，于是派人到秦国请求援助，以即位之后割地给秦国的承诺换取秦穆公派兵送他回国。

后来秦穆公果然派军护送夷吾回国，作为霸主的齐桓公也派出了齐国大夫隰朋率领部队与秦军会师，共同护送公子夷吾回晋国。第二年四月，隰朋与周天子派来的周公忌父和王子党共同在晋国立公子夷吾为晋惠公。这是黄河上游的秦国第一次与黄河中下游的诸侯国正式发生政治联系，而且也可以看出齐国此时仍然实力鼎盛，有能力参与与之不相伯仲的晋国的废立之事。

不久以后，狄人再次来袭，灭掉了温国，温国的国君逃到了卫国，狄人也继续入侵，袭扰卫国、郑国。这时齐桓公并没有像往常一样召集诸侯，大张旗鼓地去讨伐狄人，而是联合许国一起讨伐了北戎，以此牵制戎狄的入侵。

鲁僖公十一年（公元前649年）夏，之前与周襄王争夺王位失败的王子带不甘心接受失败的结局，于是勾结了扬邑、拒邑、泉邑、皋邑以及伊、雒一代的戎人进攻周王的京城，焚毁了王城的东门。秦穆公听说这个消息，赶快集结军队，联合晋惠公共同带军前来救援周天子，齐桓公也派了管仲和隰朋代表周王室和晋国前来与戎人进行和平谈判，多方合力之下，戎人终于退兵了。

由于齐国之前的拥立之功，周襄王本来就对齐国很有好感，现在管仲又在平定戎乱中立下大功，于是周襄王感激地以上卿之礼设宴款待管仲。管仲很惶恐地推辞说："臣是齐国小臣，职卑位贱，没有资格享受上卿的礼仪。"周襄王说："我是为了嘉奖你的功勋和美德，不必推辞了，不要违抗我的命令！"管仲见推辞不过，但毕竟不敢太过违背礼制，就采取了折中的办法，按照下卿的礼仪参加了宴会。后来有人称赞管仲说："管仲如此谦恭退让，立下大功也不轻视王上，他能够享受世代香烟祭祀实在是理所应当的。"

但是周王室的危机并没有就此解除，淮河一带的夷人不断侵扰杞国，同时也对周王室也造成了威胁，而戎人虽然退走，但始终对中原虎视眈眈。为了保护周王室的安全，齐桓公派出仲孙湫到周去任职以及时处理相关事宜，并且邀集诸侯在鹹地集会，召集诸侯的军队到周王畿去戍守防御。

正在周王室危机不断的同时，南方的楚国也蠢蠢欲动。随着楚国的逐渐兴起，在南

方拥有强大的势力，周边各个小诸侯国都要奉其为尊，但是一次楚国召集各诸侯国君聚会，黄国不愿服从楚国，就参加了齐国为防御、讨伐楚国而举行的齐国、宋国、江国、黄国四国会盟。后来齐国势力日益强大，原来依附于楚国的诸侯国纷纷倒戈附齐，黄国国君也认为："楚国的郢都距离我有九百里之遥，如何能危害到我呢？"于是背叛了楚国，楚国本就存着与齐国一争短长之心，同时也为了杀鸡儆猴，警诫南方的各诸侯国，于是便以"黄人不归楚贡"为由发兵灭掉了黄国。

几年以后，楚国又出兵讨伐徐国，按照葵丘之会的精神，各诸侯国在牡丘会盟，谋划援救徐国之事。各诸侯国军队会齐之后，并没有直接去援救徐国，而是直接去进攻楚国的与国厉国，逼迫楚国退兵去救厉国，以解徐国的危机。但是这一计策遭到了失败，徐国军队在娄林（今安徽泗州东北）惨败于楚国，齐桓公只好在第二年亲自派军去进攻厉国，虽然没有攻克，但是顺利解救了徐国。

面对如此纷乱难解的局势，齐桓公似乎并没有意识到齐国已经不复当年的攻无不克战无不胜，还没能压制住戎人和楚国的威胁，又将矛头指向了东夷。鲁僖公十六年（公元前644年），齐桓公又在淮水上会盟诸侯，解决鄫国（今山东峄县附近）的问题，同时向东夷示威。于是借助诸侯的力量为鄫国修筑城池，但不巧的是参与筑城的役夫有很多人生病，还有人在夜里登上高丘大声呼喊："齐有乱！"不仅齐国君臣人心惶惶，连各诸侯国也忧心不已，于是齐桓公没有等到鄫国的城池建成就先撤军回了齐国。

面对戎狄和楚国的连续袭扰，齐桓公已经失去了当初亲率大军追击千里的豪气，也不再有"以此众战，谁能御之？以此攻城，何城不克"的信心，不敢直接与戎狄和楚国的军队面对面对抗，只能以和谈的方式换取和平，以围魏救赵的手段曲折地救援友国。足见齐国虽然仍有霸主之位，但实力已经大不如前，鲁僖公十七年（公元前643年）十月，纵横一世的齐桓公姜小白结束了他传奇的一生，同时也为齐国的霸业画上了句号。

第一个饿死的霸主

鲁僖公十五年（公元前645年），为成就齐国霸业而殚精竭虑一生的管仲走到了他人生的终点，听说管仲病重垂危，齐桓公不顾自己年事已高，亲自到管仲府上探望。一番寒暄慰问之后，齐桓公问管仲："依你看来，谁可以接替你的相位？"

管仲十分谨慎地说："知臣莫如君，您比较看好谁呢？"

齐桓公属意鲍叔牙，管仲诚恳地说："鲍叔牙是君子，但他过于善恶分明，这样是不可以为相的。"

齐桓公就问："易牙怎样？"这个易牙精擅烹饪，是齐桓公的宠臣，有一天齐桓公胃口不好，只说："什么美味佳肴都吃腻了，就想尝尝蒸婴儿肉是什么滋味。"于是易牙就将自己的儿子杀了给齐桓公做菜。齐桓公事后知道了真相，十分感动，认为易牙对自己的忠心甚至超过了父子天伦之爱，从此对他更为宠信，因此在老臣鲍叔牙之后首推易牙为相。

管仲摇了摇头说："这个易牙为了讨好国君，竟然不惜烹了自己的儿子，这样毫无人性之人，不宜为相。"

齐桓公又问："开方如何？"开方是卫懿公的庶长子，当年齐桓公讨伐卫国，卫懿公便派他带上礼物到齐国去求和。开方见齐国国力鼎盛，便留在齐国做官，十五年没有回国。后来卫国被狄人所灭，卫懿公死无全尸，连卫懿公远嫁许国的妹妹许穆夫人都匆匆赶回卫国为重建故国而奔走，开方却无动于衷，继续留在齐国侍奉齐桓公。齐桓公认为开方对自己的忠心超过了对故国之爱，因此也十分信任他。

管仲答道："卫公子开方舍弃了卫国太子之位，屈奉国君十五年，连他的父亲去世都不回去奔丧，如此无情无义之人，如何能真心忠于国君？况且他放弃千乘之封地，俯就于国君，心中所求的必定过于千乘之封，国君决不能任其为相。"

齐桓公又问："那么竖刁怎样？他宁愿自残身肢来侍奉寡人，这样的人难道还会对我不忠吗？"竖刁是齐桓公宠信的宦官，当初齐桓公四处寻找能人为自己管理后宫事务，竖刁听说以后就自行阉割，入宫服侍齐桓公。

管仲担忧地说："不爱惜自己的身体是违反人情的，这样的人又怎么能真心忠于您呢？请国君务必疏远这三个人，宠信他们，国家必乱。"

二人谈了半天，也没能确定一个双方都满意的继任相国，齐桓公有些不满了。于是管仲只好退而求其次，将曾经与他一起到周去完成与戎人的和谈任务的隰朋推荐给了齐桓公，并说隰朋忠君爱国、为人厚道，而且勤奋好学、不耻下问，居家不忘公事，很有责任心。齐桓公想了想也觉得不错，就同意了任用隰朋为相。

不久以后，管仲因病去世，管仲在世时，时常以相国的身份对齐桓公进行劝谏。齐桓公作为一个国君，身上有很多缺点，他好大喜功、贪图享乐、沉湎女色，正是因为有了管仲的规劝，甚至是制衡，齐桓公才避免了诸多错误，走上了尊王攘夷的正确求霸之路，最终成就霸业。

管仲去世之后，齐桓公虽然十分哀痛，但也摆脱了这位少有的敢于约束自己的人。本来齐桓公在管仲去世后按照他临终前的嘱托驱逐了易牙、竖刁、开方等佞臣，但是此时的齐桓公已年过古稀，不复年少时的雄心壮志和进取精神，每天只是耽于逸乐，骤然失去了这几个弄臣只觉得自己每天都食不知味。于是齐桓公便认为管仲对他们的看法有误，于是很快就派人将他们召回来，从此逐渐迷失在了易牙等奸佞之臣的阿谀奉承、甜言蜜语之中。

鲁僖公十七年（公元前643年），年迈的齐桓公得了重病，他的五个儿子开始为夺取国君之位而公开斗争。易牙、竖刁见齐桓公已不久于人世，就堵塞宫门，假传君命，不许任何人进去，连食水都无人给送。有一个宫女偷偷翻墙进入齐桓公的住处，饿了几天的齐桓公见到她大喜过望，急切地索要食物饮水。宫女说："我没有食物也没有水，如今易牙、竖刁作乱，堵塞了宫门，不许人出入，哪里还有食物呢？"

齐桓公听了慨然长叹，流下了悔恨的泪水："我悔不听仲父之言，如果死者泉下有知，我有何面目去见他啊！"说罢，用衣袖遮住脸，竟活活饿死了，一代霸主就这样殒命于小人之手。

更加悲惨的是，齐桓公去世之后，他的五个儿子忙着自相残杀，争夺国君之位，根本没有人有空去过问他的丧事，齐桓公的尸体在床上躺了两个多月都无人理睬。直到后来曾经在卫国被狄人所灭之后帮助卫人营建新都城的公子无亏取得了胜利，得到了国君之位，才有空为齐桓公准备棺椁、安排后事，此时齐桓公的尸体已经严重腐烂，尸虫都从宫殿的门窗中爬了出来。从此以后，"停尸不顾,束甲相攻"就成为了对一国之君安排继承人问题的最大警诫，两千多年后的清朝康熙皇帝还曾经因为继承人问题的困扰发出感慨，担心自己会步上齐桓公的后尘。

史书载："桓公好内，多内宠，如夫人者六人。"齐桓公先后迎娶的三位嫡妻周王姬、徐嬴、蔡姬都没有为他生下嫡子，只有六位宠姬生下了几个庶子。其中公子无亏、公子元、公子昭、公子潘、公子商人都曾先后当过齐国的国君然后在短短数年内被自己的亲生兄弟杀死。在齐桓公去世后，齐国的乱局持续了四十多年，再不复当年九合诸侯的霸主景象。

宋襄公也想称霸

宋国是商朝王室微子启及其后裔的封国，微子启是商纣王的长兄，曾经多次对纣王的暴政进行劝谏。周武王灭掉商朝之后，微子启代表商朝王室袒露上身，反绑双手，带着商朝宗庙祭祀礼器，到武王的军营投降请罪。

周武王为了安抚商朝遗臣，便恢复了微子启在商朝的爵位，并将今河南东部一带的地区赐给他做封国。此地位处齐国、鲁国等大国之间，又地势平坦、无险可守，因此宋国不仅领土不广，在军事上也很不占优势，几乎不可能依靠军事实力开疆拓土、称霸一时。不过由于历史原因，宋国的国君爵位很高，而且十分尊崇礼法，常常以仁义自诩。

鲁僖公十七年（公元前643年），称霸一时的齐国国君齐桓公去世，由于他没有嫡子，与相国管仲商议将郑姬所生的公子昭立为太子，还曾经请宋襄公对公子昭多加照顾。但是事与愿违，齐桓公去世后，他的五位宠姬生下的儿子都想继位，纷纷与大臣勾结，自相残杀起来。为了让自己的儿子得以继位，齐桓公的宠姬长卫姬勾结了齐桓公的宠臣易牙、竖刁作乱，杀死了不服从自己的官吏，拥护公子无亏继位为国君。

齐桓公指定的太子公子昭势单力孤，无法与势力正盛的长卫姬、易牙、竖刁等人抗衡，只得带人逃出了齐国，四处流亡。公子昭想起父亲曾经托宋襄公照拂他，而且宋国距离齐国也比较近，便匆匆赶到了宋国，向宋襄公请求援助。

宋国本来是一个小国，国力也并不出众，但是国君宋襄公却是一个胸怀大志之人。当初宋桓公去世，宋襄公以嫡子的身份继位，便将他的庶兄、素有贤名的公子目夷封为司马，也就是相国。二人兄弟同心、励精图治，推行了不少利国利民、富国强兵的举措，史称“东宫图治”。

另一方面，宋襄公见齐国势力崛起，齐桓公成为各诸侯国霸主，便决定追随齐桓公。齐国救援卫国、邢国、讨伐楚国等一系列尊王攘夷的行动中，都有宋国的积极参与，后来郑国背叛齐国，齐桓公召集诸侯大军讨伐郑国，还将占领的不少郑国土地划给了宋国。通过参与这些行动，宋国的国力和在各诸侯国间的地位、声誉都有了很大提升，同时宋襄公亲眼看到齐桓公剑锋所指，诸侯莫敢违逆的声威，也觉得十分羡慕。

齐桓公去世以后，齐国因为内乱而自顾不暇，无力维持霸主地位。此时宋襄公认为宋国实力显著增强，在各国之间也很有影响力，同时自己爵位崇高，是礼法的代表，因此是继承齐桓公霸主地位的不二人选。正好齐国的公子昭逃到宋国来寻求庇护，宋襄公认为这是一个很好的机会，如果能够扶助公子昭回国即位，自然能够控制住齐国，到时候利用齐国曾经的霸主威望，宋国自然可以名正言顺地当上霸主。

于是宋襄公决定护送公子昭回国即位，便像齐桓公当年所做的一样向各诸侯国发出命令，请各国派出军队一起护送公子昭回齐国。但是宋国毕竟是个小国，虽然因为追随齐国而国力大增，却仍然无法与大国相提并论。而且齐国的公子无亏已经即位，如果出兵帮助公子昭夺位，胜利了公子昭只会感激宋国，失败了却会与齐国结仇，因此哪国也不想横生枝节，为宋国出力。所以只有曹国、卫国、邾国三个小国响应了宋国的号召，带兵前来。

宋襄公便带着这支四国联军向齐国进发，齐国多年来南征北战、兵强马壮，本来不是这几个小国的联军能够轻易打败的。但是此时齐国内乱不断，虽然公子无亏已经即位，但其他四位公子的党羽却仍在兴风作浪，而且齐桓公指定的继承人是公子昭，公子无亏的即位名不正言不顺。听闻宋襄公带领联军大举来袭，齐国的大臣们不愿意为了保住公子无亏的国君地位而与联军开战，便杀死了公子无亏，打算迎立公子昭。

但是其他几位公子的党羽并不同意拥立公子昭，便从中作梗，最后齐军不得不在甗地与联军开战。由于人心不齐，齐军无心恋战，很快就大败而回。宋襄公乘胜将公子昭送回齐国，并拥护他即位为君，史称齐孝公。

宋国召集的联军竟然打败了强大的齐国军队，而且齐孝公也不得不依靠宋国，这让宋襄公的野心极度膨胀起来，他认为宋国称霸的时机已经到来。于是在鲁僖公十九年（公元前641年），宋襄公拘捕了不服从宋国的滕宣公，然后在曹国南部举行会盟，召集曹、邾等国的国君前来赴会。鄫国是邾国的盟国，鄫国的国君因事来迟，宋襄公便让邾文公抓住鄫国国君作为牺牲用来祭祀次睢的社神，以此来向诸侯示威，同时也对东方的夷人做出警告。

宋国的司马公子目夷见宋襄公的所作所为实在过分，便劝他说："过去齐桓公援救亡国的卫国、邢国，对各国广施恩惠，仍然有人批评他德行有亏。如今您召集一次盟会却虐待两个国家的国君，而且违背礼制，用人去祭祀鬼神，用这样的方式去图谋霸业，实在是缘木求鱼。"但是宋襄公没有听从公子目夷的规劝，坚持杀了鄫国国君祭神。

曹共公见宋襄公还没当上霸主，行事却如此霸道，一怒之下便拂袖而去，不再理会宋国。宋襄公发现自己杀鸡儆猴的做法不仅没能让其他诸侯国承认自己为霸主，反而连原来支持自己的曹国也离开了，心中十分不满，便派军讨伐曹国，并围困了曹国的都城。

公子目夷又劝他说："《诗》曰：'刑於寡妻，至于兄弟，以御於家邦。'您的德政在国内尚且不完满，却来讨伐别人，这怎么能行得通呢？请您先反省自己的德行，再谈其他。"

但是此时宋襄公已经被称霸的野心冲昏了头脑，再也不肯听公子目夷的良言相劝，不顾自己国小力微，一心只想成就霸业，这就成了他日后惨败的基础。

无义之战

齐国的霸业终结之后，之前与齐国分庭抗礼的楚国隐隐有取而代之之势，不仅曾经在齐桓公时代倒向楚国的郑国再次靠拢楚国，还有一向在齐国和楚国之间摇摆不定的陈国、蔡国等小国都依附了楚国，甚至连齐国也与楚国结成了同盟。宋襄公见楚国实力强盛，却没有觉悟，反而邀请齐、楚两国在鹿上盟会，并称自己打算于在秋天于盂地大会诸侯，请求齐、楚两国支持自己称霸。

颇有称霸之势的楚国出人意料地答应了宋襄公的请求，而齐国此时国力衰弱，只能追随楚国，而且齐孝公是宋襄公一手拥立的，也比较倾向宋襄公，因此三国便达成共识，要在秋天举行各国的盟会。宋国司马公子目夷看出了其中的危机，喟叹道："宋国是小国却要争夺盟主之位，这是惹祸的端苗，宋国要亡国了啊！"

到了秋天，宋襄公准备到盂地去参加盟会，并且打算按照之前的约定不带军队。公子目夷劝宋襄公："楚国是蛮夷之国，虽然强大却向来不讲信义，您还是带上兵马保护为好。"宋襄公却抬出信义的旗号说："之前已经约定不带军队，我怎可失信于诸侯呢？"于是宋襄公真的没有带军队就出发了。

宋襄公满心怀着成为即将霸主的欣喜赶到盂地时，楚、郑、陈、蔡、曹、许等诸侯国的国君都已经到了，但是比较支持宋襄公的齐孝公却没有来。宋襄公还想像齐桓公当年那样以霸主的姿态号令诸侯，谁知楚成王一声令下，楚国的武士们就一拥而上将宋襄公抓了起来。

公子目夷见国君被抓，而自己也没有军队可以救回国君，只好仓惶逃回宋国去报信。宋国的大臣们认为楚国劫持宋襄公，一定会用作人质来要挟宋国臣服，为今之计只有择立新君，才能抵御楚国的威胁。因为公子目夷是宋桓公的长子、宋襄公的长兄，所以众大臣一致推举公子目夷为国君。

不久以后，楚国军队果然挟持着宋襄公前来攻打宋国，到了宋国才发现在公子目夷的率领下，宋国已经整治军备，做好了抵御的准备，不能轻易攻克。于是楚国人便威胁宋国："你们如果不快快开城投降，我就杀了你们的国君。"宋国人毫不客气地说："我们已有新君，绝不会投降的！"楚国人见宋国守卫森严，以宋襄公的性命来威胁又没有起到作用，便放了宋襄公，撤军回去了。

宋襄公知道公子目夷已经做了国君，恢复自由之后也不敢回国，只能流亡到卫国去。公子目夷派人找到他，对他说："我是为了国君您守卫宋国，现在您已经安全了，为什么不回国呢？"于是将宋襄公迎回了宋国，并且让他继续做国君。

宋襄公回国之后却并没有反思自己的行为，只是深恨楚国，但是又没有足够的军事实力去攻击楚国。恰逢郑国的国君到楚国去朝见楚王，宋襄公便召集了卫、许、滕国的军队一起去讨伐郑国，以此向楚国示威，郑国赶快向楚国求援。

楚国此时国势正盛，岂容宋国这样的蕞尔小国肆意挑衅，便派出大军去援助郑国。楚国的军队根本不屑到郑国去与攻击郑国的宋军作战，而是直接开到了宋国，发动了攻击。宋襄公整肃军队打算与楚军决战，大司马公孙固进谏："上天遗弃商之一族已经很久了，您执意违逆天意，要复兴商人，上天是不会宽赦的。"宋襄公此时已经完全听不进劝告，孤注一掷地准备与楚国决战。

鲁僖公二十二年（公元前638年）十一月，宋国军队与楚国军队在泓水（今河南柘城西北）展开决战。宋国军队在泓水岸边摆开阵势，楚军则渡过泓水向对岸的宋军展开攻击，楚军正在渡河的时候，公孙固说："敌众我寡难以取胜，如今楚军正在渡河，请趁机发动进攻。"宋襄公说："不可乘人之危。"不肯进攻。楚军很快渡过了泓水，在岸上开始排列阵势，公孙固对宋襄公说："楚军还没布好阵势，我军抓住这个机会，赶快发起冲锋，还可以取胜。"宋襄公还是不肯。

楚国的军队排好阵势，主动发起了攻击，宋国军队哪里能够抵挡强悍的楚军呢，很快就溃败了，宋襄公手提长矛，催着战车，想要攻打过去。可还没来得及往前冲，就被楚兵团团围住，大腿上早中了一箭，身上还受了好几处伤。多亏了宋国的几员大将奋力冲杀，才把他救出来。等他逃出战场，宋国的兵车已经损失了十之八九，兵器、粮草也全部丢光，将士们死的死，伤的伤，溃不成军。

回到城中以后，所有人都指责宋襄公，宋襄公却仍然不知悔改地辩解："君子有仁德之心，古代的行军法则是不攻击已经受伤的敌人，不俘虏头发花白的老兵，不凭借关隘险阻取胜。我国虽然军力不强，但也讲究不击鼓就不发动攻击的原则。"

公子目夷悲愤地指责宋襄公："您根本不懂何为作战！敌人在险要关隘前无法列阵，这是上天在帮助我们，在险阻处狙击又有何不可？既然作战，那么对方的军队就全部是我军的敌人，擒杀年长者有什么顾忌？教导军队忠君爱国、勇猛作战是为了杀敌，如果同情受伤的敌人，那还不如不打伤对方；如果同情老年人，那还不如干脆投降。全军作战最重要的就是锐气，钟鼓都是用来鼓舞士气的，只要士气旺盛，不管是不是险阻关隘都可以击鼓进军。"

宋国此次惨败，元气大伤，称霸的最后一点资本也失去了。第二年，齐国也来落井下石，以宋国没有参与齐国的盟会为由大举进袭宋国，围困了宋国的缗邑。不久，宋襄公腿伤复发，医治无效，在内忧外患之中撒手人寰，宋国一切的狂妄野心和虚幻繁华都随着这位以仁义自诩的国君的去世而消逝无痕。

第六章　前仆后继，内乱初定霸业成

晋国崛起

齐国的称霸大业随着齐桓公的去世戛然而止，宋襄公的求霸梦想也在泓水之战中湮灭无痕，然而中原诸侯不会长久群龙无首，一个新崛起的诸侯国——晋国在历史舞台上扮演了重要角色。

晋国始出于周成王弟唐叔虞。

《史记》记载，周武王一日梦见天帝将赐予他一个儿子，名字叫做虞。《左传》记载："邑姜方娠太叔。"根据各代记载考证，邑姜乃姜太公吕尚之女，后为周武王发的妃子，一日梦见上天对自己说："余命女生子，名虞，余与之唐。"不久之后，果然产下一子，手上有一"虞"字，即后来的唐叔虞。周武王去世后，年幼的成王继位，一日，成王和虞玩耍，将一片梧桐叶撕成玉圭的形象交给虞，戏言将封他为唐国的国君，此时，成王身边的史官以君无戏言为由立即要求给虞备车马赴唐国就任，这就是唐叔虞的来历。

唐叔虞的儿子晋侯燮父徙居晋水，把唐国改名为晋国。五世之后的晋靖侯年代，晋国的历史开始有了准确的记载。而此时，天下风起云涌，国人暴动，世道颇为不太平，晋国就在这个时代开始崛起。

晋靖侯的重孙晋穆侯有儿子，长子名仇，少子名师，据传晋人师服曾预言，两子之名嫡庶颠倒，预示晋国将有一场动乱。晋穆侯死后，其弟殇叔自立为君，太子仇出奔，内乱开始。仇就是后来的晋文侯。此时，西周被犬戎所灭，中国历史正式进入春秋时代。

《史记》载："平王之时，周室衰微，诸侯强并弱，齐、楚、秦、晋始大，政由方伯。"由此可见，晋国在春秋初期已经有所壮大。晋文侯仇去世之后，其子昭侯伯即位，将其叔师分封到曲沃城不久，晋国发生动乱，晋昭侯被人杀死，公子成师有意夺权，未果。

公子成师之后，其孙曲沃武公开始继续和晋国国君进行主宗的争夺，"曲沃武公伐晋侯缗，灭之，尽以其宝器赂献于周釐王。釐王命曲沃武公为晋君，列为诸侯，於是尽并晋地而有之"。鲁桓公二年（公元前710年），曲沃武公率兵进入陉庭，联合陉庭同晋国对抗，并于第二年春天俘虏了晋哀侯。但是由于没有得到周王室的正式承认，虽然此时曲沃武公的势力早已经超过晋国，武公还是没能够登上晋国君主的位置。是年，周恒王下令虢仲讨伐曲沃武公，武公败退曲沃。

此后经过28年的积蓄，曲沃武公最终再次发动讨伐晋国的战争，最终攻陷晋国首都翼城，杀死晋侯。曲沃武公把缴获的晋国宝器都献给周釐王，以求得继承权的合法。收受武公贿赂的周天子遂授予其晋国君主的称号，即晋武公。也正是晋武公的努力，使得晋国的实力大大增强，为后来春秋争霸中占有有利地位奠定了基础。

武公死后，其子晋献公即位。此时，晋国的东方，齐桓公势力已经相当强大。晋献公是一位十分有作为的国君，在他的带领下，晋国开疆辟土，先后伐灭霍、魏（此魏非战国之魏国，却是其龙兴之地）、耿等诸侯国。“西有河西，与秦接境，北边翟，东至河内”。

而晋献公最为人所熟知的是其讨伐骊戎时，娶美女骊姬及其妹。骊姬后生一子，当时的太子为申生，骊姬想设法使晋献公废太子立自己所生的儿子为太子。除太子申生以外，公子重耳和公子夷吾都是献公成年的儿子，且有较好的品性、能力，深得世人喜欢。骊姬设法将太子申生先调离都城，后设计使晋献公对太子申生产生间隙，申生最终自杀而亡。骊姬后又恐重耳、夷吾对自己的儿子构成威胁，遂以“公子重耳和公子夷吾和太子同谋”之罪要晋献公赐死二子。公子重耳、夷吾为避灾祸，先后逃亡。不久晋献公用假途灭虢的计策灭亡了南边的虢国和虞国，奠定了晋国成为春秋时期大国的基础。

献公死后，骊姬之子奚齐即位，随即被大臣里克杀死。最终，夷吾通过秦穆公的帮助回归晋国，成为晋惠公。晋惠公随后处死里克，并且对国中许多大夫大开杀戒，失去民心。

晋惠公即位后，遇荒年，秦国以大米相助，次年，秦国饥荒，晋国却以怨报德，趁机攻打秦国，大败而归，晋惠公被俘。秦穆公的夫人为晋惠公之姐，经过一番求情后，秦国释放晋惠公，以太子圉当质子。后圉私自逃回晋国。晋惠公薨，太子圉立，是为晋怀公。

而此时晋献公之子重耳还在逃亡。重耳逃亡期间，路过卫国，饥寒交迫，向一位农夫乞讨，农夫给了他一把黄土，重耳很生气，认为农夫是在戏弄他，随从狐偃则说道：“这是上天要赐给我们土地啊！说明我们复国在望。”重耳意会，随后从农夫手中接过土块，继续前行。终于皇天不负有心人，鲁僖公二十四年（公元前636年），重耳得到秦国的帮助，秦穆公委派公孙枝率领秦军三千，保护重耳重返晋国。因为重耳早已声名在外，国内拥护者甚多，于是重耳杀死晋怀公，即位，是为晋文公。

据《国语》记载，晋文公即位后励精图治，任用贤才、修明政务、奖惩分明，是公认的好君主。他采取了一系列改革措施，“安排百官，赋职任功，弃责薄敛，施舍分寡。救乏振滞，匡困资无。轻关易道，通商宽农。政平民阜，财用不匮”。晋文公对晋国的崛起起着至关重要的作用。

晋文公死后，其子晋襄公继位。随后秦晋两国友好关系破灭，晋襄公死后，年幼无知的晋灵公即位。此时，晋国的实力开始下滑。

随后晋成公、晋景公即位。春秋争霸剑拔弩张，楚庄王成为当时的霸主，齐国不断向晋国发起挑衅，随后两军在鞍决战，晋国打败齐国，将三军编制为六军，这些军队的领军成了以后在晋国专政的六卿，是为三军六卿。

公元前403年，周天子封韩、赵、魏三家为诸侯，战国时代开始，晋国名存实亡，公元前349年，韩、赵两国杀晋君，晋亡。

秦晋之好

重耳到了秦国以后，秦穆公对他极尽礼遇，还将五个宗室女子送给重耳，其中还包括曾经嫁给晋怀公的怀嬴。重耳此时已经六十多岁了，与秦穆公年龄相仿，耻于娶他的女儿为妻；更何况怀嬴是重耳侄子的妻子，如果娶了她就是叔夺侄妻，更加于礼不合，因此不愿意接受这桩婚姻。

大夫胥臣劝他说："您到秦国来是打算寻求秦国的援助，回去将晋国从圉手中夺回来，今日夺了他的妻子又有何顾忌呢？况且今日我们为了回国而到秦国来，已经十分没有面子了，何必因为拘泥小节而放弃目标呢？"于是重耳便娶了怀嬴。

一次秦穆公设宴款待重耳，狐偃说："我不如赵衰言辞敏捷，请带赵衰去赴宴吧。"席间，重耳吟诵了《诗经》中"河水洋洋，北流活活"的诗句，表示自己对秦穆公的仰慕之情。秦穆公则吟诵记叙周宣王当年北伐獯狁事迹的《诗经·六月》一诗，暗示自己愿意支持重耳回国即位，让他有机会辅佐天子、匡扶王室。赵衰听出了秦穆公的言外之意，立即以重耳的口吻说："重耳拜赐！"重耳也降阶以稽首之大礼拜谢，秦穆公也降一阶回礼，赵衰又代重耳说："国君以辅佐天子的大任勉励重耳，重耳岂敢不拜！"

秦穆公见重耳对自己如此恭敬，又懂得感恩，应该不会像晋惠公父子那样忘恩负义，于是便决定送重耳回国。而且晋怀公即位以后，在晋国很不得人心，他担心重耳在外会威胁自己的地位，便命令追随重耳在外的大臣们的家人将他们都召回来，否则就杀其全家。重耳的外祖父狐突不愿意召回狐毛、狐偃两个儿子，并且说："子之能仕，父教之忠；父教子贰，何以事君！"坚持不肯召回二子，就被晋怀公杀害了。

狐突在晋国是地位崇高的老臣，公子重耳和夷吾都是他的外孙，而且狐突是为大义而死，众大臣都十分悲愤，更加与晋怀公离心离德，希望重耳能够回国。大夫栾、郤等人听说重耳到了秦国，都暗地里派人来劝重耳带赵衰等人回国，并且答应在晋国做内应。

鲁僖公二十四年(公元前636年)，秦穆公亲自率军护送重耳回国。到了黄河岸边，秦穆公分一半人马给重耳，自己留一半人马在黄河西岸接应。上船的时候，公子重耳的随从把流亡时用的物品全都搬到船上，一样也舍不得扔掉。重耳见了说："我回去做国君，要什么有什么，还要这些破破烂烂的干什么?"说着吩咐人们把旧物都扔在岸上。

重耳的舅舅狐偃把这一切看在眼里，心中十分难过。他想，公子未得富贵，先忘贫贱，将来怎么会是个好君主?于是，他捧着自己的玉璧对重耳说："如今公子过河，对岸就是晋国。你内有大臣，外有秦国，我就留在这里吧。"

重耳一听，十分诧异地说："我全靠你们帮助，才有今日。大家在外面吃了十九年的苦，现在回去，有福同享，你怎能不回去?"

狐偃说："我这么多年来追随您巡游天下，犯下的过错无数，我自己都知道，您更是看在眼里。以前公子在患难之中，我还有些用处，现在公子回去做国君，自然另有一批新人辅佐。我们就好比这些旧物，不仅破旧不得用，更会让您想起以前的苦日子，还带回去做什么?"

重耳听了，知道狐偃等人这么多年来为了督促自己四处求援，做了不少像强带自己离开齐国那样的事，他们这是担心自己即位以后因为之前的旧事施加报复。于是重耳诚恳地说："所不与舅同心者，有如白水！"然后将玉璧扔到了黄河之中，狐偃这才放心地随重耳过了河。

重耳带领秦国的军队进入晋国境内之后，晋怀公也慌忙派出了军队进行抵抗，然而大家都知道这是公子重耳回国了，谁也不真心抵抗。于是大军势如破竹，逼近国都，晋怀公见大势已去，便逃走了，后被重耳派去的人杀死。

晋怀公死后，重耳名正言顺地登上了国君之位，史称晋文公，此时重耳已经六十二岁了，他四十三岁逃离晋国，历经十九年艰辛的流亡生涯，终于再一次光明正大地踏上了故国的土地。

晋文公虽然已经即位，但还是有一些忠于晋惠公和晋怀公的势力遗留下来，其中就包括晋惠公和晋怀公当年的宠臣吕甥、郤芮。他们担心晋文公会清算他们这些旧臣，于是决定先下手为强，在晋文公的宫殿中放火，然后趁乱杀死晋文公。为了加大成功把握，他们还找来了当年晋献公派去刺杀重耳的一位刺客寺人披一同商议此事。谁知寺人披并不看好他们的计划，随即就去求见晋文公报告此事。

这个寺人披当年奉命去刺杀重耳，晋献公命他三天到，他两天就到来，结果重耳来不及逃跑，被他追上斩下了一只袖子，几乎送了性命。晋文公还记得这个仇，因此不愿意见他，还派人去骂他："当年献公命你去杀我，给了你三天时间，结果你两天就到了，虽然这是国君的命令，但你也太急不可耐了吧？你斩下的袖子还在呢，你还是赶紧走吧。"

寺人披笑了，他说："遵从国君的命令是自古有之的制度，除掉国君厌恶的人，身为臣子，唯当尽力而已。管仲当初辅佐公子纠与齐桓公争夺国君之位，并用箭射齐桓公，但齐桓公仍然不计前嫌，任用管仲为相。如今您既已即位为君，臣自当全心全意侍奉您，如果您一味追究旧事，那么曾经对不起您的大臣太多了，又岂止我一个？"

晋文公听侍者传了寺人披的话，觉得非常有道理，便召见了他。于是寺人披将吕甥、郤芮的阴谋告知了晋文公。晋文公悄悄地找到秦穆公商议此事，二人计议已定，便依计行事。到了寺人披所说的日子，晋文公的宫殿果然燃起了大火，吕甥、郤芮趁乱进入宫殿寻找晋文公，可是却怎么也找不到，他们一路追索到黄河岸边，秦穆公早已设下埋伏，将他们一举擒杀。

此一役，晋文公清剿了晋惠公父子的残余势力，也震慑了心怀不轨的大臣们，稳固了自己的地位。事后，晋文公将五位嬴氏夫人迎回了国内，秦穆公还留下了三千卫士给晋文公，帮助他稳定国内局势。

第七章　苦尽甘来，兴衰不过砍头间

又一个霸主出炉了

城濮之战以后，晋文公并不见喜色，反而不时忧心忡忡地叹气，有人问他："我们战胜了楚国，国君还忧虑什么呢？"晋文公长叹一声说："我听说打败别人以后能够安全又安心的只有圣人了，楚国的令尹子玉还活着，不知何时就会卷土重来，我怎么高兴得起来呢？"谁知不久以后竟传来消息，子玉被逼自杀了。

原来城濮之战大败后，子玉率领的中军并没有遭受太大的损失，因此他虽然心情低落，但毕竟胜负乃兵家常事，也没有太过自责，便收拾残部回楚国去了。可是一路到了楚国，楚成王却对他不听命令、一味贪战导致楚军大败的行为十分愤怒，派人到军中敢责问子玉："大夫您如果回国，那么我如何对子弟们随你战死的申、息两地父老交待？"

子玉这才知道楚王对自己的厌弃已经如此之深，只得自尽。消息传到晋国军营，晋文公大喜道："我在外打败了楚国的军队，楚王自己在内诛杀了得力的大臣，内外相应地削弱的楚国的实力，我可以高枕无忧了！"

见楚国已经不足为虑，晋文公便将军队驻扎在郑国的衡雍（今河南原阳西），然后以霸主自居，大会诸侯。各诸侯国君见晋军新胜强楚，风头正劲，谁也不敢违逆其意，便纷纷前来，连城濮之战时协助楚军攻打晋军的楚国盟国陈国也来盟会。

晋文公见诸侯到齐，很满意自己目前的威望，但是毕竟自己的霸主地位尚未得到周王室的承认，有名不正言不顺之嫌，便打算率领诸侯到洛邑去朝见周襄王。不过考虑到晋国刚刚从内乱中恢复过来，又与楚国大战一场，实力消耗严重，要带着这么多人长途跋涉到洛邑去恐怕会有人趁机反叛，于是晋文公便打消了这个想法，派人在践土营建王宫，准备将周襄王请到这里来举行仪式，确认自己的霸主地位。

城濮之战以前，楚国的势力渗透了几乎整个中原地区，连齐国这样的大国都曾被楚人侵略，鲁、卫、郑、陈、蔡等小国更是不得不臣服于楚国。当时，中原各诸侯国都是姬姓的兄弟之国，而楚国则是异姓诸侯，而且向来被中原各国视作蛮夷。对于周王室和各中原诸侯国来说，晋文公大败楚军，遏止楚国北上的企图，是立下了大功。更何况此时周王室式微，晋文公又曾在王子带之乱中为周襄王立下大功，于是周襄王欣然同意了晋文公的邀请，答应亲自前来犒劳晋军、赏赐晋文公。

郑国本来是楚国的盟国，在战争中曾经为楚军做向导，而且重耳流亡时途经郑国，还被郑文公无礼地拒之门外。此时郑文公见重耳不仅做了国君，还亲率大军将自己的靠山楚国打得落花流水，深恐晋文公记恨当年之事，挟大军之威攻打郑国，于是赶快派人向晋国求和。晋文公流亡多年，见惯了人情冷暖、世态炎凉，也没有多刁难郑文公，欣然同意与郑国结盟。

周襄王到达践土以后，晋文公亲自向周襄王献俘，包括楚国的驷马战车一百乘、步兵一千人。晋文公通过献俘的方式表达了晋国对于周王室的忠诚，于是周襄王以很高的规格接待了晋文公，又命卿士尹氏、王子虎和内史叔兴父以周天子的名义策命晋文公为侯伯，由此晋文公的霸主地位得到了周王室的认可。

之后，三位使者又代表周襄王将各种符合霸主身份的礼仪用品赐给晋文公，其中包括乘坐大辂、戎辂两种祭祀和作战中所穿戴的礼服、红色的弓一把、红色的箭矢一百支、黑色的弓十把、黑色的箭矢一千支、祭神用的芳酒一壶、天子的虎贲卫士三百人。

赏赐已毕，三位使者代表周襄王将节制各国、讨伐不臣的权力授予晋文公："天子告诉叔父：请您恭敬地服从天子的命令，绥靖四方各国，纠正天子的过失。"晋文公依照礼制三次辞谢然后才表示遵从命令，然后接受封赐的策书，连续三次出入觐见周襄王，这一套周天子承认晋文公霸主地位的繁文缛节才告结束。

不久以后，周天子又命卿士王子虎在践土的王宫召各国诸侯会盟，并让大家盟誓："各自努力辅佐王室，不要相互侵害，违背此誓者，神明殛之！"通过这次盟会，一方面强调了各国之间不可随意征伐，另一方面又使晋文公得以用"侯伯"的身份为周天子讨伐"不遵王命"的诸侯国。不仅使晋国的霸主地位通过一系列礼仪得到了周天子的认可，更为晋国日后的征伐备好了一面"尊王"的大旗。

都得听我的

晋文公在城濮之战中大败楚军，却并没有被胜利冲昏了头脑，而是更加严明军纪、赏罚分明。在城濮之战中，晋军的中军在湖边遭遇大风，丢失了大旗的左旗，于是晋军司马按军法处死了责任人，来警醒参与会战的诸侯。得胜凯旋以后，晋军在渡过黄河的时候，舟之侨违背军令擅自率先回到晋国。晋文公回国以后先到太庙献俘，然后大宴群臣、犒赏三军，最后公开数说舟之侨的不臣之行，将其处死以警惕过人，百姓因此大服晋文公，都赞扬他能够赏罚分明。

整肃军纪之后，晋文公又整顿军制、扩充军事力量，为日后的征战做好准备。城濮之战以前，晋国只有二军，为了准备城濮之战，晋文公下令增加一军，扩充为三军。战后，晋国实力大增，又得到了代周天子讨伐不臣的权力，便在三军的基础上再增加二军，形成了当时各诸侯国间绝无仅有的五军兵力。

根据周礼，各诸侯中，大国设三军，次国设二军，小国设一军。城濮之战前晋文公扩充晋军为三军，代表着晋国走出了内乱的阴影，拥有了与大国楚国相抗衡的军事实力。而此次由三军而扩为五军，则代表着晋国已经超过了普通的大诸侯国，而成为了堪与周王室分庭抗礼的“超级大国”，为将来晋国的南征北战打下了坚实的基础。

践土盟会的几个月以后，晋文公又在晋国大夫赵衰的封邑温地大会诸侯，鲁、齐、蔡、郑、陈、莒、邾、秦等各国国君齐聚温地，商议共同讨伐不服从的诸侯国。为了显示这次盟会的权威性，展示晋国的威望，晋文公再次将周襄王到温地参加盟会，接受诸侯的拜见。由于晋文公是臣，周襄王是君，晋文公这种以臣召君的行为于礼不合，因此只称周襄王是来狩猎的，又亲自带领诸侯到周襄王的住所去朝见。《春秋》一书微言大义，讲究为尊者讳，故而将此事记载为“天子狩于河阳”。

在此次盟会上，各国诸侯先是解决了卫国的问题。卫国是楚国的盟国，曾与楚国结下姻亲，在战争中曾为楚军向导，卫成公更曾经得罪晋文公。得知了楚军大败、晋军大胜的消息，卫成公非常惊惧，便逃离卫国，到陈国去避风头。这时晋文公向各国诸侯发出参加盟会的邀请，卫成公本来就担心晋国会报复卫国，不敢拒绝晋国的邀请，可是更担心自己一去就会被晋文公找借口杀掉，于是只好派大夫元咺辅佐自己的弟弟叔武去参加盟会，而元咺的儿子角则留在卫成公身边随侍。

可是不久以后，却有人对卫成公说：“元咺已经立了叔武做国君，您已经被抛弃了。”卫成公听了这话，立刻怒火中烧，也不派人调查清楚事实真相、是非曲直便命人处死了角。元咺听说儿子被杀，自然伤心不已，也对卫成公滥杀的行为非常愤怒。但是此时卫国尚处于危机之中，晋国在旁虎视眈眈，卫国稍有动乱晋国就可能派出大军灭掉卫国，故而元咺擦干眼泪、强忍悲痛，继续执行自己的任务。卫国人本来就已经对卫成公十分不满，现在听说他在流亡中还如此听信谗言、滥杀无辜，谁也不愿意继续为他效力了，而且此时晋国也答允了恢复卫国的爵位，于是卫国人蠢蠢欲动，有另立国君之意。

为了安抚人心、稳定局势，卫国大夫宁武子在宛濮召集集会，诚恳地说：“上天降祸于卫国，因此会有君臣失和的事情发生，导致我们陷入如今这样令人担忧的境地。但是请诸位扪心自问，如果国内无人留守，谁来守卫社稷？如果无人出使国外，谁来安定我国周边环境？如今我与各位盟誓，从今以后在外出使者不必担心后方会背叛，留守国内者也不必担心会有莫须有的罪名，如违此誓，天必殛之！”听了宁武子的盟誓之后，卫国人果然放下了忧虑，不再考虑背叛卫成公的事了。

不过，流亡陈国的卫成公并不知道这一切，他听说元咺辅佐叔武篡位之事，就立刻急匆匆地赶回卫国。叔武此时正打算洗头，听说国君回来了十分高兴，连头发都来不及束好，就随便拢着奔出去迎接。卫成公身边的人一直以为叔武已经篡夺了国君之位，见他出来，便不分青红皂白地提起弓箭将叔武射杀。

叔武死后，卫成公仔细一看，才发现原来弟弟并没有篡位，还欣喜非常地跑出来迎接自己回国。可是此时大错已经铸成，看着血流满地的弟弟尚存余温的尸体，想起弟弟刚才兴高采烈的笑脸，卫成公后悔得肝肠寸断，再也抑制不住悲恸，伏在叔武的大腿上放声痛哭。错杀了叔武的公子歂犬见状也知道自己杀错了人，此时国君过于悲痛想不起自己，等回过神来岂有自己的好下场？于是公子歂犬赶快趁人不备逃了出来，不过后来还是被卫成公派人杀死了。

元咺见叔武无辜被杀，担心卫成公会再来杀死自己，于是便逃到了晋国求助。这时晋文公正在温地大会诸侯，便派人请来卫成公在各国诸侯面前与元咺对质解决此事，卫国的大夫宁武子、针庄子与士荣代表卫成公做辩护，史称“卫侯与元咺讼，宁武子为辅，针庄子为坐，士荣为大士”。相关学者认为宁武子、针庄子与士荣正是中国古代文献记载中出现最早的律师。

但是这三位律师并没有能够帮助卫成公胜诉，晋文公主持的诸侯公审判决卫成公败诉，于是晋文公命人杀死士荣，又将地位稍高的针庄子处以刖刑，而宁武子则因为晋文公赞赏其忠诚才得以幸免于难。处理了卫国的一干大臣，晋文公又做主将卫成公抓起来，送到京师去囚禁起来，然后放元咺回国，另立公子瑕为国君。

审理卫国的这一场诉讼案，让晋文公出尽了霸主的风头，也是晋文公首次遵照周襄王的命令行使霸主“敬服王命，以绥四国”的权力。此后，晋文公又倚仗自己的军事实力围攻郑国，迫使楚国向晋国请和通好，又支持卫国趁着狄国内乱前去讨伐，使狄国也与卫国结了盟，不敢再随意侵犯中原。虽然晋文公利用霸主地位，肆意征讨不服从晋国的诸侯国，但是晋国作为霸主出现，使中原诸侯摆脱了齐桓公死后群龙无首的乱局，扭转了中原式微，狄人、楚人大肆侵略中原的形势，为中原各国的发展作出了贡献。

晋襄公继霸

鲁僖公三十二年(公元前628年)，一代霸主晋文公结束了他跌宕起伏的一生。传说，在晋国君臣送晋文公的灵柩离开首都绛城前往晋国的发源地曲沃停放之时，晋文公的灵柩中突然发出像牛叫一般的声音。有专司占卜之人仔细倾听了一下，便向不知所措的众大臣们宣布：“国君正在发布命令：将有军队自西而来途经我国，如果迎战必获大胜！”

这个离奇的故事被严肃地记载在了《左传》之中，不过无论它是真是假，这个晋文公“死后”发布的“遗命”却似乎有先见之明一般，预见了在晋文公身后，晋国连续地南征北战、斩将夺城的局面。

晋文公去世之后，他生前所立的太子驩继位，史称晋襄公。他虽然在位时间不长，但却继承了其父的雄心壮志，很有战略眼光地进行了一系列对外战争，使晋文公避免了齐桓公那样的悲剧，将晋国的霸主地位延续了下去。

此时，秦穆公正领兵在外，他不顾老臣蹇叔不可远袭的劝谏，执意带兵出发征讨郑国，路上受阻之后又回军灭了滑国。晋国大夫先轸得知这个消息以后，立即找到晋襄公说：“秦国国君不听蹇叔之言，为了满足其野心而劳师远征，这是上天赐给我们的良机。逆天不祥，我们一定要趁此机会打败秦军。”

但是另外一位大夫栾枝却提出了质疑：“秦国对先君有拥立之恩，现在先君尸骨未寒，我们就要进攻秦军，这样做将置先君于何地！”先轸解释说：“郑国、滑国都是我们的姬姓同族，我们的先君也与秦国国君交情匪浅。但是现在我们的先君去世，秦君不仅不为我们伤感，反而出兵攻打与我们同姓的国家，秦国既然已经如此失礼，我们还顾忌讲什么恩惠？我听说：‘一日纵敌，数世之患也。’即使面对先君，我们也可以理直气壮地说一句，这是为了子孙后代打算！”

听了先轸与栾枝两位军事经验十分丰富的大夫的辩论，晋襄公认为先轸所说更有道理，于是就下令紧急动员姜戎的军队，准备作战。由于此时晋文公还没来得及下葬，晋襄公就用墨将丧服染成黑色，然后领军出征了。

秦晋两国军队在殽山一场大战，晋国军队果然大获全胜，还俘虏了秦国的三位主帅孟明视、西乞术、白乙丙，其中孟明视就是秦国重臣百里奚之子。晋襄公得胜凯旋之后，才又穿着已经被染成黑色的丧服为晋文公下葬，从此以后晋国的丧服就改为黑色了。

晋襄公的母亲文嬴是秦穆公之女，听说秦国的三名大将被俘，便劝说晋襄公将他们放了回去。先轸知道以后赶快去阻止晋襄公，但是为时已晚，于是他怒气冲冲地呵斥晋襄公："武将费尽力气流血流汗地抓住敌人，您却听信妇人的一句话就轻易地放掉了，如此削减军队的成果功劳，而为仇寇助力，亡无日矣！"然而先轸再愤怒也已无济于事，秦国的三位将领已经渡河而去，而先轸却因为今日的失态在不久以后失去了性命。

当时，先轸正在率领晋国的军队与狄人作战。狄人知道晋文公去世，认为晋国会像齐桓公去世以后的齐国那样衰落下来，中原诸侯也会群龙无首，变成一盘散沙，于是便出兵侵略齐国，进而又攻击晋国。晋襄公焉能任由狄人如此猖狂？便立即亲率大军出征，并在箕地（今山西蒲州东北）大败狄军，晋国下军统领郤缺还俘获了白狄的首领。

眼看晋国军队即将大获全胜，所有人都欢欣鼓舞，先轸却想起自己上次在国君面前口出狂言，说什么"亡无日矣"，顿时觉得羞愧无地，便说："我当日在国君面前放肆，国君宽仁没有处罚我，我自己难道敢不惩罚自己吗？"于是摘下自己的头盔疯了一般地冲入狄军之中一阵冲杀，便死于乱军之下。战争结束之后，狄人送还先轸的首级，他满面释然、面色如生，晋襄公见了心下很是恻然。

自箕地返回以后，晋襄公将对先轸的一腔愧疚之情全部放在了先轸的儿子先且居的身上。他以最高级别命令任命先且居继承其父中军元帅的官职，然后又赏赐了举荐郤缺的胥臣，最后才将在此战中俘获白狄首领，立下大功的郤缺任命为卿，并将冀地赐予他，却没有授予军职。

战胜了距离较近而且威胁较大的秦国和狄国以后，晋国便对一直有与晋国争霸之心的楚国发出了挑战。当然，晋国并没有远道奔袭楚国，而是进攻了归附楚国的许国，楚国随即发兵救许，而楚军也没有到许国去与晋国直接作战，而是转而进攻在城濮之战以后就背叛楚国、投靠晋国的陈、蔡二国，迫使晋军回军来救。经过一番混战，晋国和楚国都退了军，哪方也没有占到便宜，但是楚国的令尹子上却因为在此战中中了晋国之计而被楚太子商臣诬陷为"受晋赂而辟之，楚之耻也"，因而被楚王处死。

晋襄公在与西方、北方、南方的大国进行的三次战争中都获得了胜利，便将矛头又转向了东方的卫国。晋文公晚年，被囚禁于洛邑的卫成公被释放了，并且回国复了辟，重新当上国君的卫成公深恨晋文公，又自恃与狄国结了盟，便不肯去晋国朝见，还派将领孔达去进攻晋国的盟国郑国。

晋襄公刚刚即位之时忙于攻打秦国、抵御狄国，待一切平定之后才想起了卫国的无礼之处。正好此时父亲晋文公的丧事已过，晋襄公举行了祭祀仪式之后便派人通告诸侯并且出兵讨伐卫国。不久之后就攻占了卫国的戚地（今河南濮阳北），还俘获守将孙昭子。卫成公这才知道晋襄公的厉害毫不逊色于其父，只好去求陈国国君代为周旋，并将孔达交给陈国国君，请他送去向晋襄公请罪，这才解决了此事。

齐桓公去世以后，五子争位使得齐国国内大乱，不仅国势倾颓，连得之不易的霸主地位也就此丧失。同样是霸主，晋文公去世之后，晋襄公不仅顺利继位，而且很快掌握了国内各方势力，并运用晋国强大的军事力量使四方宾服，将晋国的霸业维系了下去，由此可见晋襄公确实是一位有为之君。

第八章　秦晋之好，和谐的几种面孔

养马养出个诸侯国

晋国的霸业倾颓以后，中原各国势均力敌，无人能够脱颖而出成为下一任的霸主。正在此时，在西方一个不起眼的边疆弱国却在悄然崛起，这就是后来一统天下的秦国。

秦国是华夏族的一支，有关其源头的传说很有东方民族只知其母不知其父的特点。传说秦人的祖先名为大业，是五帝之一、黄帝之孙颛顼的孙女吞了天上玄鸟掉落的鸟蛋而生下的。大业的儿子名叫大费，曾经辅佐大禹治水并立下大功，受到帝舜的嘉奖，后来大费为帝舜调驯鸟兽，经过他的训练，鸟兽都很听话温顺，于是帝舜为他起名为柏翳，并赐姓嬴氏。

到了夏末商初，嬴氏弃暗投明，归顺了商汤，嬴氏的费昌还曾经在夏、商决战的鸣条之战中为商汤驾驭战车，帮助商汤赢得了战争的胜利。嬴氏的孟戏仲衍受到商帝太戊的重用，为太戊驾车。从此之后，嬴氏辅佐殷商帝王，历代均立下功勋，出现了无数显贵大臣，后来还成为了诸侯，商纣王时期著名的奸臣蜚廉、恶来就是嬴氏的后代。

进入周朝以后，嬴氏的造父由于善于驾车而得到周穆王的宠信，并且在徐偃王之乱中为周穆王驾车，一日之间奔驰千里，终于及时平定了叛乱。为了表彰造父的功绩，周穆王将赵城封给了造父，从此造父这一族就改为赵氏，成为了后来赵氏的祖先。

而居住在犬丘的非子是嬴氏的另一支族裔，他喜欢马和家畜，尤其擅长蓄养训练马匹。后来犬丘有人将此事告诉了周孝王，于是周孝王便派他到汧水与渭水之间的地域为自己主持养马的相关工作，在非子的精心照料下，周孝王的马得到了很好的休养生息，种群也得到了扩大。周孝王对此十分满意，因此便想奖赏他，周穆王找来了申国的国君申侯，与他商量将非子立为大骆国的继承人。

大骆是造父那一支赵氏的后代，申侯的女儿是大骆国国君的妻子，她的孩儿是大骆国的继承人，申侯自然不希望养马的非子取代自己的外孙成为大骆国的继承人。于是申侯对周孝王说："当年我的祖先郦山的女子嫁给了西戎族的胥轩为妻，生下中潏，因为亲缘之故归顺周朝，为大周保卫西部边疆，西部边疆因此和睦太平。如今我又把女儿嫁给大骆国君，生下继承人赵成。与西戎有亲缘关系的申国与大骆国多次联姻，才使得西戎族都归顺大周，您才得以称王。您还是再考虑一下吧。"

周孝王听了此话，为了西部边疆的安定，不好强行废掉申侯的外孙赵成，改立非子。他只好对申侯说："当年伯翳为舜主管畜牧，牲畜繁殖很多，因此得到了土地的封赏，并赐姓嬴。现在他的后代也为朕蓄养马匹，那么朕也仿照先例分给他土地作为大周的附庸。"于是便将秦地封给了非子做封邑，命他延续嬴氏的祭祀，称之为秦嬴，从此建立了秦国七百年的基业。

到了周厉王时代，由于天子无道、朝政昏暗，故而有诸侯起兵叛乱。西戎趁机起兵造反，攻打周朝的边境，灭掉了犬丘的大骆国。周宣王即位以后，便封秦嬴的曾孙秦仲为大夫，命他前去征伐西戎，谁知秦仲却反而被戎人杀死。周宣王命令秦仲的长子庄公召集他的五位兄弟，又派给他们七千兵士，前去讨伐西戎，这次终于打败了戎人，还兼并了大骆国的犬丘之地，成为了西垂大夫。

秦国虽然战胜了戎人，但是并没有杀死他们的首领，于是庄公的长子世父立誓："戎人杀死了我的祖父，我一定要杀死戎王报仇，否则决不回家。"世父就将太子之位让给他的弟弟襄公，自己筹备攻击戎人之事。襄公与世父不同，他很清楚地认识到，秦国要发展，必须有一个安定和平的外部环境，就得与西戎化敌为友，各安其位。为了向西戎释放善意，襄公甚至在即位以后很快就将自己的妹妹穆嬴嫁给了西戎的丰王。

但是西戎人似乎并不满意，比起与秦国和平相处，他们更加觊觎秦国的土地，于是第二年就派兵围攻犬丘。世父空有一腔热血，却没有足够的实力，他匆匆带兵与戎人作战，反而遭到俘虏，一年多以后才被放回来。

几年以后，周幽王废长立幼、戏耍诸侯，终于导致诸侯叛乱纷起，天下陷入大乱，百姓遭受涂炭。西戎、犬戎勾结了姻亲申国国君一起进攻周朝的边境，一路长驱直入，在骊山杀死了周幽王。秦襄公当此乱世，十分明白此时正是改变自己命运，促成秦国崛起的大好时机。于是他亲率军队到周朝首都来支援，作战十分勇猛得力，立下了不少功勋。

为了躲避犬戎的攻击，周平王即位以后决定将首都迁到洛阳，秦襄公亲自领兵护送，为保护周王、复兴王室立下了汗马功劳。因此周平王亲自将秦穆公封为诸侯，将岐山以西的土地全部封赐给秦国，并允诺说："戎无道，侵夺我岐、丰之地，秦能攻逐戎，即有其地！"周平王与秦穆公立下誓约，并赐予封爵，从此秦国才成为了真正的诸侯国，与其他诸侯互通使节，互致聘问献纳之礼，秦襄公也享有了与其他诸侯同等的待遇。

后来秦襄公的儿子秦文公带兵攻打戎人，将戎人打得大败而逃，于是秦文公按照之前周平王的承诺，将占领之地的周朝百姓收归己有，而领土也扩展到了岐山，而岐山以东的土地则统统献给了周王室。赶走了心腹大患戎人，秦国终于得到了和平稳定的外部环境，军民百姓也终于得以休养生息，秦国从此走上了富强之路。

此后，经过宁公、武公、德公、宣公、成公等数代国君的艰苦努力，秦国先后击败了诸戎人部落，灭掉了周边的小国家，将领土一路向东推进，并将国都迁到了雍邑（今陕西凤翔）。此时，秦国已经占领了关中的大片领土，成为了新崛起的西方强国。

由于秦成公享国不久，去世时虽然有七个儿子但都很年幼，为了避免主少国疑造成国内动乱，甚至遭受其他国家的攻伐。秦成公去世后，没有立他的儿子继位，而是命弟弟任好即位为君，这就是历史上著名的秦穆公。

秦穆公即位时，秦国正处于前所未有的兴旺和强盛，但是其政治经济文化等各方面的发展水平仍然无法与中原各诸侯国相抗衡。秦国到底是偏安一隅，满足于做西方强国，还是谋求发展，将矛头对准关中、对准天下，这道路就在秦穆公的脚下。

五张羊皮换一个大夫

秦穆公即位之后，为了密切秦国与中原强国的关系，增强秦国的影响力，便派人向晋献公请求联姻。晋献公见秦国发展得很快，国力蒸蒸日上，也想与这位强邻搞好关系，于是便将自己的嫡女、太子申生的姐姐嫁给了秦穆公。这段婚姻除了令秦穆公娶到了一位娇妻美眷，又与中原强国晋国结成了姻亲关系，更令秦穆公意外收获了一位辅佐他将秦国进一步推向顶峰的贤臣百里奚。

百里奚是虞国大夫，晋献公向虞国借道伐虢之后回军灭掉了虞国，百里奚与国君一同被俘，于是百里奚就由一国大夫沦为了奴隶。晋献公答应了秦穆公的求婚之后，就按照当时的礼制为女儿准备了大量的陪嫁，其中不仅包括精美昂贵的各种珍宝器物之外，也包括很多男女奴隶，而百里奚就被充作了陪嫁奴隶随着出嫁的队伍被送往秦国。

百里奚不堪受辱，在路上悄悄逃走，但是此时百里奚已经年近古稀，行动不便，走到宛地（今河南南阳）就被楚国的农民抓住，又成为了楚国的奴隶。楚成王也不知道这位年迈的奴隶竟然是一位胸中有大丘壑的贤臣，只是听说百里奚擅长养牛，就让他去为自己养牛。

晋献公的女儿嫁到秦国之后，秦穆公听说了陪嫁奴隶中有一位百里奚是从虞国俘虏来的贤臣，但是已经逃走，还被楚国人抓住送去养牛，于是秦穆公便想重金为百里奚赎身。但是转念一想楚国人现在不知道百里奚是个贤臣，所以才让他去养牛，如果自己真的花费重金去赎他，就会引起楚王的注意。如果楚王明白了百里奚是个千金难得的贤臣，恐怕就不会送他回秦国了。

于是秦穆公派人出使楚国，对楚成王说："我夫人的陪嫁奴隶百里奚逃到了贵国，请允许我用五张黑公羊皮来赎他。"五张黑公羊皮是当时买卖奴隶比较正常的价格，楚国人不疑有他，便很大方地将百里奚送给了秦国，当时百里奚已经七十多岁了。

为了蒙蔽楚国人，秦国的使者将百里奚像奴隶一样囚禁起来，待一行人抵达秦国，秦穆公亲自为他解开束缚并谈论国事。百里奚一生大起大落，暮年还沦为了奴隶，已经心灰意冷，便说："臣是亡国之人，何足国君动问！"秦穆公坚定地说："虞国国君不听您的建议，这才会亡国，虞国的灭亡并非您的过错。"然后再三以国事相询，百里奚见秦穆公十分诚恳，并没有轻视自己，便滔滔不绝地将胸中韬略一一相告。

君臣二人得遇知音，一起倾谈了足足三天，秦穆公认为百里奚提出的治国之策很适合秦国，于是便要将国家大政托付给他，并封他为大夫。由于百里奚是用五张黑公羊皮赎回来的，而黑公羊皮在当时被称为"羖"，因此百里奚在秦国就被称为"五羖大夫"。

百里奚对秦穆公说："臣的才能不及臣的朋友蹇叔，蹇叔的贤能当世之人无人知晓。我当年在各国之间游历求官，在齐国时遭遇困境，只能乞讨而行，是蹇叔收留了我。因此我就想留在齐国做官，侍奉齐国的国君无知，蹇叔劝住了我，这才没有在后来被无知牵累。后来我又为周王子颓养牛，以此得到王子颓的信任，将要得到重用的时候，又是蹇叔阻止了我让我离开，我这才没有和王子颓一起被杀。

"后来我到了虞国，蹇叔又劝我离开，我虽然知道虞国国君不听劝告，但仍然为了爵禄地位留了下来。我两次听了蹇叔的话，就得以幸免于难，而这一次没有听他的话，就遭了劫难，因此我知道蹇叔是个难得的贤人。"秦穆公听了百里奚的话，果然派人带上厚礼去迎接蹇叔，封他为上大夫。

据说百里奚年轻时为了周游列国求官，不得不与自己的妻子杜氏分开。百里奚受到秦穆公重用之后，有了自己的府第，常常与同僚们饮宴享乐。一次，百里奚府上又举行宴会，席间还有歌姬献唱，丝竹管弦之声传出很远。一曲终了，却见管家引着一名老妇上前，对百里奚说她擅长演唱，希望能为他献唱一曲。

百里奚越看越觉得那名老妇像自己的妻子，但是夫妻毕竟分别多年，不敢贸然相认，便同意让她演唱一曲。老妇在堂下抚弦而歌：

百里奚，五羊皮。忆别时，烹伏雌，炊扊扅，今日富贵忘我为；
百里奚，初娶我时五羊皮。临当别时烹乳鸡，今适富贵忘我为；

百里奚，百里奚，母已死，葬南溪。坟以瓦，覆以柴，舂黄藜，搤伏鸡。

西入秦，五羖皮，今日富贵捐我为！

听了这首悲戚哀怨的曲子，百里奚再无怀疑，当即起身到当下与杜氏相认。原来百里奚离开之后，妻子杜氏发现自己有了身孕，后来为他生下了一个儿子，起名视，字孟明。由于家境贫寒，杜氏每日辛苦劳作，为百里奚照顾父母、抚育幼子，百里奚的母亲去世后她也无力营葬，只能很简陋地安葬了她。

多年以后，杜氏听说百里奚在秦国得到了荣华富贵，便带着儿子孟明视来投奔他。但是她一个容颜衰老的贫苦妇人哪里能轻易见到秦穆公的新贵、秦国的上大夫百里奚呢？杜氏更加担心百里奚富贵之后就忘记她，不愿意与她相认。为了找机会亲自与百里奚谈清楚，杜氏便设法留在百里奚的府上，做了一名洗衣的仆妇。这次百里奚府上设宴，她才找到机会，将过去的经历编成唱词唱出来，吸引百里奚的注意，来与她相认。

百里奚在秦国得到了国君的信重和大展拳脚的机会，又找回了妻子和儿子，生活得十分满足。从此以后，他竭尽所能为秦穆公出谋划策，帮助秦国增加国力，向中原扩展，在后来秦霸西戎的道路上，百里奚的建议起到了很大的作用。

国君被俘怎么办

晋献公临死之前，将骊姬的儿子奚齐立为太子，并将太子托付给大夫荀息。奚齐继位以后不能服众，大夫里克便联络了一众大臣杀死了奚齐，于是荀息又立了骊姬妹妹的儿子卓子继位，这次里克不仅杀死了卓子，连荀息也一并杀死。

杀死了奚齐、卓子之后，里克等人派人到狄国去迎接流亡的公子重耳回国继位。重耳却认为此时局势未定，而狄国也没有足够的实力作为自己回国继位的后盾，于是婉言拒绝里克说："我违背了父亲的命令，逃出了晋国，父亲去世也不能以人子之礼回国奔丧，现在我又有何面目回国呢？请里克大夫迎立其他的公子吧。"

使者回去将重耳的话报告给里克，于是里克就到梁国去迎接公子夷吾回国。公子夷吾很高兴，打算回晋国继位，但是他身边的大臣却劝他说："国内尚有公子可以立为国君，里克却到国外找人继位，其中必定有诈。如今秦国强大，在边疆国家中威望卓著，不如请秦国派兵护送我们回国。"

于是公子夷吾便派人带着厚礼入秦，请求秦穆公派兵护送自己回晋国，并向秦穆公承诺："诚得立，请割晋之河西八城与秦。"同时又写信给里克许诺："诚得立，请遂封子于汾阳之邑。"秦穆公听了公子夷吾的条件，觉得很值得，便欣然派兵将公子夷吾送回了秦国，而里克得到了赐予封邑的承诺，也就真心地迎立公子夷吾。在秦国、齐国、晋国三方势力的平衡下，公子夷吾顺利地在晋国即位，是为晋惠公。

但是晋惠公即位之后却过河拆桥，不仅不给里克封邑，反而削他的权力，后来担心里克会勾结流亡在外的公子重耳夺位，干脆杀掉了里克。同时他也不肯按照之前的约定将河西八城划给秦国，于是派大夫邳郑出使秦国，向秦穆公道歉："当初国君将河西之地许给您，现在他有幸得立，本想如约践诺。但是大臣们反对说晋国的土地是先代国君留下来的，国君流亡在外，岂可擅自许给秦国？国君争辩不过，只得派我来谢罪，不能将土地划给秦国了。"

邳郑本是里克的党羽，他出使秦国时听说了晋惠公杀掉里克的消息，一方面为自己逃过一劫而庆幸，一方面又担心自己回国以后会遭遇不测，于是便想借秦国之手翦除晋惠公羽翼，除掉他的心腹大臣吕甥、郤芮。邳郑找到秦穆公说：“晋国之人其实不想迎立公子夷吾，而是希望公子重耳回国做国君，夷吾能够即位都是秦国的庇护。现在他违背与秦国的约定，又杀死里克，这都是奸臣吕甥、郤芮的阴谋。您不如用高官厚禄引诱吕甥、郤芮到秦国来，到时候夷吾失去了左右手，您自然可以再扶助重耳回晋国即位。”

秦穆公本就对晋惠公食言而肥的行径深为不满，也看出了晋惠公统治的晋国不会亲近秦国，此时听了邳郑所言觉得有理，果然派人与邳郑一同回国，邀请吕甥、郤芮到秦国来。不过吕甥、郤芮敏锐地觉察到其中有诈，没有轻易上当，他们怀疑邳郑有问题，便请晋惠公杀了他。邳郑的儿子邳豹逃到了秦国，请秦穆公发兵攻打晋国，秦穆公知道邳豹只是想为父报仇，并没有答应他，只是暗地里将他收留在秦国。

不久以后，晋国遇到大旱，派人来秦国借粮。邳豹劝秦穆公不要借粮食给晋国，可以趁此机会讨伐晋国。但是百里奚指出百姓无辜，不应因晋惠公的无礼得罪而让晋国百姓无粮食可吃，于是秦穆公便决定借粮给晋国。几年以后，秦国也遇到了饥荒，向晋国借粮。谁知晋国不仅不借粮，反而趁秦国的危机兴兵进犯，秦穆公一怒之下任命邳豹为将军，并且亲自带兵前去还击。

秦穆公与晋惠公的军队在韩地遭遇，晋惠公身先士卒，冲在战阵前列与秦国征战，谁知回来的时候马却陷入了泥坑中。秦穆公见此天赐良机赶快带领随从护卫追来抓晋惠公，可是为时已晚，反而被晋军围困。多亏了三百名忠于秦穆公的勇士拼死杀入重围，不仅救了秦穆公，还俘虏了晋惠公。

秦穆公带着晋惠公回国，并且一路上宣称要用晋惠公来做祭祀上天的祭品。周天子听说了这件事觉得很不安，认为晋惠公与自己是姬姓同族，应当守望相助，于是替晋惠公向秦穆公求情。

秦穆公的妻子穆姬是晋献公的女儿、晋惠公的姐姐，她听说丈夫俘虏了弟弟，还要押送回国做祭品，心中十分忧虑。于是穆姬破釜沉舟，带了太子罃弘与女儿简璧一双儿女登上高台，脚下铺满薪柴。又派人穿着丧服去迎接秦穆公，告诉他：“上天降灾，使秦晋两国不得不兵戎相见，如果您将晋国国君带回秦国，那么我只能自杀以谢，请您决定吧。”

秦穆公本来深恨晋惠公，不愿意轻易放他回国，但是周天子竟然亲自派人为他说情，夫人又以死相挟，心下很是为难。有大臣劝秦穆公说：“俘虏了晋国的国君只有以礼厚待，风风光光地将他送回去，才能对秦国有好处，如果杀了他，那么对我们又有什么好处呢？”又有人反对，认为晋惠公不讲信义，放他回去还是会成为秦国的祸患。最后子桑说：“我们现在无力灭掉晋国，如果随意杀死其国君，只能使两国的仇恨加深，相互交恶。为今之计不如将晋国国君放回去，让他们的太子来秦国做质子。”秦穆公同意了。

晋惠公经过这次风波，再也不敢违背对秦国的约定，回国以后赶快将太子圉送到秦国做质子，而且也不敢再对秦国轻易启衅了。

秦军其实很胆小

由于晋惠公与其子晋怀公双双背叛秦国，秦穆公便扶立了流亡在外的重耳回国即位为晋文公。在秦国的支持下，晋文公不仅顺利地即位，而且实行一系列利国利民的政策，在晋文公的治理之下，晋国得到了很快的发展，而晋文公也成为了齐桓公之后的第二位霸主，得到了周天子的承认和各国诸侯的服从。

鲁僖公二十九年（公元前631年），晋文公打算出兵攻打不服从晋国的郑国，于是派大夫狐偃会和周天子派来的王子虎、宋国大夫公孙固、齐国大夫归父、陈国大夫辕涛涂和秦国大夫小子慭在翟泉会盟，共同商议讨伐郑国之事。会上决定先由晋国军队于第二年单独出兵攻郑试探情况，于是晋文公便派出军队驻扎在函陵，又邀请秦穆公一起出兵围攻郑国，秦穆公果然应邀派军，将秦军驻扎在氾南。

郑国朝野见秦晋两个大国陈兵城外，无不惊恐万分，以为郑国即将灭亡了。这时郑国的大夫佚之狐找到郑文公说："现在国家正处于危急存亡之时，请您启用烛之武去觐见秦君，必定可以解此危局。"郑文公此时已经六神无主了，听佚之狐这样说，便亲自去请烛之武出山。谁知烛之武却推辞说："臣年轻力壮之时尚且不如别人；现在年老力衰，已经做不了什么了。"

郑文公知道烛之武这是在埋怨自己没能早些重用他，便诚恳地道歉说："我没能及早任用您，现在形势危急才来请求您的帮组，这实在是寡人的过失。不过如果郑国灭亡，对您也是不好的，所以还是请您勉为其难，帮我一次吧。"烛之武见郑文公言辞恳切、神色焦虑，也不忍心看着郑国就被秦晋两国攻灭，便同意了郑文公的要求。

由于郑国正被围城不敢轻易开城门，于是烛之武只能选择在入夜之后用绳子捆在腰上慢慢地从城头上吊到城外，安全落地之后，就悄悄前往秦营求见秦穆公。见到秦穆公以后，烛之武对他说："秦、晋两国包围郑国，郑国的灭亡已经指日可待，如果灭亡郑国对您有好处的话，那贵军劳师动众一次也是值得的。可是您也明白隔着其他国家占据远方的土地作为边邑是很不容易长久的，您此次出兵无非灭亡郑国来增加邻国的土地而已。邻国的势力得到增强，就相当于您的势力受到削弱，是为君子所不取。如果您愿意放过郑国，以后您的使者往来东方，郑国必定为您供应其一应所需，这样对您也没有什么害处。

"何况您曾经赐给过好处给晋国国君，当时他答应将焦、瑕两地赠给您，可是他早晨过河回国，晚上就加筑城墙防御您。晋国国君这样的人哪里有满足的时候，如果成功地在东方攻下郑国开疆拓土了，必定会要肆意扩大其西方的疆域。到时候如果不损害秦国，晋国还能到哪里去取得土地呢？要不要为了晋国的利益而做损害秦国的事，请您多加考虑。"

秦穆公听了烛之武的话，觉得从秦国的角度考虑，攻打郑国的确不是好主意，于是便放弃原来的作战计划，转而私下与郑国结盟。另外还留下了将领杞子、逢孙、杨孙帮郑国增强戍守，防御晋军的攻击，而秦穆公自己则带兵返回了秦国。

消息传到晋国军营，狐偃请求出兵追击秦军，晋文公拒绝了他的请求："如果没有秦国的力量我们也不会有今天这个地位。依靠了别人的力量，反而倒戈相向，这是不仁；丧失了结盟的友邦，这是不智；用胡乱出击的行动取代整齐划一的计划，这是不武。我们还是撤军回国吧。"晋军撤退以后，为了缓和与晋国的关系，郑文公又立奔晋的公子兰为太子来向晋国示好。经过此事，秦国与晋国的联盟关系开始有了间隙。

留守郑国的三位秦国将领听说郑国反而投靠了晋国，都十分气愤，于是杞子便派人回去告诉秦穆公："郑文公让我掌管都城北门的钥匙，请您悄悄领兵前来，我会打开北门放秦军进去，这样一定可以占领他们的国都。"秦穆公觉得机不可失，便去询问老臣蹇叔的意见，但是蹇叔却对此持反对意见："郑国路途遥远，如果派军去攻打，军队到达以后就已疲惫不堪、力量衰竭。而且行军千里，郑国一定会听说此事，早做防备，到时候我们劳师远征，费力气不讨好，士兵一定有抵触情绪。此事恐怕不行。"

但是秦穆公一心被攻入郑国国都的美好前景所迷惑，根本听不进蹇叔的意见，一意孤行地派孟明视、西乞术、白乙丙三人领军出征。秦军一路向东进发，借道于晋国，然后从周朝都城北门经过，王孙满站在城楼上观察了秦国军队一会儿以后说："秦军轻率冒进而又不懂礼仪，轻率冒进就会有勇无谋，不懂礼仪就会孤立无援，进入险境而孤立无援，自身又有勇无谋，这样的军队怎能不失败！"

不过洛邑城楼上发生的这一幕，秦军的三位将领并不知晓，他们仍在一路进军，不久以后就进入了滑国，这时郑国的商人弦高带着十二头牛准备去周朝都城卖，路上遇到了秦军，听说这样兵强马壮的大军即将去攻打郑国，弦高顿时十分担忧，经过反复思考，弦高终于想出了一个主意。

弦高带着自己的十二头牛来到秦军大营，自称是郑国国君的使者，秦国的三位将领一听，心下惊疑不定：秦军此次伐郑是要在郑国人不知情的情况下潜入郑国国都，然后由杞子打开北门，放秦军入城，可是如果郑国已经知道秦国大军来攻，岂能再将北门的钥匙交给杞子？这样一来就只能无功而返了。

于是三位将领面面相觑，不知如何是好，只能先将弦高请进大营问问情况。弦高见了三位将领，不卑不亢地一一行礼如仪，然后说："敝国国君听说贵国不远千里前来讨伐，所以派我带了十二头牛来慰劳贵国士兵，敝国虽然人少国小，但也已经认真做了防守和抵御的准备。"

见过秦军将领之后，弦高又赶快派人回郑国报信，郑穆公得到消息赶忙厉兵秣马，做好一切防御准备，并且将秦国之前留在郑国帮助防守的三位将领杞子、逢孙、扬孙赶出了郑国。孟明视知道以后，长叹一声说："郑国已经有了防备，我们如果按原计划攻打必定不能取胜，围而攻之又没有后援，还是撤军回去吧。"就这样，郑国商人弦高凭借自己过人的智慧和胆识，将郑国从又一次的亡国危机中解救了出来。

放虎归山

早在秦军出征之前，老臣蹇叔就曾一力劝谏秦穆公不要出兵，但是秦穆公听信留守郑国的秦将杞子之言，一意孤行地决定劳师远征郑国。受到秦穆公之命率领秦军出征的孟明视、西乞术和白乙丙三人中，西乞术和白乙丙兄弟是蹇叔的儿子，而孟明视正是秦国大夫百里奚之子。蹇叔与百里奚深知秦军此去犯了兵家大忌，必是凶多吉少，于是在送行之时各自挽着儿子的手哀恸不已，大哭着说："孩子呀，我看着你们的大军离开，却看不到你们回来了！"。

秦穆公本来兴致勃勃地准备发出大军开拔的指令，却被这二位老臣的哭声弄得心烦意乱，于是很不高兴地说："我派大军出征，你们却拦着军队大哭动摇士气，这是干什么？"蹇叔与百里奚强忍悲痛，止住哭声回答："臣并不敢阻拦军队，动摇士气，只是大军开拔在即，我们二人各自的儿子也即将离开；我们年老力衰，活不了多久了，他们回来得晚了恐怕就再不能相见了，因此哀哭。"

蹇叔又私下里交代儿子说："你们的军队就要战败了，到时候晋国人一定会在殽山阻击你们，殽山有两座山陵。南边的山陵是夏朝后皋的坟墓；北边的山陵，是周文王曾经避风雨的地方。你若战死，必定在两座山陵之间，那时我就到那里去为你收尸。"

不管蹇叔和百里奚二人如何再三明示暗示秦军此去必败无疑，但是考虑到有杞子在郑国为秦军做内应，为秦军打开郑国都城的大门，秦穆公还是信心十足地命令大军出发向东而去了。后来秦军在路上遇到了郑国商人弦高，偷袭郑国的阴谋也被识破，秦军无法按原计划进攻郑国，只好悻悻回军秦国，为了不空手而归，他们路上还灭掉了距离晋国很近的姬姓小国滑国，然后继续向回国必经的晋国进发。

当时晋文公刚刚去世不久，尚未下葬，继位的晋襄公得知秦军劳师远征无功而返的消息，认为这是打击秦军嚣张气焰，巩固晋国霸主地位的大好时机。甚至等不及过了服丧期，晋襄公便用墨将白色的丧服染黑之后联合了姜戎的军队在殽山两座山陵之间设下埋伏。孟明视、西乞术和白乙丙三位将领没有将父亲的警告和嘱咐放在心上，经过这片极易遭到伏击的峡谷时竟然没有提高警惕，轻易地进入了晋军的伏击圈，在晋军与姜戎军队的伏击之下，很快便落得全军覆没，孟明视、西乞术、白乙丙三名将领也被晋军俘获，这就是历史上著名的秦晋殽之战。

孟明视三人既是深得秦穆公信重的将帅，又分别是在秦国位高权重的大夫百里奚和蹇叔的儿子，晋国俘获了他们自然不能轻易放过。

但是，例外总是时有发生，晋襄公虽然雄才大略，但是却很容易被别人的言语动摇。晋襄公父亲晋文公的夫人文嬴来自秦国，是秦穆公的女儿，听说秦国最重要的三位大将在殽之战中战败被俘，心中十分担忧。她知道秦国虽然实力骤增，但是毕竟是边陲鄙国，如果三人被杀，对秦国的军事力量和国家实力都是很严重的打击，甚至有可能会造成内乱，便绞尽脑汁思索良策，想让三人能够安然回国。

文嬴想好了办法就去求见晋襄公，并对他说："他们三人为了自己的功名利禄挑拨秦晋两国的关系，我父亲已经恨他们入骨，如果您放他们回国，我父亲一定会十分高兴并且将他们烹杀以泄愤，又何劳您去诛杀他们呢？"晋襄公想了想，不觉得有什么不好，便点头同意了。

后来晋襄公派阳处父去追捕三人，但是此时孟明视等人已经到了黄河中的渡船上，阳处父急切间也找不到渡船追上去将他们抓回来。不过阳处父是一个智计百出之人，他看着远去的船影，灵机一动想出了一个办法。阳处父解下自己乘来的马车在左边驾车的马，冲着船上的孟明视等人大喊："三位请留步，这是国君赠给三位的马匹，请你们上岸来带它一起回秦国去！"

可是孟明视也非有勇无谋之辈，他看透了阳处父不过是想将自己三人引诱回岸上去抓捕，可是也不便戳穿他的谎言，便在船上行礼道："承蒙贵国国君的恩惠，没有杀死我们这些俘虏，允许我们回国领罪，如果国君遵照晋国国君的好意赦免了我们，三年之后我们再来拜谢今日的恩赐。"说完，小舟已飘然远去，一旦过了黄河就是秦国的领土，此一去放虎归山再也追不上了。

殽之战的惨败使秦穆公称霸中原的野心冷静了下来，认识到目前秦国的实力并不足以打败晋国，开辟东进之路，于是专心向西开拓，讨伐西戎，在西部边陲开辟了秦国的霸业。

秦穆公的"西进运动"

殽之战的惨败是秦穆公争霸之路上受到的第一次沉重打击，因此秦穆公念念不忘要打败晋国报仇雪恨，因此在一年以后又命孟明视率军出征晋国。晋襄公亲自带兵抵御，先且居为中军将，赵衰为中军佐，秦军与晋军在彭衙决战，结果秦军再次被晋军打得大败，丢盔卸甲而逃，晋国人就讽刺秦军为"拜赐之师"。

正在秦穆公因为再次败于晋军之手而一筹莫展之时，一个向西开拓的契机来到了秦国。秦国的西方生活着许多戎族部落，自秦国分地建国以来就如同噩梦般纠缠着秦国，是秦国发展扩张之路上的心腹大患，也是秦国东进的后顾之忧。戎王听说秦穆公是一个十分贤明英武的国君，担心秦国强大对戎族不利，因此派出大臣由余出使秦国探查情况。

由余到了秦国之后，秦穆公便带他参观自己的宫殿和历代继续的珍宝财物，由余看了咋舌道："这些宫室积蓄，如果为鬼神所营造，那么鬼神也会劳累；如果是让百姓来营造，那么则使百姓劳苦。"秦穆公听他没有赞美自己宫室华美、积蓄丰厚，反而说自己劳神苦民，觉得很奇怪便问："中原各国借助诗书礼乐和法度处理政务，却仍然不时地出现祸乱，如今戎族没有这些诗书礼乐法度，靠什么来治理国家呢？岂不很困难吗？"

由余的祖先本是晋国人，后来因事逃到戎地避难，传到由余这一代尚且会说晋国的方言，对于中原各国的情况也比大多数戎人更为了解，所以戎王才会派他来出使晋国。如今见秦穆公问起治国之道，便回答说："以诗书礼乐法度这些来治国正是中原各国之所以发生祸乱的根本原因。自从上古的圣人黄帝创造了礼乐法度，并亲自带头实践，却仅仅实现了很小程度的治世。

"到了以后的时代，君主日渐一日地骄奢淫逸。依仗着法度的威势来要求和监督臣下与人民，人们因此疲惫至极，就会怨恨君主不能实行仁义之道。到时候主上和臣下相互埋怨不能使自己满意，乃至于篡位弑君、抄灭全族，都是礼乐法度之类种下的祸根。而戎族就不这样治国，戎王怀着淳厚的仁德来善待臣民，臣民则满怀忠信来侍奉君上，治理整个国家的政事就像管理自己的身体一样自然，无须了解什么治国之道，这才是真正的圣人治理国家的方法。"

秦穆公听了低头沉思、默然不语，事后他召来内史王廖请教："我听说邻国有圣人，这是敌国的忧患。如今由余如此贤能，这是我的祸害，我该如何是好呢？"内史王廖考虑了一下，为秦穆公想出了一个办法：

"戎王地处偏僻，从来没有听过中原地区的乐曲。您可以赠送给他歌伎女乐，让他沉迷淫乐以此消磨他的壮志。然后替由余向戎王请求推迟回国的时间，以此来疏远他们君臣之间的关系；这边同时留住由余不送他回国，让他不能按时回国。戎王一定会觉得此事有蹊跷，从而怀疑由余。他们君臣之间有了隔阂，就可以打败戎族了。更何况戎王喜欢上音乐，就一定没有心思处理政务了。"

秦穆公听了内史王廖的计策，觉得十分有理，便决定依计而行。戎王欣然接受了秦国送来的歌伎，从此沉迷女乐不理政事，都不顾及游牧迁徙之事，导致牧草枯竭，牛马死了一半。

秦穆公见时机已经成熟，这才放由余回国，由余见戎王玩物丧志，再不复当年雄姿英发的英主模样，急得多次进谏，可是戎王任何忠言都听不进去，反使由余十分恼愤无奈。秦穆公得知戎王与由余君臣二人已生间隙，便数次派人秘密邀请由余来秦国，由余知道戎王已经无可救药，自己在戎地也不会再有什么作为，于是只好离开戎族，归顺了秦国。秦穆公见由余来归十分高兴，以宾客之礼极尽礼遇，并且就进攻戎族之事咨询由余。

戎王已经壮志消磨，终日沉迷于逸乐，秦穆公去了心腹之患，便再次派遣孟明视等人率军进攻晋国，秦军渡过黄河以后就将过河用的渡船付之一炬，以示不胜晋军绝不复回之意。有了这样破釜沉舟的勇气，又不再有后顾之忧，秦军果然将晋军打得大败，攻取了晋国的王官和鄗地，为殽之战的惨败报了仇，附近的晋国军队固守城池，不敢出战。

大胜晋军之后，秦穆公又挟大军之威攻打了西方的戎族，增加了十二个属国，开辟了千里疆土，终于在西戎地区成为了一代霸主。周天子还派了召公过带着钲、鼓等指挥军队作战的器物到秦国去赐给秦穆公，作为对他打败戎族的贺礼。

第二卷

谁主沉浮，新旧交替的争霸之路

第一章　累世而兴，荆楚之地的大国

筚路蓝缕，楚国源起

随着社会的发展、历史的进步，中原周边的地区也逐渐发展起来，除了秦国在西方称霸，南方也崛起了一个足以称霸的大国——楚国。顾名思义，楚国就是在南方荆楚之地建立的国家。在远古时期，氏族间征战不断，旧氏族消亡、新氏族兴起。一个强大而稳定的族群，需要经历长时间的融合才能够形成，更遑论发展壮大成为“国家”这一最高统治形式。而楚国，也是在远古先民历经长期磨合，在荆楚地区形成有共同语言、经济生活、文化和心理素质的族群的基础上，又经过长时间发展，最终成型的国家。

楚国兴起于春秋初年，位于中原以南地域。楚国的祖先可以上溯至黄帝之孙颛顼。颛项是“五帝”之一，又称为高阳氏，因而楚人屈原在其《离骚》中自表：“帝高阳之苗裔兮。”颛顼以下代代相传，依次诞生了称、卷章、重黎。重黎作为颛的曾孙，担任帝喾高辛氏的火正，掌管宗教。重、黎本来是两个氏姓，因氏族发展融合而合并为一。重黎担任火正，具有取火存火以照明天下的能力，因而又被赐名为“祝融”，乃是“大明”、“光明正大”之意。重黎在共工氏叛乱中被帝喾委任平叛，但执行不力，没有将叛军赶尽杀绝，因而触怒了帝喾，招来杀身之祸。重黎死后，他的弟弟吴回接任了他的职位，仍为火正，仍被称为“祝融”。

吴回之子名为陆终，陆终又生六子，分别是：昆吾、参胡、彭祖、会人、曹姓、季连。几个儿子的名字皆与其所封之地有关。季连姓芈，是楚国王族的先祖，他的后人或散落在各个城市，或远赴边远地区，史书中记载寥寥，无法详细得知。不过以族裔中其他分支的命运作为参照，昆吾和彭祖的后代也都一度兴盛，然而先后为商汤、商纣所灭。而楚国先人各个族裔在当时频繁的部族争战以及强势的商朝不断挤压中向南迁移也属正常行为。

直到商末周初，季连的后人中有一支叫做鬻熊，鬻熊一面依附于当时已经风雨飘摇的商纣王朝，另一方面大力支持新兴的周朝，为西伯姬昌出谋划策，后来在周文王的朝中成为元老重臣。这样的荣耀，在很大程度上提高了族群地位，并在后世很长时间成为了楚国赖以生存和谋求发展的政治资本。

鬻熊的后人熊绎所处的年代是周成王时。熊绎本身立有功勋，加之祖上又是有功之臣，因而被成王赏赐一块封地，位于南方，定都于丹阳，也就是现在的湖北秭归，这就是楚国最初的雏形。事实上这次封赏的象征意义远大于实际意义，这意味着楚国作为一个诸侯国的存在得到了周天子的承认。除了熊绎之外，当时共同侍奉周成王的还有鲁公伯禽、卫康叔子牟、晋侯燮、齐太公子吕伋等人，这也初步体现了以周成王为中心的诸侯分布情况。熊绎得到的封地，面积虽然不大，质量却极高，首先它处于三省交界之处的战略要道，地理条件优越；其次地势平坦，土地肥沃，可以说极尽地利，为楚国的生存发展创造了重要的先决条件。

然而楚国和周王朝并不是铁板一块，原因在于周王朝始终把楚国当做“蛮夷小邦”来对待，虽然承认其存在，却不给予相应的尊重和政治地位。楚国国君在天子会盟的时候只是被喊去做一些杂务，却无法列席诸侯，这之于楚国而言无疑是一种屈辱，于是楚国对周王朝心怀不满也就自然而然了。而周王朝对迅速兴起的楚国也采取提防打压的政策，甚至数次出兵劫掠征讨楚国。不过楚国羽翼渐丰，已非吴下阿蒙，在面对周王朝的讨伐时非但没有吃亏，还屡屡取胜，把周朝打得没有还手之力，不仅丧失了“六师”，连国君（周昭王）都“客死”。

周夷王姬燮主政天下的时候。在这期间，因为周王室进入了衰退阶段，诸侯国纷纷怀有不臣之心，而各诸侯国发展的不平衡导致互相讨伐的事情很多。楚国的掌控者，熊绎后人熊渠此时也发展了自己的势力，发兵攻打周边小国，将土地扩张到江汉流域，通过一系列政策，得到了民众的拥戴。熊渠的扩张，使得楚国占据了庸、杨粤、鄂等地，这些地方盛产粮食、铜矿，这为楚国经济、军事实力的壮大提供了有力保障。

楚国势力的增强，使得熊渠的底气越来越足，他不满周王朝给他的封号名分，于是封自己的长子熊毋康做句亶王，次子熊红做鄂王，幼子熊执疵做越章王，都属于自立名号，分布在长江沿岸楚国边远地区。

周厉王即位后，十分暴虐，熊渠担心楚国安危，便放弃了自封的这些名号。熊渠死后长子熊毋康继位。毋康早死，熊挚红即位，但是他的弟弟熊延杀了他篡位。熊延生下了熊勇。熊勇六年，周厉王因其暴虐无道遭到国人讨伐，最终不得不出逃而走。自这一年后，楚国有了较为明确的历史纪年。

四年之后，他的弟弟熊严接替了他，十年后卒，其长子熊霜继位。熊霜死后，他的三个兄弟为了争夺王位互相残杀，最终季徇胜出，是为熊徇。熊徇去世后熊咢继立，之后是熊仪继立，即为若敖。

在这期间，周王朝由周宣王执掌大局。周王朝和楚国战事不断，互有胜负。通过一件事可以看出楚国已经进入了周宣王的政策重心之中，这就是周宣王把申伯迁移到了谢邑，建立申国，以防楚国入侵。申国的建立，的确起到了遏制楚国的作用。

周宣王死后，其子周幽王即位，就是一手炮制了历史上著名的“烽火戏诸侯”的昏君，在其失信于天下的那一刻起，他的悲剧命运就此注定了。若敖即位二十年以后，也就是公元前771年，周幽王姬宫涅死于犬戎的叛乱，周王室向东迁徙，西周就此灭亡，东周时代开始，然天下已乱，周王室日渐式微。

七年之后，若敖也去世了，熊坎继立，称为霄敖。六年卒，熊眴继立，是为蚡冒。蚡冒死后，其弟熊通杀死了他的儿子，篡夺了王位。熊通上位后，自立为楚武王。楚国此时已经在若敖、蚡冒的励精图治下发展多年，兵强马壮。楚武王接手的可以说是一个冉冉兴起的南方国家，已经初步具备一统江南的资本。武王对内进行政治治理，对外进行征讨，不断拓宽疆土，使楚国得以进一步强盛。在其长达51年的执政时间里，楚国处于一个前所未有的安定局面，在政治、经济等各方面奠定了春秋大国的基础。

荆楚第一王

楚武王接手楚国的时代，对于各个诸侯国而言，既是一个最好的时代，也是一个最坏的时代。周朝由盛转衰，对诸侯的控制力度逐渐削弱，诸侯国可以伺机发展壮大自己，甚至从周王朝那里占得便宜。然而，各个国家因为地利、人和等因素不同导致了彼此间发展的严重不平衡，大国吞并小国，强国吞并弱国。身为国君者绝不敢掉以轻心，带领国家在动荡不安的大环境中艰难地求生存、谋发展。

各国内部也不平静，国家的发展扩张会带来相应的权力分化，利益分配的不均导致内部矛盾的滋生，当矛盾无法调解时，就会发生亲族残杀的事情，以这样的方式完成权与利的洗牌和再分配。代价就是国家在激烈的内耗中动荡不安、停滞不前。例如：晋国五侯被弑；鲁国，公子翚弑鲁隐公；郑国，庄公克段于鄢；齐国，公孙无知、连称、管至父三人弑齐襄公。

反观楚国，内部政治局面相对稳定，楚武王权力集中，手下亦有能人襄助，在经济文化方面发展平稳。外部扩张并不激进急躁，充分消化占领的版图，使其真正成为生产力的有效构成部分。

至于“武”这一名号，《谥法解》中说道：“刚彊直理曰武。”充分体现了楚武王的个性特点和执政风格。这一封号并非受赐于周天子，而是武王自封。武王三十四年，楚国兵进随国。之所以选择随国，原因有三：一是随国在楚国周边小国中实力较强，攻下随国，可以对其他小国形成威慑；二是随国骄傲自大，引诱其炫耀武力，可以让周边小国感到不安，形成离间效果，便于日后楚国对它们的拉拢蚕食；三是随国也属姬姓，打击随国，就是灭周朝威风。

当楚国大军逼近随国时，随国派其少师来与武王谈判，申辩自己并无罪过。楚王回应，言楚国意在为安定中原略尽绵薄之意，希望随国国君可以在周天子前请托，为楚王谋求封号，随国少师允诺，楚王随即退兵。少师回国后，以楚军队形散乱、军容不整为由，力劝随君追击，大臣季梁劝阻道：“楚国正值天命相向，军容混乱乃是诱敌之策，王侯何必心急？小国能够抵挡大国，在于小国有道而大国无行。有道指忠于民而信于神。朝堂之人，心念百姓；祭祀巫使，名正言顺。然而如今百姓冻馁，巫使胡言，国家如何得以成事？”

随君问道：“用于祭祀的牛羊肥壮质优，谷物丰富，如何不是忠信呢？”季梁对曰：“民为神之主，古之贤君皆以民为先，随后乃顾神灵，祭祀时说‘牛羊肥壮’意为百姓富庶；说‘谷物饱满’意为无灾无祸；说‘酒甜而美’意为人心无邪。但现在人心丧乱，神灵无主，纵使君王富有，何福之有？君侯若修明政治、促进和睦、亲善友邦，方可避祸啊。”随君采纳了谏言，没有追击楚君，内修政治，外铸国防，楚国短期内也未敢再犯。但是随国国君的请托被周天子严厉拒绝，楚王愿望落空，愤懑之下，自尊为王，称号曰“武”。

然而楚国的称霸之路并非一帆风顺，鲁桓公八年（公元前704年）楚武王在沈鹿举行会盟，在周边国家中，只有随国与黄国没有来。武王一方面派薳章去谴责黄国，另一方面出兵亲征伐随。随君不听良将忠言，反而采纳少师浅薄之语，贸然出兵。楚、随二国会战于汉、淮之间，随军大败，国君溃逃，少师遭俘，不得不罢战求和，与楚国签订城下之盟。经此，楚国名动四方。

一年之后，巴国遣使来到，言愿帮助楚国结识邓国，希望借此能和楚国通好。楚国于是派使者和巴国使节一同赴邓。然而在邓国境内竟然遭到劫杀，二人均遭毒手。楚国问责，邓国推托不肯认错。于是楚国联合巴国共同发兵，攻击邓国。邓军三次进击巴军皆不得手，楚军将领大夫斗廉将楚军匿于巴军之列，诈败引诱邓军追击，待其孤军深入后合围，邓军不敌。

鲁桓公十一年（公元前701年），楚国又挫败了郧、随、绞、州、蓼五个小国合力攻打自己的阴谋。屈瑕、斗廉二人，在未将局势报予楚王、没有请求援军的情况下，兵分两路，前者抵御四国联军，后者突袭郧国都城，大获全胜，并成功与贰国和轸国缔结盟约。次年，为报复绞国，楚国讨伐绞国，利用绞国急躁轻浮、贪图小利的心态，采用诱敌策略，攻破了绞国的城池。

但是楚国的胜利并没有一直延续下去，两年以后，此前战功累累的屈瑕领兵攻打罗国，过往不断的胜利麻痹了他的心性，让他变得骄纵狂傲、刚愎自用，在军队渡河之时不加提防，遭到突袭，惨败，缢于荒谷之中以谢国人。这一败严重挫伤了楚国的锐气，打击了楚国的国力，导致楚国在以后数年都处于休养生息之中，停下了外扩的脚步。

鲁庄公四年（公元前690年），此时楚国已经养精蓄锐十年，农业、手工业、军力都稳中有升。特别是在军备上，大力发展戟兵，利用戟作为矛、戈复合体既能刺又能砍的特点研发出了新的作战阵形——“荆阵”。同年，随侯迫于周天子压力，为自己承认楚王的自封而赔礼认错，这触怒了武王，并惹来了兵祸。

楚王年届七十，仍要率军亲征。临行前忽感心神不宁，遂问于夫人邓氏，夫人叹道武王年岁已尽，命不久矣，感到心神不安乃是祖宗召唤，率军出征凶多吉少，能保大军不失已是幸事。武王不从，执意亲征，途中病发死于树下。

楚军秘不发丧，仍大举开向随国，把随国围得水泄不通。随君心知不敌，只得再度求和，领军将官屈重便以武王名义在汉水转向之地与之相见会盟，随后方才回军。待到楚军回归境内，才发布消息，举国治丧，并由楚文王继位。

武王在位五十余年，将楚国由一个地方性强国，治理成能够称霸一方、震慑诸侯并觊觎中原乃至撼动周朝的大国。在他的领导下，楚国屡战屡胜，吞并疆土，成为江南地区名副其实的霸主。

当了诸侯王也得挨鞭子

楚文王名为熊赀，和乃父一样，也是一位很有作为的君王，为楚国的壮大发展起到了决定性作用。

文王即位之初，由于国富民强，军力强大，一批忠臣良将辅佐，执政压力不大。加之中年即位，为储多年，从事事小心的生活中方才解脱，所以并不励精图治，而是耽于享乐，沉浸在安逸之中。例如，他曾经携犬带弓远赴云梦泽游猎，整整三月一去不返；再如，广征丹阳美女以盈后宫，纵情于声色之中，沉浮于脂粉之畔，不理朝政，任由国事荒废。

于是老臣太保申和大将鬻拳进宫进谏，并以先王遗命为由要鞭笞文王以示惩戒。文王以自己出生便受赐位列诸侯，此时又贵为一国之君，不能受鞭刑之辱为由，请求太保申网开一面，换一种刑罚方式。但太保申执意不从，文王无奈，只得趴在枕席之上受刑。太保申并未真打，他手持荆条束鞭，高高扬起、轻轻落下，仅数下之后便止。

文王认为在先王英灵注视之下受此可有可无之刑，心中顿感不安，言即已蒙受鞭刑之名，不如真打一顿反倒痛快。太保申回曰对小人应令其受皮肉之苦，对君子则应让其感到内心羞赧屈辱，否则皮肉之苦又有何用？若大王仍不得醒悟，为臣之人实在是愧对先王嘱托，只得以死谢罪了，言罢自请死罪，意欲投河。文王急止猛省，遂杀狗、折弓、遣散美女，专注于修补朝政、巩固民生以报先王之志。留下一段“受笞纳谏”的佳话。

文王即位后做出了一个战略性决策，把国都从丹阳迁到了郢。这一举措的意义在于体现了楚国外扩思路的延续性，楚国经过武王时期的对外用兵，在江南之地已经无可匹敌，寻求逐鹿中原的途径是其新阶段的必然选择。在战略重心已然北倾的情况下，就需要寻找新的大本营，同时，还要保持对南方固有版图的控制。因而迁都，则成为了适应楚国新的国情，解决楚国发展需要的重大决定。

郢城地理位置极佳，南有长江天堑为屏，西通巴蜀之地，东望吴郡、会稽，北向中原，陆路、水路四通八达，进可入主中原，退可据守一方。更兼地势高耸，保证汲水却无需担忧洪涝，是发展民生、保障后方稳定的绝佳场所。楚文王迁都的决策，确保了楚国后面将近四百年的繁盛。对于郢城的确切位置，历来众说纷纭，一说位于湖北江陵南部，又说湖北宜城西，还有认为其实所属两地，但都叫郢。

文王沿袭先王对外兼并的脚步，挥师进军申国。申国，以周为姓，也是周天子的分封地，作为周天子在江南楚地钳制楚国的重镇，楚文王几近周折，终于灭申。由于邓国地处于楚国和申国之间，是楚文王大军往返的必经之地，加之文王母后，也就是武王的王妃邓曼是邓国人，于是在文王班师路过邓国时，邓国国君设席款待文王。邓国的贵族们苦劝国君借此机会除掉文王，但国君不从，认为不能行此不义之举，由此放虎归山。文王回国后不久，就再度出兵把邓国灭掉了。

楚军之所以无往不利，一方面仰仗于国力的强大和军备的雄厚，另一方面，也有赖于治军之严明。有一则故事可以体现这一点，楚国伐邓途中，文王命令两位王子革和灵外出侦察，二人在野外遇见一位乞讨老翁，于是抢掠欺侮了他。文王得知此事，欲斩二人。

王公贵族们纷纷劝阻，认为因如此小事就处以极刑太过严厉。但乞讨老翁在营门外大喊说楚军因邓国残暴于是征讨，但楚国公子肆意欺凌老弱，岂不是说明楚军更为无道！文王感慨讨伐残暴的义军如果自己也残暴无行，则算不上安民；仗着身强力壮欺侮年迈之人，将来无法教育后代；宠溺子女，因私废公，无视法度，则不能治理国家；庇护子女伤害国政更万万不可。文王乃斩杀二子以正军法。

楚国攻灭申、邓、吕诸国，是其扫清门户、打通称雄中原的必为之举。彼时，中原大地格局区趋于明朗，齐国在管仲的治理下，经过改革，生产力大大提高，经济军事实力日渐雄厚。外交上与宋、陈、郑等中等国家结盟，形成了强大的军事势力。楚国要想入主中原，齐国及其盟友是其无法忽视的存在。而欲与之一战，必须尽可能地扫除一切对自身不利的因素。楚国周边的小国，论实力虽不能对其造成威胁，但楚国还没强大到可以在无视它们的前提下与强大对手一决高下。吞并这些小国，既可以扫除后顾之忧，又能够壮大自身实力，还可以将这些小国具有的地理优势据为己有，因而楚国必须攻灭它们。

楚文王将汉水以东之地尽数收归版图之中，又趁息、蔡两国不睦而借机吞并，这件事在中国历史上已经超越了单纯史实的内涵而拓展到文化层面，息夫人的凄绝命运也引发后世之人反复为之感叹吟咏。

楚国终于可以直面中原，文王选择了郑国作为首个攻讨对象，理由是郑厉公复辟"缓告于楚"，以此向以齐国为首的中原各路诸侯发出宣言。楚国伐郑，是这个南方大国第一次和中原诸侯正面交锋，正式拉开了齐、楚争霸中原的大幕。

第二章　问鼎中原，一鸣惊人的凤鸟

不鸣则已，一鸣惊人

楚文王去世后，他的儿子熊恽即位为楚成王，在他的统治下楚国吞并江汉流域的许多小国，成为南方大国。后来，楚穆公即位，进一步吞并南方小国，并把势力向中原地区延伸。穆公因是害死父亲之后即位的，所以他在位期间，楚国内部分裂严重。楚穆公去世以后，楚庄王即位。他是春秋时期继齐桓公和晋文公之后的一位新霸主。

楚庄王即位之初，晋国趁着楚人国丧，与宋、鲁、陈、蔡等七个国家订立盟约，重新坐上了盟主的位置。面对这一情况，楚庄王并没有去与晋国一争高下，而是过起了骄奢淫逸的生活，连续三年不理政事，不出号令，整日寻欢作乐。他十分讨厌大臣入谏，下令："敢前来劝谏者，死！"

后来，有个叫伍举的大夫看不惯君王所为，冒死前来劝谏。据《史记》记载，伍举进谏时，楚庄王正左抱郑姬，右抱越女，面前宫廷乐队演奏，歌姬舞伎环绕。伍举看到这种情景，虽心怀不满，却也并没有直接发作。他沉住气，问庄王："有鸟在于阜，三年不飞不鸣，是何鸟也？"庄王听出他是来劝谏的，却并没有发作，只是告诉他："三年不飞，飞将冲天，三年不鸣，鸣将惊人。"

但是，出人意料的是，接下来的几个月，楚庄王依然如故，没有做出丝毫改变，甚至更加过分地耽于逸乐。这时，另一个大夫苏从忍不住也前来劝谏。他做好了被处死的准备，只求"杀身以明君"。却没想到楚庄王这次听从了他的建议，马上着手开始整顿内政。他罢免了一批无能的营私之辈，提拔了一批忠君爱民的官吏，伍举、苏从也在提拔之列。

即位之初，楚庄王之所以不问政事，沉湎酒色，并不是一味淫乐，而是借酒色的外衣伪装自己，在静默中观察着周围的一切。帝王昏庸时，小人的丑恶面目更容易暴露出来。他借着淫乐辨明忠奸，为"一飞冲天"做足了准备。接着，这位雄心勃勃的国君就开始了他对外称霸的旅程，楚国很快就成为可以与晋国这样的大国匹敌的国家。

平定了若敖族的叛乱以后，楚国令尹子越椒被杀。孙叔敖在这时候登上了楚国的政治舞台。他是个很有才干和魄力的人，祖父蔿吕臣曾经是楚成王的令尹，父亲蔿贾曾任楚国司马，被子越椒所杀。父亲被杀害以后，他跟随族人逃难到期思。据《淮南子·人间训》记载，他曾"决期思之水，而灌云雩之野"。关于孙叔敖如何当上令尹，有很多传闻。《吕氏春秋》认为他与沈尹茎交好，楚王要封沈尹茎为令尹，沈尹茎向他推荐了孙叔敖。而《史记》则记载孙叔敖是被虞丘子举荐的，虞丘子辞掉相位，让孙叔敖取代了他。

孙叔敖治理楚国期间，一方面实行以教化为主，刑罚为辅的治国模式，"施教导民，上下和合"；另一方面又"奉旨循理，恤人体国"。司马迁在《史记》中说，法令是用来引导人民的，刑罚是用来禁止奸佞之人的。他认为"奉职循理，为政之先；恤人体国，良史述焉"，并称孙叔敖为"循吏列传"之首。《吕氏春秋》中有"荆王於是使人以王舆迎叔敖，以为令尹，十二年而庄王霸"的记载，由此足见孙叔敖在治国方面的卓越能力。

孙叔敖为楚国制定了健全的典章制度和法令法规，但是他也不是一味地重刑罚、轻德教。孙叔敖做楚国宰相时，“择楚国之令典，军行，右辕，左追蓐，前茅虑无，中权，后劲，百官象物而动，军政不戒而备，能用典矣”。健全的法律制度使楚国上下，军、民、农、商都有法可依，各司其职。在他的治理下，楚国人民生活安定，国势也越来越强大，楚庄王一步步成为一代霸主。孙叔敖做丞相以后，“锺天地之美，收九泽之利，以殷润国家，家富人喜，优游乐业”。

孙叔敖为楚庄王成就霸业作出了巨大贡献，除了在治国方面的成就之外，他在其他方面也成就显著。晋楚邲之战中，在楚庄王前去迎敌、群龙无首时，他下令楚军进攻晋军，使这场在楚庄王争霸过程中极为重要的战争取得了胜利。另外，他还兴修水利，除了早期在期思修建的灌溉工程外，他还在江陵境内修建了许多大型水库。

他还曾派人修筑沂城。沂城是楚国北进的基地，沂城的修筑使楚国在与晋国征战方面实力增强，为楚国与晋国的抗衡准备好了条件。据说楚庄王曾经认为楚国的钱币太轻，因此要求在铸币的时候，改铸更大的重币，然而百姓生活中却用不到那么大额的钱，因此觉得十分不便，严重影响了社会经济生活。

于是孙叔敖便向楚庄王进谏，请求去重币，楚庄王接受了他的谏言，又将钱币恢复成了原来的形制，人民的生活很快又恢复了正常。楚庄王准备举师伐晋，称对进谏的人杀无赦。孙叔敖冒死进谏，最终“楚国不殆，而晋以宁”。在孙叔敖的治理下，楚国国力得到快速发展，“不鸣则已，一鸣惊人”的楚庄王很快便坐上了霸主的宝座。

新一任霸主又出炉了

春秋时期，晋楚两国的争霸非常激烈，处在两个大国之间的许多小国如陈、郑、宋、蔡等都经历了十分惨烈的战祸。这些小国作为两个大国的附属，没有能力自保，一般是争霸的两方哪方处于上风，就归附于哪个国家。作为晋楚争夺的重点，这些国家总是战火不断。

楚国陷于内乱时，原本归附于它的陈国在晋国的武力胁迫下背楚向晋。楚庄王平定叛乱之后，就带兵去陈国兴师问罪。陈国在楚国的威胁之下，又不得不背弃与晋国的盟约，重新与楚国结盟。陈国虽屈服于楚国，楚庄王却还是不放心，甚至想把陈国变成楚国的一个县，幸亏被楚大夫申叔时劝阻，陈国才保留下来。

郑国作为一个比陈国国土面积大的国家，在晋楚争霸中所受的战祸更为严重。从公元前608年到公元前596年，仅晋国就五次对其用兵，楚国更是七次讨伐郑国。十三年中，郑国几乎年年遭遇战祸，最严重的时候甚至遭到两个大国的夹攻。

鲁宣公三年（公元前606年），晋国因为郑国背晋向楚而对郑国进行讨伐，晋军一直打到郔地，郑国为求自保，无奈之下与其讲和。当年夏天，楚国就派兵前来问罪。鲁宣公十年（公元前599年），郑国在楚国的武力威胁下与楚国讲和，很快，晋国又联合宋国、卫国、曹国对其进行讨伐，郑国又只好背楚亲晋。当年冬天，楚国就又来讨伐。

夹在晋楚两个大国之间，郑国从楚会遭到晋国攻打，从晋会遭到楚国攻打，无奈之下，郑国大夫子良提出了“与其来者”的方针，这其实是一种顺风倒的政策，不死守与哪方的盟约，谁带兵来攻打就向谁献上一份礼物，表示服从。子良所提出的墙头草策略是郑国在那种形势下求生存的上策。

郑国这种巧妙的周旋政策得到了晋国的默许，然而楚国对此却表示十分不满。郑楚结盟之后，楚国看到郑国依然与晋国来往密切，就向郑国发起了进攻。鲁宣公十二年（公元前597年）春天，楚军包围了郑国国都。被围困了三个月后，郑襄公见晋国还是不肯出手相救，就只好亲自到楚军中去讲和。最终，两国订立盟约，襄公的弟弟子良被送到楚国去做人质。

郑国已经兵败投降，晋国才派荀林父带三军前去救郑。晋军行至黄河，得知郑楚讲和的消息。荀林父准备回师，中军副帅先縠却坚决不同意。他认为要保持晋国霸业，就必须与楚国决战。先縠的行动得到赵括、赵同的支持，他带领自己所属的部队渡过黄河，准备去攻打楚军。荀林父意识到，如果先縠失败，他作为主帅要承担全部责任，而全军渡河，如果失败的话，责任也是众将分担，于是便也跟着渡了河。

楚庄王在攻下郑都之后，正打算班师回朝，却听到了晋军渡河的消息。楚国大臣伍参看出晋军内部不和，主将荀林父没有威望，觉得这是一次战胜晋军的好机会。楚庄王采纳了伍参的意见，在管地安营扎寨，等待着晋军的到来。其实，楚庄王虽明白这是战胜晋军的绝佳机会，却不愿意与晋军交战，他两次派人与晋军讲和。荀林父同意与楚军讲和，无奈部下已被先縠扰乱，根本不肯听从他的指挥。

这场战争以晋国战败而告终。这是晋楚争霸以来，晋国所面临的最为惨重的一次失败。楚庄王这次出征的本来目的是为了讨伐郑国，却没想到会意外收获了一个如此大的惊喜。邲之战的胜利一雪三十五年前，楚国在城濮与晋国交战时，遭遇败兵的耻辱。纵览邲之战的全过程，晋军失败并非偶然。晋军内部不团结，将领各怀异心，主帅荀林父毫无威望，不能服众，又无指挥才能，在战场上对敌人竟不设防。

然而，邲之战中尽管遭遇失败，晋国的元气却并未受到挫伤，只是盟主的地位稍稍动摇。之后，晋国依然有能力与中原诸侯进行争夺。邲之战的失败暴露出晋国内部潜伏的重重矛盾，这次战役是晋楚争霸的一个转折点，自此之后的二十余年中，楚国在争霸中一直占据上风。

第三章　乱中取胜，在内乱中走向复兴

晋景公尊王攘夷

虽然晋国自从晋襄公去世后国势衰落，在与楚国的争霸中居于劣势，但毕竟是称霸多年的大国，蛰伏中也在慢慢复兴，这次复兴的关键人物却是一位以残暴昏庸的形象定格在人们心中的国君晋景公。事实上，真正的晋景公并不像传奇故事《赵氏孤儿》中那样残忍暴虐，晋景公在位时，正是晋国内忧外患的时刻。对内，朝野派系林立，矛盾重重；对外，晋国在和楚国的争霸中逐渐落于下风，还有诸多游牧民族时时侵扰。景公上位之后，调和大臣矛盾，使国家避免深陷内耗不得脱身，对外用兵征讨戎狄，为晋国扫清外部环境，令其可以腾出手来与楚国争雄。

晋景公面对的是他的父亲晋成公留下的一个烂摊子，赵盾在朝内兴风作浪，结党营私，破坏了晋国一贯良好的政治氛围；而他飞扬跋扈的做派和见利忘义的品性也让晋国为此背了不少骂名，诸多小国因为赵盾的存在而疏离晋国，靠近楚国。

赵氏一族在国内的专权势必会影响晋国外事的不力。景公三年，楚国伐郑，郑国可以算是晋国在中原之地的铁杆盟友，晋国自然不能坐视不理。于是，晋国以荀林父挂帅，带兵驰援郑国。在荀林父帐下，该有统兵将领十二人，赵氏一族占去三分之一，还有依附于赵氏的韩、郤等族。由此，荀林父被架空，军权尽归赵氏，晋军轻敌冒进，被打得大败，严重挫伤了晋国的锐气。

晋国的失败，不仅让其失去了诸多小国对它的信心，也让很多游牧民族起了趁火打劫的念头。这些游牧民族支系众多，被华夏国家统称为“狄”，其中“长狄”和“赤狄”是势力较大的两个。

在中原诸国没有因为彼此间不断攻伐而实力下降之前，这些“狄”们并不能对它们构成实质性的威胁。尽管生存的需要使得这些民族不断侵扰中原国家，但结果往往十分惨重，而炫耀自己对狄作战的胜利，一时间竟成为中原诸侯间流行的活动。

晋国和赤狄之间的摩擦比较频繁，晋国的国君晋成公制订了以退为进的策略，对于赤狄的小规模骚扰置之不理，却暗度陈仓，与其他狄族结盟，主动放下身段，与它们交好，就这样，赤狄被孤立了。

赤狄毕竟实力深厚，不能一举歼灭，晋国对之也是软硬兼施，勉强控制。时间来到景公六年，这一年发生了一件事情，成为晋国决心对赤狄下手的导火索。

晋国和赤狄中最为强大的支系之一潞国联姻，晋景公的姐姐嫁到了潞国。潞国的大臣丰舒对晋国极为仇视，将晋景公的姐姐杀死。晋景公大怒，下定决心剿灭赤狄以绝后患。晋国的大臣认为晋国近况不佳，加之丰舒又是一个很有能力的大臣，此时的赤狄并不是一块软骨头。

但是大夫宗伯认为此时讨伐赤狄正是时候，他说虽然丰舒的确是一位能臣，但是他把他的能力用于邪道，没有造福于民。就此，他的能力越大，罪过就越多，自取灭亡的速度就越快。如果晋国现在不讨伐赤狄，今后就难以寻找到一个借口再去讨伐了。

于是晋景公下令出兵，荀林父再度挂帅，征讨过程相当顺利，不到一个月就将潞国一举消灭。丰舒逃亡到卫国，卫国将其押解到晋国，晋国将其处死。

经此一战，晋国恢复了作为大国强国的自信，晋景公犒劳三军，加封荀林父千户。对于当初为兵败的荀林父求情的士伯也予以赏赐。大夫羊舌职在总结这次胜利的原因时认为，《尚书》告诫君王应当任用恭敬严谨之士是很有道理的。士伯为荀林父求情，景公采纳了，并对他也委以重任，体现了景公的仁慈与智慧。周文王之所以能够统领天下，在于德政。君王实行德政，自会获得民心，那么国家就无往不利。

晋国没有就此停步。次年，晋国出兵讨伐赤狄中的贾氏等国，将其吞并。晋景公将俘虏献于周天子，并为此次领兵作战的士会请求国卿的名号，周天子同意了。于是，士会被封为国卿，并加封太傅，晋国军、政大权集于一身。士会威望颇高，对晋国的其他大臣形成了强大的震慑力。

在治理国家方面，晋国全面走上了礼仪教化的道路。晋景公曾经任用了一个叫郄雍的人，此人能力超群，可以从人的眉宇之间的细微表情判别忠奸。于是景公令其捕盗，效果很好。赵文子却对此不以为然，并对景公说这种方法难以长期施行，郄雍本人甚至难以长命。果不其然，郄雍超凡的能力为之引来了灾祸，晋国的盗贼都知道有这么一个人在负责拘捕他们，于是郄雍被杀害了。

晋景公对此感到惊骇，求问于赵文子治国之道。赵文子建议景公不如大力实施教化，任用贤明的人才，使国家的风气得到净化，人人知晓礼义廉耻，这样晋国就可以国泰民安。

鲁宣公十六年（公元前593年），周王室发生了臣子间的互相倾轧，王孙苏使人暗杀了自己的政敌毛氏和召氏并逃到了晋国，晋国派士会赴周朝进行调解，平息了事态。而士会回国之后，按照周天子的礼仪标准治理国家，使得晋国的国风更上一层。

数年后，晋国联合其他诸侯国，消灭了赤狄的最后一个支系，彻底消除了晋国周边游民的威胁。

晋景公把晋国从暗弱之中带了出来，使晋国重新走上了上升的道路，而春秋时晋、楚二国势均力敌的争霸格局再度形成。

拉一个，打一个

晋国在对齐战争中的获胜无疑就像一个宣言，昭示了其作为老牌强国的回归。另一方面，在齐晋战争中安静的楚国也完成了自己的策略布局，决定利用新的中原格局做些文章，在确保晋、齐制衡局面不被打破的前提下为本国谋求些战争利益。

于是在齐晋鞌之战当年冬天，楚国先后攻打卫国和鲁国，并侵占了鲁国的蜀邑。鲁国被迫向楚国求和，向楚国献上大量手工业者，又将公子衡送到楚国做人质。楚国随即在蜀邑举行了有13个诸侯国参加的会盟，有效地抵消了鞌之战给晋国造成的有利影响。

晋国自然不会坐视楚国对晋国霸权的挑战，便于第二年再次联合鲁、卫、宋等国共同伐郑。虽然起初出师不利，被郑国击败，但晋国的国力一方面远强于郑国，而另一方面郑悼公由于与许灵公不和，被后者在楚共王面前进了谗言，因此也决定再次对晋国表示服从。作为对楚国的回击，晋国便趁势举行会盟。这一时期，晋国和楚国基本处于均势，双方均无彻底击败对方的实力，只能躲在幕后，你来我往，维持胶着的局面。

虽然如此，但晋景公依仗国力侵凌诸侯国的行为，却令诸侯渐渐离心离德。齐晋虽然在鞌之战中大打出手，但齐国毕竟是东方大国，是晋国要竭力拉拢的对象，特别是在秦国与晋国始终敌对的局势下就更有必要。于是晋国居然强令鲁国将齐国在鞌之战后归还的汶阳之田退还给齐国。这块汶阳之田夹在齐鲁之间，历经多次争夺。早先在齐桓公称霸时被夺去，后来在鲁国大夫曹沫略施小计，取回了这块地；后来齐国再次夺取了这块地方，却在鞌之战后被迫退给了鲁国。如今晋国为了与齐国交好，又让鲁国放弃之。晋景公此举不但让鲁国颇为愤怒，也让其他诸侯国心寒。晋国的霸权渐呈颓势。

不过，这期间楚国的一场变乱，却也导致了晋国争霸战略的改变，使得晋国影响力下降的同时，楚国也自身难保。这就是楚国大夫申公巫臣的来投。

申公巫臣原本是楚国申地的长官。楚庄王平定陈国夏征舒内乱时，将其母亲夏姬掳回了楚国。夏姬是郑国公主，乃是春秋时有名的美女，申公巫臣一见大为倾心。可如此美色，楚庄王自然要捷足先登，申公巫臣为了自己的私欲，使出三寸不烂之舌，极言夏姬引发了陈国的内乱，乃是不祥之兆，而诸侯也会因此而怀疑楚庄王讨伐陈国的动机。申公巫臣说得天花乱坠，楚庄王便打消了这个念头。然而楚国司马子反见楚庄王不娶夏姬，亦表示希望得到后者，申公巫臣只得又将前话依样画葫芦地对子反说了一遍。最终，楚庄王将夏姬赐给了楚国大将连尹襄老。

谁知连尹襄老不久就在邲之战中战死，这可给了申公巫臣一个诱骗夏姬的机会。他一面暗中怂恿夏姬回到郑国，另一方面又公然假称连尹襄老的尸首在郑人手中，需要夏姬亲自将其取回。楚庄王被申公巫臣的诡计迷惑，便命令夏姬回到了郑国。

没过多久，楚庄王去世，楚共王继位。申公巫臣见楚共王年幼，便决定逃离楚国，与夏姬快乐逍遥。他利用楚共王令其出使齐国的机会，半路逃到郑国，带着夏姬投奔了晋国。晋国对敌国前来的人才自然格外欢迎，不仅让他担任大夫，还将邢地赐给了他。

消息传到楚国，自然是朝野震动。其中子反发现受了蒙蔽，自然气得咬牙切齿。于是便联合令尹子重，请求楚共王将申公巫臣的族人斩尽杀绝。子重与申公巫臣也有矛盾。早先在楚国和宋国的战争中，子重立功颇多，曾经向楚庄王要求申邑和吕邑的部分土地作为封赏。然而申公巫臣却认为申和吕乃是楚国北方的战略缓冲地带，如果将其赐予臣下，则在面对晋国和郑国的进攻时就会处于劣势。楚庄王因此没有答应子重的要求。

积怨已久的子反和子重为了泄愤，杀掉了申公巫臣的族人子阎和子荡，又瓜分了其家产。平心而论，申公巫臣的所作所为虽然卑劣，但子反和子重的行为也有些过火。更何况，申公巫臣虽然诡计多端，但却能文能武，他在晋国知道自己家族覆灭，痛心疾首，对子反和子重恨之入骨。他写信给两人，一定要报复楚国，让两人疲于奔命，不得好死。

申公巫臣的主意是什么呢？就是建议晋景公联络东南的吴国，共同对付楚国。吴国虽然号称是吴太伯的后代，但由于远离中原，文化较为落后，一向被中原各国认为是蛮夷，不与其往来。申公巫臣认为，如果能联络吴国，对楚国形成夹击之势，则楚国必将焦头烂额，无力与晋国在中原一争高下，并自告奋勇要求出使吴国。

晋景公很欣赏申公巫臣的想法，便同意了他的请求。在此之前，晋国曾经在会盟中邀请吴国，但吴国并未响应。而申公巫臣则改变了吴人固步自封的态势。他毕竟是楚国的有名将领，能文能武，精通兵法，他从晋国带了三十辆兵车，教给吴军如何使用，如何布阵，又教给吴军武器制造和使用之法。经过一段时间的训练，吴国的军事实力突飞猛进，足以同中原诸国抗衡。申公巫臣的努力也得到了吴王寿梦的赞赏和喜爱，表示愿意同晋国合作，攻打楚国。

自此之后，吴国开始频频北上，攻打楚国及楚的属国，积极扩展势力。这一新情况让楚国狼狈不堪，楚共王完全没有想到后院居然会起火。子反和子重只得率军东奔西走，抵御吴军的进攻，一年之内居然跑了七个地方，真正是“疲于奔命以死”。

楚国自此陷入了同吴国的连年征战之中，不得不抽出大量精力应付后者，这也埋下了楚国衰落的祸根；而吴国藉晋国的帮助，同中原各国逐渐产生了联系。最终在晋悼公的斡旋下，吴王寿梦举行了一次会盟。正式成为了中原诸侯的一员，为后来的吴国称霸奠定了坚实的基础。

赵氏孤儿

晋齐鞌之战沉重地打击了想与晋国一争短长的齐国，强化了晋国在中原的优势地位；而联吴制楚的策略也有效地牵制了楚国的注意力，使其无暇再与晋国争夺中原霸权。看起来，晋国的霸权似乎又在晋景公手中复兴了。可正所谓人无远虑，必有近忧，在晋国强盛一时的背后，隐藏着卿大夫之间越来越激烈的政治斗争。

说起下宫之难也许并不为人熟知，但如果说起赵氏孤儿则无疑是国人家喻户晓的历史故事。《史记·赵世家》记载，晋灵公时，赵氏家族的赵盾执掌晋国权柄。由于晋灵公行事荒唐，赵盾曾经屡次劝谏，不料晋灵公竟因此怀恨在心，与奸臣屠岸贾合谋，屡次刺杀赵盾。赵盾无法，只得出奔。不过还未出国境，其族弟赵穿已经在桃园杀死了晋灵公，赵盾得以重新掌权。

赵盾去世后，赵氏家族由其子赵朔继续执政。此时晋国国君已经换成了晋景公，而其间一度失势的屠岸贾也被重新起用，颇受宠信。屠岸贾因为赵盾之事，对赵氏家族深恶痛绝。于是便声称赵氏家族曾经弑君，应该受到惩罚。尽管三军司马韩厥极力反对，但在晋景公的默认下，屠岸贾还是私自率兵攻打赵氏家族所在的下宫，将赵朔以及赵盾的几个弟弟赵同、赵括（不是后世纸上谈兵的那位）、赵婴齐等斩尽杀绝，赵氏宗族一朝覆灭。只有赵朔的妻子——也是晋景公的姐姐——赵庄姬，在韩厥的事先警告下，事先逃到了宫中，幸免于难。

由于赵庄姬此时已经怀孕，不久又产下一名男婴。屠岸贾得知消息，便屡屡前来搜查，妄图斩草除根。为了保全赵朔的血脉，赵朔的两个门客程婴和公孙杵臼便定下计策，程婴将自己刚出世的孩子替换了赵朔的孩子，又假意出卖了公孙杵臼，屠岸贾错将程婴之子杀死，以为从此高枕无忧。而程婴则带着真正的赵氏孤儿隐居起来。

十五年之后，晋景公偶然生病，占卜的结果是屈死的赵氏家族冤魂作祟。心中有愧的晋景公便询问韩厥该如何是好。知道赵氏孤儿尚在人间的韩厥趁机将实情相告。晋景公于是改变心意，将赵氏孤儿召入宫内，命其攻灭屠岸贾为赵氏家族报仇，又重新恢复了赵氏家族的地位。而大事已成的程婴最终自尽以谢公孙杵臼。

这个极富传奇色彩的故事经过后人的一再改编和演义，如今已经成为具有国际影响力的历史故事。然而很少有人知道，历史背后的真相也许并不如太史公记载的模样。事实上关于下宫之难的历史，不同的史籍记载并不相同，甚至《史记》本身的记载也有前后矛盾之处。不仅《史记·晋世家》中的有关情节就与《赵世家》中出入颇多，而《左传》中的记载也与《赵世家》大异其趣。

首先，屠岸贾这个人的身份就极为可疑，除了《赵世家》外，此人不见于任何史籍的记载。史学讲究孤证不立，因此屠岸贾的存在与否就成了疑问。其次，赵武的年龄前后矛盾。根据《左传》记载，向戌弭兵时，鲁国大夫叔孙豹曾经提到彼时的赵武还不满50岁，由此推算赵武最早应该出生于公元前592年，但根据《赵世家》，赵朔在公元前597年就死了。

再次，关于赵氏家族其他成员的去向也自相矛盾，根据《赵世家》的记载，赵同和赵括在公元前597年已经死于屠岸贾之手，但在《左传》中两人却在此后都有活动记录；而《左传》中记载赵婴齐与赵庄姬曾经通奸，因此被遣送到齐国，《赵世家》却没有任何记载。

根据后人的研究得出的结论，《赵世家》中关于下宫之难的记载并不可信，反倒是《晋世家》和《左传》的记录较为接近历史。究其原因，大约是太史公在撰写《赵世家》时，采用了赵国官方的史料。而赵国的史官出于“为尊者讳”的考虑，改写了一段不甚光彩的历史，又被太史公写入《史记》，这才有了赵氏孤儿的传奇。

赵国史官想要隐藏的历史，其实就是前文提到的赵婴齐与赵庄姬通奸的事情。而下宫之难也并不是脸谱化的忠奸对立，而是当时卿大夫斗争矛盾爆发的具体表现。

赵盾执掌晋国权柄后，赵氏成为晋国最有势力的家族。但赵盾死后，赵朔与赵同、赵括之间却发生了政策方针上的分歧。赵朔看到了荀氏和范氏的崛起，力主与其接近；但赵同和赵括却坚持与郤氏、先氏交好，疏远和打击荀氏、范式、栾氏等家族。

赵氏族人的分歧在晋楚邲之战中表现的至为明显：在战前的军事会议中，赵朔与郤克均同意荀林父、士会、栾书等人退兵避战的意见，而赵同和赵括却与先縠一道，坚持与楚军交战，并无视荀林父的命令，私自带兵与楚国交战。邲之战中，晋国惨败，与卿大夫之间的矛盾和分裂有直接的关系。

晋国的权柄后来转到了郤克手中，郤克原本与赵朔政治立场相似，关系紧密，但此时赵朔却不幸早亡。此后，郤氏与赵氏的关系逐渐疏远，转而与新兴的荀氏、范氏、栾氏交好。这便导致了赵氏家族在朝中的孤立无援。

正所谓屋漏偏逢连夜雨。赵朔死后，赵庄姬同其族叔赵婴齐传出了通奸的丑闻。东窗事发，赵同和赵括决定将赵婴齐流放到齐国。这无疑是一个相当不明智的决定。赵婴齐走后，赵氏家族的势力进一步削弱。而此事也深深地触怒了赵庄姬。作为晋景公的姐姐，赵庄姬对于前者的影响也是显而易见的。她一怒之下，告发赵同和赵括密谋造反。

半信半疑的晋景公随即召集大夫商议此事。而此时晋国的正卿乃是栾书。久被赵氏家族打击排挤的栾氏家族终于等到了出头之日，栾书趁机伙同郤锜火上浇油，坚称赵庄姬所言是实。于是赵氏家族谋反的罪名就此坐实。赵同、赵括等人被屠杀殆尽，只有尚且年幼的赵武幸免于难。

综观下宫之难的来龙去脉，可以看出晋国此时政权下移的趋势愈发激烈。随着卿大夫之间的彼此攻伐，晋国的国势逐渐衰颓，并终于落得个三家分晋的下场。

第四章　弭兵大会，春秋时代的“和平会议”

我们做朋友吧

晋景公死后的晋国局势暂且不提，将目光转向更加宏观的角度，从整个大的局势上分析，晋楚邲之战之后，楚庄王终于将雄踞中原十多年的晋国从霸主的宝座上拉了下来，并如愿以偿地取而代之。然而，晋国虽然一时失手，但其大国的地位并没有动摇。因此在接下来的数十年中，晋楚两国一个南下、一个北上，在中原地区展开了激烈的争夺。长年累月的兵荒马乱带来的动荡形势，让所有诸侯国都元气大伤。

晋楚争霸中原，首当其冲地就是位于中原的郑国、宋国、卫国等二等诸侯国。据史家统计，在春秋中期的七八十年中，在郑国境内爆发七十多次战争，宋国境内也有四十多次，至于其他小国，数目也不在少数。不仅如此，由于双方轮流称霸中原地区，这些小国的国君只得屈服于强权之下，朝秦暮楚，“牺牲玉帛，待于二境”，轮流向两个大国做小伏低，同时还要遭受另一方的攻打。长此以往，各国疲于奔命，厌战情绪严重。

不仅小国如此，晋、楚两国也各有内忧外患。晋国一方自晋文公去世以后，后继国君乏力，军政大权逐渐集中在几家有实权的公卿大夫手中。他们彼此争权夺利，内讧不已，极大地消耗了晋国的国力。与此同时，秦国的崛起也让晋国感到了危机。秦穆公称霸后，秦国一跃而为举足轻重的诸侯国，和晋国屡屡发生摩擦。晋厉公时虽然与秦会盟，但秦国并不以为意，反而联络白狄打算伐晋。

晋国的外患不止于此，晋国仗着自己的优势地位，对中原诸国滥施淫威。晋景公十七年(公元前583年)，晋国为了与齐国交好，强令鲁国将汶阳之田交予齐国，后来鲁成公朝见晋国，晋却以“通楚”为由，将其强行扣押，逼迫鲁成公接受了盟约才放他回国。晋国的此种举动，自然让中原各国大为不满，纷纷“贰于晋”，与楚交好。

楚国一方虽然雄踞霸主之位，也没有晋国那么糟糕的外交问题，但其内部的矛盾同样不少。楚庄王死后，楚共王幼年继位，势力不比以前。而子反、子重等人因为夏姬和赏田的问题先后和申公巫臣发生了矛盾。申公巫臣出逃奔晋后，子反和子重又将申公巫臣的家族屠灭，家财分割。得知此事的申公巫臣便向晋国建议与当时尚不为中原诸侯国承认的吴国联盟，从侧翼合击楚国。由于申公巫臣也是楚国的一员名将，深谙楚军的军事技术，吴国因此而习得了大量先进的战法，开始使用战车作战，军事实力突飞猛进。先后进攻楚国的巢、徐等地，连连获胜，给楚国造成了很大的威胁。

如此一来，暂时的和平就成为唯一的选择。在这种情况之下，晋、楚双方都先后派出使者联络，打算通过会盟来谋求和平。

晋景公十八年（公元前582年），晋景公视察军队，遇到了被郑国俘虏、献给晋国的楚人钟仪。由于钟仪为人正直，又弹得一手好琴，范文子趁势建议晋景公将其放归楚国，以和缓晋楚之间的关系。楚国对这一示好的举动也做出了积极的回应，当年冬天就派出公子辰回访晋国。晋国随即又派出大夫籴茷回访。一时间，双方的外交活动十分紧密，战争的硝烟味似乎正在远去。

晋楚之间关系的缓和被敏感的中原诸侯们嗅到了端倪，为了自身的利益，他们自然要竭力促成双方的和平。宋国大夫华元虽然地位不高，但却和晋楚双方的当权者都有良好的私人关系。他既与晋国正卿栾书关系密切，又和楚令尹子重交好。这一有利条件方便了华元出面在晋楚二国间进行斡旋。晋厉公元年（公元前580年），华元先后出访楚国和晋国，为双方的会面创造了条件。第二年，晋国派出士燮，楚国派出公子罢和许偃，双方在宋国都城西门外会见。在华元的主持下，双方缔结了停战协议。协议如下：

“凡晋、楚无相加戎，好恶同之，同恤灾危，备救凶患。若有害楚，则晋伐之；在晋，楚亦如之。交贽往来，道路无壅；谋其不协，而讨不庭。有渝此盟，明神殛之，俾坠其师，无克胙国。”

这就是被后世历史学家称为“华元弭兵”的外交事件。

为了落实华元弭兵的成果，晋楚两国又进行了一系列的后续外交活动。鲁、卫、郑等原本已同楚交好的诸侯国再次赴晋国朝见晋厉公，重新确定了附庸关系。而晋国和楚国也再次遣使互访，晋厉公又亲自与公子罢会盟，强化了弭兵之盟。

尽管如此，但晋楚两国长达数十年的敌对状态却并没有那么容易一朝化解。就在弭兵会议结束后，晋国派出郤至使楚，楚国准备了全套礼乐迎接。按照周礼，只有两国国君相会时才可以享受这样的待遇，因此郤至表示愧不敢当，并提出疑问：倘若异日两国国君相见，将用何种规格的礼乐招待呢？不料子反却回答说两国国君相会只要彼此送一支箭就可以了，用不着音乐。子反的话毫无疑问暗含着两国即将兵戎相见，而士燮也预料到了楚国一定会毁约。果然，华元弭兵不久后就由于晋楚鄢陵之战的爆发而宣告失败。

华元弭兵与其说是晋楚两国深谋远虑的长期国策，毋宁说只是双方在日益困难的局势下不得已而为之的权宜之计。稍加分析便可发现，这次弭兵，参加人数极为有限，盟约也含糊其辞。因此，它的失败也就在情理之中了。

战争，永恒的主题

正如晋国士燮所料，华元弭兵的效力并没有持续多久。仅仅四年之后，晋楚两军就再次爆发了一场大战。

华元弭兵之后，晋国虽然没有继续同楚国在中原发生冲突，但却积极向周边拓展势力。在麻隧之战中，晋国大败秦军，极大地拓展了国势。受此影响，中原各国也重新向晋靠拢。郑国依仗晋国势力，竟然发兵两次攻打许国。许国在楚庄王时已经成为楚国的属国，郑国此举无疑是对楚国霸权的冒犯。

鲁成公十五年（公元576年），从危机中缓过来的楚共王打算挥兵北上，替许国复仇。在召集群臣商议此事时，子囊力劝应遵守华元弭兵的协议，建议通过外交方式解决这一问题。但子反却表示：“敌利则进，何盟之有？”楚共王于是撕毁盟约，发兵攻打郑国和卫国，而郑国不甘示弱，也回兵攻楚。中原地区再次陷入了战争状态。

平心而论，楚国虽然并非师出无名，但在华元弭兵的大背景下，子反的意见无疑站不住脚。楚国的出兵，让其在外交上很被动。晋国见楚国如此，也乐得顺水推舟，召集了齐、宋、卫、郑等诸国连同东南的吴国在钟离会盟，一同对付楚国。华元弭兵至此正式破裂。

楚国见势不妙，于是立刻单独同郑国媾和。得到汝阴土地作为补偿的郑国立刻倒向了楚国一边，并同楚国结盟。在楚国的支持下，郑国进攻宋国并取得了胜利。而卫国则在晋国的授意下进攻郑国。

中原各国的小规模征伐只不过是晋楚两国正式交战的序幕，战争的真正高潮，还要等到躲在幕后的晋楚出兵正式交锋。果然到第二年，晋国正式出兵伐郑，郑国立即向楚国求援，楚国随即发兵。晋楚两军在鄢陵（今河南鄢陵北）接上了头。一场大战一触即发。

晋军此次出阵，似乎并没有做好和楚军正面交战的准备。听说楚军前来，士燮便想退避三舍，避免主力决战。但郤至却坚决反对，而士燮之子范匄也支持郤至的意见，表示可以填平营中井灶，在军营中与楚国决战。范匄初生牛犊不怕虎般的言论虽然被士燮厉声斥责，但却赢得了晋国其他卿大夫的认同。栾书提出晋军坚守营寨，避免主力决战，伺机反扑，后发制人，“固垒而待之，三日必退，退而击之，必获胜焉”。

应该说，在战斗开始前，楚军确实占据了一定的优势。这一天是晦日，春秋时认为是不吉利的。而楚军偏反其道而行之，于黎明时分在大雾的掩护下靠近晋军布阵开战，而此时晋军的援军齐、鲁、宋、卫等国联军尚未到达，晋军可谓被打了个措手不及。

虽然不少将领都强调楚军列阵厚重，良将众多，不易抵挡。但郤至却冷静分析了楚军自身的劣势，他指出，楚军的大将子反和子重关系不佳，兵员老旧战力不高，郑军和楚军都阵容不整，而且又在通常认为不吉的晦日用兵，因此必定大败亏输。而从楚国逃到晋国，深谙楚人用兵之道的苗贲皇则指出楚国的精锐主力在中军，因此可集中优势兵力先击破左、右两军，再合兵包围中军。在郤至、苗贲皇等人的力劝下，晋厉公终于决定与楚军正面交战。

晋国的战术安排果然取得了一定的成效，在晋国主力的猛攻下，楚军的左右两军抵挡不住。晋军一度逼近了楚国的中军，楚共王甚至被晋将魏锜一箭射中左眼，可谓狼狈已极。楚军虽然纷纷败退，但楚军的战斗力之高超，战意之顽强也超出了晋国的预料。楚国著名的神射手养由基在败军之中大显神威，先是一箭射死了魏锜，又率军抵挡住了晋军的追击，而另一员猛将叔山冉则以晋军士兵作为武器投向晋国战车，晋军动弹不得，被迫停止前进。

双方激战一天，到黄昏时分才告结束。虽然场面上是晋优楚劣，但楚军并未被击溃，而晋国获得的战果也极为有限，仅仅俘虏了楚国的公子茷。夜色降临，双方各自收兵回营，整顿兵士，救助伤员，补充粮草，修理武器，重摆阵势，打算次日再战。

这时候苗贲皇却想出了一条妙计，他命人暗中放松对楚国战俘的看管，让他们逃回楚营报告晋军的军备情况，动摇楚国的军心。果然，楚共王得到这样的消息，便连夜召开军事会议，可是掌管中军的子反居然喝得酩酊大醉，人事不省，不能前来。楚共王毕竟年纪不大，听说此事，哀叹一句：“天败楚也夫！余不可以待。”竟然就此命令撤退。第二天，全副武装的晋军发现楚军竟然连夜退走，于是攻占楚军营地，尽夺楚军粮秣，而此时晋国的援军才先后来到鄢陵。楚国方面，贻误战机的子反受到楚共王的责备和与其不和的子重的逼迫，无奈只得自尽谢罪。鄢陵之战就这样以晋国的胜利而告终。

楚国在鄢陵之战中的失败原因很多：首先自然是师出无名，在道义和舆论上处于不利地位；其次为了抢占有利战机，不顾军队的实际推进速度，强行进军并发起攻击，不但失之急躁，也造成军队的疲劳，导致战斗力的下降；再次，在战斗中，军事长官判断有误，指挥不灵，导致战术层面上的被动挨打，只是凭着单兵作战能力的突出才勉强维持局面；最后就是主帅不守军纪，贻误战机。

和楚国相比，晋国的取胜无疑得益于其正确的战略战术。但和城濮之战确立了晋国的霸权不同，鄢陵之战并没有让晋国获得期望中的政治利益。从战前诸卿大夫围绕是战是退争论不休的场面即可看出晋国政出多门，诸卿不和，君臣离心的情况。正如战后鲁国大夫宣伯所言："晋政多门，不可从也，宁事齐、楚。有亡而已，蔑从晋矣！"

在战争中，齐、鲁、宋、卫等国援军的逡巡不进，观望不前即是这一心理的具体表现。因此，晋国虽然在鄢陵之战中取胜，但并没有因此而取得对中原诸侯国的控制权。特别是同楚国交好的郑国更是始终不肯向晋国低头。果然鄢陵之战后不久，晋国爆发了内乱，三郤、晋厉公等人先后在内乱中丧生。虽然后来又有晋悼公的复霸，但已经不能挽回晋国的颓势。

鄢陵之战是长达数十年的晋楚争霸中的第三次，也是最后一次两国主力军队的会战。它也标志着楚国称霸中原的失败，而晋国虽然取胜，但其对中原诸侯的影响力也逐渐衰退。

第五章　重振雄风，重新登上霸主巅峰

要么不打，打就要打死

卿大夫势力的日渐强大，是晋国建立以来一直面临的问题，赵氏、郤氏以及栾氏和中行先后执掌国政，对君权构成了极大危险。此问题不仅在对外政策上影响了晋国的决策，导致了晋国接受了不利的弭兵条件，在国内政治方面也造成了很不利的影响。

鲁宣公二年（公元前607年）九月二十六日，赵盾"弑"君，赵氏卿大夫在朝中不可一世。景公之时，诛杀赵同、赵括，赵氏力量被极大削弱，但赵武重立之后，赵氏的势力又渐渐恢复起来。

而至于厉公时期，公族卿士中力量最强的是郤氏，郤锜、郤犨、郤至，叔侄三人共列八卿，家族势力达到鼎盛，朝中诸卿无不惊惧。而鄢陵之战后，三郤自以为在晋军大败楚军的过程中立下了盖世奇功，更是煊赫不可一世。而郤氏力量的强大，直接威胁到了晋厉公的统治，鄢陵之战后，晋厉公便一直图谋除掉这些强横的士大夫，代之以自己的亲信部下，尤其是自己诸多宠妃的兄弟。

厉公其中一位宠妃的兄长名叫胥童，此人因父亲胥克为郤氏所废而深恨郤氏，欲除"三郤"而后快。而厉公的另一位大臣栾书也因为郤至在鄢陵之战中没有采纳自己的计策而打败楚军而心生怨恨，于是重金贿赂楚国，令其欺骗厉公说鄢陵之战乃是郤至为了迎立公子周而串谋楚国发动的，只是因为其他盟国尚未准备好才没有成功。栾书并且设计让郤至到周京与公子周相见，这让原本就对郤氏心怀疑忌的厉公更坚定了除掉这一家族的决心。

而由于郤氏一族平日十分骄横，晋国朝野中对其怀有怨恨的人很多，晋厉公指使胥童、夷羊五、长鱼矫带领八百名兵士夷灭三郤，胥童并且趁机逮捕了中军元帅栾书和中行偃等人，要求厉公一并诛灭这些在朝中掌权已久的卿士大夫。而厉公此时偏存妇人之仁，表示不愿因一己之私而杀害更多人，于是释放栾书、中行偃并派人进行慰问。

两人表面上虽然感激国君的不杀之德，但心中却对晋厉公十分疑惧，加之晋厉公素日十分残暴，朝中大臣多将其看做夏桀、商纣之类的暴君。晋厉公灭三郤的次年，栾书串通中行偃将厉公捕系下狱，派程滑将其杀于狱中，死后仅以车一乘薄葬于翼东门，而厉公的亲信长鱼矫奔狄，胥童被杀，几乎被夷灭殆尽。

厉公被杀是晋国自灵公之后的又一次大动荡。而栾书诛灭厉公之后，又以国不可一日无君为借口派遣荀罃、士魴等人前往雒邑迎接公子周，而公子周也正是在这种内忧外患的局势下登上了晋侯的宝座。

公子周即位之初，年仅十四岁，是为晋悼公。悼公的祖父捷是晋襄公的儿子，虽因年幼不得即位为国君，却得晋襄公宠爱，号称为“桓叔”。桓叔生下惠伯谈，谈即公子周之父。因为晋国“不蓄群公子”的国策，桓叔这一支晋国的苗裔被安置于雒邑。而公子周在雒邑之时，虽然年幼，但已经颇有贤名，通晓诗书，德行高尚，对天下大势也是了如指掌。

而鉴于晋国内部持续二三十年的激烈斗争以及臣下屡次弑君的情况，公子周虽然受邀回国但却始终保持着高度的戒备心理。厉公死去十天后，公子周在栾书等人的逢迎下至晋。到了绛地，公子周与诸卿士大夫杀鸡为盟，诫告诸臣曰：“寡人羁旅他邦，且不指望还乡，岂望为君乎？但所贵为君者，以命令所自出也。若以名奉之，而不遵其令，不如无君矣。卿等肯用寡人之命，只在今日。如其不然，听卿等更事他人。孤不能拥空名之上，为州蒲之续也！”

晋悼公这席话，看似是与诸臣寒暄，实则是对栾书等人势大欺君的罪恶行径予以严厉的指责，也是逼臣下向自己盟誓要忠于新君。年仅十四岁的晋悼公也从此承担起了中兴晋国的重担。

而悼公即位之后，也确实励精图治。他首先致力于整顿内政，先是处理厉公朝的余恶，以“逢迎君侯于恶之罪”将夷羊五、清沸魋等五人斩首示众，并以杀害厉公之事将程滑杀掉，而对于犯上作乱但又对自己有拥立之恩的栾书，则贬斥其养老，另将其嫡长子栾黡提拔到朝中为官。

随后，悼公便着手于国计民生，减轻赋税，放宽刑罚，免除百姓对官府及贵族的债务，对鳏寡孤独之人予以照顾，援助灾荒，禁止邪僻侈荡之事，并严格规定不准侵犯农时，对国家、大夫、卿士兴建土木工程亦有所限制。

而在对外关系上，晋悼公也有自己的一套理念。即位第二年，晋悼公即召集鲁、宋、卫、曹、邾在戚地（今河南濮阳北）相会，采纳鲁国仲孙蔑的建议“城虎牢以逼郑”，最终使得郑国脱离楚国而向晋国靠拢，而陈国随后也来归顺。悼公同时采纳了大夫魏绛的建议，与戎狄修好，从而免除了南征楚国时的后顾之忧。

经过这一系列雷厉风行的行动，晋国终于具备了南下与楚国争雄的实力。晋悼公也逐渐通过保宋、和戎、联吴及疲敌战法的实施，出现了“国无滞积，亦无困人，公无禁例，亦无贪民”的富强局面，逐渐恢复了晋国的霸业，形成了天下诸侯、以晋为大的霸主地位。

回炉重铸的霸主晋国

晋悼公谋求霸业的努力，在邢丘会盟时达到了顶峰，标志晋国在君臣上下的努力下达到了全盛时期。

邢丘在今河南温县东，鲁襄公八年（公元前565年），夏五月，晋悼公召集鲁季孙宿、郑简公、齐大夫高厚、宋将向戌、卫宁殖、邾大夫等人，于邢丘会盟。而在此之前，悼公刚刚召集鲁侯、宋公、陈焕、卫侯、曹伯、莒子、邾子等人在郏会盟，商量援救陈国之事。

陈国的关系与郑国相类似。春秋早期，陈国依附于郑国，郑国甚至左右了陈国君主的废立。而自郑庄公去世后，郑国衰落，楚国渐渐强大，陈国便又开始依附于楚国。城濮之战后，晋国打败楚国，晋文公成为春秋五霸之一，原本亲楚的陈国也渐渐倒向晋国。但陈国亲晋背楚的行为遭到了楚国的报复，在楚国的军事打击下，陈只得重新依附于楚。但是陈国的行为又引起了晋国的不满和打击。如此一来，陈国也只能像郑国一样在两大强国之间摇摆不定，也因此不断遭到两国的侵袭。

鲁襄公三年（公元前570年），晋悼公邀集诸侯在鸡泽会盟，原本不在会盟之列的陈国因受不了楚国的极度压榨，主动派使者到鸡泽谒见晋侯，请求议和。楚国得知后，一方面自己发兵进攻陈国，另一方面也授意其盟国从侧翼进攻陈。为了救陈，晋悼公又多次召集诸侯会盟。

两年之后，楚国再次攻打对其不忠的陈国，悼公则邀集鲁、宋、卫等与吴国在戚地会盟，派诸侯各自出兵，合力戍守陈国。

也正是在晋楚两国为陈僵持不下之时，北方的山戎无终国（今山西太原东）派遣使节到晋国谒见，向晋侯献上虎豹之皮，希望能同晋国讲和。晋悼公认为戎狄之人不讲礼义、贪婪无度，本想拒绝其讲和请求而对其进行讨伐。但悼公手下的魏绛十分具有政治远见，他以夏朝后羿灭亡的事例作为教训，告诫悼公不要沉迷于田猎，并详细地列出了同戎狄讲和的五点好处。悼公深以为然，派遣魏绛为使，同戎狄各部议和。这样一来，晋国便解除了南下同楚国争雄时的后顾之忧。

而除了陈国之外，在晋、楚两国之间左右摇摆的还有郑国。晋悼公也一直将服膺郑国使其加入自己的联盟作为中兴晋国霸业的重要目标之一。

郑国被挟持在春秋时期的两大强国之间，倒向楚国则受晋国讨伐，倒向晋国则受楚国攻击，欲求中立而两国皆不首肯，因而深受战争之苦。后来，郑国国君听从臣下建议，干脆以两国势力强弱为依据，哪一国强就倒向哪一方。

鲁襄公八年（公元前565年），为了激怒楚国，郑国派军队进犯归附楚的蔡国，俘虏其司马公子燮。而这一年恰恰也是晋悼公主持邢丘会盟之年，悼公召集了郑、齐、宋、卫、邾等国会盟，提出了统一各国朝觐享聘的礼金的标准的要求，要求各国诸侯的大夫听从命令。而参加会盟的郑简公为了表示对晋国的忠心，将蔡国俘虏当众献给悼公，并亲自表示此后唯晋国是从。邢丘会盟，服膺郑国，这成为晋悼公成就霸业的标志。

但是，到了这一年的冬天，楚国为了报复郑国侵犯蔡归晋之罪，发兵攻打郑国。在楚国大军压境的情况下，郑国统治者内部又发生分歧：大夫子驷（公子騑）、子国（公子发）、子耳（公孙辄）要求归顺楚国，子孔（公子嘉）、子蟜（公孙虿）、子展（公孙舍之）则建议等待晋国援军，仍然坚持归附晋国。最后，郑国内部降楚派占据了上风，郑国最终又皈依了楚国。

于是第二年，晋悼公准备伐郑，并召集宋、卫、曹、莒、邾齐等国联合发兵。不久，诸侯的联军包围了郑国都城，郑国非常害怕，于是又派人向悼公求和。而此时，晋国君臣内部的观点也产生了分歧，荀偃主张包围郑国同楚国决战，认为只有彻底击败楚国后才能让郑国诚心归附；而知罃则认为，两强相争，极有可能双方都遭到削弱，因而不主张同楚国力敌，并为悼公制定了“疲楚”之法，从郑国退兵，诱使楚国攻打晋国，晋国则将上、中、下、新四军分为三部分，再加上诸侯的军队，使其轮番进攻楚军，楚军远道而来，本就疲惫不堪，粮食辎重也无法及时补充，再加上与晋国三军以及诸侯军队轮番作战，肯定难以长久支撑。

晋悼公听取了知罃的意见，从郑国撤兵，稍后在戏与诸侯及郑会盟。但是，在这次盟会上，郑简公没有全部答应晋国的要求，因而不久之后晋国又率领诸侯军队围攻郑国。而楚国因为郑国参与了晋的盟会，以为其与晋结盟，于是也发兵攻打郑国。郑国处于两个大国的夹击之下，狼狈不堪，最后又向楚求和，双方在郑国的都城中盟誓罢兵。

晋悼公在此次与楚争夺郑国的过程中失利后，并下令暂时息兵，回国实行休养生息的政策。他听从大臣魏绛的建议，将府库中积攒多年的粮食布匹都拿出来贩售给百姓，不久又命令士族公卿也将自己积聚的货物粮食贷给百姓，同时带头提倡节俭之风，削减公室用度。一年之后，晋国国力大增，国内经济状况得到了极大改善。

而此时，郑国因为受命于楚，多年之来充当楚的先锋连续对外作战而疲敝不堪，导致民众最终发生了暴动。暴动的百姓将公子腓、公子发、公孙辄都杀死，国君郑简公也被劫持。后来，大夫子产设法平定了叛乱，改由公子嘉执掌国政。

晋悼公趁郑国祸乱，再次召集诸侯军队围攻郑国。悼公听取了鲁国的仲孙蔑的建议，在郑的虎牢和梧、制三地筑城戍守，对其进行威慑。不久，郑国有意攻打晋的盟国宋，晋于是又命令诸侯从四面围攻郑，晋悼公与正卿韩厥则在郑国南门外阅兵，并不断向郑国增兵，郑人终于又向晋屈服。

公元前562年秋天，晋与郑以及其他诸侯在亳（今河南郑州）会盟，晋悼公规定：凡是参与同盟需要互相扶助、救济，不得庇护罪人、收留奸佞，相互之间要互通有无，不能独占江河湖之利，要同仇敌忾，戮力辅佐王室。

但不久之后，楚国得到晋的仇敌秦的援助，在其支援下又发兵攻打郑国。郑国抵挡不住，只得又违背晋盟，向楚表示屈服。

于是，九月，晋悼公再次率领盟军攻打郑国。在晋国盟军压逼的危险下，郑国还是服从了晋。随后，晋国又在在萧鱼(今河南许昌)主持会盟。这一次，郑国子展向晋悼公送了厚礼，包括兵车百辆，美女十六人等，晋悼公因此才允许郑国再次与自己结盟。

至此，多年来在晋、楚之间摇摆不定的郑国基本确定了依附晋国的趋向，晋悼公在与楚争夺郑国的斗争中最终取得了胜利。而南方的吴王寿梦也主动前来归附，要求加入晋国的联盟。如此一来，楚国在东部边境上受到牵制，更加不敢轻举妄动，晋国在晋楚持续百年的争霸拉锯中基本获得了主动权。

可以说，晋悼公的确是一位有才华、有手腕的君主，其在对楚的斗争中接连取得胜利，并北结戎狄，使周边的小国诚心归附，使晋国走向了复霸之路，达到了历史上的又一巅峰。

只可惜天妒英才，鲁襄公十五年（公元前558年），年轻的晋悼公突然染病，不久便溘然长逝，而悼公薨逝之日，尚不满三十岁，晋国的复霸之路由此中止。

第六章　内乱迭起，多年霸业尽倾颓

别为娘家人得罪婆家人

晋悼公去世后，晋平公即位，第二年晋平公就借着悼公所建立起来的晋国霸业的余威，在溴梁（今山西济源北）大会诸侯，鲁襄公、宋平公、郑简公等十国君主都到会，而齐国却指派大夫高厚与会。晋平公先是要求各国归还相互侵夺的土地，然后在温地宴请了各国诸侯。

在宴会中，各国大夫按照礼制献上乐舞，并各自吟诵诗篇表示对盟会的赞同。然而，齐国大夫高厚的诗中却表现出了对晋国的不满，晋国的大夫荀偃从中看出了端倪，知道齐国对晋国生了异心，还对人提起了此事。高厚听说了，担心晋国会对自己不利，不敢等到盟会结束便仓皇地逃走了。宴会结束之后，各诸侯国的大夫在一起共同盟誓，对于那些不遵王命之人必将联合起来进行征讨。在此次会盟之后，晋国并没有达到预想的团结起包括齐国在内的各国诸侯的目的，而齐国更是在此后不断侵扰鲁国，使晋国在诸侯间的影响力大为降低。

就在此次会盟的同一年，晋国出兵伐楚以报复楚国伐宋。晋军与楚军双方在湛阪展开大战，楚公子格所率领的楚军战败，被晋军一直追赶至楚国的方城（今河南方城东北）。晋国再一次显示了其非凡的实力。

因为此前齐国大夫在溴梁会盟中对晋国的出言不逊以及随后的齐国伐鲁行为，鲁襄公十八年（公元前555年），晋国、鲁国、宋国、卫国等国军队联合起来开始进攻齐国，齐灵公则组织齐军在平阴（今山东平阴东北）阻击。由于此地无险可守，齐军大败，死伤不少。

晋军元帅范匄对齐灵公使用了疑兵之计，齐灵公听到晋国有大军压境消息，又登城看到了晋人的“声势”之后，十分惊恐，便率齐军趁夜色逃离平阴。晋军乘胜追击，先后攻下了齐国的京兹、邿邑（今山东平阴西），并围住了卢邑（今山东长清西南）。随后，晋军与鲁军转而又进攻临沂，并把临沂团团包围。齐灵公担心齐都临淄失守，准备逃亡邮棠，但最终被太子光和大夫郭荣拦住。此后，晋军又在齐国境内大肆收掠一番之后回国。

第二年的春天，晋国又组织各国诸侯在祝柯（今山东长清东北）结盟，而结盟的誓词就是“大国不要侵略小国”，尤指齐国入侵鲁国之事。在此会上，晋人还惩罚了邾人，把邾国漷水以北的土地划给了鲁国，而原因就是邾人在齐国伐鲁时做了帮凶。在晋军归国途中，路过鲁国的时候，鲁襄公特地宴请了晋国的六卿。鲁襄公二十年（公元前553年），晋国、齐国、鲁国等十三个诸侯国在卫国的澶渊（今河南濮阳西北）举行盟约，至此齐国与晋国才最终修好，双方的斗争也暂时告一段落。

晋平公执政的前期，晋国还是具有相当强的实力，在各诸侯中仍能称雄称霸。然而，晋国在此次对齐国的胜利之后，称霸的形势渐渐发生了变化，晋国国内的斗争使得晋国再无对外大规模征战的野心，而这一点在晋平公的后期就已显现出来。同时，晋平公所做的一些不得人心的事情，更加速了晋国的衰落。

晋平公的母亲是杞国人，因而平公借晋国的霸主之势常常照顾杞国，甚至号召诸侯为杞国修筑城墙。鲁襄公二十九年（公元前544年），晋平公让大夫荀盈也就是知悼子召集各国诸侯大夫商议给杞国修筑城墙之事，但是杞国是小国，其他诸侯国谁也不想做这种白白付出人力物力却收不到回报的事。

于是诸侯大夫们纷纷对晋平公这种假公济私的行为进行了强烈的抨击，郑子叔还给出了一个冠冕堂皇的拒绝理由：现在周王室衰微，晋国是姬姓诸侯，却反而去维护夏朝后裔的杞国，并质问晋国：“其弃诸姬，亦可知也已，诸姬是弃，其谁归之？”此后，晋国在各诸侯国中的威信大大降低，而晋平公让鲁国归还杞国的土地，更激发了鲁国对晋的不满。

几年之后，晋平公娶了齐国的女子少姜为姬妾，齐国大夫陈无宇护送少姜到了晋国。少姜到了晋国之后，受到了晋平公的宠爱，但由于陈无宇不是卿，由他来送亲不符合礼制，于是晋平公就对陈无宇进行责难，并把他抓了起来。少姜为陈无宇向晋平公求情，但晋平公并不理会，没有放人。直到叔向劝说道："君行已颇，何以为盟主？"晋平公才略有收敛，放了陈无宇。少姜去世后，各国诸侯都派来使臣为晋平公的宠姬送葬，晋国大夫都感到这样做太过分了。

在少姜去世的第二年，齐国派晏婴去晋国请求再送一女给晋平公，以补少姜之缺。晏婴来到晋国处理完聘礼之事后，受到晋国大臣叔向的宴请。两人酒宴之间就谈起了两国的国情，晏婴说齐国现在是："公弃其民，而归于陈氏。"叔向说晋国现在则是："政在家门，民无所依，君日不悛，以乐慆忧。公室之卑，其何日之有？"晏婴说出了齐国田氏的崛起，国家也将要归于田氏；叔向则说出了晋平公的腐化堕落以及卿大夫势力的强盛，晋国的公室已趋于没落。后来，晋国的卿大夫荀盈去世，而晋平公只顾饮酒作乐，佯装不知。虽然晋平公想借此机另立亲信，但迫于卿族大夫们的强大势力，只能认命荀盈之子荀跞为卿。

此时的晋国君主已经不能左右国内的大事，而在处理诸侯之间的事务上也开始力不从心。鲁昭公十一年（公元前531年），楚灵王杀了蔡灵侯，并发兵围蔡。晋国邀集各国诸侯大夫相会，共谋救蔡之策，但始终不敢出兵与楚交锋。最后，晋国只派了使臣向楚国请求饶恕蔡国，然而楚灵王并不答应，并攻下了蔡国，杀了隐太子。

同一年，晋平公去世，晋昭公即位。晋国已经到了分崩离析的边缘，而其称霸的局面也日趋衰微。

盟会虎头蛇尾，霸业也是虎头蛇尾

虽然自从晋悼公复霸之后，晋国国力日渐衰落，但仍然是诸侯公认的霸主，除了齐国对晋国的霸主之位虎视眈眈，一些小国遇到了麻烦仍然来向晋国求助。楚国是南方的大国，蔡国距离楚国很近，一向在中原霸主和楚国之间摇摆不定，所以时常要到楚国去朝见楚王献上礼物，与楚国搞好关系，求得国家的安全。

一次，蔡昭侯得到了两枚质地清润、雕工细腻的精美玉佩和两件珍奇的皮裘大衣，正好到了朝见楚王的时间，他便自己穿上皮衣佩上玉佩，将另外的玉佩和皮衣作为献给楚王的礼物带到了楚国。到了楚国之后，楚昭王见到蔡昭侯献上的玉佩和皮衣非常精致稀有，于是很是高兴地试穿了皮衣和玉佩，并设宴款待蔡昭侯。

蔡昭侯与楚昭王二人都穿着华美的皮衣和珍贵的玉佩参加宴会，觥筹交错，宾主尽欢，可是陪同楚昭王参加宴会的楚国令尹子常看到如此珍稀的玉佩和皮衣十分羡慕，也想拥有。他仔细想想，觉得楚昭王的玉佩与皮衣自己还不敢贸然去要，但是蔡国国小力微，自己身为楚国的令尹，掌握着大权，蔡昭侯一定不敢得罪，于是便要求蔡昭侯将其玉佩与皮衣送给自己。

谁知正是由于蔡国国小力微，蔡昭侯很难得到什么珍宝，将玉佩与皮衣视若心头肉一般，这次将玉佩与皮衣送给楚昭王一半已经是为了国家的安全忍痛割爱，无论如何都不肯将自己的玉佩与皮衣送给子常。子常虽然身居高位，却是一个贪婪蛮横之人，他见蔡昭侯如此不给面子，竟然下令将蔡昭侯扣留在楚国三年之久。

无独有偶，蔡昭侯被扣留后不久，唐国的唐成公到楚国去朝见楚昭王，子常又看中了唐成公的两匹宝马，唐成公不肯给，子常便将唐成公也扣留了起来。唐国失了国君，诸位大臣都十分着急，便聚在一起商议出了一个办法，他们以唐成公身边的随从轮值为名派人到楚国去，在接风宴上将唐成公身边的人都灌醉了，偷了两匹宝马拿去献给了子常。

子常得到了宝马，很是志得意满，便放唐成公回国了，然后又对与蔡昭侯一起被困在楚国的蔡国大臣们说："蔡国国君之所以长期羁留在楚国，都是因为你们不献上礼物，如果到了明天你们再不奉上丰厚的礼物，我就下令处死你们！"蔡国大臣们都十分惊惧，便倾尽所有凑了厚礼送给子常，蔡昭侯这才得以回国，当他渡过汉水时，想起在楚国遭受的不公正待遇，心中愤愤难平，拿起了自己那枚珍贵的玉佩毫不吝惜地投入滔滔汉水之中，并发誓说："有大河为证，我今生再不南渡汉水朝楚！"

蔡侯回国以后，决定报复楚国，但是他深知蔡国弱小，不可能与强大的楚国对抗，便不惜将自己的儿子公子元和大夫的儿子送到晋国去做质子，换取晋国发兵进攻楚国，为自己报仇雪恨。当时晋国在位的是晋定公，他见楚国一方面因为与新兴的吴国的战争中元气大伤，另一方面又因为令尹子常的愚昧无知、贪婪蛮横而得罪了很多依附楚国的诸侯国，他们纷纷都投靠了晋国要求攻打楚国，此时正是攻击楚国的大好时机。于是晋定公便决定在召陵大会诸侯，联合起来进攻楚国。

召陵之会的声势十分浩大，与会的有齐、鲁、宋、蔡、卫、陈、郑、许、曹、莒、邾、顿、胡、滕、薛、杞、小邾等十七个大小诸侯国的国君，他们有的是曾经遭受楚国的欺凌希望借机报仇雪恨，有的是打算趁火打劫得些好处，都摩拳擦掌准备大战一场。眼看着一场大战爆发在即，此时却发生了一件出人意料之事。

蔡昭侯到晋国求助，晋国的大夫荀寅便向蔡昭侯索贿，蔡昭侯见晋定公已经大会诸侯，马上就要发兵，自然不肯多花冤枉钱，便拒绝了荀寅。荀寅心中很是不满，决定一定要想办法让蔡昭侯的希望落空，于是荀寅找到了手握大权的晋国大夫范献子说："我们晋国如今政局危急、自顾不暇，而各诸侯国也都有二心，这种情况下去攻击敌人，实在是太困难了，况且自从我们加强防御，楚国来袭扰边境也得不到什么好处，双方难得和平相处，攻打楚国于晋国无益，您不如还是拒绝蔡昭侯的要求吧。"

范献子听了觉得有理，便同意了，将攻打楚国的事情丢到一旁不再提起。来召陵参加会盟的各国诸侯本来跃跃欲试地准备着大举出征，谁知晋国竟然出尔反尔，劳师动众地将大家请来，又冠冕堂皇地宣布了楚国的罪状，一副不灭楚国誓不还的样子，却转眼之间就置诸脑后，一场大会弄得虎头蛇尾，让各国伐楚的计划落空，再加上晋国之前向郑国借用羽毛，将借来的羽毛装饰到自己的旗帜上炫耀给各国诸侯看，这种暴发户的行为也很让各国诸侯看不起。

召陵之会结束之后，各国看透晋国已经是外强中干，表面上看虽有霸主之位，也像以前一样拥有大会诸侯的能力，国内却已经乱成一团，臣下的一句话就可以改变国家大计。于是各诸侯国纷纷背叛晋国，《左传》将这件事记载为："晋于是乎失诸侯。"

第七章 穷兵黩武，残暴灵王消耗国运

楚灵王血腥继位

晋国此时霸业倾颓，正是楚国乘虚而入的好时机，但是楚国并没有抓住这个机会，因为楚国也陷入了内乱。公元前560年，楚共王逝世，共王一共有五个儿子，他们分别是：公子招、公子围、子干、子哲、弃疾。由于这五个儿子都是嫔妃而不是王后所生，因而没有谁具有继承大统的先天权利。于是楚共王生前将一块祭祀山川神灵的玉璧埋在地下，让五个儿子依次下拜，看谁能够恰好位于玉璧之上的土地。结果有三位王子接触到了玉璧之上的地方。他们是：公子康、公子围以及幼子弃疾。于是，按长幼顺序，公子康被立为太子，而公子围，就是后来的楚灵王。

公子招即位之后，是为楚康王。楚康王在位十五年，薨，其子麇继位，被称为郏敖。此时的公子围，以王叔身份摄政，位居令尹。

公子围素来骄奢暴虐，荒淫无道。楚康王十三年，楚国攻郑，俘虏了郑国将领皇颉。本来这一功劳属于楚将穿封戌，和公子围一点关系都没有。公子围内心眼红，便去抢功。穿封戌自然不肯，和公子围争执不下，只好让大夫伯州犁评理。伯州犁心生一计，让被俘虏的皇颉来指认俘虏他的是谁，并且颇富暗示性地指着公子围介绍说这是楚国的王子，却把穿封戌说成是一个“外县的小官”。皇颉会意，假言道公子围勇猛无敌，自己难以抵挡，于是被俘。就这样，一份本不属于公子围的功劳，被他硬生生地抢到手中。

楚康王过世后，各路诸侯纷纷前来楚国凭吊，大家看到新王年幼，而身为令尹的公子围实力强大，都为楚王郏敖感到不妙。郑国使臣更是直言公子围不久即将篡位。

公子围的政治野心日益膨胀，开始培植自己的势力，打压异己。并且做出明显的谋逆姿态，预先释放政治信号。例如，出使国外时，公然使用国君的仪仗规格；而在国内王室组织的狩猎活动中，又打出了国君的旗号。举国上下人心惶惶，周边国家议论纷纷，公子围篡逆之心，路人皆知，唯独楚王郏敖视而不见。

在这样的情况下，公子围并没有有所收敛，反而变本加厉。楚王郏敖二年，他利用权势构陷处死了大司马蔿掩，并将一批反对自己，或是对自己存在潜在威胁的人排挤出权力核心。

次年，卫国国君访问楚国，北文公子看到公子围恣肆的姿态，对卫国国君说道：“公子围看来是要谋逆犯上了，以他的能力可以达到目的，但绝对不会善终的。《诗》云‘善始者易，善终者难’，况且公子围没有善始，哪得善终。”卫君问他从何得知，对曰：“《诗》云‘敬慎威仪，为民之则’，公子围没有威仪，不能给百姓提供准则，自然无法长居百姓之上。”

又问：“何为威仪？”对曰：“威，乃是让人害怕，仪，乃是使人效仿。无论是君臣、父子，上下、内外，均各有威仪。周文王讨伐崇国，仅两次，崇国归顺，他国丧胆，这就是威；周文王政治通明、姿态谨严，天下人争相效仿，这就是仪。是否具有威仪，实乃成败的衡量标准啊。”

楚王郏敖四年，公子围带领大队人马，远赴郑国娶亲，郑国对此人严加防备，不愿让其进入国都。公子围不肯，派人入城交涉，倚仗楚国强大、郑国弱小，态度软中有硬，十分倨傲。无奈对方有礼有节、滴水不漏，只好放低姿态，表明自己仅来迎亲，决无二心。郑国这才勉强让其进城，算是保住了面子。

随后，公子围又奔赴虢池，参加诸侯会盟，会上公子围再度力搏出位，对晋国人说此次会盟无需有什么大的举措，按照上次会盟拟定的条文照本宣科一下就可以了，晋国人无奈答应。

不久后诸国再度会盟，公子围愈加飞扬跋扈，他打着国君的仪仗，穿着国君的衣袍，随行带有侍卫，其用意昭然若揭。诸侯看了以后哭笑不得，暗中议论其猖獗行为，大夫伯州犁只得向众人解释道这套排场是楚王特地借给公子围的，却被郑国公子羽一语道破说公子围“借”到这些什物，就不准备还了。伯州犁尴尬之下只得转移话题让公子羽多关心一下本国子皙的作乱图谋，尽显苍白无力。

会盟结束之后，公子围一行人回到本国，随即打发伯州犁、公子黑肱去往郏、栎两地构筑城池，由于地处郑国边境，郑国人对此感到不安。子产却明察秋毫，说这是公子围即将起事，想要除掉黑肱、伯州犁二人，所以郑国不必感到担忧，隔岸观火即可。

不久之后，公子围的机会终于来了，他和伍举一起出访晋国，走到边境的时候突然接报说楚王重病。于是公子围迅速返程，只让伍举一人访晋。子围回到国都，立即调遣心腹军队控制宫廷，随后入宫“探病”，见到楚王神志不清，羸弱不堪，便狠下心来，用自己帽子上的缨带勒死了楚王，随后又对楚王的两个儿子痛下杀手，第一时间登上了王位。紧接着派人奔赴各地，去除掉那些他事先派遣去“筑城”的大臣和弟弟们。伯州犁惨遭杀害，几个弟弟早就预料到事情不妙，纷纷奔赴各国避祸。由于楚王被葬在郏地，故史称“郏敖”。

消息传到郑国，郑国派遣大夫游吉出使楚国参加楚王葬礼，游吉回国后，不无讥讽地建议郑国国君准备一下行装，好去参加不久以后公子围，也就是楚灵王的会盟。因为这位楚灵王骄横轻狂、目中无人、暴戾乖张，正处于人生得意之时，一定会借机确立自己在诸侯中的盟主地位。不过子产却认为楚灵王在几年之内做不到这一点。

楚灵王的篡位，是“名不正、言不顺”的典型，他处心积虑，谋划多年，步步紧逼。利用楚王郏敖暗弱、朝中无忠勇之臣可以与之抗衡这一点，肆意扩张。不过正所谓“祸兮福之所倚，福兮祸之所伏”，当楚灵王把酒欢歌，感慨普天之下，舍我其谁的时候。他以及他治下的楚国，就像脱了缰的马儿一般，在一条不归之路上越跑越快、越跑越远。他在满怀幸福地坐上那高高的王座的同时，也为自己掘下了深深的坟墓。

大杀四方

楚灵王舍我其谁的霸气更多体现在了其在外交事务的决策处理上。楚王非常喜欢召集诸侯来本国会盟，体现楚国大国地位，符合楚王本人急功近利的浮躁心态和一贯高调的行事风格。

楚灵王三年（公元前538年），楚国遣使来到晋国，说楚国希望举行会盟，邀请晋国及其盟国前来相会。晋国对此一开始并不热衷，因为两国一是中原大国，一是南方大国，龙争虎斗是少不了的，因而晋国不想做长他人志气、灭自己威风的事。

司马侯进谏晋平公，说“还是应当去参加会盟，楚灵王现在气焰正盛，行事鲁莽不计后果。上天之所以让他得意一时，或许就是想藉此让他招致怨恨。楚灵王如此德行，百姓自然也不会和他一条心，这样他即使想同我们争夺霸业也是有心无力了。”

晋平公不同意，说楚国正陷于内耗之中，况且晋国本身地势艰险，物产丰富。这样好的局面下，怎么能坐视楚国称雄?

司马侯答曰，不能趁他国落难而本国兴起就由此称霸，这样做会让自己陷于不义，十分危险。商纣王荒淫无道，周文王宽厚仁慈，前者终为后者取代，可见欲成天下之人，德行十分重要。

晋侯采纳了司马侯的建议，让人回复楚使说国君有事在身不能参加会盟，至于晋国的盟国，本身就已经臣服于楚，因此楚国大可以邀请这些国家而不必知会晋国。晋侯还答应了楚灵王联姻的请求。

楚灵王对于自己的会盟提议心中也没有底，于是请问郑国的子产，向他讨教诸侯国对会盟的反应。子产说晋国一定会允许其盟国前来参加，因为晋国国君昏庸无能，臣子各个中饱私囊，当了国家蛀虫，因此晋国没有大志。况且当年宋国弭兵之会上已有约定，晋国不可能冒着丧失信誉的危险违约。而晋国的那些盟国，一是惧怕楚国强大的军力，二是希望能与楚国修好，都会前来会盟的。不过，有四个国家可能缺席，它们是，曹、鲁、卫、邾四国。

会盟如期举行，如同子产所言，曹、邾二国自称国内发生祸事，鲁国假托祭祖，卫侯则言身体有恙，皆不至。大夫椒举私下里对楚灵王说此次会盟事关楚国霸业，切不可造次。并列举夏启的钧台之享；商汤的景亳之命；周武的孟津之会；齐桓的昭陵之会；晋文的践土之盟供楚灵王选择，灵王决定效仿齐桓公昭陵之会。

随后楚灵王问于左师和子产，两人分别献上礼仪六项以供楚灵王参考。在整个会盟期间，楚灵王让大夫椒举不离左右，以期椒举可以指正自己的于礼不当之处。但从头到尾椒举不发一言，楚灵王便问其故，椒举只得回答自己也不懂齐桓会盟时应当遵从的礼仪，楚国君臣之庸可见一斑。

在对待参加会盟的诸国使臣上，楚灵王表现得极不恰当。楚灵王耽于游猎，对于没有按时到达的宋国太子佐不闻不问，最后派了一个使者对太子佐说自己在祭祖，会把宋国的礼品献上。傲慢态度展露无遗。而相比于徐国国君，太子佐的遭遇甚至是幸运的。由于徐国国君是吴国后裔，楚灵王据此认为他怀有二心，竟然将他拘捕。

楚灵王的蛮横举动令他丧失人心。大夫椒举进谏，希望楚灵王可以以礼服人，并以夏桀会盟，有缗背叛；商纣会盟，东夷背叛；周幽会盟，戎狄背叛为先例，警示楚灵王，但楚灵王置若罔闻。子产面见左师，对楚灵王的行为十分鄙视，言楚灵王现出本性，骄纵难安，必将不寿。左师判定灵王不日将尽失人心，终将遭弃。

楚灵王会集诸侯，耀武扬威仍觉意犹未尽，于是大举进攻吴国，攻克了吴国城市朱方后，擒获了自齐国逃难至此的庆封，并把他的族人全部杀光。椒举再次劝阻灵王，让他不要轻易杀庆封，说只有完美无缺的人，才具有杀戮他人的资格。庆封在国内胡作非为，如何可能在这里服服帖帖地引颈就戮？倘若他散布对陛下不利的谣言就麻烦了，楚灵王不从。

楚灵王令庆封游街示众，让他边走边喊出自己的罪过。不料庆封大声呼喝出了楚灵王当年夺嫡篡位的暴行，并力劝诸侯不要与楚国结盟。楚灵王惊惧之下立斩庆封。

楚灵王继续着自己的恣意妄为，带领诸侯攻破赖国。赖国国君自缚双手、口含玉璧、肉袒抬棺，来到楚军帐下谢罪。楚灵王这次终于听取了椒举的建议，松绑、受璧、焚棺，以礼相待。随后把许国人迁入赖国境内，留下斗尾龟和公子弃疾筑城，自己返回国都去了。

不料同年七月，吴军进犯楚国边境，逼迫楚国分出人力物力加强守备，一时间楚十分被动。楚国自然不会就此善罢甘休，在楚灵王四年、五年两次对吴国大规模动兵，都因为吴国准备充分而遭到败绩，虽然还没有对国力造成伤筋动骨般的致命打击，但也使得本就入不敷出的国家又背负了额外的重担。

楚灵王伐吴不利，遂调转矛头，借陈国国室内乱的机会，插手陈国内政，派公子弃疾挥师东进，攻灭陈国。随后在新拿下的土地上进行大规模的迁徙，使得数个地方的人民不得不放弃经营已久的生活而举家搬迁，这些举措对百姓物质生活和精神心灵造成的切肤之痛楚灵王当然不会有所感受。

楚灵王十年（公元前531年），楚国又把目标定格在了蔡国身上。楚灵王以会盟为由，将蔡国国君骗到申地，设伏杀之。随后，楚国大军将蔡国围了个水泄不通。晋国会集多国谋求救蔡，但诸国没有出兵，晋国并没有独自对抗楚国的自信，只好遣使入楚，自然无功而返。楚国攻灭陈、蔡二国后，声势日渐浩大，楚灵王睥睨四方，俨然已有称霸天下的意图。

楚灵王呼风唤雨无人敢违，要会盟就有人和他会盟，要攻伐就能够攻伐，要筑城就筑城，如此下去无人约束，势必人神共愤，命不久矣。

缢死自己为终

要介绍楚灵王的覆灭，必须先要讲一下他的后继之君，楚平王的情况。楚平王就是前文讲到过的公子弃疾，也就是楚共王的幼子，楚灵王的弟弟。

与其兄不同，公子弃疾德行俱佳，气度雍容。弃疾出访晋国途径郑国，郑国国君带领子皮、子产、子太叔三位大夫相迎，弃疾严守礼数，回避与郑国国君见面，经不住郑国人反复劝解方才答应，并以觐见楚灵王的礼仪拜见了郑国国君。对子皮、子产和子太叔，弃疾也以面见本国大夫的礼节与三人相见，并恭敬地送上礼物。对于弃疾的言行举止，郑国人惊讶之余也愈发敬重。

更难能可贵的是，弃疾对随从约法三章，禁止随意跑马以损害郑国田地；禁止随意砍树取火；禁止向郑国人讨要水米，违者严惩不贷。郑国人看到公子弃疾为人如此，便隐约感到此人身上具有帝王气象，日后取代楚灵王者，非他莫属，于是对弃疾十分热情周详。

另一个不得不提的人是大夫申无语，申无语是楚灵王朝中难得的忠正之臣。楚灵王还是令尹的时候就经常打出国君的旗帜外出游猎，申无语对此激愤异常，挥剑砍断这些旗帜。楚灵王建成章华台后，喜欢把获罪逃亡的人收入台中，申无语却强行闯入，想要抓回自己的仆从，结果被解送到楚灵王那里。申无语援引《诗经》的为自己申辩，说普天之下莫非王土，下级服从上级是固有制度。周文王规定，仆从的逃匿必须抓回。于是楚灵王赦免了申无语硬闯君主行宫的罪过，并让他带走了自己的仆从。

楚灵王之所以把自己弄到如此逼仄的地步，并非一日之功，而是“积重难返”。楚灵王十年，灵王欲把公子弃疾封往新吞并下来的蔡国地域，问计于申无语。申无语并不同意，他举出了卫庄公把公子元封在栎地，导致自己被废黜。贤明而有能力的臣子不能将其封赐在外，而无能的小人不能让其居于宫内。不过楚灵王不以为然，认为国都重地，防备严密，即使有人图谋不轨也无从下手。申无语又以郑国、宋国封臣弑君的事情为例，提醒楚灵王封重臣对国君的威胁。

在兼并了陈、蔡二国之后，楚灵王终于攒够了底气，决定再次向之前没有讨到便宜的吴国开刀。他率领大军包围了徐国，以此作为恫吓。此时楚灵王的自我膨胀已近极点，他问右尹子革：“我国先王一直侍奉周朝，然却一直没有得到相应的褒赏，如果现在我请求周天子把王鼎赐予楚国，他是否会答应？”子革对曰楚国曾经地处偏远，因此屡遭轻视，如今兵强马壮，周天子不会视若无睹的。灵王又问如果自己向郑国索要被他们夺取的先人土地又会如何。子革答曰郑国会毫不犹豫地归还。

大夫析父对子革颇有微词，认为他身居高位却一味奉承，使得国家命运堪忧。子革却冷笑道说自己早已将手中刀磨快，就等着对楚灵王手起刀落呢。可见楚灵王当时已经处于众叛亲离的危险边缘，自己对此却仍浑然不知。

楚灵王对自己的臣子非但缺乏体恤，还动辄加以诛杀，抄其家财、没其土地甚至处以极刑，终于点燃了矛盾爆发的导火索。一批被剥夺了财富和地位的士大夫联合起来，进行兵变，攻占了楚国的固、息两座城池。

被楚灵王攻灭的蔡国也是人心思动，一些旧臣趁此机会想要复国。蔡国大夫朝吴定下计策，引导楚灵王的三个弟弟推翻楚灵王。他假借公子弃疾的名义，把当初因为楚灵王迫害被迫流亡国外的子干和子晳召回，并强迫他们与弃疾联合在一起。并借助弃疾“陈蔡公”的身份集合起了一支势力颇大的军队。这支军队一路杀向楚国国都，由于到处都有被楚灵王迫害过的人，因而叛军非但没有遭遇多少抵抗，反而不断壮大。郢都的守将蔡洧与楚灵王有杀父之仇，蔡国破灭后为求活命而寄居在楚灵王朝中为其效力。当叛军来到，他不出所料地献了城池。

公子弃疾使人进入宫中，杀了楚灵王的两个儿子太子禄和公子罢敌。楚灵王的三个弟弟按照长幼顺序自封，子干最长，加封为王；子晳次之，进位令尹；弃疾最幼，位居司马。内部利益协调完毕之后，便对楚灵王的残余势力进行分化，子干派遣观从潜入乾溪楚灵王的军营中散布消息，说先回都城投靠新王的就会保住原本的地位俸禄，倘若执迷不悟，则会遭到处刑。于是营中人心涣散，军士纷纷潜逃回国都。

楚灵王闻得凶讯，大惊失色，从车上跌落下来。此时军心涣散，大军不断减员，只剩右尹子革等少数人还跟随在楚灵王身边。楚灵王问计于子革，子革建议灵王回国都听候发落，灵王不允，认为民怨不可碰触；子革又建议灵王求救于诸侯，灵王说自己已经众叛亲离，不能指望诸侯相救；子革又建议灵王出逃国外，灵王说自己福祉已尽，再也无法得到身为人君的待遇了。子革无奈，离开灵王自谋生路。

灵王成了孤家寡人，在山中流浪，曾经的大夫申无语的儿子申亥念在楚灵王有恩于其父的情分上收留了他。不日，自觉无趣的楚灵王自缢于树下，结束了自己荒诞而罪孽的一生。

公子弃疾在新朝之中任职，但他并不快乐，因为在这次政变中，他出力最大。作为“陈蔡公”，是他的威名将人们凝聚起来。而作为叛军主力的陈、蔡军队，从根本上讲就是他的私人武装。在这样的情况下，于情于理都应当是他弃疾续登大统。结果呢，好处全让两个哥哥占去，他本人却还得居于人下，听候调遣。

对于公子弃疾的怨怼，观从心知肚明，他建议子干趁弃疾尚未起势，先下手为强，除之以绝后患。子干不忍，观从无奈，叹道弃疾可不会不忍对你下手。于是观从收拾行装，离开楚国。

公子弃疾很快采取行动，他趁着楚灵王阴魂未散的契机，利用新王的合法性大做文章。因为即使楚灵王再昏庸无道，再罪有应得，新的楚王子干终究是一个谋逆篡位的国君，哪怕他得到了人们的支持，但在内心深处他还是难以逃脱这重身份带来的阴影，这就给了弃疾可乘之机。弃疾一方面趁着人们还不知道楚灵王已死的机会大肆散布谣言说楚灵王带领大军杀回，另一方面调遣亲信在夜深之时厉声惊呼说楚灵王回来了，搞得人心惶惶，深居宫内的楚王子干和令尹子晳更是难以安睡。

终于有一天，弃疾觉得火候已到，便一方面派遣手下声势浩大地制造谣言，说楚灵王率军杀回。又让人故作惊恐地跑到宫内报告子干和子晳令他们快想办法应对，二人本就惊惶，束手无策，竟双双自尽，公子弃疾大获全胜，即位成为了楚平王。

公子弃疾兵行险招，收到奇效。上位之后履行了先前的诺言，恢复了陈、蔡二国的自治，并让已经病入骨髓的国家休养生息，恢复政治秩序和经济生产。在稳定人心上，更体现了其手腕，他把一个囚犯装扮成灵王的样子，杀死后投入水中，彻底把楚灵王从人们心头抹去，就此揭开了新时代。

第八章　日薄西山，难以抵挡的内忧外患

父王，还我媳妇

楚平王并没有成为楚国的救世主，尽管在即位初期，他表现得的确像是一位明君。然而，仿佛是流淌在这个家族血脉中的梦魇一般，楚平王短暂的贤明就像楚国的回光返照一般，难以阻挡这个国家向无底的深渊滑落。

楚平王执政前几年，的确显示出了他当年作为公子弃疾时的风采。他逐渐聚拢起失散的民心，将外出逃难、流离失所的民众召回，让他们安定下来，恢复生产。选拔忠良的人，赦免有罪的人，让国内的政治氛围变得清明。

在外交方面，楚平王可谓是极尽低调，几乎放弃了楚国的国际地位。其中晋国成为了最大的受益者，占据了一家独大的霸主地位。晋国在边境集结大军以壮声威，不久后又会集多个盟国进行会盟，确立自己的地位，并向楚国释放政治信号。对此种种，楚平王均不予过问。

实力日益强大的吴国也不安分，趁着楚国秩序未定，无暇外事，便挥军吞并疆土，攻下了州来。令尹子期请求对此采取行动，但楚平王没有冲动，而是坚决立足于修炼“内功”。他说自己刚刚登上大位，国家还不安稳，现在不宜外扩。需要安抚百姓，勤加祭祀，巩固国防。若是贸然出兵，一俟失利，国家就如雪上加霜，有被倾覆的危险。

楚平王“息民五年”，派官员到各处屯田养兵。救助弱小，匡扶穷困，对老幼孤寡提供帮助，将已经脱离正轨久矣的国家逐渐矫正。同时训练军队，积蓄力量，韬光养晦，等待时局转变。

当然，楚平王也并非一贯怀柔。在处理那些倚仗功勋而骄横放纵的官僚时，他显示出了强硬的一面。令尹子期对平王有着匡扶之功，以此为资本处处肆意妄为，为自己谋取私利而罔顾国家。楚平王忍痛对其处以极刑，以儆效尤。

不得不说，楚平王的选择是清醒而英明的。他接手的楚国，如同一个病入膏肓的巨人，空有一个高大的躯壳，却没有实质的血肉充盈其间。在这样的情况下，如果一味用强，则会使本已奄奄一息的国家无法恢复，只有慢慢调理，由内至外使国家脉络顺畅，才能进一步促进发展速度。可以说，楚平王初期的执政是成功的，他避免了楚国就此一蹶不振，沦为他国附庸的命运，保留了楚国重新雄起，以大国身份再次逐鹿中原的可能。

然而，自古君王多昏庸，楚平王也难以幸免。楚平王在识人方面的眼光确实不佳。他对佞臣费无忌宠信有加，任命他为太子少师。楚平王的儿子太子建，是在楚平王尚未即位，还作为公子弃疾统领陈、蔡之地的时候，与当地女子同居生下的孩子。太子建并不喜欢他的这位“少师”，因为他察觉出费无忌品行不端。楚平王二年（公元前527年），大夫朝吴建功，被封于蔡地，费无忌害怕朝吴就此得宠威胁到自己，于是挑拨他与蔡人的关系，让朝吴难以立足，不得不逃离。楚平王因此斥责费无忌，费无忌却狡辩说朝吴心怀不轨，因此才逃离封地。

太子建认清了费无忌的丑恶面目，渐进与之疏离，反而和自己的另一位老师——伍奢走得比较近。费无忌看在眼里，恨在心头，定下一条毒计，他向楚平王建议说太子建已经成年，应当为其操办婚事。楚平王答应并委派费无忌去具体实施。于是费无忌开赴

秦国去寻求联姻，事情办成之后，他向楚平王禀告，极力夸大秦国女子的美丽。楚平王在他的鼓动之下，竟自己把秦国女子纳入帐中。这一行为，为楚平王父子交恶，最终引发楚国内乱埋下了祸根。

同年，费无忌再度向楚平王谏言，说晋国占据中原，依靠地利统领诸侯，楚国位居偏僻之地，因而无法称霸，应当加固城父之地，可令太子建据守，而陛下进一步向南开拓疆土，使楚国国力继续上升。楚平王听从了他的建议。

太子建被调离国都之后，费无忌愈加肆无忌惮，他在楚平王之前谗言不断，说太子建对于楚平王之前强行纳娶本应许配给自己的秦国女子十分不满，如今镇守边陲无人管束，对内伙同老师伍奢，对外暗通晋、齐诸国，意欲谋反。楚平王惊怒之下招来伍奢对质，伍奢心直口快，说楚平王听信佞臣，错怪太子建，如今更是错上加错。楚平王大怒，将伍奢下狱，并派人去杀太子建。

派去的使臣司马奋扬不愿看着太子建就此冤死，便提前告知，太子建顺利逃脱，奔赴宋国。司马奋扬回朝后面对楚平王的质询，直言是自己事先通风报信，并说当初楚平王让自己侍奉太子建如侍奉平王一般，自己不过是执行了平王当初的命令。楚平王拿他也没有办法，只好打发他回到边城继续当官。

费无忌仍不罢手，再次向楚王进言说伍奢的两个儿子远在边陲，陛下拘捕了他们的父亲，恐怕于国不利，可将之召回后一网打尽。伍奢的两个儿子接到命令后踌躇不决，哥哥伍尚让弟弟伍子胥尽快逃离，说他足智多谋将来足以复仇，自己必须回国都以求为父亲谋得最后一丝生机。于是伍子胥出逃吴国，伍尚回到国都后和父亲一同被处死了。

太子建的母亲则外联吴国，引吴国军队攻占了自己居住的城市，带着珠宝细软逃难到吴国去了。

楚国经历了这一系列风波，元气大伤。百姓对楚平王昏庸的怨气渐长，人民议论纷纷。令尹子常奉命修建都城，却听得百姓的声音，说修城墙乃是因为国家早已身陷于内忧外患之中，在如此内丧民心、外临敌国的情况下，把城墙堆得再高也无济于事。

楚平王九年（公元前520年），楚国对吴国动兵，却被反制，非但没有起到任何效果，反而被吴军偷袭，丢了两座城郡，楚国就此一蹶不振。

两个人的政变

白公胜，就是被费无忌构陷被迫逃亡的太子建的儿子。太子建在郑国被杀之后，伍奢带着白公胜流亡吴国。而太子建的母亲，听说白公胜被带到吴国之后，就设计引吴军攻破了自己所在的城池，带着自己的财产，随吴军来到吴国，找到了白公胜，并抚养他长大。

白公胜在吴国一住三十余年，在这期间，他的祖国楚国因为连续不断的动荡已经元气大伤。吴国的连年用兵使得楚国上下疲于应付，国都被破、国君出逃更是奇耻大辱。虽然依靠着秦国和越国的出手相助避免了灭国的厄运，但是彼时的楚国，再也不是曾经的那个统领南方、虎视中原的强盛国家了。

楚昭王逃过一劫之后重新执掌大权，并重用了自己的两个兄弟——子西和子期，一起治理国家，慢慢地让楚国恢复正常状态。

楚昭王死后，他的儿子楚惠王即位。惠王二年，白公胜回国这件事被提上议程。主张迎回白公胜的，是当时已经担任令尹的子西，他认为白公胜好歹也是楚国王室的嫡亲，如今楚国已经恢复元气，不应当再让他旅居国外。叶公子高提出反对，认为白公胜为人狡诈无义，并且时时想着兴风作浪，回到国内以后祸患无穷。子西却认为白公胜为人忠勇，令其守备边疆正是人尽其才。叶公子高坚持己见，认为只有在符合仁爱、遵循道义的前提下才能谈得上忠勇，而白公胜为人偏执，虽然言出必践、事事躬亲却狂热而浮躁，并且很有野心，绝对不能召回。

叶公子高的劝告没有奏效，一年后，也就是楚惠王三年，子西将白公胜迎回了楚国，就此揭开了楚国又一轮内乱的帷幕。

白公胜奉命镇守吴、楚交界之地，屡次谏言要求伐郑，希望为父报仇。楚国非但没有满足他的愿望，还在楚惠王十年的时候出兵解救被晋国打得大败的郑国，就此结为盟友。这对于白公胜而言可以说是晴天霹雳，意味着他的复仇计划遥遥无期。

对于白公胜而言，自己回到楚国，最先要完成的使命，就是为父报仇，对象有两个，一是佞臣费无忌，由于楚昭王当初已经把费无忌满门抄斩，这个目标只好一笔勾销；二是郑国，虽然当初是太子建对好心收留他的郑国做了不义之事，死有余辜，但白公胜可不顾这些。白公胜是一个言出必践的人，至于他的诺言以及践诺的行动是否合乎道义、公理、人心，则不在他的考虑范围之内。

此时，白公胜的伐郑理想遭到了现实的阻挠，而这个“现实”，正是源于他的两个叔父，也是楚国的实权人物——子西和子期。白公胜对二人充满怨恨，不在于他们阻碍了自己的复仇，而在于他们阻止自己去实现当初的誓言。

这样的心态，不可避免地会加以扩大，这是以下犯上者的共同特点。白公胜也不例外，他很快就把自己的谋逆对象从子西、子期扩大到了楚惠王，而行动的最终目的也变成了让自己成为楚国的新君。

白公胜的狼子野心一开始没有引起子西的警惕。有一天子西的儿子平看到白公胜在亲自磨剑，便问何故。白公胜倒是直言不讳，说要杀掉他的父亲子西。平不敢怠慢，将白公胜的原话转告给了子西，子西竟不以为然地说白公胜就是自己庇护下的一只蛋，白公胜知道后杀意骤起，立誓要让子西不得善终。

白公胜在蛰伏的同时也在组织自己的队伍。他的心腹石乞给他推荐了一位可以力敌千钧的猛士熊宜僚，无奈不论二人如何软硬兼施，熊宜僚都不愿为他们去行不义之事。二人只好怏怏而回，石乞欲杀熊宜僚以防走漏风声，白公胜却相信熊宜僚虽不与其共谋，却也不会为了利益而出卖他们。

白公胜曾与孔子座谈，问孔子说自己私密的事情能否对别人说，孔子不答。白公胜再问说倘若把石块投入水中，会如何。孔子对曰善水者会将其捞出。白公胜说看来还是不能将私事外泄于人啊。孔子说这取决于外泄给谁了。

白公胜的野心人们也并非察觉不到。一日，石乞与屈建共饮，屈建问说白公胜是不是要作乱了。石乞欲盖弥彰，说没有这事，白公胜手下亲信不过数人，军力不满一千，怎么可能叛乱。屈建一针见血，说这就是他叛乱的原因，因为他并没有按照礼仪标准行事，显得心怀鬼胎。

楚惠王十一年，白公胜打败了进犯的吴军，便以向楚王进献战利品为由率军来到了国都，趁机杀入宫城，处死了令尹子西和司马子期，并劫持了楚惠王。

白公胜有勇无谋，凭着血气之勇控制了宫廷，却在如何处理国库和处置楚惠王的问题上没了主意。石乞建议把事情做绝，杀楚王、焚国库。白公胜犹豫不决，认为此乃不吉之举，况且烧了国库如何维持国家用度呢。

白公胜的政治资本也随着他的胡作非为而消耗殆尽。人们出于他是太子建的遗孤在一开始对其抱有同情，但是他在楚国上下正在齐心合力谋求稳定、发展的时候再度将楚国拉入内乱之中，与人心相背。对子西、子期两位人望颇高的大臣的无故滥杀更是暴露出了他残忍狰狞的面目。由此，白公胜落入了一个独木难支的境地。

在这样的局面下，白公胜也不敢贸然称王，于是他推出了自己的叔父子闾。子闾是楚昭王的哥哥，楚昭王死后曾经有机会登上王位，但他辞谢了，并且一力扶持楚昭王的儿子楚惠王继位，因此在宗族之中享有很高威望。白公胜希望利用他的名望稳定局势，但子闾不愿成为白公胜的傀儡，结果被恼羞成怒的白公胜杀死。

当初力劝子西不要迎回白公胜的叶公子高顺应民意，挥师杀奔国都，在民众的里应外合下剿灭了白公胜的部队。白公胜人心尽失，众叛亲离，独自出逃，被申鸣杀死在野山之中。

申鸣其人，是楚国的大将，以孝闻名，白公胜作乱，一力邀其入伙，并以其父性命作为要挟，申鸣无奈只得相从。申鸣杀白公胜，其父却为石乞所害。申鸣认为自己既失身从贼，又不能保全父亲，做了不忠不孝之人，遂自刎而亡。

由此，白公胜之乱在叶公子高的手里得到了平息，楚惠王回到了国君的宝座上，子西、子期的儿子分别接任了父亲的职位，楚国恢复了原有的平静。

第九章　大国中兴，好运与智慧兼具的齐景公

天上真能掉馅饼

正当称霸多年的晋国人心尽失，雄踞南方的大国楚国也几乎被毁于一旦之际，沉寂多年的齐国又悄然复苏，一位英主的即位使齐国人又看到了称霸的曙光，然而这位英主的即位却是一场内乱造成的意外。

齐国棠公和东郭偃是亲戚关系，棠公的妻子是东郭偃的姐姐，而东郭偃又是崔杼的家臣。崔杼是齐国重臣，政绩卓著，对外征战也是战功赫赫，深得齐灵公器重。崔杼经常陪同太子光造访其他诸侯国。齐灵公死后，太子光即位，史称齐庄公。

齐庄公和他父亲一样对崔杼宠爱有加，君臣关系非同一般。

且说棠公仙逝，东郭偃和崔杼前去吊唁。看到棠公美貌的妻子之后，崔杼心为所动，于是旁敲侧击地暗示东郭偃，想娶他的姐姐过门。东郭偃乃是聪慧之人，并且对易经卜卦颇有研究，于是对崔杼讲：“男婚女嫁不仅要门当户对，而且要辨别姓氏，姓名匹合方可嫁娶，我是桓公的后代，您是丁公的后代，不可结为亲缘。您如若不信可以卜卦以看吉凶。”

崔杼回去之后占卜，求得《困》卦变成《大过》，许多太史都认为这是吉兆之卦，只有宋文子面露担忧之色，对崔杼说：“丈夫像一阵风，风把妻子吹落，这样是不能嫁娶的。这个卦的爻辞说：‘被石头困住，坚守在了蒺藜之中，走进屋子便看不到妻子。’这是凶兆的表现。被石头所困，这代表着如果前去的话，一定会失败。坚守在蒺藜中，这意味着所要依靠的东西会让人手上。走进屋子看不到妻子，是凶兆的表现，这意味着你将无家可归。”

崔杼此时心中早已对棠妻痴迷不已，全然不顾宋文子所说，反驳他：“棠妻乃是一寡妇，她死去的丈夫已经应验了她的凶兆，我再娶她又有何妨？”于是不久之后，崔杼摆酒设宴迎娶棠公之妻棠姜过门。

怎奈宋文子所言一语中的，由于崔杼乃是齐庄公重臣，所以齐庄公经常到崔府与其会面，见到崔杼美貌之妻，齐庄公也是垂涎三尺，一来二去，便与棠姜有了苟且之事。

齐庄公每一次到崔家与棠姜私通，都会把崔杼的一顶帽子赐给别人，手下侍从认为庄公此事做得欠妥，劝他不要如此羞辱崔杼。可是庄公却以此为荣，仍然我行我素。崔杼得知此事，虽然面不敢言，但是心中对庄公恨之入骨，想要找个机会杀掉他。

此时晋国内部发生了动乱，齐庄公想趁机灭掉晋国，于是派兵攻向晋国都城。崔杼心中暗想可以杀死齐庄公来讨好晋国，可是一直没有很好的机会。终于有一天，崔杼找到了一个叫做贾举的侍从，贾举刚刚被齐庄公处以鞭笞的刑罚，因此对他怀恨在心，便与崔杼勾结在一起，商量杀死齐庄公的计策。

转眼到了五月，这天齐庄公在北城设宴款待前来朝见的莒子，崔杼称病没有前来。转天，齐庄公来到崔府看望生病的崔杼，名为看望实为借机与棠姜私通。棠姜进到室内，崔杼则阴沉着脸走了出去，齐庄公高兴得拍着柱子唱歌。

贾举这时候让齐庄公的随从都退到门外，自己带着几个甲士走进房间，关上了大门。进到房间的贾举和甲士见到作乐的齐庄公立马掏出利器，齐庄公见情形不对，迅速跳上高台，央求贾举免其一死，众人没有答应；齐庄公又请求在太庙自刎，还是没有答应，说："崔杼大人现在正病得厉害，我们不能按您所说的要求去做，我们奉命巡夜搜捕淫乱之人，其他的命令一概不得而知。"齐庄公见求生无望，求死不能，便跳墙想要逃跑。这时有人射箭击中了他的大腿，齐庄公掉到了墙内，众人一拥而上杀死了他。

崔杼并没有把齐庄公的尸体埋葬在城北，而是安葬在了士孙之里，陪葬品有四把长柄扇，没有武器、盔甲，送葬的只有七辆破旧不堪的车。

齐庄公死后，崔杼展开了"清洗"，贾举、州绰、邴师、公孙敖、封具、铎父、襄伊、偻堙都被杀死。赶回复命的祝佗父还没有脱下官帽就被杀死在崔杼的家里。申蒯作为管理渔业的官员，对自己的家臣头子说："你赶紧带上我的妻子孩子逃走，我准备一死。"家臣头子却说："我不能扔下您就走，那样做太没有道义了。"于是申蒯和家臣头子双双自杀。

太史在对这一事件的记录中明确记载了是崔杼杀死的齐庄公。于是崔杼杀死了太史。后来太史的弟弟步其兄后尘，兄弟二人皆死于崔杼足下。再后来太史的另一个弟弟也记录崔杼杀死齐庄公的经过，这一次崔杼放手没有再去追究。南史先前听说太史兄弟都被崔杼杀死，于是愤愤不平地拿着自己写好的竹简前往讨回公道，可是听说最后是按照真实情况记载之后，南史便欣然返回。

闾丘婴想要逃跑，他将自己的妻子用车帷包起来，放到了车上，然后和申鲜虞一起仓皇而逃。途中，申鲜虞将闾丘婴的妻子从车上扔了下去，然后说："君主昏庸愚昧我们不能改正他的错误，君主处在危险境地的时候我们不能救驾，君主被人杀害我们不能以身殉国，如今狼狈逃跑，却只知道把自己的妻子用车帷包起来，不管我们最后逃到哪儿，有谁愿意接纳我们？"

二人的马车走到了弇中狭道，准备休息一夜。闾丘婴说："崔杼、庆封有可能来追杀我们！"申鲜虞毫无惧色道："如果是他们二人前来，我们人数相当，有何畏惧？"于是二人就住了下来。吃过饭喂饱马之后，二人头枕着缰绳入睡，醒来之后继续赶路。到了弇中，申鲜虞说："我们要加快速度了，崔杼、庆封如果派人来的话，我们不会是他们的对手。"二人赶着马车来到了鲁国。

晏子站在崔杼家的门外，侍从说："您准备以死以谢国恩？"晏子说："君主不是我一个人的君主，我为何要死？"侍从说："您准备逃跑吗?"晏子说："我又没有罪，为什么要逃？”侍从又说：“你回去吗？”晏子说：“君主都没有了，我们回到哪里去？君主既然被称作君主，难道只是为了喝令百姓？顺应民意、管理朝政才是主要任务。作为人臣，难道只是为了拿取俸禄？辅佐君主使国家富强才是臣子应该做的。如果君主的死是为了国家而死，逃亡是为了国家逃亡，那么我们为他而死、逃亡都是值得的。如果君主的死是因为他自己而死，那么除了那些他非常宠爱的人，谁又敢承担这个责任？如果别人是因为有了新的君主才杀死了他，那么我为什么要为他而死？为他而逃亡？我又能回到哪里？”

崔杼家的门开了，晏子进去之后号啕大哭，头靠在尸体的腿上。崔杼的手下这时候建议他杀掉晏子，可是崔杼说:“他是受到老百姓拥戴的人，如果我杀了他，岂不是失去了民心？”

庄公死后，崔杼拥护景公继承大统，自己则出任宰相，庆封为左相，与国内人相约在太公宗庙结盟，崔、庆二人巩固了在朝中的权势。晏子这时候只能仰天长叹：“婴如果不依附忠君利国的人，有上帝为证！”

齐景公本来是齐灵公的幼子，没有资格继承国君之位，却因为这场内乱得以即位为君，可谓因祸得福，捡到了天上掉下来的馅饼。但是此时齐国仍然把持在权臣手中，想要真正掌握大权，齐景公还有很长的一段路要走。

霸主轮流做，何时到我家

齐景公心中一直有光复齐桓公霸业的梦想，正是怀着这样的抱负，齐景公勤于政务，爱护臣民，任人唯贤，齐国的实力一天天地增长。对外交往中，齐景公不卑不亢，面对当时的霸主晋国，齐景公有力地维护了齐国大国形象。

有一次，齐景公前往晋国东城祝贺刚刚即位国君的晋昭公。宴会期间，两位君主进行了一场投壶游戏，晋昭公先开始投壶，晋臣中行吴赞美曰：“在我们的地方上有丰富的肉，有和淮河水一样多的酒，如果我们的国君能够投中，那么我们晋国可以成为各诸侯的统帅。”本来这只是一场简单的游戏，但是中行吴这一番话说完，就变成了两国之间形象的比拼。

晋昭公一投，果然命中，文武百官欢呼雀跃，这回轮到齐景公，齐景公拿过投箭，也说：“我们有和山岭一样多的肉，有和渑水一样多的酒，如果我这一次投中，将取代晋君的霸主地位。”说完，齐景公也是一箭命中。齐国与晋国在宴会中这种暗自的较量表现了齐景公不屈服于强者的姿态和富国强兵的抱负。

齐景公之所以敢在投壶游戏中和晋昭公挑衅，是因为齐国的实力日渐强大，而这种强大在日后的晋国内乱中体现得更为明显。

就在晋昭公认为晋齐之间的争霸苗头越发明显的时候，楚国这时候出了乱子，楚灵王被杀，即位的是楚平王。晋昭公认为这是巩固晋国霸主地位的最好时机，于是带领六卿之中五卿的军队进驻到卫国，通知其他诸侯国准备再次组成联军。

征得了周景王的同意后，晋昭公又派人询问齐景公的意见，景公认为此时齐国的实力还不是晋国的对手，只能按照它的要求行事，于是对来使说：“加不加入会盟是你们大国说的算，我们齐国只能听从，你回去和晋昭公通禀，我一定会前去参加会盟。”使者回复晋昭公，晋昭公于是在平丘和其他诸侯国国君共同参观晋国的兵车，检阅部队。看到晋国的强大实力，各诸侯国都很震惊。

在这一过程里，晋昭公发现诸侯国中有些对晋国有二心，加入会盟只是畏惧晋国的实力。通过这次平丘之会，齐景公深深感受到齐国和晋国之间在军事实力上还有不小的差距，如果这时候对晋国撕破脸成为敌对，会让晋国六卿格外团结，一个团结的晋国是谁都不可战胜的。

也就是在这时，一个让齐国复兴的机会摆在了齐景公的眼前。此时，晋国国内的六卿势力非常强大，韩、赵、魏、知、范、中行等六个氏族把控着朝廷，君王已经没有了实权。然而这六个氏族之间并不团结统一，权力之争时有发生。晋国赵衰的后代赵鞅与赵夙之后邯郸午之间发生了冲突，赵鞅杀了邯郸午，邯郸午的后代于是率领家兵发动了叛乱，把持朝政的赵鞅领兵攻向邯郸。

后来，六卿之中与邯郸午有亲戚关系的范氏和中行氏帮助邯郸午的后人阻击赵鞅，这引起了六卿之中其他氏族的不满，于是韩氏和魏氏帮助赵鞅击败了范氏和中行氏。晋国内乱的消息传到了齐国，齐国的田氏从自己的利益出发，挑唆齐景公帮助已经无路可走的范氏和中行氏。《史记・齐太公世家》云："田乞欲为乱，树党于诸侯，乃说景公曰：'范、中行数有德于齐，齐不可不救。'乃使乞救而输之粟。"

齐景公到处拉拢敌视晋国的其他诸侯国，并且自己重新组成了会盟，自称为霸主，为齐国重新恢复霸主地位在名义上占有优势。

齐景公首先拉拢的是郑国和卫国。《左传・定公七年》云："秋，齐侯、郑伯盟于咸，征会于卫。卫侯欲叛晋，诸大夫不可。使北宫结如齐，而私于齐侯曰：'执结以侵我。'齐侯从之，乃盟于琐。"

《左传・定公九年》："秋，齐侯伐晋夷仪……晋车千乘在中牟，卫侯将如五氏，卜过之，龟焦。卫侯曰：'可也。卫车当其半，寡人当其半，敌矣。'乃过中牟。中牟人欲伐之，卫褚师圃亡在中牟，曰：'卫虽小，其君在焉，未可胜也。齐师克城而骄，其帅又贱，遇，必败之。不如従齐。'乃伐齐师，败之。齐侯致禚、媚、杏于卫。"

夷仪之战中，卫国帮助齐国攻打晋国，结果两国联合也不是晋国的对手。但是齐国为了感谢卫国能够倾囊相助，将媚、杏、禚三个邑送给了卫国。兵败之后，齐景公还亲自为战争中死去的人推丧车。

后齐景公与卫侯再一次组成联军，同其他诸侯国一起讨伐晋国。"齐侯、卫侯会于乾侯，救范氏也。师及齐师、卫孔圉、鲜虞人伐晋，取棘蒲。"这段时期，除了卫国和郑国加入到齐国所组织的联盟内，连一向和晋国关系不错的鲁国也加入到会盟当中。但是鲁国的加入是情非得已，他们此时视晋国为鲁国的最大威胁，所以只好先依附于齐国来应对晋国。双方后来在夹谷会盟，夹谷之会也确立了齐国对鲁国的霸权统治。

《左传・定公十年》云："夏，公会齐侯于祝其，实夹谷。孔丘相。犁弥言于齐侯曰：'孔丘知礼而无勇，若使莱人以兵劫鲁侯，必得志焉。'齐侯从之。孔丘以公退，曰：'士兵之！两君合好，而裔夷之俘以兵乱之，非齐君所以命诸侯也。裔不谋夏，夷不乱华，俘不干盟，兵不逼好——于神为不祥，于德为愆义，于人为失礼，君必不然。'齐侯闻之，遽辟之。"

齐、郑、卫、鲁四国组成联盟，共同谋划消灭晋国的方略，可以说从诸侯国支持的数量上齐国占据了优势。但是，与齐国结盟的这三个国家，地盘有限，实力羸弱，只能起到辅助进攻的效果，况且三国加入会盟有很大一部分原因是惧于齐国的威力，并非真心实意想要帮助齐景公。再加上齐国选择在晋国内乱的时候发起进攻，有趁火打劫之嫌，所以说道义上齐国也不占据优势。想要恢复齐桓公时期的霸业，仅靠现存实力和会盟的方式是不可能达到的，夷仪之战的失败其实也预示了齐景公的复兴大业不会成功。

齐景公组织了"反晋联盟"，几次攻打晋国，虽然没能真正打败晋国，取代晋国成为公认的诸侯霸主，但是几次混战下来，齐国却也在晋国边境攻占了大片土地，很大地扩张了齐国的疆域，增强了齐国的国力。

但是正当齐景公野心勃勃地打算进一步开拓自己的霸业时，一场内乱却将齐景公的梦想彻底化为泡影。原因就在于春秋晚期各国诸侯公室衰微，卿大夫势力崛起，齐国的大夫田氏家族从齐景公与晏婴推行的一系列富国强兵的改革中获得了极大的发展，拥有了驱逐公室，独霸齐国的力量。

齐景公去世以后，田氏家族的田乞发动政变，排除了齐国内的另外两大卿大夫家族高氏和国氏，独掌齐国大权，此后几十年田氏的势力逐步坐大，最后终于完成了“田氏代齐”。

第三卷

兴亡谁属，春秋收官与战国先声

第一章　大国筹码，制衡楚国的工具

谦让出个吴国来

时间到了春秋晚期，中原地区的各诸侯国公室衰落，大权纷纷落入卿大夫手中，各国之间的争霸也不再非常活跃，几乎陷入搁浅的境地。因此，争霸的焦点逐渐由北方转移到了南方的地区，除了一向强大的楚国，吴国和越国也正在兴起。

对于吴国的起源主要存在这样一种说法。吴国的创建起源于太伯和仲雍两人。太伯和仲雍这两个人分别是周太王的长子和次子，在以长子继承制为传统的古代，作为周太王长子的太伯却没有继承周的家业而成为吴的创建者，这背后有着一个感人的故事。

周太王有三个儿子，除了长子太伯、次子仲雍外，还有一个小儿子季历。季历特别贤能，深得周太王的信任，但更为重要的是，季历有一个更为出色的儿子叫做昌，自幼便聪颖早慧。因此周太王很希望能将王位传给季历，并由他再传到昌的手上。然而，由于长子继承王位的传统，废长立幼是极大的忌讳，年长的儿子往往会因为不服而发动叛乱，引起国家的动荡，给社稷和百姓都带来灾难，因此周太王也不敢轻举妄动，只是看着一天天长大的昌逐渐变得郁郁寡欢。

细心的太伯发现了父王的心事，于是便与弟弟仲雍商量该如何解决此事。最后两人决定，借为父王采药之名结伴逃到“荆蛮”之地，并在身上刺上纹身，还剪断了自己的头发，以表示不能再进入庙堂主持社稷，彻底断绝了自己继承王位的可能性，连周太王去世，二人也为了避嫌没有返回去主持丧事。他们这样做之后，季历就顺理成章地接过了周的王位，季历去世后又将王位传给了自己的儿子昌，成全了周太王的心愿。正是他们的退让，使姬昌成为了中国历史上享誉盛名的周文王。

后人认为太伯和仲雍面对继承王位的机会做出了三次伟大的退让：“太王薨而季历立，一让也；季历薨而文王立，二让也；文王薨而武王立，遂有天下，三让也。”又提出了另一种说法认为：“太王病，托采药，生不事之以礼，一让也；太王薨而不返，使季历主丧，不葬之以礼，二让也；断发文身，示不可用，使历主祭祀，不祭之以礼，三让也。”无论怎样算，太伯和仲雍的行为都是在争权夺利、斗争激烈的王侯之家极为难得的父子兄弟之情和舍弃小我、成全国家的高尚情怀。

太伯逃到南方后，定居在了吴地，也就是今天的江苏无锡、苏州一带，当时此地还属蛮荒之地，尚未开化。正因为太伯的高尚品德令人钦慕，所以当他来到此地之后，人们都觉得他很有德行节义，于是便纷纷归附于他，最后竟多达一千多家。在这种情况下，人们便拥立太伯为吴太伯，吴国也就此建立。

武王灭商之后，派人四处寻找太伯与仲雍的后代，最后找到了周章。此时周章已经是吴地的领袖，于是武王便顺水推舟，将吴地封给了他。周章的弟弟虞仲也被封到了周王室北部，这就是后来的虞国。至此，太伯与仲雍作为周太王之子，他们的后代终于得到了应有的地位与封邑，吴国和虞国成为了周朝的诸侯国。

从太伯创建吴国算起，到第五代得到周天子的正式册封，其后代被分别封在中原地区的虞国和处于当时边远地区的吴国。到了第十二代，晋国先攻灭了位于中原地区的虞国。其后两代，边远地区的吴国得以兴起，从太伯建立吴国至吴王寿梦振兴吴国，总共传了十九代人，吴王寿梦正是仲雍的第十九代孙。

虽然吴国的起源已经被正统的编年史所接受，但是中国已故的著名历史学者童书业在他的著作《春秋史》中却提出了不同的看法。他在对《春秋》、《左传》和《史记》这些史料进行了深入探究之后，认为太伯与仲雍逃到"荆蛮"的这种说法更具有传奇色彩，并"疑心吴、越的王室都是楚的支族"。最后，他又补充说："我近来又疑吴或本为汉阳诸姬之一，乃虞国的别封。其后东迁者，另有考证。"因而，对于吴国的起源而言，仍有完全不同的说法。

要离刺庆忌

在专诸刺杀吴王僚成功以后，阖闾顺利成为了吴王。然而，当上了吴王的阖闾仍然还有很多担心，因为僚有一个儿子名叫庆忌，其人有万夫莫当之勇，在僚被刺以后逃到了邻国卫国。庆忌在卫国的艾城招兵买马，并号召周边诸侯为父亲报仇，成为阖闾的心腹之患。

吴王阖闾当政第二年，他想要杀掉庆忌，但是又担心其在邻国，恐招来诸侯的讨伐，因而不知如何处置。于是，阖闾便问伍子胥："当初你为刺杀之事作了很大贡献。现在听说僚的儿子庆忌正在联合诸侯准备来讨伐我，你看我应该如何是好？"伍子胥答道："臣忠心事主，当初与大王秘密策划刺杀，如今又准备讨伐他的儿子，这会违背天意的。"

阖闾随后又说："当年武王伐纣，先杀了纣王，得天下后又杀了他的儿子武庚，却并没有人指责武王。我们杀庆忌是为了自保，哪有什么天意！"伍子胥说："臣是侍奉您是为了将来吴国能够成就霸业，有什么可惧怕的呢？臣与一名刺客交情很深，他应该可以做成此事。"

吴王阖闾听到之后，不禁有点担忧地说："庆忌力大过人能敌万人，这个刺客真的能刺杀成功吗？"伍子胥则说："这个刺客的谋略，也可以敌上万人。"吴王阖闾听后，急切地问道："这个人到底是谁呢？"伍子胥说："就是要离，臣曾经看到他羞辱壮士椒丘欣。"吴王阖闾好奇地问道："怎么羞辱椒丘欣呢？"于是，伍子胥便把事情的原委说了一遍。

椒丘欣是东海人，作为齐国的使者出使吴国。路过淮津渡口时，他牵马来到渡口边饮水。可是，水中有怪兽吞了他的马，他一怒之下跳进河中，与怪兽大战了三天三夜。最后，椒丘欣与怪兽不分胜负，被伤了一只眼睛，因而名声大震。来到吴国之后，恰巧碰到了友人出丧，他便在丧礼上对吴国的士大夫出言不逊、轻蔑无礼，大肆鼓吹其战水怪之勇，不可一世。

要离实在看不惯他的这种作为，于是正色说道："我听说真正的勇士在斗争时，与日战不移表，与神战不旋踵，与人战者不达声，生往死还，不受其辱。你在水中与水神交战，不但没有追回马的性命，自己反而瞎了一只眼睛，付出身体残废的代价换取勇力之名，这是真正的勇士深以为耻之事，你贪生怕死，不死于战斗中，又有何面目在我骄傲自负呢？”

椒丘欣被说得哑口无言，羞愤而出。要离回家后，知道椒丘欣晚上必来报复。于是，要离告诉妻子晚上把所有的门窗都打开，任由他出入。这一晚，椒丘欣果然来到了要离家中。椒丘欣趁夜色径直走到了要离的床前，并把剑抵在了要离的脖子上说：“你真是该死！一不该当着大家的面羞辱我，二不该明知道我要来还夜不闭户，三不该见到我来了还不逃。”

要离则从容地反驳道：“你也有三不该：一是我羞辱你之时，你一言不发；二是你悄无声息地进来，到了厅堂也不发出声音，明显是偷袭的行为，不是勇士应该做的；三是你用剑威逼我，却还如此大言不惭，说明你是心虚，也不是勇士的表现。”椒丘欣听到要离的回答之后，感慨世上还有如此之勇士，大叹道：“你才是真正的勇士，我要是杀了你，岂不是被天下笑话？我如果不死，也要遭天下笑话。”于是椒丘欣当即自杀，死在了要离的床前。

吴王阖闾听闻了要离的事迹之后，便决定宴请要离。伍子胥于是便找到要离，对他说：“吴王听闻了你的高尚义节，所以想单独约见你。”要离遂随伍子胥觐见了吴王阖闾。吴王阖闾见到要离后，问道：“你是什么人啊？”要离回答说：“臣是国东千里之人，瘦小力弱，随风而倒。但是君王有什么命令，臣一定尽力。”吴王阖闾心里对伍子胥推荐的这个人有些不满意，于是良久沉默不语。

要离突然向吴王阖闾说道：“君王是在以庆忌为患吗？臣能够杀了他。”吴王阖闾则说：“庆忌的勇猛，世上罕见。筋骨刚健，能敌万人。现在你的实力不如他啊！”要离进一步说：“只要君王想要杀他，臣就能杀了他。”吴王阖闾又说：“庆忌是个聪明人，现在是走投无路投奔于他国，但也不次于诸侯下的士大夫。你怎么杀他呢？”

要离回答说：“臣听闻享乐于家庭，而不全力侍奉君王，那么就是不忠；满心想着家室之爱，而不为君王除患，那么就是不义。臣假装身负重罪而逃，请君王杀了我的妻子，砍断我的右手，那么庆忌就必信臣无疑了。”吴王阖闾听了要离的主意之后，便同意他依计行事。

要离出逃吴国后，吴王阖闾依计杀了他的妻子，并焚尸于市。要离则在各诸侯国中游走申冤，并被天下认为是无罪的。要离后来到了卫国，便求见庆忌。要离见到庆忌之后，便愤然地说：“阖闾昏庸无道，王子您是知道的。如今，没有任何罪名，他就杀害了我的妻子，并焚尸于市。吴国的状况我是熟悉的，再凭借王子的勇猛，那么阖闾便可打败。王子何不和我一同讨伐吴国呢？”庆忌相信了要离，于是便开始拣练兵卒，准备伐吴。

三个月后，庆忌率兵伐吴，要离一同前往。要离与庆忌同坐一船渡江，在船到江中之时，要离决定刺杀庆忌。由于要离力微，便坐在上风向，借助风力刺向庆忌。庆忌一时未死，反应过来之后，便抓起要离，把他的头灌在水中三回，然后拎起来放到了膝盖之上。庆忌大笑两声说道：“天下还真有勇士啊！敢来刺杀于我！”庆忌的随从想要杀了要离，但庆忌阻止道：“这可是天下的一名勇士！怎么能够一天之内杀死两个天下的勇士呢？”庆忌还特别对随从嘱咐道：“让他回到吴国，以表彰他的忠心。”随后，庆忌方才死去。

要离坐船来到江陵之后，就再也不走。随从问：“您为什么不走了？”要离说：“为了事君而杀了我的妻子，这是不仁的；为了新君王而杀旧君王的儿子，这是不义的。现在我这样还有什么脸面对天下的人呢？”于是投江自尽。但是要离并未立毙，被随从救起。要离于是说："我怎么能够不死呢？"随从则答道："您可不能死，还有爵禄等着您去领受呢！"然而，要离拿出宝剑，砍断了自己的手足，伏剑而死。

至此，吴王阖闾除去了一个心头大患，要离的忠勇仁义使其成为春秋时期著名的刺客之一。

念念不忘的杀父之仇

吴王阖闾在除掉了庆忌这个心头大患之后，开始继续巩固他的王权。鲁昭公三十年（公元前512年），吴王阖闾让徐国人和吾国人分别把逃到他们那里的公子盖余和公子烛庸给抓捕起来，但是两人逃到了楚国，楚王把他们安置在了养邑，并给他们筑城，还把城父和胡邑的土地封给了他们。吴王阖闾对此十分恼怒，于是出兵抓住了吾国的国君，并随后进攻徐国。在吴国用水淹了徐国的国都之后，徐国被灭，徐国的国君也逃至楚地，楚国则在城父筑城给其居住。

在攻灭徐国之后，吴王阖闾开始筹划攻打楚国。于是，吴王阖闾问伍子胥怎么攻打楚国。伍子胥建议吴国军队分成三支，轮流袭扰楚国的边境，让楚国的将卒疲于奔命，然后再三军合于一处猛攻楚军，则必定大获全胜。吴王阖闾听从了伍子胥的计策，开始对楚军进行了袭扰战术。

鲁昭公三十一年（公元前511年），吴军进攻楚国，攻打夷邑，偷袭了潜邑和六邑。楚军于是派兵救援，吴军则转战他地。吴军接着包围了弦邑，并到达了豫章一带，楚军又来救，吴军则当即撤兵。楚国军队在这种情况下，变得疲惫不堪，逐渐失去了警惕。如此三年以后，附属与楚国的桐国叛楚，于是吴王派舒鸠氏诱骗楚国出兵。吴军诱使楚兵深入，并在豫章击败了楚军，随后又包围攻克了巢地，俘虏了守将公子繁。

鲁定公四年（公元前506年），吴、蔡、唐三国开始联合进攻楚国。吴、蔡、唐联军在淮水登陆，至豫章与楚军隔汉水相望。楚军左司马戍向令尹子常献计：由他率领一支军队顺汉水而下毁掉吴军的船只，然后再回军与子常率领的大军前后夹击吴军。计谋商定以后，戍率军依计出发。然而，子常又听信他人挑拨，决定率楚军渡过汉水，速战速决。可是，从小别山到大别山楚军与吴军连打了三仗之后，子常自知己方不利，遂想逃走，但被部下阻止。随后，吴、楚两军在柏举拉开阵势进行大战，吴王阖闾之弟夫概率部下五千人抢先进攻楚军，子常大败，兵卒奔逃，楚军进而溃不成军。战败的子常逃亡郑国，而大胜的吴军则继续追赶楚军，并连战连捷，很快就打到了楚国的都城郢城。

就在吴国对楚国全面用兵之前，吴国率先出兵越国。吴国一直想要称霸中原，而吴国要想称霸中原就必须先要解除后顾之忧，那就是打击越国。此外，吴越之间的积怨也由来已久，鲁襄公二十九年（公元前544年），吴国侵犯越国时所获取的战俘刺死了吴王余祭，因而此后吴越彼此之间的战争也是十分频繁。

鲁昭公三十二年（公元前510年），吴军与越军进行大战后，吴军占领了檇李。随后，吴楚之间大战爆发，吴军连连得胜，并进驻到了楚国的都城。然而，就这此时，吴军内部发生动乱，吴王阖闾的弟弟夫概率部谋反，回到吴国后自立为王。吴王阖闾遂率军与夫概进行交战，并将其打败，夫概战败后逃到了楚国。

同时，在吴军攻占了楚国国都郢城之时，越国也不甘于被吴国压制，遂率兵入侵吴国。鲁定公五年（公元前505年），越王允常趁吴国空虚率军侵入吴国。吴军在楚国战场被秦、楚军打败之后，吴王阖闾才率兵回国。

鲁定公十四年（公元前496年），越王允常去世，其子勾践即位。吴王阖闾闻讯之后，认为这是进攻越国的大好时机，以报当年偷袭吴境之仇。于是吴越双方大战于檇李，越王勾践担心吴军的实力强大，于是派出了敢死队冲击吴军，致使吴军阵脚大乱。随后，越王勾践又命死刑犯在阵前自刎，吸引了吴军的注意力，越军借此进行突然袭击。在越军的这种攻击之下，吴军最后大败，吴王阖闾也被越军击伤。在吴军退出檇李不久，吴王阖闾便因伤死去。

吴王阖闾死去之后，他的儿子夫差继承了王位，并立志要为父报仇。吴王阖闾在位期间，使吴国成为了春秋后期重要的军事强国，并开始逐鹿中原。吴王阖闾的儿子夫差在继承了王位之后，则在其基础上成就了吴国的霸业，使吴国走上了最为鼎盛的时期。

第二章　昙花一现，吴王夫差短暂称霸

报仇其实不难

吴王阖闾在征讨越国的战争中负伤而亡，他在临死前，特意嘱咐儿子夫差不要忘记这个屈辱，要替他报仇。后来，夫差继承了王位，成为了新的吴王。他命人站在庭院中，每天路过庭院之时，就向吴王夫差喊话："夫差！尔忘越王之杀尔父乎？"吴王夫差听后便回答说："唯，不敢忘！"吴王夫差就是以这样的方式时刻提醒自己不能忘记杀父之仇。

当上了吴王的夫差任用伍子胥为相国，命大夫伯嚭为太宰，积极发展国力，扩大生产，增强兵力。这些都被越王勾践看在眼里，于是，在吴王夫差即位两年后，越王勾践想要在吴国出兵攻打越国之前，率先出兵征讨吴国。但是，越王勾践手下的重要谋臣范蠡劝谏说："国家有持盈、定倾、节事三件大事。"越王勾践便问范蠡说："这三者对国家有什么作用呢？"

于是范蠡继续说道："持盈者，在于天；定倾者，在于人；节事者，在于地。您如果不问，臣不敢随便说。天之道虽然盈满却不会溢出，虽然盛大却从不骄矜，运作繁忙而不会炫耀功劳。圣人随时准备采取行动，这就是守时；天时不到，就不能到别人那里去做客。人事没有机缘就不要开始做事。

"现在君王你未盈而溢，未盛而骄，不劳而矜其功，时机不到却要先进攻其他国家，机缘未生却要挑起事端，这是天时不利、人事不合。您这样做，会不利于国家的发展和您自己的命运。"然而越王勾践并不听劝。范蠡只好再苦谏说："勇猛，是不好的道德；兵器，是不祥的器物；争斗，乃是解决事情的最下策略。暗中策划争勇好斗，是由人引起，最后人也因此而亡。这种事情是违背天意的，谁先行此事就对谁最为不利。"越王勾践则坚决地说："不用再多说了，我的主意已定。"

于是，越王勾践率先发兵伐吴。吴王夫差则抓住时机，派出所有精兵，与越军大战。吴越双方在水上进行大战，越军被打败。越王勾践带领残兵败将五千人逃到了会稽山，被吴军团团包围。在此种状况之下，越王勾践召见范蠡问道："当初我没有听从你的意见，以至于今天这种下场，现在还有什么办法吗？"范蠡回答说："君王忘了我说过的话了吗？持盈者，在于天；定倾者，在于人；节事者，在于地。"

越王勾践赶紧又问道："那么对于人该怎么做呢？"范蠡则说："卑身请降，献上厚礼。将子女玉帛一切珍宝都献给吴王。如此还不行，就请您亲身为质，亲自侍奉吴王。”越王勾践说：“好吧。”于是越王派大夫文种去吴国求和。

文种到了吴军大帐之后，毕恭毕敬请求说：“越国愿意把士大夫女儿嫁于吴国，并附送上珍奇异宝，请求两国讲和。”吴王当即否决。文种随后又用非常谦恭的语气说：“陛下的亡国之臣勾践请求做您的奴仆，妻子做您的奴婢，并将国家献给您。”吴王夫差听后准备答应，而伍子胥则急忙劝阻道：“大王不能答应，如今上天已经将越国赐给了您，不可养痈遗患。”

文种回到会稽山上，向越王勾践说明了事情的经过。越王勾践盛怒之下，准备杀掉妻子，烧掉宝物，与吴军拼死一战。文种则急忙劝阻道：“我听说吴国的太宰伯嚭是个贪婪爱财之人，不妨送给他美女和宝物来收买，让他帮我们在吴王面前多说好话。”越王勾践无奈之下也只有此法，于是让文种带着美女和财宝去送给了伯嚭。伯嚭见到了文种带来的礼物后，非常高兴，并欣然接受。随后，伯嚭就带领文种去见了吴王夫差。

文种见到吴王后，立即下跪，并说道：“请大王饶恕勾践吧，勾践愿意向您称臣，把国家和一切财富都献给您。如果您不同意，勾践只有杀掉妻子毁掉所有的财宝，与您死战。那样大王您不仅得不到好处，反而还会损兵折将。”正在夫差犹豫之际，伯嚭则插嘴说：“既然勾践投降称臣了，不如就赦免了他，这对您也有好处。”

吴王正准备答应的时候，伍子胥又进言说：“大王还记得少康中兴的故事吗？现在吴国不如当时的过氏那样强大，而勾践却比少康更有野心有作为，如果现在不趁着大胜之威一举消灭越国，以后一定会后悔的。何况勾践手下还有文种、范蠡这样的贤能之臣，如果让他们返回越国，将来也必定生乱。”可是，吴王最终还是没有听信伍子胥的话。贪财的伯嚭还因为妒忌伍子胥的功劳，于是竭力怂恿吴王夫差接受越国的请降。最后，吴国接受了越国的降服，越国也成为了吴国的附属国。

接受了越国降服的吴王夫差当然对勾践也并不放心。于是，吴王夫差便把勾践和范蠡留在了身边当做奴役。时间久了之后，吴王夫差看到他们甘心做奴役，而且也看不出有反抗之心，同时又在伯嚭的劝说之下，便将勾践和范蠡放回了越国。吴国在吴王夫差的经营之下，国力逐渐强盛，而在吴国降服了越国之后，吴国实力更是达到了鼎盛。吴王夫差因此也开始逐渐骄横起来，放松了对越国的警惕，开始一心专注于争霸中原的伟业。

越王勾践回到越国之后，则时时不忘复兴国家，从此卧薪尝胆，不忘亡国之恨。他任用了贤能的范蠡和文种，越国就在吴王的轻视与忽略之下开始慢慢发展起来，逐渐成为春秋末期最后一个强劲的诸侯。这样，也才有了后世广为流传的“勾践灭吴”。

北进中原

吴王夫差在降服了越王勾践之后，便开始积极向中原争霸。吴王夫差首先攻打了陈国，之所攻打陈国，是由于夫差的父亲阖闾在征楚之时曾让陈国一同出兵，但陈国拒绝了阖闾的要求。因而，吴王夫差在败亡了越国之后，便率先进攻陈国，以报先君的仇怨。

陈国乃是处在吴楚间的一个小国，在此之前几经内乱与亡国，国力大衰。楚灵王曾经灭陈，后楚平王夺得楚国王位之后，为了缓合和各诸侯国之间的关系，遂又复立陈。吴国强大后，吴王阖闾曾召陈怀公入吴，陈怀公迫于压力，只好听命。随后，陈怀公被扣留在吴国，并最终客死在那里。陈湣公即位以后，陈国于鲁定公十四年（公元前496年）与楚国联合灭亡了顿国，吴王夫差则攻下了陈国三座城邑作为报复。

鲁哀公六年（公元前489年），吴国一再攻打陈国，楚国则决定派兵援陈。然而，楚昭王的突然离世，让楚国出兵未成。陈国当然难敌吴国的强大军事，最终只好臣服于吴国，成了吴国的附属国。

吴王夫差在击败陈国之后，又把矛头对准与陈国交好且毗邻的蔡国。蔡国国君由于惧怕吴国的强大军力，只好听从吴国的安排。无奈之下，蔡国只能把先君的坟墓迁走，国都也迁到了州来。

鲁哀公七年（公元前488年），吴国继续向北挺进，鲁、宋两国先后向吴屈服。吴国分别向鲁国和宋国征取了牛、羊、猪各一百头作为享宴品，其数量超过了两国向晋国纳贡的数量。第二年，鲁国攻打了臣服于吴的邾国，因而吴国又派兵进攻鲁国。吴军一路凯歌高奏，先后攻下了鲁国的武城与东阳，屯兵于泗水岸边。鲁国见吴军势盛，同时紧邻鲁国的齐国正称雄东方，声势浩大，鲁国遂与吴国结盟，共同将矛头对准强大的齐国，吴军这才从鲁国撤兵。

鲁哀公九年（公元前486年），吴国为了在征讨齐国时能够向北运兵，在邗筑城挖沟，使邗沟贯通了长江与淮水。次年，吴国联合了鲁国、邾国、郯国一同进攻齐国。齐国正好发生内乱，齐人杀死了齐悼公，并向联军发出了讣告。但是联军并没有立即撤军，直到吴国大将徐承率领的水军被齐军击败后才撤军。又过了一年，吴王夫差联合鲁哀公再次攻齐，这次吴军与鲁军进攻顺利，先后占领了齐国的博地和嬴地，与齐军在艾陵对峙。最后，双方在艾陵大战，齐军大败而归。吴军俘获了齐军的主帅，还夺取了革车八百辆，斩下了三千甲士的头颅，可谓是大获全胜。

鲁哀公十一年（公元前484年），在吴军大败齐军之前，越王勾践率领众臣到吴国，并向吴王朝贺必定大胜齐国归来。吴国上下则皆大欢喜，只有伍子胥一人心有忧虑，闷闷不乐。吴国军队得胜归来之后，越国君臣再次入吴，向吴王夫差祝贺大捷。越王勾践还带来许多礼品贡献给吴王夫差，吴王因此十分高兴。此时，只有伍子胥一人向吴王劝谏，说要提防勾践的用心。

但是，在大败了齐国之后，吴王夫差更加不可一世，高傲自满，看到越王勾践的卑乞行为，对越国不以为意。鲁哀公十二年（公元前483年），吴王与鲁哀公会盟，吴王要求鲁国继续旧盟，但是被鲁哀公拒绝。此外，吴王又派人召卫侯参加诸侯会议，但卫侯杀了吴王的使者后，与鲁国、宋国结盟，拒绝了与吴国的会盟。吴王夫差因此大为不满，遂派吴军包围了卫侯的住宅，最后在子贡的劝说下，吴王才最终撤兵。

这时的吴国已经鼎盛至极。原来称霸东方的齐国一再被吴军打败，实力不敢与吴军称雄，而宋、郑之间又不断相互攻讦，晋、楚又各自衰落自顾不暇，这就使吴国北上之后成为无人可以匹敌的霸主。于是，吴王夫差积极筹划诸侯会盟，争夺中原霸主地位。

鲁哀公十三年（公元前482年），吴国又开挖深沟，连通了与宋、鲁两国的边界，北接沂水，西连济水。同年，吴王夫差与鲁哀公、晋定公以及周王室的代表在黄池会盟。吴王夫差与晋定公为了在会盟上争夺歃血的顺序而相互较劲，然而此时从吴国国内传来了不好的消息，越国军队攻占了吴国的都城并杀了吴王夫差的儿子。吴王夫差为了封锁消息，便把知道这件事的七个亲信全部杀了。

此时的吴王正进退两难，犹豫不决，于是王孙雒劝吴王在歃血那天列万人军阵，以向晋国示威。晋定公在看到吴国的军阵之后，出于畏惧，让吴王夫差先歃血，使晋国盟主的地位再次动摇。会盟结束后，吴王夫差立即率兵归吴。吴军在路过宋国之时，放火烧了宋国的国都，以此向各诸侯国示威。

这次会盟是吴国强盛的顶点，吴国至此也盛极而衰，走向败亡。越王勾践在全面进攻吴国之前，就不断地向吴王夫差示弱，让吴王放松了警惕。同时，吴国国内的政治腐败，则加速了吴国由强盛转向衰败。越国不断贿赂吴国的太宰伯嚭，并让他在吴王面前给越国说好话。

与此同时，吴王夫差的淫乐好色也成为吴国败亡的重要因素。越王勾践投其所好，向吴王进献了越国的两名美女，一个名叫西施，一个名叫郑旦。吴王夫差见了西施的美色之后，十分高兴地说道："勾践甘心将这样的绝色佳人送给我，真是忠心啊！"吴王被西施的美色所诱，动用了大量的人力和物力为她建造了一座姑苏台，吴王还与其天天饮酒作乐，不理政事，吴国也日益腐朽。最终，吴国从称霸中原的顶点直接跌落到亡国的地步，这正是吴王夫差错误决策的后果。

第三章　最后霸主，春秋争霸的收梢

会稽山下

越国是由古代越族人建立的国家，而越族人传闻是大禹的后代。据说，夏族人很早就活动在会稽一带。夏禹曾娶涂山氏女为妻，有人说涂山就在今天的山阴。夏禹还曾在涂山大会"诸侯"，巡视天下，"还归大越，登茅山，以朝四方群神"。这里的茅山被人认为就是会稽山。因为夏禹在此地大会"诸侯"，"乃大会计治国之道"，所以称为会稽，据传大禹死后也被葬在了会稽山。

大禹的儿子启建立了夏朝，于是"立宗庙于南山之上"，以祭祀禹。到了少康之时，为了继续对禹进行祭祀，于是封其庶子无余到了会稽。此后，越地才人口集聚，逐渐兴盛。然而，这种说法更多的是一种猜想，而不能作为真正的历史事实来接受。

先秦史研究者对上述说法认为"均属传说"，大禹时的活动范围能否到达东南的长江地区，是存在质疑的，况且在其他地方也有涂山、会稽等地名，因而引证的材料也就不足以证明大禹到的就是越地。但是，学者们也没有完全否认古代夏人到达越地的可能性。

还有人认为越国是楚国的宗族支系分封出来的，所以春秋时期才会晋亲吴，楚亲越。然而，这种越人是楚国分支的说法仍然缺乏有力的证据。

在《史记·越世家》中无余以后的二十多代至越王允常，并没有记载，而越王允常之后就是灭吴称霸的越王勾践。因而，史料上关于越国的起源与发展的记载少之又少。

对于越国的社会发展，《吴越春秋》上有这样一段记载，说无余在受封的时候还是"山居"，"乃复随陵陆而耕种，或逐禽鹿而给食。无余质朴，不设宫室之饰，从民所居"。由此可见，无余时期，越人的生产生活还比较简单，生产力还没有得到充分发展，社会组织形式也较为原始。然而，有关越国更多的社会详情，则没有记载，无从而知。但根据与越国相邻的吴国的发展来看，越国的社会发展应该是与吴国大致相仿的，到了春秋时期社会政治经济生活才快速发展。

然而，根据考古发现，越地很早就发展出农业。在今天浙江余姚的河姆渡遗址中发现了人工栽培的水稻以及大量农具，距今已有7000年之久。这里的自然条件优越，适合发展农渔业，就是在今天仍然如此。据说，在勾践伐吴之时，一年就偿还了从吴国所借的粮食，但又怕吴国人把这些粮食用作种子，因而全部煮熟，致使吴国当年颗粒无收。可见，越地的粮食品种是相当优良的。

越国冶金业的发展在春秋时期也赶上了中原地区的水平，还发展出具有越国特色的铸剑技术。"姑冯句鑃"、"勾践剑"等器都是出自越国，形制纹饰都十分精美。吴国的名剑干将、莫邪据说就是接受了越国的铸剑技术才制成的。而越王勾践在“十年聚生”中积极制造兵器、铸造宝剑的事，则更是自古闻名。

越国的文化发展则融合了中原文化与地方文化，其出土的铜器铭文上看，与吴、楚一样同属于中原系统。但是，越人又在此之上发展出来别具一格的“鸟虫篆”，婀娜劲峭美观俏丽，富于书法艺术特点。就文学艺术上，越国也显示了其文化融合的特色。勾践降吴之后，被迫为吴王做奴，在离越入吴之时，他的妻子唱出悲歌，其歌词大致如下：“仰飞鸟兮鸟鸢，凌玄虚兮翩翩。集洲诸兮优恣，啄虾矫翮兮云间……妾无罪兮负地，有何辜兮谴天！飖飖独兮西往，熟知返兮何年？！”

越王妻子的这凄情一唱，唱出了国破家亡的悲痛与流离别国的忧虑，真可谓凄婉动人。而这歌词的整个结构和用词与楚辞的格调十分相似，反映了越国深受楚国文化的影响，也体现了越国自身深刻的华夏化。

但越国流传的另一首《越人歌》，则具有浓重的地方色彩。因而，从越国的文化上来看，既深受华夏文化影响但又具有地方特色，这似乎也说明了越国的由来，一方面是源自华夏，如大禹的传说与无余的受封；另一方面这里也存在一些原始居民，是民族融合的结果。人类生产力的提高进而也扩大了人的活动范围与改造自然的能力，因而人们之间的交往与融合也就促成了越国的融合文化，越国也正是因此而成。

养马尝粪的越王

鲁襄公二十九年（公元前544年），吴国伐越，并将一名俘获的越人砍断脚后命他看船。一日，吴王余祭视察船务，被这名越人俘虏砍死，吴越间的矛盾由此激化。此后，越国还一直延续联楚伐吴的策略。鲁昭公五年（公元前537年），越国派大夫常寿过率兵帮助楚国伐吴，但被吴军败于鹊岸。鲁昭公二十四年（公元前518年），越国又派大夫胥犴到豫章犒劳楚军，但楚军被吴军所败，楚国还被吴国占去了巢邑与钟离两地。

鲁昭公三十二年（公元前510年），吴国大规模兴兵伐越，吴军大胜，并占领了越国的槜李。后来，越王允常趁吴国出兵进攻楚国之机，侵入吴国，迫使吴军从楚国郢都撤兵。至此，吴越两国的结怨更深。于是在鲁定公十四年（公元前496年），吴越两国再起兵戈，吴王阖闾趁越王允常去世，率军攻打越国。越国则出兵抵御吴军的侵入，吴越两军遂在槜李地区拉开阵势，准备大战。然而新任越王勾践出奇兵，击退了吴军，还使吴王阖闾受伤至死。

吴王夫差即位后，时刻不忘要为父报仇，于是在吴国内练兵屯粮。越王勾践看到这种状况之后，决定先发制人，率先领兵进攻吴国。但是吴国凭借强大的军事实力，抵挡了越军的进攻，反而把越王勾践及其残剩的五千甲兵围困在了会稽。

越王勾践此时已是山穷水尽，也曾想做困兽之斗，杀妻毁宝，率领五千甲士与吴王同归于尽。然而，越王勾践手下的大臣劝阻住了他，让他放弃了这种想法。于是，越王勾践忍辱负重，向吴王请降。

越王勾践与陪臣范蠡入吴，到了吴国之后，见到了吴王夫差。越王勾践向吴王叩首称臣，说道：“东海的下贱之臣勾践，对上有愧于黄天，对下有负于后土，不自量力，污辱了大王的军士，罪孽深重地侵扰了吴国的边境。大王赦免了我的大罪，让我成为您的役臣，为您执箕帚，承蒙您的厚恩，才得以保全小命，真是不胜感激、肺腑涕零。臣勾践给您磕头叩首。”

吴王夫差没有杀掉勾践，而是让他在吴国的宫廷内驾车养马。

越王勾践就在吴王的宫中安心养马驾车，如此过了三年。勾践与范蠡等人在这三年中不愠不怒，面无恨色。一日，吴王夫差见勾践与夫人、范蠡三人坐在马粪堆旁，君臣之礼犹存，夫妇之仪尚在，便心生怜悯之心。吴王在伯嚭的劝说下，便想要放勾践他们回去，然而伍子胥则劝谏吴王不能放走勾践，应该寻找机会杀掉他们，以免日后生乱。最后，伯嚭还是说动了吴王夫差，而此时夫差正患有小疾，便说："等我的病好了，再由太宰放了他们。"

可是，吴王这一病三月都未好，于是勾践召见范蠡说："吴王病了三个月了还没有好。我听说为臣之道就是要君主有病臣应担忧。况且吴王待我恩重如山，现在他的病不好，请你预测一下吧。"范蠡说："吴王肯定不会死的，到己巳日就会好了，请大王留意。"

勾践又说："我之所以穷尽而没有死，完全是靠你的计策。现在已经事到一半了再犹豫，岂是我的志向？能不能行，请你帮我谋划一下把。"范蠡就说："吴王夫差这个人真不讲信义，屡次说要放我们却不实行。所以，希望大王以向吴王问候疾病为名，见到吴王，求吴王的粪而尝之、观其颜色后，再向吴王拜贺，说他不会死，并以他痊愈之日定为归越之期。在得到吴王的许诺后，那大王就不用再忧虑了。"

于是，越王勾践便按照范蠡的计策，请见吴王。适逢伯嚭进入宫内向吴王禀告，正好遇到吴王之便，随后伯嚭持便而出。伯嚭持便进入庭院时，勾践就拜请尝吴王之便，以决断吴王的病情如何。勾践就用手取了吴王的粪便尝后，才进入殿内见吴王。

勾践见到吴王后，就高兴地说："卑下囚臣勾践向大王祝贺：大王的病到己巳日就会渐愈，到三月壬申就会痊愈了。"吴王夫差就问："你是怎么知道的啊？"于是勾践就说："今天我私自尝了大王的粪便，其味道苦且酸楚，正是这个味道，顺应春夏之气，臣所以才知道的啊！"吴王非常愉悦地说："真是仁人啊！"

不久，吴王的病果然痊愈。吴王夫差想到勾践的忠心之后，便同意让其回越理政。勾践降吴后，忍辱偷生，终于取得了吴王夫差的信任，并得以归越。正是在勾践这样坚毅的决心和非凡的忍耐力下，越国才有机会翻身，进而成就霸业。

越王勾践破吴归

鲁哀公十三年（公元前482年），吴王夫差与晋定公在黄池举行会盟，吴王为了实现称霸的野心，就把吴国内的精锐部队都带到了黄池。在吴王率兵出行之前，夫差的儿子太子友则继伍子胥之后，又一次劝谏吴王。太子友跟吴王讲了一个螳螂捕蝉、黄雀在后的故事，说吴国动用全国的兵力与物力在外征战，却不自知背后的越国会以精兵来消灭自己，这才是世间最危险的事情。然而，吴王夫差根本听不进去太子友的话，竟自带兵北上，定要争霸中原。这样，吴国内就剩下了太子友和一些残兵老卒留守。

越王勾践看到此种情形，就问范蠡现在是否可以攻打吴国，范蠡就对越王说："现在时机已经成熟了。"于是越王勾践与范蠡制定了攻吴的计划，等到吴王率军全部到达黄池之后，越国就立即伐吴。越国动用了4万训练有素的士兵、2000名水兵，外加上越王的近卫军6000人以及1000余名军官，共近5万精锐分兵三路大举进攻吴国。范蠡、后庸率兵从海路入淮，断绝黄池吴军的归路；畴无余、讴阳率兵从吴国南境直插到姑苏；越王勾践则亲率中军紧随其后。吴军则在太子友、王子地、王孙弥庸以及寿于姚的带领下奋力抵抗。

越军攻破姑苏，杀了太子友，焚烧了城池，并夺取了吴国的船只。正在黄池会盟的吴王夫差听到这个消息后，封锁了消息，在会盟结束后立即班师回国。回国之后，吴王即向越国请和，而越国自知还不能一举消灭吴国，就答应言和，但实际上越国依旧在加紧灭吴的准备。

四年之后，鲁哀公十七年（公元前478年），吴国发生饥荒，越国决定趁此机攻灭吴国。于是越国勾践与范蠡等人反复谋划后，认为要先保证越国的社会稳定与民心所向，才能保证灭吴的成功。因而，勾践便从宫内到朝廷，对嫔妃、宫官以及留守的大夫们等逐一严令要忠于职守，说道："内政无出，外政无入。"接着，再次申明军纪，斩杀有罪之人，全城、全军都被晓之以法。同时，勾践还号召国人要积极响应国家的号召，送子弟参军，并告诉军士要安心服役，国家会安抚照顾军属等。在这一系列措施之下，越国加强了国内的稳定，民心相聚，为越军出征消除了后顾之忧。

随后，越王率兵进攻吴国，在笠泽南岸与北岸的吴国军队隔江对峙。越王勾践为了获得胜利，决定把越军分为左右两翼向吴军发起进攻，自己则亲率6000精兵作为中军，突袭吴军的中路，而这一切都在夜色的掩护下实施。当夜幕降临后，越王勾践命左、右翼越军在夜色的掩护下偷偷渡江，并埋伏在那里，直到午夜时再一起鼓噪而上。是时，越军在吴军的左右两翼突然发动进攻，吴军于是也分成左右两部进行抵抗。

正在双方激战正酣之时，越王勾践率军从中路杀进吴军阵中，致使吴军阵脚大乱，大败而归。越军则紧追不舍，连战连捷，直逼到吴国的姑苏城下。由于上次越军攻破并焚毁了姑苏城池，因而吴国对姑苏城又进行了精心的营造。经过多年的苦心经营后，现在的姑苏城池坚固，易守难攻，越军想要一鼓作气攻入姑苏，实非易事，只好回师。但是笠泽之战的胜利对于越国来说，具有决定性的意义。此战之后，吴国的兵力与财力基本都已消耗殆尽，只能疲于应付越国的进攻，回天乏术；越国则开始占据了绝对的优势地位，其兵源与财力都十分充足，并对吴国展开了全面围攻之势。

公元前475年，越国对姑苏城再次发起进攻，但仍未攻克。于是，勾践对姑苏城采取了围困战略，在越军围困了姑苏城长达两年之后，吴国终于"士卒分散，城门不守"。公元前473年的冬天，越军发动了猛烈的攻势，并最终攻进吴都姑苏城内。吴王夫差率众逃到了姑苏台上，被越军重重包围。夫差无奈之下，派王孙雒裸露肢体，跪行来到越王勾践面前求和："你失势无援的臣子夫差冒昧地吐露心声：以前曾在会稽得罪了您，不敢违背您的命令，同您结好；如今您前来惩治我的罪过，我不敢不从，希望也能像当初在会稽一样让我成为越王的臣虏。"勾践听到这些话后，有点恻隐之心，想要答应他。

范蠡则对越王勾践说："当初天意让吴国灭掉越国，但吴国没有服从；如今天意要越国灭掉吴国，难道大王还要想夫差那样违背天意吗？何况大王每日辛苦劳作，夙兴夜寐，就是为了灭掉吴国，谋划了二十二年的大业，难道就要这样放弃吗？再说，如果不接受上天赐予的机会，就会受到上天的惩罚。难道大王忘了会稽之辱了吗？"但勾践却说："我也很想听从你的意见，但我实在不忍心如此对待吴国的使者。"于是范蠡不顾王孙雒的苦苦哀求，击鼓出兵，并说道："君王已经把政事委托给我了，你快走吧，否则休怪我不留情面。"王孙雒于是泪流而去。

越王勾践最终在范蠡的帮助下，下定决心，灭亡了吴国。吴王夫差最后也成了越国的阶下囚。勾践好像还有些怜悯之心，于是派人跟吴王说，封给其甬东之地，管理300户人家。吴王夫差悲愤交集、羞愧难当，于是流着泪说："我老了，不能再服侍大王了。我真后悔没有听伍子胥的话，竟落得了今天的下场。"说完之后，夫差就拔剑自刎。

越国攻灭吴国后，吞并了吴国的土地，使越国一跃成为周王室东南方的一个诸侯强国。

第四章　儒道源头，与老子、孔子携行

一骑青牛翩然游世

人类哲学有两个源头，一个是古希腊哲学，另一个就是中国的老子哲学。老子也因其深邃的哲学思想而被世人尊为“中国哲学之父”。

老子是我国古代春秋时期思想家，道家学派的创始人，全世界最早具有朴素辩证法思想的伟大哲学家。有关他的生平事迹已难详考。

根据《史记》的记载，老子姓李，名耳，字聃，是楚国苦县厉乡曲仁里（在今河南鹿邑）人。而且他曾经在周朝做过“守藏室之史”，即主管王室藏书的史官。据说老子年幼时聪颖好学，曾经师从精通礼乐的商容大夫，后来在老师的推荐之下来到东周的首都洛邑求学，并进入周天子保存典籍文献的守藏室工作。守藏室中保存着天下各国进献给周天子的图书典籍，在这里老子博览群书、用功学习，学问越来越渊博，见解也越来越深刻。

经过多年的学习和工作，老子不仅熟谙典章制度，对政治上的兴亡治乱也多有见闻，慢慢地老子的名声传扬在外，连来洛邑游学的孔子也打算来向他请教关于礼制的知识。

孔子非常看重礼制，讲究克己复礼，因此想到周朝都城洛邑去“观先王之制”，到礼乐制度的源头去进行实地考察。正好孔子的弟子南宫敬叔是鲁国的贵族，于是孔子便托南宫敬叔向鲁君报告此事，并申请经费和车马人手，看南宫敬叔亲自来求，鲁君很爽快地答应了为孔子的周都之行提供一车二马一童一御，孔子便在南宫敬叔的陪同下来到了周朝的都城洛邑。

在洛邑，孔子见到了自己仰慕已久的学者老子，并在他的带领下拜访了大夫苌弘，又参观了祭祀神明的明堂和祭祀先王的宗庙，还将守藏室中保存的给中珍本、孤本展示给孔子。

老子引导孔子在洛邑游历了一番以后，孔子便带着随行的弟子专程去拜访老子，诚恳地向他请教“礼”的学问。老子听了孔子的问题之后微笑不语，只是张开了嘴巴问：“你看我这些牙齿如何？”孔子师徒莫名其妙地看了看老子七零八落的牙齿，不知何意。随后，老子又伸出舌头问：“那么，我这舌头呢？”孔子又仔细看了看老子的舌头，灵光乍现，醍醐灌顶，孔子顿悟，微笑着答道：“先生学识渊博，果然名不虚传！”然后告辞离去。

弟子子路却疑云重重，不得释然。颜回问其何故，子路说：“我们大老远跑到洛阳，原本想求学于老子，没想到他什么也不肯教给我们，只让看了看他的嘴巴，这也太无礼了吧？”颜回答道：“我们这次来不枉此行，老子先生传授了我们别处学不来的大智慧。他张开嘴让我们看他牙齿，意在告诉我们：牙齿虽硬，但是上下碰磨久了，也难免残缺不全；他又让我们看他舌头，意思是说：舌头虽软，但能以柔克刚，所以至今完整无缺。”子路听后恍然大悟。

颜回继续道：“这恰如征途中的流水虽然柔软，但面对当道的山石，它却能穿山破石，最终把山石都抛在身后；穿行的风虽然虚无，但它发起脾气来，也能撼倒大树，把它连根拔起……”孔子听后称赞说：“颜回果然窥一斑而知全豹，闻一言而通万里呀！”

孔子离开洛邑的时候，老子前来送行，他对孔子说："吾闻之，富贵者送人以财，仁义者送人以言。吾不富不贵，无财以送汝，愿以数言相送。当今之世，聪明而深察者，大多难以保全性命，原因就在于他们好讥讽别人的缺点和过失；善辩而通达者，之所以常常招来祸端，是因为他们好张扬别人的罪恶。为人之子，勿以己为高；为人之臣，勿以己为上，望汝切记。"孔子听了诺诺称是，谨记于心。

回到鲁国以后，孔子的学生们请他讲解从老子那里学到的知识，孔子面露欣羡之色，动情地说："老子博古通今，通礼乐之源，明道德之归，确实是我的好老师。"见弟子们注视着自己等待下文，孔子又说："鸟，吾知其能飞；鱼，吾知其能游；兽，吾知其能走。走者可以为罔，游者可以为纶，飞者可以为矰。至於龙，吾不能知其乘风云而上天。吾今日见老子，其犹龙邪！"

周敬王三年（公元前517年），周王室发生内乱，老聃早已预见周大势已去，决定离宫归隐。他骑一青牛，欲出函谷关，西游秦国。他骑着一匹青牛，只身前往西域。要到西域去，必须经过一个关口，即函谷关，两面两座高耸入云的山峰对峙，中间有一条深险波折的羊肠小道。

一日，守关的长官尹喜到城头瞭望，见辽阔碧空中一团紫气自东冉冉而来，便料定今日必会有圣人到来。尹喜也是好学之人，希望能问道于圣人，于是派人清扫道路四十里，夹道焚香，以迎圣人。果然，没过多久，他在关上远望，看见一个人骑着青牛缓缓而来，风度非凡，细看原来是老子。

尹喜亲自打开城楼上的大厅，请老子坐下，端茶倒水，忙个不停。老子不卑不亢地坐下，朝窗外一望，只见黄土平原延伸到天际，苍苍茫茫，没有尽头。函谷关地势险要，路上人来车往，一目了然。

尹喜恭敬地对老子说："我仰慕您的道德学问，想拜您老为师。"老子道："我已老了，腹中空空，没有什么学问，怎么好意思开口教人呢？"尹喜见他推脱，便很客气地告诉老子要想出关，必须出示官方的通关文书。老子本是辞官归隐之人，自然没有什么通关文书，顿时十分为难。

尹喜见状，忙殷勤地说："如果您能将您的学问道理著录下来传给我，弟子自然放老师出关。"老子无法，只好接过尹喜递上的笔，一口气在竹简上洋洋洒洒写下了五千个字，这就是后世称为《老子》的一部书。因为这书上篇开卷谈"道"，下篇首章谈"德"，所以又称《道德经》。老子之所以自著五千文，一方面由于关令的"胁迫"，另一方面也是知音难觅。尹喜拿起老子写好的书稿，认真拜读，最后决定放弃官职，与老子一同出走西域。从此以后，老子飘然远去，不知所踪，消失于历史茫茫的烟尘之中。

老子的爱好

《道德经》是老子的代表作，分《德经》和《道经》两篇，是我国现存的历史上第一部完整的哲学著作。这部书在春秋时期被称作《老子》，道教兴起以后被尊为经典，故而被称为道德经；因为这本书只有约五千字，所以又被称为《五千言》或《老子五千文》。本书共八十一章，字数虽少，却蕴涵了丰富的哲学内容，有朴素的辩证法思想，成为道家哲学思想的重要来源。

据说当年老子骑青牛过函谷关的时候，守关的令尹喜知道他将隐居，便请老子留下著作，于是老子写下了五千字，这就是老子传世的唯一著作《道德经》。国学大师胡适曾经评价老子为"中国哲学的鼻祖，是中国哲学史上第一位真正的哲学家"。老子在《道德经》中揭示了事物之间的对立统一关系："祸兮，福之所倚；福兮，祸之所伏。"他也认为："有无相生，难易相成，长短相形，高下相盈，音声相和，前后相随，恒也。"也就是说事物的存在都是相互依存，而不是彼此孤立的。

《道德经》中还蕴含着老子的政治理想，他提出的"无为而治"观点是历代道家学说的主要内容。"无为而治"主要是针对政治上的"有为"而言的，在老子看来，"有为"政治带来的祸害非常严重。防禁越多，人民越陷入贫困；法令越森严，盗贼越增加。统治者征收大量赋税，造成人民饥饿；统治者越是强作妄为，人民越是难以心服口服。

老子强烈反对"有为"的政治。他说，大路很平坦，君主却喜欢走斜径；朝政腐败了，弄得农田全都荒芜；仓库十分空虚，统治者还穿美服，佩带锋利的宝剑；统治者吃厌了精美的饮食，却还要搜刮更多的财货。针对这个问题，老子提出统治者应该"无为而无不为"。

"无为而治"指的是，统治者在管理人民时采取顺其自然的手段，少一点欲望，少一点作为，这样人民的生活环境相对宽松，反抗行为相对也就较少。反之，越是"有为"政治，给民众带来的压迫越多、压力越大，人民的反抗也越激烈，不利于政权的巩固。

《道德经》中的理论除了被用于治国和修身，还被广泛运用于兵法甚至中国武术。说《老子》是太极思想的源头其实不是很确切，老子吸收了《易》的阴阳理论，结合自己对宇宙的理解和参悟，书中"道生一，一生二，二生三，三生万物。万物负阴而抱阳，冲气以为和。"就是具体的有关宇宙万物起源的阴阳理论。

而在兵法、武学中引用阴阳理论是中国古已有之的惯例，不仅武学中运用到《老子》，在兵家理论中也深受《老子》的影响。中国古代的兵家论著最有名的要数《孙子兵法》和《孙膑兵法》了，然而，《孙子兵法》中的很多兵家理论也可看出老子的道家理论的影子来，比如"夫兵形象水，水之形，避高而趋下，兵之形，避实而击虚"。这其中蕴含的虚实相生相克的道理，与老子的阴阳相生相克的原理如出一辙。

因此说，《老子》一书对历代的武学家、兵家都有很大影响，甚至有人说《老子》就是一部兵书。那么，《老子》这部书中究竟阐述了怎样的兵家理论呢？《老子》第三十六章讲道："将欲歙之，必固张之；将欲弱之，必固强之；将欲废之，必固兴之；将欲夺之，必固与之。是谓微明。柔弱胜刚强。鱼不可脱于渊，国之利器不可以示人。"

这一章讲到得与失、兴与废、强与弱之间的辩证关系，也包含了兵法中的基本理论，就是弱兵遇强军时，应采取什么样的应对之策以化解自身危机。

当敌我双方力量悬殊的时候，要如何保存自身，甚至反败为胜呢？老子给予了明确的回答，就是"国之利器不可以示人"。这也是"大道无形"的另一种阐述，即当对手想找到自己的弱点时，却连个人影都摸不着，自己根本就不肯暴露在对手面前，那么自己的缺点也就不会被对手知晓，更枉论对手如何出击了。

所以，尽管老子一生没有带兵打过仗，《老子》一书中也没有明确提及任何作战理论，但是《道德经》中阐述了宇宙中万事万物的基本原理，它的哲学思想适用于任何领域中。

从16世纪开始，《道德经》就陆续被翻译成了德文、英文、日文、拉丁文、法文等各国文字出版发行。迄今为止，《道德经》的外文译本已经有了一千多种。

多年以来，《道德经》不仅对日韩等亚洲国家产生过深远的影响，甚至对于近现代的许多西方文学家、哲学家也影响颇深，其中就包括俄国文豪托尔斯泰等人。直到今天，《道德经》仍然在影响着我们每一个人。

“私生子”孔丘

孔子的影响力使他成为后世人们尊称的“至圣”。2008年北京奥运会开幕式文艺表演的主线就是“乐礼善学，尚中贵和”的儒学精髓。又一次把这位儒家学派的创始人推到了历史的巅峰，各个国家相继创设孔子学院更是其影响力的体现。

那么这位伟大的思想家和教育家的出身却一直以来没有确切的定论，虽然英雄不问出处，但是作为世界文化名人他的出身也是大家较为关注的话题。

第一种说法，孔子就是“私生子”。

《史记·孔子世家》中这样记载：“孔子生鲁昌平乡陬邑。其先宋人也，曰孔防叔。防叔生伯夏，伯夏生叔梁纥。纥与颜氏女野合而生孔子，祷於尼丘得孔子。鲁襄公二十二年而孔子生。生而首上圩顶，故因名曰丘云。”字仲尼，姓孔氏。蔡尚思主持编著的《孔子思想体系》一书中提到孔子的母亲颜氏一直向孔子隐瞒有关其父的情况。孔子也曾对弟子们说“吾少贱也”，从上面我们可以得出孔子是私生子并不是空穴来风。

第二种说法，“不合规矩的结合：谓之野合”。

孔子的父亲为叔梁纥（叔梁为字，纥为名），母亲为颜徵在。叔梁纥是当时鲁国有名的武士，人品出众，建立过两次战功，因曾单臂托住悬门让冲进城池的部队撤出而闻名。曾任陬邑大夫。叔梁纥先娶妻施氏，生九女，无子。又娶妾，生一子，取名伯尼，又称孟皮。孟皮脚有毛病，依照当时的礼仪不宜继嗣，于是又与年轻女子颜徵在生孔子。

这个说法中，叔梁纥结了两次婚，生了九女一男，这样他的年龄应该已经很大了，但是为了传宗接代必须还得生一个健康的儿子，他必须再结一次婚，这样他就找到了颜氏，然后生下了孔子。司马贞《史记索引》记载：“今此云野合者，盖谓梁纥老而征年少，非当壮室初笄之礼，故云野合，谓不合礼仪。”

第三种说法，“祈求赐子”、“梦孕而生”。

据《论语撰考谶》称，孔子是黑帝之后，“叔梁纥与徵在祷尼丘山，感黑龙之精，以生仲尼”，另外在这本书里还提到有关颜氏在梦里怀孕生下孔子的说法。这些说法固然不宜采信，但是也为孔子的传奇身世增加了不少神秘色彩。

无论孔子到底是私生子还是“野合”而生，他的童年生活都充满了正常孩子难以想象的坎坷。孔子才三岁的时候，他的父亲叔梁纥就去世了，孔子的母亲十几岁就嫁给了他的父亲，没过几年就做了寡妇，夫家因此嫌弃她，不允许她去送葬。孔子长大以后想去父亲的墓地祭拜，他的母亲也无法指出叔梁纥墓地的确切地点。直到孔子的母亲去世后，才有人告诉了他父亲墓地的位置，使他得以将父母合葬。

不过孔子毕竟是鲁国这个礼仪之国的大夫之子，受到了一定的熏陶，他小时候做游戏，不像其他孩子那样玩些小孩子游戏，而是模仿大人们的祭祀礼仪，摆上一些祭祀礼器，然后行礼如仪。

孔子自幼好学，而且聪颖机敏，很快就声名远播，鲁国的大夫孟釐子，弥留之际嘱咐他的继承人孟懿子说：“孔子是圣人商汤的后裔，祖上有很多名臣贤士，我听人说圣人的后代即使不能做国君，也必当出现显达之人。现在孔丘年纪轻轻就精通礼法，岂不是显达之人吗？我卒以后，你一定要以他为师。”孟釐子去世以后，懿子果然带着弟弟南宫敬叔拜孔子为师，向他学习礼法，后来南宫敬叔还曾经随同孔子到周朝都城洛邑去游学。

孔子年少时虽然家贫而且地位低贱，但是他却从来没有放松过各方面的学习。史书上记载“孔子长九尺有六寸，人皆以‘长人’而异之”，先秦时候的一尺，相当于现在的0.66尺，推算下来，孔子的身高至少在2米左右。有了这样优越的身体条件，孔子广泛涉猎周代贵族教育中“礼、乐、射、御、书、数”等六艺。其中“射”即是射箭，“御”即是驾驭战车，这两样都是在激烈的战场厮杀中才会用到的技能，孔子以精擅六艺闻名于天下，可以肯定的是他对于射箭和驾驭战车都十分精通。

除此以外，孔子还精通兵法，他说“以不教民战，是谓弃之”，意思是平时不对老百姓进行军事训练，一有事就仓促征召其上战场，这无异于叫他们白白送死。所以，虽然主张“仁爱”，倡导和平、反对战争，但孔子深知身当乱世强大的军事力量才是立国立身之本，因此他非常重视“足食足兵”。季氏是鲁国大夫，孔门弟子冉有曾为他将兵打仗。胜利归来，季氏问冉有：“先生的兵法是跟谁学的？”冉有说：“自然是跟老师学的。”以此看来，孔子很可能是一位深通兵法的大行家。

为了将自己一身所学传授给更多愿意学习的人，孔子打破了贵族对于学校教育的垄断，创办了私学，广招社会各个阶层之人入学。在他的弟子中既有孟懿子、南宫敬叔兄弟这样的贵族公卿，也有普普通通的平民，甚至有改邪归正的大盗，其中子路原是不知礼的“野人”，仲弓之父为“贱人”，子张出身于“鲁之鄙家”，颜涿聚原是“梁父之大盗”。

经过孔子因材施教的悉心教导，这些经历、资质各不相同的弟子大多都成了才，并且形成了“弟子三千，贤者七十二”这样蔚为壮观的成果。为了纪念孔子的为教育事业做出的突出贡献，后人将他尊为“大成至圣先师”和“万世师表”，汉武帝“罢黜百家，独尊儒术”之后，几乎所有的士人学子都成了孔门弟子。儒学思想甚至远播海外，对东亚乃至世界都产生了深远的影响。

“仁”字为先的政治生涯

孔子生活在春秋晚期，当时中原各国的政权被卿大夫占据，进而又落入大夫的家臣手中，各国因权力争夺而爆发的内乱此起彼伏。晋国在卿大夫的把持下，常常向东方挑起战端，而南方又有残暴好杀的楚灵王屡次北侵。鲁国是既小又弱的国家，而且又靠近大国齐国，地位十分尴尬，如果依附楚国则会得罪晋国，如果依附晋国，楚国又会前来讨伐，如果稍稍放松对齐国的防备，齐国又会侵犯鲁国的领土。

就是在这种情况下，孔子踏入了仕途，孔子的第一份职位是委吏，也就是主管仓库的小吏，后来又做过主管畜牧的小吏，可以说孔子官场生涯的起点并不高。不过， 机会在他三十岁的时候悄然到来。

鲁昭公二十年（公元前522年），齐景公与晏婴到鲁国来访问，此时孔子在鲁国已经颇有声望，还收了不少弟子。齐景公听说了孔子之名，便特地向孔子询问治国之道，并举出秦国的例子问：“昔秦穆公国小处辟，其霸何也？”孔子说：“秦国虽然是小国，但国君胸怀大志，虽然地处偏僻，但行事方正，善用人才。秦穆公与百里奚倾谈三日，听取为政的道理，有了这样的国君，取天下也不是不可以，称霸只是太小的成果了。”齐景公听了觉得很有道理，便对这个颇有见地、思想深远的鲁国年轻人留下了很好的印象。

几年以后，鲁国掌握大权的三家卿大夫联合起来攻打鲁昭公，鲁昭公溃败，于是就逃到了齐国，齐景公便将鲁昭公安置在乾侯邑。此时鲁国政局一片混乱，孔子也逃到齐国避难，并且投奔在齐国大夫高昭子门下做家臣，希望能通过他面见曾经赞赏自己的齐景公。

不久之后，齐景公果然召见了孔子，并且向他询问如何为政，孔子很爽快地回答："君君，臣臣，父父，子子。"当时齐国大权正被大夫田常所把持，齐景公正苦恼于这种君不君臣不臣的情况，听了孔子此言十分赞同："您说得是，如果君不君，臣不臣，父不父，子不子，就算有食物，我也吃不到啊！"

过了几天，齐景公又向孔子问政，孔子说："为政之道关键在于节财。"齐景公便想以尼溪田封孔子却被晏婴劝阻了。晏婴认为儒家学说华而不实，既不能教导别人为臣下的道理，也不适合教化风俗，更不应该用以治国。于是齐景公以后会见孔子，就不再询问孔子擅长的礼制学问了。

过了几天，齐景公对孔子说："我没办法给予你像季氏在鲁国那样尊崇的地位，不过我可以给你像鲁国的孟氏那样的地位。"鲁国有三卿，其中季氏是上卿，地位最为尊贵，而孟氏是下卿，没有实权。即便如此，孔子身为初来乍到的异国人，竟然能在齐国得到下卿的地位，还是引起了齐国大夫的嫉妒，他们打算联合起来陷害孔子，孔子听说了此事便向齐景公求助。齐景公叹息了一声说："我老了，不能任用您的大才了。"孔子听了这话，只好离开齐国，返回鲁国去了。

齐国一行虽然没能让孔子留在齐国这样的大国中得到显赫的地位，但是由于他在齐国很受齐景公的器重，因此他在各国间的名声也越来越响，鲁国的当权者也逐渐注意到了他。几年以后，鲁定公将孔子任命为中都宰，孔子的工作很有成效，一年以后，各国都来效法他的做法。因此，不久以后孔子就升任了司空，后来又升为大司寇，此时的孔子已过知天命之年。

当时南方的吴国实力强盛，有北伐中原，称霸诸侯之意，为了抵御吴国的威胁，齐国联络诸侯，并邀请鲁定公到齐鲁交界的夹谷进行会盟。齐国大夫黎鉏对齐景公说："鲁国重用孔丘，恐怕将要大发展了，到时候一定会威胁到齐国。"于是齐景公便打算在这次会盟上试探鲁国的态度。

会盟时间临近，鲁定公打算乘车前往，并且带孔子一同与会。孔子说："臣听说有文事者必有武备，有武事者必有文备。古代诸侯离开自己的国土，必定带着官员随从，请您带上左右司马，保护您的安全。"鲁定公觉得有理，便带上了左右司马，让他们各自率领五百乘战车远远跟随护卫，同时还让大夫兹无还率领三百乘战车埋伏在夹谷附近候命。

鲁定公一行到达齐国以后，双方依礼相见，共同登上盟台。齐国的司仪上前奏报："请奏四方之乐。"于是便有齐国的莱人舞者佩戴羽毛饰品，手执兵刃，敲着鼓大声喊叫而来。这时齐国大夫犁弥对齐景公说："孔丘知礼而无勇，如果命莱人趁乐舞之机劫持鲁定公，就可以使鲁国对我们有求必应了。"齐景公便悄悄命令舞者趁乱劫持鲁定公。

孔子见事态不对，急忙护着鲁定公后退，并召来鲁国的兵士护卫，然后质问齐国方面说："如今不是当年齐国称霸诸侯的时代了，齐鲁两国的国君在此友好会盟，为什么奏这样的夷狄之乐，还派俘虏的夷人携兵刃乱舞？这样做于神为不祥，于德为愆义，于人为失礼，这样做贵国也不能认同吧？"

齐景公见孔子防护严密，舞者不能得手，便命令他们退下。不一会儿，齐国司仪又上前请示："请奏宫中之乐。"于是又命一群侏儒和倡优出来演出。孔子愤怒地指责齐国人："这些人来惑乱视听、侮辱诸侯，其罪当诛！"于是便命人将一众表演者处死。齐景公很是害怕，知道自己做事没有鲁国那样光明磊落，回国以后便责备群臣："鲁国的大夫以君子之道辅佐国君，而你们却用夷狄之道来教我，导致我得罪了鲁国国君，现在如何是好？"有大臣建议将以前齐国从鲁国侵夺的郓、汶阳、龟阴三处土地还给齐国，作为赔罪。鲁国收回了这些失地之后带特地在此建城，来表彰孔子的功劳。

出外游学不容易

中年以后，孔子曾担任过鲁国的中都宰，后升任司空、司寇等职。当时鲁国内部三家专权，为抑制其势力，孔子向鲁定公提出"堕三都"的主张，未果。这一失败给孔子带来了沉重的打击。此时的鲁国，鲁君怠政、季氏干政，孔子意识到其政治理想已无法在鲁国实现，无奈之下，他不得不离开鲁国，开始了长达十四年周游列国的生涯。

孔子和其弟子们到达的第一站是卫国。此时正是卫灵公在位期间，由于治理得当，卫国颇有些太平景象。孔子见此即发表了他的政治理论，《论语》载：子适卫，冉有仆（驾车）。子曰："庶（人口稠密）矣哉！"冉有曰："既庶矣，又何加焉？"曰："富之。"曰："既富矣，又何加焉？"曰："教之。"（《子路》）

在卫国，孔子得到了很高的礼遇。卫灵公问孔子："居鲁得禄几何？"对曰："奉粟六万。"卫人亦致粟六万。然而好景不长，卫灵公听信别人挑拨，派公孙余假去监视孔子，孔子"恐获罪焉"，于是在卫国居住十个月后，黯然离开，这也是他第一次离开卫国。

从卫国出来后，孔子带着弟子们到达匡地，没想到在此遇到了麻烦。匡人曾被阳虎侵略过，因为孔子与阳虎长得有些相似，所以匡人把他当成阳虎围了起来。被围困整整五天后，孔子一行人才得以离开匡地。之后，孔子等人到达蒲地，一个多月后，他们再次回到卫国。

这时卫灵公宠爱的南子夫人派人来转告孔子，要求他一定要去见见南子夫人。虽然孔子十分不情愿，但还是去拜见她了。这一次的见面并不愉快，孔子对南子夫人的印象就更差了。并且，此时的卫灵公贪于享乐，过分宠溺南子夫人，这些都令孔子感到厌恶，因而在卫国呆了一个多月后，孔子再次离开，动身前往曹国，这一年恰逢鲁定公去世。

孔子等人并未在曹国做过多停留，之后他们来到宋国，在这里孔子又遇到了一个不小的麻烦。他们刚在一棵大树下演习礼仪，宋国的司马桓魋就因旧怨而把树砍掉了。为免遭迫害，孔子只好逃往郑国。在路上，弟子们都催促他快点走，孔子淡定地回答："天生德于予，桓魋其如予何！"

到达郑国后，孔子不慎与弟子们走散，他只好站在城东门发呆，与此同时，子贡等人正在心急火燎地寻找着孔子。郑国人就告诉子贡："东门有一个人，他的额头像尧，他的脖子像皋陶，他的肩膀像子产，然而自腰以下还不到禹的三寸。憔悴颓废的样子好像一条丧家之犬。"子贡到东门一看，果然是自己的老师。子贡将郑国人的话如实告诉了孔子。孔子欣然笑道："外形上的描写不一定正确，然而说我像丧家之犬，是这样的！是这样的！"

从郑国离开后，孔子等人来到了陈国，一住就是三年。陈国君王非常赞赏博学多识的孔子，并向他请教了许多典故。然而此时陈国兵力微弱，时不时就遭到吴、楚等大国的骚扰和进攻，孔子所宣扬的“仁”、“礼”并不能起到扭转局势的作用。因而，孔子只好带着弟子们离开风雨飘摇的陈国，前往蔡国。

楚王听说孔子是个有智慧、有德行的人，在听说他已经到了陈、蔡交界处后，便决定派人去聘请孔子。当时楚国是个大国，孔子觉得如果能借着楚国的影响将自己的学说发扬光大，无疑是件好事，于是，他欣然答应了楚王的邀请。

就在孔子收拾停当，准备和弟子踏上去楚国的道路之际，陈、蔡两国的大夫们聚在一起动起了歪脑筋。他们说：“孔子是贤能的人，他在这里已经住了三年，我们的所作所为都不合他宣扬的思想，现在楚这样的大国来聘请他，如果他在楚国得到重用，我们这些大夫就危险了。”

于是这些人派兵把孔子和他的弟子们围困在了前不靠村，后不靠店的山野之中。几天以后，孔子一行人所携带的粮食都已吃完，一些体弱的弟子相继倒下，面对有些凄凉的场景，孔子并没有改变自己的志向，依然弦歌不辍。大家都劝孔子不要再去楚国了，早点打道回府就不会挨饿受冻。子路语带嘲讽地对孔子说：“君子也有穷厄的时候吗？”

孔子说：“君子穷厄是很正常的事情。难道我们因为穷厄就放弃我们的理想，就不去推行我们的道吗？君子能修其道，却不一定能为世俗所容。看来你的志向并不远大呀！”

孔子又问颜回：“诗云‘匪兕匪虎，率彼旷野’。难道我的道不对吗？为什么我会到这个地步呢？”颜回说：“夫子推行您的道就是了，天下不容，又有什么关系呢？道不修而遇穷途就放弃，就是我的耻辱。”

孔子为了宣扬自己的道德理想，虽在陈、蔡之间被困多日，但依然不改其志，没有放弃去楚国的打算。后来，楚昭王兴师来迎孔子，结束了陈蔡之厄。

到了楚国后，孔子本以为这回终于能好好宣扬自己的政治主张了，并且楚王也“欲以书社之地封孔子”，没想到却因令尹子西的反对而搁浅了。受挫后的孔子无奈之下只好再次回到卫国，过了几年，在其弟子冉求的努力下，孔子被迎回鲁国，也由此结束了他为期十四年的羁旅生涯。

孔子周游列国，行程数千里，历尽艰难，四处碰壁，但他却始终能保持自信，不动摇其政治主张。

回到鲁国后的孔子，仍是被执政者敬而不用。孔子也意识到自己年事已高，已无法在政治上有大作为。因而他在教育学生之余，还进行古代文献的整理和删定。相传，《诗》、《书》、《礼》、《易》、《春秋》等都是由孔子整理而成的。

第五章　百家先声，悉数文化之祖

此孙子非孙子

孙武，字长卿，其生平事迹最早见于《史记·孙子吴起列传》，为陈国公子陈完后裔，孙书之孙，孙凭之子。作为春秋末兵家的代表，孙武被后人尊称为孙子、兵圣、兵学的鼻祖等。

出生于齐国贵族世家的孙武，受家庭环境的影响，从小就饱读兵书，对军事非常感兴趣。加上孙武所处的时代，战争频繁、诸侯国之间相互兼并，这让他逐渐形成了自己的战争理论。但是，孙武生活的齐国内部矛盾重重，已经是朝不保夕了。孙武感到齐国大势已去，对内部权利争斗非常抵触，不愿纠缠其中，于是产生了远走他乡的念头，希望找到属于自己的舞台来施展自己的才华。

当时，南方的吴国联晋伐楚，国势强盛，大有崛起之势。孙武认定吴国是他实现抱负的地方，于是毅然离开齐国，经过长途跋涉，投奔吴国而去。孙武一生中的重要事件都是在吴国发生的，死后亦埋葬在吴国，因此历史上一直把孙武称为“吴人”。

孙武在吴都（今苏州市）郊外结识了楚国名臣伍子胥。伍子胥因为家门的牵连，被迫流亡到吴国。他也是一个很有志向的青年，希望在吴国有所建树，将来为家人报仇。两人结识之后，发现彼此意气相投，遂成为挚友。孙、伍二人避隐在吴国的市井当中，等待机会面见吴王。

鲁昭公二十七年（公元前515年），吴国阖闾当政之后，礼贤下士，任用了一批贤臣，其中就有伍子胥。阖闾体恤民情，注重农业生产，积蓄粮食，修路筑城，训练军队，一时间吴国民心振奋，呈现出一派欣欣向荣的景象。阖闾立志要强盛吴国，灭楚称雄。这一切都被孙武看在眼里，因此他在隐居之地，一边灌园耕种，一边写作兵法，其旷世巨著《孙子兵法》即于此时写成。

阖闾采取的一系列有效治国政策，让孙武意识到他是一个有所作为的君主，因而不久孙武便经由伍子胥，把其所著的《孙子兵法》十三篇献给吴王。吴王阖闾看后大为赞赏，并对其曰：“子之十三篇，吾尽观之矣。”随后，为试其治军才能，阖闾令孙武“小试勒兵”。为了增加考验的难度，吴王问：“可以用妇女进行试练吗？”孙武毫不犹豫地回答：“可以。”于是吴王派出宫中美女一百八十人，让孙武演练阵法。

结果吴王的难题没有难倒孙武，由宫女组成的“军队”在孙武的指挥下，“中规矩绳墨”，这就是历来广为流传的“吴宫教战”故事。孙武的演练虽然很成功，可是吴王并不领情，一句“将军罢休就舍，寡人不愿下观”就想把他打发了。孙武毫不客气，当面指责吴王“徒好其言，不能用其实”，令吴王羞愧不已。最终知人善任的吴王拜孙武为将，使孙武成为他的得力将领。

孙武所献的《孙子兵法》十三篇，总共不到六千字，在字数上还不及现在一个本科生的学士论文，但是其中说提及克敌制胜的战略战术，几乎成了军事理论上无法超越的经典。孙武向吴王推荐自己时曾说过：“将听吾计，用之必胜，留之；将不听吾计，用之必败，去之。”这既是他对自己的才华非常有信心，也是对《孙子兵法》的价值予以肯定。

上任伊始，孙武杰出的军事才能就初现端倪。当时，吴国如果想要往外扩张，就必须要先消灭一个强劲的对手——楚国，对此吴王并没有十足的把握。这时，孙武提出先消灭楚国的保护国，再寻良机进攻楚国，他的这一策略得到了吴王的采纳。在孙武的带领下，吴军很快消灭了楚国的两个保护国——钟吾国和徐国。这时，处于胜利喜悦中的吴王想要趁机进攻，一举拿下楚国，但却遭到了孙武的反对。因为此时的孙武经过一番冷静思考后，觉得此时吴军已十分疲惫，不宜再继续作战，否则将损失惨重。吴王听后觉得有理，便引兵回国。之后，吴国采取伍子胥的“疲楚误楚”策略，对楚国只骚扰不进攻，使楚国逐渐对吴国放松了警惕。

如果说孙武之前取得的胜利只是其崭露头角的表现，那么接下来的“大破楚军”则证明了其不愧是一个杰出的军事家。鲁定公四年（公元前506年），吴国的保护国蔡国遭到了楚国的进攻，弱小的它只好向吴国求助。趁此机会，吴王亲自率领三万吴军向楚国进发，随从的有其弟夫概、伍子胥、孙武、伯嚭等。当时随同作战的，还有唐国。为在较短的时间内取得胜利，孙武采取避实就虚的策略，在蔡、唐的协助下，率领三千五百名精锐士兵迂回前进，很快攻克了楚国北部的三个要害之地，并抵达汉水东岸。楚昭王闻讯大惊，迅速派出其下的大将沈尹戌、囊瓦等出兵抵抗吴军。

经过一番商议后，沈尹戌决定由囊瓦来拖住吴军主力，自己则负责从后方进攻，对吴军形成前后进攻之势。这本是一个能置吴军于死地的策略，然而在实施的过程中却发生了变化。急功近利的囊瓦不等沈尹戌从后面进攻吴军，即率先对吴军发起进攻，孙武见此，采取以退为进的策略，退至大别山。本以为占尽先机的楚军趁机发起多次进攻，结果皆惨败，士气也随之下降。眼见楚军已疲惫不堪，孙武决定对楚军发起总进攻，与楚军于柏举进行决战，与此同时，吴王之弟夫概私自率五千士兵进攻楚军，楚军阵脚大乱。见此，吴王趁机投入主力，楚军纷纷溃退，吴军乘胜追击，于柏举西南的清发水、雍澨击败楚军残部。

沈尹戌闻讯即由方城率兵回救，但已无力回天，惨遭吴军打击，沈尹戌亦战败而亡；之后，吴国还于麦城再次大败楚军。经过五战五胜后，吴国成功消灭楚国，这就是历史上有名的“柏举之战”。《史记·孙子吴起列传》中有：“（吴国）西破强楚，入郢；北威齐、晋，显名诸侯，孙子与有力焉！”入郢，即指柏举之战。在这场大战中，孙武仅凭三万吴军即消灭了强劲对手楚国，他也凭借这一战一举成名、威震四方，其突出的军事才能亦在此战中得以充分展现。

吴王阖闾死后，孙武及伍子胥继续发挥才能，帮助阖闾之子夫差治国练兵，并助其大败勾践。

随着吴国霸业的蒸蒸日上，夫差渐渐自以为是，不纳忠言。他听信奸臣的挑拨，不仅不理睬伍子胥的苦谏，反而制造借口，逼其自尽。孙武深知“飞鸟尽，良弓藏；狡兔死，走狗烹”的道理，对伍子胥惨死十分心寒，于是便悄然归隐深山，修订兵法，使其更加完善。

史书中对孙武的后期生活并无记载，其卒年、葬地皆为传说而已，皆无史可考。

战神秘籍

《孙子兵法》是中国历史上一部经典的、影响深远的军事著作，在北宋朝廷作为官书颁行的兵法丛书《武经七书》中被排列首位，也是世界上现存最古老的兵书，书中充满了很多睿智的战略思想。

据说滑铁卢失败后，拿破仑在百无聊赖的囚禁生涯中无意间看到传教士翻译的《孙子兵法》，痛心疾首地说：“如果我二十年前就能读到这本书，历史将被改写！”《孙子与现代战争兵法》作者马克·麦克尼利，在书中写道：“《孙子兵法》是高层军校学生必读的一本书，已经融会在美国陆军和海军陆战队的军事学说之中。”

《孙子兵法》全文共五千余言，分十三篇。《计》讲的是庙算，是全书的纲领，即出兵前要比较敌我条件，估算胜负的可能性，并制订作战计划。《作战》主要是战前动员。《谋攻》则强调智取，不能蛮用武力，而要采用各种手段降敌。《形》、《势》是讲决定战争胜负客观因素和主观因素。《虚实》讲的是如何通过分散集结、包围迂回的策略，造成我强敌劣的局面，最后以多胜少。《军争》讲的是如何夺取会战的先机之利。《九变》讲的是将领要随机应变，制定不同的战略战术。《行军》是讲如何在行军中宿营和观察敌情。《地形》则是关于六种不同的作战地形及相应的战术要求。《九地》讲的是“主客”形势下的九种作战环境及其战术要求。《火攻》讲的是进攻中如何巧妙用火。《用间》则是战争过程中间谍的配合使用。

《孙子兵法》是我国古代军事思想和作战经验相结合的天才产物，是古代兵学理论的集大成者，它是我国古代流传下来的最早、最完整、最著名的军事著作，在中国乃至世界军事史上都占有重要的地位。

然而《孙子兵法》的作者是谁，到底是不是吴国将军孙武，这个问题却一直困扰着历史学家。

古籍《商君书》《韩非子》都提到“孙吴之书”是指《孙子兵法》和《吴子兵法》，但没有说明其作者就是孙武。直到《史记》问世，司马迁才明确提出《孙子兵法》为孙武所著。

由于司马迁写作严谨，后世对“《孙子兵法》为孙武所著”的说法深信不疑。但是宋代学者陈振孙、叶适却对此提出质疑：《孙子》真是孙武撰著的吗？历史上是否真有孙武其人？清人姚际恒亦赞同其说，认为《孙子兵法》为伪书。然而《汉书·艺文志》载古兵法有《膑孙子》（孙膑）和《吴孙子》（孙武），将孙膑与孙武其人其著区别清楚，实无可疑。明代宋濂的《诸子辨》、清代的《四库全书总目》等著作认为：太史公是严肃认真的史家，其记事立言，翔实可靠，本传中所叙孙武、孙膑事明明白白。

此外，史学界还存有一种意见，认为《孙子兵法》是由孙武与其门徒们共同撰著的。这与《论语》的创作方式如出一辙，即孙武讲学授徒，传授军事学术，由其门徒耳受笔录，世代相传，最后在春秋战国期间逐渐地形成了这部丰富的、有比较完整的体系的兵法著作。

孙子与孔子出生在同一个时代，但是面对诸侯纷争，一个选择从内提高自身的修养，用思想教化民众；一个选择从外增强自身的实力，用谋略战胜敌手。因此后人说为人学孔子，处世学孙子。

孙子的处世智慧，主要表现在用谋上：“运筹帷幄之中，决胜千里之外”，教人掌握未来的不可知；“不战而屈人之兵，善之善也”，教人用最小的代价取得最大的成果；“故善战者，致人而不致于人”，教人随时把握主动……

由于其深远的影响力，《孙子兵法》迄今已被译成英、法、德、俄等十几种文字，在世界各地广为流传，在日本甚至有一百多种研究《孙子兵法》的著作出版。如今，《孙子兵法》中军事家孙子处理战争的智慧已经被广泛运用于军事、政治、外交等各个方面，甚至被很多企业家用于企业管理和商场竞争。

神奇的发明家

鲁班是我国古代著名工匠，春秋末叶战国初期鲁国人。鲁班并非他的本名，《礼记》、《战国策》、《吕氏春秋》记载鲁班原名为公输班，《墨子·公输》记载鲁班原名为公输盘，《后汉书》记载鲁班原名为公输般等，历代文人称鲁班为公输子。因古时“般”和“班”同音且通用，他又是鲁国人（一说今曲阜人，另说滕州人），于是被后人称为鲁班或鲁般。到后来，鲁班流传最广，以致被人误认为是本名。

据学者考证，鲁班大约生于周敬王十三年（公元前507年），四十年后隐居于历山(今山东济南东南)，卒于周贞定王二十五年（公元前444年）以后。

鲁班出生于世代工匠的家庭，从小就跟随家人参加土木方面的劳动，在实践中积累了丰富的实战经验。他生活的春秋战国交替时期，正是社会从奴隶制向封建制转型的时期，许多从事手工业的奴隶被解放出来，成为独立的个体手工业者。这使得身为奴隶工匠的鲁班获得了四处游走的做工自由，他的工匠才艺也有了更大的发挥空间。

自古以来，鲁班在木工、建筑等方面的贡献传说，在民间广为流传，他被“金银铜铁锡、石木瓦雕漆”各行业的工匠奉为祖师爷。

鲁班在木工工具、机械和兵器制造方面都有很多发明创造，其中对后代影响最大的就是木工工具的发明。根据古籍的记载，锯子、墨斗、刨子，以及曲尺（又叫矩）、钻子、凿子、铲子等工具都是鲁班发明的。现在我们在家中看见这些工具已经稀松平常，但这在当时具有重大的历史价值。鲁班的发明将工匠们从繁重的劳动中解放出来，大大提高了工匠们的劳动效率。而每一件工具的发明，都是鲁班在生产实践中经过反复试验、刻苦钻研出来的。

鲁班发明锯的过程就很有代表性。传说，有一次，鲁班带着徒弟们上山采集木料。走着走着，鲁班来到了一个陡坡前，他要翻上这个陡坡就只能用手抓着上面的野草爬上去。就在他向上爬的时候，忽然觉得手被什么东西划了一下，等他来到坡上一看，长满老茧的手居然被划出一道口子，还渗出了血珠。他在周围仔细观察了一番，发现自己的手竟然是被一种野草划的。鲁班很惊奇，他摘了一片草叶，发现草叶边缘长着许多锋利的细齿。鲁班从中受到启发，心里豁然开朗。

他用毛竹做了一条竹片，上面刻了很多的锯齿。用它去拉树，只几下，树皮就破了，再一用力，树干就出现一条深沟。可是时间一长，竹片上的锯齿钝了。什么东西比竹片更坚硬呢?鲁班想起了铁。他请铁匠照着自己做的竹片，打了带锯齿的铁条，这根铁条，就是锯的祖先。

鲁班发明的曲尺又叫鲁班尺，那什么是“班母”和“班妻”呢？“班母”是指墨斗上的小钩子，“班妻”是指刨木料时卡主木头的木橛卡口。鲁班的母亲和妻子对他的发明创造帮助了很多。最初的墨斗没有钩子，鲁班每次使用都要请母亲拉住墨线的一头，后来母亲提议何不用个小钩子来钩住木头，这样鲁班一个人就可以独立操作了。木工们为了纪念鲁班的母亲，就称墨斗上的这个小钩子为“班母”。同样地，“班妻”也起源于鲁班刨木头的时候总让妻子扶着木料，后来就发明出了木橛卡口。

鲁班不仅是个出色的发明家，传说他的妻子也是个优秀的劳动者。在《玉屑》上有这样的故事，鲁班常年在外劳作，日晒雨淋，很是辛苦。他的妻子云氏见路边的亭子可以遮阳避雨，就发明了一个可以随身携带的亭子——伞，让鲁班每次外出的时候带上。

另外，《世本》记载，石磨也是鲁班发明的。他是看到一位老太太用石杵捣麦子受到的启发。老太太年老没有力气举起石杵，就把麦子放在石臼里，用手扶着石杵捣麦子，鲁班发现石臼里大部分麦粒都已经被捣成了面粉。后来，鲁班就找来两块石头，凿成两块圆石板，在每个石板上凿了一道道凹槽，并在其中一个石板侧边凿一个洞，安上木把。将两块石板合在一起，上面的凹槽相合。人或者牲畜转动木把，上面石板里的麦粒从洞里漏出来被碾成面粉，面粉就从两块石板缝中漏出来。

据《墨子·鲁问篇》记述，鲁班在楚国巡游时，受到楚王的厚待，为答谢楚王，就为楚军制造了攻城用的“云梯”和水战用的“钩强”（又名“钩拒”），楚军在这些工具的帮助下战无不胜。于是他向墨子炫耀他的“钩强”：“我们水战有自己制造的钩强，不知道您提倡的‘义’是不是也有钩强？”。墨子答道：“你用钩强来阻止别人，别人也会用钩强来阻止你，这样一来就互相残害。所以，我‘义’的钩强胜过你的钩强。”墨子听后哑口无言。

《墨子·鲁问篇》中还记载：“公输子削竹木以为鹊，成而飞之，三日不下。”

鲁班制作的木鸟，能够在借助风力在空中连飞三天而不降落。这在今天看来未免有点夸张，但不难看出鲁班的工匠才艺和古人遨游天际的梦想。

除此之外，鲁班在建筑和雕刻方面的贡献也很多。《述异记》记载，鲁班在石头上刻制过立体的九州地图。还传说，鲁班还在石头上雕刻过栩栩如生的凤凰图。

鲁班为劳动人民的生产和生活发明了许许多多便利的工具，人们为了表达对鲁班的崇敬与热爱，将劳动人民的集体创造都赋予给鲁班，鲁班事实上是勤劳与智慧的化身。

夜观天象的秘密

春秋时期，随着生产力的发展，科学技术也随之得到了提高，如天文和历法等在此时即得到了很大的突破性发展。

我国天文学的初步体系即是在这一时期得以确立。

在古代，由于农业发展和政权统治的需要，统治者历来十分重视天文学的发展。不仅周王室设有专职人员来进行天文立法的工作，其他诸侯国亦是如此，由此也出现了许多有名的天文学家，如鲁国的梓慎、晋国的卜偃、宋国的子韦等。

连年战争，水旱灾害多发是春秋时期的写照。天灾人祸，使人们难以过上安定祥和的日子，在此情况下，人们只好寄托于占星术，以寻求一些心理上的慰藉，这也因此促成了早期的天文家具备占星家的能力。他们通过星占学来观测和研究天象，不仅能预测出五星的运行轨迹，还能预测日食、月食是何时发生的。这一系列举动为积累天文资料和揭示天体运动都起到了很好的作用。

《春秋》一书中即记录了许多这一时期的天象观测结果，如它曾记录最早的一次日全食是发生在鲁隐公三年二月己巳（公元前720年2月22日），而西方的记录要比它晚了整整一百三十五年；它还记载了最早的陨石记录是在僖公十六年，“陨石于宋五”。而世界上最早记录天琴座流星雨的则见于《左传》“夏四月辛卯，夜恒星不见，夜中星陨如雨”（庄公七年，即公元前687年3月16日）。

随着天文学的进一步发展，在充分的天文学资料积累上，以二十八星宿为代表的星象坐标体系得以在这一时期建立起来。把沿天球赤道或黄道附近的星象划分为为二十八个不同的星区部分，每个部分即为一宿，二十八星宿即由此而来。其顺序分别为：东方七宿（苍龙）：角、亢、氐、房、心、尾、箕；北方七宿（玄武）：斗、牛、女、虚、危、室、壁；西方七宿（白虎）：奎、娄、胃、昴、毕、觜、参；南方七宿（朱雀）：井、鬼、柳、星、张、翼、轸。另外，《诗经》、《夏小正》等书中记载了部分星宿的名称。

《左传》昭公元年载：“昔高辛氏有二子，伯曰阏伯，季曰实沈……迁阏伯于商丘，主辰。商人是因，故辰为商星；迁实沈于大夏，主参。唐人是因，以服事夏商。”这里所说的参、辰是指商星和参星两个星座。由这一记载，可见当时的人们对星宿知识已有较普遍的认识。当时三垣、四象、和二十八星宿是常用的星象，我国古代的星区体系也由此得以形成和发展起来。

这一时期，人们在观察天体运行规律时，还得出了一些有关宇宙起源、结构以及演化的理论学说，这为后来天文学的发展打下了良好的基础。

除了天文学之外，春秋时期的历法也得到了很大的发展。

我国古代的历法很丰富，包括很多内容，如大、小月的安排、节气的安排和每月天数的安排等。设置历法的主要目的就是为了农事，方便人们的日常生产活动。因而，能否准确地、规律性地计算出节气的转换是评价一部历法好与坏的重要标准。我国春秋时期的历法就已经很先进，在世界上具有领先水平。春秋后期出现的“四分历”，就是这个时期的重要代表。

“四分历”是以365又四分之一为一个回归年长度，在19个太阴年中加入7个闰月的办法所制成的一部历法。这里要指明的是，我国古代的历法就开始是阴阳合历，即阳历与阴历并用。所谓阳历，就是以太阳的运动周期所制定的历法；所谓阴历，又叫太阴历，就是以月亮的圆缺变化为根据所制定的历法。太阳运行一年被称为一个回归年，而月亮的朔望周期则是一个朔望月。我国所采用的这种阴阳合历最难办的一个问题就是如何安置闰月。

一个回归年的长度是365日多，而一个朔望月则是29天多，因而要想准确地设计出一部历法是需要很多智慧的。望朔月被分为29天和30天的大小月，如此一来，12个望朔月就是354天或者355天，一个回归年的长度要相差10天到11天。这样算来，三年之间就要相差一个望朔月还要多。古人通过经验总结，逐渐发现安插闰月的方法。

如果三年安插一个闰月，就会出现阴历时间比阳历时间少几日；如果八年安插三个闰月的话，又会出现阴历时间比阳历时间又多了几日，总之是不很准确。经过人们长年累月的积累，终于发现了在19太阴年中加入7个闰月的办法，这样就与阳历19年的日子几乎相等。

根据《左传》中记载，鲁国进行了两次冬至日的测定，分别是在鲁僖公五年（公元前655年）正月辛亥和鲁昭公二十年（公元前522年）二月己丑两次。这两次冬至日相隔了133年，从此就可以推算出春秋时期的鲁国就开始采用了19个太阴年加入7个闰月的办法来设定历法。虽然春秋时期，我国还没有制定出规则变化的历法，但“四分历”的出现足以显示春秋时期人们的高超智慧，而“四分历”采用的这种19太阴年加入7个闰月的办法也一直在后世延续，是中国古代人民智慧的重要结晶。

尚法精神

正如孔子所说，这是一个“礼崩乐坏”的时代。春秋时期，随着生产力的发展，生产关系、土地制度也随之发生变革，伴随而来的是礼制的衰落和郡县制的兴起。政治、经济基础的变化，引起了思想文化领域的剧变。私学兴起、各种思潮纷纷涌现，形成了历史上“百家争鸣”的局面。

“百家争鸣”使这一时期的法律思想得到了极大的发展，各派思想家就“礼治”和“法治”的问题展开了激烈的争论，其中以儒家、法家、道家为主要代表。

孔子是儒家法律思想的代表，他主张礼刑并用，试图通过自己的努力来挽救和维护传统的“礼治”。其法律思想的核心是“宽猛相济、一张一弛”。《论语·颜渊》中记载，季康子问政于孔子曰：“如杀无道，以就有道，何如？”孔子对曰：“子为证，焉用杀？子欲善而民善矣。”这一番对话包含了孔子对消灭犯罪与刑法的大胆设想。

这一时期法家的代表人物主要有管仲、子产、邓析等人。不同于儒家的保守，法家顺应时代的发展趋势，提出变革的主张，创立新的法令。作为法家的先驱，管仲等人主张“以法治国”，强调法律的规范性、公平性、公开性等，这一主张对后来法家思想的发展产生了十分深远的影响。

法律思想的不断发展，推动了法律制度的变革。春秋初期，西周的法律一直被各诸侯国沿用，各国皆采取习惯法的形式，即使是有了新的法律形式如王命，也都是以不成文的形式表现出来。这在生产力不发达的情况下尚且适用，随着生产关系的不断变革，原有的法律体制就逐渐暴露出其不合理性。为适应新的社会需要，到了春秋中晚期，各国开始了由习惯法向成文法的巨大转变，其中又以郑国的“铸刑书”、邓析的“竹刑”和晋国的“铸刑鼎”活动最为突出。

据《左传》昭公六年记载：“三月，郑人铸《刑书》。”杜预注此为：“铸《刑书》于鼎，以为国之常法。”这是郑国执政大臣子产鉴于当时社会关系已发生巨大变化和旧礼制已被严重破坏的情况，做出的应对举措，史称“铸刑书”，这也是中国历史上第一次公布成文法的活动。把法律条文铸在象征着国家权力的鼎上，既凸显出法律的尊严，也使法律在全国范围内得到有力地传播。

然而子产所铸的《刑书》，其具体内容现已无法详考，不过从《左传》中的一些记载可知，子产主张严刑峻法，这和后来的法家是一样的。

几十年后，郑国的大夫邓析总结当时各国的法律，编成刑书，并把它写在竹简上，即“竹刑”。“竹刑”因是邓析个人所做，因而起初并没有法律效力，后来，“郑驷歂杀邓析而用其竹刑”，“竹刑”才被执政者认可，成为官方的法律。“竹刑”较之“铸刑书”而言，具有携带方便和流传广等特点，因而在法律史上是一个很大的进步。

晋国在“铸刑鼎”活动之前已多次制定和修改过法律，如晋文公时期就曾制定过“被庐之法”，晋景公时曾修改过晋国之法。虽然晋国此时已经有了成文的法律，但却都还没有公之于众。

公元前513年，在晋国发生了中国历史上第二次官方公布成文法的活动。《左传》记载：“赵鞅、荀寅帅师城汝滨，遂赋晋国一鼓铁，以铸刑鼎，著范宣子所为《刑书》焉。”即赵鞅等人把前任执政范宣子所编刑书正式铸于鼎上，公之于众，史称“铸刑鼎”。

春秋时期除郑国、晋国外，楚国也曾两次制定法律，分别是楚文王时制定的仆区之法和楚庄王时的茆门法。此外，楚国还设有《将遁之法》：楚发兵相成，而将遁者诛。不及诛而死，“乃有桐棺三寸，加斧质其上，以殉于国”。

除此以外，宋国也进行了公布成文法活动，史称“刑器械”，另外一些诸侯国为适应社会的发展需要，也都相应地公布了一些成文法。

春秋时期，由不成文法转变为成文法，在我国古代法制史上具有划时代的意义。首先，成文法的制定和公布，终结了法律高深神秘的状态，使法律得以公之于众；其次，成文法的公布，使新兴阶层的利益得到保障，从而推动了封建生产关系的发展和社会历史的前进步伐。再次，成文法公布后，礼制被法制所取代，这为后来法家立法打下了基础；最后，成文法的出现，适应了社会发展的需要，顺应了历史的潮流，在中国法制史上具有重大的意义。

微言大义，《春秋》说了什么

《春秋》被誉为中国最早的编年体史书，被列为儒家的重要典籍。《春秋》主要记载了从鲁隐公元年（公元前722年）到鲁哀公十四年（公元前481年）间的鲁国的历史，因而《春秋》这本书就是鲁国的编年史。《春秋》还有一个鲜为人知的名字《麟经》，《春秋》写作手法上词语简练，对历史事件的描写上言简意赅，全书共一万八千余字。

由于《春秋》语言精练的特点，便出现了对它进行诠释的作品，被称为“传”。最为著名的就是“春秋三传”，《春秋左氏传》、《春秋公羊传》和《春秋穀梁传》。

《春秋公羊传》是公羊高所著，《春秋谷梁传》是谷梁赤所著，这两本书都是在西汉初年写成。这两本书有一个共同特点就是力图阐述孔子的“微言大义”，诠释出孔子所辑《春秋》的真正意图。

《春秋左氏传》是春秋晚期的鲁国史官左丘明所著，此书又被称为《左传》、《左氏春秋》。左丘明是与孔子同时代人，因而左丘明对于春秋的诠释势必要比后人更为准确和真实。而且，孔子对于左丘明的评价很高，两人的性情也十分相近，《论语·公冶长》中的记述就很好的证明了这一点：“巧言、令色、足恭，左丘明耻之，丘亦耻之。匿怨而友其人，左丘明耻之，丘亦耻之。”孔子拿自己与左丘明同类并举，足见孔子对左丘明的看重。如此说来，《左传》才能真正体现孔子的真意。

作为史官的左丘明在诠释《春秋》的时候，充分重视了这本书的历史价值，在历史事件的描绘上加重了笔墨。左丘明尤为擅长叙事，在叙述历史事件时，条理清晰、内容详实，使人们更好地了解了《春秋》中所提及的那些事件。此外，《左传》在刻画人物和记述辞令方面十分突出，描写人物时细致入微，而在描写人的辞令之时又言辞巧妙、鞭辟入里。正是《左传》的这些特点，弥补了《春秋》作为史书的不足，同时《左传》的艺术表现力上也要比《春秋》更为优秀。

魏晋时期，人们开始在《春秋》的经文后面附上《春秋左氏传》、《春秋公羊传》和《春秋谷梁传》的传文，现在人们所看到的多是三传。

对于孔子为什么要辑《春秋》，早在西汉的司马迁就给人们带来了一种解释。《史记》中是这样描述孔子的动机的：“余闻董生曰：‘周道衰废，孔子为鲁司寇，诸侯害之，大夫壅之。孔子知言之不用，道之不行也，是非二百四十二年之中，以为天下仪表，贬天子，退诸侯，讨大夫，以达王事而已矣。’子曰：‘我欲载之空言，不如见之於行事之深切著明也。’”从司马迁的态度来看，孔子辑《春秋》是因为“周道衰微”，诸事不行、道德不在，与其说一些没有用的说教，不如让真实的事件说话，以此警戒世人。

由此可见，孔子辑《春秋》的真正目的并不是要记述历史，而是要以历史上发生的诸多事件来警示世人，周礼已经不复，希望世人能够回归到周初的礼制之中。因而，孔子的倾向性已经十分明确，能够复归周礼的就是好的，反之就是坏的，这对于《春秋》的史学价值产生了重要的影响。我国著名学者胡适曾经这样评价过：“《春秋》那部书，只可当作孔门正名主义的参考书看，却不可当作一部模范的史书看……《春秋》的宗旨，不在记实事，只在写个人心中对实事的评判。”可以说，胡适一语道破了《春秋》的写作目的和内在价值。

《春秋》被大多数人认为是一部政治学著作。古往今来有不少人对《春秋》进行阐释，不断探求孔子的政治理想和执政理念，有人提出将《春秋》亦经亦史来看待，这似乎更加契合孔子著书的本意，能够让人更好地来认识这部书、读懂这部书。《春秋》是中国文化典籍中的一件瑰宝，是值得后人不断研习和探索的一部经典。

思无邪，史上最清纯的诗

《诗经》也称为“诗”或“诗三百”。它是我国第一部诗歌总集，共收录了自西周初期至春秋中叶约五百年的诗歌三百零五篇。它开创了我国古代诗歌创作的现实主义风格，展现了中国周代时期的社会生活，将中国奴隶社会从兴盛到衰败时期的历史面貌呈现在读者面前。

《诗经》“六艺”指的是风、雅、颂、赋、比、兴。《周礼·春官大师》中记载：“教六诗：曰风、曰赋、曰比、曰兴、曰雅、曰颂”。所谓风、雅、颂,是指《诗经》按音乐划分的三个类别。

“风”即不同地区的地方音乐。“风”共一百六十篇，主要包括周南、召南、邶风、卫风、王风、魏风、秦风、豳风等，也称为十五国风，大部分是黄河流域的民歌。“风”是《诗经》中文学成就最高的部分，它源于最鲜明的百姓生活，其中有对美好或哀戚爱情的吟唱，也有表达游子征人对故土、家人的怀恋，更有对剥削压迫的怨叹与愤怒。

“雅”即周王朝直辖地区的音乐。“雅”包括小雅和大雅，共一百零五篇。除《小雅》中有少量民歌外，大部分是贵族文人为祭祀、饮宴等典礼所作的诗歌，内容主要是歌颂先代懿德、祈愿来年丰收等。

“颂”即宗庙祭祀时歌功颂德的舞曲歌辞。《颂》诗又分为《周颂》三十一篇，《鲁颂》四篇，《商颂》五篇，共四十篇。全部都是贵族文人的作品。

所谓赋、比、兴,是《诗经》主要的表现手法。所谓“赋者，敷也，敷陈其事而直言之者也”，赋是对事物直接铺陈叙述，是《诗经》中最基本的表现手法。“比”就是“以彼物比此物”，包括明喻、暗喻等不同手法。“兴”,就是联想,触景生情,因物起兴，这种表现手法在《诗经》乃至大多数中国诗歌中都是比较独特的手法。

在赋、比、兴的交迭作用之下，《诗经》将春秋先民们的生活鲜活地展示在读者面前。《诗经》中的男男女女，出入宫闱家室，来往城门郊野，驰骋沙场猎场，奔走乡间山林，游玩河边原野，因而《诗经》中，既有“将仲子兮，无逾我墙”这样鲁莽生动的爱情，也有“女曰鸡鸣，士曰昧旦”这般充满情趣的婚姻生活，还有“君子于役，不知其期”这种对远方征人的彻骨思念，更有“心之忧矣，曷维其亡”这类斯人已逝，睹物思人的悲凉情怀。

从《野有蔓草》的一见钟情、私订终生，到《雄雉》中漫长无期却从未放弃的念念不忘和等待，再到《鹊巢》中步入婚姻殿堂，为爱筑巢的圆满幸福，及至《谷风》中女子被弃的哀怨凄苦，最终到《击鼓》中难觅归期的生离死别，《诗经》将所有人间情爱，无一遗漏地挨个演绎过去。喜、怒、哀、乐，莫不直白热烈，却也蕴藉深沉。

《诗经》的这份“乐而不淫，哀而不伤”，来源于先民们原始天然的心性。在那个天地初立、民心尚未开化的时代，无论下地耕作、上山砍樵，还是虔诚祭祀、合众狩猎，或是远行出征、淇水游玩，都是先民生活的一部分。《诗经》中每一场爱情的起、承、转、合，都与这些日常的风俗习惯息息相关。所以，先民们从不在自恋和自怜中将爱隔绝于现实，而是在原野、山川、河流边，在采摘、砍伐、游乐之中，尽情去享受爱情中的美丽，同时也尽力去承接爱情中的苦恼与伤害。

鬼斧神工的《考工记》

《考工记》是我国古代重要的科技文献，作者、成书年代俱已不详。一般认为，这本书写于春秋末期战国初期的齐国，作为齐国的官书，出于稷下学宫的知识分子手中。

西汉时，河间献王刘德编著《周官》，缺《冬官·司空》篇，便选择用《考工记》补缺。后刘歆时把《周官》改为《周礼》，于是《考工记》也被称为《周礼·考工记》。

《考工记》是我国最早的手工技艺文献，虽然只有七千余字，但内容涉及广泛，包括先秦时代的制车、乐器、兵刃、钟磬、洗染、水利、建筑等方面的工艺技术。还有数学、物理、化学、生物、天文等自然科学知识。可以说是一部集理、工于一体的著作，在我国科技史、工艺史上占据重要地位。

另一方面，由于这本书被认为是齐国的官书，用来作为官府指导、监督科技工业发展的纲领性文件，体现了当时齐国对于上述领域的要求和行业标准，从中可以看出春秋战国时的社会生产力发展水平。

《考工记》虽然内容主要涉及理工领域，但是出自稷下学宫士人之手，因而文字优雅，语句顺畅，语约义丰，既具备科技书籍应当具有的严谨性和条理性，又具备一本先秦典籍所具有的文化底蕴和文学气息。

这本书的注释与研究具有多个角度，既可以从科学技术的层面切入；也可以从社会文化的层面切入，因此历代对《考工记》的研读层出不穷。汉代郑玄、唐代贾公彦、清代戴震、程瑶田等人都有论著。

20世纪以降，随着科学技术的飞速进步，考据学也随之带动发展，并产生了革命性的飞跃。利用考古实物和模拟实验，可以将古代典籍中记录的很多科技、工艺手段进行部分再现，让人们更加真实地领略古人的智慧和见识。

在思想内容方面，《考工记》一方面体现出了先民崇拜天意的精神，又反映了中华民族重视实际的特点。它把天下职业分为六类：一是执掌国家，深谋远虑的，是为王公；二是事必躬亲、为民父母的，是为大夫；三是审视建材方圆曲直、加以锻造的，是为百工；四是羁旅四方、供民所需的，是为商旅；五是埋首田间、辛劳耕作的，是为农夫；六是纺织丝麻，搬弄机杼的，是为妇功。并且认为工艺乃是天地精气共同铸就而成，人不过是因袭模仿。

《考工记》还将诸多工艺进行了进一步的细分，将同一行业的工匠进行了具体的分类，并加以定性。

难能可贵的一点是，《考工记》的作者已经初步认识到了生产力的重要性。书中特别强调生产工具的改进，仔细地列出了不同种类生产工具的制作加工方案，力图将当时最先进的工艺标准化。

文章对于具体工艺的描述可谓细致纤毫，充分体现出其作为指导性、纲领性文件的严谨认真，针对可能出现的不同情况，一一将应对方案列出。

在生产工序上，《考工记》可谓是高标准，严要求，将天时、地利、人和全部涵盖到了生产要素之中，虽然不无理想化色彩，但体现了古人对工艺生产的虔诚和严肃。文章还将不同的手法详细描述，给学习者以提高的空间。在制作标准执行上，《考工记》明确指出了什么样的残次品不能在市场上流通，体现了高度的负责精神。

《考工记》还创造性地提出了工程过程管理的理念，要求在施工时根据工人的普遍水平进行工期的预计，控制完成进度，将一切量化以提高效率。

虽然《考工记》是一本政府色彩浓厚的“官书”，但是它并没有“重官而轻民”，它指出，有一些诸侯国并没有设立部门专门制造某些物事，原因在于这些东西在民间生产，无论是质还是量都能够保证，所以没有必要再由官府专门生产，这就体现出了对民间工艺和民间经济活动的保留。

《考工记》非常深广，可以说是蕴含了先民在农业生产、工业制造、科学技术、社会管理和思想文化等方面的存在状态，意义远远超越了一本科技工业指导手册的范畴，而是作为一部充满着智慧和艺术气息的经典而在中华民族的历史长河中流传。

第四卷

三家分晋，从春秋五霸到战国七雄

第一章　晋国内斗，拉开战国的序幕

坚持就是胜利

山西又被人称为“晋”，因为这里在春秋时曾为大国晋国的主要领土，是春秋五霸之一晋文公重耳的故乡。然而随着“私门”的壮大，晋君也如同周天子一般，被手下依托家族势力的几个大夫架空，地位江河日下。

最初，晋国内部有六股势力，分别为智氏、韩氏、赵氏、魏氏、范氏、中行氏。六家将晋君排挤得只能缩手缩脚度日，然而由于各自膨胀，边界相抵、摩擦不断，他们之间的矛盾也越发激烈。后来，智、韩、赵、魏四家合力将范氏、中行氏击垮，并瓜分其土地。这其中，以智氏家族最为强大。

然而既然历史留下的是“三家分晋”的言说，并非“四家分晋”，所以智、韩、赵、魏四家必去其一。照理说，弱肉强食，从历史上“抹去”的应该是韩、赵、魏三家中的一家。若是这样，那么强者益强、弱者益弱，依着“自然法则”，最后的结果不应该是“三家分晋”，而是“智氏篡晋”。所以，最终被人从地图上抹去的正是最强大的“智氏”。

要打倒智氏这个最强者并非简单的事。因为，即使知道强者会打破势力的均衡，最终会将“局中”的所有人都吃掉，但仍会有些人愿意在强者麾下听令，做他的副手，为之清除其“吞灭自己”路上的障碍。弱者的互通款曲和集结联合需要时间，也需要成本；强者会利用这个“时间差”，威逼利诱，将之各个击破。

所以，面临强者切身威胁的弱者通常只有两个选择：一个是成为其手中的棋子，虽然最后鸟尽弓藏，但总归是推迟了败亡的时间，而且这个过程中或许会有意外的转机；第二个就是立刻败亡。因为有了这个中的奥妙，所以韩、赵、魏灭“智氏”的历程，可以说是峰回路转、惊心动魄。韩、魏两家扮演了棋子的角色，赵氏成了执棋人。而智氏是一个强大却不认真的对弈者，因为后者屡犯大错，给了赵、魏、韩不可多得的机会，最终自取灭亡。

关于三家分晋，还需细细描摹，由赵谈起。

赵氏原本并不姓赵，而姓“嬴”，与秦人是同一个祖先，“赵”是其氏。嬴姓人原属东夷，西迁后为殷、周两朝天子赶车牧马，渐渐安定下来。

嬴姓子孙中有一个叫造父的，曾侍奉周穆王。造父善于养马，不断向周穆王献上宝马，深得穆王的宠幸和信任，所以穆王特许造父为他赶车。徐偃王叛乱时，周穆王乘坐造父驱赶的马车，日行千里，迅速平定叛乱。论功行赏时，穆王将赵地分封给造父，于是造父以赵为氏。

赵氏传到赵鞅这一代，枝叶繁衍，家族鼎盛。赵鞅更做了晋国的正卿，权倾天下，史书说他“名为晋卿，实专晋权”。

然而，水满则溢，月满则亏。危机正潜伏在前路不远处等待着赵氏一族。赵家的根基是晋阳城。赵鞅费尽心思气力修成晋阳城后，发现城内行人稀少，空荡荡的。这样一座空城如果遇到围攻，当然不足以凭借据守。于是赵氏族长赵鞅向住在邯郸的族人赵午伸臂摊掌，向他要自己打败卫国时赚取的五百户人质。

按说赵午身为赵氏族人，应该听从族长赵鞅的命令，可是赵午也有自己的难处。因为若失掉手上这五百户卫国人质，暴露在卫国人嘴边的邯郸城极可能遭受到毁灭性的打击。权衡之下，赵午决定攻打齐国，想从齐国那里俘虏五百户人口，将之转赠给赵鞅。

然而，赵午的想法未免太简单了。齐国地广千里，资源丰富，又得海利，富庶甲于天下，自桓公得管仲辅佐称霸以来，一直以超级大国的形象立于天下诸侯国之林，号称“强齐”。攻打齐国，无论是正面进攻，还是背后偷袭，都不是那么容易得手的。况且，就算侥幸得手，愤怒的齐国人也必然不肯咽下这口恶气，最后的结果必然是晋、齐两国兵戎相见，引发国间征战。

得知此事的赵鞅大为光火，一怒之下派人将赵午诛杀，没想到就此引发一场政治风波。

赵午一族家住邯郸，与赵鞅那一脉嫡系说远不远说近不近，但却与范氏和中行氏素有姻亲往来。在范氏和中行氏的支持下，赵午的儿子赵稷起兵发难，矢志为父报仇。

本来，晋国国君是站在赵鞅这一边的，无奈说话是要实力做支撑的，他的声音太过微弱了，微弱到可以忽略不计。手持刀兵的范氏、中行氏不过用眼狠狠斜了晋君几下，他就迅速将赵鞅定为始祸者，而按照晋律，始祸者只有一个下场，那就是死。

双拳难敌四手，在范氏和中行氏的合力围攻下，赵鞅很快不敌，退守到晋阳城。倾注了赵鞅心血的晋阳城，经受住了考验，在纷飞的矢石和流血的浸泡之下，在尸体的包围中屹立一年而不倒。

城外的范氏和中行氏正承受着久攻不下的焦急和等待中的无聊，没想到这时变数突显。智、韩、魏三家看“火候”差不多了，急急上场。

二比三，“人数上”已经处于劣势，况且一年下来，范氏和中行氏的“内囊却也尽上来了”，外加赵氏自城内冲出反攻，战场上的范、中行联军于是兵败如山倒，身死名灭，其土地也迅速为四家瓜分。

奇怪的是，智、韩、魏三家并没有进而消灭赵国氏并瓜分其土地，很可能是惧于晋阳城的威慑，而晋阳也不会就此甘于沉寂，它会在未来续写辉煌和传奇。

一句话改变命运

虽然留得青山，但经此一役，赵氏一族实力大减，再无主宰晋国的威势，其地位由智氏取而代之。

事实上，早在范氏、中行氏“作乱”之前，赵鞅就已经开始头痛了。赵鞅年纪一大把，已经是半只脚踏进棺材的人了，然而他封立的继承人、嫡长子伯鲁却是个不成器的家伙。

“将来的天下波谲云诡，充满变数，伯鲁能够应付那些环于四周、吃人不吐骨头的对手，保卫我赵氏一族，并将其发扬光大吗？”赵鞅看看伯鲁憨厚的面容，心里暗叹一声。

也许是为继承人的事日夜忧愁，赵鞅竟然病了，而且一病就是五天五夜不省人事。

无人主事之下，赵地的大小事务陷入混乱无序的状态，于是身边众人请来了神医扁鹊。

众人等了半晌，才见扁鹊施施然从卧房里走出来。赵鞅最信任的宠臣董安于趋步上前询问病情，扁鹊拈须笑道："家主血脉畅和，呼吸平稳，你们何必担心？"果然不久，赵鞅便醒了过来，并告诉董安于等人说，"我这几天之所以长睡不醒，是因为一直在天帝那里接受教导；天帝还将一个小孩和一只翟犬托付给我，说：'等你的孩子长大成人，就让这只翟犬跟他的身旁。'"董安于等人面面相觑，不知道如何是好，但此事实在太过蹊跷，于是将家主赵鞅的话记录下来。

后来一天，赵鞅外出巡游。一人拦于半路，口口声声说要面见主君，赵鞅的随从拔刀相胁也不能叫他退开，于是通报赵鞅。赵鞅一见此人，便觉在梦中见过，那时此人正立于天帝身边。赵鞅问："天帝托付的小孩是什么人？"那人说："这个小孩就是您的儿子，而代国以翟犬为祖先，所以您的儿子将来必定攻取代国。"赵鞅心下大喜：我的儿子是天帝选中的人，赵家后继有人了！于是问这人的姓名，想要封他官职，把他留在身边。却听这人说道："我一个乡下鄙人，到此不过为了是传达天帝的旨意。"言罢便不见了踪影。赵鞅因此越发惊奇，而把这个被天帝选中的儿子找出来的心情也越发急迫了。于是请来著名的相士姑布子卿，希望凭借他神乎其技的相术找出"承天景命"的继承人。

有的人讽刺说，相术根本毫无依据，不过是相士为了骗取吃喝的自说自话、胡言乱语。当然，相术虽然不是科学，却有其依托，它是一种经验性的东西，是人们通过对生活的观察得到的一种判断手段。而很多相士其实都是骗子，并没有什么心得本事，不过是走江湖、混口饭吃。但这位姑布子卿却不一样，他大名鼎鼎，为各国公卿所推重，必然身怀惊人艺业。

满怀希望的赵鞅将儿子们全部招来，将他们引荐给姑布子卿。谁知姑布子卿扫视一圈，淡淡道："这些都不是足以继承将军事业的材料。"赵鞅一下子矮了下去，再不能像刚才那样挺坐了，他的脑袋也垂了下来，喃喃自语道："赵家后继无人，要断送在我手里吗？"这时姑布子卿的声音又在他耳畔响起："将军的儿子到齐了吗？方才我在路上看见一个少年，周围簇拥着一众仆从，他也是您的儿子吧？"赵鞅心里又燃起一丝希望。于是命手下人将那个儿子找来，这个人就是赵无恤。

无恤一到，姑布子卿拱手相迎，叹道："此乃真将军也！"赵鞅疑惑："无恤是翟族婢女所生，出身卑贱，怎么说得上尊贵？"姑布子卿答道："他是天帝所选，虽是庶子，终将显贵。"赵鞅这才想起天帝托梦、翟犬相赠之事，心下恍然。但无恤毕竟是庶子，且有外族血脉，此前姑布子卿为诸子相面时，赵鞅并没有招无恤前来，就知他在赵家没有什么地位，甚至赵鞅可能从未将他当做自己的儿子。所以贸贸然废除伯鲁而立无恤为嗣，就算赵鞅能转过这个弯儿来，必定遭到家中众人的反对。不过，从现在起，无恤在赵鞅心中的地位已经发生了翻天覆地的变化。

要当继承人得会脑筋急转弯

光凭一个梦和姑布子卿的一句话，不足以叫赵鞅贸然行废立大事。宦海沉浮一生，兴衰荣辱，赵鞅已经看得太多，各色人等也一一在他眼皮底下走过。他需要用自己的方法来考察一下赵无恤，看他是否是自己理想的接班人。

要做将来的族长，首先就要以身作则，遵守祖训。赵鞅于是将祖训刻写在两片竹简上，将其分别交给现任太子伯鲁和庶子无恤，叮嘱他们认真体悟，按时习诵，并说明届时会以祖训规条考校二人。然而一年过去了，两年过去了，赵鞅似乎将此事忘个一干二净，伯鲁刚开始那颗悬着的心也渐渐放了下来。可是到了第三年的一天，赵鞅突然把两人找来，要他们背出祖训的内容。伯鲁顿时急得满头大汗，就算他当年确实背下来，如今过去这么久，怎么还能记得？伯鲁转头看向无恤，却见他面无表情，一副信心十足的样子，心一下子就沉了下去。果然，无恤从容地将祖训背了出来，一字不错。无恤背完，右手在左袖里一抹，将当初那片竹简抽了出来。竹简的颜色已经深了，隐隐可以看出无恤日夜摩挲掌抚的痕迹。而伯鲁的那片竹简早就不知在何时让他给扔在何处了。

赵鞅脸上满是笑意，对着无恤连说了两声“好”，又转头看向一脸尴尬的伯鲁，心里暗叹，却没有再说什么。不过相信伯鲁心里也知道，自此以后，自己的继承人位子更加不稳了。他是个忠厚之人，对这些本不在乎，若真有一天能够卸去家族重担，说不定会唱个小曲儿庆祝一番。

得到赵鞅的赞赏，无恤虽仍是那副宠辱不惊的模样，但心里着实有些欢喜，他等待这一天等得太久了。由于母亲是翟族的婢女，自无恤在这个家族出生以来，就一直像尘埃一样活着，没有人多看他一眼。间或有例外，也都是向他投以鄙夷的眼色。然而这个“幽灵”一样的旁观者早就在别人的漠视中悄悄地将这个家族的里里外外看个通透，他需要一个机会来证实自己的存在，他要抖去身上的泥土，放出生命本色的万道金光。

考校祖训只算是一道小小的测试。又有一次，赵鞅告诉他的儿子们，说自己将一道宝符藏在常山之中，谁能第一个把宝符找到，就重重有赏。那时赵鞅已是须发斑白，而儿子们也都老大不小，所以这不是一次游戏，而是另一场挑选继承人的考验。大家心里对这一点都十分清楚，于是一个个心急火燎地跑进常山四处搜寻，既兴奋又紧张。只有无恤仍是那副胸有成竹、闲庭信步的气概。

日暮时分，公子们一个个垂头丧气地回来了，他们什么也没找到。这时无恤站了出来，朗声道：“我已找到宝符！”赵鞅看向他，满眼惊喜：“说说看！”无恤嘴角逸出一丝笑意：“常山之下就是代国，我们从山上秘径出发，居高临下，可一举将代国拿下！”赵鞅这才知道姑布子卿慧眼独具，无恤果然不是池中之物，而他要攻取代国，岂非印证了解梦人之所说？赵家上下无人不对无恤表示钦服。于是赵鞅废除伯鲁的太子位，改立无恤。

在成为赵氏大家长的道路上，无恤虽然赢得了族人的支持，但却尚且未能摆脱外人强力的干涉，这个外人就是后世称其为智伯的智瑶。

一杯酒的恩怨

智氏之所以一跃而成为晋国的第一强族，是因为此前消灭范氏、中行氏的时候，智氏将两家的土地全部占了。那个时候，智瑶已经做了智氏一族的当家人。

无恤是赵家的庶子，继承赵家基业存在诸多阻力。智瑶却是智氏的嫡子，因此在继承人的竞争中处于非常有利的位置，另一位候选人智宵对他的威胁相当有限。

智氏上一任的族长是智瑶的父亲智申，他早就倾向要立智瑶为嗣。不过智宵虽然没有什么立功表现的机会，也没有姑布子卿这样的高人相助，但却不代表他的背后没有支持者。他的叔父——当然也是智瑶的叔父——智果一直站在他这一边。

于是当智申在家族会议上宣布立智瑶为继承人的时候，智果当即表示反对：“智宵要比智瑶好得多，应该改立智宵。”智申给人当面顶撞，皱眉不悦道：“智宵一副凶恶面相，实在不宜做家主。”

智果续道："世事有虚有实，有真有假，不能光凭表象做判断。智宵面相凶恶，但智瑶是毒在心中。智瑶长须美髯，力能扛鼎，骑马驭车，出类拔萃，而且思路快捷，谈吐不俗，勇毅有恒，这都是他的优点。可是他心胸太过狭窄，睚眦必报。别人若是碰了他一下，他就要断人手足。如此凶狠残暴，叫人心凉，又如何能够服众，如何能够保我智氏一族的平安兴旺？德乃才之帅，智瑶之德不足以驾驭其才，若立他为嗣，必给我智氏招来灭族大祸！"

平心而论，智果所说非常在理。后世君王虽多是刀头舔血、残忍好杀、刻薄寡恩之辈，然而时代不同，不能一概论之。春秋末期，各国变法尚未正式展开，所以各国之体制仍采取分封制，一国之君并无绝对权威，要与下属贵族——如大夫、士阶层——合力治理国家。所以后世君王可以凭借着手中的大权，以无限制的暴力弹压维持一个相对安稳的政局，而在春秋末期，这种手段则行不通。智瑶睚眦必报，一味强势，不知妥协与合作，确实很容易造成众人离心，引来大祸。

不过，此时的智申主意已定，他召开家族会议，不过是宣布这个消息，并没有与大家商量的意思。所以智果说完，他连反驳的话也不说，直接为智瑶行了继嗣大礼。刚烈的智果一气之下，拂袖离开会场，又回家收拾行李，带着妻子儿女就此离开智氏，跑到掌管祭祀的晋国太史那里，表示脱离智氏，改为辅氏，另立宗庙。伤心的智果大概有着超人的敏感，他似乎已经在泪眼模糊中看到了智氏将来的败亡。

孙武子处在春秋末期，那时正发生着我国古代一次重要的军事变革。早先那种列阵而战，战之以礼的传统战法逐渐为人所摒弃。孙武子所著的《孙子兵法》的核心思想就是为了在战场上取胜可以不择手段，所谓"兵以诈立"，也就是后世所说的"兵不厌诈"。

比孙武子晚生了八九十年的智瑶，更将"兵不厌诈"发挥得淋漓尽致。

智瑶接替赵鞅成为晋国第一执政后，吴王夫差遣赤市出使晋国，向智瑶表示祝贺。赤市完成任务，返回吴国的时候，智瑶一改往日之贪鄙，坚持以豪华巨舟送赤市回国。赤市心下奇怪，不知智瑶用意何在，仔细观察才发现，巨舟之上藏着无数着甲荷戟的兵士，智瑶竟准备在巨舟经过卫国时，给卫国致命一击。

原来送人是假，袭击卫国是真。可是这招也太过损人利己了，当卫国为智瑶执政的晋国吞并时，天下之人都会认为赤市收受了智瑶的贿赂，所以才与他沆瀣一气，为他袭击卫国打掩护。这种招人唾沫的事，赤市才不干呢。于是他假托生病，在晋国住了下来，叫智瑶只能好吃好喝地伺候着，而袭击卫国的计划也在无形中流产了。毕竟，兴兵乃关乎国家生死之大事，且天下局势瞬息万变，不是任何时候都有合适的出兵机会的。

仇犹是中山的属国，智瑶对其土地垂涎已久。无奈晋国、仇犹之间的道路太过狭窄，且崎岖难行，所以当时战场上最重要的作战工具——战车根本开不过去。

智瑶对着那条挡住了他前行步伐的小路昼思夜想，终于叫他想出一个办法。他叫人铸了一口大钟。钟的直径正好等同于战车的宽度。钟铸好后，他将其送给仇犹国的国君，叫他派人来取。心思简单的仇犹国君于是命令军队拓路开山。然而，当他满心欢喜地把那口工艺精美、钟声悠扬的大钟迎回来的时候，惊奇地发现后面跟着晋国的雄师。

"当！当！当！"仇犹的亡国之音就这样在天地间无情地回响起来。

从这两件事可以看出，智瑶确有才干。他是《孙子兵法》里所说的那种"善攻者"，"动于九天之上"，水银泻地，无所不用其极，所以连吴国使者向他庆贺一事都可以拿来作掩护而攻打卫国，而当目标瞄准了仇犹国时，又能铸造大钟叫对手自掘坟墓，其思想的灵活性实非一般人所能及。

然而，上天是公平的，他在某方面给你以优势和特权，就必要在另一方面削弱你。所以天才几乎都是“偏才”，正如智果所说，智瑶心胸狭窄，难成大器。

公元前468年，晋国第一执政智瑶会同各家出兵，一起讨伐郑国。那时赵鞅已经老了，而且正在生病，所以代表赵氏、率领赵兵出征的是太子无恤。

历来有“郑声淫”的说法，一个整天载歌载舞、饮酒赋诗的国家怎能抵挡住长期作战的虎狼晋军？于是没费多少工夫，晋人就打到了郑国的都城之下。一般来说，春秋战国时期的战争都是从“野”，也就是各国的边境打起，而攻城往往是战争的最后阶段。

由于那时人口稀少，又边界不清，所以在“野”打起来的战争往往迅速结束，并不太过惨烈，而攻城就不是那么一回事了。对于城里的人来说，如果城破，往往面临着男人被俘、女人被侮的危险，所以他们都会拼力死守。一般城里会储存一定量的粮食，加之那时城墙修筑得十分高大结实，所以守城者居高临下，占尽了地利人和，往往占据主动权。

反过来对攻城者来说，在守城者物质匮乏、失去战斗力之前，己方必然会死伤大量士兵。攻城，是以命搏命，而且往往是用自己人的十条命去博取敌人的一条命，等于送自己人给敌人去杀，以此消耗他们的物资和战斗力！

如果指挥统一，晋国攻打郑国时就不会出什么问题。问题就出在晋军是几家的联军。所以攻城这种吃力不讨好的事，几家势力互相推诿，谁也不肯吃这个亏。智瑶自然不会做这个出头的椽子，于是向赵无恤递眼色，要他率领赵家军前去攻城。无恤心想：“你不肯吃亏，难道我便是傻瓜吗？”于是，无恤沉默，没有理会智瑶。智瑶心中有气，但现在正是打仗的关键时候，也不好在军前发作。

但由于彼此都各自打着各自的小算盘，所以这次攻城最终不了了之。但是，晋国联军毕竟虏获了郑国大量的资财和人口，可算是打了一个大大的胜仗，于是要设酒宴表示庆祝。

酒宴之上，坐在主席的智瑶兴致很高，狂饮不止，终于显出醉态。他伸手指向无恤，轻蔑地说：“你这家伙容貌丑陋，胆子又小，太招人厌，真不知赵老将军怎么挑选你继承家主之位？莫非赵家无人了吗？”无恤与智瑶对视，毫不相让，说道：“家父挑中了我，是因为我能隐忍！”

智瑶狂笑：“忍给我看！”说罢甩脱手中酒杯，直向无恤脸上掷来。无恤就坐在智瑶旁边的一席，这么短的距离根本来不及躲闪，额头给酒杯砸个正着。鲜血流过无恤的眼睛，顺着脸颊淌了下来。赵家众家臣看不下去，纷纷拔剑要杀智瑶。智氏家臣也一个个拔刀相向，气氛立时如箭在弦，一触即发。

智瑶冷冷看向无恤，等着他的反应。无恤这时从怀里抽出一片帛，将脸上的血拭去，转身对众家臣说：“给我退下！”语气中有种不容置疑的味道。众人只得收剑回鞘，退回原来的地方站好，智氏众人见此也只好纷纷归位。

看着无恤拿着帛布稳稳扶着额头的样子，看着他毫无表情的脸，智瑶心里没来由地一紧。但这种感觉转瞬即逝，他也就没有放在心上。

回到赵家后，众人问无恤为何不让他们出手，为他雪耻报仇。无恤说：“小不忍则乱大谋，家父之所以选我为继承人，就是因为我能够忍辱负重。把眼光放长远一点吧，我们现在不是智氏的对手。”当然，在无恤心里，智瑶与他已是你死我活之局。

闹过酒后的智瑶还曾向赵鞅建议，让他把无恤给废了。赵鞅费尽心思，千挑万选才把这个宝贝儿子选出来，当然不会听他的话。不过这事最终让无恤给知道了，无恤也因此更加仇视智瑶。

不久赵鞅病故，无恤成为赵氏家主。

你的就是我的，我的还是我的

俗话说，一力降十会。当绝对力量足以压倒对手的时候，就不需要拐弯抹角，搞些偷偷摸摸的小手段了，所以强者的信条永远是这六个字：“简单、直接、有效”！

智瑶是强者，也是这个信条的重视信徒，所以当他垂涎韩、赵、魏三家的土地时，直截了当地伸出手来，笑嘻嘻地跟人家说：“拿来！”

第一个遭到智瑶勒索的是韩氏，当时韩氏的家主是韩康子。史书关于韩康子的记述少之又少，所以他是个什么样的人没有办法清晰地描绘出来。不过可以肯定的是，相对于以硬碰硬的赵无恤，韩康子是个易于屈服的“贵柔”之人。

来自智瑶的最后通牒就摆在桌子上，韩康子对此一筹莫展，不住叹息。把地交出去吧，自己舍不得。谁能保证这是智瑶的最后一次索要？可是如果断然拒绝，说不定这头老虎马上就要把自己吞掉，真是进退维谷，愁煞人也！

韩康子手下有个叫段规的谋士这时站出来为他分忧，段规对韩康子言道：“以实力论，我们万万不是智氏的对手，而以智瑶的贪暴性格，若不答应他的无理要求，恐怕会立即加兵于我韩氏，而剩下两家见有机可图，很可能趁乱出兵，瓜分我韩氏的土地。如此一来我们腹背受敌，后果堪忧，所以不妨先应允智瑶的要求。照我看智瑶不会就此止步的，他肯定会接着向魏、赵两家索要土地，我们不妨因势利导、静观其变。”

韩康子听段规说得有理，于是“痛快”地将土地割给了智瑶。

正如段规所言，获得土地的智瑶并不满足。所谓食髓知味，一次成功足以诱发第二次尝试，更何况这“尝试”原本就在智瑶的计划之中呢！于是智瑶肥腻的大手又伸到了魏氏家主魏桓子的面前。魏桓子和家臣任章又重复了韩康子和段规的“演算”，于是也“有荣与焉”地献出土地。

而当智瑶的手摊在无恤的面前，无恤给韩康子和魏桓子上了一课：这个世界上，不是只有妥协和屈服，更有奋发和抗争！

“想要我‘皋狼’之地，真是无耻极矣！凭什么？我偏偏不叫你如愿！”无恤心里火冒三丈，脸上仍是那副波澜不惊的表情。

被无恤拒绝后，智瑶只有立刻发兵，将赵氏击垮打服，否则他前面向韩、魏两家索要的土地一下子就变得可疑起来。如果只是口头吓唬吓唬，人家为什么要拿出土地呢？韩康子、魏桓子并不是傻瓜，他们也会问一句：“凭什么！”

无恤对这一切早有预料，也摆开了死战到底的架势。不过让他大跌眼镜的是，在他与智瑶的斗争中，韩康子、魏桓子这两个被智瑶欺负的“受害者”竟然再次站到了智瑶的一边！其实，韩康子、魏桓子虽然愚蠢，但他们也有自己的逻辑。在智、赵两家的大对决中，他们显然更加看好实力绝对占优的智氏。所以这才与智瑶达成协议，组成三家联军，希望能够在灭掉赵氏后三分其地，壮大自己。

韩、魏两家的如意算盘打得响吗？

第二章　三家分晋，韩赵魏割据一方

我死得太晚了

面对三家联军的滔天气焰，勇敢果决如赵无恤亦只有暂且退避。他能退到哪儿呢?无恤想起了父亲赵鞅临死前的嘱托：若有事可退守晋阳!

赵鞅之所以如此看重晋阳，是有道理的。

董安于是赵氏的家臣，最得赵鞅倚重。晋阳向来是赵氏一族的根本，赵鞅当然不敢疏忽，所以当他挑选修筑晋阳城的工程负责人的时候，就选中了董安于。董安于的先祖就是大名鼎鼎的“古之良史”董狐。

董安于主持修筑的晋阳城十分特别，他在修筑晋阳宫城时，都是用炼化金属铜来作为宫殿的支柱，而宫殿里主体部分，都是砍伐山上的荆木搭建而成。这在当时确乎是一个创举，因为这样建城，花费的成本太高，且容易遭受“奢侈”的讥讽和批评。人们会说，宫殿是用来住人的，你为之耗费如此物力财力，有必要吗?

不过，董安于如此作为却并非多此一举。首先，若赵氏后人退守晋阳城，又遭敌军围城，那么矢尽弹绝的时候，赵家军就可以拆除铜柱，炼化之而铸造箭头。而宫殿主体的荆木因为非常的坚实，“虽劲竹不能过也”，所以又是制作箭杆的好材料。

可是，董安于却没能看着它一手规划的晋阳城修筑完毕。他的智谋实在太过厉害，屡屡为赵鞅出谋划策，助赵氏摆脱危难，所以被有心吞并三家、独霸晋国的智瑶视为眼中钉、肉中刺，必欲除之而后快。智瑶屡次向赵鞅施压，要他处决董安于，不过都被赵鞅给顶了回去。直到赵午违背赵鞅的命令，赵鞅在董安于的建议下将其诛杀，引发了范氏、中行氏之乱，这才给智瑶抓住机会。智瑶将董安于定为始乱祸首，而这时经过经年战争，赵氏已经元气大伤，赵鞅再也顶不住来自智瑶的压力，但董安于与他感情深厚，且为他赵家立下汗马功劳，要他杀死董安于，他是无论如何也下不去手的，于是左右为难、日夜忧虑。

这时，董安于再次挽救了赵家，他的方式就是牺牲自己的性命。传说他临死慨言道：“唯有我死，赵氏才可以获得安宁，晋国才可以获得安宁，我死得太晚了！”其忠勇刚烈真叫人感叹。

董安于虽死，晋阳城却要修下去。在撒手尘寰之前，他向赵鞅推荐了下属尹铎。赵鞅十分信任董安于，于是任命尹铎为晋阳城主管。尹铎并非是一个因循之人，而是有着强烈的全局观。他问赵鞅：“晋阳最终要建成什么样子呢?是要它成为一个以生产为主、提供粮食赋税的都邑，还是把它建成一个危急时用来保命、可供守卫的城池?”赵鞅心想董安于果然没有看错人，于是欣然答道：“我要把晋阳城修建得固若金汤，让他成为这广袤大地上的一个坐标，一个丰碑，屹立万世而不倒！”尹铎有了计较，开始不计代价，放手修城。

然而时间一天天过去了，钱粮如同流水一样花了出去，而尹铎的晋阳城建好之日却遥遥无期。这时赵鞅派人告诉尹铎，要他拆去永远也建不完的围墙，而这些围墙在50年前董安于就开始着手修建。尹铎对赵鞅的命令置之不理，仍是盯着那个“固若金汤”的终极目标，一步步稳稳地走下去。这种不服从命令的行为自然激怒了赵鞅，为怒气所裹挟的赵鞅甚至想将尹铎杀死。这时众大夫开始劝说赵鞅：“生于忧患，而死于安乐。

尹铎时刻保持警惕，曾说：‘思乐而善，思忧而惧，人之道也。’他加高城墙是为了防患于未然，是为了赵氏尽忠，还望将军三思而后行。”赵鞅恍然大悟，不仅不再责怪尹铎，反而嘉其忠勇。得到肯定的尹铎进一步减免赋税，将四方之人都吸引到了晋阳城。由于尹铎爱惜民力，晋阳城的居民都对赵氏感恩戴德，他们生怕晋阳城忽然易主，那么以前的幸福生活就要随之而付诸流水、一去不返。

占尽了地利人和的晋阳城如今已经摆开了架势，就等着智瑶前来决一死战。

果然，面对智瑶的多次强势进攻，晋阳城依然铜墙铁壁地矗立在那里，城墙上随风飘舞的赵家军旗鲜艳招展，在智瑶看来恰恰如同蔑视的嘲笑。

不过，“善攻”的智瑶很快就找出了对付晋阳城的办法：引汾水灌城。

这对守在城中的赵家军来说是十分不利的，无恤等人所凭借的无非就是晋阳城，凭着它城墙的坚固和众志成城的民心，以此来大规模地歼灭来敌的有生力量，直到将敌人的锐气和战斗力消耗殆尽，让他们自动撤退。

可是现在这些计划都落空了，无恤他们成了被动的一方，而智瑶却不再焦急，因为除了按月供给的军粮，他不再需要支出任何花费，不需要再牺牲将士的性命，他要做的，就是支起华盖，坐在下面抚琴喝酒，顺便欣赏不时出现在城头的无恤那副惶惶如世界末日的落魄相。

无恤现在确实很落魄，汾水灌进城里后，将城里的一切都搅得变了样。遭逢水灾的晋阳居民只能将铁锅提到半空中烧火做饭，因为原本的灶台早已被浸在水中。城内居民们的脸上不再洋溢着幸福生活的欢笑，他们眼睛里尽是对未来的疑惧和担忧，晋阳城人人自危！

更为要命的是，除了一个高共仍然行礼如仪，无恤发现赵家的家臣们都对他侧目以对，仿佛他已经不是赵家的主人！

“城堡都是从内部给人攻破的。”无恤开始考虑投降议和，但他手下最重要的谋士张孟谈却劝他莫要灰心：“或许仍有转机呢？”

无恤问：“你有什么计划吗？”

孟谈说：“且放我出城去，看看能否策反韩、魏两家。”

事到如今，无恤也别无他法，只好死马当活马医。在张孟谈出城之后，无恤每天都到城头巡视，盼望他归来的身影。

手肘、脚趾与战争

就在无恤为变坏的形势辗转难眠之际，智瑶却每天都是一片阳光灿烂的好心情。这天，他将韩康子和魏桓子叫到身边，又携着二人一起来到汾河，看着波涛滚滚的河水，智瑶心中大快。

这时智瑶发出一句感慨：“吾乃今知水可以亡人国也！”抚着自己的美髯，一阵得意。

不过听到这句话的韩康子和魏桓子心里一阵抽搐，因为他们两家的都城同样面临着被人灌水的危险。于是《资治通鉴》写下这样“意味深长”的两句：“桓子肘康子，康子履桓子之趾。”

韩康子和魏桓子这样的小动作当然不会叫智瑶看见，因为两人都站在智瑶身后，而那位实力最强的霸主正陶醉在自己的完美计策中！

而随在三人身后的智氏家臣绨疵却看出些门道，于是在返回自家营帐时对智瑶说：

“韩、魏两家必反！”

智瑶奇道：“你是怎么知道的？”

“所谓唇亡齿寒，如今眼看胜利在握，我们就要三分赵家土地，可是韩康子、魏桓子二人面上毫无喜色，反而满是忧愁。这不是谋反的征兆是什么？”絺疵言之凿凿。

让絺疵想不到的是，肤浅的智瑶竟然在第二天召见韩、魏两家的时候，将他的话原原本本地转述给两人，问道：“你们当真要反吗？”智瑶此举实在算不上高明，如果两家并无二心，当然会矢口否认，这样贸贸然、赤裸裸的怀疑反而要无端生出三家之间的嫌隙；反过来，若韩、魏两家真个要反，难道还会当面向他承认吗？

果然，听了智瑶质问的韩、魏两人如遭雷击，一齐摇头大呼，哪有此事？智瑶满意地笑了，仿佛真的信了两人的话，于是将两人送走了。絺疵听说此事，愣在当场，不过他很快就明白了自己的处境：这场战争的最后胜利者一定不会是智瑶，自己如果继续在他手下做事，定会跟着他做一个亡族灭家的奴隶；即使智瑶将无恤打败，自己在这个过程中扮演的不过是一个离间智、韩、魏三家的小人，以后也无法再在晋国立足。于是他借着出使齐国的机会离开智瑶，再也没有回去。

而回到营帐的韩康子和魏桓子两人却继续纠结，一时仍拿不定主意。碰巧这时张孟谈来到他们这里，单刀直入地将话挑明：“我这次冒死而来，是希望能够劝说两位将军离开智瑶，与我家将军合兵一处将之击溃，然后三分其地，共同主宰晋国！”韩、魏两人互相看看，都不说话。

“二位将军难道还不明白？以智瑶之贪鄙，晋阳城破之日就是你韩魏两家走向灭亡之时，满城妇孺的哭号就是你韩魏两家的挽歌！”这句话正好道出了韩、魏二人连日来的忧虑，权衡之下二人毅然决定加入赵氏阵营。

但事情不会这么简单，这其中又生波折。波折来自于改姓辅氏的原智氏族人辅果。他虽脱离智氏，但毕竟身上流着智氏的血，于是赶来帮助智瑶。无巧不成书，出城游说韩魏两家的张孟谈被辅果发现了。辅果当然没有认出张孟谈，甚至他可能根本就不知道张孟谈长什么模样，他只是发觉在韩魏两家营中走动的那个人衣着怪异，不时东张西望、神色慌张，一看就知道有什么阴谋。于是辅果赶到智瑶那里，说韩魏两家有心谋反。

也许是因为前面已经被絺疵折腾得烦了，辅果的警告在智瑶那里竟然没起到任何效果。不耐烦的智瑶挥手叫辅果告退，但执著的辅果不退反进，进一步要求收买韩魏两人的手下，以求真相。

这时倔强的智瑶肝火大动，指着辅果大骂起来。辅果这才知道无论自己如何劝说都不会有什么用了，于是学着絺疵，出营回家去了。

没过多久，与无恤约定好了的韩康子派人杀了智氏守在水坝上的军士，又将其掘开，于是浩浩荡荡的汾水就转而灌进智氏的大营，将智家军冲个七零八落，尚在梦中的智瑶就这样一命归西了。

看着眼前堆积如山、给大水泡得囊肿的智家军尸体，无恤一定也会生出“人生无常”的感叹。谁能料想到就在他要放弃的一刹那，胜利的天平会突然发生如此大的逆转呢？无恤性子本来坚韧，经此一役，他的雄心和野心愈发激昂。

韩、赵、魏三家瓜分智氏土地自不必说，可说的倒是无恤在战后的封赏。居功至伟的张孟谈并未被无恤列为第一功臣，反而平平无奇但始终任劳任怨的高共成为无恤手下的第一人。也许，是无恤想起了那些担惊受怕的日日夜夜，只有这个忠厚老实的人才是自己真正的依靠吧。

习惯上，三家分晋一直被当做是战国的开端，这台轰轰烈烈的大戏正预示着一个伟大时代的到来！

第三章　变法求强，大国初露锋芒

魏文侯的领导智慧

在古时的专制政治之下，一个国家是盛是衰，是兴是亡，与这个国家的君主有非常大的关系。因为他是整个政治机器运转的中心，一切都是围绕着他来进行。他的意志达之于这个国家的每一个行政末梢，甚至他的私生活都因为他的权力的辐射而对整个国家产生重大的影响。所以法王路易十四说“朕即国家”，这句话原是不错的。

在晋阳之战后，智氏被消灭，其地被瓜分，晋国顿成韩、赵、魏三国鼎立之势。这时最强大的是赵国，然而第一个跃上舞台发出强光，成为战国时期超级大国的却非赵国，而是原本并不起眼的魏国。这一切都是因为当时魏国的国君魏文侯。

魏文侯，名斯，是魏桓子的孙子。欲成大事所需要的第一个品质不是勤奋而是对局势的判断和整体的把握。如此才能从整个天下大局中推导出自己可进可退的路径，可为不可为的领域，然后再调整目标，另做计较。大的方针定了下来，然后才谈得上如何去实行，以及在此过程中如何随机应变，挺过难关。魏文侯无疑是一个有大局观的人，在韩、赵两家仍在思考如何从晋国领土获得尽可能多的好处的时候，他的深邃的目光已经超越了小小的晋国，而扫视天下了。

整个晋国的局势是赵国在北，魏国在西南，而韩国偏于东南。晋国左临黄河，右偎太行，虽说地势险要，易守难攻，但北临戎狄，且为群雄包围，可拓展的空间不大。且当时天下大乱，各国命途均成逆水行舟、不进则退之势，所以如何保存自家国土、自家宗庙，光耀自家门楣就成了韩、赵、魏三家主人的共同心病。

韩、赵两家的想法是先在晋国内部壮大自己的实力，然后再向外扩展。于是韩武子派人来游说魏文侯，想要联合韩、魏两家一起进攻强大的赵国，以此来化解北方的威胁。可是魏文侯却不这样想，且不说北方的赵国是抗击戎狄的一道屏障，单是赵国那强大的实力就足以抵挡韩、魏两家的联合军力。到时候战争一定陷入胶着状态，且这种状态一定会长时间地持续下去，最终的结果无非是“三败俱伤”，如此岂非要给三晋周边虎视眈眈的外人以一个天大的机会吗？于是魏文侯拒绝了韩武子的建议，韩武子从此开始看不起魏文侯，把他当做了一个贪生怕死、毫无气魄的胆怯小人。

魏文侯刚刚拒绝了韩武子的联军抗赵的建议，就迎来了赵家的使者。原来消息走漏，这件事被赵献侯知道了。赵献侯以为，魏文侯既然拒绝了韩武子，那么就一定会站在自己这一边，于是派使者建议说，不如我们赵、魏两家合兵一处，将韩国灭了，然后平分其土地，将军以为如何？使者言辞恳切，魏文侯听了却哈哈大笑。所谓唇亡齿寒，赵国如此强大，只有魏、韩联合起来才能够勉强与之相抗，互保彼此宗庙香火不灭。如果他贪图一时的便宜，妄图联合赵国而打击韩国，这就如同猎狗为主人捕尽山里的兔子，最后没有食物来源的主人只好宰了猎狗来充饥，所谓“狡兔死，走狗烹”，此乃千古不易之道理，于是赵国使者最终也带着未能完成使命的惶恐心态归去了。赵献侯听了使者的复命，自然恨得咬牙切齿。

不过，魏文侯天生就是一个领导的材料。所谓“天生的领导材料”，就是说这人参与任何事，都必然有着非凡的热情，对此事也抱着独特的想法，不仅如此，他还总是想要说服每一个参与者，让他们认同他的想法，与之合力一处，将事情按照自己的想法办成。魏文侯不光是“有所不为”，他还“有所必为”。他向韩、赵两家发出照会，共同协商三晋未来的发展道路。

魏文侯打开天窗说亮话，先将拒绝韩、赵两家的理由说出来。韩武子和赵献侯虽然听得心里不是滋味，但还是不住点头，为魏文侯口中的道理折服。魏文侯接着说出了自己对三晋和天下形势的判断，指出三晋易为地势所扼之实情，并以此立论，提出三晋必须停止内斗、和平共存的主张。他说，非如此，我们就要永远困于此地，日渐削弱，最后沦为时代的弃儿，为别国吞并，到那时即使后悔亦没有一个可供我等哭泣的地方。韩武子和赵献侯都为魏文侯说动了，但三家存在着千丝万缕、错综复杂的关系，到底怎么个和平共存，怎么个协同发展，始终未能达成共识。好在大的原则，即和平的局面已经在此次会谈中确定，如此魏文侯可以放开手脚，做自己想做的事了。

魏文侯到底如何打算且不说，但一个人的力量毕竟有限，所以无论做什么事，若有个帮手总是事半功倍，更何况是魏文侯这样的君主的宏天大计呢？可是，有的人天生就能团结人才，天生就能使之为自己效死力，如刘邦；而有的人却总是将人赶跑，以才资敌，最后落得孤家寡人，凄凉败亡，如项羽。那么魏文侯到底是刘邦还是项羽呢？

在伐灭中山国之后，功成圆满的魏国君臣摆酒宴以庆祝此次胜利。志得意满，魏文侯环视诸位家臣，问道：“像我这样的君主，诸位怎么评价？”

“仁君！”魏氏家臣异口同声，一起举杯向文侯敬酒。文侯听得哈哈大笑，正要一饮而尽的时候，却听见一个硬邦邦的刺耳声音说道：“君上打了胜仗，却没有将中山分封给劳苦功高的弟弟，反而把它封给了寸功未立的儿子，这哪里称得上是仁君？”说这话的是魏氏家臣任座。听闻此话，魏文侯十分气愤。任座也发现了这一点，暗觉不妙，于是小跑着出了帐。魏文侯转过头去问翟璜：“依你看，我是否称得上仁君？”翟璜是文侯的谋士，素来得他的倚重。他这时已看出魏文侯正在气头上，而任座实在是很危险，自己一个答得不好，就要害人害己。于是不卑不亢道：“当然是仁君！”

“哦？”文侯给他引起了兴致，“这话怎么讲？”翟璜拱手道出一句千古名言：“臣闻君仁则臣直，向者任座之言直，臣以是知之。”（《资治通鉴》）翻译过来就是：“我听说君主仁慈则臣子正直。刚才任座句句直言相谏，我就是以此知道您是仁君。”魏文侯听后转怒为喜，于是让翟璜出帐将任座请回来，又亲自离席相迎，把他捧为上宾。

由此可看出魏文侯心胸之宽广。人非圣贤，孰能无过？但最重要的是能够悬崖勒马，及时改过。自古以来，君主偏听偏信、亲近小人的多，而亲近君子、直言纳谏的少，因为很少有人有唐太宗李世民那样真正的自信，他们的自信都是建立在别人的吹捧阿谀之上。魏文侯恰恰有这个自信，自信自己能够克服一切困难，达成自己光耀魏氏的宏愿！

如此胸怀，自会成就一番霸业！

刀锋向秦

其实在晋国之前，还有一个诸侯国也在历史的一声叹息中，悄然谢幕。这个国家就是姜氏齐国。战国时期引起一个国家灭亡的原因往往是诸侯国中的权贵凭借自己的地位威胁主上的权力，名正言顺地取而代之，被取代的国家便就此灭亡，齐国和晋国其实都是这种情况。

早在公元前5世纪，齐国政权便落入了田氏贵族手中。经过数十年苦心经营，齐国不负众望，以一个崭新的强大的国家形象屹立在东方。齐国的实力放之天下，谁也不敢小觑，但是齐国君王并不满足于单纯的大国地位，他既要利也要名。

这种趋势在公元前4世纪中叶表现得最为明显。当时传统的中国版图上，只剩下八个重要的诸侯国。楚王国的君主早就称王了，而其余诸侯国的君主却依然沿用着公爵或者侯爵的称谓，代表着他们和周王室的附属关系。在理论上，他们都还是周天子的臣子，这种低下的地位让诸侯国的君主们心中很不平衡。特别是像齐国这样的强势国家以及齐主的雄才大略，一个高于诸侯的国君地位是他目前最为迫切的需要。

公元前389年，在三晋的启发下，田和带着装满贿赂的大车来到了洛阳，觐见了周王姬骄。田和很顺利地得到了周王姬骄的诏令，册封他为齐国的国君。而齐国原有的国君姜贷的命运，便在这一纸诏令中被注定。整个天下，连周天子都不能挽救他，谁还能够力挽狂澜呢？姜贷的余生是在海边的一座孤独的小城中度过的，或许他是寂寞的，一个末世君主、亡国之人，其结局还能如此，实在是不幸之中的万幸。但是整个战国初期，却是激情飞扬的，十年之后，姜贷死去，姜氏齐国便灭亡了。

此时的齐国末主，并没有开始被放逐之时的那种落寞。或许是他看到了，这一切不仅是因为自己无所作为，更应了整个天下的大势。

齐国的田氏贵族羽翼日渐丰满，取而代之似乎是顺理成章的事情。与齐国不同的是，晋国的分裂很突然。曾几何时，晋国在周王朝封国中面积最大、实力最强，如果要论某一个诸侯国最有资格实现一统天下，必然非晋国莫属。

可是就在公元前376年，晋国的最后一位君主姬俱酒被贬为平民，从此远离了尔虞我诈、风云变幻的宫廷内院，也远离了人们的视线。晋国被韩、赵、魏瓜分的剩余物，也就是两座最后的城市，也再一次遭到了三个诸侯国的瓜分。

晋国宣告彻底灭亡。

整个过程干净利落，绝不拖泥带水。天下之大，竟然没有任何一个国家愿意出头，或者在他们的心里，做隔岸观火状所获取的利益更大。晋国只要一灭掉，天下便失去了一个可以与之抗衡或者欺压他的国家了。于是乎，晋国如同一片枯叶在激流中沉没，没有引起半点涟漪。

当时天下最高兴的国家非秦国莫属。

在秦国初期，由于东方晋国和楚国的阻拦，秦国的数个统治者都将秦国举国之力用于开发西北部地区。这一地区的人在中原人眼中，都是不可教化的野蛮人，即西戎，后来还进一步发展成了义渠、匈奴。秦国和西戎的斗争都主要集中在军事上面，仿佛一向落后的秦国也认为，对付野蛮人只能用野蛮的方式。只是野蛮人的战斗力却是出奇的强悍，甚至还导致了西周的灭亡。在公元前822年，秦国的一位统治者也被戎部落杀死。后来秦国在穆公之后，不断励精图治，终于接连打败戎。

秦国的强大超过了戎的想象，曾经和戎在一个平面上的竞争对手，突然便成长到了一个让戎仰视的高度。戎也就逐渐淡出了历史舞台，最后一次有史可查的是公元前430年，这是戎部落对秦国的最后一次进攻。经过100多年的变迁，曾经以游牧为生的戎部落，大多数人开始定居，公元前315年，秦国顺势攻占了戎的25座城池——这一部落在生活生产方式上也被秦国同化了。

而秦国在彻底打击了戎部落之后，也将自己的战略重点转向了东方诸夏内部。一场关于战争和阴谋的历史大剧就此上演。

在秦晋之好的政治骗局下，秦国一度丧师失地。甚至连崤山、函谷关等战略要地也被晋国占据，从此，秦国的东大门便被晋国打开，只要晋国愿意，大可以长驱直入，直取秦国都城。

莫说夺取中原霸主地位，甚至连自保都不足，秦国知道函谷关绝对不容许在他国手中，哪怕付出再大的代价，秦军也必定要夺回函谷关。

只可惜秦国只知道晋国不好惹，岂料连只有晋国土地面积三分之一的魏国也是强势无比，秦国军队多次攻伐，都被魏国打得无还手之力。尽管秦国的军士意志坚定、攻伐果决，奈何整体实力比不上魏国军队。于是，秦国只能退而求其次，缩回头去养精蓄锐。

让秦国始料未及的是，魏国比之晋国竟然更加好战。在秦国的东边，本来就不多的肥沃土地，竟然遭到了魏国的不断骚扰和攻伐。眼看着秦国的局势危急，秦军拼死力战，如此使魏国“杀敌一千，自损八百”，这样一来形成了一种短暂的平衡。

魏文侯招贤纳士的名声早已传遍天下，于是吴起来到魏国寻梦。

子夏是卫国人，是吴起的老乡。史书上说吴起曾拜子夏为师，这应该是他被曾子逐出师门之后的事。吴起在曾子那里学的肯定是礼仪孝道，那么，他在子夏这里学到些什么呢？从子夏教出的这些学生来看（比方说李悝），他学的很可能是治国强兵之术。

“对于人才，寡人当然是倒履相迎、来之不拒，但不知这个吴起是否怀有真才实学呢？”魏文侯向李悝问道。

“吴起好名利、好女色，为人残忍刻薄，可是若要讲到陈兵列阵、决胜沙场，即使司马穰苴亲临，也未必能从他手底下讨到好处！”李悝一揖到地。

于是文侯召见了曾师承两位儒门大贤，又在鲁国取得辉煌胜利的吴起。

“先生可知寡人心里在想什么，为何要召见你？”文侯问道。

“君上心中所想的，乃是天地日月，地火风雷，乃是山川草木，乃是黎民百姓；君上意欲将百万之众，问鼎于天下！”吴起慨然答道。

“何以见得？”文侯笑了。

“君上之富，放眼天下亦少敌手。然则仍然四处猎兽，剥其皮用以制车做甲；冶炼的炉火终年不熄，二丈四尺的长戟与一丈二尺的短戟早已堆积如山。难道这些车甲兵器都是用来做摆设的吗？”吴起仰头向文侯看去，丝毫不避。

“生我者父母，知我者先生……”魏文侯当下开始问计吴起，求教治国用兵之术。吴起久旱逢雨，于是将胸中所学一股脑儿地向文侯献出。两人越谈越投机，文侯暗赞李悝果然没有看错人，于是拜吴起为将军，命他训练士卒。

魏文侯深知，如果放任秦国不管，而让魏国军队在外面大摇大摆地东征西讨，秦国很可能在关键时刻给予魏国致命的打击，这是任何人都无法承担的责任之重。

将吴起派遣到与秦交界的西河，首先可以借助吴起的名声来震慑秦国。此时的吴起，可谓无人不知无人不晓。昔日在鲁国时，只是带着两万多老弱残兵便将强大的齐国军队打得丢盔弃甲。秦国军队自然知道吴起的声名，虽然有心夺取函谷关，却一直按兵不动。其次，魏文侯对于吴起，从心底而言是存在着担忧和防范的。所以征战天下的大业，并没有交到吴起的手中。将吴起放在自己的后方，不仅可以人尽其用，而且还能够有效地防范他。

魏文侯如是想，既然有这么两全其美的法子，何乐而不为呢？只可惜吴起并不是一个甘于屈居人后的人。此时的秦国，已然暂时摆明了放弃和魏国交锋，转而投身到轰轰烈烈的西部大兼并的事业中去。有此天赐良机，吴起自然不会坐等秦国壮大。

但是秦国的军力有目共睹，不是可以随便与之开战的。吴起苦思，该如何在不影响天下大势的同时，使得魏国更加强大呢？于是，历史上一支强大的军队出现了，它的出现源于一场浩浩荡荡、恢宏无比的改革。

魏武卒是怎样炼成的

一场改革的兴起，必将源于思想的变迁和整合。而正是在一次次的军事交锋和政治角逐中，吴起逐渐形成了自己独特而深邃的军事理论。

《汉书·艺文志》一书中就集中著录了《吴起》48篇，可惜后来佚失，流传至今还剩下《吴子》6篇，即《图国》、《治兵》、《论将》、《料敌》、《变化》、《励士》，这应该是后人借着吴起的名声而作。当然，其中也继承了吴起大量的谋略和思想，吴起注重国家军事力量的加强，同时还争取国家和军队集团内部的协调与统一，一旦国家出现“四不和”，就只能止戈息武。换一个角度说，就是强调一个国家内部要“和”才可以出兵打仗；打仗之前军队内部要“和”才可以出征；出征列阵，每一个环节都要“和”才可以进战；具体到战场之上，军队作战相“和”才可以获胜。也就是通常所说的：“内修文德，外治武备”。

在《吴子兵法》的《国图篇》中也提到，对于士兵而言，如果知道君王能够爱其命、惜其死的话，即使碰到危难，将士也会以进死为荣，以退生为辱。如此，便能够上下一心、众志成城。

孙武在《孙子兵法》中早就提出了“知己知彼，百战不殆”的思想，被后人引为军事上的不朽概论。吴起在其军事思想中，也继承了孙武的思想，并在《料敌》篇中提出，了解和分析敌情，对整个战场敌我双方的优劣进行评估，具有十分重要的战略意义。

在《应变》篇中，吴起根据战场局势千变万化，随时根据实际调整战略部署的思想，论证了如何应对仓促迎敌，敌众我寡、敌人断我后路、敌人凭借险要殊死顽抗甚至是四面楚歌等战场情况。

此时的魏国，虽然表面看起来无比的强大，但是在军士的战力和勇力上，比之秦国的老弱残兵尚且有所不如。运筹帷幄之中、决胜千里之外，在吴起的眼中，不过是一句大话、空话。面对战场局势的千变万化，再完美的计划也赶不上变化，一支军队要在战争中取得胜利，完全依靠数量是不行的。相比于数量，其质量更为可贵。一支战无不胜攻无不克的军队，必要有优秀的将领和卓越的士卒，二者相辅相成，严格赏罚和训练，统一号令。

于是，训练魏武卒的思想，便在吴起的心中产生。

吴起认为，要让一个士兵安心地离开家园、离开父母、离开妻子儿女，就必须要免除其后顾之忧，使鳏、寡、孤、独、废、疾者皆有所养、有所依、有所仗，更要让军士齐心、奋勇杀敌。所以，吴起将魏军帐下的士卒家中的徭役赋税等全部免除，严格标准以选拔魏武卒。

正如一匹劣马无论多么拼死劳力，也不可能日行千里一样，一支素质不合格的军队，无论其士卒多么肯拼命，也无法达到战略目的。所以吴起开始挑选兵士，他要打造一支转战天下而不败的铁军。要想入得吴起的法眼，一个士兵的体力必须过硬，他必须在半日内跑完整整一百里。如果轻装上路，也许很多人都能进入吴起的军队。难就难在参加考试的人必须身着全身铠甲，另外还要背负十二石的弩弓（一石约合今天30千克，十二石就是360千克，不过这只是说弩弓的拉力，而非其重量，否则恐怕无人能够达标）、50支箭，还要手上持戈、腰上挎剑，携带三日口粮！即使在营养丰富、训练技术已有很大提高的今天，一个士兵要达成这样的任务也不容易，可以想见吴起的标准是多么高，又可见他心中对这支未来的铁军抱着多大的希望。

在如此苛刻的条件下，吴起还是挑选出了一些人。吴起当众宣布："从今日起，你们家里的徭役和田宅租税全部免了！"欢声雷动。但他们也做好了吃苦的准备，因为吴起对他们的要求只会更严格，他们执行的任务也只会更危险。千锤百炼，这支队伍终于可以上战场初试啼声了——这就是战国初期名震列国的魏武卒。

吴起带兵，不辞辛劳，放着可口的美味不吃，空着华丽的帐篷不睡，而是与贫苦的士卒同吃同住。行军时，他留着车马不乘不骑，而他自己的粮食也像普通士兵那样亲身背在身后，兵士们看了，都觉这位将军与别个不同，他是"自己人"。但是，仔细想想就知道，这个杀了自己的妻子来换取为将带兵之权的人，他心中不可能有这么多的温情，所以这都是吴起收买人心的手段。这些手段都见效了。有一次，一个士兵身上长了疮，吴起张开嘴巴，亲自为这位兵士吸脓，清理溃烂的伤口。这个兵士当时感动得热泪直流，而周围看着的兵士也都愿意为吴起以死效力。

但是，这个长疮兵士的母亲听说了这件事反而号啕大哭，以头抢地。旁人不解，就问她："你儿子不过是一个普通士兵，吴将军亲自为他吸脓舔疮，你不觉高兴自豪反而哭哭啼啼，这到底是为什么？"她哭道："你有所不知，他父亲也曾在吴将军麾下做兵士，他也曾生疮流脓，而吴将军也俯身为他吸脓舔疮，于是他作战时就只知有将军号令而不知有自己，一往无前地向前冲，最后战死沙场，连尸首都没有找到。如今将军又为我儿舔疮，我将来要到哪里去收我儿的尸骨呢？"

带着练成不久的魏武卒，吴起出任了西河郡守一职。西河是秦、魏两国交界处，此前两国已经在此打了七八年的拉锯战，双方互有攻守，互有胜负。然而吴起来了，情形一下子得到改观，他不想再与秦人耗下去了，他要的是一劳永逸地解决问题，将西河之地划入魏国的版图，叫秦人永远不能染指。于是他不再纠缠于具体战役的枝节，而是首先布下全面的战略部署。他从少梁出兵，急行军，迅速攻占元里（今陕西澄城南面）、临晋（今陕西大荔东面），又守之以重兵，在这一片建立了永久的堡垒工事。而临晋前面就是秦国重镇栎阳（今陕西西安市阎良区境内），栎阳的正前方就是秦国当时的都城泾阳。对于秦人来说，吴起已经达到了他们的家门口，这叫他们如何不心惊？

就在秦人为自己的生死忧虑纠结之时，吴起又以迅雷不及掩耳之势挥兵直取郑地。如此，吴起已在秦国土地上狠狠划了一刀，刀锋起处在北面的庞繁，收处即是南面的郑地，两地之间以东，秦国只剩下洛阴（今陕西大荔东南）、合阳（今陕西合阳）两个据点，它们当然不久便被吴起轻松收入囊中。至此，整个西河与秦人再无干系，而这距吴起戍守西河之日才不过两年。

失去了西河，也就失去了东进的机会，若不能将之收复，秦国将始终被困在西方贫瘠的土地上，被人视作夷狄而无法翻身。于是不甘心的秦人屡次发动反击，想要夺回西河，但均被吴起坚守击破。

周安王十三年（公元前389年），秦人卷土重来，这次他们集结了50万的大军向东杀来，最后在魏国重镇阴晋城外列阵布营，情势危急万分。不过，自以为必胜的秦人再次被吴起打个落花流水，输得非常难看。

原来，吴起不仅始终未曾放松魏武卒的训练，而且为了保持其高昂的斗志和士气，还亲自设计出了一整套的激励机制。每次战胜后，他都请魏文侯在军中举办庆功宴会。这不是简单的庆功宴会，而是分成三六九等，正式如宫廷宴饮。首先，在战场上立了“上功”的兵士给请到第一排就座，他们的桌面上猪、牛、羊三牲俱全，且享用最贵重的金、银、铜等餐具；而立了“中功”的兵士则给安排到第二排，只能吃到猪肉，而且只能用铜餐具；最可怜的是那些寸功未立的兵士，他们只能坐在最后一排，而其餐具也不过是些陶罐，他们只能坐在别人看也不看或者投以鄙夷眼色的角落里，默默地看着那些立功的人满脸笑容地接受魏文侯的嘉奖，闻着他们觥筹交错之际酒杯激荡震散出来的酒香，这种感觉就好像自己是给人抛弃的孤儿。这还不算，宴会结束后，还在大门外对兵士的家属论功行赏，以嘉奖他们对家人投身行伍的支持，让他们觉得自己的付出都是值得的。

吴起的这种激励办法一直持续了三年。三年之后，只要有敌人来入侵，那么入伍的士兵不待将帅的命令就自发地穿好甲胄，准备好武器，因为他们的心里都憋着一股劲儿——希望自己能在下次的庆功大会上做到第一排，站在舞台的正中央！这次秦国50万大军来犯，魏文侯也有些慌了，他问计于吴起。吴起却胸有成竹，他只是将从未在战场上立功的士兵里挑出5万人，准备用他们来对付城外的秦人。

果然，这5万渴求立功的士兵上了战场，就像是饿久了的猛虎突然看到肥肥的羊群，于是个个以一当十，拼力厮杀。士兵作战勇猛，吴起又指挥得当，两个条件加在一起，终于将秦军击溃。阴晋之战也是军事史上少数以少胜多战役中的著名例子。此后，吴起在魏国的战神地位无人可以撼动。

第四章　魏齐相争，魏国颓势渐露

危险的师兄

庞涓是魏国人，孙膑（孙膑原名已失传，是因为受了膑刑，所以世称其为孙膑）是齐国人，传说两人曾一同拜在鬼谷子门下做学生。

鬼谷子是卫国人，是一位隐逸的高人，隐居清溪鬼谷，自号鬼谷先生。他不像孔夫子那样整日为天下乱局忧心，也不像普通人那样为一餐一饮而焦虑。据传有人曾看见他出入云梦山修道采药，说他已经达到了辟谷（即不需吃东西也能长生）的境界，更有人说他早已打破轮回，可以隐形入云，又可以撒豆成兵。这些当然都是好事浮夸者的不实传言，不过从中至少可以看出两点：第一，他有高深莫测的本领；第二，他平日深居简出。正是这样，他给人造成神秘的印象，引来众多的猜测和传说。

此外，苏秦和张仪也是鬼谷子的学生。一般而言，学生的思想深受老师的影响，所以以学生反观老师可以得出这样的结论：鬼谷子的学问大体应该在纵横术和兵法这两个相通的领域。

言归正传，说回孙膑、庞涓。孙、庞两人一道学兵法，每日吃饭读书都在一处，又时常谈及学习心得和未来梦想，感情日笃。不久，庞涓收到消息，说魏王正在四处纳贤，所以就决定去魏国看看能否得到魏王的赏识，一展所长。临别时，庞涓对孙膑说：“若我在魏国得势，必定请奏魏王，邀师弟下山，一展抱负。”孙膑被庞涓的情谊感动了，洒泪与之话别。

几年过去了，庞涓凭借所学在魏国立稳脚跟，当上了上将军，统领当时战斗力最为强悍的魏武卒。庞涓从来都以吴起作为自己的榜样，希望能够建立吴起那样的军功。他也确有为将之才，在他的带领下，魏武卒打得魏国周围的小国全无还手之力。不多时，宋、卫、鲁、郑相继来魏国朝贡。

其实，庞涓比之吴起，稍有逊色。吴起不光是一代战神，还是一位政治改革家，所谓“文能提笔安天下，武能上马定乾坤”。吴起每次举兵，都不是着眼于一池一地，或是一时的胜败，他以魏国的发展为大局，从容制定进击退守的战略，故而终能成就魏国霸业。

可是庞涓任将的时候，魏国的国君是魏惠王，即《孟子》中经常提到的梁惠王（战国时，魏国首都是大梁，所以魏通常也被称为梁）。当时魏国正处于一个非常奇妙的转折点上。一方面，经过文侯的改革变法，到武侯一代的蓄积壮大，魏国的国力已经达到了鼎盛；可是另一方面，文侯时那种积极进取的心气儿和志向早已被消磨殆尽，所以人才供给也出现了断层。这并非说魏国没有人才，而是对人才的利用不当，比如商鞅就是一个最好的例子：魏惠王不但没有重用商鞅，反倒白白把他送给了世仇秦国，这为日后秦国灭掉魏国、统一天下埋下了隐患。

庞涓没有吴起的深谋远虑，出兵打仗时的意图自然也不一样。吴起取得西河之地对于魏国抵挡秦国是有战略意义的，而庞涓出兵却只为成就个人功名，这就是曹操所痛恶的“慕虚名而处实祸”。

胜利的喜悦很容易叫人头脑发热，所以打了几个胜仗的庞涓在魏国资望飙升，上至国君，下至黎民，没有一个不把他视为魏国未来的希望所在。庞涓自己也对自己很满意。这时他又想起了还在深山随着师父学艺的师弟孙膑，于是向魏王举荐，又差人把消息告诉孙膑，让他来魏国投奔自己。

接到消息的孙膑一下子踌躇起来，久居深山，整日对着的是山间的日升月落，听的是溪唱虫鸣，数的是花草枯荣，他当然想要下山看看外面的世界到底变成了什么样子。可是他与庞涓不同，他对俗世功名并不那么热衷，而且自觉师父鬼谷子的学问手段还未能学全，所以突然要走，竟有些不舍。

经过一番思考，孙膑还是决定出山。怀着对新生活的热望，孙膑来到了师兄庞涓所在的魏国。几年不见的师兄弟两个都显得非常激动，少不了谈及过去几年彼此的生活，更少不了在暗中考校彼此的学问有无长进。双方有问有答，庞涓惊奇地发现，这位孙师弟的学问成就竟然远远地将自己甩在后面了——难道这真是“肉食者鄙”，自己被过于舒适的生活和俗世的享乐腐蚀、禁锢了？越想越害怕，不仅是因为自己学问的停滞不前，更害怕孙膑将凭其才学获得魏王的宠信，取代自己在魏国的地位，那么他庞涓多年以来的奋斗就要化为乌有了。

人的心理真的很奇怪，很难用理性分析，因为很多时候人们所想的不是将蛋糕做大，而是一心只想着自己必须分到那块最大的蛋糕，由此引发出无数的明争暗斗。庞涓并没有吴起、翟璜那样的胸襟，他首先不是忠于自己献身的事业，而是忠于自己的功名。假若孙膑能够与自己一起辅佐魏王，何愁霸业不成？将来即使后人回顾他们这一代的历史时，即使不把庞涓看做是最耀眼的一颗明星，也必将尊之为一代名臣而彪炳史册。可是庞涓根本不会从这个角度来看问题，他看到的只是个人的升降荣辱。孙膑的出现，就像是一桶自天而降的冷水，将庞涓从沉浸已久的千秋大梦中浇醒过来，让他发现，他这个“魏国第一将”的位子远非自己想象的那么安稳。

夜凉如水，庞涓在床上辗转反侧，始终未能成眠。月亮升入中天，皎洁无瑕，可是空灵干净的月光却无法照亮庞涓的饱受折磨的内心，也没法舒展他纠结缠绕的双眉。可是不久，庞涓就一脸幸福平静地合上了眼睛，渐渐地还发出了有节奏的鼾声。因为，他心里已经有了计较。

不久，还在幻想着拜官封爵、决战沙场的孙膑就给人抓进了大牢。在他被带走的那一刻，完全不知道到底发生了什么事。耳朵里嗡嗡直响，只能隐隐约约、断断续续地听到什么“通敌卖国”。“我没有啊，我没有卖国，更没有通敌，我刚刚下山，到哪里去卖国？到哪里去通敌？庞师兄呢？他为什么不出现，为什么不来见我？”所有的疑问都没有答案。回答孙膑的只是绳索、皮鞭、针、烙铁还有一把锋快的小刀。孙膑久居深山、未经世事的白净脸蛋上给黥上了屈辱的字迹，他那双还未在苍茫大地上奔跑飞驰的双腿也给剜去了膝盖骨。不知道在他受刑惨叫的时候，那个曾经的师兄庞涓是站在一旁看着冷笑，还是躲在隔壁失声痛哭？这都是历史的尘埃了。

“膑至，庞涓恐其贤于己，疾之，则以法刑断其两足而黥之，欲隐勿见。”这是《史记·孙吴列传》的说法。太史公没有说明庞涓到底给孙膑安了什么罪名，但一般都认为是通敌之罪。通哪国的敌呢？孙膑是齐国人，所以应该是私通齐国。这本是子虚乌有，凭空杜撰，血口喷人，但最后孙膑真的去了齐国，或者这是天命？

按说，庞涓应该杀了孙膑，以绝后患，为什么只是施之以膑刑，让他成为残废呢？有人说，这是按照魏国法律，孙膑罪不至死。这种说法并不可靠，因为在那个征伐无度、人人自危的战国时代，通敌是何等重大的罪名？既然已经通了敌，那么魏王的心里一定是想杀孙膑的，他之所以未能如愿，是因为有人替孙膑求情。

可是，孙膑在魏国人生地不熟，谁会为他求情呢？不错，这个人一定就是庞涓！都说“送佛送到西，害人害到底”，庞涓留下孙膑一条命，就不怕遭到日后的报复吗？有人说，庞涓之所以为孙膑求情，是因为想从他的口中套出孙家家传的《孙子兵法》。不过《孙子兵法》并非武侠小说里的武功秘籍，必须“藏之深山以待有缘”，阅读它应该不是少数人的专利，因为很明显的吴起的《吴子》就受到了《孙子兵法》的影响——既然吴起看得，庞涓又为什么看不得？所以，这种说法并不能叫人满意。唯一合理的解释就是，庞涓已经被嫉妒折磨得有些心理变态了。庞涓不想让孙膑风风光光地活，也不能忍受他痛痛快快地死，他要让孙膑像一只狗一样满身污泥地活，看看日前那个侃侃而谈的翩翩佳公子还如何纵论天下大势！庞涓要折辱孙膑，要打掉孙膑看向他时眼睛里流露出来的轻蔑——其实这多半可能只是他自己的想象，要打掉他的希望，让他永远地活在痛苦之中。

“人固有一死，或轻于鸿毛，或重于泰山”，假若孙膑就此自杀，那么死去的不过是一个“有罪”之人，不会留下任何痕迹。孙膑当然也曾想过一死了之，可是想通了这一层，他就决定要活下去，不光是要复仇，还要燃烧生命，让世人知道他孙膑曾在人间存在过。孙膑于是在牢里装疯卖傻，在猪圈里翻滚跌爬，甚至故意在庞涓面前吃下猪粪，让他觉得自己真的受不住打击而彻底疯狂。

以为孙膑真的疯了，所以庞涓渐渐地把孙膑当做是一个死人，放松了警惕，不再管他了。终于让孙膑抓住机会，随着来魏国出使的齐国使节一同逃往齐国。

传说，在孙膑出山之前，宠爱他的师父鬼谷子让孙膑去山中摘一朵花回来，并以此为他卜上一卦。其时秋风萧瑟，百花凋零，孙膑最终只是找来一只插在瓶子里的菊花。鬼谷子手捧此花，沉吟良久后说道：“此花已不新鲜，花瓣、花萼都有折损，不过它能坚持到这一刻，说明它经得起风霜。你此番下山，就如此花一样，虽有苦难，但终能化险为夷，你且将此花插入瓶中，那么你最后也必定返回母国齐国，在那里成就一番事业。”

这当然是后人的附会，不足为信。

赛马场上的机会

来到齐国后，孙膑见到了大将军田忌。几番交谈，田忌对孙膑早已佩服得五体投地，于是拜之为上宾，请孙膑留在自己家里。

换上了干净整洁的衣裳，孙膑颇有再世为人的感觉。以前，这些东西虽好，但他孙膑却好似并不能真正体验到似的，但经过了这次劫难，他更加懂得珍惜。孙膑暗暗发誓，有生之年决不让自己再重蹈覆辙，决不让别人再有机会主宰自己的生死，他要自己决定自己的命运！首先，他要见到齐国的当家人——锐意图强的齐威王。

善于观察的孙膑发现，齐国的贵族有一个共同的爱好，那就是赛马。大将军田忌是一个狂热的赛马迷，而与他“马战”的往往就是齐威王。齐威王是齐国的君主，所以他的马厩里养着的宝马是从整个齐国千挑万选出来的。余下的贵族公子、王公大臣所养之马也是千里挑一，但总是捡齐威王的“漏儿”，所以他们的马的素质没法与齐威王的宝驹相提并论。

可以想见，刨去临场发挥等偶发性因素，田忌与齐威王赛马肯定是有败无胜，即使加上这些因素，也不过是败多胜少。每次赛马，田忌都押下大笔的黄金，假如对方是齐威王，那么这些黄金恐怕就要有去无回。不过，虽明知要输，田忌却乐此不疲。

经过仔细观察，孙膑发现，齐国的赛马有着特定的规则，那就是参加比赛的双方要连赛三场，最后胜出场数多的那位为最后的胜者。心里一番筹算，孙膑已经有了计较，于是鼓动田忌再去与齐威王赛一场，并声称自己有办法确保田忌的胜利。田忌对孙膑自然是信心十足，于是摆明车马，邀齐威王再战。

田忌与威王各出上中下三个档次的三匹马一较高下。在以往的较量中，田忌的上等马对阵威王的上等马，中等马对阵对方的中等马，下等马对阵对方的下等马。可以想见，威王的下等马乃是相对于威王的上等马和中等马来说的，若论其素质，则绝对是普天下下等马中的上等马。同理，威王的上等马和中等马也远胜“同侪”。所以上等对上等、中等对中等、下等对下等这样硬拼实力的办法总叫田忌乖乖地将金子送进威王的腰包。

兵法不光可以用之于战场，也可以用之于赛马场。孙膑的办法是先用田忌的下等马来对阵威王的上等马。不用说，这场田忌输定了。不过接下来的情况就是，田忌的上等马对阵威王的中等马，而其中等马则对阵威王的下等马。虽说威王的马其平均素质远高于他人马匹，但中等马始终是中等马，根本难以与上等马争锋，而下等马始终是下等马，也不足以在中等马面前逞威。可以想见，最终田忌连扳两局，以总分二比一取胜。

说白了，孙膑的办法不过是这八个字：“以己之长，对敌之短。”不过，要将这个办法应用自如，第一个考校的却不是主帅的智谋，而是胸襟。若鼠肚鸡肠，则在意的不是大局，而是一时一地的得失成败，那么也就鼓不起壮士断腕的勇气——因为“第一局”注定是要输的，甚至在很多地方都要做出必要的让步与牺牲。赛马场之上，规则已定，局势分明，还比较容易做出决断；战场之上，无所不用其极，时刻风云变幻，怎么能够想清楚，此刻的让步能否换得最终的胜利？到时候如果输了，那么输的将不是金子和面子，而是人的性命，是宗庙的安全，百姓的福祉！所以为将者除了要有过人的胸襟之外，还必须有聪明的“耳目”，要清楚判断敌我之间的军力部署，还是回到孙子那句至理名言——知己知彼，百战不殆。

马儿已经跑完了，一切尘埃落定，看台上原本以为自己会胜利的齐威王没想到竟输了，于是召田忌过来问个清楚，这一问，就把孙膑问了出来。和田忌一样，威王很快就被孙膑的才学所倾倒，将之奉为老师。

虽说输了马，但却得了一个军事奇才，齐威王这次可谓赚个盘满钵满。从头再看，齐威王这一朝将相里，邹忌是通过“鼓瑟弹琴”而得到重用的，淳于髡是通过说笑话而得到威王的赏识的，而孙膑则是通过赛马进入威王的视线……

由此可知，齐威王的私生活是多么丰富！这也难怪，因为齐国确实根基深厚，既富且强，早在齐桓公设置稷下学宫以来，就文武并治，工商发达。不过，“自古英雄多磨难，从来纨绔少伟男”，一个人的成长是这样，一个国家又何尝不是？齐威王好玩乐，虽能及时采纳谏臣的正确意见，却少了一股狠劲儿，一个认真的执念，所以终究不能整饬乾坤，做出根本的变革。所以他对于麾下的孙膑等人，也只能做到“能用而不能尽”，使他们纵怀有盖世的才华，也终究未能成就盖世的功业。当然，这都是后话了。而对于此时的孙膑来说，最重要最迫切的事并不是帮着齐国称霸，而是向庞涓复仇，一雪前耻。

他很快就等到了一个机会。

围魏救赵

公元前354年，庞涓率领魏武卒攻打赵国。赵国形势危急，于是向齐国求救。此前，虽未经过会盟，但魏国已隐隐有了霸主的地位，若任由庞涓这么打下去，万一将赵国吞灭，再整顿兵马收服韩国，重复当年三晋合一的盛况，那么齐国也就不用再做统一天下的大梦了，直接向魏国俯首称臣算了。

所以齐国这次必须出兵救赵，问题在于该选谁作为此次出征的主将。齐威王想到了孙膑，以小观大，已知其才，更何况他是兵圣孙武子的嫡脉子孙，家学渊源，相信有他出战，定然能够狠狠地教训魏国人。

不过孙膑却推掉了主将一职，他说：“我是受过刑的废人，如何能做主帅？”言辞淡漠而听来叫人心痛。威王无奈，只好命田忌挂帅出征，而孙膑就做了田忌的军师。看来，“军师”这个词在普通大众的脑海中勾起的形象，除了诸葛武侯，最早其实能够追溯到战国时的孙膑。由于被剜去膝盖骨，孙膑没法像其他将领那样立在战车之上，更不能骑马，只好安坐于辎车之上。可以想见，其他人都是一身甲胄，唯有孙膑是长袍大袖的儒冠儒服，潇洒又自在。苏轼赞叹周瑜的那一句“谈笑间，樯橹灰飞烟灭”用来说孙膑也算合适。

主帅田忌想要驱兵入赵，寻上庞涓率领的魏武卒主力一决雌雄。但是他的想法被孙膑否定了：“丝线缠作一团，想要解开它，就不能不顾起止头尾的胡乱撕扯；两伙人打起架来，想要止戈劝和，就不能跃上战场亲身搏斗，这只会使事情越来越乱。假如能够找到纷繁乱象背后的要旨，再认清和控制形势，自然而然就能将矛盾解除，达到我们的目的。如今庞涓率魏军的精锐苦战在外，那么留在魏国的大梁城戍守的必然都是些老弱病残。我们不如批亢捣虚，迅速挺进大梁，同时派人北上，将大梁被围的消息放给庞涓听，那么他必然放弃攻打赵国而回兵自救，如此岂非解了赵国之围？”

其实，孙膑的做法和象棋中的以攻对攻的路数是十分相似的。只不过下象棋时是“先下手为强”，快上一步就能够取得主动，把对方将死。而齐、魏之间的斗争却是“后发先至”——相较于魏国攻打赵国的国都邯郸，齐军围困魏国的都城大梁明显在行动上落后于魏军——后来者占据主动，因为齐国是博弈双方（赵、魏）之外的第三国！

而且，孙膑的做法不仅是聪明的做法，还是唯一能够取胜的做法。若按着田忌所想，驱兵入赵，那么齐军长途奔袭，到达邯郸城外时必定已是疲惫不堪，而赵军由于困城日久，也不是生力之军。这时候，齐、赵虽能够夹击魏军于城下，但他们要面对的可是吴起一手训练出来，几十年未尝败绩的魏武卒，那时鹿死谁手也就难以知晓了。

进军大梁则不然，"攻守之势易也"，变成了齐军以逸待劳，而魏军则是劳师远征。有心算无心，有准备对没准备或少准备，魏军定然会吃败仗。

果然，这一切全让孙膑给算中了。风风火火赶回来的魏军，在通往大梁城的必经之路桂陵遭遇了齐军的伏击，全军覆没，只有庞涓一个人逃出生天，衣衫不整、落魄如丧家之犬地回了大梁城。

一棵树的预言

失败的阴影始终笼罩着上将军庞涓，就算他在战场上取得再多的胜利，人们都只会把他当做孙膑的手下败将。所以，他不断取得的军功不过是为了衬托孙膑，为孙膑的难测的智谋和超卓的指挥添加注脚。

庞涓在等，等着再次与孙膑在战场相遇，然后将他击败，用他的鲜血来洗刷那个刻在他心里的"败"字。只可惜孙膑并不是庞涓，他不会为了自己的利益、为了个人的私仇而四处征战，让那些年轻的兵士为了他而死在空旷、冰冷的战场。事实上，即使孙膑有这个心思，最终也未必能够举兵伐魏，他在齐国的影响力也远远比不上庞涓在魏国的影响力，因为聪敏有决断的齐威王并非那个糊里糊涂、毫无主见的魏惠王可比。所以庞涓这一等就等了13年。山水有相逢，这对师兄弟的鬓角都是渐染风霜。

这世上没有永远的朋友，也没有永远的敌人，只有永远的利益。所以，13年前尚为死敌的赵、魏两家现在和好了，而且还汇兵一处，一起进攻韩国。赵、魏联军兵强马壮，他们齐声在韩国都城新郑外面叫骂。

此时，秦国正处于历史关头，商鞅正在秦地主持变法，根本无暇插手三晋内部的争斗；楚国人也无心思来管那些向来视他们为蛮夷的中原人之间的恶斗和杀戮；燕国是一个小国，与三晋和强国齐国各有摩擦，多次被对方攻入都城，就算想劝架也没有人肯听他的。不消说，剩下的只有一个齐国了。果然，韩国人重新走了13年前赵国走过的路：向齐国求救。

关于救还是不救的问题，齐国朝堂分为三种意见。其一以相国邹忌为代表，他们"老成谋国"，以为多一事不如少一事，不必蹚三晋这浑水。其二以邹忌丞相的政敌、大将军田忌为代表，这一派多是热血蓬勃、渴望立功的军官，他们主张立刻发兵救韩，彰显国威。持第三种意见的人只有一个，那就是"军师"孙膑。孙膑既不同意邹忌等人见死不救的短视行为，因为这样做等同于向天下宣告，齐国已经"放弃"了三晋，也不同意让田忌等人立刻发兵的意见，"救是一定要救的，只不过我们不需着急，让他们先互相耗着，最终占得便宜的肯定是我们！"这大概就是孙膑当时心中的想法。

"臣以为，救韩之事势在必行，否则没有了韩国的牵制，魏国将更加骄狂难伏，而赵国因为一直以来都是内政不稳，所以根本没有能力抵挡魏国的铁甲雄狮。到时候，13年前那种时刻担心魏国称霸天下的噩梦就要重新上演。不过，若是过早地出兵救韩，那么齐国的子弟兵就要在战争最残酷、最容易牺牲的时候投入战场。"若说孙膑是俞伯牙，那么齐威王就是知音钟子期。所以当苦候宫门外等待消息的韩国使节再次朝见威王的时候，威王只是支支吾吾，顾左右而言他地看着韩使在那干着急。

就这样，在韩使在新郑和临淄两城往返数次之后，齐国终于答应出兵，因为韩国国君已经做出了决定：击退赵、魏联军后，韩国会做齐国的附属国。

齐国于是出兵，主将仍为田忌，而孙膑仍任军师。这一次，孙膑已经下定决心，要彻底解决他和庞涓之间的恩怨。

孙膑的办法和13年前一样，还是趁着魏国精锐纠缠于韩国之际驱兵“直走大梁”。不过庞涓这次已经吸取了上次的教训，他早就盯着这边的情形，所以齐军刚刚越过魏国的边境，他就率着统御多年的魏武卒急行军往回赶。

包括田忌在内，所有人心里都有一个疑问——庞涓这次还会上当吗？孙膑却充满信心。

一路追来，庞涓发现了一个奇怪的现象，那就是齐军留在身后的起火的土灶越来越少：第一天还有十万个土灶，到了第二天就只剩下五万个了，而第三天，庞涓只发现了少得可怜的两万个土灶。

“胆小的齐军终于开始溃逃了吗？吃不得苦的齐国人啊。孙膑，你这次就要毁在你的这帮老乡手里！”于是舍弃步履缓慢的重甲步兵，只带着数量有限——当然高于齐军的“两万人”——的轻装精锐继续穷追。不过黄昏时候，当他们走到马陵道，庞涓突然意识到事情有所不妙。马陵道是一个狭窄的山谷，两旁是危岩险隘，“难道齐军会在此处埋伏？”正踌躇间，有兵士报告在前面道上发现一段巨木，好像还给剥了树皮，非常奇怪。

庞涓举起火把，一步步走到那段巨木之前，隐隐约约感觉剥下树皮的那一块地方好像刻有字迹，移近火把一照：“庞涓死于此树……”还未读完，耳朵里一下灌满了箭矢破弦之声，那些跟着他南征北战的兵士一个个倒下去了。眼见败局已定的庞涓，最后愤愧自杀，一代枭雄就此身亡。

马陵之战流传下来孙膑一句著名的兵学格言：

“兵法，百里而趣（趋）利者蹶上将，五十里而趣利者军半至。”看来做什么事都急不得。未知身在地下的庞涓能否摆脱那种紧张和“兴奋”而获得一种真正的平静呢？过去的一切都随着他那一剑结束了，孙膑也不再是过去的孙膑，对这一切都感觉厌倦，后来终于因为不想再参与田忌与邹忌的内斗，而退居世外，著写兵书。

庞涓战死，随他而来的魏武卒精锐也所剩无几，魏国这个战国初期唯一的超级大国就此衰颓下去，而战胜魏国的齐国也并未能长久地保持住霸主的地位，魏、齐的光芒黯淡下去。

第五章　秦孝公求贤与商鞅变法

公子连返乡记

就在东方各诸侯国争相变法，不断强大时。历史似乎将秦国遗忘了，这个蜗居在西北苦寒之地的民族，一直受着魏国和匈奴部落的双重压力，特别是在魏文侯之时，李悝变法、吴起练兵、西门豹治国，魏国的中央集权得到了极大的加强，秦军在吴起的打击下，不断丧师失地。秦国只剩下陇山以东、洛河以西、秦岭以北的渭河平原，土地狭小。而另一方的魏国，则一直表现出咄咄逼人的气势，眼看着秦国就有了被灭亡的危险。

秦国的出路在哪里？公子连如是问道。

面对魏国的蓬勃发展和秦国的困顿低迷，公子连并没有不在其位不谋其政，而是受到了极大的刺激。

遥望西北，多少年前还是公子连的乐土。小时候，其父亲秦灵公给公子连取名为师隰，对其十分爱护。只可惜天不遂人愿，正当公子连以为自己即将名正言顺的继承国君之位时，秦灵公竟然突然死去了。那一年是公元前424年。

公子连还来不及反应，其叔叔秦简公便将君主大位抢了过去。此时的公子连，只有区区十岁，但却是秦简公心中的大敌。为了免于遭受不测，公子连在一批忠臣的帮助下逃到了魏国避难。这一去，便是长达29年的亡命天涯，期间的艰辛，不足为外人道也。

之所以能够在魏国和秦国秦简公的双重压迫中生存下来，是因为在公子连一直有夺回君主大位的决心。

另一方面，于魏国而言，公子连是秦国曾经的储君，只是因为叔叔篡位而被废，因而在政治上有着很高的利用价值，所以魏国在物质条件上，给予公子连优厚的待遇。

公子连趁着被困的时间，努力学习魏国的强国之道，同时还密切关注着秦国和国际的局势变化，只等有朝一日时机成熟，夺回原本属于自己的一切。

公元前385年，秦简公去世，把一片江山交给了自己儿子秦惠公，不久之后，秦惠公也去世，秦简公才两岁的孙子秦出子坐上了秦国国君的位子。此时的秦国，把持朝政的不是别人，正是秦出子的母亲。只是这个人并不善于治理国家，在她当政之时，大肆重用宦官和外戚。秦国老贵族与之爆发了激烈的矛盾，由此使得整个秦国的内政极其紧张。为了缓和这种紧张的局势，秦出子的母亲只能用赏赐去麻痹他们，这样一来，矛盾虽然有所缓和，秦国的国库却就此一贫如洗。

秦出子之母又想出了依靠加重地主和自耕农的税收来维持国库支出的办法。她没有料到，这样一来，秦国的矛盾更加扩大，眼看着她的统治陷入了岌岌可危的境地。

前文中提到，魏文侯逝世，其子魏武侯即位，在魏武侯的雄才大略下，魏国的发展到了另外一个高度。甚至齐国田和也是依靠魏武侯，才得到了周天子名义上的认可。这样一来，魏国和齐国的关系得到了很大的缓和，三晋之地内部却爆发了一系列的矛盾。赵国将都城迁到了邯郸，因为此前的中牟特别容易受到魏国的攻击，到了邯郸，赵国的防守便上了一个台阶。

有人不禁疑问，此前三晋不是团结一致，到处征伐，甚至一度让天下群雄为之束手吗？何以现在会相互防范、兵戎相见呢？原来，在三晋联军多次打败齐国、楚国、郑国、宋国等国家之时，由于赵国在北方，被秦国、韩国和魏国包围，好处都让韩国和魏国给占了，赵国只是为他人做了嫁衣，这让赵国的心理出现了很大的不平衡。

更让赵国气愤的是，魏国对赵国南进中原的进程，处处设置障碍。无奈之下，赵敬侯遂决定迁都。赵国将都城迁到邯郸后，魏国便开始担忧。因为这时赵敬侯第一个要打击的对象，就是和魏国亲厚的卫国。

此时的吴起由于公叔的陷害，已经逃到了楚国，做了楚国的丞相。

赵国抓住这个机会，加紧和吴起的联系，并且实现了赵国和楚国的联合，对魏国占领的大梁形成了南北夹击之势。为了彻底让魏国陷入被动，赵国与楚国还一起加紧了和西方秦国的联系，霎时间，魏国陷入了三面受敌的境地，这种局面几乎是魏国魏文侯以来最不利的。

为了打破这种被动挨打的局势，魏国魏武侯决意颠覆秦国政权。魏武侯明白，依靠自己手中的那一张底牌，加上魏国的国力，要颠覆秦国政权，不是没有可能。但是要想彻底的灭掉秦国，绝不是一件易事。

于是，魏武侯决定运用手中的那一张王牌——公子连。其实运用的方式很简单，就是将公子连送回秦国，在沿途给予他必要的保护。按照魏武侯的计划，只要公子连在魏国的帮助下能够夺取秦国政府大权，一个亲厚魏国的政府便会就此建立。退一万步说，即使夺权不成功，秦国也必定会大乱一场，失去东进的精力。对于魏国而言，可谓有百利而无一害。

在此之前，魏武侯还和公子连进行了沟通，他要公子连心甘情愿地回去，要他对自己怀有感激之情；要和公子连做好计划，以便能够顺利夺取秦国的君主大位。只是公子连并不像魏武侯想象的那样简单，他并没有脑袋发热，就答应了下来。因为他深知，魏武侯之所以让他回去，决然不是为了什么打抱不平，而是完全为了魏国的利益。

此刻如果公子连毫不犹豫便答应回国，则自己就会被魏国利用。如果借着魏国的威势回国，秦国和魏国连连战争，自己必定会受到秦国人的排挤。即使自己在魏国的支持下，能够顺利取得国君之位，在今后的执政过程中，也必然处处受到魏国的制约，自己就会失去一个国君应该有的自由和尊严。而秦国一旦被魏国所制，必然会面临很多的困境。

对自己和国家都不利的事情，公子连需要认真的思考。

思考过后，公子连最终决定给魏武侯来一个缓兵之计。他首先感谢魏武侯及上代魏国国君的悉心照顾，然后说明基于魏国国际局势比较紧张，魏武侯应接不暇，所以不愿意让魏国劳师。这就是说，他要利用自己独立的力量，回到自己的国家。魏武侯见公子连不愿意接受自己的帮助，也没有多做思考，只要达到了让公子连回国的目的，自己的预想就很可能实现，其他的都不重要了。当然，为了表示自己的诚意，魏武侯送了大量的金银珠宝和车马给公子连，同时还问他什么时候能够启程回国，自己也好准备给他践行的事情。

公子连当然不会答应立马就走，而推脱说一年之后。公子连其实想利用这一年的时间，细细观察各方局势，同时还准备积极打点好各方势力。也亏了魏武侯的阴谋，让公子连回国夺权的计划被迫提前。

当时的秦国，已经有很多人和秦出子母亲不和，其中最有实力的当属朝中大臣。公子连首先要拉拢的就是这些个掌握秦国政权的人物。其次，则是联系那些新兴的地主阶级和自耕农，他们的实力虽然不足以颠覆秦国政权，但却是和秦出子利益冲突最大的群体。再次，公子连派遣了一大批能言善辩之人前去秦国，在街头巷尾发布将要施行新政的消息，其中主要涉及打击秦出子所重视的外戚和宦官，维护宫室人员、地主阶级及其他反抗秦出子母亲统治阶级的利益。

在当时，最可靠的不是金钱，也不是名气，而是实力。而军队则是实力的最重要的体现。没有军队的支持，一切都只不过是空谈。所以公子连将自己此次拉拢的重点，放到了秦国军队的军事将领身上，同时还对那些豪杰义士给予优待，尽量用金钱让他们为自己服务。事实证明，公子连的做法是很正确的，在他的努力下，获取了秦国大多数人的支持。

这么多人站在了公子连的一方，一方面自然是因为公子连才是名正言顺的秦国君主；另一方面则是因为，秦国自秦简公开始，多少年以来，秦国不但没有实现雄霸天下的宏图伟愿，反而在黑暗的统治下，朝政日益腐败，国力日渐衰弱，整个河西之地都被魏国占领了，秦国上下一片怨声载道。

秦出子时期，秦国的政治更加的黑暗，如此下去，秦国很可能被魏国吞并。内忧外患之下，秦国每个国人都希望，能够出现一位雄才大略的君主，一改秦国政治上的黑暗、经济上的落后以及军事上的被动，带领秦国重新走向辉煌。秦国的大臣、地主阶级以及自耕农等都明白，秦国唯一的出路，便是着力推翻秦出子的统治，迎接公子连早日归来，在秦国推行新政。

一年之后，万事俱备只欠东风，公子连只需要回到秦国，便很有可能夺回他失去的政权。于是，公子连走到了魏国的王宫，向魏武侯辞行。30年来，魏国对公子连还算不错，尽管是出于政治目的。无论如何，公子连都需要感谢魏国的盛情款待。为了表示这种感谢，公子连向魏武侯发誓，如果自己能够成功夺回失去的权力，在他的有生之年，只要魏国不主动出击，秦国必然不会与魏国为敌。

这种说法看似真情实意，实际上则表现了公子连的一腔豪情和虎视天下的霸气。这让一向眼高于顶的魏武侯心中一震，或许自己放公子连回国等于放虎归山。只是开弓没有回头箭，魏武侯只能眼睁睁地看着一条搁浅在浅滩的龙，慢慢地回到属于他的大海。

重整河山

恰如公子连所料，一切都进行得很顺利。公元前385年，公子连终于回到了阔别近30年的秦国故土。在河西地区，秦庶长菌改早就在那里等待，公子连归国采取的是大张旗鼓的方式。这样能够号召更多的人，名正言顺地回去夺权。

但公子连归国的消息很快就被秦出子之母知晓，于是，秦出子之母紧急调拨了大量的军队前去河西，准备在公子连尚未归来之时，便将之消灭。但是公子连早就预料到了秦出子之母会有此一招，所以在此之前，他就收买了这支军队的将领。整个军队，其实都已经投向了公子连，除此之外，秦国上下许多人听说公子连归来的消息后，皆前来迎接公子连。就这样，公子连兵不血刃便回到了秦国都城雍城，在军队和人民的簇拥下，公子连很快便将少数忠于秦出子母子之人一网打尽。公子连正式坐上了秦国国君之位，是为秦献公。

公子连终于实现了坐上国君大位的愿望，但是他富国强民、雄霸天下的最终政治理想，还远远没有实现。在具备了充足的实力之后，秦献公便开始了一系列改革。改革的第一步便是废黜人殉制度。秦国的人殉制度最先出现在300年前的秦武公时期。那时，人们以人殉的数量来显示死去者的身份和地位。为此，秦国每年都有大批的青壮年奴隶被杀。此制度十分残忍，许多劳动力被杀严重阻碍了秦国人口的增加，对秦国的农业生产十分不利。

正是基于人殉制度的这些弊端，秦献公改革的第一步便是废除了这种制度。自此之后，秦国大量的劳动力得以存活，投入了秦国百废待兴的大业当中，秦国的工商业和农业都获得了很大的发展，尤其是外来人员的流入，让秦国大批荒山得以开垦，田亩面积大大增加。秦国人殉制度的废除，代之以陶俑来殉葬，标志着秦国的封建制度建设迈出了关键性的一步。

改革必然会损害一部分人的利益，特别是在秦国都城雍城聚集的那些奴隶主阶级，他们为维护自己的利益，对秦献公的改革处处掣肘。秦献公大位初立，尚未立下尺寸之功，如果直接和奴隶主阶级爆发冲突，无异于自寻死路。秦献公之所以能够登上君主大位，全靠奴隶主贵族的支持，如果贸然和他们翻脸，必然会落人口实，认为他以怨报德。思量之下，秦献公决定将都城迁到秦国的东部，也就是接近河西之地的栎阳（今陕西西安阎良区之武屯乡）。秦孝公此举一方面可以摆脱奴隶主阶级的束缚，另一方面也是为了表明他收回河西之地的决心。

秦献公没有选择直接削弱奴隶主贵族权力的办法，而是加强了地主和自耕农阶级的实力。其方法就是历史上著名的出租禾。在秦献公的统治下，政府征收赋税的标准，不再是人口的多少，而是土地占有人的实际耕地面积。这样不仅使得国家的税收有所增加，促进了秦国的生产，也在法律上承认了地主阶级和自耕农的土地所有权利。这一措施在秦国的西部地区受到了很大的抵制，而此时秦国的政治中心，早已经不是西边雍城，而是东部的栎阳，栎阳的新兴地主阶级则大力支持改革。

很快，秦国奴隶主贵族手下的很多奴隶，迫于经济上无法忍受的压迫和剥削，不断地逃到了地主阶级这边。无可避免，奴隶主阶级和地主阶级之间的矛盾也必将越来越大。但是与占据国家政权、高官显位的奴隶主相比，地主阶级的实力明显处于弱势，所以在矛盾斗争中，地主阶级经常处于下风。这种情况继续下去，地主阶级必将采取极端的手段来维持自己的权益。

为了缓和这种局势，秦献公苦思冥想，最后决定大肆任用有才能的地主阶级代表来担任国家的重要职务，以提高他们的政治地位。同时，秦献公还颁布法令，允许自耕农和地主阶级在战争中斩获军功，以此来获取爵位。很多经济地位很高但政治地位低下的人，通过这种方式得以真正地走向社会的上层。一时之间，整个秦国上下充满了勃勃生机，秦军也通过这种方式，得以不断强大。

在提高地主和自耕农阶级的地位的同时，秦献公还采取了一系列措施稳住奴隶主阶级。其中最有效果的，便是和贵族势力中权力最大的家族结为姻亲关系。秦国的变法阻力逐渐减小，秦人也看到了富国强兵的希望。

在完成了稳定地主阶级和贵族阶级两大任务的同时，秦献公也着手进行一系列加强中央集权，发展秦国经济，控制秦国人口的措施，这些措施虽然大多数几乎照搬照抄自魏国，但是其在秦国的作用却是不容置疑的。

秦献公六年（公元前379年），蓝田、善、蒲、明氏等边境地区被秦献公改造成了县，县令由中央政府直接委派，这就将地方的权力收归了中央。秦献公得以控制更多的土地和人口。第二年，秦国建立起了市，用来发展和管理工商业，通过抽取营业税，秦国获取了更多的收入来源，国库一改往日的匮乏，变得充实起来。又过了三年，秦献公开始改革户籍制度，五户人家为一个单位，农忙时必须互相帮助，以保证农业的旱涝保收，农闲时则进行军事训练，以便在战争来临时，可以全民皆兵。一人犯法，五家与之同罪，这在很大程度上使得人人自危，极大地改善了秦国的社会治安状况。

秦国在秦献公的改革之下，国力大大增强。但是在一开始时，秦献公并没有急于和东方六国争夺霸权。反而是励精图治、厉兵秣马，任凭东方六国打得如何火热，秦国就是岿然不动。在这种情况下，秦国人对于收复河西之地，重现秦穆公之时的辉煌的愿望越来越强烈。与此同时，随着改革的深入，奴隶主阶级和地主阶级的矛盾也不断地凸显出来。

为了转移国内民众的视线，缓解地主阶级和奴隶主阶级之间日益激化的矛盾，秦献公在其晚年时，终于打破了当初对魏武侯的盟约之言，用战争的方式展示秦国的改革成果。

秦献公十九年（公元前366年），韩、魏两国兵临周天子封地，威胁周显王，秦献公抓住时机，找准这个借口，起兵勤王。韩魏联军与秦军在洛阳一线交战，韩、魏两军大败，被秦军斩杀了数万人马。这使得秦国在国际地位上获得了很大的提升。秦国很成功地将矛盾从人民内部转移到了国际之上。尝到了甜头的秦国，当然不会就此罢手，他们在西北的高地上虎视眈眈，一旦有机会，便会东出函谷关，参与中原的争霸大业。

当然，秦国首要的任务，就是夺取魏国的河西之地。当初迁都，就是为了表示这个决心。秦献公贵为秦国国君，必然会兑现当初的承诺，他一直等待的是成熟的时机。秦献公二十一年（公元前364年），秦军大举攻击魏国，在失去了吴起的情况下，魏国一败涂地，吴起所攻占的河西之地，全部重新落入了秦国的手中。秦军甚至一度达到了魏国的石门（今山西运城西南），斩杀了6万魏国军队，经此一战，秦国以前所未有的胜利者姿态重新站在历史舞台。秦献公将战争中所收获的领土，都封赏给了地主和旧贵族势力，双方的矛盾得到了缓和。只是秦献公没有料到，数年之后，一个名叫商鞅的人，彻底改变了这种现状。而今日为了缓和矛盾而分封的土地，也成了多年之后改革运动中的最大障碍之一。

当然，此时秦献公所获取的好处，是显而易见的。在秦献公获取了对魏战争的胜利之后，周显王赐予了秦献公“伯”（是霸主的意思）的称号，可谓名利双收。两年之后，秦国和魏国再次交战，这一次的战场在少梁。此次战争，魏国再次遭遇了惨败，甚至连魏国的相国公叔痤也被俘虏。不久，秦献公去世，即位的是秦孝公，轰轰烈烈的秦国变法就要开始了。

而远在东方的魏国似乎感觉到了危机的到来，在秦献公逝世的第二年，便将都城从山西的夏县迁到了河南的大梁。

少梁之战的胜利为秦国赢得了20多年的稳定，毫无疑问，秦孝公获得了充足的时间去发展壮大秦国。于是，有人论道：秦孝公据殽函之固、拥雍州之地，君臣固守以窥周室，有席卷天下、包举宇内、囊括四海之意，并吞八方之心。

“劳苦功高”的法家

春秋战国是百家争鸣的时代，这个时代人才辈出，其中法家的崛起速度发人深省。作为法家的杰出代表，商鞅通过改革，使弱小的秦国一跃成为能与齐、楚抗衡，争雄于天下的大国，可谓劳苦功高。

乱世有一个优点，即可以不拘一格任用人才，这为贫寒子弟向上流动提供了道路。在战国时期，一个人只要有才华且有雄心壮志，就不会被埋没。商鞅早年由于没有遇上明主，所以郁郁不得志，差一点枉死在魏国。商鞅渴望使尽平生所学，立名于当世，立功于后世。所以，当他听说秦孝公为重振秦穆公的霸业而下令遍寻天下贤才时，商鞅毅然离开让他彻底绝望的魏国，只身前赴当时还是弱小的秦国。

商鞅本姓公孙，名叫鞅，他是卫国国君某姬妾所生之子，后来之所以被称为商鞅是因其在秦国封地的缘故。

秦国虽然弱小，地处偏远，但像商鞅这种名不见经传的小人物想见秦孝公一面也是很难。为了理想抱负，商鞅俯身低就求秦孝公的宠臣景监引见自己。

第一次见到秦孝公，商鞅言辞恳恳，孝公却昏昏欲睡，没听进商鞅的一言半语。事后，秦孝公责备景监，说他推荐之人乃迂腐呆滞之徒。

景监也很无奈，这时商鞅再次求景监引见，景监对商鞅还抱有一线希望，所以再次答应了商鞅的请求。第二次召见，秦孝公懵懵懂懂，觉得商鞅说得有理，但不合他的心意。景监被秦孝公责备后，将商鞅当做出气筒。商鞅说，他用称王之道开导秦孝公，但是秦孝公急于求成。事不过三，经过两次交谈，商鞅已经完全探知秦孝公的心愿，请求景监第三次引见。秦孝公第三次召见商鞅，果如商鞅所料，他很信服商鞅的话。

原来秦孝公复业心急，复仇的心更加殷切，渴望在有生之年称霸中原，重振秦穆公的雄风。古语云，欲速则不达。欲成大事，而又想在短短的几十年内办成，唯有施行霸道。

后来，秦孝公召见商鞅几次，商鞅都用称霸之道开导秦孝公。秦孝公对霸道很痴迷，所以与商鞅交谈时，他会不知不觉移席靠近商鞅，不厌其烦地听其讲解。

法家注重的是刑罚之学，商鞅知道法家的弱点，即威严过重，缺少恩德。但诸侯国争战不断，商鞅久不得志，加之秦孝公诚心重用，他只能赌上一把，利用严刑峻法，在最短的时间内增强秦国国力。

面对疲弱的秦国，商鞅要辅助秦孝公称霸，力图一改旧貌只能施行变法。但商鞅变革遭到了保守派甘龙和杜挚的反对。

商鞅告诉秦孝公，心思犹豫不决则必然拖累行动，如果行动不果敢，则必然劳而无功。见解高远的人不会拘泥于俗见，而见解独到的人也未必会得到众人的认可。愚昧的人不会事先谋划，即使事情成功了，他们也不明所以；相反，聪明人谋事于未萌，料事于未发，对前因后果清楚明了。

这一席话的意思是，拘泥于俗见的人并不值得与他们商议变革大事，因为他们只会遵循过去的礼法，不懂创造。

甘龙等老臣过于尊崇过去的礼法，认为流传下来的老规矩才是治理国家的良策。甘龙说，“圣人不会通过改变民俗来教育百姓，有智慧的人不会胡乱更改祖上礼法。顺应过去的民俗以教育百姓，不用劳神费心就能成功，沿袭祖上礼法治理国家，百姓的生活才会有序，行为才会有依据，天下才会安定。如果擅自变法，天下必然大乱。”甘龙是保守派，不仅不主张变法，还认为变法会带来不利的影响。

变法的确会损害一部分人的利益，遭到他们的反对，但如果一贯安于现状，唯祖上之命是从，则只会守成，无法壮大国力。甘龙的观点并不符合历史发展的要求。

为反驳甘龙的观点，商鞅朗声说道：“聪明人负责制定礼法，愚蠢的人不知变通，天生注定是被聪明人的礼法约束的命。贤能的人懂得因势变更法度，无能的人蠢笨如石，只会傻傻坚守，全然不知因时而变。”

这几句话，字字如利箭射中甘龙的要害，甘龙无言以对。商鞅话锋逼人，霸气凛然，老臣杜挚起身反驳。

杜挚的意思是，如果没有百倍的利益，最好不要贸然变更礼法；如果没有十倍的功效，最好不要更换国家旧器。坚守祖上礼法不会有过错，让百姓安于俗见不会出现偏漏。如果当冒失鬼，肆意妄为，难免扰乱天下。

杜挚的话不是没有道理，但如果只因惧怕变法会带来不利影响而一味排斥，势必会丧失变法的最佳时期。

面对这两个顽固派，商鞅越战越勇，他说道：“治世不一道，便（变）国不法古（《史记·商君列传》）。”这话的意思是，治理国家并没有亘古不变的礼法，只要有利于国家，旧的礼法是可以被超越的。

春秋五霸都是先经历国内变革才先后称霸，秦穆公称霸就得益于五羊大夫的辅助，最终成为一方霸主。秦孝公立志图强，苦无善策，商鞅才高志大，秦孝公自然极力支持。

两千年前的“真人秀”

在礼崩乐坏的战国时代，诸侯国以利相交，彼此毫无信誉可言。百姓遭受接连不断的战火，生活在水深火热之中，过着有今天不知明天的日子，他们渴求安定的生活。

百姓只求温饱，不能与商鞅等人谋划变革大事，但社会的变革最终要体现在百姓的日常生活当中，他们才是变革的最终承担者。如果国家脱离百姓，只有上层变革，那无论这个国家的上层如何先进，它都只是一只纸老虎。

商鞅意识到颁布新法如果得不到老百姓的信任和支持，贯彻执行起来势必困难重重。在农耕社会，百姓是决定一个国家实力的重要因素。商鞅虽不相信人民的智慧，却相信人民的力量。为了保证新法在百姓中顺利地进行，商鞅认为必须取信于民。

为了取信于民，商鞅在秦国国都城南门立了一根三丈长的木头，下令说，只要有人搬木头到北门，国家赏赐十金作为报酬。

搬动一根三尺长的木头，赏赐十金，做这么小的一件事情却付如此高的酬劳，百姓初时并不相信。很多百姓站在城门外观望，不知商鞅葫芦里卖的什么药。观望者越来越多，却仍无人向前搬动木头，商鞅增加赏金到五十金。

作为智识超凡的大才，商鞅不仅对刑罚深有钻研，对人性更有一套独特的见解。大概而论，儒家信奉人性本善，要求朝廷不要肆意干预百姓，相信百姓会朝善的一面发展。与儒家不同，法家觉得人性本恶，认为百姓需要朝廷严加管理，否则人必趋向坏的一面。

当时，人皆趋利避害，很少有孟子所谓的“杀身成仁，舍生取义”（《孟子》）。首先，经过春秋、战国之乱，作为人们行为准则的周礼已经彻底崩溃了。社会上层将周礼当做实现目的的幌子，社会下层直接视周礼如无物。为了生存，很多人都是苟且偷生，内在的道德观已经崩溃。

商鞅将赏金从十金增加到五十金，就是想以重利诱导百姓。重赏之下必有勇夫，赏金加到五十金后，百姓人头攒动，三三五五，交头低声商议。人人跃跃欲试，但仍无人敢出来搬木头。就在大家议论纷纷的时候，人群里终于走出一个人，他说：“让我来试试。”说着他就把木头扛起来，将其搬到了北门。商鞅果真派人赏给那个扛木头的人五十两黄金。

这件事传开后，在秦国引起了轰动。老百姓都相信左庶长商鞅是个言而有信的人。

城门立木，只为取信于民。商鞅通过此事就是想告诉百姓，让他们相信朝廷。凡是朝廷颁发的诏令，一定言而有信，不问身份尊卑，对有功者必赏，对违法者必罚。

自古以来，“天子犯法与庶民同罪”都是堂而皇之的谎言。百姓见商鞅做了一件很真实的事，更希望看到商鞅兑现诺言。

经过城门立木一事，百姓记住五十金，记住改革家商鞅，更记住朝廷一定言而有信。在信誉沦丧的战国，取信于民是众诸侯国最想做却最难做的事。商鞅在城门立木，一举赢得百姓的信任，破除百姓对朝廷的猜疑，为变法赢得了民众信任的基础。

宋朝的大变法家兼文人王安石，写了一首七绝，直接以“商鞅”为名，就是赞颂商鞅能够取信于民：

自古驱民在信诚，一言为重百金轻。
今人未可非商鞅，商鞅能令政必行。

《商鞅》既表达王安石对商鞅取信于民的敬服，也表示王安石自己渴望取信于民的殷切心情。王安石与商鞅这两位大改革家，仿佛超越历史时空的限制，使两颗改革的心灵相遇。

太子犯法，老师顶罪

得到民众的支持后，商鞅开始正式主持变法。

商鞅一共主持了两次变法，第一次变法主要包含以下内容：

第一，整理户籍，命令百姓十家编为一什，五家编为一伍，各家互相监视检举；如果有一家人犯法，十家连带治罪。

在农耕社会，百姓的多寡影响土地的开发程度。商鞅整理户籍，有助于管理秦国的人口。商鞅施行连坐法，让百姓互相监督，大大减少了犯罪行为。

第二，如果发现奸恶之人，隐瞒不报的人将被腰斩，告发之人受到的赏赐与上阵斩杀敌首同等，窝藏奸恶之人受到的惩处与投降敌人的人受到的同等。通过第二条法令，秦国就彻底灭除奸恶之人生长的土壤。如果国家没有奸恶之人，百姓自然相安无事，努力发展生产。

第三，如果一户人家有两个壮丁不分家，他们家的赋税将要翻倍。商鞅强迫成年男子分家，目的就要他们自食其力，共同为发展秦国的生产奋斗。

经济实力是战争的支柱，战斗装备和战时后勤的补给全取决于经济实力。如果没有强大的经济实力，军事的发展就得不到有力的支持，国家自然无法扩张。

法令还规定，凡是致力于农业生产，增收粮食和增加布帛的，可以免除自身的劳役或者赋税；如果因从事工商业或者自身懒惰而导致贫穷的，他们的妻子都要被收为官奴。这条法令，将百姓的努力方向引向农耕，有利于促进农业发展。

第四，有军功的各按标准升爵受赏，没有军功的王族不能列入家族名册。如果私下斗殴，将按性质的恶劣程度受到不同程度的处罚。这条规定，将百姓的暴力引向战争，同时解除了王族的一部分特权，为百姓开辟了一条向上层社会升迁的道路。商鞅强调按军功授爵，激发了下层有才之人的斗志，为秦孝公招揽了大量人才。

第五，明确爵位尊卑。官吏按等级差别占有土地、房产，甚至家奴的衣裳和服饰也要按爵位尊卑穿戴。军功是百姓获得爵位的主要途径，为了鼓励百姓积极参军奋勇杀敌，商鞅仍然强调爵位的尊贵，这有利于提升有军功者的社会身份。

法令还特别规定，只有立下军功的人才能够享受社会的显赫荣耀，没有军功的人即使极富也不能享受社会荣耀。

第一次变法有三大作用，第一强调发展生产，增强国力，这体现在鼓励农耕政策上；第二强调建立军功，提升军人的社会地位，这是战争方略；第三强调维持社会稳定，杜绝犯罪，这是以严刑峻法的方式稳定社会秩序。

从变法的内容来看，变法很单调，处罚严苛，过于冒进，容易引起百姓不满。百姓懒散惯了，突然实施整理户籍和连坐法，他们深感不适应，虽然如此，但威慑于商鞅的严刑峻法，不敢多言议论，只能将不满往肚子里吞。

新法实施了一年多，百姓怨声载道，仅是国都就有1000多人非议新法。商鞅声威凛然，但也不敢轻易触动众怒，正当商鞅为新法的推行而焦虑时，太子触犯了新法。

变法缺乏威信，正需要树立威信，正想杀鸡儆猴，有人偏偏在这个时候撞到刀口上，真是天助商鞅。商鞅告诉秦孝公，新法难以推行，因为上层随意冒犯，下层接连效仿，致使新法丧失威信。

城门立木树立了改革的信誉，商鞅需要再次惩罚高官，树立新法的威信。

触犯新法的是太子，太子是未来的国君，不能轻易施加刑罚。但是，如果不惩罚太子，就不能树立新法的威信。两难之际，商鞅采取一个折中的办法，处罚太子的监督官和老师，于是太子的老师公孙贾被处以墨刑。

墨刑就是用刀刺刻脸部，然后涂上墨汁。太子的老师遭到商鞅如此羞辱，太子自然痛恨商鞅，同时下层也因此事见识了商鞅的威严。

《史记》记载，“明日，秦人皆趋令”（《史记·商君列传》）。意思是惩罚太子的监督者和老师后，秦国百姓都按新法令行事，可见商鞅这个改革家既坚决又果敢。

处罚太子的监督官和老师后，再没人敢非议和敢阻碍新法。反对的言论被压制后，新法顺利地推行开来。新法推行7年后，收到了明显的效果，户户家给人足，夜不闭户，道不拾遗，占山为王或者拦路抢劫的现象变得少之又少。

变法之后的秦国经济发展迅速，有足够的经济实力应对战争的消耗。更为重要的是百姓勇敢作战，以私斗为耻。全国的暴力都藏在军队里，指向其他诸侯国，秦国国内则社会秩序安定，没有违法乱纪的事。

经过第一次变法，秦国走上了富强之路。

国家虽然富强，但社会仍处在高压政策之下，百姓很忌惮连坐法。生活在秦国，百姓必须事事小心，处处留神，不能说错话更不能做错事，仿佛头顶悬有一柄利剑。

经过几年的改革，原先非议新法的人获得利益后，开始鼓吹新法。商鞅听闻后，认为那些人会扰乱教化，于是将他们迁移到周边小城。

商鞅变法得到了秦孝公的大力支持，因此他能够大刀阔斧地改革。作为改革家，商鞅十分刚毅，敢想敢做，所以在推进改革的过程中触犯了很多人的利益。树敌太多注定了商鞅的悲剧结局。

第二次变法

秦孝公三年，商鞅被任命为左庶长，施行变法。秦孝公十年，商鞅又被提拔为大良造。大良造是秦国二十个等级爵位中的第十六级，可见秦孝公很倚重商鞅。

秦孝公改革的目的之一是战胜魏国。商鞅被提升为大良造后，在秦孝公的授意下亲自领兵攻打魏国，抢占其安邑（今山西夏县西北）地区。此次战役的规模虽然不大，但它向历史宣告：魏国已不再是秦国的对手。

秦孝公十二年，秦国迁都咸阳。咸阳在旧国都雍地的东面，此地占据山川之险的同时更加接近魏国。

此时的魏国仍然以强国自居，还未把秦国放在眼里。但变法后的秦国早已不是当年时常败于魏国的秦国了，秦国用十年的功夫积蓄力量，已经能够和魏国匹敌。

迁都咸阳后，为了火速超越并战胜魏国，商鞅开始施行第二次变法。

第二次变法是第一次变法的补充。变法仍然围绕国家利益，以打击落后王族，提升新兴势力为主。主要内容如下：

第一，禁止父子兄弟同室而居，男子都要自食其力。商鞅在第一次变法中规定，凡是成年男子不分家的，可以通过缴纳双倍赋税的方式弥补。在第二次变法中，秦国百姓的天伦之乐已经被彻底践踏了，商鞅彻底断绝了秦国百姓不分家的后路。至此，商鞅将百姓当做实现秦国富强的工具已经是不言而喻。商鞅禁止言论，百姓敢怒不敢言。怒气被压抑，一旦爆发，商鞅必然难以善后。

第二，合并乡镇，统一以县为单位编制全国的行政制度。编制后的秦国共有31个县，每个县都有县令和县丞，县令是主要责任人，县丞是县令的副手。第一次变法时，商鞅统一编制户籍，便于管理百姓；而在第二次变法中商鞅编制县制，以地域为单位管理全国。

经过两次变法，秦国百姓受到户籍和地域的双重限制，个人自由被约束。商鞅屡次约束百姓，目的只有一个，让百姓以“耕、战”为本，杜绝经商、学习、游说和私斗等不利于中央集权的活动。中国的大统一和中央集权是由秦国开创的，商鞅改革的贡献很大。

第三，整治全国土地，以统一尺度划分土地，鼓励开垦。作为法家的杰出代表，商鞅力求实现一套标准尺度。如果以全国统一的尺度划分土地，国家的赋税征收就有严格且统一的标准。赋税是国家财力的主要来源，一旦赋税有保证，秦国作战就有经济实力保障。

第四，统一度量衡，为国家经济的发展创造条件。商鞅改革前，秦国的测量尺度有斗、桶、权衡和尺等，名目繁多，不利于市场交易和国家税收。经过改革，全国都用一套标准，更便于交易。

第一次改革，秦国走向富强的道路；第二次改革，秦国走向中央集权的道路。秦国由弱国变成强国，商鞅功不可没。经过两次改革，秦国已经像一匹能征善战的千里马。商鞅希望自己的千里马能够踏平其他诸侯国，实现全国的统一就像实现秦国度量衡的统一。

新法刚刚使秦国走向称霸的大道，又有人居心不良触犯新法。商鞅有改革家的大无畏精神，不为太子留情面，更不会为其他人留情面。

上次太子触犯新法，他的监督官公子虔被罚，公子虔恨商鞅入骨。第二次变法施行四年后，公子虔再度犯法。商鞅操起大刀阔斧，毅然决然地处公子虔劓刑。劓刑，就是削割掉鼻子。为了变法，商鞅整得公子虔面目全非，这更加深公子虔的怨毒之心。

公子虔是太子的监督官，负责太子的道德品行，如果太子行为不合道德要求，他有权责指正。商鞅削公子虔的鼻子，在太子的道德监督官上动刀，就是削道德监督官的脸面。

商鞅两度惩治太子的人，毫不顾忌太子的颜面，使太子对商鞅心存忌恨，这也为商鞅埋下了祸根。

改革法令颁布后，商鞅宣布：以法为教。按新法行事的温顺百姓，商鞅大赏特赏。被赏赐的人多是耕田种地优秀，出军作战勇敢者。

在商鞅变法的时期，如果想获得升迁，必须有实际的功劳，比如耕田种地优秀，又比如作战勇猛。有赏便有罚，遵循新法可以获得赏赐，触犯新法便要遭受处罚。

面对触犯新法的人，商鞅决不姑息。有一次，700多个囚徒触犯新法，商鞅手起，700多颗人头马上落地，血溅闹市。

第五卷

合纵连横，烽烟四起的七国角力

第一章　秦失苏秦，再得张仪

苏秦的面试教训

在纷乱的战国，实力很重要，谋略也不可少。无论秦国如何强大，如果不善用谋略，最终也不能称霸天下。因为诸侯国过多，倘若他们联合起来围攻秦国，秦国肯定敌不过。实力为政治斗争搭建舞台，权术手腕则是舞台上的精彩演出，苏秦就是杰出的“演员”。

苏秦是东周洛阳（今河南洛阳）人。为了学业，苏秦变卖家产，离开洛阳前往鬼谷子处学习。生活在一个安分守己的环境，苏秦的行为简直是冒天下之大不韪，父母、兄弟、嫂子甚至妻子都不赞成他的做法。

鬼谷子已经教育出庞涓和孙膑这两位驰骋天下的军事大家，苏秦深信，只要在鬼谷子处学得一技之长，也必定会有所成就，名留青史。

从鬼谷子处学成归来的苏秦决定一展自己的才华，他将目光盯向国力日盛的秦国。

曾经的秦孝公很难拜见，现在的秦惠王更难拜见，因为秦国强大了。为了拜见秦孝公，商鞅求助于阉人；为了拜见更难见的秦惠王，苏秦花了不少人事。

第一次与秦王相见，苏秦急切地表达着自己的观点。他说，秦国占据巴、蜀、汉中等地，土壤肥沃，物产富饶；战马来自北方外族，日行千里，能征善战；南方有巫山、黔中作为防御外敌的屏障，东边有峭山、函谷关等险要关塞——这些都是秦国称霸天下的大好条件。

苏秦口若悬河，滔滔不绝，他其实只想表达一个意思，凭秦国的实力，争霸天下绰绰有余，只要秦惠王允诺，采纳他的谋略，必能一统天下。

商鞅刚刚受车裂之刑，苏秦思想与商鞅无异，自然不会获得惠王的认可。

秦惠王摆出老资格说，羽毛不丰满不能高飞，法令不完备不能实施赏罚，德行不高的君王不能统治万民。政治教化应该上顺天意，下合民心。他很感激苏秦不远万里前来指教，然而考虑到目前局势，征战天下的事最好暂时搁置。

为了拜见秦惠王，苏秦费尽心思，也花费不少人事，自然不会轻易放弃。这时苏秦说，还没见秦惠王之前，他就想到秦惠王也许不会采纳他的建议。但是“一将功成万骨枯”，一个国家想要称霸天下，不打仗行不通。神农攻打补遂，黄帝攻打蚩尤，唐尧放逐欢兜，虞舜攻打三苗，夏禹攻打共工，商汤灭亡夏桀，这些都是为称霸天下而战的活生生的例子。

商鞅弄得民怨沸腾，苏秦紧接着鼓吹战争，这不是破坏社会安宁吗？秦惠王思前想后，脸色越来越难看。但苏秦并没有注意到这一点，仍是滔滔不绝地说：“如果国君想要称霸天下，必须招纳敢死队，组建一支无坚不摧的队伍。在称霸的道路上，遇上强国打强国，撞上弱国灭弱国，不能容情，更不能手软。”苏秦的结论是，只有以强大的军事力量为后盾，百姓才会臣服，其他国家才会归顺，君王才有权威。

苏秦的霸道之术火药味更重，秦惠王容不下商鞅，自然更容不下苏秦。

由于苏秦是当时名士鬼谷子的弟子，所以他能够任意待在秦国国都。苏秦不仅有才学也有毅力。第一次游说失败后，他并没有放弃，接着写了10多篇言辞恳切的奏疏，希望能够获得秦惠王的赏识。

在秦国国都没待多久，苏秦就花光了所有的盘缠，连吃住的费用都没了。

为了游说秦惠王，苏秦将自己的后半生都给押上了，最终结果却是两手空空，好不心痛。在秦国的这些时间，为了写奏疏上呈，苏秦连珍贵的黑貂皮大衣都给磨破了。看着破碎的衣服，苏秦就想到自己那一颗充满激情，却被无能的秦惠王冰冻，最终被砸碎的心。

人生失意，身无分文，苏秦不得不离开秦国国都。

《战国策》记载，苏秦游说秦惠王失败，“羸滕履蹻，负书担橐，形容枯槁，面目黎黑，状有归色”（《战国策·秦策一》）。就是说，苏秦用破布绑住小腿，穿着草鞋，背上背着书籍，肩上挑着担子，形容憔悴，面目焦黑，囊中空空如矣，愧疚万分，一步一个脚印地归家。

苏秦从秦国走路回家，少说也走了几个月，疲乏不堪。事业上失利的他本想获得家庭的温暖，谁承想家人看他如此狼狈地归来，竟都看不起他。妻子见苏秦回来，仍旧织布，视苏秦如无物；嫂子做饭，人人有份，唯独没有苏秦的；苏秦转眼看父母，父母吃自己的饭，不看苏秦一眼。亲人的态度极大地刺激了苏秦，他立志要做出一番大事业。

梦开始的地方：燕国

痛定思痛的苏秦决定发奋读书。经过千挑万选，苏秦选中姜太公的著作《阴符》作为他的必读书本。姜太公用直钩垂钓，行为在钓鱼，目的却是钓周王。周王重用姜太公，最终成就霸业。苏秦选择这本书，除了书里的知识实用外，他更崇尚姜太公的事业。

《阴符》是古书，言语简单，意思却很深。看这类书，可以说是仁者见仁，智者见智，对看书之人的考验极大。苏秦钻研《阴符》，细心揣摩，夜以继日，丝毫不松懈。

他常常读书到深夜，为有更多的时间读书，他时常准备一把锥子，一打瞌睡，就用锥子在自己的大腿上刺一下。他利用疼痛让自己清醒，坚持读书。

经过一年多大锥刺腿、流血至足的痛苦磨炼，苏秦学成《阴符》，决定再度入世。《战国策》记载，苏秦学成后说：“此真可以说当世之君矣！”意思是，苏秦已经有真本事了，能够在天下畅行无阻。

学成后的苏秦决定再度出世，施展自己的抱负，但苦于没有路费，他只好费尽千辛万苦从邻居处借来一百钱。别人都视苏秦为无业游民，借钱之艰难，可想而知。

苏秦从此踏上了艰难的游说之路。

苏秦学成时，魏国已经沦丧为二流国家，不是秦国的对手。考虑到只有赵国最方便、最有实力抗衡秦国，苏秦前往游说。

可惜，赵国外强中干，是一个看似强大，实际很腐败的国家。赵国国君赵肃侯任人唯亲，让他那无能的弟弟出任国相，人称奉阳君。奉阳君不懂军国大事，只喜欢华美的言辞，对苏秦的那一套既不理解，也不感兴趣。

失落之余，苏秦离开赵国，冒着狂风大雪一路北上，来到小小的燕国。苏秦苦等了一年多，才见到养尊处优的燕王。

燕王难见，因为燕国偏处北方，受到强秦的威胁很小。国家没有外患，国君对人才的需求就不那么热切。此时的燕王是燕文侯，苏秦抓住这个要害，滔滔不绝地说了一大通。

从地理位置看，燕国的东方有辽东，北方有林胡、楼烦，西方有云中、九原，南方有滹沱、易水。易水，就是因侠士荆轲渡过而成名的地方。这些都是小国和部族，对燕国构不成威胁。

就军事力量而言，燕国的军队有几十万，战车600多辆，战马6000多匹，粮食储备够吃几年。燕国地狭兵多，粮食储备充足，国君根本不用担心亡国之祸。

再说，燕国南部的碣石、雁门一带很肥沃；北部土壤不好，但盛产红枣和板栗。苏秦开玩笑，说即使燕国庄稼歉收，光吃红枣和板栗，百姓也不会饿死。

燕国能够偏安一隅，免除兵战之祸，全因强大的赵国无意地充当了屏障。苏秦说，秦国和赵国打了五次战争，秦国只胜了两次，赵国胜了三次，双方互有死伤。秦、赵交战，两败俱伤，燕国默然静观，可以说是坐收渔利，因为秦、赵力量被削，无力也无暇攻打燕国。

如果秦国攻打燕国，军队必须穿越云中和九原，翻越代郡和上谷，远途跋涉几千里，不划算。即使秦军占据燕国，也不一定能够守住，因为燕、秦之间有强大的赵国。秦国想称霸天下，赵国也有这样的想法，秦军劳师远征，赵国自然不会等闲视之，一定会趁机削弱秦国。因此，秦国不是燕国的外患，燕国不应该将忧虑的重点放在秦国。

秦国崛起后，对别国虎视眈眈。燕文侯怕遭到秦国的攻打，所以有心结交秦国，让秦国保护燕国。

连横的要旨是“事一强以攻众弱”，如果燕国侍奉强秦，无意中就促成了强秦的霸业。为了击毁强秦，苏秦采取合纵策略，即“合众弱以攻一强”，这里的“强”就指秦国，“众弱”指强秦以外的所有国家，甚至包括少数民族建立的中山国。

成功转移燕文侯的视线后，苏秦将其注意力集中在赵国身上。苏秦说，赵国与燕国接壤，一旦发生战争，赵国几十万大军立刻齐集边疆东桓（今河北石家庄市东），陆续渡过滹沱和易水，不出半个月，燕国都城必然被困。

苏秦的话语给燕王成功造成了这样的印象：燕国夹在秦、赵这两个强大的国家之间。秦国是燕国的手足之患，不足为惧；赵国则是燕国的心腹之患，令人担忧。苏秦的迷雾散布成功，燕文侯突然发现在他的卧榻之侧，竟然躺着一只虎视眈眈的猛虎，不能不害怕。

这时苏秦告诉燕王，如果燕国参与合纵计划，合纵诸国连为一体，实力必将大增，一定能够与强秦抗衡。

燕文侯听到合纵策略，喜笑颜开，说赵国、齐国、楚国都是大国，对燕国的威胁极大，如果这些国家都参与合纵，燕国定能安然无忧。

成功说服燕国参与合纵之策后，苏秦的人生开始有了转变。燕文侯将相印交给苏秦，并大赠其车马、钱财、宝物，命苏秦游说赵国，力求实现合纵。

合纵的轴心：赵国

燕国国小力弱又偏处一隅，无法成为合纵国的轴心。在苏秦心里，赵国最适合充任这一角色，所以他离开燕国后游说的第一个国家是赵国。

受到燕文侯赏识的苏秦此次入赵与前番大不相同，他坐香车、策宝马，堂而皇之地来到赵国。苏秦已经成为燕国的重臣，所以此次入赵得到了赵肃侯的亲自接见。

上次被奉阳君阻挠，苏秦心里多少还存有芥蒂。此次故地重游，奉阳君虽然已死，但留在苏秦心里的阴影还未完全散去。

于是苏秦对赵肃侯说道："您十分贤明，上起卿相臣子下到布衣粗人，无不仰慕您的仁德恩义，渴望聆听您的教诲。然而，奉阳君却没有如此胸怀，他不仅无才无德还妒贤嫉能，阻挡天下贤士拜见您，真是无耻之尤。

"作为国君，最重要的莫过于让百姓安居乐业，免除战祸的威胁。在纷乱的战国，如果想远离战火，邦交非常重要。邦交工作做得好，没有外患；如果做得不好，国家必然卷入战祸。

"天下诸国，数秦、赵、齐、楚最强。如果赵国与齐、秦开战，赵国百姓就会受苦；如果赵国联合秦国攻打齐国，赵国百姓还是受苦；如果赵国联合齐国攻打秦国，受苦的还是百姓。"

分析完战争会给赵国带来的灾难后，苏秦保证，只要赵国听从他的安排，与诸国广泛建立邦交关系，一切灾祸都能够消解。各国为了表达对赵国合纵的谢意，燕国一定会贡献盛产毡裘狗马的土地，齐国会贡献盛产鱼盐的海湾，楚国会贡献盛产橘柚的园林，韩、卫、中山会贡献土地作为赵国的汤沐地。

战国时期各国争战不断，无非为了抢占更多的土地和人口，以此为自己国家牟利，赵肃侯听苏秦说得如此动听，自然会心动，所以两人一拍即合。

从当时的局势看，如果赵国依附秦国，以秦国的狡诈一定会利用赵、秦关系，趁机削弱韩国和魏国；如果赵国只与齐国交好，齐国野心不小，一定会利用这种关系削弱楚国和魏国。如果赵国周边的国家都被削弱了，"辅车相依，唇亡齿寒"，赵国最终必然深受其害。

这时的秦国已经十分强大，魏国不堪一击，强秦之所以不敢彻底灭亡魏国，因为担心其他国家借此发难。如果秦国做事过于蛮横无理，其他小国被逼急了，就会万众一心、死力抗衡，秦国的吞并政策必然会失败。

赵国国土面积广阔，物阜民丰，军队力量更是强大，秦国对此既忌惮又忌恨。如果赵国不与周边的魏国和韩国等小国相交建立攻守同盟，秦国一定会趁机侵犯魏国和韩国。一旦魏国和韩国被削弱，秦国接下来的兵锋所指一定是赵国。

将诸侯国的面积相加起来，秦国的面积还占不到全部的五分之一。秦国能够想打谁就打谁，想侵犯谁就侵犯谁，都是因为诸侯国各自为战，使力量分散的缘故。如果诸侯国参与合纵，集中力量对付秦国，秦国必然会俯首称臣。

参与合纵则能为君，加入连横的队伍就要称臣，赵肃侯自然不愿连横。

分析完国家大势，苏秦又分析个人。他认为凡是主张连横的人，目的只有一个，即让诸国割让土地给秦国，他们可以借此位居显贵。苏秦的意思是，连横者的真实意图是为谋取自身利益，他们的行为对国家有百害而无一利。

事情进展到最后，苏秦干脆地说道："赵、韩、魏、齐、楚、燕应该连为一体，建立攻守同盟，荣辱与共，齐心抗击强秦。

"如果秦国攻击楚国，齐、魏就派军支持楚国，韩国应立刻断绝秦国的粮道，赵军则南渡漳河要挟秦军，燕军固守常山以北，震慑秦国；如果秦国攻打韩、魏，齐国就可以派军支援，楚军能够切断秦军后援，燕军固守云中一带；如果秦国攻打齐国，赵、燕会派兵支援，韩国固守成皋，魏国阻塞秦军要道，楚军切断秦军后援；如果秦国攻打燕国，则韩、魏派军支援，赵国固守常山，楚国驻扎武关，齐军渡过渤海相助；如果秦国攻打赵国，燕国派军支持，韩国驻扎宜阳，楚国驻扎武关，魏国驻扎河外，齐国渡过清河相助。

"在合纵的计划里，合纵国能够连为一体，就如人的整个身体一样。如果秦国攻击任何一国，其他国家就会全力抵抗秦国，作战时如脑使体，如体使臂，如臂使手，如手使指。"

苏秦想象的合纵计划十分完美，然而事实却并不会按照苏秦的设想去发展，因为人心不同各如其面。其实参与合纵的国家也如苏秦所说的倡导连横的人的想法一样，目的是为了借助别人的力量抵御自己的灾难，一旦他人有难，他们就会袖手旁观甚至企图趁火打劫。

诸国加入合纵之初，都听信苏秦曼妙的言辞，只知其利，不知其弊，赵肃侯的行为就是典型代表。苏秦的话就如美妙的鸦片，赵肃侯听得十分上瘾，且深信自己能从合纵政策中获得如苏秦所说的好处，所以他也像燕文侯一样，将相印交给苏秦，并赠送香车宝马供苏秦游说其他国家。

当时的局势是，周天子畏惧强秦，连祭祀周文王、周武王的肉都赐给秦惠王。秦国大驱军马，以公孙衍为主将攻打魏国。魏国被打败，主将龙贾被擒，雕阴被攻陷。秦军锐气当头，聚集大军准备继续向东挺进。秦军势大，如果在诸国未参与合纵前发起进攻，诸国无力抗击，必然向强秦臣服。

仅有两个国家同意联盟，合纵事业刚刚开始。只要秦国知道此事，一定会横加干预，比如秦国若趁合纵计划还没形成时派军攻打其中一个国家，诸国不能互相救援，合纵计划就会立刻失败。

为了拖住秦国的后腿，苏秦略施一计，激怒他的同窗张仪入秦。

攸关前途的舌头

秦国所重用的很多人才都不是在秦国土生土长的，而是被其他国家抛弃后退而求其次，委身低就秦国，商鞅是这样的人才，张仪也是。

中原诸国没有慧眼识珠，让人才流入秦国的土地，秦国的实力因此日增。秦国能够一天天壮大，除了秦国自身的原因外，诸国无能的外部因素也是一大原因。

张仪是魏国人，家境贫寒，像苏秦一样，以学习为业，不甘心被人瞧不起，终日渴望出人头地。鬼谷子的学生孙膑和庞涓在战国名噪一时，于是张仪慕名前往拜师。在鬼谷子处，张仪遇上另一位游说大师即后来的合纵家苏秦。苏秦心地仁厚，不似张仪一味争强好胜，见张仪才高，深深折服甘拜下风。

学业完成后，张仪和苏秦为了前途，各奔东西。楚国是实力很强的国家之一，张仪选择了楚国，渴望为楚王的帝王大业添砖加瓦。由于家境贫寒，张仪铺不起通往宫廷的黄金大道，只能暂时栖身在楚相令尹府上。

楚国社会阶层很固化，上层与下层之间有着很大的鸿沟，身处上层之人往往瞧不起下层人士。张仪虽然能说会道，能够分析时事，却得不到楚相府中人士的认可，就在于他卑微的社会地位。

一天宴饮的时候，轻浮的楚相向众人炫耀一块温润珍美的璧玉。这块玉实在太美了，宴饮诸人互相传看，啧啧称奇，十分渴慕。人多手杂，传来传去，美玉竟然不见了。

所有出席的人中，张仪最为贫寒，结果人人都怀疑他私下隐藏。其实宴饮诸人早就对张仪的不切实际怀有厌恶，他们想借此机会惩治张仪，出一口心中的恶气。

结果张仪被施以杖刑，在施刑的过程中他始终不承认偷拿璧玉，即使被打得血肉模糊，张仪仍然不承认，众人亦没有证据证明他是偷拿者，只得放了他。

见张仪遭受如此羞辱，其妻很是愤懑。在她看来，既然家贫，张仪就该一心一意地种地耕田，而不是不切实际地妄想靠舌头吃饭，夫婿被人打成这样，她自然又气又恨。

见妻如此，张仪却笑嘻嘻地问，他的舌头还在不在。其妻一听不禁失笑，心想张仪一定被打傻了，屁股挨打与舌头无关，舌头自然还在。

听到妻子说舌头还在，张仪心下大慰，说这就足够了。张仪勤学苦练，目的只有一个，靠舌头吃饭。只要它还在，无论受多么严重的伤，他都相信自己的明天。

张仪被施以杖刑的时候，苏秦已经受到赵国的重用，正全力游说强秦以外的各诸侯国，劝他们盟誓，联合共同对付强秦。

战国是乱世，诸国彼此间的信誉很低，光是联合两国就能使人焦头烂额，何况联盟六国。再说，秦国突然崛起，弱小的国家都想依附强秦，不愿意与小国联盟，更不敢得罪强秦。

合纵的计划正在实施之中，苏秦害怕秦国突然发兵东进，破坏合纵，急需一个人前往秦国，劝秦国暂不发兵。

这个时候，有人开导张仪，说张仪与苏秦是同窗，两个人的关系很好。既然张仪在楚国碰壁，而苏秦在赵国掌权，张仪应该前往投奔苏秦，借助苏秦的关系向上发展。张仪素知苏秦为人厚道，于是听其建议前往赵国投奔苏秦。然而张仪拜上名帖，却迟迟见不到苏秦。

原来，苏秦知道张仪恃才自负，心高气傲，性子刚硬，决不甘心去秦国低就，只好以侮辱的方式激怒张仪去秦国。苏秦嘱咐门人不能为张仪通报，同时必须拖住张仪不能让他离开赵国。

拜上名帖后，张仪就如同被限制了行动，想见苏秦不行，欲去不能。如此被拖几天后，才终于与苏秦相见。

接见张仪的苏秦摆出了一份高姿态，故意坐在高处，却让张仪坐在堂下。更令张仪心怀不满的是，苏秦赐给他的食物竟是奴仆、侍妾吃的饭食。不仅如此，苏秦还高声大气地数落张仪，说张仪才高志大竟然沦落到向人乞食的地步。苏秦还说他本想举荐张仪，但是张仪不配委以重任。

千里迢迢前往投奔，张仪被苏秦劈头盖面地羞辱一番，心里很不是滋味，于是他将被折辱的仇恨算在赵国头上。诸侯国中，魏国、齐国、中山和秦国与赵国相邻，出兵攻打赵国最方便。然而魏国和齐国与赵国无仇，国力又弱小，不能为张仪报仇；中山国是小国，自然敌不过赵国。

放眼天下，只有秦国这个后起之秀能为张仪报仇。为了一雪前耻，张仪决定入秦。

计谋成功了，苏秦对左右亲近的人说，张仪的才华天下之人无人可与之比肩，即使他苏秦也对他甘拜下风。天下之人只有张仪有能力掌握秦国权力，只是张仪家境贫寒且心高气傲，既没有金钱作为进身之阶又不肯低三下四求人。苏秦正是害怕张仪因贪爱小利而忘记千秋大业，因而设计招他入赵国，以羞辱的方式激发他的志向。

苏秦帮助张仪的方式是送他钱财。如果张仪缺乏钱财也会像商鞅一样去求阉人相助，这才是对张仪真正的羞辱。于是苏秦奏请赵王命人带上金钱、财物和车马等跟随张仪，使心腹接近张仪，供给张仪求见秦惠王所需要的金钱、财物和车马。

张仪受到资助后很容易就见到秦惠王，但他并不知道苏秦是幕后策划者。张仪凭借自己的才华很快便得到秦惠王倚重，拜为客卿。秦惠王开始和张仪商议攻打诸侯国的策略。

想当初，秦惠王之所以会忽视苏秦，是因为当时的合纵还没威胁到秦国。现在，秦国重用张仪，却是因为害怕苏秦的合纵策略。张仪既然是苏秦的同学，应该有能力对付合纵。

张仪掌权后，苏秦的门客向张仪告辞。张仪很是奇怪，自己刚刚得到秦惠王的信任，正待好好报答对他又帮助之人，没想到这人竟要告辞离去。这时门客将苏秦的良苦用心全部说出。张仪听后很羞愧，没想到他自己竟坠入苏秦的彀中而不自知，一味感情用事，甚至想报复赵国，真有点不自量力。

为报答苏秦，张仪让门客转告苏秦，只要苏秦当权，他绝不会攻打赵国。

张仪许诺不攻打赵国，于是拨转马头先算楚国的旧账。张仪写信给楚国国相，说他没有偷拿璧玉，却被诬陷，遭受鞭笞之辱。他警告楚国国相，好好守护楚国，因为他不偷璧玉，专偷城池。

张仪的“称霸”路线图

秦国收回河西之地后，楚国完全暴露在秦国的南方，中间只隔一条汉水，很容易攻击。楚王无能不足为惧，但是楚国的实力却不可小觑，秦国不能贸然前去攻打。正当张仪为灭楚之计忧虑时，秦国西南方的蜀国为他提供了机会。

在秦国的西南方，蜀国是一方霸主。蜀王曾经封他的一个弟弟为苴侯，苴侯治下的汉中与巴国邻近，所以苴侯与巴王交好，然而，蜀王与巴王之间却有仇。蜀王担心苴侯与巴王会联合起来攻打他，为了防患于未然，蜀王当机立断决定先派军攻打苴侯。

苴侯力量弱小不堪一击，战败后逃往巴国。巴、蜀两军相遇，战斗异常残酷，打得难解难分，彼此却都没有战胜对方的实力。蜀、巴两个小国家缠在一起发展成了一场耗费国力的战争。

放眼天下，新近崛起的秦国无论什么事都敢横加干预，不像其他诸侯国缩手缩脚，因此蜀王和巴王都向秦国求救。

好事自动登门拜访，秦惠王很高兴，渴望吞下这块肥肉。蜀国是一方霸主，只要踏平蜀国，巴国等其他小国必然望风披靡，秦国就没有西南方的忧虑。然而，从秦国出军到蜀国，山地崎岖，道路险要，大多是连鸟兽都害怕行走的栈道，甚至几百年后的唐朝依然如此，李白的《蜀道难》道出其中艰难。

福无双至，祸不单行，正当秦惠王忧虑万分之时，东边的韩国趁机侵犯。都说战国纷乱，而且是越打越乱，因为诸侯国太多，各以自己为中心，唯利是图，见别国有难，总要出兵干扰，横加搅局，分一杯羹。

东边是痈溃之患，西南方是珍馐之诱。秦惠王如热锅上的蚂蚁，看看东边的韩国，又看看西南方的蜀国。如果出兵反击韩国，又担心两国势均力敌，劳而无功，白白浪费西南方的珍馐美味；如果出兵西南，又担心韩国趁机偷袭，杀个措手不及，最终偷鸡不成蚀把米。

这时张仪认为，面对两难抉择应先讨伐韩国，因为韩国接近周王朝的国都。

国都不仅是一座繁华的城市，更代表国家的权力中心。张仪使尽胸中韬略，为秦惠王谋划了一个称霸中原的蓝图。

第一，秦国应该先与魏国和楚国做好邦交工作，拉好关系后，魏国和楚国就不会趁秦国出军韩国的时候横加干预。

第二，与魏国和楚国交好后，秦国火速出军黄河、洛水和伊水这三条大河，占据太行山的羊肠坂道，如此韩国就在秦国的控制之内。

第三，控制韩国后，利用魏国和楚国，让魏国出兵断绝南阳的通道，让楚国出兵辖制郑国。韩、魏、楚、郑等周朝周边的小国家都被制住后，秦国径直攻取新城（今河南伊川县西南）和宜阳（今河南宜阳县西北韩城镇）。这两座城市被攻取后，秦军就兵临周朝国都。大军压境，周朝无力抵抗，天下就是秦国的。

如果第一步、第二步和第三步都走好，第四步就水到渠成。随便找一个借口，出动大军讨伐周王朝的“罪恶”，以此恐吓周天子。如果周天子识相，他还能够当几年的傀儡天子；如果周天子敬酒不吃吃罚酒，杀一个没有军队的天子容易得很。占领周朝后，秦国再集中优势兵力，连魏国和楚国都吞下肚。

当然，周天子对百姓有象征意义，不能随便就杀。为了名正言顺，秦国应该先辖制诸侯国，最后才打周天子的主意。一旦天下诸侯都被秦国玩弄于股掌，周天子自知无能，必然献出象征国家权柄的九只大鼎。秦国拥有大鼎后，挟天子以令诸侯，按照地图和户籍分封，诸侯莫敢不从，天下同样是秦国的。

蜀国地处穷乡僻壤，尚未开化。即使攻取蜀国，第一士兵疲惫，第二百姓劳苦，第三国家耗费经济，代价极大不合算。况且，趁别国大乱就出军攻击，在外的名声也不好。

张仪的观点是，如果想要追求名声，就到朝廷；如果追求名利，就到市场。三川和周朝国都就如市场和朝廷，秦惠王的军队应该开向这个地方，而不是到不毛之地的蜀国。

如果进军蜀国以追求帝王大业，无异于缘木求鱼。张仪将天下大势分析得头头是道，但是他的观点遭到了司马错的反对。

“骗”来的上郡

司马错认为，如果想要国家富强，一定要开疆拓土；如果要使军队强大，一定要使百姓富足；如果想称霸天下，一定要广施仁德。只要具备上述三大条件，帝王大业就水到渠成。

有人认为，秦国疆土褊狭，百姓不够富足，应该先办容易办的小事。蜀国虽是小国却是西南方霸主，其发生内乱正是秦国进军的良机。如果秦国大军开进西南方，定会有所收获。

如果能够占领西南方，秦国的疆界就会扩大，国家实力就会随之增强。司马错深受礼法影响，做事谨小慎微。他觉得攻打韩国和劫持周天子犯天下忌讳，不仅没有必胜的把握还会影响秦国的名声。

尽管周室已经衰微，可是其仍受到一些诸侯国的拥护，例如韩国和齐国。周天子与韩、齐的关系非同一般，如果周朝的地位受到威胁，周朝一定会联合韩国、齐国和赵国进行自我保护。一旦周朝借助三国的力量，一定可以化解魏国和楚国的威胁。诸国犬牙交错地分布在一起，是能够互相制衡的。

再退一步说，如果周天子被逼无奈，他一怒之下将象征权力的九只大鼎送给楚国，又割土地酬谢魏国，那张仪的连横策略就会被败坏。要是真的出现这么坏的结果，秦国到头来只会竹篮打水一场空。

掌权的秦惠王做事也是小心谨慎，所以一切听从司马错的建议。

正如司马错所说，秦国出兵蜀国，在当年十月彻底占领蜀地。秦惠王贬蜀王为侯，又派陈庄出任蜀国国相。

占领了西南方最强大的蜀国之后，整个西南方就都是秦国的地域。秦惠王十年，公子华和张仪领军攻打魏国的蒲阳（今山西隰县西北）。秦军的战鼓刚刚敲响一通，蒲阳就被攻陷。

张仪认为，对付诸侯国，应该像商鞅对付百姓一样软硬兼施。如果施行右手打压、左手拉拢的策略，诸侯国即使不俯首称臣，也摸不清张仪的意图。

基于此，攻占魏国的蒲阳后，张仪又将其奉还。魏国人一时弄不明白张仪的真实意图。更令人瞠目结舌的是，张仪竟然让秦国公子繇前往魏国当人质。在战国，让国君的公子到其他国家去当人质，只有两种情况：一种是国家很弱小，送质子以讨好强国；一种是两国结盟，送质子以示诚心。

秦国比魏国强大，完全没有必要讨好魏国。而且，秦国与魏国是一对生死冤家，彼此没有一丝一毫的好感。第二种情况也并不存在。

面对行事怪异的张仪，魏王顿时摸不着头脑，却又不敢拒绝。

见魏惠王犹豫不决，张仪随即抓住机会说，秦国对魏国很好，魏国应该以礼还礼。

按照惯例，一国接受另一国礼物后，所还之礼应当更贵重一点。秦国先送魏国城池，就是为了将这个“礼”进行下去，魏国必须还一份相当的礼。魏王就这样将上郡和少梁之地割给秦国。

秦国改少梁为夏阳。秦惠王对张仪的谋略很欣赏，于是将其封为国相。转眼又过四年，这四年里，秦国实力大增，张仪正式拥立秦惠王为王，使用秦国自己的年号。

眼看秦国自封为王，其他诸侯国并没有哪个国家敢跳出来阻止。秦惠王自立为王，身份名誉高于没有称王的诸国国君，野心昭然若揭。

强秦任意妄为，周天子已无力阻止，因为实力不及。但与魏国相比，周天子还是幸运的，因为秦国毕竟没对他造成切身的伤害，而魏国遭受的却是“肌肤之痛”。秦惠王称王一年后，张仪出任秦国将军，攻陷魏国的陕邑（今河南陕县），修筑上郡的要塞。秦国扩张的脚步已经难以抵制了。

第二章　秦国连横之策，事一强以攻众弱

顺水推舟的说服法

张仪初到秦国时，公孙衍担任大良造。公孙衍是魏国阴晋人（今陕西华阴县东），人称犀首。大改革家商鞅曾经担任大良造，秦惠王让公孙衍担任，可见对公孙衍十分倚重。

但是公孙衍主张合纵，而张仪宣扬连横，他们在政治上存在不同见解。张仪入秦后，他的学说获得了秦王的认可，公孙衍则遭到排斥。

被排斥的公孙衍十分痛恨张仪，开始找机会报复他。

其实张仪的一生是孤独的，他除了身边的几个随从外，没有真正的知交，每次做事

都是孤军奋战，而他的政敌们却团结一切可以团结的力量，甚至不惜利用合纵策略，只求排挤他。

世上英雄惺惺相惜，那样的感情很珍贵。但是，如果没有英雄般豁达，两个人在同一个舞台上相逢，等待他们的只有战斗。陈轸与张仪同朝为官，都为秦国的利益奔波，可是他们的关系却不好，互不相容。如果他俩是文人，就有些文人相轻的意味。

然而，他俩只能算是半个文人，真正身份是同行，他们相斗就是同行相轻。张仪使公孙衍赋闲在家喝闷酒，又倾轧陈轸，可见他们之间的政治斗争很激烈。

初入官场的张仪，凭着年轻人的激情，想打拼一片自己的天地。但是要开创新天地，只有两种方法，一种是做事，一种是排除阻碍自己做事的人。

商鞅的改革破坏了现存秩序，老臣自然反对商鞅。老臣维护现存秩序的目的就是维护自身的利益。作为新人，张仪明目张胆地抢老臣的饭碗，老臣自然不能容忍。因此，张仪整治老臣，老臣也要反过来整治张仪。

张仪对他人的攻击也是出于对自身利益的考虑。

入秦后，张仪发现陈轸的才干不比自己差，担心时日一久，秦王会冷落他而偏爱陈轸，于是他就找机会在秦王面前进谗言。

有一天，张仪对秦惠王说道："您时常让陈轸在秦国和楚国之间往来，现今，秦楚关系已今非昔比，楚对秦已不如以前友好，但对陈轸却一如既往的好。可见陈轸的所作所为并不是诚心为秦国谋利益，而是为他自己。我听说陈轸已经将秦国的机密泄露给楚国。作为大王的臣子，他这样做完全损害了您及秦国的利益。与此人一起共事是我所不愿的。最近我又听说，他打算去楚国。要是果真这样，大王还不如斩草除根，以绝后患。"

秦王听后很是生气，接着马上将陈轸叫来。一见面，他就对着陈轸直说："听说你想离开这儿，告诉我你准备去哪儿，我好为你准备好车马。"

陈轸听秦王问得突兀，很是莫名其妙，于是不知所措地盯着秦王。但他很快就明白了是怎么回事，于是镇定地回答："我打算去楚国。"

听到陈轸的回答，秦王对张仪的话更加深信不疑，"这么说来，张仪的话是真的？"

陈轸立刻明白原来是张仪在背后进了谗言，他不慌不忙地解释说："此事不仅张仪知道，过路者人人知道。我正是忠于您，楚王才要我做他的臣子。"

"那你也不应该将秦国的机密告诉楚国啊？"

陈轸接着对秦王说："我之所以这样做，正是为了迎合张仪之计，以证明我并非楚国的同党呀。"秦王听得很糊涂。

陈轸接着说："我听说，有个楚国人有两个妾，一个年纪大些，一个年轻些。一天，一个人去勾引那个年纪大一些的妾，结果遭到一顿大骂。不甘心的他又去勾引那个年轻的妾，结果得逞。那个楚国人死后，好事者就问那个勾引者：'如果从那两个妾中选一个做妻子，你会选哪一个呢？'他回答说：'当然是那个年纪大些的。'好事者不解地问道：'年纪大的骂你，年纪轻的喜欢你，你为何要娶一个曾经骂你的人？'他说：'当时我当然希望她答应我。但处在她那个位置，她骂我说明她忠于丈夫。我当然也希望我娶到的妻子对勾引她的人破口大骂，对我忠贞不二。'大王，您仔细想想，身为秦国臣子的我如果常把本国的机密泄露给他国，楚国真的会信任和重用我吗？我会不会去楚国，大王您该想清楚了吧？"

秦惠王听陈轸说后，消除了疑虑，更加信任他。

即使所有人都说姜还是老的辣，张仪仍然不同意，因为他不怕陈轸。张仪拜的是名师，他受过地狱般的磨炼，办事果断坚决，总的来看，张仪确实略胜陈轸一筹。两人较上劲儿一年多后，秦惠王封张仪为相。

劳累大半生，陈轸一无所获，好处全被张仪享受了。心怀愤恨的陈轸决定联合公孙衍，与张仪大斗一场。

张仪在秦国掌权后，公孙衍自知不是张仪的对手，所以退而求其次，请求出使魏国。

这些年公孙衍的日子并不好过。他在魏国仍旧被冷落，整天窝在家喝闷酒。由于仕途失意，公孙衍闭门谢客，连陈轸都不见。陈轸命人告诉公孙衍，说他有要事，如果公孙衍不见他，他不会等到第二天。

英雄虽然老了，宝刀还是锋利的。公孙衍曾与陈轸共事，他知道陈轸精明能干。一听陈轸说有要事，公孙衍立刻接见他。陈轸看见公孙衍的身边堆着无数酒坛，想到是张仪将公孙衍害成这个样子，十分伤心。

为了激发公孙衍的雄心，陈轸明明知道其中原因，却故意问公孙衍为什么在家喝闷酒。面对陈轸的询问，公孙衍有冤无处诉，他只能推说因为无事可做。

公孙衍怒气勃勃，很合陈轸的心意。陈轸保证只要公孙衍按他的计策行事，公孙衍能立刻腾飞，身居高位。

在楚国的这些年，陈轸探听到不少楚国的机密，其中一件就是合纵。陈轸告诉公孙衍，魏相田需约集各国合纵共同抗击秦国，可惜楚国犹豫不决，致使大事不成。

如果公孙衍肯出力促使各国合纵，张仪必然被秦惠王责备。张仪失宠，公孙衍不但可以身居高位，还能报仇。

赋闲在家的公孙衍正愁没事干，陈轸为他指出一条明路，公孙衍欣然接受。

口音代表我的心

获得陈轸的计策后，公孙衍开始全力以赴地执行。公孙衍告诉魏王说他与燕国和赵国的国君交好。这两位国君见他没事干，曾多次派人接他去玩，所以希望魏王能够派他出使燕、赵两国。

魏王心想既然魏相田需游说楚国那么长的时间，只是空自浪费时间、人力和金钱，并没有谈成合纵之事，为什么不让公孙衍尝试一下。说不定凭借公孙衍与燕国和赵国国君的关系，无心插柳真能柳成荫。

没想到更好办法的魏王只能死马当成活马医。他派公孙衍出使燕、赵，借此机会增进与几国的感情。被秦国打怕了的魏国，最希望实现合纵，联合其他国家的力量，共同抵御秦国。

魏国此刻的局势，早被孟子无心地预言说中了。孟子曾经说，如果国君只求对国家有利的事，大夫也只会寻求对自己有利的事，那么百姓也只会寻求对自己有利的事。

现在的魏国就是这样的，国君只求保全国家，大夫只顾自己的利益，百姓只盯住自己的油米柴盐。

人心不齐致使魏国陷入四分五裂的困境。公孙衍向魏王要了30辆马车招摇过市，最后他又大张旗鼓地将马车陈列在自家的院子里。仔细想想，如果公孙衍真想为魏国谋利，他早就走了，不会再在魏国浪费时间。

那时的局势很紧张，各国都如绷紧的弦，听到哪个国家风吹草动，马上就有反应。

燕、赵的使臣听说公孙衍将要出使自己的国家，火速通知国君，让他们做好迎接工作。

几个国家一起运动，声势浩大，消息很快传到楚国。

楚王听说公孙衍将代表魏国出使燕、赵，嫉妒之心大作。楚王说魏相田需表面和他结交，实际上魏国却另有打算，对此他十分愤怒，他决定彻底拒绝田需的合纵计划。

事情发展到这个地步，陈轸的计谋已经实现了。陈轸用计精明，连楚王都不知道自己中计，田需更不明白公孙衍声称要出使燕、赵，却迟迟不行的原因。

下雨并不可怕，可怕的是下雨之前的乌云密布，雷电交加。公孙衍光打雷不下雨，目的只有一个——大造声势。

声势，用正面的政治术语讲是舆论，用反面的政治术语说就是谣言。谣言本身并不可怕，可怕的是有人相信它，甚至甘愿为它而献身。

在公孙衍大造声势下，为了自己利益的齐国抓住第一时间行动，将相印交给公孙衍。

历史之所以没有理性，因为人都不相信自己，而是以他人的行为为准则办事。中国有一句成语，叫做“趋之若鹜”，就用来形容这种现象。齐国当了第一只野鸭子，燕国和赵国不服气，也赶紧送相印给公孙衍。

都说“有名自然有利”，公孙衍坐在家里什么都没做，最后却身居高位，这一切恰好印证了这句话。陈轸略施一计，就让公孙衍拿到齐、燕、赵三国的相印，又被魏国重用，这一招实在是高明。

大造声势下，公孙衍重新位高权重，见多了一个外援的陈轸安心回去秦国。

魏国已经和齐、燕、赵这三个国家联盟了，可以不在乎楚国。楚国孤立无援，陈轸就可以从中获利，游说楚国依附秦国。

陈轸由楚国返回秦国这一年，正值韩、魏大战。这两个小国家虽然国力不强，但求胜心切。两国打了一年多，互有死伤，但为了决出最终的胜负，两国继续再战。

都说合纵难是因为人心诡诈，各国都只为自己存活，韩、魏交战的例子就很明显。韩、魏大战，互相削弱对方，秦国窥伺间隙，必然趁火打劫。然而，朝臣意见不统一，有的提议出兵，有的不同意。秦惠王委决不下，陈轸恰好回到秦国。

如果是往常，秦惠王会咨询陈轸的意见，现在却有些犹豫，因为他不知道陈轸的心向着谁。

俗语言，长久不见感情必疏，秦惠王也是这么想。秦惠王召见陈轸，脱口就问陈轸：“你在楚国待了那么久，想念过秦国吗？”（《史记·张仪列传》）秦惠王的言外之意是，你陈轸还是秦国的臣子吗？

最大的怀疑莫过于秦惠王这句话，最大的试探也莫过于这句话。这句话很灵活，秦惠王为自己留了退路。秦惠王用一句很棘手的话试探，陈轸没有直接回答，而是说一个小小的故事，故事的主角是越人庄舄。

故事是这样的，庄舄是越国一个地位卑微的人，却很有能力，他辅助楚国做官做到执珪的爵位。庄舄生病了，楚王想知道他是否想念家乡。中谢说，大凡思念家乡的人，如果生病了，他一定会操家乡的口音。只要派人前往探听，看庄舄说话是什么口音就行了。借这个小故事，陈轸想说他操秦国的口音，对秦国忠心不二。

唐人贺知章说：“少小离家老大回，乡音无改鬓毛衰。”（贺知章《回乡偶书》）陈轸已经说了一个故事，乡音变没变，秦惠王自然知道。

排除疑虑的秦惠王于是向陈轸咨询韩、魏的战事，陈轸接着又说了一个卞庄子刺虎的故事。

有两只大老虎，一大一小，正在吃一头牛。卞庄子看到后，操起大刀要杀老虎。旅馆里一个小子阻止卞庄子说：两只老虎正在吃牛，吃出滋味后，为了独占牛肉，一定会争斗。两只老虎打架，十分残忍，凶的会被打伤，弱的会被打死。等到它们一死一伤的时候，你抓住时机，很容易就能刺死受伤的老虎。两只老虎都死了，外人不知道其中的过程，一定会夸赞你，说你杀死两只老虎。

老虎是假的，老虎所代表的象征意义才是真的。秦惠王问国家大事，陈轸所指的这两只老虎，一只代表韩国，另一只代表魏国。陈轸以两只老虎的争斗影射韩、魏之战，借此告诉秦惠王应该等韩、魏两败俱伤，甚至一死一伤时才插手干预，此时的利益才最大。

诸侯国自相残杀，秦国正需要这样的“好事”。凡是敌人的坏事，对秦国来说就是好事。秦惠王欣然采纳了陈轸的建议，静静地看着两只老虎相斗，他也因此而厚遇陈轸。

魏国，合纵的薄弱一环

作为连横家，张仪最大的优势就是可以凭借其非凡的辩才让君王听信其言。张仪在各国间忙碌时，苏秦也同样四处游说诸侯国，劝国君合纵，共同抵御强秦。与连横相比，合纵进展得较为迅速，成绩斐然。

同门师兄弟，一个倡导合纵，另一个主张连横，两人不免互相竞争。从可行性角度而论，张仪的连横比较容易。因为秦国强大，无论是大国还是小国都想依附强国，毕竟大树底下好乘凉。

合纵却很难实行。首先，合纵国之间彼此有仇隙。仇人相见，分外眼红，谁都不能保证对方不会做出伤害自己的事，心理上总是有很强的防卫意识。合纵就像军队作战一样，需要相信对方，甚至连自己的生死都交给对方。合纵诸国不但不相信对方，甚至彼此防范，根本就是貌合神离。

其次，为了自我利益常常有人背叛盟约，私下结交强秦。在一个群体内，如果没有一定程度的信任作为彼此联系的纽带，这个群体就是乌合之众。从长远角度来看，合纵联盟就是一群乌合之众，因为诸国国君相信的人只是苏秦，而不是与之合纵的诸侯国。

一个人能够撑起一个国家，这不是假话，苏秦就撑起了合纵联盟。苏秦就像一根线，将合纵诸国串在一起，使它们成为一条线上的蚂蚱。但是，如果苏秦这根线断了，合纵的诸国就重新变成一团散沙。

抓住合纵国心志不坚、彼此缺乏信任的缺点，张仪集中主要力量攻击最不堪一击的国家。建立合纵联盟就如打造铁链，每一个国家所代表的每一个环节都必须打造得很牢固。

如果有一个环节的工夫做得不到位，铁链就会断裂。张仪需要干的工作就是打碎合纵铁链上的一环就够了，因此，他的工作比苏秦容易。

放眼天下，魏国是合纵链条上最薄弱的一环，张仪决定出使魏国。张仪做出这个决定，有三大原因：

第一，魏国是衰落的大国，屡屡遭受秦国侵犯，无力自卫；

第二，魏国被秦国侵犯时，其他合纵国没发兵相救，这让被孤立的魏国深深感到不公平；

第三，张仪对魏国软硬兼施，与魏人熟悉，对魏王很了解。

辞去秦相一职，张仪前往游说魏国，劝它脱离合纵，归附强秦。张仪以为很容易就会将魏国说服，结果却并非如此。尽管吃了秦国多次败仗，甚至曾经面临亡国的危险，但魏国态度还是很强硬。

魏国之所以能够如此强硬，第一是因为怨恨，第二是因为有了靠山。魏国屡遭秦国侵犯，怨恨极深。此外，魏王已经重新加入合纵，现在的合纵已经不是以前的合纵了。魏国的风光已经不在了，实力远不如前，魏惠王对秦国的忌恨却没有随着国势的衰弱而减弱。

和平谈判解决不了问题，就用武力解决。魏惠王不吃张仪的敬酒，秦惠王送来罚酒，发兵攻打曲沃（今河南灵宝东北）和平周（今山西介休西）。

结果魏国仍然不堪一击，秦军大胜而归。攻陷曲沃和平周后，秦王对张仪万分优待。

如果没有张仪出使魏国，干扰魏人的视线，魏国肯定不会这么容易就被打败，秦王因此优待张仪。游说魏王不成，致使秦王大怒发兵，耗费国家积累，还无功受禄，张仪心里过意不去，不好意思回秦国，所以继续待在魏国。

在一个制度不健全的国家，如果老国君突然死去，可能会引发内乱。如果魏惠王死后，魏国发生内乱，张仪就可以居中策划魏国依附秦国。即使魏国不发生内乱，继位的也是新君。新君社会经验不足，张仪更可以发挥自己的优势。

老魏王顽固不听话，张仪只能打新魏王的主意。四年后，老魏王果然死了，新魏王继位，人称魏哀王。将门出虎子，魏哀王也不是省油的灯。魏哀王虽年轻气盛，却并非毫无头脑，所以并没有被张仪的计谋蛊惑。

四年的宝贵光阴像流水一样，一去不复返，游说仍旧毫无结果，张仪勃然大怒。既然游说不成，他便开始暗地里策划秦国攻打魏国。

魏惠王在位时没有打过秦国，魏哀王还是打不过秦国。秦、魏两军相遇，参战的士兵未必相同，战争的结果却是一样的，即魏国只有挨打的份。

自从庞涓死后，魏国一蹶不振，接连被秦、齐欺压。东有强齐，西有猛秦，魏国两头受气。两个强大的国家夹击魏国，就像两座大山一齐压向魏国，魏国无力抗拒，除了挨打还是挨打。落后就要挨打，这是至理名言。在混乱的战国，这句话更被封为金科玉律。

被秦国打败一年后，魏国接着在观津（今河南清丰南）大败给齐国。偌大的一个魏国，随着土地一天天被削割，国家已经危如垒卵。

在秦国接二连三的打击下，魏国衰落之势愈来愈快。

魏国衰落了，无论大国小国都想趁火打劫，秦国更想将其吞并。但与魏国接壤的韩国开始担心起唇亡齿寒的问题。所以当强秦将魏国逼上绝路，韩国站出来尽力帮魏国解围。秦国欲出兵伐魏，小小的韩国敢跳出来干扰，秦王大怒，于是发兵攻打韩国。结果秦、韩两国军队相遇，韩军势弱，不堪一击，被秦军斩杀8万余人。

秦国一举诛杀8万多韩军，诸侯国十分恐惧，对秦国更加畏惧。

古代战争，人力很重要，极少出现斩杀8万敌人的情况。秦国破除旧例大开杀戒，诸国国君已经开始胆战心惊了。

最伟大的推销员：张仪

秦军不惜残害俘虏上演一出杀鸡儆猴的好戏，为的就是能够进一步壮大自己的声威，张仪抓紧时机再次游说魏哀王。

魏国土地不到一千里，军队不过30万，地势平坦开阔，夹在诸国之间，就如车轴的中心。如果魏国像秦国一样，强大得想打谁就敢打谁，这样的地理位置就会很有优势，因为可以向四方扩展领土。

魏国的南边有强大的楚国，西边有居心叵测的韩国，北边有贪得无厌的赵国，东边有虎视眈眈的齐国，只守卫边疆就需要不下10万的兵力，耗费巨大，魏国难以支持。这几大国就像几只大脚，如果一只脚踩魏国一次，魏国不死也要重伤。

更令魏国人感到痛苦的是，魏国都城四周没有山川的险要作为屏障。从韩国国都新郑（今河南新郑）到大梁只有两百多里，一路十分平坦，敌人的战车倏忽而至，十分危险。

分析完地理位置后，张仪开始剖析魏国的利害。张仪说，魏国属于兵家必争之地，是一个天然的战场。魏国与周边诸国相交，为了自身利益不可能一视同仁，必然出现厚此薄彼的现象。

如果魏国与南方的楚国交好，忽视东边的齐国，齐国心下不愤必然侵犯魏国的东部；如果魏国极力结交齐国，将所有的好处都送给齐国，被冷落的赵国必然侵犯魏国的北部；如果魏国诚心与楚国、齐国和赵国交好，不理睬西边的韩国，韩国必然进攻魏国的西部。

一个国家夹在几个国家之间就像坐在荆棘丛中。如果魏国还是以前的魏国，这些刺不能刺伤它。可如今，秦国将魏国的盔甲给撕破了，魏国现在等于以肌肤接触四周国家的荆棘。

魏国依赖合纵，张仪就釜底抽薪，剖析合纵策略的利害。张仪说，诸国赞同合纵目的只有一个，凭借它使国家安宁，百姓富足，军队强大，君主受到尊崇，名声得以彰显。合纵诸国歃血盟誓，相约为父兄昆弟，立誓互不侵犯。这些都只是形式，都是虚的，不切实际。

合纵只是理想，却不能代替现实。张仪举例，即使是同一父母所生的亲兄弟，尚且有为了钱财而争斗致死的事例，何况合纵诸国本就觊觎别国的土地，都企图称霸天下。

参与合纵诸国的国君各怀鬼胎，合纵策略能够续而不断，全是苏秦从中斡旋之功。张仪指出其中利害，魏哀王十分害怕，一时不知道该如何是好。见魏哀王七分害怕，三分犹豫，张仪向前迈一大步，诱惑魏哀王侍奉秦国。秦国实力最强，凡是小国、弱国都想躲在这棵大树下避雨遮阳，然而，实际上秦国的野心更大，诸侯国都担心引狼入室。

普天之下，秦国实力最强，秦国发话没有哪一个诸侯国敢不听。如果诸侯国敢违背秦国的意志，秦国就用武力解决问题。

如果魏国不侍奉秦国，秦国就会立即挥师东渡黄河，占领魏国的卷（今河南原阳西北）、衍（今河南郑州北）、燕（今河南延津东北）和酸枣（今河南延津西南）等地，夺取魏国的阳晋（今山西虞乡西）。

一旦阳晋被秦国控制，赵国军队就被切断，必然无法南下救援，同时魏国也无法北退，合纵的优势就会破灭，魏国会立刻被秦国孤立。韩国将不堪一击，在强秦的威胁下必然归附。一旦韩国归附秦国，秦、韩军队合击魏国，魏国的灭亡指日可待。

张仪说了半天，原来秦国对魏国的威胁最大，魏哀王被吓得魂不附体。为了宽释魏哀王忧惧的心，张仪说，虽然秦国对魏国的威胁很大，但不想伤害魏国，因为他的目标是楚国。

诸国之中只有魏国最方便侵犯楚国，因此秦国十分渴望结交魏国。楚国是一只纸老虎，它的富足和强大都是虚假的，实际不堪一击，因为楚军毫无纪律，是乌合之众。

最强大的秦国想侵犯楚国，而深受威胁的魏国最方便削弱楚国。为了自身的安全，魏国应该为秦国损害楚国，转嫁灾祸。如果魏国不立即行动，一旦秦国大军东进，等待魏国的只会是灭亡。

秦国虽然强大，然而，自从魏国参与合纵后，秦国并不敢对魏国轻易动手。

魏哀王相信苏秦的合纵之术，因此并不会轻易接受张仪的观点。正是看到了这一点，为了说服魏哀王，张仪不得不损一损合纵家。

合纵家与连横家都是游说之士。合纵家批评连横家，或者连横家批评合纵家就像矛攻击盾。张仪说，合纵家只会空口说大话，唱高调，做不了实事。合纵家的真正目的是为国君谋求霸主之位。秦国能够发展强大，因为杜绝了空口说白话的空想家，商鞅变法就禁止言论。

为了摧毁魏哀王的最后一道防线，将其彻底征服，《史记》记载，张仪说，“积羽沉舟，群轻折轴，众口铄金，积毁销骨”（《史记·张仪列传》）。他的意思是，羽毛虽轻，聚集多了，可以使船沉没；货物虽轻，装载多了，车轴也会被压断；众口悠悠，毁誉背负过多，金石之人也会被销熔；如果遭遇的诽谤过甚，即使是骨肉之亲也会被毁灭。张仪的弦外之音是，合纵一点都不好，不值得为它赌上魏国的明天。

在张仪的巧言妙语下，魏哀王最终同意了他的对策。于是张仪请求西归秦国，此次西归，张仪带回的好消息便是魏国背弃合纵，命张仪为使，愿意与秦国交好。

作为无力自保的弱国，面对大国争强，魏国如同狂风里的小草，随风摇摆。三年后，局势大变，魏国背叛秦国再次参与合纵。秦国大怒之下出兵夺取曲沃，曲沃被占后，魏国第二年再次侍奉秦国。

衰落的魏国，在诸侯征战中，已经变得随风摇摆，无力自保了。

第三章　昏庸楚怀王，贻害楚国的罪魁祸首

空手套白狼的智慧

张仪能言善辩，但实际能力却不行，无法比之商鞅。他刚到秦国，公孙衍便前往魏国游说合纵。没有魏国的参与就没有连横大业。如果张仪能够说服魏国依附秦国，参与强秦的连横之计，这能证明他有用。可是，张仪在魏国待了四年多游说毫无结果。如果没有秦国大军压境，魏国必然不肯依附秦国。

经过几番试用，张仪虽历尽千辛万苦却没有获得多少功劳。秦惠王对其心生不满，这一点张仪自然能够看出来。作为臣子，如果想赢得国君的好感，就要为他的事业作出贡献。

彻底削弱魏国后，楚国就成了秦国的眼中钉。张仪曾经遭受楚国鞭笞，所以对楚国万分痛恨。张仪想立功，更想一雪前耻，所以游说楚国的任务就落在了他身上。

这些年，张仪不仅没有功劳可以夸耀，还害得秦国的国家名誉直线下降，甚至跌入深谷。秦惠王对此很不满，所以减少了张仪入楚的费用，这无疑增加了张仪的困难。

想当初，张仪入魏时即使立功不大，秦惠王照样重金优待。《史记》记载，张仪游说魏国不成，秦惠王“复阴厚张仪益甚”（《史记·张仪列传》）。意思是，即使张仪没有功劳也有苦劳，秦惠王更加优待张仪。

那时秦惠王重金优待张仪，因为张仪是初事秦国，值得培育。给了几次机会后，张仪并没有发散出应有的热量。所以秦惠王心下失望，对张仪也就冷淡了。

资金不足，张仪生活十分拮据，连属下都不愿跟随了。张仪叫属下不要灰心，因为山穷水尽之后必然是柳暗花明。

随从们跟随张仪许久，知道张仪能说会道，一贯擅长坑蒙拐骗，铁定心不听张仪的花言巧语。然而，张仪说得天花乱坠，随从们竟然不知不觉，又开始相信张仪。

自从辅助秦国以来，张仪留给楚国的印象不好，楚怀王自然不喜欢他。

遭受冷遇，张仪心生一计，以退为进，说要去韩国。张仪死死缠住楚国不放，赶都赶不走，他主动离去，真是大好事。楚怀王的脸色刚缓和，张仪立刻问，楚怀王是否有什么需要，例如让张仪传个话给韩国。楚怀王巴不得张仪立刻离开，说楚国物产丰富，黄金、珠玉、犀革和象牙等应有尽有，没有什么需要。

听完楚怀王的话，张仪轻轻一笑，斜着眼睛很诡谲地问，难道楚怀王不好色吗？

楚怀王听后，双眼发直，痴痴木木。出使之前，张仪早就将楚怀王的背景、性格和癖好等打探得清清楚楚。

如果张仪不了解楚怀王，不知道他的要害，怎么敢向自己的随从保证好日子即将到来？楚怀王有四大缺点，第一大脑不够用，第二贪财，第三好色，第四惧内。

身为一国之君，楚怀王的第一、第二和第四个缺点都可以弥补，唯独好色这一点不能弥补，因为楚国地处南方，美女没有中原多。

中原地区的美女，打扮得十分漂亮，妖艳妩媚，初见还认为是仙女下凡，再见简直就是终生难忘。楚怀王十分好色，自然被张仪描述的美女弄得颠三倒四。所以他希望张仪帮忙，并且赠送张仪大量金钱、珠玉等作为经费。

拿了楚怀王的财物，张仪却迟迟不走，而是暗中散播消息，说他要为楚怀王到中原寻觅美女。

南后和郑袖听说这个消息后，火速拜访张仪，赠送大量金钱贿赂张仪，让张仪不要到中原寻觅美女。南后钱多，送张仪金千斤；郑袖也出手大方，送金五百斤。张仪收下二人的钱财后，于是向她们保证，她们的位置会安然无恙。

表面说为楚怀王寻觅美女，实际上张仪想借此为诱饵，将楚国王宫上下全部吃定。在送别的宴席上，张仪表演得更加精彩，也将自己的目的暴露无遗。

临别，楚怀王尽情款待张仪，张仪要什么就给什么。在这桌宴席上，张仪好像成了国君，楚怀王则沦为人臣。

在席上，张仪对楚怀王说，听说南后和郑袖是楚国大美女，希望一见。张仪夸赞楚怀王的妻子和小妾，就等于夸赞楚怀王的眼光，楚怀王万分高兴，也想让张仪见见楚国美人，于是命人唤南后和郑袖。

见到南后和郑袖后，张仪立即扑倒在地，大呼该死。楚怀王不明其中的原因，问张仪怎么了。张仪说，南后和郑袖比天仙还美，中原美女比不上，他不敢到中原寻觅美女。

楚怀王本来就惧内，张仪将楚怀王暗中寻觅美女的事和盘托出，分明是破坏楚怀王的家庭和睦。妻子和小妾凶如猛虎，楚怀王只能宣布取消寻觅美女的计划。

寻觅美人只不过是计策，张仪绕了那么大的一个圈子，只是想赢得楚怀王的好感。用功于有意之中，成功于无意之时，张仪不仅获得楚怀王的好感，还因此深受南后和郑袖喜爱。

楚怀王、南后和郑袖被张仪逗得团团转，不仅没有发觉上了张仪的当，还诚心感激张仪，这从正面证明张仪聪明，从反面则证明楚怀王等人的愚笨。

天下没有免费的午餐

秦国摆平魏国后，周王朝国都附近的小国都不敢跟强秦叫板，而是缩头缩尾地参与合纵，谋求一时之安。秦国凭其势力已经完全控制了周王朝国都一带的局势。

放眼天下，秦国成为最强的诸侯国，南方的楚国、东方的齐国和北方的赵国则已成为二流国家。

如果要称霸天下，秦国必须削弱齐、楚、赵，其中齐国和楚国最难对付，因为这两个国家关系不错又参与合纵。

经过寻觅美人一事，楚怀王对张仪大有好感，却将自己的弱点暴露无遗。他对张仪非常好，留出上等席位，空出舒适的住所，天真幼稚地厚待张仪。

接见张仪时，楚怀王开门见山地问，楚国偏僻鄙陋，张仪不远万里而来，不知有何教诲。见楚怀王如此直白，张仪也没有拐弯抹角，他干净利落地说，只要楚国与齐国断交，秦国立刻割让商、於一带600多里的土地酬谢。

商、於之地就是广大的汉中地区，土壤肥沃、物产丰富，是各诸侯国垂涎之地。秦孝公曾将这片土地分封给改革家商鞅，更增加了这片土地的名气。

只要与齐国断交就能获得600多里的肥沃土地，楚怀王顿时眉开眼笑。张仪又说，楚、齐断交后，秦国将嫁女子给楚国，秦国男子将娶楚国女子，使两国百姓你中有我，我中有你，亲如骨肉兄弟。

能够和强大的秦国通婚，甚至誓约为兄弟也是诸侯国的梦想。楚怀王听到此处，不多说话，也不细问，允诺与齐国断交。

上梁不正下梁歪，国君贪财好利，群臣大多是鼠目寸光之辈，只有屈原和陈轸等人例外。听说秦国将割让600多里土地给楚国，朝臣纷纷前来庆贺，只有陈轸发出异样的声音。

国君正在兴头上，陈轸却当头泼楚怀王一头冷水，楚怀王对其很是愤恨。自古忠言逆耳，遇上楚怀王这种国君，除了成全陈轸的忠义之名外，乾坤之势无力扭转。

陈轸公然唱反调，楚怀王大怒，问陈轸是何居心。楚怀王的言外之意是，既然陈轸对利国利民的事反感，国家就没有供养他的必要。楚怀王已作此打算，如果陈轸说话稍不留神，错了一言半语，必然大祸临头。

然而，陈轸是忠臣，凡是忠臣，都有一个特点，他们为了理想不怕流血牺牲。陈轸说他希望国家发展，更希望国家扩张疆土。然而，秦国是虎狼之国，张仪诡计多端，他们从没干过损己利人的事，割地一事其中必有诈。

陈轸接着说，秦国结交楚国，全因楚、齐联盟互相救援。如果楚国无缘无故就与齐国断交，必然得罪齐国。一旦楚国得罪齐国，楚国就孤立无援，秦国就会趁机侵犯。如果秦国向楚国宣战，心怀愤恨的齐国肯定会趁火打劫，后果不堪设想。

所以，陈轸建议收到秦国600多里的土地后，再与齐国断交。

这一计，进可攻，退可守，是好策略。如果秦国不割让土地，齐、楚联盟依旧，楚国高枕无忧；如果秦国割让土地，楚国可先与齐国断交，获得肥沃的土地。如此一来，秦、楚、齐三国相斗，楚国居中，可以坐收渔利。然而，楚怀王被利益冲昏头脑，拒不采纳，疾言厉色地制止陈轸。

对楚怀王而言，利益是罪恶的深渊，他不听陈轸之言，一步步陷入张仪的圈套。楚怀王发书齐国，断绝联盟关系；同时授予张仪楚国相印，并赠送大量财物，派一支队伍跟随张仪入秦，前往接受600里封地。

目送张仪入秦，楚怀王很高兴。这么容易就说服楚怀王，是接受任务以来最容易的一次，张仪更高兴。想当初，张仪入魏，耗了4年多的时间都没彻底说服魏国，最终还要借助秦国大军，真令游说之舌受辱。

尽管楚怀王糊涂，他也做了一件聪明事。他派遣一支队伍跟随张仪，实质是监视张仪，预防张仪私下使用诡计。

但割地一事不过是张仪的一时谋略，信以为真的楚怀王派遣使者前去接收土地，自然不会有好结果。秦国凭借张仪的巧言善辩，甚至不惜出动大军，好不容易扩张疆土。自从秦国崛起以来，只有其他国家割让土地给秦国，绝没出现过秦国割让土地给其他国家事。

所以刚到秦国，张仪便略施一计使楚国使者定在秦国，久久不归。

进入秦国都城，下马车时，张仪假装没拉稳车上的绳子，跌下马车，摔伤筋骨。

伤筋动骨100天，张仪躺在床上，三个多月没上朝。张仪不上朝，割让600多里土地的事就这么耽搁着，楚怀王十分焦虑。

好端端的一个人，突然摔伤了又借病不上朝，聪明人一眼就看出其中的欺诈。如果张仪诚心割让土地，即使病了也可以命人传话给秦王。张仪缄口不言，不肯割让土地的意图昭然若揭，简直是此地无银三百两。

赔了夫人又折兵

张仪的行为是此地无银三百两，楚怀王却对张仪深信不疑。张仪摔伤了，楚怀王虽然看出是一场表演，但楚怀王认为张仪故意摔伤是因为楚国与齐国的断交做得不彻底。

为了彻底与齐国断交，迎合张仪，楚怀王表演了一出狠毒的戏，恶言恶语地辱骂齐王。楚国已经和齐国断交了，使臣不能随意出入齐国。为了进入齐国，楚怀王派遣勇士到齐国，强行借用齐国的符节。

勇士持节过关，像泼妇骂街一般辱骂齐王。出动勇士，强借符节，恶言辱骂，只有一心趋利的楚怀王会这么做。

士可杀，不可辱，身为国君，更加不能受辱。楚国无故断交，为了合纵大业，齐王一直在隐忍，没想到楚国居然越发得寸进尺。

如果这样的丑事都能容忍，还有什么不能容忍？楚怀王的表演踏入了齐王的禁区，为了报复，齐王不惜破坏合纵。

齐王砸碎合纵的符节，低声下气地巴结秦国。秦、楚、齐三国的关系发展至此，优势、劣势易位，秦国暂时退出，静观楚、齐相斗，坐收渔利。

刚开始，秦国的目标是齐国。然而，头脑简单的楚怀王被张仪玩弄于股掌，一步步将楚国带入众叛亲离的悲惨境遇。

都说张仪的舌头是祸根，其实应该说，张仪的舌头是祸源，楚怀王才是祸根。

楚国使者在秦国等了100多天，楚怀王那边催得急促。待使者终于逮到张仪后，死活不放，要求张仪兑现诺言。

张仪告诉他们，说他会兑现割让六里土地的诺言。楚国使者一听，目瞪口呆，都不相信自己的耳朵。

使者回报说张仪只割六里地，楚怀王大怒，想要发兵攻打秦国，他还没发现自己仍被张仪牵着鼻子转。楚国国力不及强秦，派军进攻秦国无异于以卵击石，自取灭亡。再说，齐国无缘无故被楚国恶言辱骂，恨不能将楚怀王生吞活剥。如果楚国卷入战争，齐国必定趁机报复，那时楚国必然腹背受敌。

见国家大祸临头，陈轸再次奋勇直谏。陈轸说，秦国实力雄厚，攻打秦国有弊无利。与其出兵秦国，不如割让土地求和，联合秦军攻打齐国。

如果楚、秦合军一处，齐国不能抵挡，一定会割地求和。楚国割地给秦国，再割齐国的地弥补，以地补地，楚国受损不大。陈轸洞悉时局，知己知彼，办事稳妥可靠。然而，此时的楚怀王仍不用忠言，一意孤行。

楚怀王调动大军，以屈匄为将军，浩浩荡荡地进军秦国。打仗讲求的是实际战斗力，而不是表面的风光。楚国军队浩浩荡荡，气势骇人，然而，楚军只是空有其表，并无真正的作战实力。

国家崛起后，秦军南下征讨蜀国，多次出军魏国，军队的战斗经验丰富。相比而言，楚军逊色很多。首先，秦人以耕战为业，兵士是靠打仗吃饭的专业人才，战斗力很强。楚国军队平时耕田种地，急时参加战斗，专业素质不如秦军。

其次，秦国军队久经战阵，饱受磨炼，斩杀敌人越多封赏越厚，以战斗为乐；楚军却害怕战争，厌恶打仗，士气不如秦军。

最后，这些年来，秦军战斗，百战百胜，敌人望风披靡，楚军早就震慑于秦军的威势。

只与秦军交战，楚军也并无胜算的把握，何况另有齐国支持秦军。齐国加入战斗，不仅使楚军的战斗力相对削弱，更凸显了楚怀王的暗弱无能。

齐、楚联盟天下皆知。楚怀王听信张仪利诱之言，见利忘义，公然辱骂齐王，这有损他的国君形象。国君无能至此，有力量、有谋略的人绝不肯为这样的人卖命。

外有外患，内有内忧，楚怀王无能，必定不能保全国家。

秦、齐联军，分两头攻打楚军，楚军不堪一击，被斩杀8万多人，大将屈匄战死，丹阳、汉中等地被抢夺。这一仗打下来楚国元气大伤，百姓困顿，军队疲弱不堪，民不堪命。

国家遭受战祸，民不聊生，楚怀王不但不知自省，反而大喊大叫，声称要报仇雪耻。然而，报仇讲求实力，没有实力，纵然雄心比天高，仇仍然不能报。

当时秦孝公继位后，立志报复魏国，广招天下贤才，任用商鞅改革，经过十多年才积蓄出报仇的能力，楚怀王却并无此耐心。

第一场战役惨败，楚怀王不知吸取教训，仍一味死缠烂打，再次调集大军反扑。

秦军锐气当头，秦惠王正想一举歼灭楚军，彻底击毁楚国，使它没有争战天下的能力。楚怀王开动大军倾巢而出，正合秦惠王心意。

楚军来势凶猛，秦军更加凶猛，因为多来一个楚军，秦兵杀敌立功的机会就增加一个。秦、楚两军在蓝田（今陕西蓝田西）相遇，拉开阵势打了一场声势浩大的阵地战。

秦军盼望杀敌立功，楚军渴望杀敌报仇，因此秦兵不放过楚兵，楚兵也不饶恕秦军。大军混战，杀声震天，尸积如山，血流成河。

尽管人多势众，报仇心切，楚军还是惨败。楚军大败后，为了社稷安危，楚怀王不得不割地求和。

夫人路线

尽管楚怀王无能，但是他有权力。张仪善于玩弄权术，但终是人臣。身为人臣，为了国君的事业，总有很多事情身不由己。

被张仪牵着鼻子团团转，楚怀王失地辱国，他不在自己身上寻找原因，开始怪罪张仪，非杀张仪不可。张仪欺诈，理应被追究责任。可是，如果楚怀王不贪财好色，无论张仪多么奸诈，楚国依然会完好无缺。

上天怜惜楚怀王的用心，送给他一次机会。秦国打败楚国，不但不知满足，反而贪欲大增，渴望占取楚国的黔中一带。

接连出军几次，碍于诸侯国的威慑，秦国不敢轻易触犯众怒，所以告诉楚怀王愿意用武关之地换取黔中。

但意气用事的楚怀王居然说不要武关，只要张仪。为了泄一己私恨，楚怀王置国家利益不顾。

如果张仪被送去楚国，下场一定很惨，因为楚怀王对他恨之入骨。张仪成功欺骗楚国功劳不小，秦惠王不忍心让张仪送命，所以迟迟不说此事。

想要黔中的土地，又不忍心让张仪因此丧命，秦惠王苦苦寻思两全之策，忧愁溢于言表。见秦惠王忧愁，张仪查知此事后，请缨入楚。

秦惠王听后，对张仪说："楚怀王要你入楚，你此去定会凶多吉少。"张仪神色自若，让秦惠王放心，说楚怀王不敢杀他。张仪给秦惠王的理由是，秦国是强国，楚国乃弱国，弱国一定不敢杀强国倚重的要臣。其次，他和楚国大夫靳尚关系极好，靳尚会为张仪解决一切困难。

悠悠荡荡地来到楚国，张仪对沿途的风景赞叹不已。刚到楚国，张仪就被五花大绑，关押入狱，楚怀王决定杀掉张仪。

听说将要被斩，张仪仍是一副泰山崩于前而面不改色的样子。他之所以能够如此淡定从容，是因为他早已安排好了一切。

自从辅佐秦惠王以来，张仪整日奔波，很是辛劳。此刻他坐在大牢里正好修身养性，坐等靳尚为他解决困难。

张仪说他与靳尚交好，其实倒不如说靳尚与钱财交好。楚怀王有这样贪得无厌之人，似乎为其亡国埋下了伏笔。张仪也是爱财的人，但他没有为了个人利益而牺牲国家利益，这是值得肯定的。靳尚就不同了，他眼里只有个人利益，不知道国家利益为何物。

国君昏庸，臣子见利忘义，叫屈原如何不伤心？

拿了张仪的好处后，靳尚急急忙忙地跑去拜见郑袖，吓唬郑袖说："你知道大王就要抛弃你了吗？"

虽然楚怀王容易上当受骗，但郑袖似乎比他更容易上当受骗。靳尚告诉郑袖，张仪是秦国最为倚重的要臣。为了保全张仪，秦国打算以上庸（今湖北竹山西南）6个县的土地贿赂楚国，甚至嫁最美的女人给楚王，还用能歌善舞的侍女陪嫁。为了讨好秦惠王，楚怀王一定会厚遇秦国美女。如果秦国美女受到宠幸，郑袖就会被抛弃。

郑袖越听越怕，手足无措。靳尚建议，就算是为了郑袖的个人利益，郑袖也应该劝楚怀王饶恕张仪一命。只要张仪保住性命，秦国就不会嫁美人给楚王，郑袖的宠幸之位就能保住。

自此，郑袖天天在楚怀王的耳根为张仪说情。她对楚怀王说，作为臣子都只为主人谋利。尽管张仪伤害了楚国，这是他分内的事而非他的本性，所以欺骗之事不能责怪张仪只能怪秦国。

郑袖接着说，楚国许诺以黔中之地换张仪，土地还没割给秦国，秦国先送张仪到楚国，可见秦惠王十分敬重楚怀王。既然秦惠王敬重楚怀王，楚怀王应该以礼还礼。如果不能亲自向秦惠王表达敬意，就应该敬重秦惠王的宠臣。如果秦惠王敬重楚怀王，秦国就不会打得楚国无处躲藏。

然后郑袖又从另一面说道，如果楚怀王杀了秦国的重臣张仪，秦惠王心痛之下一定倾全国之力，大举发兵攻打楚国。

最后一招就是人身威胁。郑袖威胁楚怀王，如果楚怀王坚持杀张仪，她要先搬到江南去，因为不愿遭受被秦军斩杀，就像杀鱼割肉一样的欺凌。

爱妾郑袖软硬兼施，在真话、假话、好话、坏话的夹攻下，楚怀王最终断了杀张仪的念头。

《史记》记载，听了郑袖一番话后，“怀王后悔，赦张仪，厚礼之如故。”就是说，楚怀王后悔囚禁张仪，更后悔曾经想杀张仪。他释放张仪，像以前一样礼遇张仪。

从牢中出来后，张仪仍是如先前一般的坦然和淡定，并没有显现出死里逃生的欢喜。因为他敢来楚国，就是料到楚怀王杀不了他。

张仪转危为安，他的同窗却死了，被施以车裂之行，那人就是苏秦。

太子横事件

战国中后期的战争，都是围绕着两个方面出发，一是强国分化打击弱国，二是弱国联合打击强国。很多时候，秦国就扮演着强国的形象。于是，就在那个风云激荡的年代，诞生了苏秦、张仪、范雎等一系列风华绝代的合纵连横家。

苏秦合纵政策主要是游说六国诸侯实行纵向联合，一起对抗强大的秦国，但后来被秦国范雎的远交近攻所打断。而张仪的连横政策则正好相反，他以秦国联合东方各国，打击弱小国家为策。

合纵连横的本质在于：各个国家为了拉拢盟国与其他国家对抗，而进行的相关外交、军事斗争。合纵的目的在于许多弱国联合起来，共同抵抗一个强国（秦国），以防止强国的兼并。连横的目的则在于以一个强国为靠山，再徐图进取其他的弱小国家，强国可以一箭双雕、坐收渔翁之利，也希望能够借此扩充疆界和土地。

于是，刚刚从内乱中走出来的秦国，正准备休养生息、厉兵秣马，在图取中原，就遇到东方楚国、魏国、赵国等的联合进攻。没有参与联合的国家，也不会帮助秦国，他们的意图很明显，想着坐山观虎斗、浑水摸鱼。

所以各国自然不会放弃秦国内乱这么一个千载难逢的机会，但令他们没有想到的是，随着范雎辗转进入秦国，秦国的外交策略也逐渐发生变化，从一开始的盲目对抗，发展为远交近攻、各个击破，并逐渐瓦解了东方列国的合纵策略。

恰好楚国和宣太后有旧，宣太后、魏冉以及秦昭襄王嬴稷遂商议，可以趁着楚国没有防备，先下手为强。秦国和楚国交锋的军事重镇在上庸。上庸，此时正处于秦国和楚国两国边境上，实际上应该算是楚国的土地。上庸由于北可以进取中原，南可以深入楚国，东可以驰骋江南，西可以防备川蜀，因此历来为兵家必争之地。

《尚书・牧誓》中对这一地区有相应记载，公元前1046年，商纣王暴虐，惹得民不聊生，周武王便顺天应命，挥师伐纣。周武王会同巴师八国，共同伐纣，双方在牧野大战，此刻上庸之地尚有庸国，庸国位居八国之首，与周王朝共同讨伐商朝。

春秋中期，庸人善战之名，名震天下，所以有人声称：唯庸人善战，秦楚不敌也。公元前611年，楚国发生严重的灾荒，国力大损，庸国于是趁此机会，向楚国进军，没想到当时的楚国早已经和秦国以及庸国西方的巴国联合，共同抗击来犯之敌。庸国自此国破家亡，国土也被楚、秦、巴三国瓜分。

至战国中后期，战略要地上庸，可谓在夹缝中求生。为保证自身安全，上庸之地总是朝秦暮楚，因为此时的秦楚实力相当，孰弱孰强实在难以定夺。

楚国趁着秦国经历祸乱的几年时间不断地整军备战、发展生产，此消彼长之下，楚国较之秦国，已经是势均力敌。

周赧王十一年（公元前304年），鉴于楚国的强势以及宣太后的身份，秦楚两国谈和，秦国将上庸之地还于楚国，楚分置上庸郡和汉中郡，上庸郡治上庸，汉中郡治西城（今陕西安康市）。

此后秦国和楚国围绕上庸展开了一系列外交行动。其中最为成功的，就是秦国借上庸，换取与楚国的联盟，从而分化瓦解了齐国、韩国、楚国以及魏国的合纵之策。

但作为东方大国的齐国，在秦楚联盟后开始为本国今后的发展担心。因为楚国背弃东方，使东方力量减弱，倘若强秦压境，各国恐怕很难自保。愤怒之下，齐国纠集了韩国和魏国，三路大军气势汹汹，一起南下征讨楚国。秦国刚刚和楚国订立盟约，但在是否参战这一问题上，秦国开始犯难。因为当时的秦国刚刚经历变乱，人心思治。上至君王太后，下到平民百姓，无不希望能够有一个良好的国际局势，让秦国得以休养生息、养精蓄锐，所以对战争比较排斥。但秦国对于楚国也有援助的理由，一来楚国如果遭到致命打击甚至灭亡，则齐国势必会实力大增，非秦国所愿；二来盟约初立，秦国并不惧怕背信弃义的名声，但是如果能够保全楚国，则楚国势必会感恩戴德，从而巩固盟约，制约东方列国。两相比较之下，秦国决定先做观察，再定计较。

楚国自然也看出了秦国的犹豫，于是，权衡之下一种常规性的制度开始发挥作用，那就是质子制度。

质子制度在春秋战国时期是一种重要的外交策略，一般见于小国对大国、弱国对强国的臣服。所谓质子，即一国君主将自己的子女等亲近亲属送往另一国，以表示对那个国家的诚意。战国时期质子制度十分盛行，各国之间无论是为了进一步加深友好关系还是消除猜忌，是言和还是乞援，都有交换质子的事情。

楚王决定派遣太子横去秦国做质子，以表示楚国对于盟约的坚守。秦国见此决定挥师前去援助楚国。只可惜人算不如天算，太子横竟然在一次斗殴中，将秦国的一位大夫致死，事发后楚太子横连夜逃回楚国。

秦国本“打算”出兵援助楚国，可太子横事件使其立即调整政策，矛头直指楚国。秦国宣太后、魏冉、范雎等人一致决定，倒戈一击，发兵楚国。

外交不是儿戏，秦国只因一个大夫的意外之死，就完全转变了策略，不免让人生疑：太子横事件发生的过于巧合，其倘若是与一地痞流氓斗殴尚符合情理，与一国大夫斗殴似说不过去；大夫之死纯属意外，秦国若为此大动干戈，于情于理也说不过去，何况秦楚两国一直处于交好的状态，如果两国的盟约坚定，太子失手杀了人，最多表示一下谴责，何以会马上就兵戎相见呢?

因此可以猜测，秦国早有预谋。楚怀王屡次侵犯秦国国境，其依然是东方第一强国。秦与楚订立盟约，不过是秦的缓兵之计。与秦订立盟约的楚在东方各国间受到非议，遭到排斥，更有以齐国为首的东方大国要对其进行讨伐。秦国分裂东方势力的目的似乎达到了，借助东方各国的力量，秦国可以解除楚国对自己的威胁，这对于秦国一统天下的大事可谓百利而无一害。所以楚太子横刚刚逃出秦国，秦国就派遣使者，前去和齐国商议出兵事宜。

一年之后，秦国纠集了齐国、韩国、魏国三国，共同攻打楚国，楚国大将唐昧因此被杀，重丘离去。此一役，齐国不仅占领了楚国的数十座城池，并且成功地瓦解了秦国和楚国的联盟。战争使得齐国的实力再一次获得了各国的认可，其成为东方抗击秦国的领导国家。齐国成为当时最大的赢家。

两年之后，秦国又一次攻打楚国，楚军大败，两万楚兵被斩杀，连楚国大将景缺也未幸免。一时之间，楚国几乎无将可用，楚国恍如惊弓之鸟，时刻担心秦军某一天会突然出现在楚国的国都下。无奈之下，楚国想到了东方的另一个强国齐国，于是太子横再一次作为质子前去齐国，以求取齐国的谅解和帮助，同时也转移秦国的进攻目标，使其不敢妄自攻打楚国。

楚国此举可谓正中齐国下怀，齐国之所以进攻楚国，其主要的战略目的固然有削弱楚国，抢占其土地的意图。但是它此时并没有一统天下的野心和实力，而秦国却有。为了防止秦国对东方六国各个击破，齐国才联合诸国共同打击秦国和楚国的联盟。所以太子横到达齐国国都后，秦军不敢再进攻楚国。

第四章　以合纵对连横，苏秦难救六国

合纵的秘密

前文说道，为牵制强秦的快速挺进，苏秦使计激怒同窗张仪入秦。张仪入秦后，苏秦马不停蹄，火速前赴韩国游说韩宣王。

韩国是小国，夹在秦国、楚国、郑国和魏国等大国之间，之所以没有灭亡，是因为它在军事上占有优势。韩国地理面积狭小，土壤不肥沃，人口不多，但几乎全民皆兵，并且善于打造兵器。

天下的弓箭，几乎都是韩国制造的。韩国制造的强弓硬弩，射程在六百步以外。六百步以内，韩军飞箭所向可以穿透敌军的铠甲，射穿胸膛，因为韩军用脚踏连弩的方式射箭。

看过张艺谋拍摄的《英雄》的人一定记得，秦军攻打赵国时，先进行箭攻。秦军飞箭，密密麻麻就像五月的蝗灾，更重要的是能够穿云裂石，杀伤力很强。

韩军强弓硬弩的威力，就如电影中秦军的威力一样。唐人李峤作了一首名叫《弩》的五律诗，叙述苏秦利用韩军弓弩优势游说韩国一事：

挺质本轩皇，申威振远方。
机张惊雉雊，玉彩耀星芒。
高鸟行应尽，清猿坐见伤。
苏秦六百步，持此说韩王。

在战国时代，韩国是中原地区的兵工厂，制造的强弓硬弩很出名，锻造的剑也以其锋利著称。《史记》记载，韩军的剑“陆断牛马，水截鹄雁，当敌则斩坚甲铁幕，革抉㕑芮，无不毕具”。

这话的意思是，韩军的剑很锋利，在陆地随便腰斩牛马，在水上轻易劈杀天鹅、大雁。如果上阵临敌，砍削敌人的铠甲、铁衣如削泥，大至盾牌、臂套，小到系在盾牌上的铁丝，没有韩国的剑砍不断的。总之一句话，韩国的剑削铁如泥，天下第一锋利。

韩国的强弓硬弩天下第一，宝剑锋利天下第一，兵士又勇猛异常，苏秦为韩宣王甘心侍奉秦国感到痛心。

秦国十分贪心，如果韩国侍奉秦国，秦国一定会强行索取宜阳和成皋。而如果韩国割让土地，秦国一定不会就此罢休。

年复一年，韩国的土地越来越少，秦国的贪欲却越来越大。如果韩国受不住秦国的压榨，突然不再割土地给秦国，韩国就会丢掉以前割地讨好的功效，遭受祸患。

苏秦分析有理，韩宣王听得胸中愤怒。

土地是有限的，贪欲是无穷的，以有限的土地侍奉无穷的贪欲，这叫拿钱购买怨恨，纠结灾祸。俗语言，“宁为鸡头，不为凤尾”，苏秦劝韩宣王仔细思考未来。苏秦如此分析，韩宣王对自己曾经做出的决定很是后悔。

韩宣王虽然没有谋略，但是十分勇猛。被苏秦点化后的他脸色大变，捋起袖子，右手按剑，仰天长叹，他立誓决不侍奉秦国，同时，表示愿意参与合纵，将国家托付给苏秦。

离开韩国后，苏秦来到被秦国打得一片狼藉的魏国。在秦军的武力威胁下，魏国不仅自称为秦国的属臣，还为秦国建造离宫，接受秦国的分封，采用秦国的冠服式样，春秋两季按时纳贡助祭。连周天子都没有享受过魏国的如此侍奉，可见秦国多么强横。

魏国确实不堪秦国一击，苏秦不能睁着眼睛说瞎话，而是举一些以少胜多、以仁德战胜暴力的例子给魏襄王听。

越王勾践卧薪尝胆，只用3000疲惫的兵将就活捉狂妄自大的吴王夫差；周武王也只有3000兵士和300辆破车，就能够在牧野制服暴君商纣。苏秦的意思是，战争的胜败不仅在于实力，更在于扬长避短，充分发挥自己的威力。

他引用《周书》里的一句话，草木刚刚生长出嫩芽的时候，如果不及时剪除，待嫩芽长成粗壮的枝干，必须用斧头才能砍掉。苏秦劝魏国及早考虑未来，而不是听信连横家的诱骗，走一步算一步，因为主张连横的人为了个人利益不惜损害国家利益。

一番思量后，魏襄王答应参与合纵。

纵观魏国的历史，失去商鞅后，魏国就彻底沦为了二流国家。魏国国君在强秦的武力威胁和自身的国家利益之间摇摆，秦国逼迫紧急时参与连横，秦国松懈时加入合纵，朝三暮四。

从魏国出发，苏秦一路东行来到东方大国齐国。齐国与秦国相距很远，中间又隔着好几个国家，还没有受到秦国的实际伤害或者威胁。而且，齐国南有泰山，东有琅邪山，西有清河，北有渤海，地理位置得天独厚。遭遇的战火少，齐国百姓致力于生产，因而物产丰富，家给人足。

在齐国国都临淄，人口众多，百姓举袖成云，挥汗成雨。齐国参与过好几场战役，但没有一次因为战争而征调全国兵力，例如泰山以南和清河一带的百姓就没听说过参军一事。

尽管实力雄厚，地理环境优越，齐国同样侍奉秦国，苏秦为它感到羞耻。

拿韩、魏与齐国对比，韩、魏侍奉秦国，因为与秦国接壤。如果韩、魏不听话，秦国大军发动，即使韩、魏胜利了，也已经被战争损伤，无力抗击其他国家的趁火打劫。

如果秦国赢了，韩、魏就会陷入亡国的危险，出现这种情况的可能性极大，只因为秦国强大。

与韩、魏相比，齐国占据了很大的优势。首先，齐国与秦国相距很远，中间隔着几个国家，秦国不敢贸然攻打；其次，即使秦国攻打齐国，秦国未必就赢，因为齐国实力不弱，且是以逸待劳；最后，就算秦国打赢了，也不一定能够占领齐国的土地，因为隔着其他国家控制齐国不方便。

苏秦认为，齐国之所以侍奉秦国，不是受到秦国威胁，也不是齐国无能，而是消息闭塞，战略方法不当。听到战略有失，齐宣王认同苏秦的观点，说他偏居东方，孤陋寡闻，不明时局，愿意举国听从苏秦的号令。

说服齐国后，苏秦的下一个目标是楚国，此时的楚国国君是楚威王。

楚国是一个很古怪的国家，如果遇上贤明的国君，楚国就很强大，甚至能够抗衡秦国；如果国君无能，楚国就是一只纸老虎，虚有其表，外强中干。那时流传一句话，欲称霸天下，非秦必楚。意思是，尽管诸侯国很多，能够称霸天下的只有两个国家，如果不是秦国，必然是楚国。楚国是有实力的大国，关键在于国君能否发动国家的战斗力，激发军队的斗志。

面对这么一个潜力强大的国家，苏秦先指出楚国地大物博，军事力量雄厚，除了秦国，其他国家唯楚国马首是瞻。然而，一山不容二虎，一个天下不能同时容下秦国和楚国。如果秦国势力增强，楚国必然会被削弱；反之，如果楚国势力增强，秦国必然会被削弱。

楚国与秦国的力量对比很微妙，苏秦建议楚威王留心，谋事于未萌，在祸害还没发生之前就早做决断。不能威胁，苏秦就以利益诱惑。他保证如果楚威王听从他的建议，其他诸侯国都会按时向楚国纳贡，举国听从楚国的指教。苏秦以利益诱惑，楚威王却心不动半分，因为他真正关心的是秦国对楚国的威胁。

秦国有吞并天下的野心，这是尽人皆知的。夺取巴、蜀后，秦国已经深深威胁到楚国的安危。韩、魏等小国经常遭受秦国欺负，最后成为秦国的依附，楚国不能和他们商议大事，因为他们可能泄露给秦国。一旦计划败露，大事干不成不说，还要深受其害。

日思夜想，楚威王就想找一个帮手为他出谋划策，共同抗衡秦国。朝臣大多主张连横不可信赖，为了国家利益，楚威王终日苦思，食不甘味，坐不安席。

游说大半个中国，直到楚国，苏秦才遇见真心合纵的国家，既可喜，也可悲。说可喜，因为人生有一个事业上的知己；说可悲，因为没有几个合纵的国家真正有诚心。

合纵大业是苏秦的主要成就，离开家乡后，他先到赵国，结果被赵国拒绝。北方的燕国是苏秦合纵事业的起步点。紧接着，苏秦南下，先后经过赵国、魏国、韩国。又从韩国向东，进入齐国，最后南下入楚。

苦心人，天不负，经过一番奔波，苏秦终于佩戴上六国相印，当上合纵国的“盟主”。

回报率最高的投资

在中国转了一个大圈，苏秦总共说服了六国国君，随行队伍也越来越壮大。一路行来，都有国君赠送车马、钱物、礼品等。

带领着六国使者招摇过市，其气派可与帝王相比。离开楚国后，苏秦北上要回赵国复命。由楚国到赵国，途中会经过苏秦的家乡洛阳。

对苏秦而言，洛阳表面上是家乡，但又依稀如梦中的异乡。凡是在外奔波的游子，都说家乡远在万里，苏秦却觉得隔离他与家乡的不是万里山川，而是淡漠的人情。

曾记否？苏秦游说秦国失败，只身徒步回乡。黄昏残照，夕阳如血，家在万里，山川阻路。苏秦打着绑腿，穿着草鞋，背扛肩挑，好不凄凉。唐人高适说，“苏秦憔悴人多厌”（高适·《九日酬颜少府》），这话说尽其中凄苦。

听说苏秦的排场甚大，周天子十分惊恐，派人清扫道路，命使臣出郊迎接、慰劳苏秦。

进入洛阳，苏秦见到了阔别已久的家人。《史记》记载，“苏秦之昆弟妻嫂侧目不敢仰视，俯伏侍取食”（《史记·苏秦列传》）。

意思是说，苏秦坐在华贵的马车里，他的家人出门迎接，兄弟、妻子和嫂子都斜着眼睛，不敢抬头与苏秦对视，一律俯伏在地，恭恭敬敬地服侍苏秦用餐。

仍旧生活在战国，仍旧生活在洛阳，家人的态度却发生了如此巨大的变化。苏秦见此情景，感慨百端，一时难以理清。唐人沈亚之一句“都作无成不归去，古来妻嫂笑苏秦”（沈亚之·《送庞子肃》）道出了其中的心酸。

第一次回家，嫂子不做饭，最伤苏秦的心。他笑着问嫂子，为什么以前傲慢无礼，现在却恭顺敬重？

富贵荣华的小叔子发问，嫂子感到万分荣幸，赶紧俯伏在地下，如蛇一般弯曲着身子，匍匐而行，爬到苏秦身前，脸颊贴着地面以表示请罪，说因为苏秦地位显贵，钱财很多。

听了嫂子的话，苏秦实在抑制不住心中的伤感，说：“此一人之身，富贵则亲戚畏惧之，贫贱则轻易之，况众人乎！”

世间只有一个苏秦，苏秦不会变。然而，人情淡薄，如果富贵了，亲人就敬畏；如果贫贱了，亲人就轻视。至亲之人尚且如此势利，何况没有任何关系的外人！

尽管受到家乡人的伤害，苏秦还是宽怀大度，散发大量金银给亲戚朋友。第二次游说，苏秦向邻居借了一百钱的路费；现在富贵了，加倍，还一百万钱。

随从们都接到赏赐，唯独一个人没有，于是他向苏秦申说。原来，苏秦不赏赐并非忘了赏他而是想教训他。

洛阳人情淡薄，苏秦深深受到伤害。苏秦肚里能撑船，不计较仇怨，但这并不表示他心里没伤。苏秦赏赐亲朋的行为完全是恪守君子行为的表现。

这个随从心志不坚，跟随苏秦从洛阳到赵国只为发财。赵国拒绝苏秦时，他以此认为苏秦靠不住就打退堂鼓。苏秦好言劝说几遍后，他才勉强跟随前往燕国。苏秦教训他一通后，却也给了他赏赐。

荣耀还乡后，苏秦一心前往赵国。他的辩才远胜千军万马，赵王对其十分倚重，封为武安君。在战国时期，“君”属于社会身份极高的人，例如孟尝君、平原君，可见赵王对苏秦的重视。

面对秦国的强横无礼，苏秦想给它点颜色看，于是将六国合纵的盟约送给秦惠王。苏秦的意思是，你秦国别妄自尊大，经过我的努力，六国已经联合成一体了。如果秦国六国中的任何一国，六国必将共同应战，秦国一定不是六国合力的对手。果如苏秦所料，秦国不敢窥伺函谷关以外的国家长达15年之久。

可是世间没有一劳永逸的事。苏秦可以合纵，别人也可以连横，例如张仪、陈轸和公孙衍之辈。苏秦合纵成功致使秦国不敢轻易发动战争，所以其想方设法破坏合纵。

这时，秦国派公孙衍出使魏国，同时欺蒙齐王，欲联合齐、魏攻打赵国。赵国合纵，秦国就连横。

在看似支离破碎的战国地图上，秦、魏、齐三国几乎在一条东西走向的直线上，赵、魏、楚几乎在一条南北走向的直线上。如果以中国人的思维习惯读图，秦、魏、齐三国连成的直线是横线，赵、魏、楚三国连成的直线是纵线。如果秦国连横成功，秦、魏、齐一条心，会犹如一把大刀砍断赵、楚，使得赵、楚不能互相救援。

魏国已经被秦国打怕了，所以在公孙衍七分威胁、三分利诱下，魏国只得向秦国妥协。齐国偏居东方与秦国遥遥相望，实力强大也想称霸天下。秦国想利用齐国，而齐国也想利用秦国。退一步说，齐国那么强大，很少有其他国家敢打它，它怎么会甘心保护弱小的魏、韩、燕等小国？

公孙衍不负秦国厚望，成功说服魏、齐。秦、魏、齐三国发动大军夹击赵国。赵国措手不及，大败，损失惨重。

当时苏秦见赵王时，说得眉飞色舞如天女散花，保证赵国享有合纵国的尊敬。现在，合纵国不但没有听从赵国的号令，还反戈一击，对赵国打击不小。

国家损失惨重，赵王十分生气，一腔怒气发向苏秦，把苏秦骂得狗血淋头。赵王发威了，苏秦请求出使燕国，保证报复齐国。

离开家乡之初，苏秦一心以为合纵大业是他的家。殊不知，合纵只是一座桥梁，而人是无法栖居在桥梁上的。合纵大业幻灭后，眼望茫茫世界，苏秦暗问：何处是家？

合纵以赵国为核心，以苏秦为盟主。因此赵国不能没有苏秦，苏秦也不能离开赵国。如果苏秦离开赵国，就表示合纵失败。如果合纵破败，为了自己的利益，其他小国不得不另谋他路。赵王看不透其中奥秘而放走了苏秦，合纵顷刻间土崩瓦解。

奔波几载，苏秦费尽心力好不容易建立了合纵联盟，然则齐国却反复无常，苏秦心中着恼万分，遂决定报复齐国。

价值连城的演讲

时间一晃而过，苏秦开始感觉自己不适应。因为燕国不再是以前的燕国。最主要的原因在于，秦惠王将女儿嫁给了燕国太子，而燕国太子年轻不知事，娶了秦人的女儿后，他后半生的轨迹就已经在秦国的掌握之中。眼下看来，一旦重用苏秦的燕文侯撒手西归，由太子即位，苏秦必然无立锥之地。

屋漏偏逢连夜雨，燕太子刚刚迎娶秦国公主，同年燕文侯就去世了。燕太子即位，人称燕易王。漏船更遭打头风，就在此时，齐国趁燕国发丧之机大举入侵，一口气攻陷燕国10座城池。

被齐国侵犯后，燕易王眼见局势一发不可收拾，心中对苏秦颇为不满，他说：燕文侯资助苏秦游说合纵使六国连为一体，可如今齐国心怀鬼胎，打完赵国又犯燕国。很显然，合纵之说不过是个笑话，没有起到任何作用。

燕易王这一席话目的只有一个，问苏秦有什么办法收复失地。其实，燕易王公然迎娶秦国公主，这分明践踏合纵盟约。国家发生祸乱之时燕易王不先自省，而是指责他人，的确不是个贤君明主。

这番话将苏秦说成了燕国被进犯的罪魁祸首，苏秦听了很惭愧，便答应出使齐国，为燕国收复失地。

一来到齐国，苏秦便拜会了齐王，在面见齐王之时，苏秦的腰弯得很低，接连拜了两拜大表庆贺。庆贺完毕，苏秦却将头仰得高高的，意思是向齐王深表哀悼。他这番举止非常奇怪，齐王被吓了一大跳，问苏秦要什么诡计。要知道，这次苏秦为燕国出使，目的显然是要收复燕国的失地。可是苏秦却不说话，而仅仅以肢体语言表示。齐王当然知道苏秦所有举动表达的表面意思，但是却不理解其中深意。

对方不理解，于是苏秦只能明说。苏秦说，即使是饥饿得将要死亡的人，也绝不会吃乌头这种能毒死人的植物充饥，因为毒发身亡比饿死更快。燕国虽然弱小，燕易王却是秦国的女婿，别人不敢得罪。齐国侵占燕国10座城池，表面上占便宜，实际却与强秦结下仇怨。苏秦的意思是齐国侵占燕国的城池就如吃毒植物乌头充饥，有害无益。

齐王听后大惊失色，这时苏秦保证，只要齐国归还燕国城池，灾祸就能化解。因为燕国收回城池后，一定会高兴地将旧怨一笔勾销，而秦国听说后会认为齐国是因惧于它的威力才归还燕国的失地，自不会计较齐国对燕国的伤害。

苏秦甚至说，齐国归还燕国的失地后，齐、燕的友谊就牢不可破，秦国的感激之心大起。燕、秦都会前来侍奉齐国。齐王发话，燕、秦不敢不听。

齐王听得脑子发热，竟然双手归还燕国的10座城池。兵士用鲜血和生命抢夺的城池，苏秦几句话就骗走了。

辛苦打下的10座城池被拱手送还，齐国朝臣皆愤恨不一。众人对齐王说，苏秦是一个出卖国家、左右摇摆、反复无常的小人。如果留下苏秦，必然为国家招来灾祸。

听闻小人进谗中伤，苏秦赶紧逃到燕国。

自从合纵破裂后，苏秦过得就如亡命天涯的生活，从赵国跑到燕国，从燕国去齐国，又从齐国逃回燕国。如果燕国不接受苏秦，苏秦就真的无家可归。

可事实就是，苏秦入燕，燕易王拒不接受，甚至剥夺了他的官职。

不费一兵一卒，苏秦为燕国收回10城失地，按理应该受到封赏。之所以会出现这样的结局，只有一个原因——被人进谗中伤。

能言善辩是苏秦的优点，这时竟成了他的致命伤。因为诋毁他的人就是以此为凭据告诉燕易王，苏秦张口乱说话，没有忠心也不讲义气。

遭受诋毁，苏秦坦然承认说自己不是一个忠心耿耿的人。但是，苏秦又说，他的不忠诚正是燕国的福气。燕易王听后，很是不解。君王都希望臣子忠诚，苏秦居然公然唱反调。

这时苏秦问燕易王，如果曾参、伯夷和尾声共同侍奉燕国，燕国会怎样？

曾参是天下的大孝子，为了尽孝道从没离开父母在外过上一夜；伯夷洁身自爱，不愿做孤竹君的继承人也不接受周朝的封赏，最终饿死在首阳山；尾声为人诚信，与女子约会，时间到了，女子仍然没来，他坚信不见不散，不管潮水上涨，紧紧抱住桥柱等待，最终被淹死。

曾参、伯夷和尾声已经成为孝、忠和信的化身，君王很喜爱这类人。如果能有这类人侍奉，燕易王当然高兴都来不及。然而，苏秦告诉燕易王，这类人虽然品行高洁却无益于国家。

因为，如果苏秦像曾参一样孝顺，他就不会抛弃老母亲，不远万里前来辅助燕国；如果苏秦像伯夷一样愚忠，他就不会为了燕国的几座城池奔赴齐国；如果苏秦像尾声一样坚守信义，他就不会欺骗齐王。

接着苏秦就将大道理寓于小故事之中：

有一个人在远方做官，他的妻子因寂寞而与其他人通奸。丈夫将要回来时，这对奸夫、淫妇很害怕，于是淫妇告诉奸夫，她准备毒死丈夫。待丈夫回来，淫妇让侍妾端毒酒给丈夫喝。

侍妾心慈仁厚，渴望两全其美，她既不想毒死丈夫也不想害淫妇被赶出家门，所以假装摔倒将酒杯打碎。丈夫大发雷霆，打侍妾五十大板。

苏秦想通过这个小故事说明，他就如那位侍妾，一片忠心只为两全其美，却遭遇毒打。

燕易王终于被苏秦说服，于是恢复他的官职。

在死后为自己复仇

不幸的人面对的是生命的残酷，幸运的人面对的则是生命的艰难。苏秦既幸运又不幸，因而他的生命既残酷又艰难。

幸好，苏秦是不惧艰难的人。为了理想，他敢说敢做。

他可以引锥刺股，可以在屡受挫折、遭人冷眼后，仍保持自信，可以从容地接受六国相印，四处散财……

尽管苏秦的腿脚不灵活，这也没损害他的男子气概。他虽不是玉树临风却也是魅力四射，据说燕国的第一夫人就抵挡不住苏秦的魅力，与苏秦私通。

燕文侯死后，燕国第一夫人与苏秦私通的事被燕易王知道。当然，此事也有可能是嫉妒苏秦权位之人的恶意中伤。就像当年秦孝公死后，别人对商鞅的诬陷一样。

发觉私通一事后，燕易王并没有立刻惩罚苏秦，而是对其越发优待。这令苏秦很畏惧，所以他请求出使齐国。

苏秦的说辞是，他待在燕国就是废人一个于国家无利。如果他入齐，在齐国开展破坏活动，将大大有利于燕国。

齐国曾经破坏合纵大业，苏秦对之恨之入骨；齐国不断侵犯燕国，燕易王对齐国也无好感。苏秦与燕易王对其皆有怨恨，所以决定拦腰斩乱齐国。

既然是潜入齐国开展破坏活动，苏秦就先假装得罪燕国。由燕易王下令追捕，苏秦趁机逃到齐国。

苏秦入齐，齐宣王十分高兴，任用苏秦为客卿。客卿这个身份，相当于军队里的军师，政府里的智囊，可见齐宣王十分看重苏秦。

进入齐国后，苏秦出了不少馊主意、歪点子，弄得齐国的国家名誉直线下降。但是齐宣王十分倚重苏秦，十分相信苏秦的言语，并不听朝臣的劝谏。齐国朝臣将一腔愤怒泼向苏秦，视苏秦为眼中钉。

齐宣王死后，齐湣王继位。

苏秦的敌人是齐国不是齐国国君，所以尽管齐国易主，但苏秦的破坏工作还在继续。苏秦告诉齐湣王，他刚刚继承大位应该干点大事以彰显国君的身份。例如，将齐宣王的葬礼办得越铺张越隆重越好，尽量吸引其他国家和百姓的注意力。如果大办葬礼不能吸引国际关注，那就大兴土木，侵占百姓的耕地，将宫室建得越高越辉煌越好。

这些年，苏秦一心开展破坏工作，手段有两个：第一，破坏齐国的国际关系，让其他国家攻打齐国；第二，引发齐国国内百姓的怨恨，让百姓起义，推翻齐王。

齐宣王十分信任苏秦，迷迷糊糊地走上苏秦指引的下坡路；齐湣王并无从政经验，也稀里糊涂地走上苏秦指引的邪路。

就在齐国将要被苏秦拆毁之际，燕易王突然死了，其子燕哙继位。苏秦实质是燕国的间谍，但燕哙对此事并不知晓。不知燕易王是没有将苏秦工作的性质交代清楚还是其他原因，总而言之，燕国怀疑苏秦。

齐国换了新国君，燕国也换了新国君，苏秦的工作越来越不顺手。光是对付国君就很困难，苏秦还要分心对付其他朝臣的围攻。

燕、齐两国朝臣群起而围攻苏秦，经过几番大战，终于找到苏秦的死穴。

苏秦身在齐国，刺杀行动由齐国的朝臣负责。齐国大夫不惜重金，聘请一身恶胆的死士，让他刺杀苏秦。苏秦是纵横家，不是法家，警惕性没有商鞅高。商鞅出门时跟随他的随从全身武装，保护他的队伍不下千人，目的就是为了防止暗杀。

在杀手的追杀下，苏秦身负重伤，尽管侥幸逃脱也是奄奄一息。

纵观苏秦的一生，似乎是报复的力量在支撑着他。被秦国拒绝，遭遇家人冷眼，苏秦决心报复，因而引锥刺股，鼓吹合纵；齐国背弃盟约，坏了苏秦的合纵大业，苏秦的下半生都活在痛苦的破坏生涯里。

要臣被刺，齐滑王出动军队，封锁全城全力捉拿刺客。但有人接应刺客，齐滑王劳而无功。

临死之际，苏秦告诉齐滑王，只要在闹市将他五马分尸，告示天下，说苏秦为燕国在齐国从事破坏活动，杀手必然自动现身。

五马分尸很残酷，但这是苏秦唯一的遗愿，齐滑王只得答应。再说，告示天下，苏秦为燕国在齐国从事破坏活动，杀手就会自动现身，齐滑王也想查清其中的奥秘。

闹市之中，苏秦被五马分尸。就在苏秦被撕裂成几大块的残酷一刻，刺客果然自动现身。

对历史而言，刺客出现，他的生死已经无关紧要，因为随着他的出现，更重要的秘密将被公之于众。那就是，苏秦存心不良，为了燕国，在齐国从事破坏活动，妄图分裂齐国，破坏齐国的国家安全。

苏秦被五马分尸，身在楚国的张仪听到这个消息后，既惊恐又高兴。张仪惊恐，因为厉害的人物都不得好死，商鞅被五马分尸，苏秦也是，下一个会是自己吗？张仪高兴，因为他可以借苏秦从事破坏活动的事大做文章。

凭着一张利口，借苏秦这件不光彩的事，张仪相信天下是连横的天下。

同门师兄弟，苏秦能够佩戴六国相印，张仪也要跟苏秦比一比。怀着如此远大的理想，张仪向好色的楚怀王进军了。

第五章　秦楚之争，楚王客死异乡

张仪再骗楚怀王

苏秦被五马分尸，合纵的大梁倒了，诸国如一盘散沙。张仪抓住这个千载难逢的良机，再次游说楚怀王。

秦国拥有天下一半的土地，山河险要，易守难攻，军事实力最强。张仪告诉楚怀王，楚国不依附强如虎狼的秦国却与弱小的诸侯国合纵，十分不明智。张仪的意思是，尽管秦、楚实力不相上下，但如果楚国不依附秦国，秦国出军，立刻就能占领宜阳。

楚国参与合纵时，苏秦曾保证如果楚国被侵犯，韩、魏等国一定会救援。张仪说秦国能够占领宜阳，意在表明一旦秦国掌握宜阳的控制权，韩国将会被切为两段，自身都难保，更不会有时间和能力救助楚国。如果韩国失陷，没有屏障的魏国就必然向秦国臣服。倘若韩、魏都归顺秦国，秦国正好可以利用韩、魏的军队攻打楚国。单单秦国就很难对付，如果再加上韩、魏军队，楚国必然被攻陷。听张仪如此分析，楚怀王满心忧虑。

此次游说，张仪希望击破合纵，更渴望实现连横。张仪认为，合纵国妄图联合弱小的国家和分散的力量来抵抗强大的国家，根本行不通。如果小国发动战争，国内必然疲于应付，弄得物资紧缺、民怨沸腾，最终会引发内乱。只有大国、强国才有能力发动战争。倘若楚国不依附秦国，秦国军船从汶山起程，顺江而下，不到十天就能到达扞关（今湖北长阳西）。倘若扞关有失，黔中和巫郡就不再是楚国的领土。此时，秦国乘胜追其，出军武关，楚国的南北就被拦腰斩断，彼此不能再救援。

张仪预计，秦国占领楚国只要三个月。即使诸侯国发兵救援，至少也需要半年，时间根本来不及。

分析完现实后，张仪回溯历史。他认为，楚国与吴国打了五次仗，三胜两败，军队实力被削弱，已没有能力再参与战争。如果楚怀王不顾军队疲乏和民不堪命的国内形势，贸然抵抗秦国，必然像其他小国一样被起义推翻。从参与战争的次数来看，秦国的次数最多。只要是战争都劳民伤财，招致最底层百姓的诟病。秦国能够多次顺利地发动战争，除了战争胜利后获得利益补助外，法令严明是一个重要的取胜因素。

自合纵联盟建立以来，秦国有15年不敢窥视函谷关以东的地方，张仪不能抹杀这个铁的事实。但是，张仪告诉楚怀王，秦国多年没有出军函谷关，是因为秦军忙于实施一个大策划——一举吞并天下。

当着楚怀王的面，张仪公然叫嚣，说秦国要吞并天下，意思是连楚国也要吞并，可见他根本没将楚怀王放在眼里。他敢轻视楚怀王，并非楚国弱小，而是楚怀王头脑简单。

尽管苏秦已死，但他仍是合纵国的象征。如果破坏苏秦的形象，合纵国就没有依托，自会瓦解。抓住苏秦欲图分裂齐国一事，张仪大做文章，说苏秦表面上为诸国谋利，实际上却破坏合纵国的国家安全。

被五马分尸后，苏秦为燕国报复齐国，力图分裂齐国的阴谋败露，天下皆知。张仪如此提醒之后，楚怀王开始细想合纵策略，发现合纵家的话与张仪说的恰好相反。

威逼的话说完了，接着就是利诱。张仪许诺，如果楚怀王听从他的建议，秦国会派太子到楚国作人质，还会将秦国公主嫁给楚怀王，并且进献一万户的都邑作为楚怀王的汤沐浴。

天下之人，数张仪最言而无信，楚怀王被利益熏昏了头脑，竟然忘了600里土地之耻。楚怀王曾经信誓旦旦地说只要秦国将张仪交给楚国，他就回送黔中给秦国。那时的楚怀王只为报仇心快，没有考虑其他。然而，他竟然迷迷糊糊地听信宠妾郑袖的话，糊里糊涂地放了张仪。

如果楚怀王不听从张仪的建议参与连横，他就要拱手送出黔中，结果张仪没杀成，还要白白送出土地。

关于楚怀王轻易放过张仪一事，后世有很多人写诗评述，唐人徐夤写了一首七绝，名叫《楚国史》，讽刺楚怀王无能。

六国商於恨最多，良弓休绾剑休磨。
君王不剪如簧舌，再得张仪欲奈何。

拨弄着小算盘，楚怀王心想，如果依附秦国，就不用送黔中给秦国。如此一来，既可以保住国土还找到了靠山，真是天大的喜事。

楚怀王认为这是喜事，另一人却视它为莫大的祸患，那个人就是屈原。

屈原忧思而作《离骚》

张仪说能够称霸天下的不是秦国就是楚国，苏秦也说过同样的话。楚国不仅地大物博，发展潜力甚大，还是一个根基深厚的国家。

周王室衰微后，楚国利用地理位置优势飞速发展。随着国力的强大，楚国国君变得逐渐骄横。楚国首领熊渠以楚国是蛮夷之国为借口，不用周王朝的号命，而自封他的儿子为王。

进入春秋时代，楚国首领熊通视周王朝为无物，自称武王，即楚武王。楚武王自封为王之时，其他诸侯仍旧援用“公”自称，不敢冒犯周朝。

周王朝衰微是大势所趋，孔子偏偏逆流而上，勇于担当卫道士。春秋末年，孔子编撰《春秋》，极度愤恨楚国的离经叛道，将楚王都贬称为“子”。

后来，楚庄王竟然敢问周朝宝鼎的轻重，行为实在猖狂之极。唐人周昙不愤此种行为，作了一首诗：

九牧金熔物像成，辞昏去乱祚休明。
兴王在德不在鼎，楚子何劳问重轻。

从楚国的发家史来看，楚国的兴盛恰恰源于国君的“离经叛道”。从中国中央集权的历史来看，如果国家要富强，必须有一位敢想敢干的国君。

从三皇五帝到春秋五霸再到战国七雄，国家的发展无不托福于国君的敢作敢为。反之，如果国君无能，国家必然衰微，楚怀王在位时期的楚国就是例子。

楚怀王没有遗传祖先离经叛道的虎狼特性，而是将所有温顺懦弱的缺点都聚集于一身。他不仅放了张仪，还答应连横依附秦国。

这时，三间大夫屈原刚由齐国回国，听说楚怀王轻易释放张仪，他万分心痛。他火速求见楚怀王，劝说楚怀王杀掉张仪。屈原好言相劝，楚怀王翻然悔悟，命人缉拿张仪。然而，张仪已经逃离楚国。

屈原此次进谏可以说是冒杀头之罪，因为他早已被昏君楚怀王疏远。作为被疏远的臣子，屈原能够劝说楚怀王杀张仪，其忠心可见一斑。更令人敬佩的是屈原为了国家不顾个人安危敢于冒死进谏，爱楚国之心可想而知。

屈原与楚王同姓，名叫平，官拜左徒。作为王族，屈原很关注国家兴替存亡之道，在这方面有一定程度的研究。商鞅关注国家发展之道，张仪和苏秦等人关注国家称霸之道，屈原则关注国家兴替存亡之道。

《史记·屈原贾生列传》开篇就说屈原关注国家存亡，意在影射楚国有亡国之危。如果国君无能，不善保护社稷，国家必然面临危险。外有强国的谋臣，内有国内的奸臣，楚怀王的宝座就如一堆干柴。如果稍微燃起一点火星，必会葬身其中。

屈原熟悉外交，待人接物礼貌周到，辞藻表达更令他国使者折服，可称得上是楚国的金字招牌。楚怀王很倚重屈原，国内国际大事小事都交由屈原处理，甚至让屈原制定法令。

商鞅也曾制定法令，他能取得成功是因为后面有一个强悍的秦孝公支持。屈原没有商鞅幸运，因为楚怀王没有秦孝公的才干。制定法令是国家大事，上官大夫不甘心由屈原完全把控，为了自己的利益，上官大夫决定盗窃屈原的才华。所以在屈原草拟完政府法令后，上官大夫使阴谋诡计想占为己有。但行动的结果却一点都不理想。一计不成又生一计，他对楚怀王说，屈原自恃才华，在外不断张扬，说只有他能制定楚国的法令。

楚怀王也是个嫉妒贤能之人，听上官大夫如此说，嫉妒心大起，于是在心里修筑一道厚厚的屏障，渐渐疏远了屈原。

那个时候，诸侯国恰好刮起一阵禅让的旋风。屈原既是王族又有才能，楚怀王担心如果他获得民心，自己的国君之位就会有危险，所以心怀忧虑。

司马迁对屈原被疏远，大抒不愤之情：

“屈平疾王听之不聪也，谗谄之蔽明也，邪曲之害公也，方正之不容也，故忧愁幽思而作《离骚》……信而见疑，忠而被谤，能无怨乎？屈平之作离骚，盖自怨生也。”（《史记·屈原贾生列传》）

屈原被疑，心生怨愤，又无知己可诉，不禁写下《离骚》这等千古美文。

《离骚》留给后人的，有人生的坚持不懈，如“路漫漫其修远兮，吾将上下而求索”；有对人民生活艰难的怜惜，如“长太息以掩涕兮，哀民生之多艰”；有对祖国、宗庙的忠诚，如“指九天以为证兮，夫唯灵修之故也”。简言之，文如其人，从《离骚》能够窥探屈原的品行。

宋人陆游说，“离骚未尽灵均恨，志士千秋泪满裳”（陆游·《哀郢》），可见《离骚》的基调是痛苦的。

清人刘熙在《艺概·文概》中说：“学《离骚》得其情者太史公，得其辞者为司马长卿。”意思是说，司马迁深深体悟到《离骚》之韵里的悲痛，并在自己的文章里体现出来。

文学的目的在于表达情志，如果没有情志，无论言辞多美，最终都不能流传久远。《离骚》和《史记》能够流传久远，全因其中情志真切。

秦国诱捕楚怀王

秦王国的军事力量在秦昭襄王时期得到进一步发展。秦国通过与齐国、韩国、魏国的联合行动以及自己的单独行动，使楚国受到重创。为了进一步稳固东方六国的局势，消灭对自己有威胁的力量，秦国开始进一步加强对楚国的打击。

楚国与齐国的联合，给了秦国进一步进军的理由。这次，宣太后与秦昭襄王一起上演了一出“鸿门宴”。

秦国之所以会采取这个策略，是有着充分考虑的。此前，即周赧王十六年（公元前299年），秦军对楚国发动了进攻，攻陷了楚国8座城池。秦国虽有灭亡楚国的实力，但是列国正处于隔岸观火的状态中，只要秦国威胁到他们的利益，列国必然会再次联合起来共同对付秦国。还有一点不可忽视，楚人历来悍勇，秦国想要彻底地灭亡它绝非易事，还很可能会陷入战争的泥潭不可自拔。到时齐国、魏国、韩国便会就此机会进攻秦国。

有鉴于此，秦国向楚王写了一封言辞恳切的书信，邀请楚怀王到武关谈判。楚怀王正拿不定主意时，一位大臣向前进言道：“大王最好不要去赴约，秦国不守信用，不值得信任。”这时楚怀王的一个儿子却说：“秦国是好意，为何拒绝？”于是楚怀王便决定会见秦昭襄王。

正如那位大臣所言，秦昭襄王并没有按照约定到武关，而是用卑劣手段将楚怀王挟持到秦国的咸阳，以此要挟楚国向秦国割让土地。楚怀王坚决不接受这样的条件，结果被秦国关押起来。

消息传到楚国后，大臣们为国家安全考虑，决定另立新君。

然而，当时楚国太子却正在齐国做质子。楚国上下可谓乱成一团，家不可一日无主，国不可一日无君，楚国不可没有掌舵之人。于是，楚国文武百官多数建议，既然太子不在国中，就让楚怀王的一个庶子为登基之人，一者，可以稳定当前楚国的局势，二者，可以防备其他国家的不轨。

可是他们没有考虑到的是楚怀王子嗣众多，如果册立庶子为君王，合乎规矩的人就太多了，眼下国际局势不稳，楚国随时都有被倾覆的可能。同时楚国内部也是风云暗动，如果册立庶子，名不正言不顺，政局必将动荡不堪，原本想要的结果，就会恰如其反。

这一切，只有昭雎看得清楚明白。

昭雎为楚国的贵族大臣。平生做过很多错事，例如楚怀王时，命屈原出使齐国说服齐与之联合，而他竟然暗通张仪，致使合纵的计策就此失败。后来，齐国、秦国联兵攻楚国，面对秦军的进攻和楚怀王的命令，他竟然坚持“将在外，军令有所不受”，对楚军的困境置若罔闻，致使楚将唐昧兵败身死。直到楚国衰微，他终于改过自新，暗想如果继续下去，国家必定不得保全，自己的功名富贵也必将成为梦幻泡影。所以在楚王即将赴秦国之约时，昭雎便力劝怀王勿去，可惜为令尹子兰所阻，楚怀王终于难逃厄运。

昭雎明白唯有太子横回国主持大计，楚国才能够在风雨飘摇的动荡之中稳定下来。于是，他决定派遣得力人手作为楚国的使者，前去齐国将太子横接回。

使者来到齐国，依照昭雎早就定下的计策，向齐王撒谎称道，楚国国王已经在去秦国之后身死。当时齐国是东方强国之一，国内自然不乏能人异士，他们虽然不能预测楚王的生死祸福，但是对于局势的分析还是很明晰的。

最终齐国得出结论：楚王很可能出事了，但是不一定死亡，楚国群龙无首，所以要接太子回去主持大局。齐国当然不会就这样让太子横回去，太子横若想回国即位，需答应齐国的条件：拿淮河以北的土地交换。

当时在齐国担任国相的，正是闻名天下的孟尝君。

孟尝君，历史只记载了他卒于公元前279年，妫姓，田氏，名文，因而更多的人称其姓名为田文。其和魏国的信陵君、赵国的平原君、楚国的春申君并称为“战国四公子”。

此时此刻，孟尝君正作为齐国的股肱之臣，为齐国国王出谋划策。

齐国人认为楚国要找一个人担任君王并非难事，然而要楚国奉献其淮河以北的土地给齐国，无异于是虎口夺食。因此，孟尝君进言说道：“楚国除了太子芈横之外，还有很多王子可堪大任，此次如果齐国不答应楚国的要求，楚国不仅会就此和齐国结怨，还会让齐国背负背弃盟约的骂名。如果楚国一怒之下，立了其他人做了楚王，那么芈横在齐国手中，又有什么用处呢？到时怕芈横就成了齐国的一块鸡肋，食之无味，弃之可惜。”（《战国策·楚策》）

齐国上下闻言，都觉得孟尝君说得很有道理，于是将太子芈横送回楚国，他就是楚顷襄王。太子芈横之所以能够安然回到楚国坐上王位，昭雎的功劳无疑是最大的。然而楚顷襄王在位时，却并没有就此重任昭雎，反而让子兰做了一人之下万人之上的相国位子。

可当初正是子兰的建议，楚怀王才会深陷秦国、前途未卜，何以楚顷襄王会闻而不察呢？其实楚襄王的心思正和后来的宋高宗一样，他们并不是“名正言顺”的获得国君之位的。对楚顷襄王而言，若不是子兰，他也许就不会登上王位，所以他才会对子兰“闻而不察”。

无论如何，楚国暂时免于战乱，江山得到了暂时的保全。太子横是最大的受益者，取代了楚怀王，开始了顷襄王的时代。秦国宣太后和昭襄王本以为借机会扣押了楚怀王，楚国会就此大乱，秦国可趁此从中渔利。没想到他们的计划泡汤，只能重新调整战略目标，开始新的战略运作。

屈原沉江

“鸿门宴”没有起到预定的效果，宣太后和秦昭襄王决定用武力震慑楚国。

楚顷襄王元年（公元前298年），秦军由武关出击，将楚军再次打败，杀死楚国5万士兵，夺取了析邑等15座城。楚怀王在这一时期逃脱秦国的魔掌，但中途被捉回。此时的怀王，已经被秦国当做了一个战利品，虽然没有任何实际意义，但是其威慑力却是存在的。三年后，楚怀王幽怨不已，病死在咸阳，秦国这才把他的尸体送返。

楚顷襄王即位之后，不仅没有励精图治，想办法营救父亲回国，共同图谋楚国的强盛，反而整日沉醉在歌舞升平、声色犬马之中。这样的楚国如何抵挡得住强秦的进攻呢？

春秋战国时期，一国趁着与别国君主会见的机会将其囚禁或杀掉，并不罕见。楚国也使用过这种手段，秦国囚禁楚怀王一事反而成了以彼之道还施彼身了。但秦国扣押楚怀王对各国的威慑力特别大，因为楚国对东方各国而言仍是强国，其君王竟被秦国囚禁，可见秦国的实力已在楚国之上。

楚国百姓极重感情，尽管楚怀王对不住国家，他们仍然很怀恋楚怀王，视他为一国之君。怀王尸体运回后，楚国百姓万分哀痛。

痛定思痛，百姓将楚怀王的死归咎于公子子兰。如果不是公子子兰劝楚怀王赴会，楚怀王就不会死。

公子子兰因劝楚怀王赴会被指责，与他持相反观点的屈原就会被称颂。在楚国，屈原品行高洁，智慧与才华兼具，深得民心。楚怀王不听屈原的建议，最终客死他国，这更能提升屈原的身份地位。

楚国百姓重感情，屈原也是重感情之人。楚怀王生前未能善待屈原，但屈原对楚国的赤胆忠心不减。

《史记》记载，屈原“存君兴国而欲反覆之，一篇之中三致志焉”。意思是，屈原不忘怀念君王，复兴国家，扭转乾坤，在他的文章中多次表达此种情志。

尽管屈原忠心耿耿，情志拳拳，却始终无法一展抱负，满腔爱国之情却无处施展。屈原很爱国，他感情丰富心思细腻，为国家的衰微感到痛惜。一个感情丰富且心思细腻的人长期遭遇排挤，借助才气，不免要发发牢骚。

屈原认为，楚怀王不用忠臣，一味听信张仪、上官大夫和子兰之言才导致军队惨败，丢失土地，最后落得客死他乡的下场。

于是屈原作文章大发牢骚抱怨子兰，子兰大怒，命上官大夫中伤屈原。几个掌权的人合力整治一个无权的人是最容易不过的事。在上官大夫和令尹子兰的煽风点火下，顷襄王偏听偏信，屈原就被放逐了。

一片忠心却接连遭受贬退、流放、放逐，就算坚毅如铁的人也会有灰心的一刻。被放逐的屈原来到汨罗江畔，披头散发，步履摇摇，一边走一边吟叹，真是“颜色憔悴，形容枯槁”。

苏秦游说秦国不成，归家时颜色憔悴。那时的苏秦还不知道家人抛弃了他，现在的屈原却感觉到整个世界都抛弃了他。对屈原这种深怀理想的人而言，如果不能实现理想，宁愿死得清白。

一位渔夫见到屈原，问他为什么到汨罗江。屈原心痛地说了几句话——“举世混浊而我独清，众人皆醉而我独醒，是以见放。”（《史记·屈原贾生列传》）

“举世混浊而我独清，众人皆醉而我独醒”一句，将贤才被弃的失意、痛心表达得淋漓尽致。

渔夫对屈原说，如果一个人的道德修养达到最高境界，他对事物的看法就不是死的，而是随着世俗风气而改变。既然全社会的人都污浊，就应该随波逐流，甚至推波助澜；既然所有人都昏昏醉醉，就应该陪他们大喝痛喝，甚至吃酒糟。

理想是不甘于向现实拜服的，屈原说，刚洗过头的人，一定要弹去帽子上的灰尘；刚洗干净身子的人，一定要去除衣服上的灰尘。如果一个人是干干净净的，怎么能容忍尘垢沾染呢?

最后，屈原表示，宁可投江而死，葬身鱼腹，也不愿让自己的清白遭受世俗的污辱。话都说到这个地步，屈原死志已决，无可挽回。

面对淼淼江水，想到自己的一身清白，屈原写了一篇《怀沙》。在《怀沙》中，屈原说“抚情效志兮，府诎以自抑”。意思是，摸着心胸自省，并没有一丝过错，尽管蒙冤受屈接连遭受压抑，内心也毫无畏惧。写完《怀沙》，屈原怀抱大石，“噗通”一声跳入江水中，一个伟大的理想主义者、辞赋大家作别纷乱的战国。

屈原自杀，究其原因原因是怀才不遇。如果用历史的眼光看待，是生不逢时。纵观中国历史，生不逢时的人很多，例如司马迁、贾谊、李商隐等，比比皆是。

作为怀才不遇的人，司马迁老先生写了一篇《悲士不遇赋》，起笔句就是：悲夫士生之不辰，愧顾影而独存。

细读历史，真是“楚人悲屈原，千岁意未歇。精魂飘何处，父老空哽咽。”（苏轼《屈原塔》）

连横的秘密

伟大的诗人屈原投江而死，汨罗江的江水并不因此而变得清澈，楚国也没有被他的献身精神惊醒，战国的乾坤也没被他的生命扭转，一切依旧。

从政治角度来看，屈原死于战国诸国间的权力争斗，尤其是楚、秦之间的权力争斗，他被权力的车轮碾压致死。

政治斗争毫无感情可言，屈原感情充沛最适合写文章，不适合参与政治斗争。如果想参加政治斗争，就应该像张仪一样。

离开楚国后，张仪没有向秦惠王报告说服楚国的大好消息而是径直北上前往韩国。当时苏秦游说韩王时，说韩国是军事大国，是战国的兵工厂，制造的强弓硬弩和佩剑天下第一。

此次张仪前来，却避开韩国的长处，先说韩国地理面积狭窄，土地贫瘠，物产不丰富。韩国是小国，即使土壤肥沃，物产也没有秦、楚、齐、赵等大国丰富。张仪拿韩国的短处与别国的长处比，韩王已被带入他的思路，自然被张仪牵着鼻子转。

苏秦游说以利益诱惑，而张仪却以武力威胁。张仪恐吓韩王说秦国有百万军队，人人都像孟贲和乌获一样力大无穷。孟贲是卫国人，乌获是秦国人，两人都以天生神力出名。

张仪说，“秦人捐甲徒裼以趋敌，左挈人头，右挟生虏”（《史记·张仪列传》）。意思是秦军十分勇敢，不屑穿戴盔甲，而是赤身露足地扑向敌人。秦军不仅赤身露足，还是左手提着敌人的头颅，右手将没被杀死的俘虏夹在胳肢窝下。

说完韩国的短处和秦国的长处后，张仪就以武力威胁韩王。如果韩国不向秦国臣服，秦国大军一鼓作气可以攻取成皋和荥阳（今河南荥阳东北）。

从地理位置看，成皋和荥阳在韩国的中间。如果秦军攻占这两个地方，韩国就会被生切为两段。韩国原本就是小国，如果被切为两部分，彼此不能互相救援，军队实力更加不足。

张仪威胁其他国家时总爱说秦国将出军占领城池，而他选择的城池很关键，都处在中部，如果秦军占领，被侵犯的国家就被切为两段。张仪利用这一招威胁楚国，也用这一招威胁韩国，只为一个目的：分化敌人，逐个击破。

游说魏国时，张仪让魏国依附秦国，转嫁灾祸。现在游说韩国，张仪也用了这一招。他告诉韩王，秦国最想削弱楚国，而韩国最方便削弱楚国。如果韩国帮助秦国削弱楚国，秦国一定会感激并好好对待韩国。

韩王生活在封闭的自我世界里，不会将心比心。如果每一位国君都像韩王一样，为了自己的利益，依附秦国转嫁灾祸，灾祸最终还是会转到他们的身上。

魏王、楚王、韩王等国君并没有从长远利益出发，只图一时安身，灾祸已经离他们不远了。

接连说服楚、韩后，大半个中国已在秦国的控制范围之内。说服韩王后，张仪回到秦国向秦惠王报告这个好消息。

张仪立下奇功，秦惠王万分高兴，封赏了他五个都邑。赵国曾经为大造声势封苏秦为武安君。为了报复合纵国，秦惠王封张仪为武信君。武安君与武信君，只有一字之差。秦惠王的意思很明显，苏秦能够游说诸侯国合纵，张仪也能游说诸侯国连横。

为完成连横大业，接受封赏后，张仪就马不停蹄地前往齐国。

齐国国家实力强大，地理位置优越，很少受到赵、秦、楚这三个强大国家的威胁。在苏秦破坏齐国国家安全的事暴露后，齐国突然感到燕、韩、魏等小国很危险，应该及早灭除。齐国想灭除弱小的国家，正需要与强大的国家连横。因此张仪出使齐国，正好赶上了这样难得的时机。

齐国与鲁国发生过三次大战役，三次战役都是齐国失败。鲁国虽然是战胜国，却最终亡国；齐国是战败国，最终却发展壮大。

于是张仪以此事大做文章。他的意思是，尽管鲁国战胜了齐国，但鲁国花费了亡国的代价，很不明智。鲁国是小国，不能支撑长久的战争。小国与大国打仗，即使小国能胜，它的国民必定不能承受战争之重。战争的负担过重，小国承担不起，最终只有灭亡的命运。

按此逻辑推理，张仪又说，赵国不是小国，它与秦国打了五次大战役，三胜两败，总体而言占上风。然而，五次战役打下来，赵国阵亡了几十万青壮年，经济损失很大。以几十万人命和无数的经济损失为代价，赵国也只是保住了国都邯郸城，是得不偿失之举。

听了两个例子，齐王明白了。如果齐、秦开战，就算齐国每次都战胜秦国，齐国的代价将是亡国，因为齐国国力不如秦国。再说，齐国不一定能够战胜秦国。如果齐国在战场上失利，亡国的可能性更大，因为秦国必然乘胜追击，其他国家肯定会趁火打劫。

张仪提醒齐王，魏、楚、韩三国已经先后臣服秦国参与连横。如果齐国不吃敬酒，秦国会敬上罚酒。到那个时候，几个国家合击齐国，齐国一定不是对手。

渔夫告诉屈原，“举世皆浊，何不随其流而扬其波？众人皆醉，何不哺其糟而啜其醨”。

屈原品行高洁，宁愿做一块破碎的美玉，不肯掉落泥尘遭受污染。齐王却只要能够保全自己，即使当一块乌黑油腻的瓦片也甘愿。

第六章　烽烟四起，强齐与弱燕的选择

用自己当钓饵的勇士

张仪很容易就说服了楚、韩、齐，但是，还剩下一个厉害的国家，即合纵国的核心——赵国。

赵国国力虽不强，却有庞大的军队，所以难以对付。秦国与它打了五次大战，却只赢了两次，足以说明赵国军事力量的强大。赵国是合纵国的轴心，曾经只凭一纸合纵的盟约，就使秦国15年不敢打函谷关以东的主意。

张仪告诉赵王，秦国有15年不敢出军函谷关以东，这不能代表什么，因为秦国能屈能伸。秦国躲了15年，对赵国的痛恨也就有15年之多。不出军函谷关，秦国就出军南方，先攻克巴、蜀，接着吞并汉中，辖制东周、西周。周朝虽已衰落，却有九只大鼎，而这几只笨重的大鼎代表九州，象征国家权力。张仪如此说，目的是告诉赵王，秦国连周朝都不放在眼里，更不会将赵国放在眼里。

赵国依仗苏秦合纵威胁秦国，张仪也以“其人之道，还治其人之身”。张仪说，苏秦“以是为非，以非为是”，最终遭到报应，被齐国五马分尸。苏秦死后，诸侯国醒悟过来，纷纷臣服秦国，参与连横的国家已经有魏、楚、韩、齐等国。

既然合纵国已经瓦解，形单影只的赵国已经势单力薄。如果赵国与秦国抗衡，结果可想而知。

连横已经成为大趋势，赵国只好顺势而下。

将赵国成功拉到连横大营后，张仪前往合纵的发源地燕国。

燕国偏居北方，又是小国，夹在强大的赵国和齐国之间，生存十分艰难。赵、燕交好时，赵襄王将自己的姐姐嫁给燕代王为妻，两国确立了姻亲关系。

大国公主下嫁，燕代王很高兴。燕、赵成了姻亲国家，就像楚国与秦国一样，赵襄王邀请燕代王在句注（今山西代县西北，即雁门山）相会。

会晤前，赵襄王命工匠做了一个很精致的小金斗，内装有一个机栝，能够置人于死地。

赵襄王事先安排好一切，燕代王就这样命丧黄泉。赵襄王无义，他姐姐却很有情，得知丈夫死讯后，她磨利头上的笄子，自杀殉夫。

丈夫死于非命，妻子自杀殉情，当地人对此十分感怀，于是将一座山命名为摩笄，以纪念这位忠贞不渝的女子。

刚见到燕昭王，张仪就将这件事提起，目的就是为了挑拨燕、赵的关系。燕国与齐国已经势如水火，如果再与赵国闹僵，燕国必然会因国家力量弱小而寻求大国的保护。

此次游说燕国，张仪已经不仅仅满足于建立连横大业，而是进一步破坏诸侯国的关系。如果诸侯国之间互生罅隙，心怀仇怨，秦国就能坐收渔利。

不管燕国朝臣百姓的辱骂，燕昭王听从了张仪的建议，侍奉秦国，割恒山脚下的五座城池作为见面礼。

这些年来，张仪先游说魏国，接着南下游说楚国，说服楚国后北上吃定韩国，这是第一阶段的胜利成果。在第二阶段，张仪先说服最东边的齐国，接着向西说服赵国，最后北上说服燕国。

在地图上划出张仪的游说轨迹，会发现张仪走了很多路，但他并没有走冤枉路，因为他在挑选主要的或者容易说服的国家。

张仪凭借秦国的强大，挑选国家开展游说工作，剩下的那些不听教化的国家，就直接可以用军队对付。而苏秦的后盾只是一个弱小的国家，无力以军事对付不听游说的国家，因此必须每个国家都游说到，否则不能建立合纵联盟。

背上燕国的五座城池，张仪回到秦国。一路上，张仪满面春风，欣然自得。但是还未到达秦国时，张仪就得到噩耗——秦惠王死了。

秦惠王死后，秦武王继位。秦武王是一个大力士，他喜欢与自己类似的人，并不喜欢张仪这种只会说话的人。

主人换了，张仪的天空变了，变得乌云密布。想到秦孝公死后，商鞅就被五马分尸，苏秦也死在新、旧主人交替之际，张仪不禁为自己的未来忧虑。

不招人妒是庸才，张仪满腹才华，而且还得罪了朝中的不少人。起步之初，张仪做过对陈轸和公孙衍不利的事。如今张仪的靠山倒了，被他整治过的人们却开始万众一心，接二连三地在秦武王身前中伤张仪。

秦武王爱“力”成痴，整天只想如何增强自己的力量，倒没将朝臣中伤张仪的事放在心上。紧接着，连横诸国利用秦武王和张仪感情上的裂痕，纷纷叛变，恢复合纵。更令张仪不知所措的是齐国竟然落井下石，公然派遣使者入秦辱骂张仪。

张仪凭借三寸不烂之舌无所不为，得罪的人自然也不少，如今成了众矢之的。所以张仪不得不寻思脱身之计。他告诉秦武王，齐国十分痛恨他，他到哪个国家，齐国就会攻打哪个国家。一旦诸侯国混战，秦国就能坐收渔利。秦武王喜爱周朝的九只大鼎，张仪投其所好，出了一条能使秦武王“问”鼎的建议。

计划是这样的：张仪前往魏国，齐国一定会攻打魏国。待魏、齐大战，两国无暇他顾时，秦国可趁机出军攻打韩国，穿过函谷关，径直向周朝国都挺进。

周朝无力抵抗必然献出九只大鼎，天下就是秦国的了。这步棋，名叫“出三川，临二周，挟天子以令诸侯”。张仪曾向秦惠王提过，但被司马错攻打西南的计划给代替了。

与秦惠王不同，秦武王很爱大鼎。怀着向往周朝国都已久的心愿，秦武王准备了30辆豪华大马车，大张旗鼓地送张仪入魏。

张仪刚刚进入魏国，魏国的城门还没来得及关，齐国大军就开到城墙下。齐宣王下决心杀张仪，所以调动了大量军队。

齐国果然中计，张仪告诉魏哀王，不用担心，他的三寸不烂之舌能挡千军万马。想退齐兵，必须见到齐王。此时齐军正要攻打魏国，魏国的使臣已经发挥不了作用了。放眼天下，与齐国交好的国家是楚国，所以楚国的使臣最能发挥作用。虽然如此，张仪不敢轻易入楚，楚国人比齐国人更恨张仪，因为楚怀王是被张仪间接害死的，屈原也是，叫楚国人如何不恨张仪？

于是，张仪派门客冯喜入楚，再通过楚国使者拜见齐王。

冯喜见到齐王后，反问齐王道："大王既然憎恨张仪，应该让张仪的生存没有依托才对，怎么反而帮助张仪增进依托呢？"

齐宣王听后愣了半天，不明白对方究竟想说什么。张仪躲到哪里，齐宣王就打到哪里，怎么叫帮助张仪增进依托？

冯喜将张仪与秦武王的密谋告诉齐王，齐王翻然醒悟，火速撤军。张仪这一计，既逃开了秦国朝臣的谗言中伤，又杜绝诸侯国找他的麻烦，真是高明。

想当初，如果苏秦不被报复齐国的感情冲昏头脑，而是寻思保全自身的策略，他也一定不会被五马分尸。

在魏国待了一年多，张仪寿终正寝。

九鼎的诱惑

秦武王心向九鼎，一心渴望将其占有。

这九只鼎据说是大禹打造的，打造材料来自九州交纳的贡品，因而象征九州。谁拥有这九只大鼎，就表示他拥有九州的统治权。

凡是有野心的国君，都希望拥有这九只大鼎，因为它是权力的象征。当年，楚庄王自诩天下第一，贸然领着军队前往周朝国都，"问"九只大鼎的轻重。当时尽管周朝已衰微，但周朝的臣子仍斥责楚庄王，说鼎是国家重器，只有天子才能享有，一介臣子，并没有问鼎的资格。楚庄王大怒，说楚国兵器森然，即使只从兵器上敲掉一小块也能熔铸几只一模一样的大鼎。

那时没有传国玉玺，九只大鼎就相当于传国玉玺，是国家终极权力的象征，根本不容许随意熔铸。楚成王之意不在熔铸大鼎，而在表明楚国的势力很强大。

为了能够获得九鼎，秦武王先进行人事改革，将丞相一分为二，由樗里疾和甘茂担任。经过两年的人才培养，秦武王身边召集了一批力大无穷的人物，例如任鄙、乌获和孟说。

公元前308年，秦武王调动大军，准备攻取韩国的宜阳。从秦国的军事实力来看，开进周朝首都绰绰有余，最大的麻烦反而是宜阳城。

宜阳是韩国阻挡秦国东进的关键屏障，如果宜阳被攻陷，韩国就有亡国的危险，因而韩国十分重视宜阳城。

负责攻取宜阳的主将是甘茂和向寿，甘茂是主要负责人。对甘茂而言，宜阳城池坚固只是第二难题，真正的难题是如何获得秦武王的信任。因为，在秦国内部，以樗里疾和公孙郝为首的一派一直反对攻取宜阳，理由很简单：宜阳城墙高河深，驻守的兵将更多，强攻不合算。

甘茂和樗里疾都是丞相，身份不相上下。如果攻城一事稍有差池，在秦武王身边的樗里疾肯定会趁机进谗，甘茂的日子必然不好过。

那时，甘茂领军在外，驻扎在息壤。游说秦武王，获取最高信任的任务就落在向寿身上。向寿对秦武王说，宜阳城很难拿下，还是不攻取为上。

秦武王听后，火速前往息壤向甘茂问明缘由。甘茂没有直接回答，而是给秦武王讲了一个故事。

鲁国有一个与曾参同名的人，他杀了人。外人将曾参杀人的事告诉曾参的母亲，起初曾参的母亲不相信，仍旧安安心心地织布。第二波人来告知，曾参的母亲仍旧不相信。但是，当第三波人说同样的话时，曾参的老母亲立刻扔下机杼，拔腿就跑。

通过“曾参杀人”这个小故事，甘茂想表明的意思是宜阳城非常坚固，并非一朝一夕就能攻下。如果时间拖得久了，或者秦军一旦出现失利的情况，一定会有人在背后进谗中伤他。

既然甘茂的品德没有曾参高尚，秦武王对甘茂的信任也比不上曾参的母亲对曾参的信任。到那时，进谗中伤的人不会只有三波。如果秦武王不能抵挡谗言，而是像曾参的母亲抛弃曾参一样抛弃甘茂，甘茂必然深受其害。

说完小故事，甘茂又举乐羊攻取中山国的事实为例。当年，乐羊领军攻打中山国，足足打了三年才胜利。大军回国后，魏文侯交给乐羊一大批告发他的信。乐羊深受感动，跪倒拜谢，说攻取中山国不是他的功劳而是魏文侯对他的信任。

秦武王终于明白甘茂话里的意思，不是宜阳城不能攻也不是秦军不够勇敢，而是甘茂对他的信任不放心。于是秦武王保证，无论攻取宜阳的战事如何，他一定不会听信樗里疾和公孙郝等人的谗言。甘茂与秦武王订立这个盟约，被称为息壤之盟。

为配合大军进军宜阳，大臣冯章建议先归还汉中给楚国。冯章认为，如果不拉拢楚国，楚国一定会趁秦国主力攻取宜阳时侵犯秦国。楚王贪爱利益，如果送汉中给楚国，楚国就不会干预。秦武王同意，派冯章出使楚国。

来到楚国，冯章发现此时齐国也在拉拢楚国。宜阳城要打仗，秦国为了宜阳拉拢楚国，齐国也是为了宜阳拉拢楚国。楚王看此情形后，既没有站向齐国一边也没有站在秦国一边，而是派大将景翠以救助韩国的旗号领军北上。

宜阳之战打了五个多月，秦、韩伤亡都大，但是依然没分出胜败。转眼就到了冬天，天寒地冻，秦军屯兵城下十分凄惨。

这时，果如甘茂所料，樗里疾和公孙郝等人都向秦武王进谗中伤甘茂。打了大半年，只有伤亡数字，没有胜利果实，秦武王就想撤军。但是，甘茂提醒秦武王，不能忘记君臣之间的息壤之盟。想起息壤之盟，秦武王翻然醒悟，再次征召军队，收集粮草，打造军械，源源不断地送往前线。

内部的敌人解决了，外部的敌人还在虎视眈眈，例如楚将景翠，秦武王对此很担心。

甘茂告诉秦武王，楚国出军名义上是救助韩国，实际是为了趁火打劫。楚军绝对不会与韩军联合，秦武王可以高枕无忧。

次年春天临近，秦军再次发动大规模的攻击。但是，宜阳城十分坚固，城墙是被加厚加固过，护城河又很深。秦兵打得精疲力竭，尽管军鼓擂了几通，还是没人冲锋，全部躺在地下喘气。

宜阳之战对甘茂关系重大。为了未来，甘茂搬出个人家产，全部分发给出死力的兵将。动员工作结束后，甘茂下令秦军再一次向宜阳进攻。

宜阳城终于被攻破，秦军大举抢进，与韩兵展开巷战。一战告罄，仅是在巷战中韩军就被斩首6万。守卫宜阳城的韩军共有十几万，也不知有多少人存活，这一年是公元前307年。

燕王哙的禅让闹剧

战国时期，燕国可谓别具一格，因为其发生了很多特殊的事情。

公元前318年，燕王哙仰慕圣贤成痴，将王位禅让给相国子之。司马迁认为，燕王哙此举违背历史潮流，最终引发亡国灭族的灾祸。

司马迁的意思是，战国是乱世，国君为了土地争夺不休，根本不讲仁义道德。燕王哙标新立异，妄想回到过去，违背历史大趋势必受其害。

事情的始末是这样的。

公元前321年，燕易王去世，他的儿子燕王哙继位。紧接着，苏秦就被齐国五马分尸。

国家的栋梁苏秦死后，他的儿女亲家，也就是燕国国相子之的身份地位大大提升。苏秦的弟弟苏代则以苏秦为榜样，也以游说为业。子之与苏代交往甚密，这也有助于他掌权。

燕王哙痴迷于尧、舜、禹等先贤的禅让之道，常常在朝臣面前厚古薄今，将渴望效仿禅让的心情表现得异常明显，国相子之便从中抓住了机会，他先后让几批有才能、有名望之人前去做燕王哙的思想工作。

第一个开展思想工作的是苏代，那时他刚出使齐国回来。这一年（公元前318年），燕、楚、韩、赵和魏五国联合攻打秦国，但是在战争还没结果时，燕王哙突然下令撤军。

燕王哙问刚回国的苏代，齐王是一个怎么样的人。苏代斩钉截铁地回答，齐王一定不能称霸。

“为什么？”苏代说得太绝对了，如果不给出理由，燕王哙不能相信。

燕王哙上钩了，苏代解释说因为齐王不信任大臣。苏代的意思是，如果想使国家长久，国君就应该信任大臣。

自此而后，燕王哙重用国相子之，并赠送苏代黄金一百镒，作为酬谢。在这之前，子之已经掌管国家大小事务了，燕王哙居然给了他更大的权力，简直是养虎遗患。

紧接着，鹿毛寿又游说燕王哙。鹿毛寿的意思是，天下人之所以称颂尧，因为尧将天下禅让给许由。如果燕王哙想赢得天下人的称赞，就应该学习尧。何况尧表面上禅让天下，但是许由没接受，最后天下还是在尧的掌握之中。因此，即使燕王哙禅让天下给子之，子之一定不敢接受。如此一来燕王哙可以获得美名，还可以继续坐拥天下。

听了鹿毛寿的话后，燕王哙直接将国家托付给子之。但是，子之还是不满足，又派人继续做燕王哙的思想工作。

这些说客的意思是，大禹将整个国家交给伯益，但仍旧任用自己的儿子担当朝廷官吏。只要太子在朝为官，文武百官的心还是向着太子的。想当初，大禹年纪老迈管不了事后，伯益治理国家不善，太子启通过起兵反抗照样夺回国君之位。

这些人想告诉燕王哙，即使子之通过禅让的方式享有国家，也只是名义上的享有，真正的国家权力还是掌握在燕王哙父子手中。

燕王哙听后立刻行动，将俸禄在三百石以上的官员的印信全交给子之，这就表明子之完全享有国君的权力。

燕王哙没有想到的是子之没有许由的德行，他不但不推辞反而高高兴兴地接受了。

子之坐在国君的宝座上，燕王哙自称为臣，甘心接受曾经的相国的颐指气使，真是自作孽。虽然燕王哙甘做人臣，太子平却以此为耻，所以他决心反抗。

自从知道燕王哙有禅让的打算后，太子平一直想干预，只是由于势力远不及子之，对子之的胡作非为只能听之任之。

子之不仅没有德行，也缺乏治理国家的才干。他担当国君不到三年，便弄得燕国大乱，百姓人人恐惧。

在公元前314年，经过精心策划后，太子平决心利用这个大好机会，以当时特有的方式解决问题，即以将军市被为主将，起兵反抗子之。子之不甘示弱，发动全国大军，准备一举歼灭反抗军以斩草除根。

子之调动的是国家正规军队，太子军不堪一击，接连溃败。为了个人利益，市被临阵倒戈，掉转马头攻击太子平。

反叛军与正规军打了几个月的仗，燕国的青壮年死伤无数，百姓纷纷逃散，十室九空。

燕国刚刚发生内战时，就有大将建议齐宣王趁火打劫。齐宣王没有采纳，而是派人告诉太子平，说太子平诛杀乱臣贼子，上合天意，下顺民心，齐国给予道义上支持和精神上的鼓励与支持。

几个月打下来，燕国已经“国不成国，家不成家”，这时齐宣王不等别人建议，便火速发军入侵燕国。

齐国大将匡章率领五个郡的兵力，再加上燕、齐边疆的军队，打着“救民于水火”的旗号，如烈火燎原般，向燕国席卷而去。

一个大国趁一个小国乱了几个月后入侵，结果可想而知。《史记》记载，齐国大军所到之处，燕国“士卒不战，城门不闭”，可见百姓十分痛恨燕国的统治者。

不到两个月，作为国家标志的首都被占领，子之被砍成肉酱，燕王哙也没有落下好下场。燕王哙禅让的闹剧违背历史潮流，最终的结果只能是亡国。

燕国士兵和百姓没有抵抗齐国军队，其目的是希望齐国驱逐可恶的统治者。然而，令燕国百姓没有料到的是入侵者比统治者还要可恶。齐国军队对燕国百姓大肆抢夺，不将燕国百姓当人看待。如果燕国百姓不堪遭受虐待，揭竿而起，齐国必然陷入燕国全民皆兵的战争而不能自拔。

孟子预见到这个严重的问题，劝齐宣王见好就收。当初，齐宣王出兵的一个原因是，是因孟子对他说燕国已经非常乱了，齐国应该履行维护正义的职责。

大军刚刚占领燕国，孟子又建议撤军，齐宣王不能理解。他对孟子说，齐国出军，不到50天就全部占领燕国，仅凭人力不能做到，而是冥冥之中的天意。齐宣王的意思是，燕国已经被齐国吞并了，世上再也没有燕国。

孟子不同意这个观点，他说，起初燕国百姓之所以欢迎齐国军队，因为他们希望齐国帮助他们平定内乱。齐国能够在50天内占领燕国，全是百姓配合的结果。但是，战乱被平定后，燕国百姓发现父兄被齐军杀害，妻女被凌辱，甚至连祖上宗庙都遭到破坏。既然齐军肆意残害燕国百姓，百姓一定会起兵反抗。

果如孟子所料，不久，齐军深深陷入燕国百姓反抗的泥沼中，同时碍于诸侯间的舆论，不得不撤军。

经历丧国大乱，如果仅靠燕国自己的力量，无法组建一个像样的国家。在赵武灵王的帮助下，燕国迎立仍在韩国做人质的公子职回国继位，人称燕昭王。

水的深浅很重要

在合纵策略的帮助下，齐国越来越强大。尽管在入侵燕国的进程中，齐国吃了不少亏，却也让它声名鹊起。对燕国的征服令诸侯国看到了齐国的强大，开始对齐国怀有畏惧之心。

从燕国撤军后，齐宣王因为没有听从孟子的劝告很羞愧，觉得没有颜面再见孟子。大臣陈贾听说这件事后，去找孟子理论。

陈贾问孟子，周公是一个怎么样的人？孟子说周公是圣人。

摧毁商朝后，周公派管叔管理商朝的土地。但是，管叔不知好歹，借助这个优势起兵反叛。陈贾借这件小事，说周公这种圣人也有犯错的时候，其他人就更容易犯错误。这里的其他人，自然是特指齐宣王。

孟子听后，对齐宣王心生失望。他说，人心越来越奸诈。古人犯错误，就像天上的日食和月食一样，赤裸裸地暴露在百姓的视野里。他们知道，如果及时更正，会赢得百姓加倍的敬仰。现在的人却在犯了错误后，不但不知悔改，还极力为自己遮掩。

尽管齐宣王没有重用孟子，但他对战国时期文化的发展作出了重大的贡献。在战国时代，齐国不仅是东方强国，还是文化大国。齐宣王管理下的稷下（临淄城稷门附近）学宫培育出了一大批德才兼备的人，齐国也因此声名远播。

《史记》记载，齐宣王很喜欢文学之士，所以招纳大批有才能的人士进入稷下学宫，稷下学宫的人数曾经达到1000多人。在优越待遇的吸引下，阴阳家邹衍、道家人物田骈、接予、慎到和环渊等人纷纷奔赴齐国。

这批有才之士受到了齐国的礼遇，他们不用管理政事，唯一的任务就是谈论学术，这令后来的司马迁十分羡慕。在《史记·田敬仲完世家》里，司马迁大赞齐宣王的功绩，尤其强调稷下学宫的盛况。

稷下学宫集中了儒、墨、道、法、兵、刑、阴阳、农和杂各学派的代表，他们纷纷著书立说，形成空前盛世的百家争鸣。孟子在稷下学宫一住就是30多年，荀子从15岁来到齐国后就没有离开。

当然，齐国能够成为东方霸主与西方的秦国并肩而立，并不是仅仅依靠齐宣王的稷下学宫，孟尝君和他府上的食客也作了突出的贡献。尽管孟尝君和他父亲与齐宣王有矛盾，但在矛盾还没公开化和尖锐化期间，孟尝君对实现齐国称霸功不可没。

孟尝君的国际战略思想源自公孙衍的合纵策略，并将公孙衍的合纵思想具体化、明确化，矛头直指西方的秦国。凡是秦国想入侵的国家，齐国就极力拉拢。秦惠王打击楚国，齐国就拉拢楚国；秦武王威胁韩、魏，齐国就拉拢韩、魏。

此三国中，楚国最没信誉，因为楚怀王总是朝三暮四。尽管他答应了齐国的合纵，私底下还是暗中攻击它东边的越国。那时，秦武王刚刚意外死亡，秦国面临内乱兼外患，所以无暇顾及楚国的猖狂行为。

自越王勾践以降，越国就一天天衰落下去，不敢过问中原战事。公元前307年，楚国的使臣昭滑以实现并维护楚、越交好的幌子出使越国，此时的越国首领是无疆。无疆胸无大志，在昭滑享乐思想的灌输下，一天天萎靡下去。

越国是小国，国君的萎靡不振很快就会在国内传播。不到一年，越国便因国君不理政事发生内乱。楚国认为这是吞并越国的大好时机，于是火速出兵，这一年是公元前306年。

更令楚国兴奋的是，秦武王死后秦国的实际掌权者是宣太后，而宣太后则是楚国的王室人员。宣太后念及娘家旧情，先归还楚国的汉中，接着又将秦国的美女嫁给楚国国君。既然最强大的秦国真心接纳，楚国自然欣然接受，于是断绝与齐、魏、韩的合纵，一头倒向秦国的连横。

在公元前301年，孟尝君发动三国大军，以大将军匡章为将，大举入侵楚国。联军与楚军沿沘水扎营，联军能够看见对方，就是不敢轻易出军，因为不知河水的深浅。

每当联军想渡河或者试探河水的深浅时，楚军就调集弓箭手，以密集如蝗的飞箭射退联军。楚军凭河死守，联军无法开进，战争相持了6个多月。因为双方都在河边的沙滩上扎营列阵，这一场战争被称为垂沙之战。

战争进行了大半年，勇猛无敌的大将军匡章没有传来一个好消息，齐宣王又害怕孟尝君利用这个机会发展个人势力，再也等不下去了，于是派口才极好的周最到前线监督。

周最能说会道，嘴上功夫了得，却没有实际本领，更不懂战争。他刚到前线就找到匡章，将其劈头盖脸地大骂一通，对什么事都指指点点。

匡章有苦难言，有怨无处诉，只能死守一条真理：八仙过海，各有神通。文臣有文臣的强项，武将有武将的本领。既然是他指挥作战，只要他觉得不能贸然进攻，即使以死威胁，他也不会下令进攻。

国君派遣使臣监督战事，不管情况多么恶劣，匡章只有一条路：硬着头皮，冒死往前冲。找来几位身手迅捷的士兵，经过特殊训练，组成一支小队伍，匡章命令无论如何，一定要打探清楚沘水的深浅。

小队人马刚刚下水，还没到中央，便遭到了楚军的飞箭袭击。结果可想而知，逃得慢的被射死，逃得快的被射伤，河水被染成了血水。

就在这时，据说山上传来一个樵夫的吟唱之声。老樵夫的意思是，沘水的深浅，饭桶是不会知道的。战争相持6个多月，老樵夫天天上山砍柴，天天见到，自然能够看出其中的问题。

听懂吟唱中的意思后，联军中就有人请教。老樵夫很爽快，告诉联军，凡是没有楚军守卫的地方，水就非常深；只要是有楚军驻守的地方，水一定非常浅。

联军一看，只见楚军扎营列阵不整齐，有的地方人多，有的地方人少，有的地方甚至没人，一下子就明白该怎么对付楚军。

等到晚上，匡章调动主力，集中主要优势，攻击楚军防守最密集的地区。楚军之所以在这些地方防守最密集，因为这些都是垂沙地区，很容易登陆。

联军突然倾巢而出，大举进攻，又是在晚上，楚军做梦都没想到，连逃跑都来不及，大部分都成为联军的刀下鬼。垂沙之战大胜后，韩、魏趁机抢占宛、叶以北的地区，楚国深受重创。

秦国落井下石，在垂沙之战的下一年，发兵伐楚，攻陷新城，斩首三万。每一次战争失败，楚国不仅失去土地，还丧失主将。在垂沙之战中，大将唐眛战死；在紧接着的新城之战，大将景缺同样战死。

战败的楚国国内亦出现混乱，庄硚领导了一场农民起义，起义军势大，一直攻打到首都附近。

齐国先在北方吞并燕国，又打得楚国发生内乱，成了名副其实的东方霸主！

冯谖为孟尝君买义

齐国能够成为东方霸主，孟尝君的贡献不小。但是，孟尝君并非一开始就在齐国有很高的地位，他的崛起也经过一番艰苦卓绝的奋斗。

孟尝君，姓田，名文，是齐威王的小儿子靖郭君田婴之子。此人个儿不高，但是极富人格魅力，因为他慷慨大方。短短几年间，他府上就有三千食客。这三千人中，社会各阶层，三教九流，无所不包。大到卖国贼，小到偷鸡摸狗之辈，都能在孟尝君的府上找到。

提起齐国，人们只知道有孟尝君，不知道齐湣王。这让齐湣王很不是滋味，出于嫉妒和畏惧，齐湣王决定整治孟尝君。事有凑巧，紧接着齐湣王竟然被一个叫田甲的人劫持。孟尝君府上的食客很多，各色人等都有，齐湣王坚决认为劫持他的主谋是孟尝君。

事情闹到这个地步，尽管不是劫持齐湣王的主谋，孟尝君也不得不离家出逃。而离家出逃根本就是"此地无银三百两"，孟尝君更加百口莫辩。

就在孟尝君不知如何是好的时候，有一位贤人挺身而出，为孟尝君说情。这位贤人曾经受过孟尝君的恩德，因此在齐湣王面前以死证明孟尝君的清白。有贤人肯为孟尝君的清白身死，让齐湣王深受震惊，并开始下令严查真凶，果然不是孟尝君。不过二人嫌隙已生，孟尝君还是借故离开朝廷回到封地养老。

孟尝君离开朝廷后，齐湣王准备施展连横秦国的策略。这时，秦国的逃亡将领吕礼恰好在齐国，齐湣王听从亲弗的建议，让吕礼担任齐国的国相。

为了争宠，吕礼屡次为难苏代，苏代就前往孟尝君处游说，想激孟尝君出山。

苏代告诉孟尝君，为了能连横秦国，齐湣王连对他最忠心的周最都给赶走了，并且一味听从亲弗的话，让吕礼担任国相。如此看来，齐、秦将会实现连横。如果齐、秦真的结盟，曾与秦国有旧的孟尝君必然受到轻视。

苏代建议孟尝君北上，使赵、秦和魏讲和，并将周最召回来。这么一来，既能体现孟尝君的厚道，也能为齐湣王挽回信誉。再者，如果齐国不与秦国连横，其他小国一定会依附齐国。这样，齐国仍然是东方霸主，除了孟尝君便没有人配与齐湣王一起治理国家。

孟尝君听从苏代的建议再次出山，但他的行为却得罪了吕礼，妒忌心很重的吕礼下定了谋害孟尝君决心。为了确保自身安全，孟尝君就写信给秦国国相魏冉，劝他发兵攻打齐国。信上说，如果吕礼实现秦、齐连横的计划，吕礼一定会被重视，而魏冉一定会被轻视。魏冉若为自己设身处地的考虑，就该说服秦国攻打齐国，而不是与齐国联盟。如果秦国攻陷齐国，孟尝君会设法说服秦昭襄王，将攻占的土地分封给魏冉。

魏冉对土地和权势皆十分贪恋，因此他听从孟尝君的建议，劝说秦昭襄王发兵攻打齐国。听说此事的吕礼，对自己的前途甚是担忧，于是逃离齐国。

公元前286年，齐国灭亡宋国后，齐湣王日渐骄横，本就对孟尝君不满的齐湣王决定除掉孟尝君。

这些年，孟尝君的势力虽然日渐衰微，府上的食客也越来越少，但是还有一个冯谖。

当年由于田甲劫持齐湣王一事，孟尝君被贬官。在回封地颐养天年的路上，孟尝君府上3000多个门客纷纷借故离去，有的甚至连招呼都不打就走了，孟尝君心下凄冷，叹了一句："客见文一日废，皆背文而去，莫顾文者。"（司马迁《史记·孟尝君列传》）

当初，冯谖也是慕孟尝君招贤的名，所以前往投奔。来投奔的冯谖穿着一双草鞋，以此被很多人看低。

那时孟尝君府上的食客，已经有很多成名的人物。冯谖无名无势，只有一把破剑，孟尝君问他："你远道而来，对我有什么指教吗？"

"听说你乐于养士，我穷得揭不开锅，只想混口饭吃。"

谈话如此，孟尝君不再多说，安排冯谖住在下等人的处所。由于人员庞杂，为方便管理也为激发食客的进取心，孟尝君府上对待士人的待遇分上中下三等。冯谖住在下等住房，受到的待遇自然是下等人的，例如吃饭没鱼。

冯谖有一把佩剑，但是没有剑鞘，而是用一根草绳缠着剑把。每天吃完饭，冯谖就击剑而唱：

“长铗归来乎，食无鱼！”意思是，长剑呀，我们还是回家吧，吃饭都没鱼。

听闻此，孟尝君命人将冯谖迁到中等食客的住所里，吃饭有鱼了。但是，冯谖还是弹剑而歌，高声大唱：“长铗归来乎，出无舆！”

孟尝君又安排冯谖到上等食客的住所，出入有马车接送。然而，冯谖还是同样弹剑而歌，高声大唱：“长铗归来乎，无以为家！”

冯谖天天乱唱，不仅其他食客听厌了，连孟尝君也心烦了，不再管理他。

一年多后，孟尝君就想看看，冯谖这个糟老头究竟有多大能耐。这一年，庄稼歉收，百姓没法还钱。想到3000多个人的衣食，孟尝君忧心忡忡。有人告诉孟尝君，上等客房里的冯谖是长者，精明且办事稳重，是收债的最佳人选。

接到任务后冯谖也不多说，告别孟尝君径直前往薛县。能还的还了，一共收了十万钱的利息。

拿着这些钱，冯谖酿了很多好酒，买了肥牛，召集所有欠孟尝君钱的人，让他们都带上借据，办了一次盛大的宴会。

喝到兴头上，冯谖告诉众人，孟尝君之所以放高利贷，目的是借钱给没资金从事生活、生产的人；孟尝君索债，主要是府上食客太多，已经没钱财供养。现在日子已经到期了，能还的人已经还了。至于不能还的人，一律免除。最后，冯谖强调，“有君如此，岂可负哉！”

众人听后，深受感动，纷纷跪倒，拜了两拜。

听说此事后，孟尝君大怒，厉声责备冯谖。冯谖说，他大办宴会，是想看看，谁有能力还债，谁没有能力。对于有能力的人，只要给予一个期限，他们一定还。对于没有能力的，即使给他们十年，他们还是还不上。

如果百姓还不上，东家又催逼，他们只有逃亡的路可走。如果百姓纷纷逃亡，天下人会说东家刻薄，容不下百姓，这有损于东家的声誉。既然百姓还不上，为什么不免除他们的债务？这还可以树立声名。

经过冯谖这么分析，孟尝君很赞同，连声向冯谖表示谢意。

第七章　险死还生的燕与由胜转衰的齐

燕昭王的黄金台

燕王哙被朝臣欺蒙，贸然将国家禅让给国相子之，最终引发内乱。当燕国发生内乱之际，齐国和中山国趁机发兵入侵。齐国占领燕国，中山国也抢夺了大片土地。

赵国不愤齐国和中山国捞便宜，于是保护还在韩国当人质的太子回燕国继位，借此分一杯羹。国家遭受大辱，燕昭王继位后，立志报复齐国，一雪前耻。但是，当时的齐国是东方霸主，连秦国都不敢贸然进攻齐国，何况是刚刚遭受战乱，还没恢复的燕国。

继位后，燕昭王大举招纳贤才，但是效果并不理想。时间一晃就过了几年，燕国仍旧没有治国的人才。苦闷的燕昭王向郭隗问原因。郭隗没有直接回答，而是讲了一个小故事给燕昭王听。

从前，有一个富人爱马如命。为了一匹好马，即使用千两黄金购买也在所不惜。但是，三年过去了，富人连好马的影子都没见过。不久，一位自称是伯乐的人告诉富人，说他能够找到好马。

果然，不到三个月，他就通知富人，说找到好马了。但是，令富人生气的是，对方竟然送一颗马头给他，而且还花了五百两黄金。

富人告诉对方，他要的是活马，一颗死马的头对他没有用处。对方说，用五百两黄金买一颗死马的头，只是象征。这个行为表明富人的爱马之心，如果此事传开来，天下的好马会纷纷被运送到富人跟前。

富人按对方的话去做，不到一年，就收购了三匹上好的马。

郭隗的意思是，如果真心求贤，光舍得出大价钱不行，还要有先例。如果燕昭王连他身边的人都肯优礼重金厚待，即使远在千里的人才，也会纷纷投奔。

燕昭王听后，长跪在地拜郭隗为师，并且为郭隗建造了一栋豪宅。

紧接着，燕昭王花费重金修建了令无数有志之士羡慕的黄金台。黄金台，又称招贤台，位于现今河北省定兴县高里乡北章村台上西。

黄金台筑好不久，大将乐毅离开魏国，只身前赴燕国。乐毅此行，既启动了他人生的辉煌之路，也拉开了燕国报复齐国的幕布。

乐毅是名将之后，他的祖上是魏文侯的宠将乐羊，乐羊曾经将飞扬跋扈的中山国给灭了。乐毅是本为赵将，赵武灵王遭受沙丘政变后，乐毅万分伤心，于是离开赵国，到魏国谋得了大夫之位。

但是，乐毅在魏国无法施展抱负。燕国的黄金台筑好三年后，乐毅离开魏国奔赴燕国。与燕昭王第一次见面时，乐毅的身份是魏国的使臣。燕昭王对乐毅施以厚礼，乐毅被打动，答应委身为燕国的臣子。

为表达谢意，燕昭王封乐毅为亚卿。亚卿这个职位，地位仅次于上卿。《史记》记载：“燕昭王吊死问孤，与百姓同甘苦。”

有国君如此，凡是失意的才子，人人称慕黄金台。李白曾希望，有人会“洒扫黄金台，招邀青云客”（李白《寄上吴王其三》）；刘辰翁说，“袖有玉龙提携去，满眼黄金台骨”（刘辰翁《金缕曲·贺新郎》）；李商隐甚至说，“夜归碣石馆，朝上黄金台”（李商隐《对题枢言草阁三十二韵》）。

在黄金台的帮助下，燕国招纳了三个厉害人物，军事家乐毅、纵横家苏秦和哲学家邹衍。

以金、木、水、火、土五行循环为历史发展轨迹，邹衍向燕昭王提出了他的哲学见解。他说，商朝的命运在于金德，崇尚白色，地理位置在西边；能够克制金的是火，因此周朝的命运在于火德，崇尚红色，地理位置在南方；能够克制火的是水，下一个王朝的命运一定是水德，崇尚黑色，地理位置在北方。

这个时期，最厉害的将军乐毅在燕国，最厉害的纵横家为燕国办事，命运又注定燕国生长在最北边，所以燕昭王雄心大起，决定先吞并齐国，紧接着称霸天下。

这时，历史已经走到了公元前286年，宋国已经被齐国吞并了。齐国的国君是一个新君，人称齐滑王。燕、楚、宋等国先后被齐国打败，韩、魏又俯首称臣，齐国帮助赵国彻底灭亡中山国，齐滑王不仅在对外策略上骄傲，还蓄意打击孟尝君。最突出的例子是，齐滑王与秦昭襄王相约，两人同时称帝，秦昭襄王自称西帝，齐滑王自称东帝。

狂妄的齐滑王惹得国内百姓怨恨，国外诸侯国纷纷反对，秦国第一个向齐国发难。秦国向齐国发难，有国家利益的争夺，也有私人利益的抢夺。齐国吞并宋国后，秦国国相魏冉很渴望的陶郡就落在齐国手里。

如果魏冉想夺取陶郡，只有用武力抢夺。

公元前285年，为了联合进攻齐国，秦昭襄王和楚顷襄王见了一面。以秦军为主，以楚军为辅，在秦国大将蒙骜的率领下，联军穿越韩、魏国境，侵犯齐国的河东地区，抢夺了九座城池。

连盟友韩、魏都不帮助齐国，可见齐国已经陷入众叛亲离的绝境，于是燕昭王命令乐毅攻打齐国。

活着的理由

燕昭王心意已决，乐毅不忍心违背他的意思，答应出军。但是，他提出一个条件：联合其他诸侯国。

乐毅的意思是，尽管齐国衰败了，但“百足之虫，死而不僵”，它的根基还很深厚，仅凭燕国的力量不一定能够彻底占领齐国。

燕昭王觉得有理，于是派人联合楚国和魏国。乐毅曾经是赵国的名将，很得赵国器重。赵惠王不仅答应将军队交给乐毅，还用占领齐国之后的利益诱劝秦国出兵。

经过一番努力，公元前284年，乐毅佩戴燕、赵两国的相印，率领燕、赵、秦、韩、魏五国军队，浩浩荡荡地向齐国进发，这就是乐毅心目中的“举天下而攻之”。

为吸引齐国的主力，秦国大将蒙骜从河东地区进攻。齐国果然上当，倾全国主力，火速开往河东地区抵抗蒙骜大军。

就在这个时候，乐毅指挥燕、赵主力，从赵国的东南方出击，一鼓攻陷齐国西北边的边境屏障灵丘（今山东高唐南）。

灵丘失陷，齐国就暴露在联军的刀剑之下，全国一片慌乱。齐湣王急忙任触子为大将，达子为副将，命他们火速前往济西迎战乐毅。

两军沿济水安营扎寨，触子认为联军势大且锐气当头，应该先避开他们的锐气，凭河坚守，拖一段时间，等联军疲倦后再出击。

但是，齐湣王却认为敌人都打到家门口了，如果不全力出击，岂不颜面尽失？他威胁触子，如果不出军作战，触子的全家将会被斩，甚至连祖坟都要被刨。

触子心地仁厚，他既忍受不了全家被杀、祖坟被刨，也忍受不了驱赶自己的士兵去送死。所以在两军列阵相持，即将开战之际，触子突然鸣金收兵，悄悄地逃得不知所踪。

想当初，齐、楚展开垂沙大战时，齐国之所以能胜利，在于大将匡章能够抵挡得住国君的威胁。触子却抵挡不住国君的威胁，临阵脱逃。乐毅见齐军群龙无首，遂大驱军马杀得齐国军队片甲不留。

联军乘胜追击，势如破竹，锐不可当。齐军副将达子收编残兵败将，退守都城临淄的西大门秦周。如果秦周被攻陷，临淄就很危险。

为了激发士兵的斗志，达子建议齐湣王犒劳军士。此时的齐国，已经陷入将近崩溃的边缘，没有多余的积蓄赏赐。如果真要赏赐，只能从国君的私库中提取。

让齐湣王动用私库，令他十分恼火，他不仅不发放，还大骂达子，说达子与触子是一丘之貉。

国君无道，军士灰心绝望，毫无斗志，不堪一击。秦周被攻陷，达子战死，临淄城突兀地矗立在乐毅眼前。

齐国已经惨败，诸侯国从中捞了不少好处，于是见好就收，纷纷撤军，只有燕军笔直地朝临淄进发。

乐毅的速度之快，令临淄城民措手不及，于是都城很快被攻陷，当时齐滑王已经逃跑。

燕昭王听说临淄被攻陷的大好消息后，火速来到济水岸边，封乐毅为昌平君，并举行了一场声势浩大的授勋仪式，任命乐毅为他驻扎齐国的全权代表。

所谓“三十年河东，三十年河西”，30年前，齐军在燕国首都所做的一切，在30年后的临淄重演。

逃离国都后，齐滑王如丧家之犬，一路南奔来到卫国。曾经，齐国对卫国有恩。卫王感恩戴德，所以让出自己的宫殿给齐滑王住，让出自己的生活用具给齐滑王用。总之，齐滑王在卫国所受到的待遇，就像他在齐国受到的一样。

但是，齐滑王并没有吸取亡国的教训，还把自己当成以前的齐滑王。他竟然在卫国要国君的脾气，对卫国君臣颐指气使，毫不尊重。卫国一怒之下，断绝对齐滑王的供给。

齐滑王只能再次逃亡，他来到邹国和鲁国，结果这两个国家都不接纳他。不被其他国家接纳，无处可去的齐滑王只能逃回自己的国家，栖身在南部小城镇莒。

正当齐滑王走投无路之时，楚国向他伸出了援助之手，派大将淖齿率领一万多人保护齐滑王。楚国之所以出军帮助齐国，只不过想牵制乐毅，使他不能完全占领齐国。

看见一线生机，齐滑王又摆出架子，封淖齿为相。

尽管遭遇这些战乱，齐滑王自高自大的性格还是没有改变，一贯轻慢侮辱他人。淖齿不是触子，也不是达子，遂起兵反抗。

齐滑王手无缚鸡之力，很容易就被淖齿控制。淖齿问齐滑王，他是否知道从千乘到博昌一带，天上下的雨是血雨。齐滑王很高傲地说，他不知道。

淖齿的眼睛就要冒出火来，说在嬴、博一带，大地突然裂开，黑色的泉水迸涌而出，奔腾咆哮，问齐滑王是否知道这些事。齐滑王还是高傲地说，他一点都不知道。

最后，淖齿又问，这些日子人们常常听到山谷之间有孤魂野鬼的哭声，问齐滑王是否知道。齐滑王仍旧高傲地回答，他什么都不知道。

忍无可忍的淖齿直接说，天上下血雨，是上天对齐滑王的警示；大地冒黑色的泉水，是大地对齐滑王愤恨的表示；至于山谷之间有哭声，那就是百姓对齐滑王的控诉。

淖齿的意思是，既然上天、大地和人民都愤恨齐滑王，齐滑王就没有活在世上的必要。

一位身材魁梧、手段高明的大汉走到齐滑王身边，突然抽出一把刀，像解剖尸体一样将齐滑王的筋一根根拉断。紧接着，齐滑王被放进一面大鼓之中，大鼓就成了齐滑王的最后归宿。

最后的希望

齐国被打得溃不成军，都城被破，国君被杀。作为齐国的象征，孟尝君在哪儿呢？当时孟尝君在魏国，齐国被攻破，他也“贡献”了不少的力量。因此司马迁和司马光等历史学家对他出卖齐国的行为很痛恶。

司马迁说，孟尝君“好客自喜”，意思是说，尽管孟尝君养了三千食客，但出发点不是为齐国利益，而是为了个人利益。司马光说得更明白，孟尝君“盗其君之禄，以立私党，张虚誉，上以侮其君，下以蠹其民，是奸人之雄也，乌足尚哉”！事情的经过是这样的，孟尝君被罢免后，弹剑而歌的冯谖告诉他，狡猾的兔子都有三个窝，只要孟尝君给他一辆马车，他就能为孟尝君找到三处栖身之所。当食客们皆离孟尝君而去时，忠义的冯谖仍然继续待在孟尝君身边，孟尝君就放手让他办事。

冯谖驾着马车来到魏国。他对魏惠王说，大贤人孟尝君的官已经被齐国罢免了，如果魏国能够卑辞厚礼以聘请孟尝君来，魏国就能打探到齐国的虚实。如此，魏国称霸天下就更容易了。魏惠王听后，火速派人去请孟尝君。

冯谖则以更快速度马上去见齐滑王。他告诉齐滑王，齐国之所以那么厉害，孟尝君的贡献不小。魏国听说孟尝君被免官，已经派人来接孟尝君了。如果孟尝君被接走，魏国的实力就会超越齐国。因此，为了国家利益，齐滑王应该尽快恢复孟尝君的官位。

齐滑王突然醒悟，火速派遣使臣去接孟尝君，同时派人到边境拦截从魏国来接孟尝君的人。魏国使者听说孟尝君在齐国恢复职位后，灰溜溜地返回。

孟尝君告诉冯谖，他很痛恶那些见他失势就抛弃他的食客们。现在他又重获高位，如果那些食客们再来投靠，他一定会朝那些人脸上吐口水。

为了开导孟尝君，冯谖以集市作为比喻。天刚亮时，众人都往集市里挤，因为集市里有他们所需要的东西；黄昏后，人们纷纷离去，对集市看都不多看一眼。这并不能说明，人们喜爱早上，痛恶晚上。

冯谖的意思是，很多人附庸富人是正常现象，因为他们能从富人那里获得所需要的东西。

在冯谖的游说下，魏昭王出于对付东边的齐国和西边的秦国的需要，拜孟尝君为相。

诸侯国联合攻打齐国时，孟尝君也出谋献策，魏昭王对他很信任。齐襄王继位后，孟尝君采取中立身份，表示自己不属于任何君王。

不参与任何斗争，孟尝君在魏国安度晚年，寿终正寝。

东方强国深受重创，国际势力又进行了一番重组。首先，在乐毅的带领下，燕国迅速崛起，名列战国七雄，诸侯国对其又恨又畏惧；其次，被齐国吞并的宋国又被秦、魏瓜分，穰侯魏冉终于夺得了宋国最富庶的陶郡和周边地区，余下的都被魏国占领；最后，淮北一带重新回归楚国的怀抱。

燕国是小国，兵力不足，无法全部占领齐国。因此，乐毅打的是闪电战，即带领军队火速出击，直捣齐国的战略中枢。占领重要地带后，再回过头去收拾齐国的残兵败将。

在乐毅带领的精锐之师的扫荡下，齐国的大部分地区都沦陷了，只剩莒、即墨（今山东省平度市东南）这两座城池。而齐滑王就是在莒城被楚国大将淖齿杀害的。

猖狂的淖齿激起了齐国百姓的愤怒，尤其是以王孙贾为首的保王派。王孙贾之所以敢公然反抗淖齿，有他母亲的原因。

王孙贾一直侍奉齐滑王。当燕国打进国都时，齐滑王逃跑了，但王孙贾却不知滑王逃到何处。回到家后，他的母亲对他说：“你每日早出晚归，我时常倚着家门盼望你归来；若等到晚上你迟迟未归，我会依旧倚着家门盼望你归来。你侍奉的大王逃跑了，你却不知他逃到何处，为什么还要回家来？”

听了老母亲一席痛骂，王孙贾激动万分，于是跑到巷口露出右臂，登高大呼：楚将淖齿杀害我们的国君，齐国百姓应该报仇雪恨。

没过多久，就有400多个身材魁梧的大汉参加。众人操起家伙，在王孙贾的带领下，气势汹汹地攻向楚军大营。淖齿毫无防备，在战乱中被杀，楚军溃败。

王孙贾有勇无谋，没有能力带领齐国，只能遍地寻找太子田法章。几日后终于在一户大户人家找到太子，那时的太子竟已私定终身，令众人惊叹。

原来，齐湣王被淖齿杀害后，恐惧的田法章偷偷地换了一身下人的衣服逃跑了。流浪一段时间后，他混到太史嬓的府上，负责浇灌蔬菜。

太史嬓生有一个女儿，正当妙龄。少女见田法章气度非凡，于是将终生托付给他。不久，王孙贾等人找到太子后，暂时以莒为都城，田法章继位，人称齐襄王。

太史姑娘被封为王后，但是，其父一点都不高兴，因为在他不知情的情况下，女儿竟与园丁私定终身。尽管父亲不高兴，女儿对父亲还是礼貌有加。从这一件小事，就可以看出齐襄王王后的手段十分高明。这就不难解释，为什么她能主导齐国外交政策几十年。

对齐国而言，莒城的胜利只是小胜利，因为即墨出了一个更加有谋略的领导人物，他就是田单，这才是齐国真正值得庆幸的。

田单是齐湣王的臣子，但是官职很小。乐毅就要攻破临淄时，全城人心惶惶，纷纷出逃，田单比别人快一步，先逃到安平。

不久，燕国军队又扑向安平，安平百姓人心惶惶，唯独田单指挥若定。但是他指挥的仅仅是自己的家仆。城就要破了，许多大户人家纷纷带上值钱的东西，坐上马车快速逃亡。田单不慌不忙，他不着急跑，而是先给车轴装上两个又坚硬又笨重的铁笼头。

来到城门口，马车非常多，免不了发生碰撞，不少马车的车轴都给撞断了。田单的马车却因套有两个铁笼头，最后安然无恙。

逃到即墨后，人们发现田单最有谋略，都推举他为首领。而即墨是一座孤城，四周都是乐毅的军队，被攻陷的可能性很大。

更令田单感到棘手的是，为了稳定情绪，收服民心，乐毅在占领区不断散布消息，只要诚心归降者，燕军一定不抓捕，并且供给吃喝。齐湣王在位时，非常骄横，有很多遭受诟病的严刑峻法。乐毅不仅废除严刑峻法，还改善治安环境，降低赋税，拉拢齐国的贤人入朝为官，奖励耕织。

四周都是战后欣欣向荣的局面，即墨城中的人都想出来投降，因为他们已经被乐毅围困了三年。

齐军的秘密武器

在被围困的三年里，田单并没有停下来。他也像乐毅一样开展攻心术，将即墨城中的百姓紧紧地拴在对祖先的情感上。

同时，田单还使用离间计挑拨乐毅与燕昭王的关系。有人向燕昭王进谗言，说乐毅片刻之间就能攻陷齐国的70余座城，甚至连国都临淄都可攻陷。现在居然花了三年的时间还没攻陷一座小小的即墨。由此看来，不是攻不下，而是乐毅不想攻，因为他要待价而沽。进谗之人甚至说，乐毅想独霸齐国，自封为齐王。

但燕昭王并没有听信谗言，为了给予乐毅支持与鼓励，他举办了一次规模盛大的酒宴，参加的人有文武百官和各国的使节。在酒宴上，燕昭王当众责备进谗中伤乐毅的人，他的意思是：燕国之所以能有今天，全在尊重人才，对人才放心任用。齐国趁燕国内乱，出军侵犯甚至杀害燕王哙。这种深仇大恨却很难报，因为齐国是强国。如果没有乐毅，仅凭燕昭王根本不能打败齐国，更别说攻陷齐国70余城。

燕昭王曾经许诺，只要有人能为他报仇，即使平分一半燕国给对方都在所不惜。乐毅带领军队占领齐国，可以说齐国就是他的，他有称王的权力。再说，乐毅当了齐王后，燕国就能与齐国结交成兄弟之国，共同抵御外敌，真是天大的好事。

某些人居心叵测，蓄意挑拨燕昭王与乐毅的关系，罪可致死。燕昭王一声令下，进谗中伤之人，就被拖出去砍了。

事后，燕昭王送王后的服装给乐毅的夫人，送王太子的服装给乐毅的儿子，又命国相远赴前线，宣读乐毅为齐王的诏书。

乐毅感激涕零，死活不肯接受。可惜，好景不长，两年后，燕昭王死了，与乐毅不和睦的燕惠王继位。

与齐宣王的死是齐国霸业的转折点一样，燕昭王的死也是燕国侵占齐国的转折点，它标志燕国侵占齐国失败的开始。

田单抓住时机，又一次使用离间计，挑拨燕惠王与乐毅的关系。此次进谗中伤的内容与上次一样，不同的是，燕昭王不信，燕惠王却相信了。当初，乐羊能够灭亡中山国，全赖魏文侯的信任，但是信任乐毅的燕昭王却已经离去。

受到燕惠王怀疑的乐毅不再敢回燕国，而是径直向赵国进发。乐毅走了，“燕人士卒忿”。之后，燕惠王重用的是只会高谈阔论的骑劫。

趁燕军军心不稳，田单就大造声势。首先，即墨城里每次吃饭前，都要祭祀祖先。这么多的好饭好菜，引得天上的鸟儿纷纷飞下来啄食。时间一长，无数鸟儿在即墨上空盘旋飞舞，十分壮观。城外的燕军看了，都觉得有神灵帮助齐国。不仅如此，田单还扬言将会有神仙下凡帮助即墨城克敌制胜。为了更加切合实际，田单更改了口吻，说神仙会派老师来指导他。

“我可以当你的老师吗？”一天一个士兵这样对田单说道，但他说完就一溜烟跑了。田单一把抓住士兵，请士兵坐在面向东方的上座，用侍奉老师的礼节对待士兵。

“我是骗你的，其实我一无是处。”士兵惊慌地说。

“你无须多言。”田单斩钉截铁地说。

自此而后，每逢发号施令，田单都要请教这位“神仙派遣下凡的老师”。

紧接着，田单又放出话：即墨城民最害怕见到燕军割掉齐国俘虏鼻子的惨状，如果齐军割掉俘虏的鼻子，等到下次两军相遇时，即墨城一定不攻自破。

骑劫很天真地相信了，拉出齐军俘虏，在烈日下排成一条直线。一声令下，齐军俘虏的鼻子纷纷掉在地下，呼喊惨痛的声音震天盖地。

即墨城民见此惨状，人人义愤填膺，对燕军恨之入骨。另一方面，他们彻底打消了投降的念头，因为害怕鼻子被割掉。

过些日子，田单又放出话来：即墨城民最害怕城外的祖坟被挖，因为那污辱了他们的祖先。

这次骑劫又相信了，竟然将即墨城外的坟都给刨了，还将尸骨给烧成灰烬。

看见满天飘扬的骨灰，即墨城民痛哭流涕，愤怒的情绪陡然增长了十倍，纷纷请求出城杀敌。

时机成熟了，田单开始修建防御工事。他不光操起夹板铲锹，与士兵们一起修筑工事，还将妻妾都编在队伍之中，拿出全部食物犒劳士卒。

不仅如此，田单还收集民间的所有财物，一共获得一千镒黄金，让最有钱有势的人送给燕军，并请求燕军攻破即墨城后，不要俘虏他们的妻儿子女。

燕军放眼一看，只见即墨城上的守卫全是老弱病残，甚至连妇女都有，戒备的心松懈了。就在这个时候，田单又派人到燕军营中，商量投降一事。

大将军乐毅攻了5年，即墨城固若金汤，毫无结果。骑劫刚刚上任，即墨就喊投降，燕军万分高兴。

在约定的时间和地点，骑劫优哉游哉地等待田单的投降。但是他等来的不是降军而是墨城中突然冲出的1000多头五彩斑斓的怪物，这些怪物的身上还燃着烈火。

光是这些怪物就很骇人了，谁又会想得到在这些怪物身后，竟然还有5000多个身材魁梧手持大刀的汉子。

原来，城墙上老弱病残的守卫是假象，全是田单的障眼法。他早就暗中训练了一批敢死队。

这些燃着烈火的怪物不是神物，而是又高又大的牛。田单给它们披上大红绸绢制成的被服，又在上面画一些五颜六色的蛟龙图案，给牛角绑上锋利的刀子，在牛尾巴上系一段浸满油脂的芦苇。

为了使1000多头肥壮的牛能同时攻向燕军，壮大骇人的声势，杀得对方措手不及。田单冒着城墙被攻破的危险，暗中凿了几十个大洞。凡是田单凿削过的地方，城墙就很薄。如果燕军中有机灵人物，一定会发现。可惜，骑劫不是乐毅，他没有发现。

牛群被烈火烧得疼痛，发狂般朝燕军大营急冲。又是在夜晚，燕军毫无防备，不是被牛伤害，就是被牛群身后的5000壮士砍杀。同时，城墙上老弱病残的守卫使劲击鼓助威，甚至有人跟在5000壮士身后大声呐喊，真是声震天宇。

史记的原文是，“牛尾炬火光明炫耀，燕军视之皆龙文，所触尽死伤。五千人因衔枚击之，而城中鼓譟从之，老弱皆击铜器为声，声动天地。”

清人吴见思读《史记·田单列传》时，做了一个批注：“田单是战国一奇人，火牛是战国一奇事，遂成太史公一篇奇文，其声色气势，如风车雨阵，拉杂而来，几令人弃书下席。”（《史记论文》）

在一番响彻天地的喊杀声中，骑劫没有能力迅速组织战阵，连自己也死在乱军之中。燕军溃散逃命，齐军乘胜追击，杀得好不痛快！

这时，其他沦陷的城市纷纷反攻，没有大将带领，燕军就如乌合之众，片刻间就被驱逐出齐国疆界。

田单收回了被燕军占领的70余城后，前往莒城迎接齐襄王回临淄。

公元前279年，齐襄王返回临淄。在形式上，齐国还是以前的齐国。但是，在本质上，齐国已经沦为小国了，不再是东方霸主。

尽管乐毅没有完全占领齐国，燕国也没有彻底摧毁齐国，但是，齐国是败在乐毅的军队之下的，是败在燕昭王的招贤台下的。

做好事的风险

直到骑劫被杀，燕军被齐国逼退到黄河边上，燕惠王才醒悟，后悔不该让骑劫代替乐毅。此时的乐毅正在赵国，赵国赏赐观津给乐毅，封他为望诸君。

虽然燕惠王很后悔，但他还是很怨恨乐毅，因为他害怕乐毅为报仇而率领赵国军队攻打燕国，于是就派使者去责备乐毅：

“燕惠王刚刚继位，还不了解国家大事，致使被奸人的谗言欺蒙。当时他调你回燕国，是怜惜你长年征战在外，想让你休息一下。谁知你竟然听信谗言，误以为大王要伤害你，悄悄地跑到赵国。你走后，致使燕军被齐军打败，你怎么对得住燕昭王招贤台的知遇之恩？”

这一席话，将所有的责任都推在乐毅身上，燕惠王反而成了受害者。

为表明心志，乐毅写了一封慷慨激昂的信给燕惠王。乐毅先说燕昭王对他的重用和渴望报复齐国的志向，接着指出他联合诸侯国攻破齐国，为燕昭王实现了自五霸以来最大的功勋，燕昭王也非常满足。然而，“善作者不必善成，善始者不必善终”。伍子胥不懂得这个道理，最终死在夫差手上。伍子胥死不瞑目，乐毅不想蹈他的覆辙，只得逃到别的诸侯国。他保证，“君子，交绝不出恶声”（《史记·乐毅列传》）。无论如何，一定不会为个人恩怨，为赵国带兵攻打燕国。

既然乐毅侠义高风，不与燕国为敌，燕惠王就封乐毅的儿子乐间为昌国君。自此而后，乐毅来往于燕、赵之间，与燕惠王交好，燕、赵两国都任用他为客卿。最后，乐毅老死在赵国。

《史记》记载：“始齐之蒯通及主父偃读乐毅之报燕王书，未尝不废书而泣也。”因为乐毅心胸坦荡，是一个品格高尚的君子，而他所面对的，是一个一贯以小人之心度君子之腹的国君。小人与君子对比，突显了乐毅这位君子的高风亮节。

与燕惠王一样，齐襄王也是一个鼠肚鸡肠、妒贤嫉能的小人。诸侯国的国君一代不如一代，这就不难理解它们的灭亡。

当初，田单一举光复齐国70余城，劳苦功高。齐国百姓都认为，田单会自封为王。但田单并没有这样做，他甘居人下，迎立齐襄王，自己只担任相国。当上相国后，为使齐国尽快从战乱中恢复，田单可谓日理万机。

一次，田单见到一个老人躺在淄水边，光着两只脚，眼看就要被冻死了。原来，这个衣衫单薄的老人只身渡过了淄水。

看着可怜的老人，田单急忙脱下身上的狐裘大衣将老人裹好。田单怎么都没有想到，就因为这件救人的小事，害他差一点死在齐襄王的手里。

在齐国，田单的名气已经很大，别人再将他“解衣衣人”这件美事传开，他的名声就“功高盖主”了。

齐国那些腐化的贵族大夫们，对田单妒贤嫉能，总想整治田单。借此“大好时机”，他们就将好事说成坏事，将小事说成大事。

齐襄王听信谗言，自言自语地说：“田单这样无所不用其极地收买人心，只有一个目的，就是图谋我的王位。如果不先发制人，一定会栽在田单手里。”

话刚出口，齐襄王就后悔了，因为他身边有一个侍从，人称采珠人。

“刚才，你听到什么了吗？”

齐襄王很惊恐地问，因为他确实害怕田单先发制人。

“什么都听到了。”

采珠人这么大胆地回答，齐襄王真被吓了一大跳，怀疑他就是田单安插的心腹。

“既然你什么都听到了，你认为我应该怎么做呢？”这话是齐襄王故意问的，因为他想确认采珠人是否是田单的心腹。

采珠人告诉齐襄王，不用担心，只要顺水推舟，一切困难都会在无形之中被消弭。首先，齐襄王应该嘉奖田单。如果田单被嘉奖，世人就会认为，田单做好事，那是为齐襄王做的。如此一来，田单所赢得的民心，都归齐襄王所有。

其次，齐襄王应该惩处那些进谗中伤田单的人，让别人不敢再次挑拨离间。如果有人挑拨齐襄王和田单的关系，就证明田单与齐襄王不和睦，世人就不会将对田单的感恩戴德转移到齐襄王身上。

几天后，在朝堂上，当着百官的面，齐襄王对田单礼遇有加，对田单“解衣衣人”的行为深表慰问。

齐襄王说，他十分关注百姓的疾苦，很希望有人为他履行这份职责。田单赐予百姓衣食，深合他的心意。

经过这番滑稽的表演，齐襄王就将田单“解衣衣人”的功劳给抢过去了。

不光如此，又过了几天后，齐国的大街小巷都设有官府的赈济处，专门赈济饥寒交迫的人。

百姓们接受赈济后，都说：“田单之爱人！嗟，乃王之教泽也！”（《战国策·齐策六·燕攻齐齐破》）

意思是说，哎呀，原来田单之所以爱护百姓，全因为齐襄王教导得好！

所以齐襄王终究没有杀害田单，也没有设计将田单赶出齐国，而是封田单为安平君。

司马迁很赏识田单的作战方略，指出“兵以正合，以奇胜。善之者，出奇无穷。奇正还相生，如环之无端”。

这几句话，与清人吴见思的观点相合，即田单是战国的一个奇人，即墨之战是战国史上一场意义深远的战争。

第八章　胡服骑射，赵国强势崛起

秦、魏、齐、韩、楚，五国“会葬”

1903年，梁启超发表了《黄帝以后的第一伟人——赵武灵王传》，描述了赵武灵王改革的成就。

春秋五霸和战国七雄，都是经历一场深刻的社会变革后才称霸一方的。尽管秦国的称霸得益于秦孝公所坚持的商鞅变法，梁启超还是没将秦孝公列为黄帝以后的第一伟人，这是有原因的。

台湾学者柏杨也认为，“赵雍先生是一个传奇人物，从他坚持变更服装、更新装备一事，可看出他观察力之强和意志之坚。赵国疆土，在他手中倍增，战斗力也倍增。如果他能够再活二十年，秦国可能受到严重威胁，历史又如何发展，难以预料。”（柏杨《白话资治通鉴》）这里的赵雍，就是赵武灵王。

赵武灵王是一个传奇人物，刚继位时，他轻轻松松就将严峻的考验化解了。

当初以赵国为中心的合纵策略成功后，不仅秦国有15年不敢窥视函谷关以东，连其他诸侯国对赵国也畏惧得紧。那时的赵国国君，就是大名鼎鼎的赵肃侯。而赵武灵王就是赵肃侯的儿子。

但是，好景不长，公元前326年，赵肃侯去世，历史的重担就压在年轻的赵武灵王肩上。

以吊丧为名，秦、魏、齐、韩、楚等国纷纷前往赵国，各国使者身后都跟着几万军队。在这些国家中，魏国最想趁赵国丧乱打击赵国，因为赵肃侯曾在与魏国的争夺中夺得卫国。

赵肃侯传承了赵简子、赵襄子和赵成侯的英明神武，知道各个诸侯国不是善类，预先为年少的赵武灵王安排了辅助大臣。在公子成和肥义的辅助下，赵武灵王轻轻松松地化解了几国的威胁，初次体现了他的能力。

首先，年仅15岁的赵武灵王宣布赵国处于戒严状态，赵国的四大名地代郡、太原郡、上党郡和邯郸严加防范敌军，随时准备战斗。其次，赵国联合韩、宋两国，使赵、韩、宋三国大军构成品字行，置秦、魏、楚、齐四国于多方受敌的被动局面。再次，赵国贿赂越王、楼烦王和中山国，使他们分别在楚国和燕国的大后方开展破坏活动，以此牵制楚国和燕国。最后，赵武灵王严正声明，各国军队一律不能进入赵国国境，只允许使者入境。

赵国四处都是兵士，人人持剑拿枪，弓箭上弦，五国使者知道捡不到便宜，都打消了偷袭赵国的念头。

尽管化解了五国“会葬”的危险，赵武灵王还是很担心，因为赵国仍处在征战的焦点。首先，赵国东方有强大的齐国，南方有魏国和韩国，西方有如狼似虎的秦国，北方的情况更复杂，有东胡、匈奴、林胡和楼烦。情况更为棘手的是，中山国横亘在赵国的中部，可以说是心腹之患。

曾经在魏文侯的支持下，大将乐羊灭了中山国。但是，随着社会的发展，魏国被秦国追着打，没有时间也没有能力顾及远方的中山国。借此机会，中山国又复活了。

中山国像一把锋利的匕首，直接将赵国分成南北两大部分，使偏居南方的国都邯郸不方便控制北方。因为以代郡为首的北方代表游牧文明，多是少数民族，以邯郸为代表的南方代表农耕文明，多是汉族。从南方到北方，只有一条坎坷的小路，不方便军队的兵车开进。仗着这个天然优势和善于骑马作战的本性，中山国猖獗得很。

每当中原地区发生大事，燕、齐等国就会勾结中山国，牵制或打击赵国。尽管赵肃侯精明能干，一再击败齐、魏和燕等国，还是没有解决中山国。

从战斗方式考虑，因为有中山国，赵国必须面对两种艰苦的战争。第一种是中原地区的阵地战，以兵车和战阵为主；第二种是少数民族方式的战斗，以骑兵和长矛为主。

赵国的军队主要是汉人，受到的战斗训练是中原地区的打法，很容易对付第一种战争。但是，缺乏对付第二种战斗的能力。因此，每当中山国偷袭赵国边境，赵国都感到很无力。

为了一心一意地对付中山国，赵武灵王先与其他诸侯国交好。公元前325年，魏王携太子嗣到赵国祝贺赵武灵王继位，韩宣惠王也领着太子前来庆贺。紧接着，赵国娶韩国宗亲之女为夫人，与韩国的关系更近了。

在内政上，赵武灵王任命赵豹为国相。同时，设置了三个博闻师和三个过错监督官，他们负责赵武灵王的言行举止。还有，凡是处理重要的朝政，赵武灵王都要先咨询肥义。

为赢得民心，凡是八十岁以上品德很好的老人，朝廷每个月都送礼物；为了激发官员的忠诚，赵武灵王提升他们的品级，增加俸禄。

更令人称道的是，赵武灵王拒绝了合纵大家公孙衍苦心倡导的“五国相王”的建议。他说：“无其实，敢处其名乎！”（司马迁《史记·赵世家》）

诸侯国国君都爱慕虚名，纷纷称王，但是赵武灵王却甘愿做“君”，因为他清楚地知道自己的目的。

与赵肃侯争霸中原诸侯国的目的不同，赵武灵王的目的是向北发展，攻占胡地。首先，争霸中原并非一朝一夕之功，需要长久的努力；其次，如果不解决心腹大患中山国，它一定会拖累赵国向中原进军的后腿；再次，尽管中山国不好打，只要敢改革，赵国一定打得赢。

拥有政治家的梦想、改革家的魄力和战略家的眼光，赵武灵王决定，在赵国进行一场空前的改革。

赵武灵王胡服骑射

赵武灵王向北方发展并不是心甘情愿，而是为情势所迫。因为赵国如果不向北方发展，就会遭受秦国的威胁。

拒绝称王的第二年，即公元前317年，赵国联合韩、魏一起攻打秦国。结果秦国大败三国军队，一口气杀了赵国8万多有生力量。第二年，秦国再次出军，一鼓攻取赵国的中都和西阳。

秦国咄咄逼人，如果不是燕国发生因燕王哙禅让而起的内乱，赵国会遭受更大的打击。借燕国内乱，赵国迎立正在韩国当人质的太子职，同时秦国出兵为燕国平叛，太子职成功继位。太子职继位后，燕国与韩国解除盟约关系，同赵国交好。

尽管燕国是秦国的姻亲之国，秦国还是不会放过燕国的盟友赵国。公元前313年，秦国再次出动大军攻打赵国。此次秦、赵大战，赵国再次大败，秦国攻陷赵国的蔺城，俘虏赵国大将赵庄。

面对这么强悍的秦国，如果赵国再不进行改革，调整战略，一定会败亡给秦国。

公元前309年，赵武灵王来到九门，修筑了野台，作为瞭望齐国和中山国的工事。齐国的军队与赵国的没有太大区别，而中山国军队却与二者不同。

中山国的军队主要由健壮的战马和彪悍的骑兵组成。他们的战马是北方特产的高头大马，力量很大，奔驰迅速。骑兵头戴皮帽，上身穿紧身的短衣，下身是瘦削的裤子。他们也穿铠甲，但是铠甲很轻，不累人也不累马。

跟中山国士兵的装饰搭配，他们的武器是弓箭。每当偷袭时，无数骑兵一队一队地冲向敌方战阵，马蹄踏地，声如雷响，气势十分骇人。令对方无法还击的是，他们并不冲入战阵，而是骑在飞驰的马上射箭。

中山国士兵的攻击速度迅猛，他们的飞箭所向，赵国军士无不应声而倒，有七八成人伤亡在飞箭下。紧接着，中山国士兵骑着战马会径直冲向赵军的战阵。赵军已经有十分之七八的人伤亡，根本无力抗击，能逃的被战马撞伤，不能逃的被战马踏成肉泥。

尽管中山国的胜利是小规模的，但他们的作战方式对赵国的威胁很大，因为赵军压根儿不懂这种打法。当然，吸取无数次的教训后，赵军也会用盾牌保护自己，并且用战车反击。但是，盾牌和战车都是笨重的东西，运转不灵活。中山国军队利用速度和灵活优势，团团围住赵军，飞箭又如密如蝗虫地扑向赵军。

既然敌军有速度和灵活上的优势，赵武灵王就决定取长补短，着手开展一场改革。他要求士兵穿便于骑马射箭的胡装，训练军队善于骑马射箭，一场胡服骑射的改革拉开了序幕。

从目的上来讲，赵武灵王改革为的是提升军队的战斗力，要求士兵穿胡装，训练骑射只是手段，因而是一场纯粹的军事改革。然而，赵国深受中原文化的熏陶，如果只让军队穿胡装，会引发很多非议，甚至挫败改革。

为了赢得全面的胜利，需要在全国推行穿胡装。赵武灵王第一个开展思想动员的人是胡人楼缓。

在赵国有着明显的胡汉之分。汉人自恃文化先进，瞧不起胡人。所以赵武灵王第一个开展楼缓的思想动员工作。

他说道，回想往昔，赵氏祖上何等神武，连接了漳水和滏水的天险，修筑长城防御少数民族，还夺取了蔺城和郭狼等战略要地，并且打败猖獗一时的林胡人。现在，国家遭遇内忧外患，并且屡次进犯的中山国是最大的祸患。如果连小小的中山国都对付不了，赵国的灭亡就指日可待了。究其缘由，赵国之所以会败，因为军队的战斗力不足。

最后，赵武灵王强调，“有高世之名，必有遗俗之累”（司马迁《史记·赵世家》）。意思是，想要取得高出世人的功名，必定要受到背离习俗的牵累。这话与商鞅说得很像，赵武灵王的改革气魄与商鞅也很像。

尽管赵武灵王很坚决，国内反对派的声音还是很大，他只得再次开展思想动员工作。这次动员的对象是顾命大臣肥义，如果肥义同意，改革的阻力将会大大减少。

听了赵武灵王渴望继承赵简子和赵襄子的大业，所以实施变革后，肥义支持赵武灵王的决定。他的原话是，“王既定负遗俗之无虑，殆无顾天下之议也”（司马迁《史记·赵世家》）。

于是，赵武灵王第一个穿上胡装，同时派人转告公子成，希望他也穿着胡装上朝。

公子成姓赵，名成，是赵武灵王的叔叔。赵武灵王没做公子成的思想工作，因为觉得自己人会帮自己人。殊不知，改革的最大阻力就是以公子成为代表的宗室势力。

听了使者一番改革动员的话后，公子成不但自称有病，不能穿着胡装上朝，还说：“中国者，盖聪明徇智之所居也，万物财用之所聚也，圣贤之所。”

公子成摆出一副天国上朝的大姿态，赵武灵王不得不登门拜访，亲自做说服工作。赵武灵王还是强调，“圣人果可以利其国，不一其用；果可以便其事，不同其礼”。

经过一番发人深省的开导，又考虑到国家屡次遭受中山国的侵犯，公子成终于放下大架子和高姿态，抛弃俗见，穿着胡装上朝。

重要人物都同意变革，并且穿上胡装作为表率，赵武灵王即可颁布变革法令。一场以改变着装为主要形式的变革在赵国轰轰烈烈地展开了。

赵武灵王说“圣人观乡而顺宜，因事而制礼，所以利其民而厚其国也”。商鞅也说过，“苟可以利民，不循其礼”。商鞅曾说，“治世不一道，便国不法古”；赵武灵王也说，“圣人果可以利其国，不一其用；果可以便其事，不同其礼”。由此可见，赵武灵王与商鞅之间有着某种相似。

深入敌后的国君

改革的诏令刚刚下发，以赵文、赵造和赵俊等为首的宗族势力又跳出来反对。同往常一样，赵武灵王还是向反对派开展思想工作，而不是动用武力。在“随时制法，因事制礼”这一改革思想的灌输下，赵文、赵造和赵俊等纷纷弃械投降，支持变革。

经过几年的变革，赵国训练出了专门对付北兵的军队，军事实力大大提升，能够与中山国正面交锋。这些年，赵武灵王不忘打小规模的局部战争，既能训练军队，又能削弱中山国。

公元前307年，赵国攻占中山国的房子（今河北高邑西）地区。第二年，接着向西挺进，攻陷中山国的宁葭（今河北石家庄西北）和北人的榆中地区。代郡的郡守赵固兼管榆林，并且招募北地的青壮年进入军队。

大火已经烧到眉毛了，林胡王很害怕，马上献上胡马这种林胡地区的特产。胡马生长在自然环境恶劣的地区，但体大腿长且强健，很适合做战马。

同时，赵武灵王派出五大使臣，结交周边其他诸侯国。楼缓出使秦国，仇液出使韩国，王贲出使楚国，富丁出使魏国，赵爵出使齐国。

经过两年多的精心准备，赵国既增强了自己的战斗力，又打消了其他诸侯国横加干预它侵犯中山国的企图。更为重要的是，赵武灵王秘密派遣以李疵为首的使者暗中调查中山国的一举一动。李疵告诉赵武灵王，如果要进攻中山国，就必须抓紧时间，否则其他国家会先下手。

原来，中山国国君很喜爱中原文化，从民间提拔了70多个书呆子，让他们教育百姓。如果中山国接受中原文化，就要放弃他们擅长的骑射。如此一来，中山国就会变得不堪一击。

听到这个大好消息，赵武灵王很兴奋，立刻调动大军征讨中山国，这一年是公元前305年。

征讨大军兵分三路，赵袑带领右军，许钧带领左军，公子章带领中军，但全都由赵武灵王统率。公子章是赵武灵王的大儿子，尽管身为太子，因为作战勇敢，屡立奇功，赵武灵王很器重，每次出战都带在身边。

中央大军刚刚出发，牛翦和赵希就调动代郡的骑兵，指挥战车，浩浩荡荡地开动。中央军和地方军在曲阳（今河北曲阳西北）会师，一鼓攻陷丹丘（今河北定县）、华阳（今河北唐县西北）和鸱上（今河北定县）的要塞。

中山国学到的是中原文化的糟粕，没能发挥本有的优势，不堪一击。紧接着，鄗城、石邑、封龙和东垣相继被赵军攻陷。中山国王想尽快结束战争，于是献出四座城池，请求赵国撤军，赵武灵王接纳。

公元前304年，赵武灵王调整进攻方向，出军榆中地区，北上攻取黄河上游的河宗氏和休溷诸貉一带，设置了九原郡和云中郡。

九原和云中就在秦国的北面，所以赵国的领土已经和秦国接壤了。因此，柏杨说："如果他（赵武灵王）能够再活二十年，秦国可能受到严重威胁，历史又如何发展，难以预料。"这话是有根据的。

但是，就在公元前304年，赵武灵王深爱的惠后去世。赵武灵王答应惠后，让她生的小儿子赵何当太子，并且派大将赵袑辅助赵何。

休息不到一年，公元前303年，赵武灵王向中山国发起第二波攻击。此次进攻，赵国军队抵死往北打，一直打到燕国边境。如此一来，此次攻占的土地就能与云中、九原连成一片，赵国北方的势力大大增强。

公元前299年五月，这是影响赵国历史进程的大日子。就在这一个月，赵武灵王在东宫召开盛大的朝会，宣布传位给太子赵何，他退居幕后，自称主父，一心研究军事。

拜祭祖庙后，赵何坐上国君的宝座，人称赵惠文王。其他大夫的官职不变，连他哥哥赵章的也没变，只有很忠义的肥义被擢升为国相，并且还担任赵章的老师。

为了惠后，赵武灵王无缘无故地废除赵章的太子之位，已经为国家的发展埋下隐患。不仅如此，赵武灵王又提前让位给年幼的赵何，腾出时间一心研究军事，又一次埋下威胁赵国长久发展的隐患。

那时的赵武灵王将全部精力放在对外战略上，没留心国内的局势，也没注意赵章与赵何的微妙关系。

光是一个中山国，打了七八年，还没灭亡，已经非常艰难了。谁知，赵武灵王突然雄心大起，想连秦国也给灭了。

传位给赵何后，赵武灵王带领士大夫们巡视胡地，想从云中、九原出军，向南偷袭秦国。但是，秦国太强大了，赵武灵王不敢贸然出军，他想先到秦国探查一番。

《史记》记载，赵武灵王乔装入秦，“秦昭襄王不知，已而怪其状甚伟，非人臣之度，使人逐之，而主父驰已脱关矣”。

这话的意思是，无论如何装扮，赵武灵王都不像人臣。他有一种伟岸的像国君的风度，秦昭襄王很奇怪。

原来，赵武灵王不仅想看秦国的地形地势，更像看看秦昭襄王这个人。他认为，只要看到秦昭襄王，就能了解秦昭襄王。一旦了解秦昭襄王，就有对付秦国的办法。

当秦昭襄王发现那个风度非凡的人是赵武灵王后，很惊恐!

刚从秦国回来，赵武灵王顺道巡视新占领的土地。由代郡向西，赵武灵王在西河遇上楼烦王。楼烦王很识相，主动归附了赵国。

第二年，也就是公元前296年，赵武灵王向中山国发动第三波攻击。在赵国历时十一年的打击下，中山国终于承受不住，归附赵国。

历史上有两个中山国，第一个被乐羊所灭，第二个被赵武灵王所灭，可见赵武灵王是一位拥有军事谋略的君主。

饿死赵武灵王

中山国被灭亡后，赵武灵王人生的一大愿望就实现了。他很高兴，大赦天下，封赏有功之人。赵章被封为安阳君，封地是代郡。

代郡拥有赵国的大部分军事力量，是一块难以管理的地方。使情况更为恶化的是，赵武灵王竟然让奸诈的田不礼辅助赵章。

《史记》记载，“章素侈，心不服其弟所立”。再加上田不礼的煽风点火，赵章更觉得王位应该是他的。

作为长子，赵章理应继承王位，但是王位被赵何夺去了，他自己心里不服。赵武灵王又糊里糊涂地分封驻扎重兵的代郡给赵章，赵章又是久经沙场的将军，不禁就想起兵造反。

赵章的母亲来自韩国的王室家族，是赵武灵王的原配夫人。因此，赵武灵王的第一次婚姻，是出于政治利益考虑，感情的因素不大。

过了些年，赵章出世。按照惯例，他就是太子。但是，赵武灵王一个荒唐的梦，将整个家庭给彻底毁灭了。

公元前310年，在一次外出途中，赵武灵王做了一个美梦。他梦见一位妙龄少女，袅袅娜娜地抚琴而歌：“美人荧荧兮，颜若苕之荣。命乎命乎，曾无我嬴！”

这位少女太美了，文辞凄婉动人，令一身英雄气的赵武灵王久久不能忘怀。第二天，赵武灵王就将这个梦说给大夫们听。

大臣吴广抓住这个大好机会，向赵武灵王推荐他的女儿吴娃。更令人感到奇怪的是，赵武灵王见了吴娃后，一口认定吴娃就是他的梦中情人。

事情就这样顺理成章地发展，吴娃深受赵武灵王宠幸，生了赵何。

赵武灵王只见新人笑，不闻旧人哭，赵章的老母亲伤心过度，郁郁而终。紧接着，吴娃被封为后，子因母贵，赵何就受到赵武灵王的宠爱，并且被立为太子，最终继承大统。

到代郡上任后，赵章与田不礼的动作幅度太大了，很多人都看出其中的阴谋。

为了好朋友的生命安危，李兑劝肥义让出国相的大权，将它交给公子成。李兑的意思是，肥义“任重而势大，乱之所始，祸之所集”（司马迁《史记·赵世家》），应该明哲保身。

但是，肥义不同意。他认为，正因为身当大事，反而应该坚持到底，即使付出生命也在所不惜，而不是见异思迁。肥义曾言：“死者复生，生者不愧。”这话的意思是，如果死去的人复活了，继续生存下来的人不会在面对复活的人时，感到一丝一毫的羞愧。这几句话，将肥义持节守终的坚定表现得淋漓尽致。李兑无话可说，痛哭流涕而去。

为防范田不礼作乱，自此而后，李兑多次拜访公子成。

肥义也是能够洞察细微的人，他告诉信期，赵章和田不礼很奸诈，居心叵测。为了满足他们的私心，甚至不惜假传赵武灵王的诏令。从今以后，无论是谁传召赵何去见赵武灵王，都要先获得他的同意。

公元前295年，群臣都来邯郸朝拜。赵武灵王见一身英武的赵章给年纪轻轻的赵何行大礼时，心里很不是滋味。当此痛苦的情境，赵武灵王又突发奇想，想将赵国一分为二，赵章统治一半，赵何统治另一半。

既然赵武灵王开始偏心，赵章就抓住大好时机，蓄谋发动兵变。恰好赵武灵王巡游到沙丘，赵章就诈传赵武灵王的命令，召赵何入沙丘宫。

为了赵何的安危，肥义先去，如果一切正常，再让赵何去。但是，肥义此行，实践了他“死者复生，生者不愧”的价值观。

肥义被田不礼一党杀害后，李兑和公子成调集中央大军和附近4个城邑的军队，火速开往沙丘。

大军一到，对付反叛势力就如摧枯拉朽，田不礼被乱刀砍死，赵章逃亡。公子成诛杀叛军有功，被封为安平君，接手肥义的工作，李兑被任命为司寇。

军队被剿灭了，赵章慌不择路，只身跑向沙丘宫。同时，赵武灵王也收留了赵章。

公子成和李兑带领军队来到，派军队团团围住沙丘宫。不管过程如何，反正赵章没有逃出去，最终死在沙丘宫。当然，《史记》和《战国策》都没有记载，赵章是怎么死的。

虽然罪魁赵章死了，事情还没有结束。因为，公子成和李兑围困了赵武灵王一段时间。他们两个商议，如果撤军，赵武灵王自由后，一定会惩罚他们，甚至灭他们的族。

宁可他们负赵武灵王，也不可赵武灵王负他们的主意打定后，公子成和李兑下令：凡是住在宫里的人，最后出来的将要被灭族。

结果可想而知，宫里的仆人全部出来了，只剩赵武灵王一人。不是赵武灵王不想出来，而是公子成和李兑不让他出来。

经过三个多月的围困，赵武灵王已经没有食物充饥，最终饿死。

第六卷

大国之争，争夺霸权掀起惊天波澜

第一章　美玉之祸，引发秦赵间的角力

送礼也会惹祸

当历史追溯到风云激荡的三国时代时，有人会禁不住赞叹桃园结义的男儿胸怀；有人会追思三国英雄人物的斗智斗勇；有人不禁会想到“治世之能臣、乱世之奸雄”的曹操……可是有谁记得，在十八镇诸侯共同推举“四世三公”的袁绍为盟主，攻打董卓之后，先锋孙坚在满目疮痍的洛阳所猎获的那一块石头？

孙坚和曹操的选择不同，他选择占据洛阳、把持那石头所雕琢而成的玉玺。而且他为了这块美丽的石头，壮志未酬身先死，在途经荆州之时被刘表所害。

孙坚临死前最后看了一眼玉玺上的字：“受命于天，既寿永昌。”而后才溘然长逝。这块玉玺何以会有如此魅力，能够让无数英雄趋之若鹜？

其实，它就是为人们耳熟能详的“和氏璧”。

关于和氏璧来源的最早记载先应见于《韩非子》、《新序》等书，其记载的情节大同小异。和氏璧的横空出世要归功于一个琢玉高手，这个人即为卞和。

卞和生于春秋时期，具体的生卒年不详，在当时，卞和只不过是个普通百姓，和氏璧的发现却让他一跃成为受人瞩目的人物。

这日，卞和照例在楚山寻找可以雕琢成器的玉石，为自己的琢玉生计上下奔波。可是一直到日上三竿，卞和都没有发现一块可以入眼的玉石，失望之余不免嗟叹不已。恰在此时，一群路人从山前经过，其中二人讨论正酣，言及在荆山（今湖北南漳县），有人看见一只浴火凤凰栖落在山中的青石板上。俗语有云：“凤凰不落无宝之地。”卞和听罢此言，心中大喜过望，他断定荆山上必有重宝，遂决意次日出发，赶往荆山，寻找那“莫须有”的宝物。

次日，卞和背上行囊，朝着西南方向的荆山出发，数百里跋涉，他终于到达目的地。一见此山，高峰如云，虎踞龙盘，正应了那句“山在虚无缥缈间”（白居易《长恨歌》）所描绘的景色。卞和遂更加坚定了此山有重宝的想法。

皇天不负苦心人，经仔细寻找，卞和终于在山中发现一块璞玉，即未经雕琢的玉石。虽然此璞玉就和一般的石头无异，但卞和已有寻找玉石数十年的经验，因而他只需要观其形、听其声、辨其色，就可以慧眼识宝玉。

在卞和所处的时代，职业存在着等级划分。《管子·小匡》有言：“士、农、工、商四民者，国之石（柱石）民也。”所以士人（即做官者）的地位是最为显赫的，“农”之所以能够排名第二，不是因为统治者重视农民，而是因为在古代的小农经济中，农业是一个国家的根本，严格说来，其财富、地位等尚不及工商业者。工商业者又不如为官者，能够得到显赫的地位和特别尊重。所以后三者，皆全力以赴的谋求一官半职。

然而，《淮南子·齐俗训》有云："是以人不兼官，官不兼事，士农工商，乡别州异，是故农与农言力，士与士言行，工与工言巧，商与商言数。"士、农、工、商，界限分明，要超脱这个界限，实现"鲤鱼跃龙门"的奇迹，要么有才华，要么有际遇。

所以此刻卞和所等的机遇终于来了。只要将这块璞玉交给楚厉王，自己就可以一飞冲天，从此改变命运。于是，卞和顾不得仔细欣赏那块宝玉，干脆星夜兼程赶往楚国国都郡（今湖北宜城东南），将璞玉献给楚厉王。岂料楚厉王在听罢卞和有声有色的言辞之后，对此璞玉的真实与否依然游移不定，遂将国都中久负盛名的玉匠请来辨别。

这玉匠早就听说，有人给大王献上了所谓的"宝玉"，一见之下，果然是个好东西。可他转念一想，如果承认了这块璞玉的货真价实，就等于间接地承认了卞和的能力，大王一高兴必然会对卞和礼待有加，那此后这偌大的国都，哪里还有他的地位?

于是这玉匠便心生一计，对楚厉王说道，此璞玉不过是山间一普通石头，断断不是什么绝世宝玉。楚厉王何许人也？一国之君，日理万机，能够开恩接见卞和，就已经彰显了其仁慈和宽广。不料此人竟然不识时务，敢欺君惘上。楚厉王大怒之下，将卞和推出大殿，削其左足。

卞和踌躇满志地来到楚都，不料却遭此大祸，黯然归返楚山。不久，楚厉王暴毙，武王继位。卞和心念，天下人虽愚，但总还是有明智之人；楚厉王虽浊，但武王未必就不清明。于是卞和再次抱上璞玉，赶赴国都。

他不知道，与其说是楚厉王昏聩，不如说是那个玉匠贪婪。而今卞和的玉石再次落入那个贪婪的玉匠手中，必然是自取其辱。

果然那玉匠一见还是当初卞和献的那块璞玉，心中暗自讥笑，面上却不动声色地说道："当初你以为先王昏聩，用假玉骗之，以谋取私利；如今竟然又故技重施，再次欺骗大王，是何居心？难道你以为楚厉王英明，武王就容易欺骗吗？"（《韩非子》）

卞和还待争辩，楚武王早就大怒不已，遂命人将其再次推出大殿，斩其右脚。

数年之后，楚武王崩猝，楚文王继位。此人一继位，就大行仁政，减轻赋税和徭役，对百姓爱护有加。由此而观之，楚文王就是卞和两度献宝而不得的贤明君主。只可惜，此一时彼一时，卞和献宝历王，被削左脚；献宝武王，被斩右脚，早已经是举步维艰。听闻文王贤明，心中感伤不已，遂大哭不止。三天三夜之后，已经是满眼溢血。时值文王清理前朝冤狱，听说卞和献宝不成、反而受刑的事情后，遂派人前去楚山询问卞和："天下有很多被砍去脚的人，为什么只有你哭得这么伤心？"卞和听后停止哭泣，不无悲伤地说："我并不是因为被削足而哭，而是因为真正的宝石被当做普通的石头，忠贞之人却被当做欺君之徒，我是为颠倒是非、不分黑白而痛心！"来人闻言，心下感动不已，于是将卞和和璞玉一起带回国都，向楚文王讲明原委。楚文王闻言，急忙命人将玉璞的表层破开，遂得出一块绝世美玉，这就是"和氏璧"。

有记载称，"和氏之璧"的命名是为了奖励卞和的忠诚。然而，让人百思不得其解的是：何以卞和自己不直接破开璞玉，得出美玉献给楚厉王？难道是因为他手艺不精，担心自己没法完美的依据原本的玉石，雕琢出最出色的器物？还是他并不确定其中是否真的有美玉，所以不敢擅自打开？我们不得而知。但我们知道的是，和氏璧自此走入了历史的舞台，成就了一段段惊世传奇。

找到你的贵人

楚文王获得卞和所献的和氏璧之后，便将其视为国宝，恰如《战国策》所记载："周有砥厄，宋有结缘，梁有悬愁，楚有和璞。"可见此时的和氏璧依然是块璞玉，并没有雕琢成器。大概是因为害怕一旦被雕琢，和氏璧就成了一块死物，无法再雕琢成其他的器物，所以其一直被放在王殿之上珍藏着。

辗转400年过去了，中间历经了风云变幻的春秋，又迈入列国纷争更为激烈的战国时代。这时候，和氏璧在沉寂了4个世纪之后，再一次出现在世人的眼中。

此时，楚国早已经经历了数代王室的更迭，曾经首先发现和氏璧的卞和，首先认可和氏璧的君王楚文王，早已经化作了一抔尘土，融入了历史的风尘当中。但是和氏璧依然被楚国视为国宝，不轻易示人。

楚国此时比400年前更加强大，周王室已经衰微，楚国趁机兴起。在楚国的崛起道路上，相国昭阳可谓功不可没。

昭阳何许人也？据司马迁在《史记·楚世家》的记载，当时的南方大国楚国，有昭、屈、景三大姓。相传早年昭阳曾为将军，并到黄海之滨的兴化进行开发，继而成了兴化的人文初祖。不久，昭阳因为战功卓著，便升任上柱国，地位在宰相之上。此时，作为君王的楚威王，为了表示自己对昭阳功勋的表彰，遂将国之重宝"和氏璧"赐予了昭阳。

昭阳大喜过望，自此，对楚王感激涕零，对"和氏璧"则视如生命。即使连出门游玩，也不忘记带在身边。古时，君子以佩戴玉来彰显自己道德高尚。昭阳带上"和氏璧"，不仅表示自己德高望重，也显示了自己的丰功伟绩。

一日，昭阳率领宾客去赤山游玩。宾客们早就听闻昭阳获得大王的恩宠，有幸获得和氏璧，遂人人争相蛊惑昭阳，让其拿出"和氏璧"一观。俗话说，智者千虑必有一失，昭阳虽然文武双全，却也难免一时头脑发热，见众人有如此雅兴，遂大方地将和氏璧拿出，让众人观赏。

只是，待得众人曲终人散之后，和氏璧却不翼而飞。历史上没有记载，到底和氏璧是如何被丢失的，也没有记载，昭阳是否努力追回过和氏璧。但可以肯定的是，他当时是不能也不敢声张的。一来这众多宾客，要么是自己的至交好友，要么是朝中显贵，昭阳自然不能为了区区一块玉璧，坏了别人的名声，与大家结下冤仇；二来，和氏璧被楚王视为国宝，赐予自己时，就希望他能够好好保管，若国宝丢失，被楚王得知，则于己十分不利。

遂和氏璧丢失一事，就此成为一段悬案。

又过了50年，六国形势发生了翻天覆地的变化，西边的秦国在周赧王三十一年，即公元前284年时，以迅雷不及掩耳之势，相继与韩国、魏国结盟；次年秦国又和东方少数可以与之匹敌的赵国结盟，完成了秦国昭襄王远交近攻、与东方列国连横的战略意图，剑锋所指，就是楚国。

楚国此时当政者是楚顷襄王。这日，派去赵国的一位探马向楚顷襄王报告说，赵国人缪贤竟然获得了楚国失传50年之久的国宝——和氏璧。一时之间，举国震动。然而此时的楚王已经无心去夺回和氏璧了，面临江山难保的境况，如何发奋求存才是头等大事。

然而，楚王虽然没有夺取和氏璧的心思，并不代表赵国国君惠文王就能够高枕无忧。因为，西方强国秦国的国君秦昭襄王对和氏璧虎视眈眈，只等实力与时机成熟。

只是，周王还在，所以周礼尚存。无论做什么事情，最好是有个名正言顺的理由，才不至于落人话柄。

就在秦昭襄王对和氏璧朝思暮想而不得之时，一位臣下向其谏言：只要秦王略施小计，以15座城池为诱饵，就可逼赵国就范。如果赵国从了秦国，将和氏璧献上，则以城池交换之事，大可一笑置之；倘若赵国不从，则秦国正好有了攻打赵国的理由。如此一箭双雕之事，秦王何乐而不为？

于是，一封信便由秦王寄到了赵王的手中。能够在战国那个风云激荡的大时代中屹立不倒，赵惠文王自然不是愚蠢之辈。他料定秦王此举，意图不轨。一旦自己把和氏璧献给秦国，则秦王许诺的15座城池，必然是水中花、镜中月，可是一旦赵国拒绝了秦国的"友好"行为，则势必会激怒秦王，引火上身。

给也不是，不给更不是，这让赵惠文王如何是好？所谓"山重水复疑无路，柳暗花明又一村。"就在赵惠文王苦心孤诣、徒添三千烦恼丝之时，宦官头目缪贤站了出来，给了赵王以希望的曙光。

那道曙光，就是蔺相如。

对于缪贤的记载，可见诸于历史的实在很少，因而其生平事迹也就成为一段空白。只《史记·廉颇蔺相如列传》和《韩非子·和氏篇》中，各有寥寥数语的介绍。因此，缪贤也只是一个小人物，之所以能够见诸于历史，不被世人遗忘，就在于他曾做过其一生中最为明智的事情——举荐蔺相如。

此时的蔺相如只是缪贤手下的一名食客，名不见经传。缪贤见赵惠文王正自踌躇该派遣何人作为使者前去秦国回复时，缪贤不失时机地向赵惠文王举荐了蔺相如。

使者的出行关乎赵国的荣辱得失，自然半点也马虎不得。赵惠文王对蔺相如一点也不了解，遂问缪贤，蔺相如何德何能，能够代表赵国出使秦国。

缪贤对赵惠文王说道："臣下曾经犯过过错，本来打算逃去燕国，那时蔺相如拦住我说：'您了解燕王吗？'臣当时对他说：'我曾跟随大王在国境上与燕王会见，燕王私底下告诉我愿意跟我交个朋友。所以我觉得我了解他，才会想到去他那里。'蔺相如于是对臣说：'赵国是强国，燕国是弱国，您在赵国受宠时，燕王才想和您结交。如今您是以罪臣的身份逃去燕国，燕国惧怕赵国的势力，又怎敢收留您？燕王一定会将您捆绑起来送回赵国的。您还不如主动伏在斧刃之下请求治罪，这样也许有机会被赦免。'臣正是听从了蔺相如的意见主动向大王请罪，才获得了大王的赦免。所以臣私下认为蔺相如是个有勇有谋的人，派他出使很适宜。"

俗话说，千里马常有，而伯乐不常有。缪贤虽然是个小人物，却在赵国危亡之际，毫不忌讳地举荐人才。他的优点，可以概述为两点：

第一，慧眼识英雄。慧眼的可贵之处就在于一个"识"字，缪贤的确别具慧眼，能从一件事情上，深刻地认识相如之才。如果没有缪贤这双慧眼，没有缪贤这个伯乐，那么像蔺相如这样的千里之马，恐怕也只会被人"遗而不知"。

第二，胆识过人。他看准了赵惠文王是个明君，对自己曾经的过错定然不会追究，遂在举荐蔺相如之时，能够扬相如之长，不避己之短，并敢于以己之短来衬托相如之长。世人都赞春秋时期的祁黄羊，说他"外举而不避仇，内举不避子"，岂不知，缪贤为了国家，即使有泄漏自己的隐私、被国君怪罪的危险，也毫不忌讳。如此不瞒私、不避短、为国为民举贤才的作为，当为后世所敬仰和赞叹。

自此，蔺相如正式走进了历史的舞台，此后更有广阔的天地，任其扶摇直上九万里，遨游于战国的风口浪尖之处。

完璧归赵

蔺相如（约公元前329～前259年），今山西柳林孟门人，也有记载称他是山西古县蔺子坪人。他曾是赵国宦官头目缪贤的家臣，因为在缪贤准备逃去燕国时，对缪贤进行过合情合理的劝诫，遂甚得缪贤的信任。缪贤对其才华亦是十分的欣赏。

根据《史记·廉颇蔺相如列传》所载，蔺相如的一生，最重要的事迹有三，一是完璧归赵，二是渑池之会，三是负荆请罪。其中完璧归赵的故事将他的智勇双全体现得淋漓尽致。

适时，蔺相如已经年过不惑之年，却还是宦官手下一名名不见经传的门客，可谓"虚负凌云万丈才，一生襟抱未曾开"，尽管他得到了缪贤的礼遇，但对于才高八斗、志比天高的蔺相如而言，却仍是远远不够的。

而他之所以甘心一直在缪贤的门下做事，一方面是因为缪贤胸怀宽广，有容人之量；另一方面则是因为缪贤是赵国都城内最大的宦官，很得赵王的信任。在战国那个大争之世，必须存有大争之心。只有闻达于诸侯才不负苟全性命于乱世的艰难。蔺相如相信，只有通过缪贤的举荐，自己才能够一飞冲天，实现自己的功名大业。

后世有言："有志者、事竟成，破釜沉舟，百二秦关终属楚；苦心人、天不负，卧薪尝胆，三千越甲可吞吴。"在蔺相如的苦心经营之下，这一天终于来了。

赵王在听到缪贤的举贤之后，大喜过望，当即便命人前去缪贤府上，通传蔺相如前来晋见。一见面，赵王上下打量一番蔺相如后，便迫不及待地向他问道："秦王在信中说，用十五座城请求交换本王的和氏璧，你认为能不能给他？"蔺相如在来时就已经想好了这个问题的关键，遂胸有成竹地说道："秦国强，赵国弱，没有办法，只能答应他。"赵王听闻蔺相如的说辞，并没有失望，而是将自己的担忧说了出来："世人皆知道秦王贪婪，本王料想，秦王得了和氏璧，是断断不会给本王城邑的，本王又该怎么办呢？"（《史记·廉颇蔺相如列传》）

蔺相如自然知道赵王的忧虑，也知道当前秦国和赵国的形势是秦强赵弱，但是他更明白，秦国此举是一石二鸟之计，秦王请求用城换璧，赵国如不答应，则赵国理亏，秦国就有了攻击赵国的理由；反之，如果赵国给了秦国和氏璧，而秦国不给赵国城邑，则是秦国理亏。将两种对策以衡量，便有了定议：宁可答应秦国的请求，也不要让自己在政治上处于被动地位。

赵王心中大喜，一方面他看到了蔺相如果然有才能，另一方面则是因为他通过蔺相如的分析，看到了此事的关键：献出和氏璧，谋取政治上的主动。他料定秦王决计不会将15座城池给予赵国，只要取得了主动，到时说不定还能够保全和氏璧。

然而，再完美的计划，也需要懂得权衡的人去执行，赵王心中其实已经认可了蔺相如，只是赵王毕竟不是很了解他，遂向他试探性地问道："只是这出使秦国的使者，应该派遣谁去才合适呢？"聪明的蔺相如，自然明白赵王的心思，他知道展示自己忠心和决心的时刻到了，遂大胆地向赵王说道："大王如果急切地需要一个使者，而都城之中一时之间又确实无人可派，臣不才，愿捧护和氏璧前往秦国出使。在此，臣向大王保证：如果秦国将城池给予赵国，履行承诺，则臣顺势就把和氏璧留给秦国；但是，如果秦国虚以逶迤，意在和氏璧，而不履行承诺，则臣势必将和氏璧完好无损地带回赵国。"（《史记·廉颇蔺相如列传》）闻言，赵王心怀大畅，遂命令蔺相如为使者，代表赵国，西行入秦。

数十日之后，蔺相如便到达秦国境内，为了防止沿途出现变故，保全好和氏璧，蔺相如想尽了办法，一刻也没有松懈。然而，他知道他与和氏璧安全到达秦国，也不过是走过了第一步难关，更大的风浪还在后面。

果然到达咸阳之后，秦国国君便急不可耐地将蔺相如传到章台宫晋见。秦王看到蔺相如后，并没有为这个陌生的面孔而诧异，因为他的全部心思，都放到了和氏璧上，在一番寒暄之后，秦昭襄王连忙要求，让蔺相如献上和氏璧观看。

久负盛名的和氏璧，终于在蔺相如的“小心呵护”下，到了秦昭襄王的手中，秦昭襄王为了和氏璧可谓费尽心机，宝物在手，秦昭襄王笑逐颜开。此时此刻，秦国王宫之内，一片欢呼。秦王高兴之余，将和氏璧传给大臣们一一鉴赏，大臣们一饱眼福之后，又将其传给秦昭襄王的妃子看，只留下蔺相如一个人，在那里干等着。许久之后，蔺相如知道，秦王并没有以15座城池换取和氏璧的诚意。

只是此刻和氏璧在秦王手中，蔺相如既拿不回，也要不到秦王许诺的城池。但蔺相如是个坚毅且有智谋之人，他知道唯有不动声色，才能够寻求转机，否则不仅和氏璧会保不住，城池也得不到，就连自己的性命也难免会受到威胁，赵国和秦国的关系也会再次崩坏到战争的边缘。

于是，蔺相如心生一计，他走上前去对秦王说道：“启禀大王，和氏璧并不是完美无瑕的，上面还有一处瑕疵，请允许臣下为大王指证。”

秦王其实心中也在想，该怎么夺取和氏璧，而又不需要履行先前的承诺。正在徐图拖延之时，蔺相如突然说玉璧之上有瑕疵，不及多想，便将和氏璧交到了蔺相如手中。

蔺相如手捧着和氏璧，向后退了几步，直到退到殿中柱子处，背靠着柱子“怒发冲冠”，义正词严地对秦王说道：“大王想要得到和氏璧，派人马不停蹄地将信送到赵国，交到赵王手中。赵王一时之间，难以决断，遂召集文武百官一起商议，是否应该将和氏璧献给秦国，换取秦王所许诺的那15座城池。然而朝中大臣都说道：‘众所周知，秦国本性贪婪，依仗它军事力量的强大，不把赵国放在眼中，为了诈取和氏璧，可谓无所不用其极，竟然连空话和谎言都用上了，因而那用于交换的城池，也定然难以兑现。’赵国境内，上至君王，下到百姓，都能够洞悉秦王的心思，因此我赵国举国上下，都赞成不给秦国和氏璧。但是我认为，纵使是平民之间的交流和往来，都能做到言而有信，何况是秦、赵这两个一东一西的大国之间的交往呢！一块和氏璧，玩物耳，如果因为它而惹得强大的秦国不高兴，不是因小失大吗？在我的力劝之下，赵国终于决意答应秦王的要求。赵王为了此事，还斋戒了五天，派我捧着和氏璧，在朝堂上行过叩拜大礼，亲自拜送国书。大王以为，这是为何？难道是彰显我赵国是礼仪之邦吗？我赵国之所以如此，是为了尊重秦国，表示对秦王的敬意。如今我幸不辱命，一路辛苦跋涉，将和氏璧带到这里，却看不到秦国和秦王的半点礼仪。一者，大王接见大国使者，将其放在一般的宫殿，不免显得礼节怠慢；二者，大王得到璧之后，又将其传给大臣和妃嫔们看，大臣倒罢了，都是知书达理之人，可是后宫嫔妃的是何等样人，大王是知道的，此举难道不是在戏弄我吗？依照我的愚见，恐怕大王是无意补偿给赵国15座城，想要空手套白狼，对和氏璧巧取豪夺吧？无奈之下，我只能把和氏璧取回来，如果大王一定要逼迫我，我的头现在就与和氏璧一起撞碎在柱子上，誓死保全赵国的尊严！”

秦王闻言，心中一惊，依然存在侥幸心理，以为蔺相如可能是恐吓之言，做不得真。哪知蔺相如竟然真的拿着和氏璧，斜视着柱子，眼看就要撞了上去。蔺相如一死，死不足惜，但是和氏璧可是传了数百年的重宝，秦王花费了好大的心思才将其骗到赵国，万万不能叫蔺相如一怒之下，玉石俱焚。

于是，秦王立马向蔺相如妥协，一面向蔺相如道歉不止，言说是因为自己考虑失当，才让蔺相如受到怠慢；另一面，则将负责国土查核的官吏宣来，并会同文武百官，一起察看地图。秦王还不时地在地图上指点一二，意思是打算将地图所示的15座城划归赵国。其实这是对蔺相如施以缓兵之计，意图先稳定蔺相如，再徐图谋取和氏璧。

蔺相如也非等闲之辈，自然明白秦王的用意。但他也并不想和氏璧有丝毫的损坏，之前他的言辞行动，不过是为了彰显自己的决心，也是缓兵之计，既然秦王已经上钩，蔺相如也索性将计就计，顺水推舟地说道："和氏璧为绝世重宝，这是世所共知的事情，赵王出于对大王的敬意，毫不犹豫地就将和氏璧献了出来，并且在和氏璧即将离开赵国之前，赵王还斋戒了五天。所谓'来而不往非礼也'，赵王都这样做了，足见赵国的诚意，现在秦国是否也应该表示一下？秦王也斋戒五天，并在朝堂上安设'九宾'的礼节，这样，才能够符合赵、秦两国的身份，我也才敢献和氏璧于大王。"

听闻蔺相如的一番言辞，秦王知道蔺相如是个足智多谋的人，想要巧取豪夺和氏璧是不可能的。别无他法，秦王只能暂时答应蔺相如斋戒五天。蔺相如遂被秦王安置在咸阳城的广成宾馆里。蔺相如到了广成宾馆，并没有闲着，反而更加迅速地行动起来，企图保全和氏璧。他知道，秦王所谓的斋戒，也不过是托词而已，要得到他所许诺的城池，可谓难比登天。为今之计，只有一面稳住秦王，一面将和氏璧悄悄送回赵国，到时木已成舟，自己再想办法脱身。

翌日，蔺相如让忠心于赵国的随从亲信，换上粗布衣服，怀揣和氏璧，从小道溜走，把它送回赵王手中。

秦王斋戒五天之后，按照蔺相如的要求，在朝堂上设了"九宾"的礼仪，宴请蔺相如参加。这一次，秦王已经下定决心，无论如何，也要夺取和氏璧，哪怕背负不义的名声，也不能让自己"得入宝山、空手而归"。岂料蔺相如虽然没有爽约，却并没有将和氏璧献上，只听蔺相如对秦王说道："历史可鉴，秦国自从秦穆公以来，已经经历了20多个国君，何曾有人听说，有一个国君是坚守信约的？没有！我蔺相如不过是赵国官吏手下的一个门客，却得到赵王的信任，担当护送和氏璧、出使秦国的重任。死尚且不惧怕，唯独害怕受大王蒙骗，而有负赵王的重托。无奈之下，我只能出此下策，将和氏璧秘密送回赵国，相信此时它已经到达赵国国君的手中了。当今天下，秦国强而赵国弱，大王如果有诚意，大可以派一个小小的使臣到赵国，将15座城池交给赵国，赵国定然不敢违逆大王的意思，将和氏璧如约送上。试想依照秦国的强大，天下还有敌手吗？赵国又怎么敢留着璧而得罪大王，成为秦国的敌人呢？然而欺君之罪，万死难辞其咎，我感到无颜以对秦王，请求受汤镬之刑。大王英明、公卿贤达，还希望你们仔细思考，以决定此事的处理方法。"

秦王和大臣们闻言，顿时面面相觑，有的大臣甚至还发出惊异的呼声，如此戏弄秦王，不是不将秦国放在眼里吗？必须严惩，以儆效尤。但秦国上下，明智之人大有人在，这之中，还包括秦国的君王。

事已至此，秦王无论怎么奸猾，也难以重新夺得和氏璧，环顾朝中大臣，秦王叹了一声，说道："蔺相如说的，也不无道理，现在杀了蔺相如，只能出得一时之气，和氏璧还是得不到，失去和氏璧不说，还会断绝秦、赵两国的'友好'邦交，甚至会导致战争，此乃不明智的行为。"其实，秦王何曾会惧怕战争呢？他害怕的是，秦国理亏，对战事有损。而且他知道，就在蔺相如的随从返回赵国之时，赵国老将廉颇已经率领数万大军，驻守在赵国的边境上，厉兵秣马，枕戈待旦，防备秦国的入侵。

秦王见大臣们已经安静下来，遂建议道："蔺相如既然是赵国的使节，我国理应好好地招待他，并送他回去赵国，以免落人口实。料想赵王不是迂腐之人，赵国也没有那么强大，会为了和氏璧而欺骗我大秦。”

至此，和氏璧之事终于告一段落，秦王还将接见蔺相如的地方转到了正殿，以示对赵国的尊重。蔺相如圆满地完成了出使秦国的重任，戴着满身的荣誉回到赵国。一时之间，蔺相如之名，传诵在每一个赵国子民的口耳之间。

赵王感念蔺相如的功劳和才德，遂任命他做上大夫。此后秦国没有给赵国城池，赵国也没有把和氏璧给秦国。

对于此事，司马迁在《史记》中赞道：“知死必勇，非死者难也，处死者难。方蔺相如引璧睨柱，及叱秦王左右，势不过诛，然士或怯懦而不敢发。相如一奋其气，威信敌国。”蔺相如能够找准时机，在赵国危亡之际，挽狂澜于既倒，扶大厦于将倾，可谓智；在大殿之上，敢于玉石俱焚，置之死地而后生，可谓勇；对于赵国的重托，时刻不敢忘，可谓忠；遣返和氏璧之时，让随从带着和氏璧先行离去，可谓义。因此可以说蔺相如实乃智勇双全、忠义无双之人。

不甘寂寞的楚顷襄王

蔺相如虽然已经安全回到赵国，却没有任何要献上和氏璧的迹象。秦王知道，如今要获取和氏璧，只有两种办法：按照许诺给赵国15座城池或是巧取豪夺。

给赵国15座城池与其交换，这样虽然能够保住秦国守信重诺的名声，却与秦国一贯的大政方针相背离。

而依仗强势巧取豪夺虽然不成问题，只是眼下赵国防备严密，而且列国都在关注着和氏璧的事情，不能因小失大。于是，秦昭襄王决定，待得风声过后，秦国再发兵赵国，给赵国一次重拳出击。

这一天，让秦昭襄王等了足足一年时间。周赧王三十三年，即公元前282年，和氏璧的风波终于平静，秦国亦在这段时间内，不断整军备战，军力得到了较大的提升，而且其在连横的策略中大受其益。经历数次战争后，齐国正在遭受着毁灭性的打击，秦国进而将战略目光转向了东方另一个相对强大的国家——楚国。而在此之前，秦王还需要试探一下赵国的实力。

于是，秦昭襄王命令军队攻击并迅速占领赵国西部的两座城池。第二年，为了扩大战果，秦王再次出兵，进攻赵国的石城（今河南林县）。

此一战，秦军出动了10万大军，可谓志在必得，赵军守将一见秦军军容整齐，声势浩大，顿时吓得魂不守舍。无奈之下，守将趁着秦军兵临城下，尚未攻城之际，悄悄地从东面城门逃走，只留下一些副将，奉命守卫石城。然而，守城大将都已经离去，赵军顿时军心大乱，数万将士无心恋战，秦军几乎兵不血刃，便取下了石城。

眼看秦军长驱直入，如入无人之境，兵锋所指竟然是赵国的都城邯郸。赵王知道，秦军这次进攻不在和氏璧，甚至不在一城一地，而在于整个赵国乃至于整个天下。

面对着从西方秦国到来的虎狼之师，再看看连日来赵国在秦国名将白起的攻伐下，兵败如山倒的势头，赵王不禁忧心忡忡。无奈之下，赵惠文王只能希图用和氏璧换取赵国暂时的和平。可是他也知道，这不过是权宜之计，能够奏效的几率，可以说是微乎其微。

这时一个挽救赵国的名将，与白起并称当世第一的廉颇将军站了出来。

廉颇，生于约公元前327年，卒于公元前243年，是战国时期赵国杰出的军事家，与秦国白起、王翦，赵国后期的李牧并称“战国四大名将”。先后活动于赵惠文王（公元前298~前266年）、赵孝成王（公元前266~前245年）、赵悼襄王（公元前245~前236年）三个时期。

廉颇于赵惠文王初期，在赵国从军，作战勇敢，深得赵军将士的尊重。当时东方列国之中，以齐国最为强盛，它是唯一可以与西方强国秦国一比高低的诸侯国。赵国在经历数代国王的苦心经营之后，也逐渐强盛起来，但是和秦国和齐国两个国家相比，赵国要弱小的多。

战国七雄当中，秦国居于西北“苦寒之地”，一直谋求夺取中原，问鼎天下。只可惜赵国正挡在了秦国西出函谷关的道路上，要实现向中原大地的进军，秦国势必要首先拔除赵国这一颗眼中钉、肉中刺。

然而据当时实际情形而言，任何一个国家要灭亡别的国家，皆非易事。一方面因为战国七雄既然能够从春秋列强中脱颖而出，都有一定的军事实力；另一方面则因当时合纵、连横战略正在广泛的流行中，只要一个国家遭到彻底的打击，其他国家就很有可能会插手，除非有绝对的实力，否则“双拳难敌四手”，灭国不成，反而会给自己的国家招致祸患。

此时，挽救赵国，抵御强秦的，就是战国名将廉颇。在廉颇的率领下，赵军屡次大败秦军，迫使秦军改变战略，实施合纵之策。也正因为如此，苏秦、张仪等人得以一展才华，大放异彩。在秦国的努力下，最终实现了韩、燕、魏、赵、秦五国联合，共同率领大军讨伐齐国，齐国就此一蹶不振。此时，廉颇正值壮年，其非凡的作战能力在这个时候充分地表现出来。廉颇于赵惠文王十六年（公元前283年）带赵军伐齐，不避兵家之大忌，率领数万雄师，孤军深入齐国境内，以迅雷不及掩耳之势，攻取阳晋（今山东郸城西，本为魏国领地，后属齐）。一时之间，天下良将为之击节赞叹，天下诸侯为赵国得此良将而震动。经此一役，赵国成为了东方首屈一指的大国。待得廉颇班师回朝，赵国上下，无不欢欣鼓舞，赵惠文王顺势将其拜为上卿（上卿为当时最高级的文官）。秦国也在这一场战役之中，见识了廉颇的厉害，所以从此不敢贸然对赵国用兵。

面对秦军的又一次挑衅，赵王认为倘若一味软弱退缩，已无法对付日益强大的秦国。于是，他决定让廉颇再次挂帅出征，抵挡秦军的进攻。廉颇也在战前做了充分的准备，拥有必胜的决心和勇气。

赵国此时虽然是东方强国，但比起南扼巴蜀、西控戎狄、北定匈奴、东掌韩国的强秦而言，实力却是明显不足。但廉颇知道，明知不可为而为之，才是大丈夫的行径，更何况，廉颇治军一向严谨，军威之胜、天下可与之匹敌者，屈指可数。

但无论廉颇如何的英勇善战、无论赵军如何的奋勇杀敌，都无法抵挡秦军的强弓硬弩、勇兵悍将。廉颇到了战场，还顾不得察看地形，就陷入了与秦军的胶着状态中，秦军以逸待劳，自然是占尽了优势。战争初始，廉颇还率领军队，在城外与敌军鏖战，但是几番大战下来，赵军连连损兵折将，军力和士气都受到极大打击，无奈之下廉颇只能从城池中撤出，因为他知道，长平之地才是决胜秦赵强弱的关键所在。与其和秦军在此地鏖战不止，损兵折将，还不如到长平休养生息，厉兵秣马，谋取与秦军的决战。

秦军亦看到了这一点，遂在猛攻城池的同时，也率领军队追赶廉颇。廉颇虽然在初战中溃不成军，损失了两万人马，丧失了数座城池。但那并没有影响他做出正确的决策，就连白起看到廉颇返回长平，也只能徒呼：为之奈何？

当时秦国的形势也不容乐观：一方面，白起继续和赵军交战，占领了光狼城之后，廉颇退到长平，秦、赵形成对峙；另一方面，秦国、韩国与魏国三家的洛阳会盟，亦宣告瓦解，特别是秦军连日东征，兵锋所指，让其他诸侯国不寒而栗。此外，楚国也开始了一系列针对秦国的行动。

周赧王三十三年（公元前282年），秦军在攻克赵国石城之后，楚国的顷襄王便着手准备与齐国、韩国联合，以抵御秦国的强大军队。而在此之前，楚顷襄王还希望能够顺道灭了周王室。其实，到了这个时候，各诸侯国已是各自为政，周王室的存在不过是一个符号，具备的也只有一个象征意义。那么，楚顷襄王为何还对周王室念念不忘、徐图攻取呢？难道他仅仅是为了争夺周王室的弹丸之地？抑或是楚国想来个挟天子以令诸侯？

其实，楚王的心思很简单，他不过是为了九鼎。

何为九鼎？传说，大禹在建国之后，用天下九牧所贡之金铸成九鼎，象征九州。商代时进一步发展，将鼎变成一种地位和身份的象征，九鼎八簋制度就此建立，其中规定：士用一鼎或三鼎，大夫用五鼎，而王室天子则九鼎，并在祭祀天地祖先时行九鼎大礼。自此，鼎很自然地成为国家拥有政权的象征，进而成为国家传国宝器。九鼎也成为天子的象征。

楚王之意，可谓“司马昭之心路人皆知”，他是要夺取天下。

周王室衰微之后，许多人都觊觎过九鼎。比如周定王时，楚庄王便借楚国强盛，而“问鼎之轻重”，被周大夫王孙满驳回。后楚灵王一度也动心问鼎，因国内发生叛乱未果。此次楚顷襄王再次出击，不知结果如何。

周赧王在得知楚国即将对周王室用兵的消息后，急忙向楚国丞相昭子言道：“周王室不过是弹丸之地，但天下诸侯少有不觊觎这块地方的，他们都希望得到九鼎，以称霸天下。当今秦国强大，意欲一统天下，楚国虽弱小也想逐鹿中原，这是天下人有目共睹的事情。楚国要猎取九鼎，无异于是在秦国的虎口上拔牙，秦军难道会坐视不理？”

周赧王一席话，可谓一语惊醒梦中人，楚顷襄王顿时不敢妄自对九鼎生出别样心思，连着与齐国、韩国的会盟，也宣告夭折。

其实，就算楚国不动九鼎的心思，秦国还是会挥师东进。

周赧王三十五年（公元前280年），秦军发起了对楚国的战争，并以司马错为大将，从陇西出发，经由蜀中郡县，直取黔中。为了避免与楚国和赵国的两线作战，秦国昭襄王遂决议和赵国暂时罢兵言和。

国君的必修课：音乐

周赧王三十六年（公元前279年），秦王派使者到赵国约赵王在西河外的渑池（今河南渑池县境内）相会，商议两国的修好事宜。

渑池相会之事令赵惠文王分外担心，因为昔日楚怀王之事，犹历历在目。前人之事，后人之师，秦国历来是一个不讲信义的国家，赵王担心此次若去赴约，也会被秦国扣留，重蹈楚怀王的覆辙，落得个客死异乡的下场。因此，赵惠文王不得不慎重地考虑此事。

其实，赵王的担心是多余的。一来，秦国此时是主动言和，断然不会在渑池之会上妄动刀兵，招致赵国的嫉恨；二来，赵国只要做好准备，军事上加强防御，政治上加强统战，赵国就处于有备无患的境地。以上两点便可让秦国不敢妄自动兵。

很多朝中的文武百官也看清了这一点，遂有人向赵王进言道：“秦王约您相会渑池，大王去，则可保国威不失；大王不去，就显得赵国弱小而胆怯。还是去好。”蔺相如也请命于赵王，请求与他一同相会秦王。此时的赵国，文有蔺相如，武有廉颇，文武众臣皆建议赵王前行，赵王自然不好再犹豫。

等到赵王和蔺相如走到赵国边境，赵王又担心起来：如果秦军趁机进攻赵国，而赵国又群龙无首，如何是好？

廉颇早就想好了这一节，遂向赵王进言道："此次大王去渑池，据臣下估计，路上来回的行程，加上渑池会议的时间，前后不会超过30天。若大王30天后仍未返回，还请允许臣等立太子为王，以断绝秦国扣留大王要挟赵国的念头，也避免赵国因群龙无首而生乱事的危险。"

赵王听闻，深感有理，所以他命令廉颇做好准备，主持好赵国的军事，防止秦军的攻击。于是，廉颇就此驻守在赵国边境，同时命令赵国其他地方的军队，迅速来援，共同守卫赵国的门户。

除此以外，廉颇还建议，派遣数千士兵随行，同时派遣军队在渑池三十里之外驻扎，以防赵王遭遇不测。然而究竟派遣何人率领那数千士兵，成了一个难题。这时候，惠文王之弟，"战国四公子"之一的平原君赵胜提出，可以选取赵奢为将领。

赵奢何许人也，何以能够得到赵胜的赏识？

赵奢，赵国人，与赵王室同宗，是当时的贵族。其乃战国时期东方六国的八名将之一。

历史对于赵奢早年的生活记载不详，其中《战国策·赵策》载："奢尝抵罪居燕，燕以奢为上谷（是燕郡，治所在今河北怀来，辖今张家口以东，昌平以北）守，燕之通谷要塞，奢习知之。"由此而观之，赵武灵王进行胡服骑射的改革之时，赵奢很有可能参与其中。在惠文王四年（公元前295年），赵国发生"沙丘之乱"，使得赵成、李兑专权。赵奢身为赵武灵王近臣，为了避免受到赵成等人的迫害，他被迫亡命燕国，得到燕王信任，被任命为郡守。赵惠文王十二年（公元前287年），李兑失势，赵奢心念故土，就此回到赵国。

赵奢回国做田部吏（征收田赋的小官）时与平原君赵胜结缘。

赵奢为官，大公无私且不畏权贵。当时平原君是赵国之柱石，权倾朝野，但是其家中却有人不奉公守法，偷逃国家税款。为了展现法律的公正性，扫清收税的障碍，赵奢当机立断，杀平原君家主事者九人。一时之间，赵奢成为当时赵国境内鼎鼎大名的人物。

虽然平原君素有贤德之名，但是赵奢所杀之人，却是赵胜家族的亲人，这不禁让平原君赵胜动了杀机，赵奢见此，便对平原君说道："君于赵为贵公子，今纵君家而不奉公则法削，法削则国弱，国弱则诸侯加兵，是无赵也，君安得有此富乎？以君之贤，奉公如法则上下平，上下平则国强，国强则赵固，而君为贵戚，岂轻于天下邪？"（《史记·廉颇蔺相如列传》）

平原君闻言，不仅没有继续发怒，还对赵奢赏识有加，并借机向赵王举荐赵奢。当时赵国正值用人之际，赵王听从了平原君的举荐，任命赵奢为中军大夫，领数千精兵随同赵王、蔺相如等人，共同赴渑池之约。

及至渑池，秦王作为本次秦、赵两国君王相会的东道主，自然是热情非凡，特别是赵王初到时，秦王还以国礼接待他，这让赵王不禁在心里泛起嘀咕，不知秦王是何用意。

蔺相如看得清楚，秦王虽然在表面上对赵国以礼相待，但是在骨子里，却透着对赵国的一种蔑视。此时的秦国对赵国不过是表面敷衍。可是赵国对秦国却不敢擅自开战，因为秦国此刻已经是披甲百万、战车万乘。赵国在国力上虽然与秦国相比只略逊一筹，但是在军事上则显露出明显的劣势。

秦王之所以主动与赵国请和，不过是缓兵之计。赵王听完蔺相如的分析，如醍醐灌顶，在与秦王推杯换盏、谈笑风生之时，心中不免生出警惕之意。

酒到中巡，秦王便露出了其强霸气势，对赵王说道：“本王听说，赵王您喜欢弹瑟，恰好本王这里有瑟，赵王何不弹奏一曲，以助酒兴？”赵王闻言，面有难色，因为赵王若为秦王弹奏，就代表着赵王自认地位低于秦王一节，如果从之，岂不是自取其辱？而如果不从，则会落人口实，说赵王无理在先，无奈之下，赵王只好整整衣冠，走到宴会中间，随意弹了一曲。可是秦王并没有就此罢休，他竟让史官上前，在秦国史书上记上：某年某月某日，秦王和赵王在渑池宴会，赵王为秦王弹瑟一曲。

蔺相如见此，自然知道秦王是有意为之，意在羞辱赵国，展现秦国的强势地位，遂上前对秦王说道：“赵王一曲，如天籁之音，然而，瑟声虽好，却苦于无人应和。赵王听说秦王您亦擅长击缶，恰好这里有个缶，还请秦王不要吝啬，击缶为大家助兴。我想，这里人虽众多，却只有秦王可以有资格，和赵王相和。”

见秦王面露不悦之色，其臣下文武大臣也生出愤怒之情，蔺相如索性一不做二不休，直接将缶端过去，走到秦王处，献给秦王。秦王为了保全威严，自然对蔺相如所作所为不屑一顾，嗤之以鼻。只见蔺相如义正词严地说道：“壮士一怒，血溅五步，现在我离大王只有五步的距离，如果大王答应击缶之事，则大家相安无事，如果大王不答应，蔺相如贱命一条，拼着一死，也要溅你一身血！”

眼见自己的大王竟受到蔺相如的胁迫，秦王的侍卫们都面生怒色，纷纷拔出刀来，要杀蔺相如。只是这蔺相如早就名声在外，是个亡命之徒，侍卫们还真不敢妄自行动。果然，在蔺相如瞪着双眼，大喝一声之后，侍卫们便胆战心惊，吓得连连后退。秦王自然不高兴，却也别无他法，只好勉强在缶上敲了几下。蔺相如见状，遂忙回头叫来赵国的史官，让他在赵国的史书上记上厚重的一笔道：某年某月某日，赵王和秦王于渑池宴会，赵王命秦王敲缶助兴，秦王欣然从之。

秦王见此，心知自己上当了，心中郁闷不已。秦国群臣整日都跟着秦王走南闯北，自然很容易就明白了秦王的心思，遂纷纷作势，要和蔺相如一搏。其中，还有人对赵王说道：“请赵王不要吝啬，献出15座城地，以作为对秦王的祝福！”蔺相如断断不会就此示弱，于是驳回道：“那么，请秦王拿咸阳为赵王祝福！”眼见蔺相如如此有恃无恐的态度，秦王遂心念一转：莫非这赵国已经有了万全的准备？再一看，赵王随军的数千人马，虽然将领是个名不见经传的人物，但是士兵们可是一个个凶神恶煞，精神抖擞，料来必定人人皆是以一当十之辈。秦王一番思索后立马转变态度，不再在言语上针对赵国。

诚如晋朝卢湛在《览古诗》中所言：“爰在渑池会，二主克交欢。昭襄欲负力，相如折其端。眦血下沾衿，怒发上冲冠！西缶终双击，东瑟不只弹。舍生岂不易？处死诚独难！”一场鸿门宴，便在蔺相如的谈笑风生之间，将危机化为无形；一次渑池会，亦在君臣的推杯换盏之间，变成一段佳话。

其实此时秦、赵两国的渑池之会并不仅仅是几个智者的斗智斗勇，而是秦赵两国在军力、国力上的相互角逐和妥协。迫于楚国和齐国的压力，两个大国之间，必然需要达成某种默契，以免齐、楚两国死灰复燃，重新强大起来。试想，如果此刻秦、赵两国大动干戈，在齐国和楚国而言，他们便会得到喘息的机会，就此休养生息。那么东方六国的实力对比，就会发生巨大的变化，未来各国的局势，也就更加多变。因此渑池之会，其实是局势和时代的必然。

负荆请罪将相和

一国之君，不仅要学会权衡天下大势、以民为本、励精图治，更需要学会选拔天下良才，平衡君臣之别。《子程子》曰：“不偏之谓中；不易之谓庸。”中者，天下之正道；庸者，天下之定理。君王要驾驭群臣，就要采取中庸之道，而这中庸之道的关键所在，便是学会平衡各方。

因而清乾隆有刘墉与和珅；唐太宗有长孙无忌和尉迟恭；刘邦有韩信与张良；而此刻的赵国则有蔺相如和廉颇。

文武之间，不可偏颇，才能够使得文武大臣如君王的两只翅膀，助其万里翱翔。所以赵王在回到邯郸之后，第一件事情，便是封赏蔺相如为上卿，比廉颇还略高一等。一者，是蔺相如确实是功勋卓著；二者，则是赵王看准蔺相如是个可造之材；三者，则是因为廉颇军威日盛，功高难免震主。所以蔺相如才会在职位上高廉颇一筹，但因为廉颇盛名日久，所以其在赵国的威信仍远比蔺相如高。文武之间的平衡，聪明的赵王自然没有打破。

可惜，廉颇到底是一介武夫，虽然他在战略战术上有勇有谋，但是论到政治权谋却是个门外汉。所以当他得知蔺相如官居上卿之时，不禁震怒。

廉颇能够有如今的地位，是靠自己的努力获得的。在从军时，他有过无数次的舍生忘死，奋力拼杀，逐渐从百夫长成长为上将军，中间的经历颇为曲折。就在赵惠文王二十年（公元前278年），廉颇向东攻打齐国，孤军深入千余里，冒着断其尾而深陷重围的威胁，破釜沉舟，置之死地而后生，终于破其一军。毫不夸张地说，如果没有赵王，那么赵国依然可以青山依旧，绿水长流；然而如果没有廉颇，则赵国必然会陷入强敌环伺、岌岌可危的境地。

跟随赵王的多年间，廉颇立下赫赫战功，好不容易才出人头地，成为一人之下万人之上的人物。赵国上下，能够和廉颇比肩者，可以说是屈指可数。位列战国四公子之一的赵胜，即使在地位上高上廉颇一筹，也能够让廉颇心服口服，因为他不仅是赵王的弟弟，而且贤达无比，但是让蔺相如凭空高自己一筹，廉颇无法心服。

于是，廉颇决定，找准时机，一定要好好羞辱一番蔺相如。廉颇逢人便说：“我廉颇攻无不克，战无不胜，立下赫赫战功。他蔺相如百无一用，不过靠一张嘴，竟然爬到本将军头上去了，别人看他脸色行事，我可一点也不买他的账，不要让我碰见他，否则，我必定得给他个下不了台！”廉颇的话很快便传到了蔺相如的耳朵里，为了免得跟廉颇见面，以至于发生不必要的冲突，蔺相如三番四次地请病假不上朝。

可是蔺相如越是这样忍让，廉颇就越加觉得蔺相如是惧怕了自己。没过多久，赵王也觉出廉颇和蔺相如有点不对劲，能看见廉颇的地方，就没有蔺相如的踪影；蔺相如活动的地方，廉颇总是凑不到一块儿。赵王封赏蔺相如，不过是为了平衡朝中文武大臣，以维持朝局的稳定，没有想到竟然惹得文武大臣如此不合。

而事态仍然在进一步地恶化。一日蔺相如坐车出去，他前脚刚刚踏出府上大门，便远远看见廉颇骑着高头大马而来。蔺相如为不与廉颇发生正面冲突，赶紧叫车夫把车往回赶。

蔺相如的行为令下人们很不解，于是他们便问蔺相如：“您和廉颇，都是朝中大臣，甚至您的官职上，还要略高一筹，凭什么咱们见了廉颇，总要躲着他？这么下去，我们可受不了。”

这时候，蔺相如平静地回答道：“诸位请想一想，秦王之残酷狡诈，天下闻名。廉将军和秦王比，能比他强多少？”众人道：“其他的不敢说，但是论起奸诈狡猾，廉颇将军怎么能够和秦王相比呢？”蔺相如闻言，义正词严地说道：“秦王如此穷凶极恶，我尚且不怕，廉将军如此慷慨大义，我会怕廉将军吗？大家只知道我和廉颇将军有嫌隙，却不知道，秦王之所以不敢进攻我们赵国，就因为赵国武有廉颇，文有蔺相如。我们虽然是两个人，实际上却是一个整体，和则赵国强，不和则会削弱赵国的力量。秦国强大，秦王奸诈，如果知道了我们不和的消息，必然乘机来攻打我们，到时赵国恐怕就会从此陷入万劫不复的境地了。为了赵国的生死存亡，安危荣辱，我避开廉将军，又有什么不可？”

蔺相如的话，很快传到了廉颇的耳朵里。廉颇虽然是一介武夫，但是大义犹存，特别是关乎赵国的安危大局上，廉颇可是毫不含糊。知晓蔺相如竟然是如此高洁之人，廉颇心中不禁生出了万分的羞愧：自己为了争一口气，竟然不顾赵国的利益，这哪里是一个国之栋梁应该做的事情？

廉颇为了表示自己对于蔺相如深刻的愧疚，遂脱下战袍，背上荆条，赤着上身，徒步走到蔺相如府上，请蔺相如用荆条鞭打他。蔺相如赶紧把荆条扔在地上，用双手扶起廉颇，拉着他的手请他坐下。赵国文武从此戮力同心，秦国因此更不敢欺侮赵国了。

第二章　对抗强秦，赵国上阵父子兵

数量制胜

赵国文有蔺相如，武有廉颇，他们二人构成了赵王的一双翅膀，让列国不敢肆意妄为。然而，平原君赵胜其实应该算是文官之行列，特别是他广纳贤才、虚怀若谷，他的府上相当于是国家举贤任能的机构。如此说来，赵国赵王要达到的平衡，不是要被打破了吗？

这时赵奢的崛起，既是平原君赵胜与赵惠文王之间的默契所在，也在很大程度上平衡了赵国的文武局势。

赵奢在战国时代的声望很高，甚至还有人将其列在了战国的十大名将名单中。这十大名将分别是赵国的赵奢、廉颇和李牧，秦国的白起和王翦，齐国的孙膑和田单，吴国的孙武，楚国的吴起以及燕国的乐毅。

关于赵奢，前面已经提到，他因为不畏权贵，严格执法而得罪平原君赵胜，不仅没有被治罪，反而因为其有理有据有节的辩驳，而得到平原君的赏识。不久后在渑池之会上，赵奢于危难之间受命，领数千战甲护卫赵王。自那时候起，赵王就对赵奢另眼相看，尤其是他带兵时的冷静沉着、机智谋略，在赵王的心底留下了很深的印象。

平原君赵胜在听闻了渑池之会的情况之后，对赵奢更加信任。因为他知道赵王迟早会提拔赵奢，与其等赵王提拔，还不如自己主动推荐。这样一来既体现出自己的选贤任能又可获得赵王和赵奢的好感。

战事纷争的战国，最注重的是军事力量，一切事情都是围绕军事展开的。无论是政治上的尔虞我诈，还是经济上的争相改革，最终目的是为了获取战争的胜利。

所以赵惠文王亦并不希望赵奢被列入文官一行，他需要的是一双平衡的翅膀。他已经通过一些蛛丝马迹，看出了赵奢的不同寻常的军事才能，或许他能够成为继廉颇之后，赵国的又一员大将。让赵奢成为将领，不仅可以发挥其军事才能，拱卫赵国，还能够防止廉颇独揽军权，更可防备文盛武衰的局面出现。

于是，在惠文王十九年（公元前280年），赵王任命赵奢为将军。赵奢亦素有投笔从戎的愿望，只是让他发迹的平原君，对其有知遇之恩，更是将国家赋税的大任交到他的手中，当时的赵奢找不出任何理由可以驳回赵胜的美意。这次既然是赵王下令，他自然乐意为之。尽管如此，他在担任将军之后，并没有就此忘本，而是活学活用，将担任文官时学到的方法用于治军：对下严而和，凡有赏赐，必分给部属。此法对治军极为有效。自此，赵奢开始了他早期的军事生涯，正逐步实现其“男儿何不带吴钩，收取关山五十州”的愿望。

适时，田单通过即墨之战，不仅实现了自己的功名大业，而且复兴了齐国，虽然齐国此后还是一蹶不振，却至少没有亡国的危险。

史书记载，赵奢与田单因为赵国和齐国的关系，曾经有过一次交谈，其中主要表述了各自对战争战术的观点和看法。田单认为，赵奢行军打仗的做法，并不可取。他认为，赵奢动辄以十万甚至数十万的兵力开赴战场，实在是太过虚耗国力，以前一场战争两三万人马就能搞定，倘若用兵过多就会使许多青壮年劳力无法参与生产运输，而让无数良田荒芜，战争的后勤便成为一个大问题，最终难以取得战争的胜利。

而赵奢也丝毫不认输，对田单的说辞嗤之以鼻。赵奢认为，世易时移，当今天下，早就和古代帝王以两三万兵力打仗的时代远离。即使当时社会的诸侯小国，也如满天星斗，不胜枚举，他们的城墙最长者，也不足以达到三百丈，其人口更难以达到三百家。

他还以铸剑为例佐证自己的观点。他说吴越名剑，天下闻名，然而一把绝世好剑，不仅在于其有锋利的剑锋，轻重失宜的建重，长短不差的剑长。更在于它有一个良好的配置。吴越之宝剑，如果以活物试之，则必定斩断其筋骨，灭其生命之火；如果以金属试之，则必定会削金断银；但是如果以石柱试之，则宝剑一折，断为几节；石头砸之，则宝剑就会片片寸断，沦为无用之物。宝剑之所以好，就在于有雄厚的剑背、舒适的剑柄以及锋利轻薄的剑尖，更要配以良好的剑环、剑佩以及剑镡等。古代的三万人马，在当今的战争中，只能够作为剑背或者是剑刃所在，但要取得一场战争的胜利，势必需要更多的剑环、剑柄、剑佩以及剑镡等。一场战役下来，就断然不是三万人马能够成事的。当今天下，周王室衰微，礼制沦丧，国家被分为七股强大的势力，一般的城邑都有千丈之长、万户人家。强如秦国，甚至已经带甲百万，战车万乘。试想，天下谁人敢率领三万士兵与之匹敌？

一席话说得田单莫敢辩驳，心悦诚服。田单一方面诚挚地欣赏赵奢的才干，另一方面则为齐国未来的命运感到深深的担忧。

一向眼高于顶的田单，对赵奢赞赏不已，但是在赵奢成名之前，不过是一个名不见经传的平常将领，一直没有参与什么大的战争。为将者最大的悲哀，就是明明身有凌云万丈才，却无法碰到一场足以让其功成名就的战争。恰如千里马不遇伯乐，战争与才智谋略俱佳的将军的关系，也可以看做是伯乐与千里马之间的关系。不过战国时期的伯乐很多，所以许多人才都能平步青云、一展才华；而战国之“战”字，更显示了其战争的多发性。因此，赵奢此时，可谓是万事俱备只欠东风。

这股东风很快就来了。

赵惠文王十九年（公元前280年），赵奢在赵惠文王的授命下，率领十余万军队攻齐的麦丘（今山东商河西北）。麦丘本来是一个孤城，四面都被赵军围困，可谓是上天无路入地无门，但是赵军却是久攻不下。

原来，麦丘城早就闻听赵军大军来袭的消息，所以齐王不惜一切代价，为麦丘准备了充足粮草。除此以外，当时最善于守城的墨家弟子，更是潜藏在齐国，改良其弓弩，加固其城池，提升其士气。故而赵军虽然进攻勇猛，损失惨重，却一直难以攻破麦丘城。战报传到赵惠文王处，不禁让其十分生气。他决议孤注一掷，命令赵奢在一个月内拿下麦丘，否则，必军法处置。

赵奢也感到责任重大，遂心生尽快建功的愿望。所以一到麦丘，他就下令士兵进攻。这时候，赵括出来意欲阻止赵奢这一进军方式。赵括是赵奢的儿子，在当时看来，这对父子都属于天纵奇才，能够一起从军，征战沙场，可谓珠联璧合。所以赵括在军中的地位，无论于公于私，都较一般将领为高。赵括眼看父亲欲要强攻麦丘，遂直言不讳地向赵奢进言，认为强攻不仅难以在一个月内攻破城池，还很有可能损兵折将，遭受更大的损失。正所谓“用兵之法，全国为上，破国次之；全军为上，破军次之；全旅为上，破旅次之；全卒为上，破卒次之；全伍为上，破伍次之。是故百战百胜，非善之善也；不战而屈人之兵，善之善者也。故上兵伐谋，其次伐交，其次伐兵，其下攻城。攻城之法，为不得已”。（《孙子兵法·谋攻第三》）强攻应该是最后无奈的选择而绝对不是第一种选择，要在最短的时间内攻克麦丘，只能智取，不能力敌。赵括判断，麦丘的粮食尽管还没有完全吃光，但肯定是不多了，因为城头上的士兵已经显示出肌黄面瘦的状态，甚至有的还出现了体力不支的现象。因此，此时最好先搞清楚麦丘的虚实，暂停进攻，进而制定最简单易行的办法。

赵括所说的道理，赵奢何尝不知，只是他一时之间，还没有想到破城的更好的办法，而且对于城中是否的真的缺少粮食，赵奢也没有确凿的证据去证明。因此，赵奢虽然对赵括的论断表示赞同，却不能够听赵括的话，遂下令攻城。

赵括也打过胜仗

麦丘城外，赵军依然在持续不断地进攻齐国军队。

此一战，虽然使得麦丘城下伏尸数万，城墙都断了一截，赵军却没有攻下麦丘。眼见父亲如此冥顽不灵，赵括再次犯颜直谏，对赵奢说道：“守城者中有墨家弟子，他们精通防御，几年下来，对赵军的进军策略可谓了如指掌，因此尤其善于抵御赵军的攻势。几年下来，数次大战，赵军都是无功而返。我认为我们这次进攻，除了换了将领之外，与以往的赵军没有什么不同。大王换了将领，就是希望父帅能够一改前面诸位将领的作为，以最小的代价攻克麦丘。”

赵奢听到赵括如此说，也认为如果继续这样打下去，赵军真的很难在接下来的二十余天时间内攻克麦丘城。军中将士听闻赵括的言论后对其佩服有加，大家不约而同地赞叹：虎父无犬子。只要这场战斗在赵括的建议之下，能够一举取得胜利，不仅赵奢可以功成名就，连着他的儿子赵括也会声名鹊起。

此时此刻，城中的齐国军队，为了化被动为主动，经常在晚上出来偷袭赵军。不少墨家子弟组成的散军也经常在城外对赵军进行间歇性的骚扰，以达到疲惫赵军的目的。如果这种情况持续下去，一个月内赵军势必难以攻克麦丘。到时赵奢父子，非但无功，反而会英名尽毁。

这时候，赵军在城外也广布密探，并且还试图将探子势力伸到麦丘城内。不久后，齐国在外进行骚扰的士兵就被赵军抓到了几个。赵奢于是向抓到的俘虏询问城中的情况，齐国在麦丘城内的军纪军心应该还是很稳定的，因为赵奢想尽了办法，也难以让他们开口说话。赵括见此举并不会取得成效，便对俘虏采取攻心法，每天给他们饭吃，对他们礼遇有加，而且将赵军手中的粮草发给他们，让他们回去分给家人。这是一招“以退为进、明收暗攻”的方法，赵括的计策很快就收到成效。

俘虏中有人为赵括的“善举”所感召，于是悄悄地告诉赵括，城中的粮食已经不多了，而且都被齐军控制。城中百姓早已断粮，很多人几乎已经开始易子而食了。赵括问依照目前这种状况，齐军大约还能守多长时间。俘虏说城中军心虽乱，却因被围困而恐惧赵军，所以负隅顽抗，再不济，齐军也还能守几个月，只要援军一到，他们便可以置之死地而后生。

于是赵奢表示，赵括果然有一般为将者所不具备的先见之明，赵军没办法在一个月时间内攻克麦丘，遂听从赵括的建议，停止进攻。赵括还借机向赵奢进言，说及当今天下，大多数军队都是不仁之辈，所谓上兵伐谋，一个城池最为恐惧的，就是祸起萧墙，变生肘腋，只要城中不稳，有一支势力和外面的攻城军队利用外合，那么破城之日，就定然在旦夕之间。

果然，这批俘虏被放回麦丘之后，如一颗石子投入了平静的湖面，刹那间，一石激起千层浪。麦丘城中无论百姓军民，都盛传赵军仁慈，不仅不侮辱俘虏，还优待他们，给其粮食带给城中自己的家人。由此产生的连锁效应，比之一万军队的进攻还要强大，城中百姓大多数不愿意随着齐军一起灭亡，都想出城投靠赵军，连齐军军营内，也人心浮动。

齐军将领见此，知晓再这么放任下去，则麦丘城必然会不攻自破。城破之日，士兵百姓自然无所损失，但是为军队将领者，一不能为国尽忠，二不能保全性命，实在是奇耻大辱。于是，齐国将领决定，将俘虏都抓起来，百姓士兵遂敢怒不敢言。

赵奢见城中明显地划分成了两派之后，认为时机已到，就命令围城的赵军用抛石机把粮食抛入城中。赵军每天把粮食抛入城中后，就回营休息，并无攻城的措施。城中军民更加生出向赵军的投奔之意，只是苦于齐军防范严密，城中百姓和普通军士们也只能望洋兴叹。

数日之后，守城的齐军将领认为，如果听任赵军如此，则齐军会人心尽丧。为了不让赵军的计谋得逞以及断绝城中军民的投诚之心，齐军索性派出代表，将赵军投到麦丘城中的粮食悉数奉还，表示势不两立的决心。齐军代表甚至还对赵奢说道，赵军要战就正大光明地来攻，不要再对齐军实行阴谋诡计。赵奢只是轻轻一笑置之，并没有为难齐军使者，让他回城里等着，但却依然不见任何动作，只是和往日一样，不时向麦丘城抛送粮食。

齐军见赵军不为所动，遂决定以出城为战为诱饵，来断绝赵军的招降之心。于是，齐军再次派出使者，来向赵军下战书，请求与赵奢择日决战。攻城之人，当然希望守城将领能够率领军士出来，与己方决一胜负，而不是依靠高墙深池，负隅顽抗。所以齐军此次抛出的诱饵，不可谓不大。但事已至此，赵奢清楚破麦丘城只是早晚的事情，犯不着因小失大。所以再次听从赵括的建议，拒绝与来使见面，断绝齐军决战的图谋。

数日过后，麦丘方向突然传来消息，齐国守城的将领，竟然被其部下斩杀，城中军民遂举家向赵军投降。赵括的办法终于奏效了。经此一役，赵奢暗暗佩服自己儿子的军事才能。赵军亦对赵奢父子敬佩万分，一时之间，“虎父无犬子”成为当时赵国军士对赵奢父子最平常的评价。

曹操曾说：“昔赵奢、窦婴为将也，受财千金，一朝散之，故能济成大功，永世流声。吾读其文，未尝不慕其为人也。”可见赵奢之所以能够成为战国十大名将之一，定然有其非比寻常之处。借助麦丘一战，赵奢功成名就，赵括一战成名，赵惠文王对其父子之才，大加赞赏，并大肆封赏了他二人。

但是这次战争在奠定了赵括的声名和地位的同时，也在很大程度上养成了赵括轻敌的习惯。其实，赵奢无论是开始之时的不听从劝告而攻城，还是后来攻城受挫之后，全力配合儿子赵括的作为，都显示了这样一个事实：如果没有赵奢，赵括依然只是一个“纸上谈兵”之辈。试想，如果一开始，赵军就采取向齐军投放粮食的策略，还有可能奏效吗？结果不言而喻，姜还是老的辣，正是赵奢的老成持重，能够掌控时机，才能够如意实现赵军的战略意图和赵奢父子的成名意图。

狭路相逢勇者胜

伴随着麦丘一战的胜利，赵奢的军事才能开始在赵军中广为传颂，特别是其兵不血刃就攻克了城池，比之秦国大将白起，也有过之而无不及。赵奢从此成为了能顶赵国半边天的人物。

而秦国在一切就绪之后，就发起了对于韩国不惜一切代价的进攻。而韩国与赵国同属三晋之地，所谓“唇亡齿寒，户破堂危”，秦军攻击韩国，与攻击赵国其实是一个道理。

赵惠文王三十年（公元前270年），秦军派重兵围困阏与（今山西和顺县），秦军将领为秦穰侯魏冉。

秦穰侯魏冉，亦作魏厓，是当时的秦国大臣。魏冉原为楚国人，是秦昭襄王的舅父，宣太后异父同母的弟弟。秦武王23岁时，因举鼎而暴死。他死后由于没有儿子，而导致其兄弟争位，秦国在刹那间陷入大乱。

大乱之下，有识之士自然不会甘于现状，而是积极出手，为自己的将来谋划。这时候，魏冉实力较强，他选择拥立秦昭襄王，并帮秦昭襄王清除了争位的对手，所以魏冉很快成为秦国举足轻重的人物。从惠王时起，魏冉就任职用事。及至昭襄王立，魏冉因为帮助其夺位，立下功勋，遂受任为将军，警卫咸阳（今陕西咸阳东），由于他食邑在穰（今河南省邓州市），故而号曰“穰侯”。

魏冉一生，战功卓著，多次打败韩国、赵国。凭着他与昭王的特殊关系，在秦国呼风唤雨，独揽大权，一生四次担任秦相，党羽众多，深受宣太后宠信。此外，他在担任丞相之时，还不失时机地向秦王举贤才。

穰侯魏冉除了政治眼光卓著、军事才能突出之外，在外交上也具备独特的才能。公元前288年，他奉命去齐国，约齐湣王与秦昭襄王同时称帝，秦为西帝，齐为东帝，准备联合五国攻赵，且三分赵国。只可惜后来列国瞧出了秦国的不轨之心，使得魏冉好不容易经营的连横策略，败于苏代的合纵之谋。

公元前284年，韩、赵、秦、魏、燕五国军力联合，大破齐军，将齐国打得一蹶不振。孰料魏冉竟然假公济私，假秦国的武力专注于攻齐，夺取陶邑（今山东定陶西北）为自己的封地。秦孝公之后，历代秦王便定下了一统天下的战略目标。此刻魏冉虽然权势赫赫，“富于王室”，“擅权于诸侯”，但是如此不顾国家利益的行为，难免人心不附、上下怨愤。秦王认为魏冉此举，已经严重地威胁了秦国的政权稳定。公元前266年，秦王将魏冉罢免，范雎从此代之为秦国丞相。魏冉一世英雄，最终落得个“身折势夺而以忧死”的悲惨下场。

而此时赵国军中，能够独当一面、与魏冉抗衡的人物，除了廉颇与赵奢之外，并无合适的第三人选。然而，朝中大臣大部分都不赞同悍然与秦军交战。因为此时的秦军实力强大，东方六国皆莫敢匹敌，赵国何以战胜强秦？另外秦军并没有直接攻击赵国，赵国犯不着为了韩国而得罪这么强劲的一个敌手。整个朝中，虽然只有赵王、蔺相如、廉颇和赵奢等人表示愿意援助韩国，但因为这几人几乎代表了赵国的绝大部分势力，所以援助韩国的计划还是被批准。

只是真的到了救援实施的具体步骤之时，赵国上下却开始犯难，不知能否救得了阏与，因为“愿意”相救和“能够”相救，毕竟是两个完全不同的概念。

于是，赵王向臣下咨询，该怎么去援救阏与，廉颇回答：“道远险狭，难救。”（《史记·廉颇蔺相如列传》）赵王不死心，遂又召问乐乘，乐乘所答与廉颇大致相同。这乐乘亦是当时赵国的名将，是燕国名将乐毅的儿子，乐间的同宗。虽然此刻他还没有展示其才华，但是凭借着乐毅的名声，他在赵王的眼中的地位也不容小视。

蔺相如见此，心想直接援助阏与已经是不可能，遂提出放弃阏与，在武安设防的意见。赵王不禁犯了难，遂将眼光投向在麦丘之战中一战成名的大将赵奢。赵奢对这朝堂之上的局势，可谓洞若观火。赵王急切地希望能够直接援助阏与，然而廉颇等人因为顾忌道路遥远、山势险要、通途狭窄而犹疑不决。赵奢遂面露一笑，心中已经有了定计，谈道：“其道远险狭，譬之犹两鼠斗于穴中，将勇者胜。”（《史记·廉颇蔺相如列传》）这就是“狭路相逢勇者胜”的来源。

听完赵奢所言，众人均以为有道理，连一向自负的廉颇，也不禁对赵奢刮目相看。赵王闻言，大表赞同，立即任命主战的赵奢为将，率军前往阏与。

不纳谏的名将

对于这场战役，《史记》上给予了极高的评价。赵奢也正是凭借此次战役，奠定了其战国十大名将之一的地位。这一年，是周赧王四十六年（公元前269年）。

当时秦军对于赵军的动向，早就有所探查，所以从关中地区发兵时，一路西向，直接进入中原重地武安（今河北武安，位于山西、河北、河南三省交界之处）。自此，这一支秦军与围攻阏与的军队，恰好构成了掎角之势，可以在赵军大举来袭之时，互相驰援。

然而，秦军低估了赵奢的智慧。

赵奢在战前，就对秦军和赵军的优势和劣势进行过细心的分析，正所谓“知彼知己，百战不殆”。赵奢绝非鲁莽之人，虽然在出战之前，他对秦国军队表现出藐视，但那个不过是战略上的。真正兵临作战现场时，赵奢开始在战术上，重新审视天时地利人和，把敌人重视起来了。

恰如廉颇所言，此次救援阏与，可谓山高路险，行军艰难。此时的秦军，一方面在阏与地区布下口袋阵，只等赵军一来，就将其全面围攻；另一面，则加紧向武安地区进军，并企图挥师到达赵军的背后，来个两面夹击。赵奢对于这一切，早就洞若观火。

于是，赵奢率军出邯郸三十里即筑垒扎营，并在营区周围修筑了许多屏障，故意做出毫无进取，畏惧强秦的姿态。

为隐蔽作战企图，赵奢不顾武安危机、阏与困境以及军中将士的如火如荼的心情，向大军下了一道匪夷所思的军令：“有敢于谈及军事者，一律斩首。”（《史记·廉颇蔺相如列传》）当然，赵军之中，也不乏热血之士，对于赵奢的战略意图不了解不说，还对其做法表示不屑，甚至“冒死直谏”。但赵奢心里的棋局已定，为了取得战争的胜利，他不会容许任何变动发生，一旦威胁赵军取胜的因素出现，赵奢就会毫不犹豫地将其抹杀。因此这一个冒死直谏的将领，就这样命赴黄泉了。

斩杀军中一员将领，不仅让军心大定，也让秦军更加摸不着赵军的意图。没有什么比未知更可怕，这一下，该轮到秦军军心浮动了。他们不知道，这赵奢到底意欲何为，而且从目前的迹象看来，赵军似乎没有出兵的打算。

很快，28天过去了，赵国只是增筑营垒，对秦军的屡次挑衅，都做冷眼旁观状。秦军对赵奢的意图更加疑惑。

于是，秦军派遣间谍进入赵军驻地侦察，查看赵军的虚实，然后再做进一步的计划。赵奢所部之所以一直在这里，唱着疑兵之计，等的就是这个时候，好给秦军来一个将计就计。所以在秦军探马到来时，赵国军队上下，都做浑然未觉状，还将其当做一般的民众，以好饭好菜招呼，待其酒足饭饱之后，再任其自由活动。

适时赵军之中，也只有屈指可数的几个人已明了赵奢的意图。赵奢明白，要欺骗别人，首先要欺骗自己，如此，才能够让敌人无所察觉。尤其是普通士兵，只需要奉命作战即可，如果知晓太多，反而成为透风的墙。果然，在赵奢的苦心经营之下，探马将眼前所见悉数告知了秦国将领。

秦将不知是计，还妄自认为，赵军“去国三十里而军不行，乃增垒，阏与非赵地也”。（《史记·廉颇蔺相如列传》）因而对赵军放松了警惕。此举与三国之时，周瑜借助蒋干，将东吴营垒不合的消息传给曹操，最终导致火烧曹操、樯橹灰飞烟灭的反间之计，有异曲同工之妙。

如此千载难逢的机会，赵奢自然不会放过。等秦国的探马前脚刚走，赵奢便突然作出决定，集合部队，全力进兵，秦军还没有反应过来，赵军便已经向西急进而去。两日一夜之后，赵军顺利到达离阏与五十里的地方。消息很快就传到武安秦军驻地，秦军将领大惊失色，竟然在不知不觉之间，让赵军从眼皮底下溜走。秦军还在武安痴守，做着春秋大梦，却让赵奢神不知鬼不觉地到达阏与。所谓亡羊补牢，为时未晚，秦军急忙命令部队，火速驰援阏与。

赵军虽然暂时摆脱了武安之敌的牵制，但是并没有就此高枕无忧，一来武安之敌转瞬及至，到时候两面夹击，赵军依然面临险境；二来赵军的战略目的在于解救阏与，目前阏与依然还在秦军的围困之中；第三，赵军孤军深入，千里跃进韩国境内，在没有后方良好的粮草供应之下，大军时刻处于危险之中。

就在此时一个名为许历的军士，冒着触犯赵奢军令而被杀的危险，向赵奢进言。概括说来，许历之言，可以归结为两条：

首先，赵军需要时刻保持警惕，加强营垒的防备，以杜绝秦军发动突然袭击的可能。特别是当前秦军没有料到，我军竟然会兵从天降，出其不意掩其不备之下，秦军必然会全军压上，以防止我军进一步行动。我军要保持不败，就需要在秦军到来之时，退避三舍，暂时避其锋芒，加重兵阵，以逸待劳。

其次，发兵抢占北山，北山为战略制高点，有居高临下的优势，两军谁先抢占北山，则胜利的天平就会偏向于那一方。

赵奢认真听他讲完后，不但没有治他的罪，反而对其建议大加赞赏并采纳。赵军一万人马，在许历的率领下，兵发北山，比秦军快一步，掌握了战争的主动权。而赵奢则亲自率领其余赵军，迅速攻击围城部队。秦军一部军力继续围困阏与，另一部则仓促应战。奔袭到北山下的秦军，很快就陷入了前无去路，后有追兵的境地，待得赵奢杀来，许历的一万大军也如猛虎下山，杀向秦军。秦军兵败如山倒，很快就四散溃逃，阏与之围也随之解除。

此次战役，使强秦遭受多年以来未尝有过的打击，此后许久都不敢轻举妄动，恐怕重蹈阏与的覆辙。此次战役，也展示了天时地利人和对于战争的决定性作用。天时者，懂得把握时机，在秦军围困阏与之时，决定千里跃进出击，在武安秦军麻痹之时，星夜兼程迅速出兵阏与；地利者，以封疆之界来划分秦国与韩国的区别，以北山之险来加强对秦军的战略优势，以赵奢所部的兵革之利而威震天下；人和者，一来赵国城内将相和睦，君臣一心，二来与韩国联盟，攻击秦国的无义攻伐，得尽天下人心，可谓得道者多助。而秦军悍然发动对三晋之地的进攻，动辄屠城，流血千里，可谓失道者寡助。有所谓："寡助之至，亲戚畔之；多助之至，天下顺之。以天下之所顺，攻亲戚之所畔，故君子有不战，战必胜矣。"《孟子·公孙丑下》

经此一战，赵惠文王封赵奢为马服君，地位与廉颇、蔺相如比肩，从此奠定了其东方六国名将之一的地位。许历也因为这次战役的卓越表现，而被封为为国尉。赵国在各诸侯国中的地位得到了很大提升，成为当时东方六国当中，唯一可以撼动秦国地位的诸侯国。

纸上谈兵，真实的赵括

历史记载，赵括死于公元前259年，他几乎是伴随着赵奢的崛起而屡次现身。因此可以说，赵括的前半生是一直走着上坡路的。赵军在赵奢的带领下，所向披靡，未尝一败，天下之人有目共睹。赵括的才干不仅不输于其父亲赵奢，甚至在谋略方面还要略胜一筹。

从麦丘之战开始，赵括就开始崭露头角，特别是在其父亲赵奢的配合下，其声名日盛，得到了赵王的青睐。后来的阏与之战，赵奢将要发兵阏与之时，还不忘向自己的儿子请教，如何在最短的时间内，以最小的代价解阏与之围。

赵括再一次展露了自己纵论江山，运筹帷幄的绝世才华。当时负责攻打阏与的秦国将领是名将胡阳。胡阳乃白起所看重的秦军将领，善于用兵。赵军虽然兵锋强劲，更有赵奢为将，但必胜的把握却是半点也无。而且秦军挟军士之悍勇、将领之谋略、霸国之气势，充其量算，赵军只有一半的胜算。

于是赵括对比两军的优势、劣势以及当前的战争形势后，向赵奢进言：当前秦军名义上是先攻取韩国的阏与，实际上是想通过占据阏与，迫使韩国与之结盟，再借韩路攻赵。昔日，晋国诱骗虞国借道，一石双鸟，不仅通过虞国攻灭虢国，还顺势剿灭虞国，是为假途灭虢。韩国很担心自己也会被秦军顺手牵羊，秦国素来无信义，如果因为贪图赵国的国土，而招致亡国，那就真的是得不偿失了。

反观秦军一方，通过对韩的连年攻击，即使能够迫使韩国成为他的盟国，也无法令反复无常的韩国在侧面有效地呼应秦军的进攻。因此可以说，秦、韩两军实际上是互有顾虑。秦军千里攻阏与，利在速战。赵军千里救阏与，一样也要寻求速战，但是关键时刻，秦赵两军还需要比拼一下耐心。赵军应让秦韩两军加紧攻伐，以分散秦军对赵军的注意力。只要秦军心生恐惧，就会萌生退意，那他们就一定比不过赵军，会更加急切地要寻求速战速决。赵军此刻，只需要示之不能，专心设防，便能够给秦军造成赵军暂时无力解救阏与、不敢攻击秦军的假象，使秦军放松警惕。此时，赵军再趁其不备、火速突袭，则秦军可一举歼灭，阏与之围随之可解。

于是，赵奢一面派人潜入阏与，告诉守阏与的军队，赵国大军将至，阏与之围在一个月内必解，请他们务必坚守，以待时变。另一面，选拔一批骁勇善战、机智果敢的队伍，暗中插入秦国与韩国的军队之间，遇到秦军则化作韩军攻击，遇到韩军则化作秦军攻击，一打就走，绝不恋战。这样一来秦国与韩国两军必定会死战到底，无论最后战争胜负如何，秦国和韩国在短时间内，都难以结成联盟。

由此而观之，历史上所谓赵括“纸上谈兵”，似乎有些言过其实了。

反观赵奢，能够成名，不仅依靠其审时度势，料敌后动的军事才能，还依赖于其身经百战、九死一生的经验，他虽然在战略制定上，比之赵括要略逊一筹。但论及对战争本身残酷与艰难、认识与认知、体会和体验，则非赵括能及了。前面就提到，赵奢其人，只要遇到赵王的赏赐，从来不藏私，而是直接散尽财产，给自己的部署和士兵，由此而产生的效应是巨大的，军中与其亲密者，不下百八十人，肯为其效死力者，不下五六十人。但并不能就此认为，赵奢为将，便是一味地关爱士兵、收揽人心。赵奢治军，素以军纪如山、铁面无私而闻名。这一点，从他在阏与一战中，下令不许人擅自谏言，一人犯禁被诛杀就能够很好地体现。此外，赵奢还能够根据形势的变化而改变策略，如许历触犯军纪，向赵奢进言，最终不仅免于责罚，还得到重用。这些，都是赵奢之子赵括万难企及的。

由此似乎已经决定，赵奢与赵括的最终结局。

经历了两次战争的胜利，从小学习兵法、善于谈论兵事的赵括，从此便生出了傲慢之心，认为天下虽大，能够在军事上赶超他者，实在是很难找出来。赵括逐渐变得骄傲自满，赵奢对此也渐渐瞧出来一些端倪。虽然赵奢认为儿子空有满腹的军事理论，却没有任何实战经验，但是一旦和他论起军事时，赵奢便会被其子赵括的高谈阔论、勃勃雄心而弄得哑口无言。

面对赵括此刻的目中无人，赵奢做出决定，一定要通过潜移默化的教育，让他能够暗自醒觉，同时也不至于伤了他的面子。可惜赵括此刻正被虚名蒙蔽了双眼，哪里能够看得到自己父亲的良苦用心呢？于是赵奢决定，让自己的妻子，即赵括的母亲前去规劝他。一直以来，赵括之母都以生了赵括这样一个绝世奇才而自豪，不想自己的夫家竟然对其不满，遂问起缘由。

赵奢语重心长地说道：“打仗，是生死攸关的事情，赵括只是在兵书上看过，到论述战争胜负、兵者策略之时，赵括自然是口若悬河、滔滔不绝，但如果说到实际战争中的那些生死相抗、血火相溶、动静相制、真伪相见以及用兵的深浅进退、攻防成败，则赵括就远远不足了。如果赵国用他，则必须要有一个足以辅佐他的人，但是这种人哪里去找呢？如果赵王不让他当将军，虽是我赵家的不幸，却是我赵国的万幸，为人父母者，最大的苦痛莫过于此。”

赵括之母虽然爱子如命，但是她明白身为国之柱石的赵奢的苦衷，更加明白人才选拔对于一个国家的重要性。经过赵奢的提点，其母亲再结合自己平时的观察，很容易就看清了赵括的缺陷所在。所以，两害相权衡而取其轻，赵括之母为了自己儿子将来不至于酿成大祸，所以开始告诫自己的儿子，希望他谨慎从军，多听从父亲赵奢的教导。甚至还跟他说，如果可能，最好不要继承其父亲的功业。

然而，怀有雄心壮志的赵括，无论如何也是不会甘于平凡的。

赵惠文王去世后，太子孝成王即位为赵国君王。孝成王七年（公元前259年），赵奢已死，天下已经很少有人能够制约赵括的发展了。眼看赵王即将要重用赵括，赵括之母急忙去劝诫赵括，让他不要从军，廉颇一代名将，尚且不敌秦军，赵括竖子耳，怎么能够敌得过大将白起呢？可是赵括此时已经被盲目的自信冲昏了头脑，满心以为自己飞黄腾达的机会就此来了，根本不听母亲的劝告。于是，其母再向赵王上书道："括不可使将。"赵王说："为什么呢？"赵括之母回答道："当初我侍奉赵括的父亲，那时赵奢是将军，由他亲自捧着饮食侍候吃喝的人数达数十人，被他当做朋友看待的更要数百人，大王和王族们赏赐的东西，赵奢从来不贪恋，悉数分给军吏和僚属。自他接受大王命令的那天起，就专心于军事，而不再过问家事。现在赵括未建尺寸之功，便做了将军，扶摇直上、趾高气扬、不可一世。面向东接受朝见时，军吏臣属无人真心拥护他，也无人敢抬头看他。和赵奢相反，赵括直接将大王赏赐的金帛，全部带回家收藏，为了一己私利，竟然四处访查合适的田地房产，看到中意的就毫不犹豫地买下来。由此而观之，赵括此人，没有半点他父亲的做派，用他为将，实在非社稷之福，希望大王罢免了他。"

岂料赵王早就听说秦军害怕的是赵括，亦听说赵括身负绝世奇才，遂铁了心要用赵括。无奈之下，赵括之母只能祈求赵王，如果一定要派赵括领兵，就不要在出事之后，让赵括家人遭受鱼池之殃。赵王以为赵括之母不过是危言耸听，并没心思领会其言外之意，于是，他便满口答应了。

自此赵括悲剧性的一生，在其父母万般努力而无效的情况下，遂成为板上钉钉的事情。

第三章　楚国之女坐镇秦国

大势所趋的强秦

历数秦国的发展历史，有两场意外让秦国变得更加强大。战国初期发展了数十年，任谁也没有料到，昔日地处边远西部、默默无闻的秦国，竟然能够具备那么大的气运，不仅从整体上改变了秦国的弱小和贫穷、收复了函谷关内外被魏国占领的土地，还在此后的20年时间内，迅速地成为魏国最大的敌手，战国最炙手可热的诸侯国。

这一切，都要归功于两个人物，第一位是秦孝公嬴渠梁，另一位就是吴起的同乡、法家学派巨子商鞅。他二人，一个有雄心壮志，一个有满腹经纶。在魏国受挫之后，商鞅辗转来到秦国，于是，二人在历经磨难之后，一拍即合。无法在魏国施展拳脚的商鞅，却在秦国得到了重用。秦孝公把大权交给商鞅，让他根据自己的思想和筹划的措施，对秦国进行彻底的变革，以图自强。

一场意外，让本来可以在魏国大展拳脚的商鞅，成了秦国的股肱之臣，成为左右战国局势的重要人物。他在秦国推行了一系列措施，从秦国几乎处于半野蛮状态，落后、穷困、腐败和一片混乱的国情出发，大刀阔斧地进行改革，不仅仅彻底改变了秦国的法令规章、上层建筑，还彻底地改变了秦国的军事制度、政治法则、政府组织、社会结构以及风俗习惯，有甚者连道德价值标准和人生观念都经历了天翻地覆的巨变。商鞅变法成为当时最惊心动魄的大事件，从此，一个原本弱小的国家逐渐走上强者之路。

商鞅变法作为一次较为彻底的改革运动，对于社会进步和历史的发展起了推动作用。通过这次改革，秦国将旧的制度废除，代之以能够适应当时社会经济发展的新制度。商鞅此次变法具有明显的作用，它促进了秦国经济的发展，壮大了国力，实现了富国强兵的目的，为以后秦统一全国奠定了基础。但是付出努力的商鞅并没有获得所有人的认可，秦孝公死后，商鞅便付出了代价——死后还被车裂。因为改革变法伤害了旧贵族的利益，就连新任秦王亦对商鞅恨入入骨。秦孝公的兄长因变法而受刑，太子也因变法而被放逐，河西之地的大贵族的既得利益都消失无踪，就连商鞅也最终死于自己颁布的连坐之法。但是，变法最终被保留下来，与其留下的秦国内部安定、外部宾服一样，成为影响战国格局的重要一环。

秦国在当时具备最适宜的改良条件：落后、混乱的社会，贤达的君王、思定的秦民以及悍勇的军队，这些都是其他诸侯国不具备的。魏国丞相在死前，曾亲口对魏王叮嘱：商鞅此人，要么重用，要么杀之。如同没有挽救魏国的没落一样，魏王最终没能够阻止商鞅入秦。

除了商鞅变法之外，秦国崛起还有其特殊的优势：

第一，秦国具备地理优势。它地处中国西北部的渭河流域，进可攻取中原腹地，退可以在函谷关一带以一夫当关万夫莫开的气势抵抗外敌。

第二，变法后的秦国内部稳定，使得秦统治者可以丝毫没有后顾之忧地进攻东面的其他诸侯国。

第三，拥有军事实力和经济实力。从当时的武器装备来看，秦国军队是最早用钢制武器取代青铜武器、用骑兵取代战车兵的中国人。再从当时的经济实力上看，公元前318年，即秦惠王在位期间，秦军顺利占领了四川的产粮大平原，这不仅大大地扩大了秦的地盘，也极大地增强了秦的经济力量。以天府之国的优势，滋养秦军从长江和函谷关南北两路出发，实现其一统天下的战略意图。

第四，秦统治者是些能干而又野心勃勃的现实主义者，大力而连续地引进人才的同时，还率先应用法家学说，实现中央集权，为国家和军队积聚力量，成为战国七雄之中，最富有生机和活力的一个。

商鞅死后，秦惠王继续推行商鞅的改革策略。秦国在秦惠王的经营下，用27年时间休养生息，使得商鞅改革的成果进一步巩固和扩大，及至秦武王嬴荡即位，秦国之强大已经在其军事行动上显示出来。

从嬴荡的名字就可以看出，秦惠王对其寄予了称霸中原、荡平天下的厚望。历史记载，秦武王嬴荡身高体壮，有神力，喜好跟人比角力。不管是英雄所见略同，还是沆瀣一气等词汇，都讲述了这样一个事实：秦武王喜欢和他一样的人。所以秦武王在政期间，大力士乌获、任鄙、孟说等人都曾因为力大无比而被封高官。即位4年之后，即公元前307年，力大无比的秦武王与孟说比赛举“龙文赤鼎”时不幸折断胫骨，不久便气绝身亡。

秦武王之死，对于正处于上升期的秦国而言，本来算不得大事。然而由于他没有子嗣，秦国因此陷入了政治的大混乱时期。

大乱之后，方能大治，而大凡大混乱之时，必然有一些人，枭雄也罢，英雄也好，不会甘于寂寞，会逐步浮出历史的水面。

就在秦国面临四分五裂的危机时，以秦惠文王的发妻惠文后、秦武王的王后武王后以及武王的弟弟公子壮结成的政治集团和以芈八子（后来的宣太后）、魏冉为首的外戚势力开始了持续三年的夺位之战，决定秦国命运的另一场意外就在这一期间产生。

王室正统结成的集团，名正言顺，在政治上的优势更加明显。但是魏冉也不是泛泛之辈，早在秦惠文王时期，就已经在秦国担任重要职位，及至武王暴死，魏冉再次成为秦国国内最具备实际权力的人物。此时的魏冉，因为其姐姐的缘故，还得到了韩、赵两国的幕后支持。为了能够在政治上夺取主动地位，魏冉与芈八子决意拥立芈八子的大儿子、秦武王的异母弟弟嬴稷。

嬴稷早年被送往燕国做人质，秦武王死后被燕国人送回。燕国的战略意图很明显，借助嬴稷，搞好燕国和秦国之间的关系，并进一步干涉秦国的内部事务。可惜他们没有料到，嬴稷竟然成了决定战国时期最终结局的关键人物。他在位时间长达56年，为秦国开疆拓土、打击东方六国的势力作出了突出贡献。

眼见嬴稷被迎立回国，惠文后等人自然不会坐以待毙，唇枪舌剑失去作用之后，逐渐演变为一场战争。如果按照当前的局势发展下去，惠文后等人最终夺取胜利，只是个时间早晚的事情。奈何这时候一个意外再次在秦国的政治舞台上发生了。他们的核心人物樗里疾临前变节，在激战正酣时，手中握有兵权的他却选择了沉默，其实是变相地站到了魏冉一方，这给占尽上风的惠文后集团以重击，形势急转直下。魏冉趁此大举进攻，惠文后集团就此寿终正寝，嬴稷顺利继位，是为著名的秦昭襄王。

惠文后等人虽然在夺权斗争中，最终失败，但是他们并没有就此一蹶不振，而是从此韬光养晦，并在暗中企图东山再起。魏冉因为拥立秦昭襄王嬴稷有功，成了秦昭襄王的开国功臣，受到重用。他继续手握兵权，负责京师重地的安全。秦昭襄王二年（公元前305年），秦武王的同母弟弟公子壮，在其母惠文后和武王后等人拥戴下，擅自即位称君，史称“季君”。欲先斩后奏，在大事定矣之后，取代秦昭襄王。犯上作乱的公子壮、惠文后及相关的大臣、诸公子等人，都在魏冉的积极进攻下被剿灭，秦国再次进入了稳定发展得时期。

一场意外，使得秦武王一命呜呼；一场意外，让魏冉集团反败为胜；一场意外，使得芈八子成为宣太后，从此开始了宣太后和魏冉共同主持朝政的时代。看似一场意外，其实都在情理之中。从当时战国的局势看来，秦国对统一天下具有不可推脱的责任，虽然变乱突起，但是人心思治的秦国，不仅会很快重归稳定，而且还会不断强大。

这就是所谓的“大势所趋”。

史上第一位太后

芈姓，是楚国的国姓，可想而知，芈八子是楚王姐妹中的一人。八子，并非她的名字，而是她嫁给秦王后得到的封号。芈八子约生于楚宣王末年（公元前340年），生下她之后，芈八子的母亲又生下了历史上著名的“战国四贵”之一的华阳君芈戎。及至其父亲逝世，其母亲遂改嫁，再生一子，即魏冉。魏冉入驻秦国，与宣太后一道，成为秦国呼风唤雨、无所不能的人物。

芈八子在年轻时候就具备一般女子所不具备的资本：例如高贵的出身、美貌的姿色，这使得她能够顺利地嫁入秦国。尽管在当时的楚国看来，秦国不过是一个边陲小国、身处边远之地，然而就在许多女子避之不及的情况下，芈八子以其远见卓识，选择了嫁入秦国王室。她是惠文王后宫中的八子，在武王死后的争位斗争中将自己的儿子捧上君王宝座，最终登场秦国的权力巅峰。她以笑傲天下的魅惑、虎视中原的雄心，在战国的历史舞台上，上演出一幕幕可歌可泣的巾帼故事。

说起宣太后到达秦国的经历，可谓颇具传奇色彩。

公元前388年，嬴驷即位，即秦惠文王，年仅17岁。商鞅被杀之后，公孙衍代替他成为秦国的大良造。在这两人的配合下，秦国军队继续执行秦孝公时期的弱魏政策，率领大军攻击魏国境地。不久，公孙衍大军就在雕阳（今陕西鄜州）大破魏军，折其精锐数万。次年，张仪凭借其三寸不烂之舌，代替公孙衍的地位，无奈之下，公孙衍只能投奔魏国。秦惠文王也是在这一期间称王的。楚怀王为了表示对嬴驷的庆贺，遂将芈八子嫁到秦国，成了秦惠文王的妃子。其弟魏冉和芈戎也就此一并入秦。

芈八子入秦之后，不知是因为其风华绝代的美貌，还是因为“无心插柳柳成荫”，很快就生子嬴稷，即后来影响战国局势半个多世纪的秦昭襄王。后来她又接连生下显与悝。芈姓是楚国的国姓，由此可知当时芈八子在楚国的地位是很高的。

由于当时楚国强盛，秦国全力攻打三晋之地，秦楚两国一直没有发生大规模的冲突，这当然少不了张仪的远交近攻战略在发生作用。

然而芈八子初到秦国时地位并不是很高。当时的秦国后宫嫔妃，可以分八级：王后、夫人、美人、良人、八子、七子、长使、少使。从芈八子获得的封号可知，当时的秦国对于楚国多少有些轻慢。可是芈八子接连为秦惠文王生下三个儿子，成为惠文王嫡妻秦惠文后的眼中钉、肉中刺。所以秦惠文王一死，秦惠文后就和继位的儿子秦武王合谋，将芈八子的长子嬴稷送到燕国当人质。

公元前319年开始，秦国经商鞅变法革新，国力大增。其军队屡次攻伐三晋，并且连连得手，东方列国尤其是楚国对秦的实力逐渐有了清醒地认识：“秦，虎狼之国，不可亲也”（战国策·楚策》）。于是，楚等五国合力，助公孙衍为魏相，“合纵”之策就此展开，秦楚关系也因此而发生了翻天覆地的逆转，由原来的友好相援而改为紧张相抗。城门失火殃及池鱼，芈八子的三个儿子，本来就不是嫡长子，再加上楚国这一层关系，变得更不得人心，终难以继承大位。然而，芈八子一直是个极具野心的女人，她心甘情愿地让长子嬴稷作为质子，前去燕国。一来可以锻炼嬴稷，为其谋取声望；二来则可以借此掩人耳目，大力发展魏冉的权力。只要时机成熟，芈八子就会顺势拥立其长子嬴稷为王，实现自己的野心。

促使时机成熟的关键所在，主要有三点：

第一，是秦国和楚国关系的改善。秦惠文王嬴驷一死，张仪便如商鞅一般，失去了庇护。为了避免落得和商鞅一样的下场，公孙衍、樗里疾、甘茂等人挤兑张仪时，张仪连夜逃出秦国。张仪一走，就代表着导致秦楚关系恶化的始作俑者不存在了，两国关系就此缓和。这在很大程度上，为芈八子夺取权力奠定了良好的外部条件。

第二，是秦武王的昏聩无能。这不仅让魏冉在这一时期内大肆发展自己的势力，让芈八子有了抗衡秦惠文王后的实力，也让甘茂、公孙衍等人得意做大，并试图通过芈八子来控制秦国的朝局。最让人啼笑皆非的是，秦武王竟然为了显示自己的勇武，与当时著名的大力士比武举鼎，不仅害了自己的性命，也让秦国陷入了开国以来最为混乱的时期，芈八子迅速抓住了这个稍纵即逝的机会。

第三，芈八子利用秦武王在位的四年时间，韬光养晦，不断地培植自己的势力。秦国以外，她在继续保持与楚国的亲密联系之时，也取得了韩国、燕国的大力支持；国内，她一方面不断壮大魏冉的权势，另一面则大肆笼络人心，所以当最后决胜之时，樗里疾才会在实际上倒向芈八子一方，使嬴稷顺利登基。

秦昭襄王即位后，芈八子做的第一件事就是让儿子封自己为太后，是为宣太后，她是中国历史上第一个称太后的女子。

虽然已获得太后的封号，但是宣太后知道，自己好不容易夺取的政权，实际上并不稳固。原来秦国的贵族势力并不会善罢甘休，眼睁睁地看着庶子登基为王，秦武王诸弟开始联合起来想要推翻秦昭襄王的统治。其中，势力最为强劲的，就是以武王的母亲惠文后、武王的王后及拥护他们的大臣为主体的势力集团，他们积极拥立公子壮（武王弟）即位，并号称“季君”，与宣太后、魏冉和秦昭襄王嬴稷分庭抗礼。三年时间过去，魏冉最终平定了他们的叛乱，一干相关人等悉数被诛杀。

为了巩固自己的统治，宣太后还大力封赏自己的亲人。其中封芈戎为华阳君、嬴显为高陵君、嬴悝为泾阳君。外戚势力第一次如此大规模地走进秦国内部，打破了秦国原本的重用客卿制的传统。芈八子一门，就此威震天下。

宣太后以其强有力的政治手腕，夺取了国家的最高权力，同时维护了国家统治的稳定。她以太后身份统治秦国，一直到秦昭襄王能够独当一面，前后长达36年之久。在她统治时期，秦国国力大增，为以后秦昭襄王的纵横天下打下了坚实的基础，是为“东益地，弱诸侯，尝称帝于天下，天下皆西向稽首”（《史记·穰侯列传》）。

太后的“温柔”手腕

在秦昭襄王即位之后，秦国后方出现了一股极大的势力——义渠国。义渠国辖地主要在今甘肃、陕西和宁夏一带。它并不是一个单一的民族，从远古起这里就活动着许多名称不同、风俗各异的游牧民族。

《后汉书·西羌传》记载说：“及平王之末，周遂陵迟，戎逼诸夏。自陇山以东，及乎伊、洛，往往有戎。于是渭首有狄、貆、邽、冀之戎，泾北有义渠之戎，洛川有大荔之戎，渭南有骊戎，伊、洛间有杨拒、泉皋之戎。”由于自然地理环境的制约，这些众多的戎、狄族，一开始发展极为缓慢，甚至到了春秋时期，尚处于从原始社会向封建社会的过渡时期，经济、文化以及社会组织都较中原地区落后，但是其军事力量却不容小觑。

此之前的西周末年，犬戎（即猃狁）叛周，率兵南下，于郦山将幽王杀死。恢复周王室统治的周平王，因为惧怕狄戎，从此迁都洛邑（今洛阳）。

义渠之戎就在周室内乱的那一段时期内，宣布脱离周王朝的统治，正式建立方国（都城在今宁县城西北50里处的焦村乡西沟村），即义渠国。义渠国建立不久，由于兵强马壮，很快便出兵并吞了彭卢戎（在今甘肃镇原彭阳和庆阳彭原）、朐衍戎（在今宁夏盐池）、乌氏戎（在今甘肃泾川、灵台）、郁郅戎（在今甘肃庆阳、环县、合水）等地，疆域得到扩张。整个义渠国，东抵桥山，西达西海固草原，南达泾水，北控宁夏河套，面积约10万平方公里，势力空前强盛，并逐渐与崛起于渭水流域的秦国发生长期性的对抗。

平王东迁洛邑时，秦襄公因功被封为诸侯，岐山便是其封地。从此，秦国便负责全权剿除西方戎、狄。但是，此时的秦国在东方诸侯的眼中，和戎狄各族实际上并无多大差别。直到秦穆公时，在百里奚等人的辅佐下，秦国打败了晋国，秦国的地位才得以一跃而起。

公元前624年，秦穆公采取戎族大臣由余的计策，率领军队攻伐北地义渠，《史记》言：“益国十二，开地千里。”秦国开始在西戎称霸。

称霸西戎后，秦国最大的目标便是称霸中原，然而当时晋国强大，蜀地尚没有被收入秦国的囊中，东出中原的路边便被死死堵住了。秦国在几次东征魏国而不得后，干脆调转枪头，向西北进军，企图廓清自己西北的地域，攻灭义渠国。

公元前444年，秦国率领10万大军，攻伐义渠。义渠国大军兵败如山倒，秦军很快就将义渠国打得七零八落，甚至连其国王也被秦军抓回秦国。义渠国百姓虽然丧师失地，但并没有就此一蹶不振。他们在兵败之后，吸取教训，厉兵秣马，养精蓄锐，14年之后，即秦襄公十三年（公元前430年），倾举国之兵攻秦。秦国当时正在向东方魏国用兵，不料变生肘腋，无防备之下，大败。义渠国大军从泾北直攻到渭南，秦国丧失了面积广大的土地。

自此，义渠国奠定了它东达陕北，西至陇西，北到河套，南达渭水的地理疆界，迈入了义渠国最为强盛的时期。

百余年之后，义渠国因为内乱，给了秦国可乘之机。秦国出兵平定了其乱事，于是义渠国臣服于秦国。当然这种臣服不过是权宜之计，在秦军撤出义渠国之后，义渠国大军很快便出兵偷袭。秦国无奈之下，再次于公元前327年攻伐义渠，并夺取了义渠国的郁郅城（今庆城），义渠再次向秦称臣。

此时，秦国的战略重心已经转到了东方六国，决意问鼎中原。所以并没有顾忌西方义渠国的动向，而是全力攻伐魏国。义渠国趁中原诸国混战，于公元前318年背叛秦国，并在表面上向魏国称臣，并趁着赵、韩、燕、楚四国与魏联合攻秦的机会，在西方向秦军发起进攻。

为了避免同时受到东方五国和西方义渠国的夹击，秦国以“锦绣千匹、美女百名”拉拢义渠，希望义渠国能够看清形势。哪知义渠国早就有不臣之心，不但拒绝了秦国的“好意”，还趁势进军，大败秦人李帛，将其数万军队诛杀。无奈之下，秦国只能在平定东方合纵联军之后，暂缓进军中原的计划，重新审视与自己较劲了300年的义渠国。

公元前314年，秦国为了彻底地安定后方，为东征奠定稳固的基础，调集20余万大军，从东、西、南三面进攻义渠，义渠国25城先后陷落，实力大减。但是秦军明白，义渠国和100多年前一样，再次步入了休养生息，厉兵秣马，养精蓄锐，徐图进取的阶段，只是这一次，秦国还会给义渠国同样的机会吗？

公元前306年，秦国在经历变乱之后，昭襄王母宣太后摄政。

就在秦国大事初定时，楚国趁着秦国因内乱而无暇东顾的机会，围困韩国雍氏（今河南禹州东北）。当时楚国十分强盛，东方六国要么没有实力，要么不想与之为敌，整个天下，只有秦国有实力和心思向楚国用兵。于是，韩国屡次向秦国求助，希望他们能够出面救援韩国。由于秦国刚刚稳定下来，宣太后与魏冉商议，不出兵，以免赵国等坐收渔人之利。

可是，屡败屡战的韩国，依然不肯死心，最终派出了号称韩国智囊的尚靳出使秦国。尚靳一到，便直接切中要害，言及当前韩国、楚国和秦国的局势，认为秦国与韩国实则是“唇亡齿寒，户破堂危”的关系。一旦打仗，韩国可以作为秦国的屏障和出山的通道，对于秦国可谓是百利而无一害的国家，如今韩国有难，秦国怎么能够不去救援呢？

尚靳说得有理，但是宣太后最终还是没有发兵，究其原因，则是秦国刚刚经历内乱，国力大损。此外宣太后还怕如果此去不胜，国内的反对派必会趁势起兵造反，即便是胜利，对于眼下的秦国，也没有半点好处可言。

不过，宣太后在答复尚靳之时，言语之间粗俗不堪，她竟然以自己的私房事举例来说明秦国不愿发兵的原因。

那些言辞对传统儒生而言实在是不堪入耳，肮脏龌龊。甚至到了清代，官拜刑部尚书的王士祯还对其评论说：“如此淫亵秽语，出于妇人之口，进入使者之耳，载入丹青史册，实在令人愤慨。”

历史记载，魏冉和宣太后芈八子虽然是同父异母的姐弟，但是他们之间，也有着不可告人的亲密关系。魏冉在被封为穰侯之后，因为依靠着宣太后和拥立秦昭襄王嬴稷的关系，权倾朝野，一手遮天。为了更好地控制手中的权力，他还经常出入宫廷，与宣太后幽会。宣太后也正好乐于利用他，去打理秦国上下。

公元前304年，义渠国在经历大败之后，痛定思痛，终于与秦国修好，借以休养生息，宣太后也正在疲于应付对东方各国的战争，为了获取稳固的大后方，宣太后和魏冉商议，决定让义渠国国王来朝觐见，商谈两国联盟修好的相关事宜。

恰逢秦昭襄王嬴稷加冠之礼，义渠国国王来到秦国，见宣太后虽早已为人妇、为人母，却仍是美貌绝伦、倾国倾城、风姿绰约。义渠王很快拜倒在其石榴裙之下。俗话说，英雄难过美人关，本来义渠国国王来到秦国，是为了与秦国修好，以便为义渠国休养生息、养精蓄锐赢得良好的环境和足够的时间，最后实现昔日义渠国东西千里国界的辉煌。可惜义渠王从此陷入了不可自拔的境地，整日沉醉在与秦国宣太后的鱼水之欢中，从此不顾宏图大业。30年的时间一晃而过，义渠王的雄心壮志早就被与宣太后的个人感情所灭。秦国则利用这一段时间，四处攻伐。整个中原的局势发生了巨大的变化，东方六国中，只有赵国还有实力能够勉强和秦国抗衡。

秦昭襄王三十五年（公元前272年），秦国已经足够强大，义渠国则在义渠王的任意妄为之下，日渐衰微。宣太后的目的似乎达到了，所以就在温柔乡中突然发难，扼杀了持续了30年的感情，将义渠王杀死于甘泉宫中。随即，义渠国在秦军的铁骑下，很快败亡，秦国历时300多年，终于将义渠国彻底剿灭，并在义渠国旧地置陇西、北地、上郡。

宣太后与义渠王的恩怨

宣太后和义渠王之间的这一段情缘，最终在宣太后的铁腕手段下结束。历史留给我们的，不仅是它的一段段过程以及过程最终酿成的结局，还有其贯穿始终的原因。恰如此次宣太后斩杀义渠王，实际上是没有多大必要的，因为义渠王本已经风烛残年，脑袋尚不清晰，何谈保家卫国？那么宣太后杀死年迈的义渠王又是何因呢？综合各方面因素，可以总结以下几点：

第一，义渠王已无利用价值。一开始秦国并没有想要彻底地剿除义渠国，一来这么多年，秦国尝试了多次，在重创义渠国之后，他们总是能够死灰复燃；二来，秦国忙于东方六国战事，对于西方部落国家，一直都以安抚为主，特别是宣太后掌权之后，对于西方的控制更加严密，完全没有必要去剿除之；三则是宣太后为义渠王生下了两个儿子，希望他们能够继承义渠国的王位，更好地为秦国所用。因此，宣太后最后诛杀义渠王，关键之处就可能在于其两个儿子身上，因为此后的历史记载中，宣太后和义渠王所生的两个儿子都不知所踪，他们可能夭折，宣太后没有了后顾之忧，又不能让义渠王死后义渠国发生变乱，索性一不做二不休，主动杀了义渠王，在敌方群龙无首之下，飞速剿灭义渠国。

第二，秦国扩张政策的需要。经过30年的奋斗，秦国不仅稳定了戎狄义渠国，而且还通过义渠王的无作为，而使得义渠国不断衰退。反观秦国，在东方不断开疆拓土，攻城拔寨，天下虽大，却已经没有了势均力敌的敌手，国内则不断地发展生产，改革政治，招揽人才，国家不断强盛。此消彼长之下，秦国和义渠国，早已经不是一个层面上的对手了。此外，宣太后和义渠王其实是有感情的，否则十年之前，秦国就可以不费吹灰之力的将义渠国剿灭，然而这种感情又是不纯洁的，它从国家的层面出发，和个人的感觉交织，让宣太后享尽齐人之福的同时，也不断忍受着心理上的痛苦。假作真时真亦假，真作假时假亦真，但不论是假戏真做也好，还是真戏假作也罢，到了这个时候，都应该结束了。

第三，宣太后的个人原因。宣太后并不是一个专情的人，秦昭襄王嬴稷也知晓自己母亲的秉性，只要不威胁国家社稷，他即使亲政，也对其置若罔闻。因此，宣太后除了魏冉和义渠王之外，还有许多的男宠，其中最为著名的，就是魏丑夫。历史记载，自范雎入秦之后，为秦国定下“远交近攻”的国际方略，秦国在东方的进攻，无论是政治上、外交上还是在军事上，都一路所向无敌，这在引发了秦昭襄王一统天下的雄心壮志之后，激发了他诛杀外戚，重掌政权的意志和铁腕。宣太后一家统治秦国40年，权力终于回复到秦王嬴稷手中，宣太后从此开始了颐养天年的生活。但是风烛残年的芈八子，并没有就此甘于寂寞，而是喜欢上了男宠魏丑夫，用感情上的充实来弥补其在政治上的失意。因此可以看出，宣太后之所以能够在各方都游刃有余，实则是与其性格有关，她为了把握时机，彻底稳固秦国，不惜杀了跟随自己30年，每日如胶似漆的义渠王。

如宣太后这般人，不仅是一个成功的女人，更是一个成功的政治家。她以女人特有的美貌俘获了秦惠文王的屡次临幸，以女人的柔弱让秦武王对其疏于防备，以女人特有的气质，让义渠王斗志尽消，她又以男人心目中女人柔弱、目光短浅、心胸狭隘、没有野心等形象，在秦国的历史舞台上出场，培植自己的势力，扶持儿子秦昭襄王嬴稷即位，其后母以子贵，成为秦国呼风唤雨的人物。

当然，秦昭襄王嬴稷也是一个深谙韬晦之术的君主，他能够在位56年，成就功名大业，为秦国开疆拓土，定然有其过人之处。

秦昭襄王自即位起，就对自己和母后宣太后进行过对比分析：自己年龄幼小，并非嫡出，在秦国比不上一般王子，所以并无威信，能力和经验都十分缺乏；反观宣太后，其有聪慧的政治头脑，从后宫中一平凡女子一直走到太后的位子，乃至执掌国家大权，可谓玩弄权术于股掌之中，秦国上下罕见敌手。左右权衡之下，秦昭襄王乖乖服从宣太后的统治，也没有想要亲政的任何举动。在这期间，更是大肆封赏魏冉等人，让他们对自己疏于防范。

魏冉则因为掌握着国家军队，一度嚣张跋扈，目中无人，但他却对宣太后畏惧三分。因此，在秦昭襄王准备封赏王族时，魏冉毫不犹豫地将大权交到宣太后手上，因为他认为只有宣太后掌权，自己的地位才可确保。

于是，秦国在宣太后和魏冉的操纵下，将宣太后与秦惠文王嬴驷的另外两个儿子：公子市和公子悝，提到了储君的位置。这就大大地削弱了秦王的实际权力和威信。当然，秦王仍是秦国唯一的君主，虽然宣太后控制着秦国的实际权力，但是秦王的神圣性依然是不可侵犯的。因为秦王毕竟是秦国名义上的君主，只有确保他的权威，秦国才能够政令严明、上通下达，国家才能够井然有序。特别是在对外战争中，秦国只有一个君主，才能够保持秦国军事命令的单一性，秦国军队才能够感觉到是在为秦国卖命，而不是为太后一家卖命，打起仗来才会所向披靡。

秦国宫廷的这些微妙关系，宫廷内外皆一清二楚，只是他们似乎形成了某种默契，习惯了秦国由宣太后执掌政令、昭襄王作为代表的政治形态，以及魏冉执掌军权以及臣下各自尽忠职守的政治运行方式。因此可以说，秦国能够有当日的局面，是宣太后、魏冉、秦王以及廷下众臣相互配合的结果。等到秦国由乱到治、由弱变强，秦昭襄王嬴稷积累的实力足够强大时，秦王才决定剪除宣太后家族集团的势力。

秦王虽然毫不犹豫地对舅父魏冉出手，但是对于宣太后，他只是剥夺了其政治权力。宣太后的风流韵事，他并没有去管，或许这应该算是权力与私情的一种妥协。

甚至宣太后到了大病不起，即将“香消玉殒”之时，还念念不忘地要魏丑夫为其殉葬。所谓“路遥知马力，日久见人心”，听闻宣太后竟然要让自己殉葬时，魏丑夫十分不甘愿，所以他主动走到宣太后处，希望通过游说，能够让她打消让自己殉葬的决定。

魏丑夫对于关乎自己性命的事情，可谓煞费苦心，甚至还找了大臣庸芮帮助其向宣太后进言。庸芮一到宣太后寝宫，便直接问宣太后道：“人死后，是否真的会下地狱或者上天堂？是否人的魂魄能够不散失？”

宣太后一直是个实干家，加上她并没有摸清其意图，对于庸芮此问，便直接回答说，依照本宫的估计，或许这世界上，根本就没有灵魂一说，人死如灯灭，尘归尘、土归土。

庸芮闻言，淡然笑道：“如果人死后是没有知觉的，那么太后此举，岂不是白白牺牲了心上人魏丑夫的性命？假如人死后是有知觉的，那么太后试想，先王（秦惠文王）这几十年来，应该一直怨愤着您，他死后的灵魂必定日日想着有朝一日您能够去给他一个合理的解释。太后如果不幸，去了阴间，向先王补过还来不及，哪还有机会跟魏丑夫缠绵悱恻，哪还有胆量在外面行风流之事呢？万一让先王发现了这个魏丑夫，岂不是意味着他要承受红杏出墙的惨事，而给太后惹出大麻烦来？相信到时您和魏丑夫都会有麻烦。”宣太后一想，果然很有道理，自己都要死了，何苦还要拉着一个无辜的人为自己殉葬呢？于是应道：“你说得很有道理，就照你说的办。”（《战国策·秦策》）

魏丑夫虚惊一场，终于平息了太后让他殉葬的心思。

小人物也能救命

战国时期各诸侯国之间真的没有任何信义可言吗？既然秦国如此不讲信义和仁道，那么其他各国如果不能与秦国并驾齐驱，就要反其道而行之。这群人的代表，就是“战国四公子”：魏国的信陵君、赵国的平原君、齐国的孟尝君、楚国的春申君。魏、赵、齐、楚四国都是当时的强国，秦国也是强国却没有这类人，因为秦国根本不信这一套。

眼看秦国越来越强大，各国自然不甘心坐以待毙，为了对付秦国的入侵和挽救本国的灭亡，各国想尽办法以网罗人才。其中有一大批人以信义著称，他们礼贤下士，广招宾客（门客或者食客）。他们以期通过这种方式，扩大自己的势力，彰显自己的名声，在关键时刻保家卫国。他们的方式是争相养“士”（包括策士、方士、学士或术士以及食客），其中的杰出代表就是时人所称的“战国四公子”。

对于齐国孟尝君，司马迁曾评价说道：“吾尝过薛，其俗闾里率多暴桀子弟，与邹、鲁殊。问其故，曰：‘孟尝君招致天下任侠，奸人入薛中盖六万余家矣。’世之传孟尝君好客自喜，名不虚矣。”可见孟尝君为人，如先前所述，喜好广纳天下贤才，为天下所共知。也正是有了如孟尝君这种人的存在，齐国才得以历经多年而不衰，秦国等强国才没有轻而易举地将其灭掉。

孟尝君才思敏捷、学贯古今，在当时名望很高。秦昭襄王听说孟尝君贤能，就先派泾阳君到齐国作人质，后请求见到孟尝君。

就在孟尝君准备去秦国的时候，宾客们都不赞成，众人皆规劝他，但他执意前行。这时因参加离间的关系而陪伴燕王质子在齐国做大臣的苏秦进言了，为了破坏秦国和齐国的联盟，他极力反对孟尝君入秦。他给出了一个很是冠冕堂皇的理由：与其和秦国联合，做秦国的棋子，为其东征提供方便之门，到头来什么也没有。还不如转身去灭掉西边的邻国宋国，以为齐国西进打开通道。这句话暗自合乎了齐王吞并宋国的野心，但是孟尝君似乎看到了苏秦的意图，故而将计就计，认为只有联合秦国，才能够为齐国吞并宋国提供最好的条件。

此时孟尝君的门客苏代也向他进言，这下，孟尝君不得不慎重考虑入秦事宜了。

和其兄长苏秦一样，苏代也是战国时纵横家。关于苏代，在《战国策》、《史记·苏秦传》、谯周《古史考》、鱼豢的文章中都有相关记载。记载中说，苏代为东周洛阳人，是苏秦的族弟。初事燕王哙，又事齐湣王。回到燕国，遇子之之乱，复至齐、至宋，最后，被燕昭王召为上卿。当时说，苏秦有兄弟五人，其余分别是代、厉、辟、鹄，师从战国奇人鬼谷子。此时，苏代就在孟尝君门下做事。

眼看孟尝君执意要前往秦国，苏代便站出来对他说："今天早上，下臣从外面来到宫殿，见到一个木偶人和一个土偶人，他们竟然正在交谈。其中一个木偶人说道：'天一下雨，你就要坍毁了。'另一个土偶人说：'我是由泥土生成的，即使坍毁，也要归回到泥土里，这样就无所畏惧。而你呢？若天真的下起雨来，水流便会冲着你跑，你被水一冲，就会从此四海为家、无所归依。'当今的秦国，是个如虎似狼的国家，而您执意前往，难道想做那个木偶人？一旦您回不来，土偶人该怎样嘲笑您呢？"

孟尝君听后，觉得似乎有几分道理。只可惜，君王之命难违，就在他准备不去秦国之时，齐王下令，让他必须前去和秦国修好。

在宣太后和秦昭襄王的一片欢呼声中，孟尝君奉命来到秦国，宣太后和秦昭襄王商议，既然孟尝君如此有才，何不让他做秦国的国相？孟尝君也看出，秦国未来的发展的前途，的确不可限量。纵观天下诸国，要么有实力而没有野心，要么有野心而没有实力，即使二者兼备，却没有明智的人辅佐、雄才大略的君王坐镇。能够一统江山的只有秦国，万事俱备只欠东风。

孟尝君认为，他就是这股东风，于是欣然答应做了秦国的相国。

只可惜，孟尝君是个齐人，于秦国而言，实在是个危险人物。秦昭襄王嬴稷不过是个名义上的君主，宣太后才是执掌政权的人，而宣太后此人，有一个致命的弱点：多疑。

有人向秦昭襄王进言，说及孟尝君虽然贤达，但是他却是齐国的人，怎么会数典忘本呢？一旦有机会，他很可能会反戈一击，到时秦国再来反悔就晚了。秦昭襄王不敢擅自做主，向宣太后请教，宣太后几乎没有任何犹豫，就将孟尝君撤职了。

本以为无官一身轻的孟尝君，不料楼缓竟然对他出招了。

楼缓此生，可谓一波三折。《战国策》中对其有记载，其生卒年不详，只知道他是战国时赵国人，武灵王时期的大臣。在赵国为官期间，主张与秦、楚联合，支持武灵王推行胡服骑射的改革措施。赵武灵王为了和秦国结盟，与秦昭襄王相交莫逆，共谋对抗齐、魏、韩三国。赵国便将楼缓派遣到秦国，请求秦国纳其为相国。于是，楼缓便在这样的情形下，奉命进入秦国。只是赵武灵王没有料到，在楼缓入秦之后竟然从此背弃赵国，多次做出损害赵国利益的事。

楼缓为了彻底破坏齐国和秦国的联盟，一担任秦国的丞相，便下令逮捕孟尝君，准备选一个良辰吉日，将之斩首示众。

这下，孟尝君真的成了当初苏代所说的那只木偶人了。

万幸的是，孟尝君最终逃脱了秦国楼缓的魔掌，他逃脱的经历，正是一个著名成语的来源：鸡鸣狗盗。

门客给孟尝君建议，要逃脱秦王的杀害，就必须要找到能够劝动他改变心意的人，楼缓等人当然具备这个资历，但若以他们为突破口恐怕很难。那么这个可能的人，应该是谁呢？门客提到了秦王最为宠信的一个妃子——燕姬。

于是，孟尝君连忙托秦王的弟弟，曾在齐国为质子的泾阳君嬴悝将孟尝君献上的一块白玉璧献给燕姬，让她在秦王耳边代为求情。但燕姬对价值连城的白玉璧不屑一顾，声言她只要那件狐白裘。那件狐白裘，朝中上下无人不知，是孟尝君献给秦王的见面礼，是齐国闻名天下的重宝。

孟尝君没有考虑周全，他单单献宝给秦王，却忽略了宣太后。宣太后并不是真的想要狐白裘，而是喜欢一个虚名，喜欢别的国家对自己的尊重。

宣太后执掌后宫，对燕姬之事自然了若指掌。她见孟尝君前来求情，思量孟尝君此人也不过如此，在秦国的一年并没有什么作为，也许他不过是善于收揽人心罢了。

于是，在她的授意下，燕姬提出了献上狐白裘的要求。她认为只要这个要求提出，孟尝君必然会知难而退，到时再杀了孟尝君，他就无法怪秦国不近人情了；即使他真的有本事，将之从秦王手中拿出来献给了燕姬，也是死罪一条。

俗话说“上有政策、下有对策”，既然燕姬铁了心要狐白裘，孟尝君就要想方设法将其重新弄到手，而他的门客中恰有几个擅长偷盗的人。

所谓养兵千日用兵一时，其中一个最为擅长翻墙越户的门客站了出来，表示有办法把狐白裘从王宫里“拿”出来。

据说在夜幕降临时，那个门客装扮成狗的模样，乘着夜色从狗洞里爬进王宫。他找到内室大门后，发现秦王内室防守很严密，无法进入。这时该门客灵机一动，既然扮作狗样，索性一不做二不休学做狗叫。看守之人一听狗叫，果然被蒙骗，这个门客顺势跃进内室，找到并盗出了狐白裘。狐白裘盗出后，孟尝君将其交到燕姬之手。燕姬十分高兴，将之献给了宣太后。于是宣太后授意燕姬，劝说秦王释放孟尝君。既然爱妾相求，秦王也乐于做个顺水人情，将孟尝君放了，并给了他一个过关文书，允许他回齐国。

只是这一次，孟尝君能够安全返回齐国吗?

反秦联盟

孟尝君知道，自己万万不能再在秦国久留，只要秦王得知狐白裘被偷，或者燕姬将狐白裘之事告诉了秦王，他孟尝君必然会落得个死无葬身之地的下场。

于是，孟尝君在得到了过关文书后，带着一行门客，星夜兼程向东逃去，赶到函谷关时，已是夜半时分。此时，秦王已经得知了消息，于是派遣了两路人马向东而来。一路负责追击孟尝君，另一路则负责赶到函谷关，向守关将领宣布秦王的旨意。

秦国自秦孝公时期开始，便立下法令：“日落闭关，鸡鸣开关。”孟尝君一行人如果等到鸡叫时分才出关，很有可能被秦国的追兵追上，到时前有阻拦，后有追兵，孟尝君就只能束手就擒了。见孟尝君心急如焚，一位擅长口技的门客心生一计，跑到函谷关附近的山头上，学起鸡叫，其叫声清越嘹亮，划破长空。他这一叫不要紧，竟然让关内、关外的雄鸡都叫了起来，可谓一呼百应。守关的士兵听到鸡叫，自然想不到是有人故意为之，以为天快亮了，就习惯性地开了关门，孟尝君将通关文书交给守关人员，守关将领并没有疑心，于是他们很快便出得函谷关去。待得秦王的追兵赶到，孟尝君早已带领他的门客开始了新的征程。

后人为了纪念此事，便在函谷关前筑起“鸡鸣台”，据说登此台者，可隐约听见一片此起彼伏的鸡叫声，颇为神奇。

孟尝君逃离秦国之后，经过赵国。赵国人听说孟尝君是个贤能之人，都愿出来一睹他的风采。经过某个县时，该县中人见孟尝君并无想象中的魁梧高大，便嘲笑着说：

“孟尝君真让人失望，原来他不过是个瘦弱不堪的人罢了。”孟尝君听后并没有生气，而是一笑置之。但他的门客们却很不甘心，随行之人不由分说，跳下车杀了几百人才离去。

不久孟尝君等人回到齐国，齐滑王对其才华很是赏识，于是，封其为相国，让其执掌国政。

孟尝君虽然能够广交天下贤人，且有“海纳百川、有容乃大”的气度，但是并不代表着能够忍受秦国对于他的侮辱。但秦国实力之强，让孟尝君不得不衡量，到底自己有没有一雪前耻的能力。这个时候他的门客中有一个叫做公孙弘的，说出了一个建议，让孟尝君不妨先探探秦国的深浅。

《战国策》记载说，公孙弘又作“公孙宏”，战国时齐国人，是一名策士。既然他想到并提出了这一建议，必然有解决的办法，所以孟尝君便请求他代表齐国出使秦国，一探秦国虚实。

公孙弘此去，可谓明知山有虎，偏向虎山行。秦昭襄王嬴稷一时大意刚刚放跑了孟尝君，此番公孙弘竟然明目张胆再入秦国，岂不是自寻死路？

秦昭襄王接见公孙弘时意欲好好地羞辱他一番，以雪前番孟尝君逃出生天的耻辱。所以他和公孙弘一见面，便气势汹汹、盛气凌人地问道：“孟尝君贵为皇亲国戚，又是齐国的丞相，他的封地有多大？”

公孙弘如实说道：“大约一百里。”

秦昭襄王笑了，不屑地说道：“寡人挟君王之威势，因而秦国土地东西南北，都横跨千里，秦国士兵骁勇善战，今带甲百万、战车万乘，比之孟尝君的三千门客，孰强孰弱一目了然，但是即使如此，寡人也不敢擅动。孟尝君区区百里之地，寥寥三千门客，怎么敢与寡人为敌？孟尝君这样做，不是自不量力吗？”

公孙弘听后反驳道：“孟尝君手下三千门客，哪一个不是贤达之人，哪一个不是能人异士？孟尝君懂得用人，因而只要他振臂一呼，天下英雄便会云集响应。大王你懂得这些吗？”

这些让秦昭襄王有了兴趣，于是，他急忙向公孙弘询问那些门客都是怎么样的神奇之人？

公孙弘见秦王终于上钩，遂向前一步说道：“有一种人，是专为消灭邪恶、主持正义而存在的，他们从来不为天子的威仪所折服，不为诸侯的霸道所弯腰。失意也好、得意也罢，他们都只会忠心于一个人，这样的人，至少有三个；在治理国家，图谋社会安定、国家兴旺，甚至可以成为商鞅、管仲的老师，以帮助君王实现称王称霸的功名大业的人，至少有五个；即使君王拥有万乘战车，也不敢妄自侮辱一种宾客，因为他始终坚持着视死如归的信念，只要君王敢出言不逊，他就敢匹夫一怒、血溅五步，这样的人在孟尝君那里，至少有十个，其中，还可以算上我一个。”

秦昭襄王闻言，知道孟尝君绝非等闲之辈，他手下的确有许多能人异士。于是，秦王一改初时的嚣张语气，和缓地向公孙弘说道：“寡人这么问没有恶意，寡人很了解孟尝君，他是秦国的朋友，秦国有心和他相交，请您向孟尝君代为转达。”

经此一事，公孙弘终于知道，秦国其实也是比较害怕孟尝君的，但是此刻他却不能表现出来，只能暂时就坡下驴，答应了秦王。

正所谓“知己知彼，百战不殆”，通过此一节，孟尝君了解到秦王并不是无所畏惧的。于是孟尝君下定了最后的决心，决意联合秦国的宿敌——韩国和魏国，一起攻打秦国。

周赧王十七年（公元前298年），齐国、韩国以及魏国三国联军，从魏国借道向西进攻。这次三国经过了周密的策划，由齐国进行统一指挥，秦国猝不及防，很快便兵败，短短一个月的时间，三国联军便打到了秦国函谷关。

秦国一国之力难以抵挡三国之势，于是秦国想到了与别国联合。这次秦国选择的联合国家是宋。原来，就在楼缓担任秦国相国的时候，他任命手下一个叫做仇郝的人做了宋国的丞相，本来齐国就时刻准备吞并宋国，这下来了秦国这样一个大靠山，宋国自然是欣然答应。

于是，此时的战国形成了两大势力对峙，一方是秦国和宋国联盟，一方是齐国、韩国和魏国的联盟。两大军事集团经过你死我活的斗争，最终决出胜负，秦国战败，赵国和宋国则趁机抢占土地、扩张势力。宋国没有被秦国许诺的那些不切实际的好处所收买去替秦国卖命，而是不失时机地用兵薛国，剿灭滕国，还向楚国进军，夺去了楚国淮北之地，实力得到极大的增长。赵国则趁火打劫，在秦国无暇东顾之时，迅速地向北部林胡和楼烦进军，获取了广大的土地，建立了云中、雁门两大郡县。

赵国虽然是楼缓的发迹国，宋国虽然是秦国的盟国，但这两个国家都没有给秦国以任何实际的支持。所以秦国最终独木难支，在坚持了三年之后，最终被三国联军攻破了东方最为重要的门户函谷关。齐、韩、魏三国联军兵威日盛，直指咸阳。

这下宣太后和秦昭襄王嬴稷着急了，他们没有想到昔日放虎归山，留下大患。为保家国的秦国最终决定割地请和，这种方式是以往其他诸侯国最喜欢在对秦国的策略中使用的，没想到这回让秦国也借用了一次。只是每次秦国在割地之后，不仅没有放弃攻击，反而变本加厉，落了个不讲信义的名声。

齐、韩、魏三国自然不相信秦国的信用，他们想以彼之道还彼之身。得知消息的宣太后和秦王遂变得忧心忡忡，深恐有一天，三国联军就神兵天降，打到咸阳来。

而孟尝君的门客对形势进行一番分析后，忙对孟尝君说道：

“前车之鉴后事之师，昔日您拿齐国的兵力帮助韩国、魏国攻打楚国，9年时间下来，魏国和韩国因此夺去了宛、叶以北的地方。韩、魏两国因此而逐渐强大起来。如今之事，与当初何等的相似。试想齐国离秦国那么远，即使攻灭了秦国，对齐国也没有半点好处，只是让韩、魏两国得了便宜。到时，韩国、魏国北边没有秦国的祸患，南边没有楚国忧虑，他们就会将矛头对准齐国，齐国就会危险了。韩、魏两国国力强盛后，就会过河拆桥。如果任这种形势发展下去而不制止，后果让人担忧。您还不如私底下与秦国交好，不要攻打秦国，也不向它借兵器和粮食。当齐国的军队到达函谷关时，先别急着进攻，您可以派使者向秦昭襄王传达您的想法：‘孟尝君绝对不会攻破秦国来增强韩、魏两国的势力。他进攻秦国的目的，不过是想要大王责成楚国把楚国占领的齐国土地东国还给齐国，并顺便请您把楚怀王送回楚国以相媾和。’

“如此一来，秦国能够不被攻破，又能够拿楚国的地盘保全了自己，何乐而不为呢？楚王能够获释，也一定感激齐国的再造之恩。齐国得到楚国的沃土东国，何愁不能日益强盛？孟尝君您的封地薛邑也就会永保太平了。众所周知秦国很强大，只要它存在于韩国和魏国的西邻，就能够制约这两个国家。韩、魏两国为了打击秦国，必定依重齐国，因此，齐国可立于不败之地。”

孟尝君听后，觉得很有道理，既然此番自己已经达到了报仇雪恨的目的，犯不着为了自己而让齐国面临危险。而且他也知道要灭亡秦国，其实是很难的，一定会付出惨重的代价。经过一番利弊的比较后，孟尝君接受了门客的意见。于是，在齐国的操纵下，韩、魏两国转而向秦国祝贺，三国盟军进攻咸阳的计划就此不了了之。秦国得到了保全，且在宣太后和秦昭襄王嬴稷的苦心经营之下，更加强盛。

齐国虽然避免了韩国和魏国的强大，却最终避免不了灭亡。在齐国许多人看来秦国不过是个边陲小国，认为它地处蛮荒之地，没有逐鹿中原的资格。

只可惜，他们都看错了！

第四章　称霸之路，武安君的赫赫战功

强秦的野心

商鞅变法之后的秦国国力日盛，其发展速度远远超过其他东方六国。经济实力和军事实力的增强使秦国的野心愈发膨胀，公元前325年，秦国秦惠文王称王。此时只要有实力的国家，都在这时期先后称王，这说明当时周王室已经衰微，其在各诸侯国间已经彻底丧失了威信。

公元前288年，秦昭襄王在动用武力压制了楚国后，自称是西方大帝（西帝）。其实他的这一举动不过是为了将东方的强国齐国拉到一条船上，所以他在称帝的同时，还派人去齐国请齐王田地为东方大帝（东帝）。这足以说明此时的秦国，已经彻底不将周王室放到眼里。

齐王认为秦国此举是对齐国同等地位的认可，所以他欣然接受了秦王的提议，将整个天下一分为二，但是齐国这样做无疑等于搬起石头砸自己的脚，将自己置于众矢之的的困境中。因为国王的地位已经够高了，改称帝号不但没有任何实质上的利益，还会给其他国家不必要的刺激。最终齐国国王称帝变成了一个闹剧，仅仅两天后，帝号就被取消了。但秦国却依然能够面对其他国家带来的压力，其只需要齐国在东方给予些微的配合，就有一统天下的实力。

从表面来看，虽然没有任何迹象可以说明秦国最终一统天下，是商鞅或者秦孝公蓄意制定的任何长期战略性计划或谋略的结果，但是从秦孝公开始，秦国似乎已经在酝酿一场颠覆六国的计划。秦昭襄王时期，秦国的对外战争总是起起落落，只要秦国打击一个国家，各国合纵的策略就会将秦国打回原形。东方六国似乎都有这种默契，它们从来没有想要灭亡秦国。

秦国的地理位置有着天然的优势，只要突破了函谷关，它就可以驰骋中原，觊觎社稷神器，即使没有进取之心，也可以凭借其四面环山、一夫当关万夫莫开的地理优势，处于不败之地。当然，要图取天下，还需要进一步占据陇西、汉中以及蜀中三地，前面两地可以保证后方的稳固，获取精悍的兵源，后面的蜀中则可以保证战略供给，进而可以从南北两路进取中原。

所以公元前316年，秦国才会从楚国手中，花费巨大的代价将蜀（今四川成都平原地区）的领土握在自己手中，紧接着巴国（今重庆附近地区）的领土也被秦军占领。可以看出，秦国通过对这些地区的占领，不仅实现了秦国的战略意图，也削弱了楚国的国力，楚国在秦国的打击下日益衰落。

为了能够一统天下，秦国的连横外交活动接连不断。事实证明，连横、远交近攻等措施获取的胜利为秦国军队作战奠定了良好的外部环境，使得秦军在沙场征战的过程中，一路所向披靡。而具体实现秦国由内部的政治改革到外部的外交强化之人，就是可称战国名将之首的白起。

魏、韩、楚、齐等国都不屑一顾的边陲小国，在白起指挥下的南征北战中将杀气一点点弥散开来。东方列国对秦国的势力逐渐感到不安，时刻感受着利剑在头的威胁。

为了对抗秦国的铁骑，各诸侯国也加紧了军队的训练。这个时期涌现出一大批名将，在这些名将的指挥参与下，许多著名战役名流史册。看《史记》中的记载，战国末期最引人注目的事件，便是许多大规模的征战。就在公元前364至前234年的130余年间，秦国参与或者主导了至少15次大的战役，单单秦军给其作战的军队造成的伤亡总数就多达150万人左右。秦国主导的15次战争中有14次其都给对方造成了至少2万人的伤亡，这其中10万人以上伤亡的战役有4次。发生在公元前260年秦国对赵国的长平之役，仅仅在5个多月的时间内，赵国军队的伤亡数字就高达5万人。战争的结局是白起出奇兵，战胜了只会纸上谈兵的赵括，赵军40万军队投降，白起“乃挟诈而尽坑杀之”，赵军最终得以归故乡的人，只有区区240人。

当然，有些学者对以上数字并不信任，原因是：

第一，他们认为，这些数据都是《史记》给出的，只有其他六国的伤亡数，却没有付出巨大伤亡的秦国的数据。

第二，《史记》只是简单地介绍了15次比较著名的战役，从战国的“战”字中，就应该知晓，赵国末期步入了争夺天下的关键时刻，各个诸侯国之间肯定是摩擦不断。如果将那些不知名的战斗也载入史册，则意味着秦国及其他诸侯国同样要遭受的伤亡数，包括被俘、受伤以及被杀的人，一定远远高于现在历史所见到的。

第三，体现在用词上，当时所用的标准字眼为“斩”（此字的用法可追溯到商鞅时代），长平之战为“坑”，前者是指在战斗中杀人，后者则是指没有道义的、活埋的形式杀人。可想而知，还有更多的杀人方式所产生的死亡数据是没有计在案的。

第四，则是很多学者将秦国对其他诸侯国的战争和近代或现代战争相比。如发生在1812年的拿破仑出征俄国之役，在6个月的时间内，损失了30万人马。乍一看，这与5个或6个月的长平之役相比大体相似（包括最后的坑杀），因为当时的法国（其实不仅包括法国，更多的是囊括了法国占领的广大的欧洲地区）的人口，要远比战国时期的秦国或者赵国的人口多。

因而一些学者最终得出结论：在字面意义上，秦国在对于其他诸侯国的战争中，所造成的伤亡数字是不可信的，要么过大，要么过小。如在长平之战中，秦国最终坑杀了赵国将士40万，对于当时的技术条件而言，要在短暂的时期内完成，可能性不大。即使赵军在战争结束以前，由于孤军深入、远离后方而断了粮草，也不会甘心就范。赵国经历了长平之战，还是继续招募军队，防备秦国的入侵，一切都显得井井有条。这是不可思议的，因为对于一个损失了几乎半数以上青壮年男子的国家而言，经济上应该很难维持，政治上也很可能崩溃，而不是历史所记载的那样，赵国人同仇敌忾，对秦国人仇恨无比。

但是今天学者们很难从现存的史料中得出让人更加信服的答案。最终他们给出的结论是：“万”字只是一种象征性的意义。因为纵观所有关于战国的史册，其军事记载中（在非军事的记载中也能见到）屡屡说及的，不是数百、数千或者数十的伤亡，更多的是“万”，因而它如“三”等于“众”一样，变成了一个概数：“大部队”。

历史的真相，要完全地还原已经不可能。无论这些数据是否翔实，有一点无可辩驳，即秦国已经从开始的争夺土地向消灭敌人的有生力量转化。昔日为六国所不屑的边陲小国，已经在蓄势待发了。

在秦国军事力量增强的过程中，白起的作用不可忽视，战争中因白起而死的青壮年，粗略估计不下百万。白起是一个职业化的军人，在他的眼中，只有杀与被杀两种选择；在他的思想意识里，只有功名大业、为国杀敌一种道路。他不谙政治，不懂外交，不屑于法家、纵横家的绕弯子，他只会进行直截了当的实际行动，在战场上奋勇杀敌。

唐代曹松在《己亥岁二首》其一中有这样的描述："泽国江山入战图，生民何计乐樵苏。凭君莫话封侯事，一将功成万骨枯。"白起正是提着无数鲜血淋漓的头颅，望着渐渐淹没在岁月风尘中的白骨，从一个普通士兵，一步步地往上攀爬，最终为一个无敌于天下的秦军统帅。

历史最终给予他的评价是——人屠。

基层崛起的统帅

商鞅在秦孝公时期推出了一系列富有创建性的变法措施，其中针对秦国一些掌权贵族贪婪、软弱、堕落的特性，商鞅在变法的法令中特别提出：有战功者才能升迁。这对当时的贵族势力是一个很沉重的打击，因为不管贵族的地位有多高，财富有多少，如果没有战功，便不能担任政府官职。而没有官职的直接结果，便是在社会上没有任何地位，最终沦落为平民。

这在另一个层面上则鼓舞了那些两手空空的人们，只要他们敢于放手与敌人大战，在战争中有贡献，他们就有可能改变自己的命运，实现鲤鱼跃龙门的奇迹。

白起便实现了这个奇迹。历史对于白起的出身语焉不详，只是言及白起为芈姓，是楚国白公胜之后。

春秋时期，东周王室衰微，楚国强大之后，楚君僭称王。于是乎，一人得道鸡犬升天，楚国的大夫、县令也僭称公。白起为白公胜之后，故又称公孙起。《史记·白起王翦列传》中对于白起的身世也只是简单地说道："白起者，郿人也。善用兵，事秦昭襄王。"郿人，即今陕西郿县东北人。从地理位置上看，白起应该是地道的秦国人，很有可能是在楚国和秦国交好的时期内，其祖上来到秦国，继而衍生出白起一脉。

无论怎样，白起最终成为了秦国的将领，是秦国自商鞅变法之后，从基层崛起的著名统帅。之所以说白起是从秦国的底层崛起，是因为前番提到的商鞅变法的内容，让白起不得不从第一个人头开始，赚取军功、获得爵位。

十六岁这年，白起还是一个懵懂的少年，怀揣着报效国家、建立功勋的梦想，踏上了行军旅程。

秦国军队对于军功有着最为具体的奖励办法：斩获人头的多少。

秦国军队中有令，任何士兵只要斩获敌人甲士一个首级，就可以获得一级爵位、一顷田、一处宅和一个仆人。斩杀的首级越多，所立战功越高，获得的爵位自然就越高。

十年的时间，白起在军队中不断磨炼，立下赫赫战功。秦昭襄王十三年（公元前294年），白起获取了"左庶长"的爵位，成为秦军领导层最年轻的一个将领。

当时秦国的军功爵位可以分为二十级，而"左庶长"这一职位恰好是第十级，已经属于卿的范畴，对于今天而言，几乎相当于一个师长。此时此刻，英武不凡的白起已经开始在军中崭露头角，并日益成为秦军中可以独当一面的人物。

十年磨一剑，白起已经做好了准备，去迎接更大的挑战。然而，如果按照他现在的这个速度（应该算是一般士兵中最快的），如果顺利，也至少需要三十年时间，才能够手握一方兵马。那时的白起，是否雄心依旧，壮志仍存，就很难预料了。所以白起所需要的，就是一个机会，一个扶摇直上九万里，一飞冲天入九霄的机会。

白起所等待的机会，就是一个能够改变他命运的人，这个人就是当时秦国的实际掌权者宣太后的兄弟，秦昭襄王嬴稷的舅父，手握重兵地位尊崇的魏冉。

魏冉和宣太后都是秦国的新兴势力，从楚国千里迢迢而来，在没有任何根基的情况下，一步步打破秦国旧式贵族的封锁，如商鞅一般，最终成为秦国显赫一时的人物，在秦国呼风唤雨。

然而，“木秀于林，风必摧之”，魏冉明白，要在秦国站稳脚跟，除了要手握秦国的兵权，还要不断地培植自己的势力。一旦大树成荫，到时便会盘根错节，别人再想撼动这棵大树，就需要细细地考虑一番了。

正好，白起走进了魏冉的视野。在魏冉的眼中，白起作战勇猛坚毅，为人心狠手辣，做事果断干脆，但是却缺乏心机，不懂政治，这种人才正是魏冉所需要的。

很快白起的做人做事风格便被魏冉摸个一清二楚，白起也正好可以借助魏冉的势力帮助自己平步青云。

当时秦国在东方的最大的敌手是赵国，可惜赵武灵王被赵成和李兑所害，最终被活活饿死在沙丘的行宫里面。经过内乱，赵国已是元气大伤。而秦国的另一大敌手齐国，则在紧锣密鼓地和楚国交战。

在各国征战不休的同时，秦国觉得机会来了，而这个机会的实践者，就是魏冉的得力干将白起。

公元前294年，秦国将自己的战略眼光看向了新城。新城即今河南的伊川，位于韩、楚两国交界之处。秦国之所以看中了这个名不见经传的地方，是因为随着秦国势力的东进，敌对国家的合纵势力不断增强，而这一地区，就是楚国和韩国相互交界之地。只要秦军控制了这里，韩楚之间的联系就可以被秦军从中间切断，韩国被逼无奈之下，只能弃车保帅，放弃和楚国联合对抗秦国的计划，转而和秦国联合。此时的楚国已经是日暮西山，韩国、魏国、赵国等都和秦国联合，谋求一举歼灭楚国，实现四分其地的愿望。

楚国也知道新城战略地位的重要，因而纠集了一大批精兵强将在此地镇守，这个地方易守难攻，楚国对其如此重视，必然将有一番恶战。

可是就在韩国徘徊不前，其他诸侯国对新城局势尚且犹疑不决之时，白起出手了。白起以迅雷不及掩耳之势，用了不足一万的兵力，就攻占了新城这个战略要地，六国为之震惊，白起开始引起了人们的注意。

其实，白起也深知这一战不仅关乎秦国未来的军事进程，也关乎自己的从军进程，所以他不动声色的就在战前想好了此次制胜的关键所在——势。

首先，白起在战前便给将士许以加官晋爵的重利，借机提升秦军的士气；同时，白起还在战前给了新城敌军一个下马威，让新城的守城将士们知晓，秦军各个杀人无数，敌人死后必定会被割了头颅去领取军功。这让一向以文明自居的中原守将，心中胆寒不已，怯弱之心一起，战力便很快下降。

其次，白起还仔细地分析了战国的局势，向新城军民散播谣言，说及白起大军将至，到时韩国将面临齐国、魏国、赵国的多面夹击，新城将士闻讯，军心自然打乱。

白起领兵打仗，能够从一场小小的新城一战中，分析出新城所面临的局势，很好地见证了孙武所言：“故善战者，求之于势，不责于人故能择人而任势。任势者，其战人也，如转木石。木石之性，安则静，危则动，方则止，圆则行。故善战人之势，如转圆石于千仞之山者，势也。”

魏冉给宣太后初次介绍白起时，宣太后还不信有这样的人存在，经此一战见他如此神武，不禁心怀大畅，遂不待白起功成身返，便立马将其官升两级，封为“左更”，这个爵位已经很高了，当年大名鼎鼎的平蜀大将司马错也不过如此。

用实力证明自己

此时的白起，可谓平步青云，秦军中也不乏勇猛善战者，但如同白起这样，升迁如此之快的人，还是屈指可数的。更何况一个小小的新城，在那些浅陋或者别有用心的人的眼中，怎么能够和蜀中那天府之国相提并论呢？司马错之功，实在非白起所能及。

事实上，此时的白起比起名满天下的司马错，的确是略有不及，但是他抓住了机会。一来得到了魏冉和宣太后的信任；二来处于宣太后和魏冉极力提拔人才、笼络为己用的关键时期；三来新城一战的胜利使其扬名；最后则是宣太后和魏冉都看到了白起的潜力。

但白起以后的杰出表现，让那些流言飞语最终不攻自破。

公元前293年，韩国为了挽回颓势，遂联合一向摇摆不定的魏国，一起攻打秦军，妄图夺回秦军占领的宜阳、新城等地。魏国也知道唇亡齿寒、户破堂危的道理，秦军据守新城，不但切断了韩国和楚国的联系，也直接威胁了魏国的都城大梁。为了解除秦军的威胁，魏国同意与韩国联合，兵锋所向，直指秦军所驻守的新城等地。

这一次，白起再一次证明了自己的实力。

然而秦国首先派出去抵御韩国和魏国联军的，并不是当时炙手可热的白起，而是“右庶长”向寿。

向寿，生卒年不详，只知他是宣太后的外甥，但是因为从小和昭襄王一起，对于昭襄王忠心耿耿，成为了昭襄王的心腹人物。秦昭襄王不管此次敌军实力强弱，都不会再次派遣白起前去迎敌。因为一旦白起胜利，则代表着昭襄王的失败，白起毕竟是魏冉的势力。为了挽回自己的颓势，秦昭襄王决定，让向寿去教训一下韩国和魏国，也让宣太后等人知道他并不软弱。

秦昭襄王的这点伎俩，宣太后和魏冉自然再也明白不过。因此，等到秦昭襄王言及要向寿为将出战之时，魏冉和宣太后都不同意。姑且不论向寿会借机夺取兵权，单以其实力而言，孰胜孰负实在是难以预料。

眼看宣太后和魏冉都给自己施压，朝中大臣也都偏向于宣太后的选择，认为向寿缺乏经验，很可能是个纸上谈兵之人。昭襄王突然觉得，自己此时和秦国的这两大势力较劲，并不明智。一者自己羽翼未丰；二者秦国刚刚从内乱中走出，需要休养生息；三者，东方列国对于秦国，也存有浑水摸鱼之心。此时的秦国，只能一致对外。再次转念一想，其实派遣白起前去，也不一定就是坏事。一方面，秦国此次能够出战的兵力，最多不过10万。因为其余大部分兵力，都去了蜀中，还有一部分要镇守秦国的国土；另一方面，白起即使侥幸胜利，对于秦国而言，也未尝不是一场好事。白起声名鹊起自不用说，但宣太后终归不是秦国名副其实的统治者，到时候再拉拢白起，也未尝没有可能。

于是白起再一次踏上了征程。

知己知彼，方能百战不殆，白起在接到了出兵的命令后，对于双方的各个方面作了一个比较系统的对比：

首先，在军力方面，秦国和韩魏联军的实力对比悬殊，秦军最终只征得10万兵力，而且许多还是老弱病残，非秦国的精锐力量；而反观魏韩联军，兵力数量达24万，可谓来势汹汹。韩国和魏国的兵力除了都是参加了垂沙之役的主力部队之外，还各具特色。其中，韩国之“材士”，全都是弓弩步兵。当时对于韩国的军队主力，《史记》中论述说“强弓劲弩皆在韩出”，“天下之宝剑韩为众”，“超足而射，百发不暇止，远者达胸，近者掩心”。所以韩国军队在远攻城池之时，会有很大的优势。另一方，魏国军队也不是易与之辈，魏之“武卒”，个个耐力惊人，虽然全部都是身披重甲的重步兵，却都能健步如飞。如此魏韩二军，可谓珠联璧合、攻守兼备，秦军根本占不到任何优势。

其次，秦军在地理位置上的弱势，秦军要真正的打击到魏国和韩国的元气，就决不能坐以待毙。白起自然明白这个浅显的道理，因而他决定，实现中央突破，将战场从秦国占领地区转移到韩国和魏国的占领地区。而实现这一战略意图的关键，就是突破伊阙。然而伊阙所在为韩、魏门户，韩国与魏国自然派遣了重兵把守。更为致命的是，这里的地形为两山对峙，伊水流经其间，地势险要。韩魏联军占住了伊阙要塞，就等于将自己置于不败之地。白起所率领的秦军，想要突破此关，实在是难于登天。

最后，将士们不信任白起。虽然白起自己“初生牛犊不怕虎”，表面上对于魏将公孙喜和韩将暴鸢这两个成名沙场多年的老将，表现得不屑一顾。但实际上，他很了解秦军如果不服从和信任自己，则军队必定离心，军心必定不稳。韩国和魏国的这两个将领已合作多年，曾经还一度攻入了楚国的方城，在垂沙一战中，让楚国精锐损伤殆尽。因此，此战不可轻敌，在鼓舞了军心之后，白起要做的是从战术上打败敌人。

白起此次作战方法是：各个击破。

秦军只要不与魏国和韩国联军一起交锋，就能够凭借秦国的尖兵利器和奋勇杀敌的气势，不输于一边。白起并不仅是骁勇善战的猛将，还是一个足智多谋的将领。

白起深谙用间之道，当时的韩国和魏国，虽然看似铁板一块，但是实际上两国在边境上一直没有平静过，只要给其中任何一个国家许以重利，就一定能够孤立另一个国家。

所以白起当机立断，给魏将公孙喜写了一封信，卑词假意与魏国言好，希望魏军能保持中立。并许诺事后的战利品会和魏国平分，秦军将找到机会和兵力较少的韩国决战。

公孙喜有多年领兵打仗的经验，很容易看穿白起的这个反间之计。所以他在看了白起的书信之后，直接将信件扔到一边，心中暗自想道：白起果然是个浪得虚名，唇亡齿寒如此简单的道理，连路边的路人都知道，又怎么能够骗过他公孙喜呢！

不止公孙喜，就连白起手下的将领也觉得，白起这一招实在是不怎么高明，这种浅显的计策，只要略懂兵法的人，都会很容易看出秦国的意图。而这恰恰是白起的真正计谋，如果连自己人都被骗了，那么公孙喜就一定会生出轻敌之心。

习读兵法，最忌“纸上谈兵”，关键所在是能够依据实际情况，让敌人分身不暇。所以白起又给公孙喜写了第二封信，信中谈到十分感谢公孙喜的配合，秦军明日就要攻击韩军，魏军只需要坐山观虎斗，事后少不了魏国的好处。

白起手下将领顿时便疑惑不解，前一次使出的离间计已使秦国使者碰壁，公孙喜已经明显看出秦军的意图。白起明知道结果，又为何送第二封信？

答案很简单，其实一开始，白起反间计的真正对象就不是公孙喜，而是韩国将领暴鸢。自然，和历史上很多著名而成功的反间计一样，这封信很顺利地就到达了目的地——暴鸢手中。

暴鸢脾气暴躁，他一见公孙喜竟然和白起暗自通信，很是愤怒，对魏国失去信任。既然魏国靠不住，那么韩国就只能依靠自己了。于是，暴鸢吩咐守卫阙与的所有弓弩手全面戒备，只要韩军能够守住伊阙这个门户要地，让秦军无法到达韩国一马平川的地界，韩国就可确保无虞。

次日，秦军果然出现伊阙之外，双方都如箭在弦上，大战一触即发。

白起的升迁之路

然而从清晨到晚上，整整一天的时间，竟然不见秦军有任何实际性的动作，只是一少部分士兵在佯攻。这一战略，一者可以疲惫韩国的军队，二者可以转移双方的注意力，特别是魏国军队的注意力。魏国军队没有料到韩国竟然不等自己，就擅自和秦军动起手来。此刻见秦军已经围住了阙与，魏国只能想办法，前去营救韩国。岂料就在这时候，秦军竟然朝着魏军动手了。

白起选择的进攻时间正是夜半时分。这一战，其实暴鸢早就预料到了，只是他预想的是，秦军会趁着夜色来掩杀占据优势地位、配备强弓硬弩的韩军。却没有想到，趁着夜色的掩护，白起竟然率领秦军偷偷地绕到了魏军的侧背。公孙喜本打算趁着秦军与韩国军队陷入焦灼状态时，要么两线夹击，打秦军一个措手不及，要么好整以暇，坐山观虎斗。岂料秦军竟然放着在韩国守关的一万佯动军队不顾，转而攻击远远强过韩国军队的魏国军队。

白起的计谋令魏国军队防不胜防。就在公孙喜以为胜券在握的时候，秦军趁着夜色奇袭魏军。等到公孙喜恍然大悟时，一切都来不及了。秦军阵势已成，魏军猝不及防，很快陷入浴血苦战之中。公孙喜见大势已去，遂率军且战且退，朝着韩军营寨奔去。

就在魏军大败亏输的同时，另一边韩国的军队则忍受着极端恶劣的天气，因为当时天正下着雨，这对于当时通讯条件极差的作战军队而言，守军一方的弊端更为明显。这个时候韩军终于发现，秦国军队竟然正在偷袭魏国的军队。然而，韩军却不敢贸然出兵，一来不知道围困自己的秦军有多少。二来暴鸢尚在疑虑，前番秦军和公孙喜的通信是否是事实。如果是，这次会不会是诱敌深入的计策？三来秦军和魏军的作战人数相当，甚至魏军还要略胜一筹，孰胜孰败还未可知。

于是暴鸢便直接站到了秦军与魏军的中间，以隔岸观火的姿态，坐视秦军攻击魏军。

可是没过多久，暴鸢便发现，自己彻底地错了。原本他预料魏国军队再怎么不济，也可以支持十天半个月，到时他再火速出击，定然能够坐收渔翁之利。可是当他还尚未弄清楚关外有多少秦军之时，公孙喜的败军就如浪潮一般席卷而来，直奔暴鸢的韩军军营。

就在暴鸢犹豫要不要放魏军入关之时，魏军已经蜂拥而入。一时之间，双方两军相互交叉，乱作一团。原来设置的各种阵势，此刻没有了任何作用，而且那些强弓硬弩，刹那间也失去了作用，因为前面来的是自己的盟军。

秦军等的就是这个时机。趁着敌人还没有喘过气来，秦军暂时放下魏军，以迅雷不及掩耳之势杀向了韩军。白起认为此时魏军军心已乱，唯一可虑的就只剩下了韩军。

刹那间，有两个人都在感叹。一个人是暴鸢，感叹魏军竟然败得如此之快，秦军竟然来得恰是时候；另一个人是公孙喜，感叹白起为将，深谙兵法之道，有神鬼莫测之机，果然厉害非凡。

眼看秦军人人杀得兴起，韩军只能眼看着敌军如入无人之境，韩军大势已去，再做抵抗，不过是无谓的牺牲。所以暴鸢决定与其被敌人屠戮，不如回到偃师再做计较。当时魏国和韩国联军，还剩下10多万人马。但白起不会放过如此大好良机，他在战争中的一贯作风是，不在于一城一地的得失，而在于消灭敌人的有生力量。所以为了尽快地追杀敌人，白起直接命令军队脱了笨重的铠甲上衣，粮草辎重一律弃之不顾，只带着杀人的刀剑和获取头颅的腰带就成。

一时之间，从阙与到偃师的数百里地界上，满是韩、魏两国的败退之兵，他们的后面是让人闻风丧胆的秦军。秦军此时竟然在滂沱大雨之中光着膀子行进，这让一向自诩作战英勇闻名的三晋之地的男儿，被秦军的野蛮吓破了胆。韩魏联军更加溃不成军。

韩魏联军眼见跑在后面的军队一片片倒下，这样下去终究不是办法，秦军会将他们一步步斩杀殆尽。所以他们也学着秦军，脱掉上衣和盔甲，丢弃笨重的战车、粮草辎重，最后轻装上阵，飞一般地亡命奔驰。

昔日吴起在世时，因创建了魏武卒而无敌于天下。魏武卒素来以作战迅速、来去如风而闻名，也以铁甲战车作战能力极强而笑傲天下。没想到这时候，魏军竟然为了逃命，将这些曾经保命的手段一一丢弃了。吴起若是泉下有知，不知作何感想。

韩魏两军认为他们既然丢弃了一切可以丢掉的东西，和秦军比逃跑的速度定然不会弱于他们。岂料那时大雨一直下着，河水暴涨，韩魏联军眼见着数丈之隔的对岸，却无法过去。

这条河的名字叫伊水，伊水无罪，韩国士兵却遭了殃。24万韩国士兵，头颅被秦军摘取，只剩下身躯沿着河水浮沉。刹那间，血流成河。

白起接着乘胜追击，他的10万大军几乎没有多少损伤，在斩获了敌军头颅24万之后，也在沿途缴获了大量敌军丢弃的战略物资。利用这些物资，白起率领10万大军，马不停蹄地向韩国和魏国的城池中杀去。虽然白起不在乎一城一地的得失，但是战争的最后结果和最高目的，还是为了获取土地和资源。

秦军一路所向无敌，顺利将敌人的5座城池收入囊中，一时之间，白起之名让世人侧目。

阙与之战，韩、魏两国损失了三分之一的精锐部队以及5座城池，伊阙也被秦军占领。至此，韩国和魏国门户大开，他们时刻为自己国家的命运担心。

自秦立国以来，一直被魏国为首的其他国家压制在函谷关一带，直到大将司马错占领了蜀中，秦军才得以打通了另一个入主中原的通道。此番白起之功，比之司马错，实在是有过之而无不及。他只用了区区10万兵力，而且还不是秦军的主力。这不仅让宣太后和魏冉欣喜不已，也让秦昭襄王刮目相看，更让天下人认识到秦国又出了一位绝世名将，列国危矣。

由于白起之功甚巨，无论是宣太后一方还是秦昭襄王一方，都认为白起是个可造之材，可堪大用。于是，秦国特将其封为“国尉”。自此，白起实际上已经成为秦军的最高统帅。一个没落的贵族，从小兵做起，在短短一二十年的时间内，便成长为一个举世瞩目的秦军统帅，是战国时代绝无仅有的。正是因为商鞅变法的军功爵位制度，才让白起受益，让秦国强盛。

白起在阙与之战中一战成名，秦昭襄王决定，与其宫闱相争让秦国内乱不止；不如让白起放手一搏，让秦国逐渐强大，将东方六国打得一蹶不振。

此时的白起，一心为自己立战功，为秦国卖力。于是在数月之间，白起就渡过了黄河，攻取了安邑（今山西夏县）以东的大片韩、魏土地。

白起再次加官晋爵，做了昔日商鞅的位置：“大良造”。大良造可享受赐邑三百家，赐税三百家，秦军功爵二十级，白起已经到了第十六级。离魏冉所拥有的侯爵之位，也只有一步之遥。

立下赫赫战功的白起又怎甘于屈居魏冉之下呢？

齐燕相争，秦国得利

公元前292年，趁着魏军刚刚经历大挫，元气大伤，白起率兵大举攻魏，魏国还没能从战争的创伤中恢复过来，只能眼见着秦军一口气攻下魏国蒲阪（今山西永济县蒲州镇）等大小城池61座。

公元前291年，白起一鼓作气，攻取了魏国的垣地（今山西垣曲东南）。紧接着，在各国联合攻击楚国时，白起趁火打劫，攻取了楚国的宛地。

公元前290年，司马错升任左更，地位已比不上白起，但他对于白起心服口服。在白起的派遣下，司马错率军攻取了魏国的轵地（今河南济源东南），同时趁着韩国国力大损的机会，攻取了韩国的邓地（今河南孟县西）。

通过这三年的时间，可以看出秦国发生了巨大的变化。

第一，秦国的国力大增，韩、魏两国则不断衰弱，此消彼长之下，秦国将打击对象主要放在了这两个国家上。

第二，秦国内部权力发生变动，虽然白起成为了秦国的最高军事统帅，显得魏冉和宣太后的势力有很大的加强，但是实际上，白起的一系列赐封，都是拜秦王所赐，在他的心里，秦王已经成了他的主子。

第三，秦国的战略方向处于一个变更期，从一城一地的争夺，到消灭敌人有生力量，顺便攻取城池而转变。

自此，东方六国将领之中，能够敢于直接和白起匹敌者，实在是屈指可数。韩国和魏国国君眼见秦国如日中天，如此下去必将招致亡国之祸。于是他们相约和秦国签订屈辱条约，韩割让武遂（今山西垣曲东南黄河以北地区）二百里地给秦，魏亦不弱人后，也割让河东（今山西东南部）四百里地给秦。这一年，是公元前290年。

至此，魏国吴起在世之时，千辛万苦才攻下的河西之地尽归秦人之手，竟然连祖上的基业——河东之地也割据给了秦国。此外，连一向趾高气扬的楚国，也在公元前285年和秦国议和。当然，这之中更多的是张仪的功劳，但是如果没有白起在战场上面给予秦国的底气，张仪再怎么巧舌如簧，也只能是无功而返。

自此，秦国三边边境已定，东方六国之中，只有齐国和赵国还能与秦国相匹敌。这时，白起将对付东方魏国、韩国和楚国的任务交给司马错，他自己则主要负责对付当时东方最为强大的对手赵国。当年赵武灵王孤身入秦是何等的英雄豪杰，只可惜后来因为内乱，赵武灵王英年早逝。赵国自此落后于秦国，后来又屈居在齐国之下。在综合国力上赵国虽比不上很多国家，但是要论及到军事实力，赵国对于东方六国而言，无疑是首屈一指的。

然而，就在白起摩拳擦掌，准备对赵国用兵之时，西北边境边患四起，其中势力最为强大的就是义渠王。

秦国不堪其扰，宣太后主张以外交的手段解决，白起和魏冉则主张以军事手段彻底解除秦国的后顾之忧。事实证明，最终宣太后是正确的，宣太后用美色将义渠王迷住，不仅最终将其绞杀，还彻底收服了义渠国，彻底解除了秦国的心头大患。

当时秦国普遍流行一种政治观念，只要能达到目的，不管采取何种手段都是合理的。很明显，宣太后达到了她的目的——攻灭了义渠国，稳定了后方。然而，对于秦国而言，义渠国的灭亡只是一个政权的消失，但是义渠国的铁骑，还是需要从头开始培养，于是白起果断地承担了这个任务。

当时秦国在西北苦寒之地所建立的精锐骑兵，单兵素质极强，其装备远远地超过一般的骑兵。秦骑所使用的弩机必须用脚蹬，借助全身的力量才能上弦，其射程可以达到三百米左右，杀伤力很强。虽然这种强弓硬弩需要耗费极大的力气，而且使用起来并不方便，但是骑兵贵在神速，秦军骑兵只要一个战术冲刺，到达敌人眼前，则短兵相接之时，秦军就占据了优势。

秦国此时，可谓全面开花。白起在西北方为秦国积蓄实力之时，秦昭襄王也没有闲着，因为范雎已经到达秦国。秦国采取远交近攻的策略，采取东、西各自称帝的方式和齐国结盟。这种方式虽然名为结盟，但是实际上则是利用一个虚名将齐国稳住。

当时，宋国开始不断地开疆拓土，这在当时本是无可厚非的事情，但是宋国的国家实力并不强，在此情况下还去虎口夺食，抢夺齐国的势力范围泗上。为此，齐国对宋国很是怨愤。

秦王就是看准了这一点，遂遣人前去齐国游说齐王，让齐国前去攻打宋国，夺回齐国的领地，齐王果然中计。

公元前286年，齐湣王决定派遣齐军大举伐宋，宋国在齐国的铁骑下灭亡，宋偃王逃到魏国，最终客死异乡。如果齐国就此罢手，或许这样的结果还能够在很大程度上加强齐国的国力。可惜，这时候的齐王在不断的胜利当中，野心膨胀，认为自己已经是天下无敌。齐王认为与其坐等秦国强大，不如先下手为强：往南打击楚国，往西攻取三晋，趁势灭了东西二周；在国内准备杀了孟尝君。这些都是齐王田地眼下最想做的事情。

一时之间，齐国成为了众矢之的。昔日越王勾践卧薪尝胆，最终破吴国。今朝的燕昭王，也瞅准了机会，准备大破齐军，攻灭齐国。

在燕昭王的苦心筹划下，一代名将乐毅于公元前284年，联合秦、魏、韩、赵四国，攻破了包括齐都临淄在内的70余座城池，齐王最终被楚军杀死。齐国从此纷乱不堪，直到公元前279年，才在田单的努力下复国。如此一来，秦国已经达到了自己的目的，整个天下只有赵国可以与秦国相争了。

但秦国并不是这次五国联合伐齐的唯一受益者，甚至不是最大的受益国家。因为赵国通过这次行动，直接夺取了齐国富庶的河间之地（即今天的京津唐三角地带），为其军事实力提供了强大的后勤保障。

赵国拥有精兵强将无数，秦国要实现攻灭赵国的愿望，还需要进一步筹划。这一次，秦昭襄王、宣太后、魏冉等，不管是秦国的旧式贵族还是新兴权贵，都将目光投向了白起。白起不负众望，他从西北回来之后，率领精兵强将，自公元前282年起，三次率军攻入赵国境内，连拔蔺、祈、石及光狼等城，赵国骑兵被斩首两万，损失惨重。眼看秦国和赵国即将发生最后的决战。赵惠文王决定，与其和秦军打得死去活来，不如向秦国求和，再去攻打楚国、魏国或者韩国。然而秦国此时又怎么会甘心放过赵国呢？

正所谓人算不如天算，秦军在白起的带领下准备血洗赵国时，楚国那边发难了。楚顷襄王为了给父亲楚怀王报仇雪恨，在公元前281年，趁着秦、赵胶着，白起无法抽身之际，派遣使臣合纵齐、韩等国，欲要联合攻击秦国。

楚顷襄王可谓初生牛犊不怕虎，他并不了解秦国的真正实力，就在他准备攻击秦军的同时，秦昭襄王早就提前动手了。因为司马错对蜀中甚为了解，所以这一次攻击楚国的任务，由司马错担当重任。他从陇西发兵，在巴、蜀地区又补充兵力10万，近万艘大船，600多万斛米，顺江而下，将楚国的大后方黔中郡一举攻下。当时白起正在关东地区对楚国北部地区构成极大的威胁。其他各国见楚国大势已去，纷纷与楚解除同盟关系。

攻克黔中后，司马错兵分两路大军：一路军从巴郡东出巫峡去攻打郢西，另一路大军由武关向东出发，攻取楚国的汉北及上庸地区，进入桐柏山。两路大军将楚国包围起来。楚王得知秦攻楚的消息后，十分震惊，急忙从都城集合数十万大军，连夜赶往鄢（楚国陪都，今湖北宜城东南），以防备秦国的进攻。

司马错采取了迂回战术，数十万士兵在他的带领下，翻山越岭，穿过今岷山山脉、摩天岭山脉、云贵高原等三大地区，又经过陇西到达巴蜀再到云贵然后再拐到湖北地区，行军路上山高水急，猛兽出没，可谓历尽艰难险阻。能够做到如此大规模的战略迂回，实在令人惊叹。秦军在楚军大后方突然出现时，楚军顿时乱了手脚。

此时的白起也被秦昭襄王授以重任，因为秦王知道楚国虽然看起来很弱，但随便凑上数十万军马，还是不在话下的。秦王的另一个战略是和赵国讲和，只有这样，才能够免除秦军的后顾之忧，这便有了前面述及到的渑池之会。赵国别无他法，只能暂时和秦国联合。

打到郢都去

当时的楚军号称带甲百万，单兵素质很高。楚国地处南方，而南方地形复杂、气候恶劣，锻造出了一大批精兵悍将。如果不用计策，秦军和楚军在正面战场上一对一的掩杀，则很难说最终的胜负几何。所以秦昭襄王对于此战也心存忧虑，尽管坐镇中军的是号称百战百胜的战神白起。白起即将出征之前，秦昭襄王便向他问道，要彻底地大败楚军，需要多少秦军精锐。

按照秦昭襄王的想法，杀敌一千会自损八百，此战起码有数十万以上的秦军就此埋骨他乡。谁料白起竟说只要7万兵马，这多少让秦昭襄王有些怀疑。

如果是一般将领带兵打仗，秦王的估计应该是很准确的。比如后来秦王嬴政进攻楚国的时候，曾以李信为将，带领20万人马与楚军交战，结果战争中共死九都尉，大败而还。为消灭楚国，不甘心的秦王嬴政最后只好派出一代名将王翦率60万大军攻楚，楚国才灭亡。白起所言，于一般人而言，无异于是痴人说梦。

但白起既然说出此言，一定已经胸有成竹。历史证明了他近乎狂妄自大的那句话——7万足矣，并没有半点虚言。因为白起认为："楚人之俗，轻剽颛急，战时勇于攻取而拙于守御，只需学昔日之伍子胥，选精取锐，长驱直入，数战则可破郢矣。"

秦昭襄王闻言，不禁拍案叫绝。这自然是出于对白起的信任，如果一般的军中大将如此妄言，秦昭襄王必定会对其嗤之以鼻。于是秦昭襄王将白起派遣到了上庸（今湖北竹溪东南），代替司马错指挥秦军。白起照与秦昭襄王的约定，选取7万习惯在山水之间作战的精壮之士，由白起亲自率领，顺汉水而南下，直接出其不意地深入楚国腹地。白起计划先夺取楚陪都鄢，之后再夺楚都郢，此谋略称之为"置之死地而后生"。白起善于出动奇兵，看似将自身置于数十万楚国军队的包围圈内，实则是千里跃进敌人的心腹地区，以最小的力量，给予敌人以最沉重的打击。

历史总是这样的巧合，秦国攻击楚国这一战，和后来实践"亡秦必楚"的项羽的战略竟然如出一辙。白起此行不带任何粮草辎重，一路以战养战、因粮于敌，掠取汉水流域丰饶的粮草补给军需，让秦军既无"三军未动粮草先行"的担忧，也减少了这一方面巨大的支出和带给军队的疲乏。此外，白起还在楚国境内大搞政治攻势，用田宅、免除赋税等种种优惠政策来诱惑楚人，如此一来，楚人自然乐意为秦军所用。如此秦军就又多了一个灵活性很强的同盟，可帮助军队运输粮食。

行军路上，白起命令秦军，一旦过河，便拆桥毁船，自断归路，示以死战之心，让秦军背水一战。这一方法往往是战争中以少战多时采取的策略。少对多时，破釜沉舟之计策，不仅可以激励己方将士的必死决心，同时也让敌军看到了己方军队强大的威慑力。

楚军便因此深受震慑，虽然人数众多，却抵挡不住秦军的进攻，遂节节败退，兵败如山。秦军长驱直入，迅速攻取汉水流域要地邓（今湖北襄樊北）及附近几座城池，直抵鄢都城下（今宜城东南）。一时之间，那里便成为一个楚国倾国之兵和秦国白起的7万兵马的决战场地。

白起在一开始就比别人看得远，他之所以直接将秦军7万人马瞬间移动到鄢，就是因为他看中了鄢的独特的政治地位和关键的地理位置。

楚国的别都，历来鄢郢连称。它离楚都郢也就二百里地，历来为楚国的第二政治经济中心，同时也是拱卫郢都的北大门，因而此地万万不能有失。如果鄢落入秦军之手，则楚国最后守土抗战的军心将会土崩瓦解，楚国就会面临亡国的危险。

当时楚顷襄王也看出了秦军的战略意图，他自然清楚楚军原先制订的围歼白起大军的计划早已经不胫而走，或许白起早就看出了楚军的意图，可是他明知山有虎，偏向虎山行。为了保护国都，楚顷襄王只好采取最保守的战法，命令汉水流域各战线所有楚军回援鄢都，不惜一切代价将秦军扼在此地，只要楚军能够坚守十天半个月，而楚人楚地不给秦军供给粮草，不让秦军的援军到来，楚军自然就会“不战而屈人之兵”。

与此同时，楚人还在原来高大城池的基础上加高加厚，并且布置了许多的强弓硬弩。孙子谈及用兵之法之时说道：“十则围之，五则攻之，倍则分之，敌则能战之，少则能逃之，不若则能避之。故小敌之坚，大敌之擒也。”楚军有数十万，而秦军只要区区7万，逃跑躲避是不可能的，诱敌决战也有很大的风险。

秦军要做到的是如何能够在夺取城池的同时，还能以最小的代价造成敌人最大的伤亡。眼看时间一天天过去，白起如果再想不出必胜的策略，到时候即使秦军想撤出，楚军也断然不会答应了。

越是关键时刻，越是考量为将者随机应变能力的时刻。这时白起认为，必须要坚持：“非利不动，非得不用，非危不战。主不可以怒而兴师，将不可以愠而攻战的策略，以待时变再趁势出击。”但秦军的军心已经开始浮动，所以当务之急是稳定军心，军中的白起一直谈笑自若，这成功地让秦军觉得即使天塌下来，最终的胜利都会属于自己。

白起的做事风格就是，既然一时之间，想不出万全之策，何不放松一下，也顺势给军队鼓舞一下士气。

这正应了那句“不管风吹浪打，胜似闲庭信步”，白起就这样走进了汉江，一跃跳进了江中——游泳。此次游泳给白起带来了灵感，水既轻柔，瞬息之间又可以化作滔天大浪，成为杀人的利器。兵法云：以火佐攻者明，以水佐攻者强。水可以绝，不可以夺。白起决定，动用水攻，来解决眼下的难题。

翌日，深受启发的白起急忙将这一计告诉了手下的几个心腹干将，让他们派出了一支几千人的部队在离鄢都西北约百里的蛮河武镇筑坝拦河，同时还在这条汉江支流东西向秘密修筑一条百里长渠。此计策成败的关键，就是出其不意掩其不备，因而保密工作一定要做好。

一切都在楚军浑然不觉之间完成，只要白起一声令下，就可以挖开河坝，江水之力，自然远非人力可以抵抗，到时候楚军数十万兵马就会被秦军兵不血刃地抹杀。观察到楚军并没有任何发现的迹象之后，白起决定动手。

这几日，楚军正在奇怪秦军为何还不撤退。趁此时机他们厉兵秣马，只要秦军一撤退，楚军数十万军马便会倾巢而出，将秦军杀个片甲不留。

楚军仍然认为只要坚守不出，秦军就一定想不到任何办法。夜幕降临，守城的士兵点起了火把，如一条长龙般，守护着这座城池。然而，他们不知道大祸将至，只听见城西一声惊天动地的巨响，刹那间，地动山摇，轰隆隆的声音由远及近，仿佛地底传来的恶鬼惨号。河水是从城西进来的，不知有多少人就这样在睡梦中远赴黄泉。

第三日，再看鄢都已经变成了一个汪洋泽国，处于云水之间。数十万楚军，还有城中不计其数的平民百姓，就这么被滚滚洪魔瞬间拉入了无边地狱。有人说，白起就是上天给战国那个变乱的时期，降下的一个警钟。让那些坚信无义战的国家，饱受家破人亡之苦。只可惜他降错了国家，成为了秦国的将领，而秦国正是当时最无义的国家。

也有人说，是白起的到来才加速了战国的结束。因为在有限的土地上，会降生无限的人，只要有人的地方，就会有争斗。因此，白起才以“人屠”的身份，消灭一切不安分的力量。

值得一提的是，当初白起为了剿灭楚军所造的沟渠，至今仍然为当地人所使用。

但是楚国那些失去了孩子的父母，失去了丈夫的妻子，失去了父亲的儿女，都会从此铭记一个名字——白起。也正是因为白起此时的作为，才在江东父老心中，种下了一颗种子，乃至流传着这样的说法：“亡秦必楚。”

而此时此刻，即使他们想寝其皮啖其肉也只能望洋兴叹。他们也曾想了很多种办法去复仇，只要白起骄兵一成，顺势南下，则楚人便会不顾一切地前去杀了白起。可是白起不是一个没有头脑的人，自然知晓“穷寇莫追”的道理。在破鄢一役取得决定性胜利之后，白起并没有冒进，而是停下来休整部队，补充兵员和军资，同时将秦之罪人刑徒迁徙到刚得来的楚地，以充实秦军的后方，通过以战养战的方略，使其成为秦军进一步攻楚的基地。

白起最终还是南下了，只是他没有给予楚人任何机会，他带去的只有屠刀和征服。白起大军很快就攻陷了郢都北面最后一个桥头堡安陆，楚兵四散，楚顷襄王还没有从去年的大败中缓过劲来，就置身在白起的屠刀之下。

为了免除灭国身死的厄运，楚顷襄王不复当日的雄心壮志，当机立断抛弃了郢都，将国都迁到楚东北的陈，是为“陈郢”（即原来的陈国，今河南淮阳）。

秦国终于得到了郢都，这个楚国第一大都市，也是当时中国最大的手工业中心。战后秦国的势力，已经进一步得到加强。一个世纪之前，这里还是吴国人的属地，后来在秦国的帮助下，楚国人夺了回来，并使得楚国一度强大无比。只可惜今非昔比，楚人在经历了楚怀王之乱以后，便注定了沦落败亡的结局。

大秦武安君，一将功成万骨枯

白起用水攻，将楚军的精锐打击殆尽，此后一年的时间内，更是所向披靡，楚国再也找不出可以抵挡一时的军队出来，因而连其都城郢都也落入了白起军队的手中。

见楚顷襄王落荒而逃，秦昭襄王则兴奋不已，和宣太后一样，他们都没有料到，白起竟然再一次给予了秦军战争历史的一个奇迹。如同当初宣太后捧秦王上台一样，这一次他们都齐心协力，尽可能地给予白起以帮助，并且还下了一道谕旨，让白起乘胜追击，扩大战果。

于是，白起在攻破楚国都城之后，分兵三路向楚国的其他地方进军。第一路向南攻到了洞庭乃止；第二路向西攻到了夷陵（今湖北宜昌东南）；第三路向东攻到了竟陵乃罢。短短数月时间，楚都周围数百里辽阔富庶的土地尽归秦有，秦国的实力得以再一次增强。为了彻底地控制被占领区，秦昭襄王下令，在这些地区设置南郡，其治所就是曾数百年为楚都的江南第一大都会——郢都，楚国似乎就这样灭亡了。

但是当时的人们都相信，他们只要有共同的祖先，就能在其精神的维系下，不断地凝聚起来。而楚人的祖先，就葬在秦国西路军所占领的夷陵地区。白起认为只有彻底地将楚人的精神绞杀，楚国才不会死灰复燃。但是秦国当时的掌权者是宣太后，宣太后乃楚国的贵族，如果白起毁了夷陵，不就是间接地掘了宣太后的祖坟吗？

其实，倒是白起多虑了，他只知道宣太后是个楚国人，却不了解宣太后早就一心向秦，在秦国彻底安家落户了。昔日她为了秦国后方稳固，可以出卖色相引诱义渠王，今日为了秦国的强盛，应该亦不会在乎区区几座坟墓。

于是在宣太后的一声令下，白起放了一把火，夷陵就此成为历史的回忆，留下的只是些微的断壁残垣。

白起在烧毁夷陵的同时，也不禁心底发颤，幸好自己是宣太后的盟友而不是敌人。论打仗，宣太后不如他白起，但是论到玩弄政治权术，白起全然不是宣太后的对手。

白起以为，此后楚人再也提不起任何斗志，只能沦为秦国的附庸。岂料物极必反，他用一江大水，将楚国35万生命席卷吞没，楚人已经对其十分怨愤；他又用一把大火，将楚国的宗庙毁于一旦，国仇家恨，不共戴天。所以全体楚人在这一刻立下重誓：楚虽三人，亡秦必楚。

这个时候，一个对后世影响深远的人物自投汨罗江了，这个人就是屈原。当楚国国都郢被秦军踏在铁骑之下时，屈原写下了脍炙人口的《哀郢》：

皇天之不纯命兮，何百姓之震愆？
民离散而相失兮，方仲春而东迁。
去故乡而就远兮，遵江夏以流亡。
出国门而轸怀兮，甲之朝吾以行。
发郢都而去闾兮，怊荒忽其焉极？
楫齐扬以容与兮，哀见君而不再得。
望长楸而太息兮，涕淫淫其若霰。
过夏首而西浮兮，顾龙门而不见。
心婵媛而伤怀兮，眇不知其所跖。
……

正所谓东边日出西边雨，几家欢喜几家愁，就在楚国一片仇怨惨淡，对白起恨入骨髓之时，秦国那些渴望建功立业的人，则对白起敬若神明。

秦昭襄王等待的机会终于来了，论起功劳之大，整个秦国除了白起不作第二人想。从很多场合中都可以看出，白起对于秦昭襄王很是忠心。秦王认为只要大肆封赏白起，就可以达成一石三鸟的效果：一来，可以获取白起的更大忠心；二来，可以让一些崇尚白起的人，感叹秦昭襄王的明智，受其鼓舞，进而更加效忠秦国，奋勇杀敌；三来，可以将计就计，在培植自己势力的同时，也可以暂时缓和与宣太后集团的关系，维持秦国内部的稳定。

于是秦昭襄王金口一开，颁布了一道谕旨，封白起为武安君，取“以武安民”之意。白起，这个曾经秦国最底层的士兵，终于站在了秦国的巅峰位置。当时的战国四公子：平原君、孟尝君、信陵君、春申君，都是各个国家的王族，如果没有高贵的血统，要被封为君实在比登天还难。可见白起之功劳于秦国而言，和商鞅一道，可并称文武双绝。

当然，战国名将之中，廉颇、李牧都被封为君，然而要论到功劳，则大秦武安君才堪称第一。

一将功成万骨枯，白起终于踏着无数人的尸体，走上了人生的巅峰。恰如《庄子·胠箧》中所书：“彼窃钩者诛，窃国者为诸侯；诸侯之门而仁义存焉。”

尽管北边有赵国在虎视眈眈，但是白起依然我行我素，无所顾忌地攻伐着楚国的土地。公元前277年，秦国武安君白起趁着楚军元气大伤之际，再次大举攻楚，西克巫（今四川巫山北），南平黔中。秦遂以巫地为巫郡，黔中地为黔中郡。至此，占楚几乎一半国土的江汉湘黔之地尽归秦有，楚国继前面丧师失地之后，再一次陷入危险的境地。

就在楚国人人自危之时，白起竟然不再行动了。白起认为楚国之地，只可以占据秦国触手可及的地方，而不可以妄自奔袭千里，徐图将整个楚国纳入版图。因为楚国国界太广了，如果战线拉得太长，以秦国有限的兵力，最终即使征服了楚国，必定会让三晋之地的其他国家有可乘之机。

为了免除后顾之忧，秦国决定，要先对三晋之地中的实力最强者——赵国出手。

而在此之前，秦国还需要在外交上配合一下白起。因为两年以前，秦国就和赵国在渑池之会上结盟，秦王根本没有料到，白起会这么快就将楚国打成这样，如果秦国就此和赵国翻脸，必然会显得秦国太过不讲信义。除此之外，赵国一贯坚持的策略是“南守北攻”，从来不轻易和中原国家交兵，秦国既想要打击赵国，又想要赵国率先出击，的确是个两难的问题。

宣太后认为，与其直接面对赵国，不如从第三方着手。自韩、赵、魏三家分晋以来，他们三个国家总是宣传依然是一个整体。事实上三个国家的地理位置特殊，确实是唇齿相依的关系。于是秦国决定，先出兵魏国，到时候赵国只要掺和进来，秦国就有了对付赵国的理由。

公元前276年，秦武安君白起率兵10万伐魏，拔二城，秦国和魏国的交锋正式开始。魏国自然不会料到，它不过是因为“城门失火殃及池鱼”，才接二连三被秦国攻打。公元前275年，穰侯魏冉又亲率大军攻魏，一直打到魏都大梁。这时候，赵国依然没有行动，只是派遣使者前去韩国，最终说服韩派大将暴鸢来救，可惜依然被秦军击败，4万多将士魂断魏国。

魏安釐王再一次演上了他的拿手好戏：以土地换和平，献上温地（今河南温县西南）8座城池求和，魏冉退兵。当然，从古至今有一个很浅显的道理，就是以屈辱换来的和平，必将是短暂的。果然，公元前274年，秦国准备再一次进攻魏国，因为前面两次的进攻，获取了很多实在的好处。但赵国依然没有任何行动。岂料韩国竟然联合齐国，为了前面丢失的城池和土地，向秦国大举进攻。魏国再次战败，丧师失地自不用提。

其实，赵国一直在观察着魏国和秦国交战的局势，也深深地为魏国屡战屡败而担忧。当然，这种担忧的深层次意义，是在担忧一旦魏国被打得爬不起来，到时候秦国就要对赵国动手了。与其坐等成败，不如火速驰援魏国，来个先下手为强。

只是和秦国一样，赵国也需要一个出兵魏国的理由，换句话说是需要一些实在的好处，才可以让赵国甘心出兵。魏王在经历了战败之后，派遣使者来到了赵国，承认赵国三晋之地的最高地位。魏国的目的是将赵国推向三晋之地的头把交椅后，若以后秦国入侵，赵国要身先士卒地前去抵抗。然而，就在此之前，迫于秦国的强势，韩国已经成为了秦国的附庸，在秦国东征西讨之时，为其呐喊助威。

韩国乃三晋之一，倘若韩国成为秦国的势力，那三晋之地就会变得支离破碎，势单力薄，对付强秦的难度就会增加。于是，赵国和魏国商议，攘外必先安内，要抵抗强秦，就必须先打击韩国，让韩国转而投向赵国。

赵惠文王所采取的方式很直接：命令军队和魏军联合，前去攻打韩国。可惜韩国似乎铁了心跟随秦国，就在赵魏联军即将压境之时，韩国派遣使者，星夜兼程感到秦国处求救。

黄河的杀伤力

被韩国派出去，请求秦国救援的使者的名字叫陈筮。

陈筮，战国时期韩国人，生卒年不详。历经韩国的三个君王，可谓三朝元老，然而他依旧是个小官，在韩国相国门下做事，略有才能，为韩国相国所知。

在赵国和魏国联手进攻韩国时，韩王便向臣下咨询，该派遣谁去向秦国求援。于是，韩相国想到了陈筮。韩王对相国十分信任，便委托他全权代理此事。

听闻陈筮抱病多时，韩国的相国连忙来到陈筮处，对陈筮言道："世事艰难，国家危急，小病不足虑，希望你能够为了国家大事计，到秦国走一趟。"（《史记·韩世家》）

陈筮闻言，知道自己的机会终于来了。既然相国能够亲自来到府上请他，那就代表整个韩国都对这件事情很重视。所以陈筮欣然答应，并向相国保证，不成功说服秦国，誓不还乡。当时人人都畏惧秦国，谈秦色变。陈筮这一次出使秦国，实在是任重而道远。

陈筮来到秦国后，直接前去拜见秦国当前的掌权者——穰侯魏冉。魏冉知道，赵国要出击了，但是为了攫取最大化的利益，宣太后等人还是认为，应当从韩国获取一些好处。于是，魏冉胸有成竹地说道："韩国的事情应该很危急，不然何以会特地派您来呢？"陈筮说："此言差矣，韩国没有任何危急之处。"魏冉没有料到，这名不见经传的一个人，来向强大秦国求援，竟然敢如此傲慢，遂生气地说道："您这样没有诚意，如何为你的国君做使者呢？众所周知，你们韩国的官员为了向秦国求援，可谓车马不绝于道。他们都向敝国报告，韩国遭到魏国和赵国联军的入侵，情况危急。您来了却说不危急，这又作何解释呢？"

陈筮闻言，不慌不忙地说道："韩国危急了，就不会前来找秦国帮忙，而会改变立场投靠其他国家。"陈筮这句话的用意很明显，因为韩国的情况不那么危急，所以他才能够来这里了，否则早就向魏国和赵国投降了。秦国最害怕的就是三晋真正地合为一体，到时候互相呼应、铁板一块，秦国再想图取这些地方，就难比登天了。魏冉自然知道其中深浅，见陈筮如此说辞，忙将面色一缓，急忙说道："秦王的面你不用见了，秦国这就发兵援救韩国。"

此次陈筮到秦国求援，虽历时不长，却足见其出众的外交才华，竟然连一向老奸巨猾的魏冉也受了他的激将法。魏冉问陈筮韩国的形势是否危急，自然是别有用心。然而陈筮的回答更是出人意料，这不禁让魏冉感到奇怪，便想一探究竟。陈筮趁机指出当前的形势：韩国的形势之所以不危急，是因为韩国会在危急时刻改变立场投靠赵国或者其他国家，这样便可以顺理成章地化解危机。其实，魏冉之所以答应韩国，固然有害怕失去韩国这样一个盟友的成分，但是更多的则是秦国早就谋定而后动的战略——引诱赵国出战，为秦军打击赵国找到理由。

然而，秦国上下都知道，赵国可是块硬骨头，名将赵奢、廉颇，胡服骑射之后的赵国铁骑，可都不是易于之辈。此次作战如果魏冉出战，秦军也许只有五成的胜算，而如果是白起领军，则无论是在谋略上还是在士气上，秦军都会上一个台阶，胜算就会高出许多。

此战是白起蓄谋已久的一战，为了能够彻底地打败赵国，他一直在研习兵法，苦练士兵。在出战之前，秦国的四个掌权者：魏冉、宣太后、秦昭襄王和白起，对魏国和赵国联军的战略意图分析得一清二楚：让韩国背弃秦国，投降赵国，这也是陈筮的意思。

俗话说，救人如救火，既然决定了派遣白起前去援救，那么速度就成了援救的最大问题。如果去晚了，则韩国势必会降了赵国。虽然三晋之地的统治者们各怀雄心，但是其中的平民百姓却有着共同的根基，很容易结成同一力量。

“兵贵神速”的道理人人都懂，但真正到了行军打仗之时，这速度二字就非易事了。当时赵魏十几万大军已经攻破了韩国的军事重镇华阳（今河南郑州市南），离韩国的都城郑（今河南新郑）不到百里之遥。白起所部在咸阳，离华阳还有千余公里的山路，崎岖难走不说，而且还恰逢雨天。于是白起再次拿出了其看家本领：命令部队脱去上衣，只带着盔甲一路急行军。10万人马只用了8天时间，便神兵天降般地直奔到华阳前线。

而另一边的魏国和赵国的联军，则满心以为胜券在握，所以很缓慢地往韩都郑前去。这次带兵的是魏军主帅芒卯，《战国策》中涉及了关于他的四篇文章，具体的信息不详。有人评论芒卯是个能使诈的将领，能在危险时刻挽回局面，或许还能获得小利，但却没有大才，此次带兵，便是孟尝君田文所举荐。后来田文还因为此事，被魏王免去了丞相一职。

对于秦军的来援，芒卯并不是没有任何预料。只是他认为，秦军就算来援，也绝无可能在这么短的时间内到达，所以当10万秦军如幽灵般出现在他眼前的时候，芒卯大惊失色，丢下部队落荒而逃。

军中无大将，自然混乱不堪。军心大乱的赵魏联军，见白起大军如入无人之境般，在联军中所向披靡，不断地收割着他们的人头，只能各自为战、只求能够保住性命。

转眼间，联军13万人马，都做了秦国的刀下亡魂。其实韩赵两国名为联军，实际上也是各自为战，因为将士之间的配合需要一段时期的磨合。为了不影响战争的机动性和灵活性，在此次战役中，打着联军旗号的13万人马，其实都是魏军。如果是赵军，也许就不会如此轻易地被击溃，尤其是在赵军大将廉颇、赵奢等人的指挥下。

白起一生最大的愿望，就是能够和赵国的精兵强将一较高下。只可惜，这一次带兵的赵军将领，竟然不是廉颇，而是贾偃。

眼看着魏军败得如此迅速，贾偃大吃一惊。此时贾偃只能率领大军死守，只要赵军能够支撑到廉颇大军的到来，两面夹击之下，定然能够击溃秦军。贾偃也颇有领兵作战的经验，见白起大军来势汹汹，他不慌不忙地在黄河岸边布下阵势，秦军先锋胡阳几次猛攻，都惨败而归。

几日以后秦军隐约地看见，黄河对岸的廉颇大军即将到来，激起的尘土遮天蔽日，将士的脚步让大地摇晃。此一战对白起来说，是他一生第一次正面和赵军交手，廉颇成名早过他，是他向往已久的对手。

如果让贾偃的大军顺利支撑到救援到来，敌军以逸待劳，秦军势必会大败亏输。既然强攻不成，那就只能智取。

白起用计，向来是连环出招，让敌人应接不暇，此次也不例外。

第一招，白起派遣使者前去赵军营中，向贾偃招降。贾偃自然不会就范，一见使者，差点就违背了“两军交战，不斩来使”的惯例。其实白起也没有指望贾偃会率部投降，这不过是他的疑兵之计，旨在为第二招打掩护。

第二招，就是让4000轻骑兵在双方谈判时，悄悄掩到赵军的侧翼，只待两军处于胶着状态之时，再趁势冲击赵军。到时，赵军必然会惊慌失色，军心一乱，大事可期，成败在此一举。

果然，就在秦国和赵国的军队于正面厮杀不停时，轻骑兵出动了，他们都没有携带任何盔甲，而以血肉之躯直接冲击赵军的阵营。不久，赵军就出现了变乱之相，开始缓慢地向后撤退。白起依照计划，命令军队在包围魏军时故意留下一个缺口，其后设长矛，其他三面竖起盾牌，将赵国军队逐渐往黄河的方向逼去。很快，赵军将领贾偃弄明白了秦军的诡计，但是为时已晚，赵军退到黄河边后，就没有了退路。秦军向没有退路的赵军强攻，赵国士兵一个个被挤入滚滚的黄河之中，还没来得及叫一声就被黄河水冲走了，两万浮尸差点堵塞了黄河河道。

主将贾偃见大势已去，不堪受辱，于是拔剑自刎。

而对岸，廉颇大军正好赶到，一双血红的眼睛死死地盯着河岸这边的白起。

此一战，白起大军再次大获全胜。自白起出师以来，魏国连番损兵折将。在伊阙一战中损兵16万，不久又被魏冉斩首8万，如今再被白起灭掉13万，整个魏国，已经无人可用。

从当时的战略局势看来，魏国是东方六国的脊梁所在。眼看秦国马不停蹄，欲要扩大战果，趁势灭掉魏国。

天下危矣！

赵惠文王只能马上联合燕国，以救援魏国。这时魏安釐王再次决定以土地换取和平，于是将南阳（太行山以南、黄河以北地区）之地给秦国。这一次，魏王虽然还是沿用了老伎俩，但还算是明智之举。因为秦国已经认识到，赵国虽然损失了两万人马，但是其精锐并没有被消灭。赵国正在策划各国合纵共同打击秦国。于是，秦昭襄王审时度势，决定见好就收，接受魏国南阳地后退兵。在第二年，秦把所占韩、魏的南阳与楚的宛，合建为南阳郡。

但是魏国并没有参加赵国的合纵，而是借机投入秦国的怀抱，赵国的图谋就这样化为泡影。而秦国则终于打破了渑池之后的盟约，可以顺理成章地打击赵国了。但在此之前，秦国还需要对付其后方最后的一个隐患——义渠国。

此后的事情，前番已有介绍。秦国宣太后以铁腕手段，诛杀了和她相好了数十年的义渠王，秦军顺势灭掉了义渠国，平定了西北边患，秦国有了征战天下最为巩固的大后方。而赵国，已经站到了与秦国大军战斗的风口浪尖之上。

第五章　魏国失范雎，自掘坟墓

一路向西

战国时期，人们对国家并没有很强烈的归属感，魏国对于范雎来说或许只算得上出生之地，还无法上升到“祖国”的概念。如果是那样的话就不能够解释，被魏国一些权臣陷害之后他为何能够坦然地离开魏国，转而投向和自己的国家世代为敌的秦国了。由此可以发现，当时的周王室虽然名存实亡，但经过夏、商、周以来的发展，华夏之人的概念已经深入人心。所以，战国时期的一些纵横家以及一些有抱负的人能够坦然在各个诸侯国之间穿梭往来，寻求施展抱负的最好平台。从一个魏国人变成一个魏国的敌人，进而变成秦人，并一步步实现把所有的魏人、楚人、赵人、宋人、齐人、燕人、韩人都变成秦人的目标。范雎以其纵横天下的勇气，雄霸江湖的雄心，在成就秦国的同时，也成就了他自己。

这一切，都源于秦国一个名不见经传的王稽的到来，也归功于其生死之交和结发妻子不计一切的辅助。所以成大事者，不仅需要自助，也需要他助。

郑安平和范雎扮作奴仆，在夜色的掩护下，星夜来到公馆，拜见秦国使者王稽。王稽见这个人竟然来得如此神秘，遂心中好奇。知道他甘心愿意冒险前来，定然有不凡之处，于是，他很热情地请范雎坐下来，郑安平功成身退，回到了住所。王稽命人端来酒菜，和范雎促膝畅谈天下大势。范雎指点江山，如在目前，三言两语之间，便将战国的形势分析得一清二楚。他还针对秦国的未来发展做了一番简要的筹谋。王稽虽然才智不及范雎，却也是个识得贤才之人。范雎正是秦国需要的人才，只要将他引荐到秦王座下，必将受到重用。如此一来，秦王自会对其奖赏，范雎也会对其感恩戴德，而秦国也会更加强盛。于是，王稽当即和范雎约定道：“先生大才，王某佩服不已。我即将离开魏国，先生如果有意投效秦国，可在魏国京郊三亭岗之南等候，到时与我一起前往秦国，届时我必定向大王举荐先生之才能。”

范雎本有心向明月，奈何魏国这轮明月竟然对其不屑一顾，还屡次侮辱他。他这一去，对魏国恐怕是祸不是福。

在完成了出使魏国的一切事务之后，王稽便准备回返秦国。然而，他并没有通知范雎等人具体去秦国的时间。因为范雎虽有满腹才华，能不能为秦国所用，还需进一步考察。而这等待的过程，就是对范雎的最后一道考察。

得到王稽许诺的范雎回到住所后，立即作了两手安排。一边让郑安平找可靠的人到秦国使者王稽的公馆外守候，一旦他出发，便迅速来告知；另一边，则火速收拾行囊和郑安平到指定地点等候王稽。郑安平对此很是奇怪，他认为大可以等王稽派人来通知他们。这时范雎向他解释，这是王稽在考验他们的恒心和决心。不再多言，郑安平和范雎一起到达魏国京郊三亭岗之南。

一连数日过去，王稽却没有任何动作。正当郑安平焦虑不安时，派出去的人前来告诉他：王稽来了。等到王稽的车乘到来，范雎和郑安平立即走出。王稽见状，大喜，本以为他们不会来了，今日一见，疑虑顿消。遂将这二人迎上车架，向西边的秦国绝尘而去。

其实，对于前往秦国后是投效秦王还是宣太后，范雎做了一番很认真的计较。不过当时并没有下定结论。当时的秦国，秦王并没有多少的实际权力，真正掌权的是宣太后和魏冉，此二人把持着秦国的政治、军事大权，而秦昭襄王不过是个有名无实的君王。

但如果不出意外，秦昭襄王早晚会获得实权，因为他才是秦国的正统，无论宣太后如何留恋政治，终归有一天会驾鹤西去。

所以范雎内心实则偏向秦王。在去秦国的路途之中，一件事情的发生，让范雎下定了结束宣太后、魏冉统治，追随秦昭襄王的决心。

马不停蹄地连日跋涉后，王稽一行进入了秦国的边境。这天，他们驱车行至秦国湖县，忽然远远望见前方尘土飞扬，一队车骑急驰而来。看这架势，定然是个达官贵人，而且身份还非同一般。因为秦国的法律对于等级制度有严格规定。就连王稽这样的使者，在秦国境内也不可以随意地奔驰快马。

范雎素以心思缜密著称，看到前方疾驰的马车后急忙向王稽打听道："来的人是谁呢？看着车乘的华丽和步伐的嚣张，明显不是一般人。"

王稽听完范雎此言，不禁心生敬佩。不过这一路走来，整日听范雎高谈阔论，越来越察觉范雎的确有满腹才华，更有坚忍不拔之志。成大事之日，不久矣。于是，他便若有所思地回答道："这是当朝丞相穰侯魏冉，他是宣太后的兄弟也是秦国大王的舅父。看这架势，像是向东而去，帮助大王巡察函谷关周边的县邑。"

范雎赴秦

要想在战事纷争的列国有一番作为，就不可闭门造车，有抱负的人时刻关注着一国之势和天下大势。即使如鬼谷子一样的隐士，如孔子一般的教书先生，也都对时局洞若观火，因此他们才能每每语出惊人，教出有才能和雄心壮志的学生。

所以范雎读书的第一件事情，便是对天下大势进行系统的学习、了解和分析。他知道眼前的穰侯魏冉是何种身份，也知道当今的秦国朝政正把持在魏冉和宣太后手中。魏冉专国用事，是秦国头号权臣，与宣太后的另外几个兄弟泾阳君、华阳君、高陵君四人并称"四贵"。

魏冉为了彰显自己的权力和制衡秦昭襄王，每年都要带着大队车马周游整个秦国。巡察官吏，对他们恩威并施；省视城池，百姓对其讳莫如深；校阅车马，军队对其敬若神明；扬威作福，秦王也只能望洋兴叹。魏冉的权位已经登峰造极，在秦国可谓"一人之下，万人之上"，他从来都没有功高震主的担忧，所以许多人都想攀附他，以实现自己的政治目的。

秦昭襄王虽然不满却也拿他毫无办法，一方面是为了稳定秦国的政局，免得祸起萧墙；另一方面是因为顾及宣太后，秦昭襄王能够坐稳王位都是拜宣太后所赐，如今宣太后位高权重，昭王对她既感激又畏惧。魏冉乃宣太后之弟，因而看到魏冉如此无法无天，在秦国代行君王大事，也只好听之任之。

范雎虽然对于秦国的局势很清楚，但是此处人多嘴杂，他自然不会将心中所想悉数告知王稽。而且，他没有见过魏冉，俗话说"眼见为实，耳听为虚"，为了检验一下这魏冉的态度，他决定暗自参看一番。于是，范雎忙对王稽说道："我早就听说过穰侯在秦国的大名，他依靠是宣太后的弟弟、秦昭襄王的舅父，在秦国一手遮天、专权弄国，但是他却没有任何容人之量，只知道妒贤嫉能，厌恶招纳诸侯宾客（这句话其实也是范雎随意杜撰的，当时名震六国的白起就是魏冉举荐的，可见只要有才能，他也会欣然招为己用）；我觉得还是不要与他会面的好，以免受到他的侮辱。为今之计，我只能藏匿于车厢之中，静待一切变化，再依据事情的发展而行事。"王稽懂得范雎的心思，而且严格说来，王稽也没有受到魏冉的重用，早已经心向秦王，所以他遵从了范雎的意思。

没有多久，穰侯一行便赶到了王稽这边，王稽自然下车迎拜。魏冉见是朝廷官员，并不吃惊，便下车与之相见。这是秦国法律的规定，外出大臣如果在路上相遇，不管职位高低都需要彼此问一下其简要的情况。于是，魏冉例行公事地和王稽先寒暄一番，进而来到王稽车前，问道："关东六国的情况怎样？诸侯之间是否稳定，有没有什么大事发生呢？"王稽见魏冉问话，遂做出受宠若惊的样子，向魏冉鞠躬致敬，继而回答道："东方六国知道秦国的强大，对于秦王十分忌惮，对于侯爷也是敬若神明，自然不敢有丝毫异动。"魏冉虽然权倾朝野，却并不是自大的人，对于王稽的马屁不屑置之。

穰侯魏冉眼观王稽有些言辞闪烁，他接着问道："王稽，你是否也是那般没有见识的人，把其他诸侯国家的能人异士带到了秦国？这些人实属无益之人，而且心思复杂，难以收为己用，与其让他们来扰乱朝纲，不如直接弃而不用。如果遇到了真正的有才之士，他们不甘心归附我秦国，就直接杀掉。"王稽连称："没有穰侯的指示，下官怎么敢擅自做主呢？"

因为王稽过去并无不妥之举，所以魏冉对他的话并没有怀疑，眼下东方诸郡还要很多事情等着他去做，魏冉便不再久久盘查，遂率众东去。

但是魏冉的一席话却让范雎对其彻底失望，认为魏冉不会重用自己。一语兴邦，一言失国，魏冉就这样错过了范雎，似乎也注定了他日后的失败。

魏冉的身影渐行渐远，最后终于消失不见，直到这时，范雎才从车厢里面走了出来。不禁心生"劫后余生"的感触。他几乎不记得，这一路走来，已经多少次和死神擦肩而过，也不知道未来还要多少危险在等待着他。但是他知道，千里之堤溃于蚁穴，唯有小心谨慎、步步为营，才能够实现他最终的政治理想。

经过此事，王稽对范雎更加佩服，不禁在心中感叹，张禄先生果然有神鬼莫测之能，连魏冉会来找麻烦也看得出来。正当思索之际，范雎突然说道："据我先前的观察可知，魏冉这个人生性多疑且迟疑不决，刚才他其实已经怀疑车厢有人隐藏。只是碍于形势而没有搜查。见我等如此行色匆匆，且刚才对他的问话也多敷衍，事后必然悔悟。他知晓这车中一定有问题，很有可能会调转车头再来追击马车。到时如果我在车上，就有理说不清了。"

于是，范雎提议，自己下车从小路步行，让王稽等人驾着车马，引开魏冉的人马。

果如范雎所料，王稽车马才行十余里，身后马铃声便不断地响了起来。二十余骑从东飞驰而来，声称奉丞相之命前来搜查。王稽推脱一番，最后只得假意勉强地答应了他们。可惜，此刻的范雎早就不知所踪，他们遍索车中，也没有见到任何可疑之人，只能向王稽作揖一番，继而策马离去。惊魂未定的王稽暗自叹道："张禄先生真是不世奇才，有运筹帷幄之中、决胜千里之外的才能，非我辈所能及也。"于是催车继续向国都咸阳前行，他几乎可以断定，张禄定然有办法可以找到他。果然，到了半路，王稽便遇上了张禄，遂邀其登车一同前行。

经过一波三折的曲折经历，范雎终于到达他梦寐以求的地方——咸阳。然而，他还需要面对最后一场测试——秦王的"面试"。

机会只垂青有准备的人

范雎到达秦国，恰恰顺乎当时战国政治、军事发展之大势，所以才会在秦国如鱼得水。秦国如果没有范雎，也许会是另一番景象；或者如果范雎得到了其他国家——诸如齐国——的重用，也许秦昭襄王仍是羸弱无力的君王，别说统一不了诸侯国，权力尽失也未可知。当然，历史不能假设。而在此时，所有问题的焦点不在于是范雎造就了当时的战国，还是当时的战国造就了范雎，而在于范雎到达秦国受到重用之后，使得一切都发生了改变。

但在此之前，范雎还需要接受秦王的考核。如同他辗转来到秦国的经历一般，他能够获取秦王考核的资格，也可以说是一波三折。其根本的原因，就在于秦王对于所谓的才士俊杰并不信任。而获取他的信任，无疑成为范雎眼下最应该做的事情。

时为秦昭襄王三十六年，这代表秦昭襄王已经做了36年有名无实的君王。虽然他知道自己才是正统的国君，奈何宣太后实在是巾帼不让须眉，在她的领导下，秦国的国势不断强盛。特别是白起领军后，往南，秦军不断攻伐楚国，力拔鄢、郢两座重镇，幽死楚怀王于秦，楚国元气大伤，不敢与秦国相抗；往东，齐国虽然强盛，却在秦军的攻击下节节败退，就连曾经一度风云天下，震慑九州的魏、韩、赵“三晋”之兵，也被秦军打得无还手之力，使魏、韩二君俯首听命于秦国。天下之大，唯有赵国还能够勉强和秦国在军事上作对。

所有这些迹象在表现出秦国的强盛之时，也间接证明了宣太后政治势力的固若金汤。

秦廷上下虽人才济济，在战国舞台上风光无限，但却是由泾阳君、华阳君、高陵君以及魏冉“四贵”掌权，内部一片风声鹤唳。他们为了独揽朝纲、独霸朝局，屡次打击和自己意见相左的人，甚至是秦昭襄王的亲信也朝不保夕。

为了减少和宣太后等人的摩擦，避免秦国政局的动荡，秦昭襄王决意韬光养晦、厚积薄发。于是，秦昭襄王整日深居宫中，“甘心”被权臣贵戚所包围。只有在国家重大事件，非要大王出场之时，才勉强出去应付。

反观当时的战国局势，活跃在战国时期政治舞台上的谋士说客多如过江之鲫，难免鱼龙混杂、良莠不分。有的人确有其才，能够让国家在政治上左右逢源，在军事上百战百胜；有的却只是徒有虚名，甚至是为了混口饭吃，而到处骗取钱粮。他们都有一个共性：有三寸不烂之舌。没有这个长处，很少人能够接受他们。恰如白起，不善言辞，不懂政治，如果没有魏冉的举荐，即使再有才能也只能泯然众人矣。

因此，一时之间，不只是秦王，许多秦国上层统治集团中的重要人物，对来自诸侯各国的宾客辩士并没有多少好的印象，以为其中无信者居多。也正是这个原因，魏冉才会在半路上盘查王稽等人，让范雎对他生出了更大的嫌隙。

范雎也知道秦国此时的情况，所以对于前途之多艰，也做好了心理准备。

秦国的未来、秦王的命运，就在一次又一次与范雎的失之交臂中不断地浮浮沉沉。

范雎难以在第一时间得到秦王召见，并受到重用的另外一个原因就是王稽。

因为王稽此人，在秦国的地位，相比一般的王公大臣，实在是微不足道，派他出使魏国，足可见秦国对于魏国的轻视程度。王稽很少有机会能够接近秦王。

范雎也知道这个情况，只是他不好意思点破。心中暗想，只要自己想办法走进秦王的视野，只要秦王能够开恩相见，凭借自己的韬略智慧，定然能够让秦王刮目相看。

正当范雎准备亲自动手、自力更生之时，秦王颁布谕令召见王稽。王稽遂向秦王汇报前去魏国出使的情况，完事之后，见王稽还不肯离开，秦王正自奇怪。王稽遂说道，此次自己出使魏国，虽然在外交上平淡如水，但却并不是没有多少收获。因为这一路过来，他阅人无数，竟然叫他觅得了一个天下奇才，名字叫张禄。只要他能够得到秦国的重用，秦国的国力定然能够蒸蒸日上。

这一席话并没有多少出彩之处，所以也没有引起秦王的任何兴趣。为了不失掉王稽的面子，秦王遂让他给范雎安排一个住处，有时间自己再去召见他。

于是，范雎便决意安心等待下去，然而这样的等待过程，竟然在转眼间持续了一年多的时间。

范雎觉得，当初秦王只是在敷衍王稽，自己这样等下去也是徒劳，只能孤注一掷，用言语激秦王赐见。这一日，范雎求人向秦昭襄王举报家门，说道："现有魏国张禄先生，如潜龙下凡来到秦国，才华恣肆、思维敏捷、智谋出众，为天下辩士，特地前来朝见秦王，辅佐秦国完成千秋霸业。"

此外，范雎还进一步称述，其间不乏危言耸听的味道："秦国势如垒卵，失张禄则危，得张禄则安。"然而天机不可泄露，更不足为外人道也，因此，范雎要说的大部分关键，只可以当面和秦王说，不可以让人代为转达。

可惜了范雎的一片苦心，因为秦昭襄王的价值观已经形成，对于天下策士辩客，他没有半分信任，只是以为他们都是欺世盗名之辈，因此，任你有千条妙策，他就是不闻不问。就这样，范雎的投效之心，再一次付于流水。和往日一样，范雎继续住在下等客舍，粗茶淡饭，在焦虑烦躁中度日如年，转眼又一年时间过去了。

周赧王四十五年（公元前270年），是范雎到达秦国的第二年。这两年时光，范雎虽然都在艰难的等待中度过，但是他的时间并没有就此白费。他利用时间，阅读天下典籍；经过王稽的介绍和自己的观察，对于天下局势也了如指掌；时常和王稽辩论，每一次都让王稽唏嘘不已。只可惜，王稽在这两年的时间内，也很少见到秦王。即使他再怎么有心想要向秦王推荐贤才，秦王却不给他机会，也不会有什么用处。

范雎见此，开始时还有一些灰心，但是久而久之，也就习惯了。昔日商鞅来到秦国，不也是历经波折才终于和秦王相见吗？只是那时候不是秦王考察商鞅，而是商鞅在考量秦王的变法决心和礼贤下士的诚心。

然而，很多事情都是这样：有心栽花花不开，无心插柳柳成荫。正当范雎在秦国都城咸阳大街上了解民情之时，一个消息的传来给范雎攻击政敌提供了借题发挥的机会。原来，这一日秦国竟然贴出告示，说秦国即将攻伐东方齐国的刚、寿。这让范雎大吃一惊，这秦王怎么会如此糊涂呢？齐国远在东边，中间还隔着三晋之地的魏国、赵国，搞不好会落得个两面夹击，即使攻克了齐国，也不过是为他人作嫁衣。

回去向王稽一打听，范雎的疑惑轰然解开。原来，这个谕令的颁布，并不是秦王的意思，而是魏冉自作主张，因为陶山是丞相魏冉的封邑，旁边就是齐国的刚、寿，丞相魏冉此举，就是为了扩大自己的封地。

机会就这样降临到范雎的身上。经过两年时间的考察，范雎基本上了解了秦王的性格特征、办事风格以及内心深处的想法。这也让他暗自庆幸：当初没有贸然指出魏冉和宣太后等人的不是，如果当时自己一到秦国便锋芒太露，不仅宣太后势力集团不会饶恕自己，就连秦昭襄王说不定也会献出自己，向其母后表示忠心。然而经过这两年时间的变动，魏冉等四贵更加目无王法，眼中根本没有秦王，秦王对他们的不满，也更加严重。

于是，范雎当机立断，上书昭襄王，阐明大义，直刺时弊而又紧紧抓住昭王的心病。其间言道："众所周知，英明的君主执政，对有功于国家的人会给予赏赐，会对有才能有志向的人委以重任；功大者禄厚，才高者爵尊。因此，没有才能的人，不会担当这个职务；有才能的人，也不会蔽隐而不为国家所用。反观昏庸的君主则恰恰相反，只是因为一己好恶而擅自行使赏罚的事情，这种全凭一己感情的行为，怎么能够为国家带来兴旺繁荣呢？"从这一部分可以看出，范雎力主选贤任能，奖励军功、事功，反对用贵任亲的行为，认为这是对国家不负责任的举动。这在血缘关系纽带极其复杂的早期封建社会里，无疑是闪光的思想。也正是这种思想，为以后士大夫阶级的兴起创造了萌芽。

信件的第二部分，范睢不顾一切地抨击了权贵专权专利的现象，以君王为大树的主干，而宣太后、四贵等人则是大树的枝叶。指出枝繁干弱的危害广泛，这对于加强中央集权、巩固君王的统治地位，无疑是极有见地的。尤其是其间说道：“圣人说过：‘善于使自己殷富者大多取之于国，善于使国家殷富者大多取之于诸侯。’天下有了英明的君主，诸侯就不会贪赃枉法，目空一切，这其中的症结所在，究竟是什么呢？因为明主善于分割诸侯的权力，而将所有的权力都集中到自己的手中。良医可以预知病人的死生，而明主可以预知国事的成败。利则行之，害则舍之，疑则少尝之，即使是舜、禹再生，亦需要遵循这种观念，不可以有丝毫的违拗。疏不间亲，这封信也只能言尽于此，很多话都不可以随便说，但是如果随意地说，又恐怕不能够引起大王的注意。大王英明，切不可以因为贪图享乐而影响了国事。草民希望您能够抽出时间，准我望见龙颜，让我一舒衷肠。草民所讲的，可以用于秦王治国，更可以用于秦国兴邦，如果有半点虚言，任何惩罚都可以施加在草民的贱躯之上。”

范睢的一言一语，都直接击中了秦昭襄王的心病。秦昭襄王处在宗亲贵戚的包围中，其中以四贵最为明显，他们权大势大，私家富厚，简直可以和国家一比高低了。因此，秦王早有如芒刺在背之感，只是朝中耳目众多，大多忠心于魏冉等人。此番，范睢能够直言不讳地说出自己的隐疾，不仅代表了他有超卓的见识，也代表了他具备足够的勇气和可堪大用的忠心。范睢对这封信，也是颇费心思。他知道，仅仅让秦王对这份谏言有所注意还不够，而如果大胆地提出震耳发聩的言辞，不仅会受到他人的嫉恨，也会显得自己没有城府。于是，范睢在信末说道“语之至者，臣不敢载之以收”，故作含蓄隐秘之语。一时之间，秦昭襄王浮想联翩，认为这范睢定然还要更为要紧的话要对他说，只是因为信件为外人送来，多有不便。

为了彻底抓住秦王的心，范睢在陈述了一番自己对于秦国的局势之后，还信誓旦旦地宣扬其言的绝妙效用，足以振聋发聩。只要信件能够顺利到达秦王手中，范睢便可以高枕无忧，坐等秦王召见。由此可见，范睢不仅胸藏治国的经韬纬略，对于纤小如发和风云变幻的人性，也是了如指掌。如此人物入住秦国，可以预见，一场惊涛骇浪就此酝酿。

第六章　范睢拜相，秦国基业大定

强宫室，杜私门

翻开卷帙浩繁的史册，徜徉白浪滔天的历史长河，不少的朝代如流星般转瞬而逝，然而随着他们的逝去，留下的却是取之不尽用之不竭的历史财富。

短短15年时间，秦朝在西楚霸王的一把大火中，成为人们心中永久的回忆。然而，在秦国的建立、发展、壮大的那一段峥嵘岁月中，多少英雄此起彼伏，“江山代有才人出，各领风骚数百年”。秦穆公见贤思齐、知错就改；秦哀公临危受命、挽救楚国；秦孝公不拘一格、推行变法；秦昭襄王韬光养晦、礼贤下士；顷襄王为父报仇、雄关漫道。短暂的统一王朝，是一个个量变的积累。而构成这些量变的质变因素，最为典型的就是那些出生于草莽、躬身于陋室的大才大能之士。

其中，最为典型的莫过于商鞅、张仪、白起等人，而范雎也因为一度左右战国末期的形势发展而成为其中的佼佼者。

任何一个人能够发迹，从一介平民一跃而起成为显赫一时的人物，都是由一个个阶段构成。“莫言下岭便无难，一山放过一山难”。这个难关跨过去了，从此便能够平步青云、坦途一片。反之，就会迁延不进，劳苦终生。而眼下，范雎就面临他人生最为关键的时刻，比之当初躲过在魏国的必死之局，也只有过之而无不及。

范雎将那封信递交到秦王手中，秦昭襄王见了信件，犹如见了阔别多年的知己老友。一时之间，欣喜之情无以言表。

于是，秦王立谢王稽荐贤之功，并让他代为传命，让张禄（范雎没有以真名示之）火速入宫。

王稽应了圣旨，心中畅快不已，转身便走了出去，待走到半路，秦王竟然派了车架前来，说是要用于接送张禄。王稽看了看秦王甘泉宫方向，一轮红日正要喷薄而出。不由得叹道，功夫不负有心人，终于守得云开见月明了。

范雎随着车架进入秦国宫殿，只是他依然装作毫不知晓，并且让驾车的人自行离去，旁若无人地走向宫闱禁地“永巷”。看似他是无心之举，实际上则是谋划多时，此刻可谓智珠在握、成竹在胸。

恰在这个时候，秦昭襄王在人群的簇拥下，缓缓地从对面走来。范雎没有丝毫惧怕，直接面朝秦王，走向“永巷”。一个宦官见状，快步趋前，怒斥道：“见大王路过，你是何人，怎么能够不回避呢？”范雎并不惧怕，反而反唇相讥道：“我虽是一介草民，但是对于秦国王宫还是很清楚的，我只听说，秦国有太后和穰侯，何曾听说过还有个大王的？”

范雎为了收到出奇制胜的效果，竟然丝毫不避讳。在宦官呵斥之后，依然继续前行。他之所以会甘冒奇险，是因为他早就做了周密的思考，以一句话的工夫，直接击中了昭襄王的要害。秦王如果听出了范雎的弦外之音，定然会进一步和他攀谈。当然，如果秦王根本对他的言辞不作理会，或者根本没有意识到范雎的意图，那么范雎来到秦国，就只能算是一场悲剧了。那时候的范雎，才是真正的生不如死、生无可恋。

如范雎所料，秦王非但不怒，反而将他引入内宫密室，屏退左右，待之以上宾国士之礼，想要和范雎单独倾心而谈。

当然，秦王也知晓了，眼前的这个貌似大逆不道的人，就是前面给自己写信的张禄。只是到了这个境界，他们就彼此心照不宣，而秦王所关心的重点，也不是他是谁，而是他能够给自己带来什么。

范雎知道，两年以来，对于秦国王室的局势，他只是耳闻；甚至对于秦王的了解，也不过是基于自己的经验，结合现实环境和其政策综合出来的。俗话说：“小心驶得万年船。”越是到了关键时刻，越是要考量一下这秦昭襄王的为人，切不可贪功冒进，以致最终得不偿失。

范雎深谙进取之道，虚实之法，知晓要探测这秦昭襄王的心思，就必须言辞闪烁，让他摸不着头脑。果然，酒过三巡之后，秦王便开始向范雎掏心窝子了。岂料此时的范雎依然故作高人，对于秦王的问题也是含糊其辞。秦昭襄王见此，知道范雎还不是很信任自己，遂更加毕恭毕敬地问道：“请先生不要顾忌，有话但请直说，寡人是真心地想要听取先生的高见。”

范雎却一再避实就虚，唯唯诺诺，避而不答。这样的情形，一再发生，秦王越加诚恳。原本是一场主考官对考生的殿试，变成了私密的考生考核主考官的殿试。秦昭襄王见状，只能拿出自己的撒手锏，站起身来，向范雎深施大礼，苦苦祈求道："寡人一片诚心，天地可鉴，先生如果不吝赐教，寡人一定会真心感佩。"

范雎见时机已到，终于向秦王开启了一道大门，这道大门里有两个情景。情景一：秦昭襄王大权独揽，宣太后、四贵等人最终成为历史的过客。情景二：秦王扫六合，八荒九州，尽皆听取秦国号令。

而打开那扇大门的钥匙，就是范雎对秦昭襄王的一番话，话中内容在前面已经有过具体介绍，此处自不必多言。表达的意思很明确：范雎在三言两语之间，就把眼前的秦昭襄王与古代的尧、舜、禹等圣贤联系到一起，大凡为高位者，很少没有虚荣心的，即使如秦王这样的英明决断之人，也觉得范雎一席话很是受用。

接着，范雎借机激励秦昭襄王礼贤下士。并以吕尚和自己相比，意思很明显：秦王不用他则矣，用他就一定要拜他为丞相，自己也一定能做个贤德的丞相。秦昭襄王自然不能够拒绝，不然就会将自己贬到桀、纣行列，以此迫使秦王就范。紧接着，范雎便开始向秦王大表忠心，因为一个人有才固然重要，但是更加重要的是，其才能会给君王带来好处。于是，一番慷慨悲壮之词便这样脱口而出。他先是说自己为了秦国披肝沥胆，以情来感召昭襄王；后来再晓以利害，以杀贤误国震慑昭襄王，这样就能够保证，自己不会被秦昭襄王的一时冲动所害。

而前面的一番言语，看似有血有肉，实际上还是范雎的虚实之言，旨在为后面点明秦国的弊端做铺垫。当然，秦国最大的弊端，就是宣太后和魏冉等人了。范雎认为，如果任由此种情景继续下去，则秦王地位不保，秦国也必将大厦倾覆。

综合看来，范雎的这一番言语是很有水平的，然而细细查看才发现秦国此时的当务之急，并不是扫清内部，而是如何处理与东方六国的关系。但是为了迎合秦王"强干弱枝"的心思，范雎只能先说他最关心的问题，而不是秦国最关切的问题。一来可以得到秦王的信任，二来则可以为自己在秦国的地位打下基础。范雎要成为丞相，就必须要和魏冉争权，能够赚取秦昭襄王这个筹码，无疑是最为可靠和实际的。只有具备了一定的政治地位，范雎才能够真正地一展才华，而不是这般纸上谈兵。

直到秦王真正地向范雎推心置腹，引为知己和股肱之臣，范雎才开始为秦国未来的发展制定策略——远交近攻。而这一政策，不仅符合当时的局势，也能够严重地打击魏冉的政治威信。恰如后世的居于隆中茅庐的诸葛孔明对刘备的分析一样，范雎在弹指之间，便向秦昭襄王深刻地剖析了天下的形势，以及秦今后应采取的措施、策略，可谓纵横捭阖，使得秦昭襄王听后犹如醍醐灌顶一般拊掌大悦，对他更加重视和尊敬。

自此，范雎在理论上的地位初步奠定。

而要真正地成为秦国的相国，掌握秦国的大权，范雎还需要对付两路人马。第一路就是宣太后、魏冉等人；第二路就是名将白起。一场血与火炼就的传奇，就在此时开始诞生。

秦昭襄王四十一年，坐镇江山、左右秦国41年的宣太后政治集团轰然倒台，秦国"远交近攻"的外交策略，也在军事上不断地奏效。秦国，正昂首阔步，迈向一个新的时代。

人才是第一生产力

公元前266年是秦国历史上的转折之年，在这一年，秦昭襄王听从魏人范雎的建言，将宣太后、魏冉等人赶下秦国的政治舞台，并且拜范雎为相，改行远交近攻的策略，从此奠定了秦国在战国末期的成功策略。

秦昭襄王嬴稷在过去40余年的时间里，一直活在宣太后的铁腕之下，没有实权。但他并没有能力反叛，只得将自己的不满深藏。

政治上的游刃有余让宣太后在秦国的地位如铁桶一般牢固，她将私生活和国家大事融为一体，而不是所谓的“公私分明”；她能够不顾别人的忌讳，在大庭广众之下，为了国家利益而坦言自己的隐私；她能够在面对挚爱之时有万种风情，但是如果威胁到了秦国的利益，她便会毫不手软地将其杀掉。所以秦昭襄王对宣太后，一方面有着为人子对于母亲的爱戴，另一方面则有着为人下者对于上位者的敬畏。

即位后的秦昭襄王一直在等，因为他清楚地知道要真正地实现自己亲政，就需要达成三个条件：第一，自己有足够的实力和决心；第二，有贤者的辅佐；第三，魏冉失去民心。等这三个条件成熟后，秦昭襄王就可以将宣太后的势力推翻，自己执掌政权了。

公元前271年，一个影响秦国在战国后期外交策略的关键人物出现了，他就是范雎。

韩愈《马说》中论述道：“世有伯乐，然后有千里马。千里马常有，而伯乐不常有。故虽有名马，祇辱于奴隶人之手，骈死于槽枥之间，不以千里称也。”纵观整个战国历史，哪个国家拥有人才哪个国家就可以独霸一方：魏国有庞涓，故而能够在战争中无往不利；齐国有孟尝君，是故能够一举成为东方大国，天下英雄云集响应；赵国有廉颇、蔺相如，所以一向虎视眈眈的秦国才不敢轻举妄动。然而，这些人都没有善始善终，庞涓最终自杀在马陵之战的无边血海中；孟尝君因为害怕被齐国国王杀害，故而离开齐国，并给予其致命一击；廉颇最终老矣，虽能日食斗饭，在别人眼中，却没有半点用处。

只有秦国，如商鞅者，虽然身死，其政策却影响着秦国依然不断进步和发展。所以天下人仿佛都知道，才子落难之时，只有秦国才是最好的去处；贤人蒙羞之时，只有秦国才是伯乐，能够发现他的绝世光芒。

但是天下人都没有注意，战国时期的这些人才，仿佛大多来自一个国家，那就是魏国。

自韩、赵、魏三家分晋之后，三晋之地历来都是秦国最希望征服的地方，可惜屡次都没有得手。而三晋之中魏国的地理位置最为重要，它地居中原，是秦国走出自己国土、实现天下一统的关键地区。魏国物产丰富，教育系统也十分发达。魏国的吴起、商鞅、孙膑、范雎、乐毅等人，多是当时最杰出的政治家、军事家、思想家，名重一时，风流万古。

可是魏国的统治阶层，身处宝山而不自知，不但不重用这些能人异士，反而听信小人谗言，对他们凌辱迫害。无奈之下，那些满腹韬略、一腔抱负的能人异士只好投奔他国，最终成为魏国的敌人。

此次魏国迫害贤人的历史再次重演，范雎选择了秦国，这个当时战国最有实力和活力而又让东方六国最为寝食难安的国家。

这一年，魏冉带兵去攻打齐国的刚（今山东宁阳县东北）、寿（今山东东平县东南）两地。范雎觉得自己的机会到了，只要能够见到秦昭襄王，将自己的见解向王上陈述，那么自己就会从此一飞冲天，实现自己的理想和抱负。正如范雎所料，秦昭襄王对于魏冉为了自己封地而擅自动用刀兵，置国家利益于不顾的行为，有着极大的不满；对于贤才有着渴望并且有识人之能；对于秦国的未来有着自己的规划，他渴望亲政，并且实现统一天下的宏图大业。

所以，范雎向秦王上书了，简单扼要地陈述了自己对于这一切的看法和解决方案，秦王自然乐于见这样的贤才。在范雎到达秦王宫殿之时，秦王喝退了左右，如大旱渴望甘霖般，和范雎促膝长谈起来。

在《史记・范雎蔡泽列传》中，对于这一次会晤的内容，有详细的记载：

一见面，范雎便将自己和秦王以姜子牙和文王作比。他说道："吕尚在河边直钩钓鱼之时遇见了文王，文王知道他有才能，从此厚待吕尚，并且将吕尚拜为宰相。已经80岁的吕尚感念文王的知遇之恩，就向文王陈述了自己的政见，为其制定了国家的内外政策，最终帮助文王灭掉无道的商朝，取得了天下。范雎虽只是秦国的一个过客，跟大王也没有多少交情，但范雎现在要说的事情，牵涉到您的骨肉之亲、母子之爱，似乎有些大逆不道。但是范雎有一片忠心，想要向大王坦言心中所想。即使今天范雎对大王坦言了，明天就被人所构陷，范雎也无所畏惧。人固有一死，或重于泰山，或轻于鸿毛。如果范雎所言，能够对秦国有些好处，便死得其所。"

范雎果然非比常人，几句话下来，便将秦昭襄王的兴趣吸引了过来。范雎一番言语，不仅吸引了秦昭襄王的好奇心，也将他彻底感动了。于是，秦昭襄王煞有介事地说道："寡人今天有幸得见先生，实在是晓天之大幸。不论事情的大小，上至太后，下至大臣，希望先生都坦言直说，不要怀疑寡人，只要有道理，寡人就会嘉奖，如果没有道理，寡人也不会怪罪。"

范雎见秦昭襄王如此礼贤下士，和自己平日的观察有过之而无不及。遂肆无忌惮地展开他的长篇大论，还提出了最新的作战方案，这也就是著名的"远交近攻"的作战方针："王不如远交而近攻，得寸，则王之寸；得尺，亦王之尺也。"意思很明显：现在的东方六国之中，唯有齐国势力强大，同时又离秦国很远，因而齐国是秦国最为理想的结盟对象。试想，如果秦国攻打齐国，部队要经过韩、魏两国。如果军队的数量太少，则一时之间必定难以取胜；如果多派军队，则打胜了也无法占有齐国土地。与其便宜了韩国和魏国，不如先攻打和秦国相邻的韩国和魏国，逐步推进。当前的形势很明朗，为了对付南方的楚国和西方的秦国，齐国与韩、魏两国正在谋求结盟。因此，为了使得形势对秦国更加有利，秦国需要抢在韩国和魏国的前面，率先派遣使者主动与齐国结盟。

这个外交政策，对东方六国而言，无疑是一场噩梦。

"远交近攻"的实质，是让秦国想要攻灭的所有的国家都陷于孤立无援的境地。这样，秦国就能够对列国各个击破。范雎对秦国的未来发展所订立的策略可谓高屋建瓴，令秦王心悦诚服。然而，如果秦王不能亲自主持国家大计，依然如一个傀儡般让宣太后在幕后操控，则范雎所有的设想即使再美好，也只能流于空谈。

通过对秦国未来发展政策的制定，使得秦昭襄王见识了范雎的才智，心生重用范雎的心思。范雎也是心知肚明，因而可以由公到私。就宣太后掌权之事，范雎说道："昔日，我在山东，听人家说，齐国有孟尝君，很有才能，齐王只能望其项背。而到了秦国之后，则只听说秦有宣太后、穰侯魏冉，以及华阳、高陵、泾阳君，还没有听说有秦王。大王是一国的领袖，应该决定一切国家大事，有生杀予夺的权威。然而，再看秦国之天下，太后能够不管君上而擅自行事，穰侯能够不顾国家而把持对外大权，华阳、高陵、泾阳君可以不闻法规而自行决断，这是秦国的'四贵'。四贵的权势盛，国家就危险，大王的权力怎么能不倾覆？大王何以向秦国发号施令呢？

"秦国有了四贵执掌权柄，则大王就被架空了。正所谓功高震主，多少大臣一旦有了权力就陷主上于危险的境地。李兑曾经是赵国的臣子，主父最终被困于沙丘，百日之内无人解救，最终饿死。崔杼、淖齿曾经是齐国的臣，齐君最终被他们害死。今秦国宣太后、穰侯魏冉专权，并和高陵、华阳、泾阳君等人内外相连，范雎担心有朝一日秦国会再一次出现崔杼、淖齿、李兑这样的事情。

“大王心知肚明，您身边其实充斥着魏冉的人，而且朝中许多大臣都是魏冉的党羽，可谓权倾朝野。大王一个人在朝廷，就是孤家寡人，这让为人臣者怎么能够安心呢？如果这种情况不加以阻止的话，秦国也许就会落入外人之手。”

范雎此番话令秦昭襄王刮目相看，他终于等来了这个贤人，其不仅可以为秦国的未来考虑，也可以为秦王的地位考虑。有范雎辅佐的秦王终于下定决心对所谓的“四贵”动手了。

公元前266年，秦昭襄王解除了宣太后的权力，之后他把穰侯、高陵、华阳、泾阳君逐出关中，并且免掉了穰侯的相位，拜范雎为相，封为应侯（应在今河南宝丰县西南）。秦宣太后在秦国政治舞台上叱咤风云、呼风唤雨41年后，就此落幕。

不要小看任何人

听完范雎对于当前大、小局势的分析，以及对于自己如何实现集中权力于中央、天下诸侯尽皆归属秦国的政治宏图做出了规划。秦王自然激动不已。众所周知，自秦孝公任用商鞅改革变法以来，秦国历代国君就确立了秦国的最高政治理想——一统天下。而范雎之言论，无疑给秦昭襄王描绘了一个美好的蓝图，而且对于现在自己权力的分散，也提出了切实可行的解决办法。一时之间，秦昭襄王觉得，天下九州尽皆归于秦国，秦国上下，唯他一人是秦国绝对的权威。

而秦国，无疑是当时最有实力实现天下一统的国家。秦国具有其他国家不具备的得天独厚的优势：地势高峻、易守难攻、土地肥沃、山河险固，黄河和函谷关把秦与诸侯国分开，使秦能够集中精力搞好自己的国力建设。光有先天上的优势是远远不够的。一个国家成败的关键，就是它是否重视并信任人才。此外，一个国家对其他诸侯国采取最为恰当的策略，国君励精图治、奋发图强，无疑也是国家是否能够在列国舞台上游刃有余的关键。

恰如范雎，能够从死神手下逃脱，孑然一身，来到秦国。这是他的幸运，也是秦国的幸运，但却是魏国的不幸。范雎来到秦国之后，没有家世，没有地位，更没有名誉，他要想凭自己胸中韬略来打动秦王，如前车之鉴的苏秦一般，实在是难比登天。

然而范雎却遇到了想要大展拳脚的秦昭襄王，当范雎深刻分析完秦国以及其他诸侯国形势以及秦国今后的发展放向以及应采取的方针政策之后，秦昭襄王十分兴奋，他开始抛开范雎的身份、地位、名誉，甚至也没有问这位名为张禄的魏国人为何不辞辛苦地来到秦国，便十分信任地重用他，而这也正是秦国能够最终称霸一方的原因——用人不疑，因才施用！

秦昭襄王虽然最终没有实现横扫六合的理想，却在他的有生之年给秦国打下了最为坚实的根基。毫无疑问，秦昭襄王可谓一个雄才大略的君主。因此，对于内部的萧墙之争和外部的纵横捭阖，他更加欣赏范雎的“远交近攻”的战略思想。

范雎自然也看出了这一点，这也是他认为的秦昭襄王的可取之处。于是，范雎为这“远交近攻”战略原则拟定了具体的实施步骤。第一，重创就近的韩、魏两国，分散他们的注意力，让他们无暇西顾，以解除心腹之患，壮大秦国势力；第二，向北攻打赵国，向南攻击楚国，扶持弱小的国家，抑制强大的国家，争夺他们的中间地区，并遏制各国的发展；第三，待韩、魏、赵、楚等国皆形成对秦国的依附之后，秦国可以以五国之力，对付当时最强的对手齐国，使其无力与秦国竞争；第四，秦国国力日盛且对各国形成优势后，可一举消灭韩、魏诸国；最后，消灭齐国，统一天下。

于是，范雎被任命为客卿，参与军国大政，主谋兵事。

而与此同时，魏冉也觉察到，似乎太后和秦昭襄王并不像过去一样信任自己了。秦昭襄王想要亲政，这是大家都心知肚明的事情，但是宣太后等人竟然神不知鬼不觉地就杀了义渠王、剿灭了义渠国。而且，连自己一向信任的白起也对这件事情绝口不提，这就意味着，魏冉已经没有了参与任何军国大事的权利。魏冉不知道，他人生中真正的终结者，早就出现在了秦王的羽翼之下，并制定了拔除魏冉的计划。

其实，在此之前，范雎作为秦王的心腹，在几年的时间内，为秦国出谋划策对付自己的国家魏，可谓尽心尽力，接连攻下怀地、邢丘两座重要城池。如此一来，秦王一下便打消了疑虑。以往，秦王身边还不时有人向他吹耳边风，说范雎可能是魏国的奸细，这下，所有不满的声音都烟消云散了。范雎也因此逐步掌握大权，秦国的三极政治结构被彻底打乱，新秀范雎大有后来居上之势，魏冉等四贵的权力受到了极大的威胁。

屋漏偏逢连夜雨，魏冉感觉白起日益疏远自己的同时，开始大力培植胡伤作为自己的心腹，岂料胡伤在攻打赵国时被赵国名将马服君赵奢一举击败，秦军损兵折将，这些年白起一路风生水起，秦军未尝一败。此次败亡，让秦军不败的神话破灭，此消彼长之下，魏冉的权威更加下降。

不久，魏冉、宣太后等人相继倒台，范雎做了丞相，封为应侯。

在魏冉做了丞相之后，对于魏国，制订了更大的侵略计划，这倒不全是因为范雎要一雪前耻、报仇雪恨，而是因为秦国要东出函谷关、剿灭六国，魏国就成了秦国首当其冲的拦路虎。

魏王、魏国相国魏齐以及信陵君魏无忌等人，对于魏国的形势也很了解。他们听说，秦国新任宰相张禄，竟然是个魏国人。这让他们看到了希望，认为只要他们派人出使秦国，给张禄以丰厚的财宝，继而得到觐见秦王的机会，并给秦国送去质子，就能够和秦国讲和。

真是无巧不成书，这作为秦国使者的人，不是别人，正是范雎的前任主子须贾。范雎正愁怎么样才能够真正地打击自己的仇人须贾和魏齐呢，他这一去，不是送羊入虎口，自投罗网吗？

可惜，须贾不知道，自己西出函谷关之后，还会遇见他的一个故人。当然，到了范雎这样的境界，普通的杀人偿命欠债还钱的伎俩，对于他们而言，已经没有了多少趣味。或许和他们的眼光一样，他们整人的功夫也是高人一筹的。

所以范雎在须贾入秦之后，将自己做了一番彻头彻尾的打扮。

范雎闻知魏王遣须贾来秦都议和，心中叹道，自己报仇雪恨的时机终于到来了，于是，范雎脱掉了丞相的朝服，也不穿一般干净华丽的衣服，而是找了一件又脏又臭的乞丐服装，装做寒酸落魄之状。原本神采奕奕的当朝丞相，就这样变成了一个社会最底层的人，这就是所谓的“人靠衣装”。范雎便偷偷地从丞相府衙潜出，来到馆驿，没有等通报便直接进去了，不久，他便走到了须贾的身前。

须贾刚刚睡醒，一见范雎，不禁揉了揉眼睛，继而大惊失色，惊声尖叫道：“这不是范雎吗？实在是晓天之大幸，我还以为你被魏国丞相打死了，没想到今天能够到这里遇到你。”说来神奇，这须贾竟然一见范雎，就感到他和过去不同了，从心底深处腾出了一股凉意，只是究竟发生了什么，他却难以说个明白，所以即使范雎穿着邋遢，须贾也不顾一切地向他示好。

范雎闻言，故作苦笑地答道："当年在魏丞相手下，被打得皮开肉绽、不成人形，后来又被弃尸荒郊，一阵清风吹来，将我吹醒，醒来却已经不能动弹。幸好有一个好心的过客，将我救了回去，从此我便辗转来到秦国，为人打工糊口，维持自己的性命不失。"

须贾闻言，恐惧之心逐渐淡化，不由得哀叹一声，心中想道，也许当日自己向丞相魏齐告状，本来就是一个错误。如今让范雎沦落到这样一个地步，让须贾情何以堪！

于是，须贾让范雎坐下，能够在秦国相见，也算是一种缘分。紧接着，须贾便命管役的负责人员，给他端来了一顿香喷喷的饭菜，让范雎饱餐一顿。范雎刚刚吃过饭，眼见如此，也只能装作饥饿难耐，大口吃饭、大块吃肉，很快就风卷残云一般吃完了饭菜，完了还打了一个饱嗝。

窗外忽然吹起了寒风，时值隆冬，秦国又处于西北高寒之地。范雎不禁冷得战栗不已。须贾一见，这范雎衣服很薄不说，还破烂不堪，哪有不冷的道理。遂又叹了一声，说道："范雎，没想到你会沦落到这样一个地步，肯定冷得厉害。"

索性好人做到底，送佛送到西，须贾命随从拿出一件自己随身携带的缯袍，披在范雎的身上，不由得叹道："现在的魏国，和范雎你现在的情形一样，几乎就到了走投无路的地步，魏王只能派遣我来到秦国，谋求和当朝丞相张禄一见，只可惜，没有人可以代为引见，我来了多日，都不得其门而入，看来魏国，国事艰难。"

须贾说完，心中无限感慨，他并不奢望连衣食都难以满足的范雎能够帮助他，只是眼下身在秦国，人生地不熟，能够遇到这样一个故人，就没有什么顾忌，把自己心中的难处说了出来。

岂料范雎听完，不仅哈哈大笑，并向须贾撒谎说，自己的主人与张丞相关系很不错，自己也有机会能够出入丞相府衙。丞相也善于辩论，经常和自己的主人谈论家国大事，时常让自家主人无言以对。这时候，范雎便能够一展才华，和丞相张禄辩论个不停。丞相爱才，遂很是亲近自己。

只要须贾愿意并相信范雎，他便愿意为须贾借得大车驷马，供其驱使。不知为何，须贾听完，虽然心中疑惑，但还是选择了相信他，或许是他虽然穿着破烂，却有一股气势，足以霹雳天下的气势。或许只是因为，须贾的恻隐之心再一次发作，不忍心让一个故人失望。

果然，范雎告了一个假，不久便弄来了一辆大车。这辆车正是秦王为范雎配备的丞相专用车，这不禁让须贾又多信任了两分。

用马料请客

于是，范雎将须贾引上车，并且亲自为须贾执辔御车。范雎虽然穿着破烂，但街上之人大多都见过他，见丞相竟然亲自驾车，都纷纷向丞相行礼，不认识的，则纷纷疾走回避。须贾也暗自观察，这范雎和昔日的确是有些不一样，因为很多东西，不是一件衣服、一个皮囊可以掩盖住的。就像范雎，在这街市上，竟然大摇大摆，人人争相让开。

只是无论须贾如何地挖空心思，也瞧不出个所以然来，只能既来之，则安之，三炷香时间不到，车架便稳稳地停到了丞相府衙门口。范雎转身对须贾说道："您且在这里稍稍等候，我进了丞相府，给你通报一声。"须贾应了一声，脑子中仍在疑虑，莫非这范雎已经做了丞相府衙内的高官？不然何以能够如此轻易地就借到如此豪华的车架。再看范雎进入丞相府，简直如入无人之境，门口的侍卫仆人还对他点头哈腰，这更加坚定了须贾心中范雎是个高官的想法。

须贾心中不由得生出一股凉气，幸好刚刚自己对范雎还不错，也希望他能够感念故人之情，不要因昔日自己所犯下的错误而为难自己。至于秦国和魏国的事情，比起自己的性命，实在是微不足道了。

须贾下车之后，本准备直接前去问门口的侍卫范雎是什么身份，但是又恐怕对范雎有所不敬。索性，须贾直接站于门外，就这样一直等着，只是等了很久，官员来往倒是不少，却唯独没有见到范雎出来。

这样等下去也不是办法，前进不得，退后也不得，于是，须贾渐渐地走近守门者，伸出右手靠近嘴边，向守卫者悄声问道："请问您注意到刚刚进去那个衣着寒酸的人了吗？他是我在魏国的故人，此去专门为我向丞相通报的，只是这么久了，我却一直没有看到他的到来，您能为我招呼一下吗？"须贾久在官场，深谙这其中的道道儿，遂顺势从身上掏出一些金银，送给了那个守门者。

岂料那个守卫者虽然收了金银，却好似理所应当，没有半点殷勤，只是好奇地问及，刚刚进去衣着褴褛的，只有一个人，而且听说他也是魏国人，只是他不需要前去丞相府衙通报，因为他本来就是秦国的丞相——张禄。

当守门者将所谓的衣衫褴褛者就是范雎的消息告知须贾之时，所有的情节终于在须贾的记忆中串联起来，刹那间，须贾如梦中忽闻霹雳，心坎突突乱跳。不禁叹道，这世界上的事情，实在是难以预料，昔日自己门下一个食客，谁可以预料到，会成为今朝独霸战国的秦国的宰相！

只是世界太小，这样巧合的事情，都让须贾遇见。一想到昔日自己的所作所为，须贾心中顿时凉了半截。他想到了逃跑，可是天下之大，哪里有他的容身之所？即使是魏国，也只会依照秦国的脸色行事，秦国只要向魏国略微施压，范雎要取自己的性命，还不是如同探囊取物一般？恐怕是丞相，也保不住他自己吧。

怕是没有用的，须贾只能坦然地面对，因为这些事情，越是逃避，就越难以摆脱。于是，须贾脱袍解带，马上跪倒在范雎的丞相府外，同时还托守门者报告说："魏国罪人须贾，自知罪戾深重，愿意接受丞相的惩罚，即使要了他的性命，也在所不惜。"

如此一来，范雎也算是出其不意地震慑了一下须贾，不久，门里便来了人，要须贾进屋相见，只见两旁全是刀斧手，更有隆隆如雷声一般的鼓声，随着须贾的步子，一声声地渗入须贾的内心深处。

只见范雎威风凛凛地坐于堂上。须贾见状，两腿一软，随即跪了下去。范雎连声问道："须贾小人，你该当何罪？"须贾闻言，知道自己万死难辞其咎，遂连称有罪。范雎见状，叹了一声说道："须贾你知罪就好，刚刚我在门内，给了你机会逃走，可是你没有，这很好。证明你并不笨，知晓自己无论如何也逃不出我的五指山。然而，依照你昔日的所作所为，你本该断头沥血，以酬前恨。要不是你恶语中伤，我何至于被魏齐抓走？要不是你不加劝阻，我何至于被打得不成人形？要不是你在我假死之后的身躯上任意行事，我怎么会时至今天还噩梦连连？然而幸好，你能够心念旧情，见我衣着寒酸，不仅没有嫌弃我，还留下我吃饭，以缯袍相赠，范雎别无所长，滴水之恩当涌泉相报，所以暂时饶恕了你的罪过。然而这并非代表我是个仁慈之人，只要是仇恨，我都会一一报复，这才是男儿本色，你说是也不是？至于魏国和秦国的事情，你且放心，我这就去和秦王说情，也算是偿还了你的恩情。"须贾叩头，连称丞相圣明，战战兢兢地走出了丞相府。

根据事后须贾的回忆，当时的范雎简直就是一座神明，比起魏王在他心中的地位，还有过之而无不及，因此，当他走出丞相府之时，还觉得自己身在梦中。

而根据范雎自己的回忆，现实又是另一番情景。他觉得自己像是一个小人，睚眦必报。虽然当时范雎答应了须贾，让秦国和魏国暂时和解，但这不过是他的缓兵之计，要知道，迟早有一天，魏国会在自己的铁蹄下战栗。而他须贾，在范雎眼中，不过是个无关痛痒的棋子。

而根据秦王的耳闻目见，这一切都十分有趣，在他的心中，第一次觉得，这范雎竟然还有如此一段过往，还有如此神秘的一面。

所以最后秦王为了求取真相，直接将范雎召进了宫殿，以问个明白。

范雎哪里不知道秦王的心思，遂一见到秦王，便直言不讳地将往事一一禀报；与此同时，范雎还对秦王说，现在魏国已经被秦国打怕了，因而派遣使者前来求和。依照秦国今日的国势，要灭亡他魏国也不在话下，只是其他国家是不会答应的，秦国需要暂时稳住魏国，等到时机成熟，才可一举获取最大的好处。

秦王闻言，自然是欣喜不已，他知道，范雎办事，他大可放心。关于须贾的事情，范雎可以随意地处理发落。即使杀了他，魏国想要来找麻烦，秦国也必定会为范雎撑腰。范雎知道，这是秦王对自己的承诺和信任，也是收揽人心的常用手段，可是他还是很受用、很感动。

范雎在心中想道，魏国好好享受暂时的和平吧，这样的日子不多了。

历数前面所有人对范雎的评价，都逃不出一个论调——复杂。的确，范雎是一位充满矛盾的历史人物。他一方面具有所有人都不具备的战略眼光，提出了“远交近攻”的战略方针，让秦国得以不断强大，成为秦始皇统一六国的奠基人物，然而另一方面，范雎又小肚鸡肠，“每饭之德必赏，睚眦之怨必报”；一方面，范雎富于深谋远虑，能够忍辱负重，闯过所有艰难险阻，最终成就了自己的功名大业，而另一方面，范雎则对过去的恩怨耿耿于怀，设计杀仇。三言两语之间，没有人能够说清楚，这范雎到底是何种人物。

范雎在表面上放过了魏国、事实上放过了须贾之后，心中顿时又有些后悔了，只是他身为丞相，必然要一诺千金。不日，须贾便到了范雎之处，向他辞行。这几日给须贾的冲击实在是太大了，如今大梦方醒，他可再也不愿意久留在此地，唯恐范雎一反悔，自己就要客死异乡了。昔日楚怀王都能够被秦国弄死，自己一个弱小国家可有可无的人物，死在秦国还不是如死一只蚂蚁一样简单。

范雎见状，心中顿时一突，遂心生一个妙计：既然须贾就要离开秦国，范雎作为故人，感念故主之情，必然要为须贾送行的。此外，秦王委托范雎，全权处理此事，须贾又是魏国的使者，于公于私，一顿送别的饭菜是必然不能够少的。

范雎在丞相府大宴诸侯之使，丞相府一片歌舞升平，盛世繁华，宾客济济一堂，觥筹交错，热闹非凡，初入相爷府，须贾便油然而生一股感激之情和敬仰之意。不禁在心中暗叹，自己真的是以小人之心度君子之腹，这范雎大度能容，昔日一点小事，怕是自己不来，他都会一笑置之了。

岂料范雎只顾着将其他宾客安排落座，与其推杯换盏，谈笑风生，竟然在不知不觉之间，忽略了须贾一行。须贾虽然心中疑惑，但还是暗自安慰自己，这范雎定然是酒过三巡之后，忘记了自己一行，大人物大多是这样的，这就叫做贵人多忘事，他们应该给予理解。

直到范雎酒意渐浓之后，须贾才确信，这范雎并没有和他一笑泯恩仇。

因为，范雎直接将须贾安排在阶下，并派两个犯过罪的人坐在他两侧服侍他，席上食物十分简单，只备些炒熟的料豆，两个服侍之人竟然用手捧喂之，如同喂马一般。这事情摆明了，就是范雎在侮辱他，任何一个人都能够看出来，须贾怎么会不明白呢？

只是须贾明白归明白，脸上却不能够表现出半点不快，这就叫做：人在屋檐下，不得不低头。众宾客见此情况，都感到十分奇怪，范雎声泪俱下地把旧事诉说一遍，众宾客大多是趋炎附势之人，见状连忙指责须贾、魏齐和魏国的不是之处，同时大声称赞范雎，是个君子有大海一般的度量。范雎挥手，止住大家或者谩骂、或者称赞的话语，声嘶力竭地对须贾喝道："在本相的斡旋下，秦王答应了魏国的求和要求，但是这并不代表本相已经将魏齐之仇忘记的一干二净，暂且留你一条蚁命，是要你回去告诉魏王，速将魏齐人头送来。否则，我将亲自率兵，兵临城下，屠戮大梁，那时再要反悔，恐怕为时晚矣。"

须贾闻言，顿时吓得魂不附体，连声诺诺而出。

须贾归魏，将此事告知魏王。魏王正在犹豫，到底要不要将魏齐的人头献上，魏相魏齐便丢了相国的印信，逃跑到了赵国的平原君处。因为魏齐知道，当今秦国强盛，天下之大，少有能够与之匹敌的国家。魏国国王虽然一时之间因为自己地位尊崇、功劳巨大而犹豫不决，但是迫于形势，自己如果继续待在魏国，性命迟早不保。而东方六国当中，唯有赵国还有能够与秦国一拼的实力，平原君也是个重视承诺和义气的人。昔日自己就和平原君交好，只要自己逃到赵国，平原君定然不会见死不救。

果然，魏齐到了赵国，受到了平原君的厚待。只可惜，魏齐的好日子并没有持续多久，后来范雎为了报仇，将平原君诱到了秦国，并扣为人质。秦国随即向赵国发出最后通牒，其间说及，如果赵国不将魏齐的人头送到秦国，平原君就不会被放回赵国。魏齐走投无路，只能仰天长叹一声，拔剑自刎。

暴风雨前的平静

范雎将须贾羞辱一番之后，让他回到了魏国。他知道，从今以后魏国魏齐、须贾等人，已经不是他的敌手。须贾也就罢了，魏齐之死是迟早的事情。

然而，他似乎忘记了一件事情，那就是他的两个至交好友。第一个是郑安平，没有他范雎性命不保，更不用说什么功名大业了；另一个自然是王稽，没有他的引荐，范雎如今可能还在乡野草莽之间，一日三餐可能不成问题，但要做到如今这般呼风唤雨，就如同痴人说梦了。

然而，范雎成了张禄，做了丞相，他二人却一点也没有改变。

一日，王稽突然来到了范雎的府上，对范雎侃侃而谈，说及王稽从政多年，不可预料的事情，主要有三件：如果自己死了，那么一切事情都难以预料；如果郑安平死了，一切事情还是难以预料；如果范雎死了，一切事情更加难以预料。将范雎弄得云里雾里。只听王稽继续说及，如果王稽突然死了，范雎只能叹息而无可奈何；如果郑安平突然死了，范雎只能遗憾而无可奈何；如果范雎突然死了，那么王稽和郑安平都只能遗憾而无可奈何。这下范雎听明白了，才暗道，自己一向自诩滴水之恩当涌泉相报，如今自己大业初成，怎么能够不报恩呢？只是他知道，这二人虽然对自己恩同再造，但是却难堪大任，叫自己如何是好？

最终，范雎还是决定，向秦王保举他二人，成不成就看天意了。于是，范雎向王稽保证，自己一定不会辜负王稽他们的恩德。果然，范雎没有食言，没过多久，他便到了秦国王宫，晋见秦昭襄王，奏道："臣下本来是魏国一个亡命天涯的人，旦夕之间就有梦断黄泉的危险，如果不是王稽忠于大王、忠于秦国，将臣下带到秦国，则一定没有今天的范雎；如果没有当初的郑安平不顾性命，将臣救出，臣下今日也不可能有如此幸运来侍奉大王；如果不是他们，臣下就断然难以遇见如此英明圣哲的秦王，臣安能享受如今的富贵荣华呢？然王稽至今仅为一个小小的谒者，当年救臣于水火之中的郑安平还是一介平民，臣做了一人之下万人之上的丞相，却不能够有恩报恩，心中实在是愧疚不已，请大王恩赐。”

秦昭襄王心想，范雎的功劳不可谓不大，这二人既然如此忠义而有见识，做个一般的官员也应该不会出什么大的问题。遂准其奏请，任命王稽为河东太守，三年之内不需要国家对其进行考核；任命郑安平为将军，希望他能够在战场上为秦国争光。只可惜，这二人都是扶不起的阿斗，后来，在范雎的保举下，郑安平代替白起攻击赵国的邯郸，却被赵国来了个反包围，最终率领属下两万人马，投降了赵国；而另一个人，王稽，在魏国和楚国联军攻击秦国临汾的河东郡之时，害怕临汾失守，竟然暗自和诸侯私通，终被发现而死。

两个人的不臣之举，对于范雎的打击是巨大的。早在商鞅变法之时，秦国就立下了法令，如果当事人犯了罪，则举荐之人与当事人同罪。依照法令，范雎更是要遭受灭族的惩罚。而当时，魏王因为害怕秦国，已经将范雎的家人送到了咸阳，可想而知，当时如果秦王下令依法论处，范雎难逃被灭族的下场。

然而，秦昭襄王出于对范雎的信任，将所有的流言飞语都压了下去：敢擅自议论郑安平之事的人，和郑安平一样论处。费了九牛二虎之力，这件事情才在秦昭襄王的强权下压了下去，试想如果宣太后、魏冉等人如果还在当政，范雎定然不死也要脱层皮。

一波未平一波又起，就在郑安平的事刚刚平息之后，王稽之事又发生了，这让范雎一蹶不振。

想当年，魏齐对他百般凌辱没有压垮他；须贾恶语中伤他，也没有让他消沉；到达秦国之后不得志也没有灰心；魏冉、宣太后权大也没有让他恐惧；即使是号称天下无敌的战神白起，还不是被他玩弄在鼓掌之间。只有这两个人，在他的一生中，被引为心腹和知己，却在一次又一次变故中，让范雎失魂落魄。

范雎的未来，究竟应该走向何处？

花开两朵各表一枝，在范雎报仇雪恨、有恩报恩等所有事情完成的同时，还有另外一个人，让范雎的一生颇富争议。这个人就是被范雎玩弄于股掌之间的战神白起。

在范雎廷辱须贾、赚杀魏齐之后，白起就认识到范雎是个度量很小的人。范雎和白起不一样，白起作为一个将军，只要建立威信，百战百胜就可以了。而范雎则是处于钩心斗角的中心地带，当时范雎位高权重，一人之下，万人之上，心胸狭小的他最后竟然发展到嫉贤妒能的程度，给他造成了另一种并不光彩的形象。而白起，则是一个大大咧咧的人，对于玩弄阴谋诡计的政治权谋没有任何兴趣。当然，这并不代表白起对于政治就没有一点认识，也不代表他会在军事上和别人真刀真枪地正面交锋。

他相信：兵者，诡道也。政治上的单纯和军事上的灵活，让白起成为了战国难以超越的一个神话。

军事上的权谋也间接地影响了白起的政治观念，他不会甘心就范，或者死于政治的漩涡之中。他知道自己的处境，当初魏冉能够不顾一切地提拔他，固然是因为他有着一般人不具备的军事才能，但是更加重要的是，他可以作为魏冉等人不可告人的政治目的的重要筹码。他知道，随着秦昭襄王的崛起特别是范雎的加入，秦国必将面临一场风起云涌的角逐，事后谁胜谁负他不在乎，或者他更加偏向于秦王，因为秦昭襄王毕竟是秦国的正统。

所以最终，白起决定和魏冉划清界限。当然，除了上面的因素外，白起还有他更加单纯的政治思考：

第一，白起效忠的既不是魏冉，也不是秦昭襄王，而是秦国，他只会做忠于秦国的事情，这一点是他的行事准则；第二，白起一直遵循秦人一贯的排外传统，对于魏冉、宣太后等人，他一直是以一个外人的身份看待他们的。

战国的确是个非凡的时代，军事上运筹帷幄；政治上纵横捭阖；学术上也是百家争鸣；就连任用人才，也是一波三折。它重视人才的作用，但是绝对不会因为一个重要人物而放弃前进的步伐。以当时最为风华绝代的秦国而言，在秦国政治舞台上有许多发挥过重要作用的非秦国人，然而，每一个人在大放光彩之后，却难得到善终。

商鞅、张仪如是；魏冉、范雎如是；吕不韦、李斯也如是。或分尸，或出逃，或放逐，或服毒。结果看似各异，实际上都是惨淡收场，而秦国却依然生机勃勃地向前迈进。

秦人确实是中国历史上一个非常特殊的族群，成为当时战国的典范。一方面秦国人积极招揽各国人才，利用他们的才能来为秦国服务；另一方面他们却打从内心深处抗拒外来的六国之人，自始至终，秦国人都是排斥他们的，因此，每次到了关键时刻，秦国人都会毫不犹豫地选择和老秦人一起引吭高歌：赳赳老秦，共赴国难。

毫无疑问，魏冉对白起有知遇之恩。可惜，在白起的眼中，魏冉始终不是秦国人。无论是对于老秦人、对于白起、对于秦昭襄王甚至整个秦国，魏冉都是一个外人。所以白起最终选择了离开魏冉，不是因为他知恩不报，而是秦国人的传统思维在作祟。

除此以外，白起是个军事家，只有战争才是他实现人生价值的最好舞台。然而，魏冉攻打齐国的策略，却在不知不觉之间，和白起的主张相左了。要知道，白起最想对付的敌人是赵国，他一生当中，引为最大对手的，不是秦昭襄王，不是魏冉，更不是范雎，而是赵国那位声名显赫的老将军——廉颇。

而廉颇虽然老了，却还有另外一个人脱颖而出，他即是能打败秦国大将胡伤的那个马服君赵奢，在白起的眼中，他已经把赵奢当做了自己眼下的对手。高手都是寂寞的，为了和同等高手一局胜负，他们宁愿背弃一切、只求一败。

可惜，白起不知道，最危险的敌人，不是看得见的，而是隐藏在自己身后，看似和自己最为亲密，而随时准备趁自己没有防备，给予自己致命一击的人。恰如当初的魏冉一般，白起也没有料到，这个从茅厕里爬出来的人，竟然会成为自己走向黄泉的引路人。

第七章　争夺上党，秦赵再较量

白起之刃

秦昭襄王深谙用人之道，纵观整个战国历史，似乎只有秦昭襄王，在唯才是举、文武搭配上做得最为出色。自从魏冉等人淡出秦国的政治舞台之后，白起就不再是宣太后政治集团的人，当然他也不是秦昭襄王的人，而是秦国的人，能够让他忠心的唯有秦国本身。

可是秦王需要的人不仅要忠于这个国家，还要忠于他个人。因为只有这样，秦国才能够不断强盛，他才能够将权力掌握在自己的手中，所以范雎的出现让他实现了这一愿望。

白起和范雎之间，与其说是政治上的争斗，不如说是忠于个人还是忠于国家的争斗。在那个时代，王权是高于国家权力的，依此几乎可以断定范雎和白起的不同结局。

范雎在重视国家利益的同时，更加注意维护秦王和自己的利益。而白起则不同，他所有的心思都放到了攻灭六国、实现天下一统上。

而阻挡白起实现这个宏图伟愿的最大绊脚石就是赵国，他知道自己和赵国必将有一个决定战国未来命运的战略大决战。秦国胜利，则终结战国的必将是秦国；反之，如果赵国胜则赵国必将主持将来的战国局势。至少，秦国经此一役之后，需要经历很长一段时间才能够重新恢复生机……

当时，魏国连番损兵折将，韩国空有其名，楚国已经没有了任何威胁，齐国正和秦国交好，正是秦国攻击赵国的最佳时机。

白起之所以能够战无不胜攻无不克，在于他能够在战前做充分的准备。从前白起之所以能够率领区区10万将士便能够横扫天下，动辄砍头几十万，就在于那些国家在很多方面赶不上秦国。但赵国的实力却不可小觑，当时赵国的军事实力与秦国相差无几，无论是在兵力总数、兵源配置、战将谋略等，赵国都能够和秦国一较高下。

白起与赵国大战一场的愿望一直未能实现，原因之一是没有碰到强劲的对手，白起与赵国军队虽打过几仗，却未曾和他心中最大的对手廉颇交手，等到白起成了天下名将，廉颇已经开始淡出赵国的军事舞台；之二则是没有碰到合适的地方，白起用兵讲究出其不意，掩其不备，而往往在这些过程中，与魏国、韩国的兵力胶着在一起。

所以，白起一直在等待“天时、地利、人和”。“天时”者，就是要恰当的时机出击，如今已经具备了；所谓“地利”，则是需要抢占有利的位置，如今秦国和赵国各自凭借着坚固的城池相互对峙，“地利”上秦国还谈不上优势；所谓“人和”，秦国自然众志成城要打击赵国，这时六国之中的赵国已经被成功孤立起来，只是眼下赵国国内民心尚稳定，“人和”上的优势，还不是很明显有效。只有“天时、地利、人和”三项齐备，白起才会选择给赵国致命一击。白起知道他等待的大战关乎他自己的名誉和秦国的地位，所以必须慎之又慎。

白起的战略战术通过阏与之战、华阳之战、攻灭楚国等战役已经表现得很明显。

第一，白起作战坚持的是打歼灭战的思想，所以他的目标不仅仅是攻城夺地，还要歼灭敌人的有生力量。白起作战的突出特点是善于野战进攻，战必求歼。这和后来的飞将军李广、西汉卫青、大唐李靖等历史名将的作战方式有异曲同工之妙。很善于打歼灭战的白起，将围歼战术运用得很出色。

第二，为了消灭敌人的有生力量，白起更加强调追击战，对兵书中所言“穷寇莫追”根本不屑一顾。因为他早就做好了完全的准备，即使敌人有伏击，他也能够将计就计。所以每次作战后，白起还会对敌人穷追猛打，与商鞅的“大战胜逐北无过十里”（《商君书·战法第十》）的战略思想大相径庭。

第三，白起重视野战筑垒工事。战争中经常需要诱敌军走出营垒，继而在预期歼敌地区筑垒阻敌，并布置重兵防止败军突围。此种以筑垒工事作为进攻辅助手段的作战方法，可谓前无古人。

第四，在战前进行精确料算，这是军事家最神往的境界——料敌于先。不论敌我双方政治、经济、军事、国际国内局势如何，白起在战前都会对其进行精确的料算。他往往能够一针见血地指出关键所在，能“未战即可知胜败”（《战国策·中山》）。所以太史公司马迁在《史记》中，毫不吝啬地称赞白起为“料敌合变，出奇无穷，声震天下”。

有如此四点，再加上以往的战绩，白起被称为“战神”实在是实至名归。而这个名号远远不止于简单的一个称号，它带来了巨大的连锁反应。许多将领只要一听闻是白起亲自领兵作战，便会闻风丧胆，最终不战而逃。这个时候白起就会发挥他的优势——穷追猛打。于是，很多战场都出现了这样一个情景：一方丢盔弃甲，狼狈而逃，并且最终一个个倒了下去，虽然所剩无几，依然被屠戮；而另一方人马则不顾一切地收割着他们的人头，丢了上衣盔甲，只拿着大刀如屠猪宰羊一样，在战场上发疯似的追击。

最终，所有国家的所有部队，都成了白起选择的猎物。但他选择的首要猎物是韩国。首先打击韩国，不仅能够抢占有利的地形，夺取肥沃的土地，还能够将一支利剑戳在赵国的鼻梁跟前。如此，战争的主动权就掌握在了秦国的手中。

在公元前264年，白起攻打韩国的陉地（今山西曲沃），韩军不敌，白起一路攻克了5座城池，5万韩军被斩杀。次年，白起又率领5万兵力攻击韩国的南阳，韩国的太行道在一把大火中被断绝。从此，韩国与魏国的道路被彻底阻断，陷入了岌岌可危的境地。

而关于白起此次作战的韩国南阳地区的确切地点，今人有过激烈的讨论。

就当时而言，南阳地区有两种存在状态，第一种是楚国和韩国的南阳。这里的南阳指的应该是王屋山以南、汉水以北的广大地区，而在这以前，即周赧王二十五年（公元前290年），秦军就将这一地区分割在伊阙以西地区。白起要获取此地简直就是探囊取物，所以在26年的时间内白起丝毫不为所动，到了此时才率军夺取，似乎不合情理。

第二种就是魏国和韩国共同存有的南阳地区。即今天的河南济源到获嘉一带的广大地区。此地在春秋时期属于晋国，后来在韩、赵、魏三家分晋时，南阳被一分为二，魏国的南阳就是今天的修武县。周赧王四十七年（公元前268年），秦军便攻克了魏国的怀邑地区（今河南武涉），白起犯不着重新攻克一遍，因为此地早就成了秦国的占领区。

有人认为韩国的南阳应该在今天的河南沁阳县一带，胡三省对于这一地区进行了分析：韩国的南阳，就是河内、野王一带。只可惜，对于野王的确切位置则语焉不详。历史上普遍的观点认为，野王就是今天的沁阳县，韩国的南阳、古代的野王、今天的沁阳，指的是一个地区。可是以后的历史却是，两年之后，白起占领了野王，这种重复性攻击，是不应该发生的。

而《中国历代战争史》则指出，韩国的南阳就是今天河南沁阳县，只是野王并非沁阳，而是河南博爱县。这样解释，一切的疑惑便迎刃而解了。

白起此举战略意图明显：巩固邢丘、怀邑、太行山一带的防线，以切断韩国和魏国的联系，进而掌握整个三晋之地的局势变动。

又过了一年，白起再率部攻克了韩国的野王（今河南沁阳），切断了韩之上党郡同韩国的联系。这样一来，上党（今山西长治）就成了韩国悬于境外的一块飞地，顷刻之间就会被秦军灭亡。

上党地区是秦国和赵国争夺的关键地带。《荀子》称上党为“上地”其意思就是指高处的、上面的地方，即“居太行山之巅，地形最高与天为党也”。而《释名》对上党一地的解释是：“党，所也，在山上其所最高，故曰上党也。”上党地区地势险要，古时一直为兵家必争之地，“得上党可望得中原”是当时最流行的说法。除此之外，上党还是传说时代中华文明的发源地。尧舜禹、夏商周，各个时代的都城都大多围绕上党建设，而且每个都城之间相隔不过百里。向西，就是临汾盆地，为尧都平阳所在地；向东再行走百里之地，则是殷商都城安阳；向南则是夏朝都城阳城、周代都城洛阳；向西南则是舜都蒲坂和大禹都城安邑，也就是著名的运城盆地。到了春秋时期，周王室衰微，群雄并起，韩、赵、魏三晋之国都在此地同时设置了自己的郡，而且都为其命名为上党。即韩国上党、赵国上党、魏国上党。

上党地区位于今天山西省的东南部，主要为长治和晋城两座城市，它身处高地，却在群山的环抱之中。它的西南部为王屋、中条两座大山，与今河南省分界；东部与东南部是太行山脉，与今天的河北、河南两省分界；北面是五云山、八赋岭等山地；西面则是太岳山脉。由此可见，其地势十分险要，易守难攻。

清代狄子奇《国策地名考》对上党的解释是“地极高，与天为党，故曰上党”。苏东坡也在诗词中赞叹道：“上党从来天下脊。”

当时从上党可俯瞰中州，其与河东、并州相连，是当年晋国咽喉的咽喉之地。由此可见，秦国如果能够得到上党，退可以依仗太岳山，一夫当关，万夫莫开；进可以攻击韩国都城新郑，威慑魏国都城大梁，威胁赵国战略重地长平。秦军对此地势在必得，到时白起就能够实现和赵国军队的真正决战。

天上掉金山

当时不只是秦国想要夺取上党，进而进取中原大地；赵国为了与韩国和魏国一起抗拒秦国的入侵，也在积极筹措控制上党的活动。秦国正准备在接下来的战役中实现两个战略意图：谋取上党，打击赵国。

上党的守卫者是冯亭，他虽然仅仅是韩国在上党的一个郡守，却并不是泛泛之辈。他对时局有着很清晰也很现实的认识。他知道他正面临着三种选择，要么率领为数不多的韩国军队积极抵抗，与上党郡共存亡；要么联合赵国或者直接投降赵国，与之一起抵抗强大的秦国；要么向秦国投降，将上党之地献出。比较之下，似乎第二种选择是上策。韩国已太弱小，无法与强国匹敌，只能在赵国和秦国之间的夹缝之中求得生存。

当时天下只有赵国有实力能够和秦国抗衡。韩国若与赵国在上党共同构筑高深的城池，也许能够抵抗秦军的攻击。多年以来，赵国为了保存自身实力，一直对秦蚕食三晋持克制姿态，尽量避免与秦决战。这样做的效果是很明显的，赵国成为东方六国中军事实力最为强大的国家。秦国知道若与赵决战，就会杀敌一千自损八百。经年大战的秦国，国力消耗甚巨，关中男儿死伤无数。而赵国则乘此机会加紧积蓄实力，此消彼长之下，秦赵的强弱很快就会见分晓。因而，秦国需要尽快寻求和赵国的决战。

冯亭看出此时的秦国之所以如此步步紧逼，就是为了让赵国参战。既然两国决战终不可避免，倒不如让这一场大战提前爆发。鹿死谁手固然不能够预料，但是可以预见的是，韩国就此不用在秦国和赵国之间左右为难。

一番分析后，冯亭不等韩王同意，直接派遣使者拿着上党郡的地图，到了赵国都城邯郸。

据史书记载，就在冯亭做出这个决定的同时，赵孝成王竟然做了一个奇怪的梦。梦中，赵孝成王看见满天的彩云向自己飘来，不久又向两旁散开。紧接着，一条五爪金龙从天而降，直接飞腾到赵王的脚下。于是，赵王骑着金龙飞向碧蓝如洗的蓝天。然而，到了半空金龙忽然消失，赵王开始往下坠落。在他坠落的过程中，一座金山矗立在眼前，熠熠生辉，赵王在这时醒了过来。

所谓：日有所思，夜有所梦。东汉时期的王符就认为：“人有所思，即梦其到；有忧，即梦其事。”又道：“昼夜所思，夜梦其事。”还说道：“孔子生于乱世，日思周公之德，夜即梦之。”列子也认为“昼想”与“夜梦”是密切相关的。明代的熊伯龙亦认为：“至于梦，更属‘思念存想之所致’矣。日有所思，夜则梦之。”同时代的思想家王廷相也认为：“梦，思也，缘也，感心之迹也。”

也许，赵王是出于对赵国前途的思虑才会投射出这个梦境，但它到底暗示着什么，赵王也不得而知。于是，他便在早朝之时将这一梦境告知了群臣，令其中的有识之士对这一梦境进行解析。

大夫赵禹上前说道，这是大吉大利的象征，双手分开，分而必合，这代表三晋之地又将变成统一的一体；乘龙上天游，代表着赵国必将飞黄腾达；坠落便能够得到土地，又碰见一座金山，大王不是要发大财了吗?

赵王大喜，又转而向赵国专门负责占卜的官员问卜吉凶。那名官员听了赵王的叙述大惊失色，说乘龙上天游本来是一件好事情，只可惜到了半途却摔了下来，而金山不过是个虚化的东西，看得见却得不到。

此人和赵禹所言简直大相径庭，这让赵王左右为难，心中忐忑不已。本来是一件很平常的事情，却将赵王弄得心绪不宁。就在此时，上党郡郡守冯亭派遣的使者来到了赵国都城邯郸。

使者一见到赵孝成王，便迫不及待地说道：“秦国正在猛烈地攻击韩国，眼看着上党就要成为秦国的土地。然而韩国的军民都不愿意在秦国的压迫下苟延残喘，而是愿意沐浴在赵国强盛的光辉下。整个上党郡有城邑17座，韩国愿意将之全部献给大王！”赵王听闻此事，不禁大喜过望，天下间竟然有如此“天上掉馅饼”的好事。没有想到自己做的梦正应了赵禹的解说，不过才几个时辰的时间，上天便给赵国送来了梦寐以求的上党。赵国从此进可以攻击秦国，退可以扼住三晋之地的咽喉，说不定最后夺取天下的就会是赵国。上党会是赵国走出三晋之地，掌握整个战国进程的关键所在。

正在这时候，赵孝成王的叔父平阳君赵豹来了。赵王急忙与他商量，他认为赵国应该马上出兵，接受韩国献给赵国的17座城池，以后赵国便可以大展拳脚，大展宏图。

岂料赵豹不但没有高兴的意思，还直接给赵王泼冷水。赵豹认为若赵国可以如此轻易地得到上党，定然是事出有因。当前的形势很明显，秦国对于上党花费了大力气，有势在必得之心。倘若赵国将上党夺来，秦国定然不会甘心。冯亭此举，是要驱狼搏虎、祸水东引，进而借用赵国的兵力抵抗强大的秦兵。他的真正目的不是向赵国靠拢，而是借赵国之力保卫韩国。

只是赵孝成王自即位以来一直没有建立什么功勋，能够有如此好事让他坐享其成，即使有危险，他也甘愿冒险。于是，赵孝成王转头找平原君赵胜，看他能不能够给自己一些更加有见识的建议。

赵胜自然明白赵王的心思，他知道，其实赵王早就做好了接收上党的准备，现在需要的是一批支持自己的人和一个出兵的理由。赵胜已经清楚地看到了这一点，既然劝不动，索性就顺水推舟。

赵胜在见赵王之前已经考虑了很多，所以赵王一开口，赵胜便直接应答：“这是好事，要了也不是一件坏事。如果经营得好，说不定赵国还能够凭借这一次机会崛起。多少年以来，赵军屡次发百万大军进攻别的国家，想要夺取一两座城池，但是每次都是无功而返。现在赵国能够不费吹灰之力，坐收17个城邑，何乐而不为呢？上党是古来兵家必争之地，一旦被秦国占领，则赵国的邯郸就会直接暴露在秦国的铁骑之下。邯郸贵为赵国的国都，南阻漳水，西恃上党而守太行。现在魏国的河内已经被秦国占据，如果上党也被秦国占据了，赵国再想与秦国争夺太行之地，就会难上加难。到时秦国居高临下，整个中原就成了秦国的板上之肉。因此，与其让秦国轻易地获取上党，不如率先占了这个战略要地以巩固邯郸。赵国如今兵强马壮，即使秦国要决战，赵国也不必惧怕。赵国即使没有获取上党，当秦军占领上党后，也必将出兵直入三晋之地，到时还是要和秦军一战。”

赵胜这样一说，赵国上下顿时豁然开朗，文武百官的意见趋于统一。于是，赵国决定就此出兵占了上党。此次带兵之人就是支持出兵的平原君赵胜，赵王命他率军5万，前往上党收地。赵胜来到上党后，第一件事就是向冯亭传达赵王的旨意，将其封为华陵君，给他食邑3万户；此外，赵王还将17个县令封为侯，分给他们食邑3000户，吏民们全部晋爵三级，赏金6两。

赵胜认为，受到如此厚待的冯亭一定会感恩戴德，痛快地将上党交付给赵国。岂料冯亭却闭门不受，甚至都没有见一面赵胜。他甚至哭着说：“吾卖主地以求富贵，是为不忠也！”他还言辞凿凿地列举了自己的三个大不义。不义之一，冯亭没有经过韩王的允许，便将上党献给了赵国；不义之二，赵王给冯亭如此高官厚禄，冯亭实在是受之有愧，因为这是他依靠卖主求荣而得来的；不义之三，韩王把冯亭当做心腹，将如此重要的战略重地交给他，他却没有依据上党的险要而拼死防守。

冯亭此举，使平原君赵胜有所触动：没有想到冯亭竟然是一个忠臣。

实际上，冯亭之哭是另有原因的。这一切的因由，不仅是他对韩国不忠，还因对赵国不义。将上党郡17座城池交给了赵国后，秦国会将赵国看做仇人，而其他国家也会心生嫉妒。如此一来赵国便被摆到了一个“不道义”的窘境上，其他国家即使不来攻打赵国，也不会在秦赵两国的争斗中给予赵国援助。

但是历史学界对于冯亭的所作所为还有另外一种解释：冯亭不仅是对韩国不忠，更是对赵国的不忠。其实在这以前，冯亭早就和秦军暗自联系。秦军的首要作战目标是赵军，献上上党，正是为了引诱赵军前来。秦国此刻的军事战略其实是很矛盾的，它既想和赵国发生正面较量，又对赵国的实力存有疑虑。因此，秦国下了血本，收买了冯亭，令其叛韩继而向赵国诈降，最终将赵军引到秦军的包围圈之中，对其进行伏击。

这种猜测不是没有依据：冯亭之后冯毋择、冯去疾、冯劫三人皆在秦朝入相为将，就在一定程度上证明了这种猜测。

如果这种猜测是真实的，那冯亭的心机之深沉，谋略之可怕，实在是让人不寒而栗。只是此刻赵军只有满心的欢喜，哪里会考虑到这一层呢？历史记载，平原君在城门外等冯亭哭了三天三夜之后，进驻城池。赵胜向冯亭保证，赵军一定会全力以赴保卫上党。而冯亭也表示，高官厚禄不重要，只要上党还在韩国或者赵国的手中，三晋之地就能够确保安全。

舌头比刀锋更硬

秦昭襄王嬴稷、武安君白起、丞相范雎，这三个在秦国左右政局、呼风唤雨的人物，在大殿之上进行着激烈的争论，其焦点就是当前的上党问题。

早在平原君赵胜抵达上党城门外时，秦国强大的情报组织就将韩国冯亭投降赵国的消息报知了秦王。秦王闻讯后，心中大惊。上党可是秦国打击赵国，获取战争主动权的关键所在，得与不得关系巨大。赵国并不是易与之辈，秦军要寻求与之决战就必须要掌握一切有利因素。如今赵国得了上党，很明显增加了秦国攻打它的难度。

事态如此严重而紧急，秦昭襄王只好将朝中大臣都召进宫来，一起商量对策。

左庶长王龁作战骁勇，性格也是比较暴躁，见大家都在沉思无人发言，于是首先说道："依末将看来，商量完全没有什么必要。反正秦军最终都要和赵军一战，现在不去攻打它，等到将来它站稳了脚跟，秦军就处于被动了。眼下秦军攻击的关键就是上党，只要攻克了这个地方，赵军的优势就会变成劣势。现在赵军率先出了手，秦军正好名正言顺地收拾赵军，不叫别人小瞧了大秦的将士。"（《史记·白起王翦列传》）

秦昭襄王何尝不知道此刻秦军已经是箭在弦上不得不发？上党一战不可避免，但是上党对于赵国，对于秦国，对于三晋之地甚至对于整个中原，都十分重要。因此此一战只许胜不许败。为策万全，秦军一定要挑选合适的将领，用最有效的战略战术。

王龁与范雎交好，加上很有将才，很得范雎器重。范雎见王龁平时一言不发，这时却主动进言，看来他想获取这个天大的功劳。而范雎和白起之间却没什么交往，范雎甚至将其视为最大的政敌，所以与其让白起去领功，不如顺水推舟举荐王龁。如此一来，王龁便能够从心里感激他，同时也可以打击白起。

于是，范雎发言道："王龁之骁勇，在秦军中可是众所周知，即使是其他国家，闻王龁之名也如雷贯耳。依臣看，王龁是这次出征攻打上党的最佳人选，大王大可以派遣他去。"

听完范雎此言，武安君白起顿时面色一沉，范雎让王龁主军，明显是要架空自己，让自己空有一身抱负却无法施展。秦军胜利了也就罢了，顶多自己没有半分功劳；但若是败了，可就是关乎秦国千秋万世的宏大基业的事情，那时候再回头为时晚矣。

秦昭襄王也是心存顾虑，见白起面色不善，便出言缓和道："王龁资历尚浅，将来还有更多让他大展拳脚的地方。依寡人看，武安君白起出马，才能够万无一失。上党一战关系着秦国未来的战略计划的成败，万万不可以掉以轻心。"

范雎笑了笑，继而说道："杀鸡焉用牛刀？武安君连年作战，早已经是人困马乏，大王何不念在武安君立下赫赫战功的份上，给他机会好好地休息一阵，同时也算是给年轻人一点机会，为秦国的未来储备人才。"

听罢此言，其弦外之音，白起自然清楚明白。他是一个军人，如果军人不参加战争，那就是一生的悲哀，范雎却让他休息。如果王龁胜利了，此后的秦国便不需要白起出手了。这不是要将白起像神一样的供起来而是像废物一样的丢弃。所以，白起终于忍不住出言争辩道："丞相的关心，白起铭记于心，只是丞相久居朝堂，对于打仗的事情，没有我等这帮军人来得清楚明白。赵国军力之强，韩、魏两国万万不能比。赵国更有赵奢、廉颇等名将，就是白起与他们相比也就在伯仲之间。所以此次出征，非我白起莫属，王龁之才我自然心知肚明，只是此次战役关系重大，王龁大可以做我的副将，随同大军前往，到时，白起定然会给他一些斩将立功的机会。"

范雎自诩辩才天下无双，没有想到这武安君平时没有什么话，这时候竟然说出一大堆道理来，这倒让范雎刮目相看。当然范雎既然下定决心不让白起做主将，就万万不会中途放弃。于是，范雎继续说道："武安君大可不必如此谦虚谨慎，你只知其一不知其二，赵奢之前是曾击败过我军，甚至我军的精锐也被他打得落花流水。然而，据我所知赵奢其实在几个月前就已经病死了，他对于秦军已经造不成任何实质性的威胁。虽然廉颇尚健在，但是依臣看来，他一直没有和秦军正面交战而只会和齐国、魏国等不堪一击的兵力打仗的原因，很可能是出于对秦军的惧怕，武安君大可一笑置之。凭借王龁的才智，打败赵军并非难事，武安君大可以放心。"

见范雎并不死心，白起也暗自和他较上了劲，他知道此刻自己只有冷静下来，才能够让这个素以雄辩著称的范雎心服口服。

白起沉思一会儿，井井有条地说道："丞相所言，白起岂能不知道？然而，丞相却只知其一不知其二。赵奢的确已经死了，然而赵奢和廉颇这二人，是一个善于攻城，一个善于守城。如果赵奢被派遣来了，对秦军而言其实是一件好事。但是赵国不会坐以待毙，既然赵奢已经死了，那么廉颇必来，廉颇若来，赵军就会在他的领导下龟缩不出。依照秦军目前的状态，只可以寻求和赵国的速战速决，廉颇一来就会将本来的一场遭遇战演变为消耗战。这样耗下去，会耗费多长时间，是谁也难以预料的。而我军孤军深入，距离自己的腹地有千里之遥，几十万大军在前方要吃要喝，我国的国力必然难以支持。虽然我大秦的国力比起赵国而言要强盛一些，但是东方另外几个诸侯国可是虎视眈眈，一旦他们回过神来就会落井下石。到时候就算赵军被秦军打败，秦军也会因耗费过多的人力物力而自损，这是谁也不愿意看到的事情。"（《史记·白起王翦列传》）

话说到这个份上，秦昭襄王自然明白了事态的严重性，也明白白起并非危言耸听，他所说的这种情景，是很有可能发生的，也正是秦王最不愿看到的事情。但是范雎所言也不无道理，且听范雎是如何进一步阐释的。

范雎自然明白白起的担忧，可范雎却不以为然地说道："武安君未免太过长他人志气灭自己威风了，稍有见识的人都知道，这廉颇不过徒有虚名，绝非我大秦劲旅的敌手。退一万步说，此事若真如将军所言，那将军就更不能去了。大家想想，武安君白起名震四海，天下谁人不识君，只要一听说是您出马，六国将帅必定人人束手，无一人敢接帅印。廉颇也一样，要是知道是白起率军，更加会发挥自己的长处，龟缩不出了。"

秦昭襄王也知道范雎此言，可谓胡搅蛮缠。白起的分析才是有理有据，但是没有办法，比起范雎来，秦昭襄王对白起不够信任。因为之前白起是魏冉的人，之后虽一步步脱离了魏冉的阵营，但他终归不是秦王亲自提拔起来的心腹。一个号称战神的人能够在战场上纵横捭阖，决胜千里，却不懂得朝堂之上的风云激荡。君主需要他的时候，他是座上宾，但是一定要懂得进退，否则就会功高震主，引来君主的猜疑。

所以秦昭襄王很自然地站起来认真地说道："众爱卿少安毋躁，寡人看来，武安君和丞相都说得有道理。但是两害权衡取其轻，姑且就如丞相所言，派王龁前去先试探一下赵军的实力，若赵军当真厉害而秦军不敌，武安君正好可以到那时大展拳脚！"

无论白起如何的能征善战，在政治上也敌不过范雎的巧舌如簧；同样，无论白起如何的战功卓著，他都会受到君主的猜忌。最终，白起只能听从秦昭襄王的命令。

公元前262年，秦左庶长王龁奉命率30万秦军攻打上党，上党郡守冯亭苦撑了两个月，期间秦军一直没有放松对上党的猛烈攻击。平原君赵胜到了上党也只是有名无实，并没有带来多少兵力，如果双方一交战便胜负立判。所以他只能到城池中等待援军得到来，只可惜，赵军援兵迟迟未至。冯亭无奈之下，只好带着上党的残兵败将和逃荒的百姓，一起逃往赵国。直到这时候，赵将廉颇才带着20万兵来援上党，然而为时已晚，上党早就已经落入了秦军的手中。冯亭和廉颇在长平（今山西高平）会师时，廉颇才得知上党已经失守。

赵国众位将领商议决定，在长平筑垒坚守，与秦军对峙。

至此，秦军终于得到了白起所说的天时和地利两种有利条件，上党落入秦军手中，实现了白起梦寐以求的愿望，一场大战一触即发。

触詟说赵太后

如果赵惠文王没有死那么早，不知赵国和秦国以后的局势会发生怎样的变化，也许廉颇会受到信任和重用，代赵括参加长平之战，也许战争结局就会是另一番景象。然而历史无法假设，真实的情况已经摆在那里。赵惠文王带着满心的遗憾和未完结的雄心壮志离开了，这一年是公元前266年。

这时的秦国，范雎在政治上独树一帜，白起在军事上风生水起。而东方六国当中，唯一能够和秦国匹敌的赵国，其大权却戏剧性地落到了一对孤儿寡母的身上。

赵惠文王在死之前，对赵国的前途也很担心。当时赵国的廉颇、蔺相如、赵奢以及平原君赵胜等都是才华横溢、德高望重之人，但是赵惠文王并不放心将赵国的大权完全交到他们手上。李兑、公子成的前车之鉴还历历在目，如果将国家大权毫无限制地交到这些大臣的手中，以后的事无法预料。

尽管知道外戚专权也许会最终导致如秦国宣太后、魏冉独掌大权的局面，但赵惠文王还是决定将国家交给赵威后，也就是历史上著名的赵太后。临死前，赵惠文王对赵威后语重心长地嘱咐，一定要好好照顾太子，不要让他遭受什么苦难，一定要保住赵国的万世基业。因为照当时的形势看，秦国极有可能会趁火打劫。

果然，赵惠文王担心的事情发生了。赵王死后不几日，秦军就以迅雷不及掩耳之势攻击赵国。赵威后刚开始临朝听政，对与处理朝政之事还有诸多不了解，就遭逢大变。刹那间，整个赵国乱作一团。无奈之下，赵国只能派遣使者前去齐国求救。然而当时齐国与秦国之间有着联盟关系，说服齐国攻打秦国并非易事。但当时的东方诸国之中，只有齐国有实力援助赵国。虽然知道这件事情成功的可能性不大，但处境十分危险的赵国还是决定前去一试。

赵国没有想到的是齐国竟然毫不犹豫地答应了这个要求，只是提出了一个条件，赵国必须把长安君送到齐国当人质，齐国才肯发兵。其实，齐国早就想到，如果赵国遭遇秦国的进攻，必然会找国势日强的齐国去求援。唇亡齿寒，秦国打败赵国后，下一个打击目标必然是齐国，所以齐国此次必须出兵。然而，天下没有免费的午餐，齐国自己不会平白无故地充当双方交战的炮灰。所以齐国才提出了一个看似没有任何实际意义，其实对赵国有着至关重要作用的交换质子的方法。

赵惠文王在世时，就对赵太后千叮咛万嘱咐，要他照顾好这个儿子，一定不要让他吃任何的苦。赵太后也特别喜欢长安君，对其十分宠爱，自然不肯将爱子送到齐国做人质。大臣们屡屡劝诫，赵太后仍丝毫不为所动，可是大臣们依然不死心，到了最后赵太后只能放出狠话："将长安君派遣到齐国做质子的事情，谁也不许再提，否则别怪老身对他不客气，让他满脸都沾上老身的唾沫。"（《战国策·赵策》）

赵太后知道，这齐国就是看准了自己十分在乎长安君，想要用他来要挟赵国。一旦赵国和齐国交恶，则长安君的处境就十分危险。赵国有这么多能言善辩、能征善战之人，却没有一个人能够将齐国将军队借来，一个小孩子就这么送到齐国去，无异于是送羊入虎口。

赵国群臣眼看赵太后铁了心不让长安君前去齐国充当质子，只能干着急。纵观整个赵国有才能的人，如廉颇，性情直爽；如赵奢，此刻已经病重；如平原君赵胜，心有余而力不足；而蔺相如，对于赵太后而言，就是个巧舌如簧之人，自然不会信任他。

于是乎，文武百官只能把希望放在触詟身上。

触詟是战国时赵国大臣，一度官居左师，其生卒年不详。

众人之所以看中触詟，是因为大家都认为触詟德高望重，素来看不出有什么野心。其年纪与赵太后相当，对于赵太后的心情，应该比常人更了解。而且触詟也算是个能言善辩之人，赵太后一直很尊敬他。料想赵太后再怎么生气，也不至于真的向触詟吐唾沫。

只见触詟颤颤巍巍地走进太后的宫殿，仿佛一阵风就会将他吹倒在地上。赵太后知道触詟一定是来做说客的，看他的样子虽然可怜，但很有可能是装出来的。

触詟事后回忆道，他在先前就做好了一番精心的准备，同时也下定了牺牲一切的决心，只是当他看到太后那不善的目光之时，心中顿时一突，两条腿便不听使唤地颤抖个不停。

事后的一切，证明了触詟所言非虚，当时的太后可谓怒容满面。等了好久，触詟还没有走到自己的身前，这不由得让太后左右为难，前去搀扶触詟不符身份，如果眼看着不管，则显得自己不尽情面。

当触詟终于走到太后跟前时，狠狠地喘了口气，向太后行礼并请罪道："老臣年老体衰，腿脚不麻利，如今连基本的小跑的能力都丧失了。虽然老臣一直心念太后，却不能来谒见您，只能用这点理由，在私下里原谅自己。可是老臣还是担心太后，怕太后玉体偶有欠安，所以很想来看看太后，希望太后能够原谅老臣的唐突之处。"

太后望了望触詟，心中暗想看你葫芦里卖的是什么药，于是，太后敷衍着说道："老身何尝不是这样呢？如今行动不便，全靠坐车。"

触詟知道眼下还不能直入主题，因为太后明显是在防范自己，所以触詟继续说一些无关紧要但又能够拉近二人关系的话："太后的饮食起居和往日是否一样？"

太后奇怪地望了望触詟，她没有料到这个人竟然如此的深藏不露，既然如此，且看他耍什么花招。于是，太后答道："现在也不成了，只能每顿喝点稀粥。"

触詟顺势说道："老臣以前胃口很不好，别人就给老臣一个方法，让老臣每天坚持走三四里的路程，这还真的有效果，自那以后，果然增进了一点食欲，身体也好多了。"

太后叹了口气，继而说道："爱卿的做法虽然可取，但却不适合老身。"

这时候，太后对于左师触詟已经放松了警惕。但是触詟知道，要说服太后还需要旁敲侧击。触詟遂而想到了一个切入点，那就是他的孩子舒祺，于是说道："老臣有一个儿子，名叫舒祺，虽然他年纪很小，也没有什么才干，但是老臣却十分疼爱他，希望能派舒祺到侍卫队里，为拱卫赵国宫室尽绵薄之力。即使有罪，老臣也一定要来向太后禀明此事。"

太后听到这里，怨愤几乎已经消了一半，触詟的忠心令她动容，所以她直接说道："爱卿有如此忠心，赵国感激不尽，怎么会不答应呢？不知道舒祺今年多大了？"

"已经15岁了，老臣身体一日不如一日，能为后辈做的，也只有这些了，希望太后能够帮忙照看一下。"触詟回答道。

"老身以为，只有母亲才会溺爱自己的小儿子，原来做父亲的也是如此。"

"比母亲更加溺爱。"

太后这时候终于露出了笑容，遂说道："妇道人家，大多数都特别喜爱小儿子，把他们当做自己的心头肉。"

触詟回答道："老臣以为，太后和一般的妇道人家不一样，别人更爱儿子，而太后则更爱女儿燕后。"

太后奇怪地说："爱卿这就错了，老身爱长安君，比之燕后之有过之而无不及。"

触詟顿了一下，解释道："大凡喜爱自己子女的父母，都会为孩子的将来做完全的打算。当初太后送燕后出嫁的时候，抱着她为她哭泣，老臣窃以为，是因为太后怕燕后此次一别，便没有归来的日子了，所以心里难过。而送走燕后之后，太后对于燕后的思念，肯定一点也没有减少。因为大家都看在眼里，每逢祭祀，太后一定为她祈祷，祈祷不要让她回到赵国。大家也都明白太后的心思，是想燕后能够香火永传，子子孙孙都能够在燕国大富大贵，这其实是在为燕后的前途考虑。”

太后听后有所触动，继而说道：“爱卿说得很是在理，老身的确就是这样想的。”

触龙继续说：“容老臣问太后一句，从现在往上数三世，到赵氏建立赵国的时候，赵国君主的子孙凡被封侯的，他们的后代还有几个人能够继承爵位？”

“没有一个人。”太后说。

“赵国是这样，那么其他国家呢？”

“老身孤陋寡闻，真还没有听说。”

触龙在打好了这个话题的基础之后，开始就自己的观点展开论述：“其实，其他国家也没有，据老臣愚见，之所以没有是因为他们不懂得规避灾祸，近的就损害了自己，远一点就伤害了自己的子孙。这当然不是说君王的子孙不好，而是说地位高人一等却拿不出什么可以让人信服的功绩，俸禄特别优厚却经常好逸恶劳，拥有的财产土地都要比别人多。这就和现在的长安君一样，老太后把富裕肥沃的地方封给他，把大量的珍宝赐予他，却没有给他机会让他能够为国家做出一些功绩。太后虽然现在身体无恙，可是百年之后又会如何呢？长安君没有了太后羽翼的保护，怎么能够在如此风云激荡的乱世之中立足呢？由此而观之，太后实在是没有为长安君着想，因此老臣才说，你爱燕后更甚于爱长安君。”

用土地换战争

其实，早在触龙到来之前，赵太后就已经下定决心，让长安君去历练一番。她认为依照当时的局势发展，齐国一时之间也不敢对长安君怎么样。而且，赵国在齐国配置了大量的情报人员，随时可以向太后报告长安君的情况。一旦有变，就会设法将他营救回国。当前，秦国和赵国之间的战争一触即发，赵国已经没有时间再迟疑，否则机会一过，赵国就会面临灭顶之灾。然而，大凡处在赵太后这样位置上的掌权者，都十分在乎颜面，所以有“金口玉言”之说。赵太后曾说不准将长安君派遣到齐国做质子，这些话犹在耳边，倘若马上推翻自己的言论，则显得自己言而无信。而触龙的一番道理，正好给了她一个台阶下。

于是，太后顺水推舟说道：“爱卿此言很有道理，这长安君的事情，就全权交给你去办了。”触龙闻言，顿时大喜，终于凭借自己的三寸不烂之舌，让太后甘心让长安君去齐国了。

为了彰显赵国的国力和对长安君的重视，触龙特意为质子安排了套马备车100乘。长安君到达齐国后，齐国于是发兵。

触龙在太后盛怒、坚决拒谏的情况下，并没有直接冲击赵太后的防线，他选择了迂回的方式，先从自己说起，继而指出太后对幼子的爱没有对燕后的爱深厚，以此引起太后的兴趣，再将话题引到长安君身上。旁敲侧击，让赵太后顿时醒悟。触龙此举不仅平息了国内的一场争端，也解了赵国的困境。

其实，触龙能够成功说服太后，一方面说明他的确能言善辩、足智多谋，另一方面也说明赵太后英明睿智。如果太后是个不顾大局不明事理之人，任触龙如何地巧舌如簧，也不会改变她的初衷。触龙说太后一事，正好证明了赵太后既有自己独立的主张，也有着虚怀若谷的纳谏风范。

可惜，两年之后，赵国最后一位杰出的政治人才——赵太后就与世长辞了。此后40余年时间内，赵国虽然在军事上一度出现李牧那样的传奇人物，却没有出现一个可以在政治上引领赵国走向辉煌的人。

赵太后在赵国掌权时不仅在政治上的纵横捭阖，在外交上也是别出新意。

一次，齐国使者来到赵国慰问赵太后。赵太后一见齐国使者，就问了他三个问题，它们分别是：齐国的今年的收成好吗？齐国的人民生活得好吗？齐国的国君过得怎么样？（岁亦无恙耶？民亦无恙耶？君亦无恙耶？）

赵国太后能够主动问候齐国的收成、人民、国君，齐国来使本该高兴，但是赵太后却有意将三者的先后次序打乱了，还把高高在上的国君放到了最后的位置。齐国使者不禁认为，赵太后莫非是瞧不起齐国，故意贬低齐国的人民。于是，齐国使者将面色一沉，向赵太后说出了自己的疑惑。

赵太后摇了摇头说道："你理解错了，请想想看，如果齐国没有收成，人民凭什么生活？如果齐国没有人民，国君拿什么依靠？（苟无岁，何有民？苟无民，何有君？故有舍本而问末耶？）"

赵太后说的虽然在理，但是在当时而言，这种言论是不合时宜的，因为战国正是中国古代中央集权不断强化、王权逐渐凌驾于一切权利之上的转型期。齐国自然也不例外，齐王的地位无论是出于维护中央集权的考虑，还是整个齐国的考虑，都是第一位的。

而赵太后之所以这么说，实际上表现了赵国和齐国在当时关系还比较密切，所以太后才会这样肆无忌惮地开玩笑。当时齐国经济实力东方第一，而赵国的军事实力也是东方第一，他们结盟无异于是强强联合，给秦国以威慑作用。赵国和齐国的良好关系，即使在赵太后去世后依然保持着，其中最典型的事情就是赵国从齐国请来了帮助齐国复国的第一大将田单。

赵太后去世时，燕国人趁机率领举国之兵攻击赵国边境城池。让人忍俊不禁的是新任赵王竟然不信任赵国的将领，认为他们一旦有了军权，就会背叛自己。因此赵孝成王放着廉颇等作战经验丰富、战略战术高明的将领不用，转而向齐国求援。当然，仅仅依靠赵王还不能够下定决心办理此事，此事还有一个始作俑者——平原君赵胜。为了维护他们叔侄二人的利益，赵王不惜割让济东三城、高唐、平陵等57座城池给齐国。

赵奢对此很是不满，是可忍孰不可忍。赵国雄兵百万，名将如云，竟然会因为一个小小的燕国而向齐国求救。单单求救也就罢了，赵王竟然卖国求安。这不是饮鸩止渴的行为吗？

忍无可忍的赵奢言辞激烈地斥责起平原君："赵国地大物博，区区一个燕国，你们也要依靠卖国来保全一时的平安，这样做，如何对得起赵国的历代先王，如何对得起赵国的百姓，如何对得起赵国忠心耿耿的文武百官？"

赵奢接着质问平原君："如果赵国找不到合适的年轻将领，派遣老将也是义不容辞的。想当年，老臣曾在燕国抵罪，做了燕国的上谷守卫，燕国的通谷要塞、一草一木，老臣都了如指掌，何须劳烦田单出手？老臣且在此立下军令状，百日之内，天下诸侯还来不及反应，老臣就能率领我赵国的大好男儿，攻占燕国。"

平原君当初也是一时激愤，恐惧太后死后自己的权力会随之被削弱，甚至赵王的权力都会被架空。此时听赵奢这么质问，平原君顿时哑口无言，只好将责任都推到赵王身上，并向赵奢保证，他会把一切事实都反映给赵王，赵王也会认真地考虑他的意见，请他少安毋躁。

其实，平原君这一招叫做借力打力，他把赵奢满心的怨愤都转嫁给了赵王，自己不承担一点责任。这还不算，平原君又告诉赵奢，赵王坚持要用田单。

赵奢虽然是一员武将，但是对于官场上的尔虞我诈也了解至深。虽然官场的水很深，但是赵奢却并不畏惧，因为他在战场上的战绩足以让他在政治上有底气。纵观整个战国历史，赵国与秦国开战上百次，赵国负多胜少。当时的赵国，只有赵奢曾在和秦军的交战中大获全胜，这样的作战经验让他足以名列赵国名将的前茅，即使号称打遍匈奴无敌手的燕国，也会退避三舍，让他三分。

平原君叹了口气，他之所以让田单前去打击燕国，除了约束赵奢、廉颇等人的权力之外，还有一个更深层次的原因：当时的燕国和齐国为了争夺中原北方的土地，连连征战不休，因而结下了宿怨。只要田单参战，整个齐国就很有可能参与进来，到时赵国就可以坐收渔翁之利。

平原君有他的考虑，赵奢也有他的判断，其实，朝堂之上能够明白平原君这一意图的屈指可数，赵奢正好是其中一个。但是赵奢并不赞同平原君的这种做法，并对他说道："你的心思我明白，但是你却只依照主观愿望去猜测事情的发展趋势，却没有想过如果田单无能，那赵国必然是丧师失地的下场；如果田单智勇双全，则必定借机消耗赵国的国力、军力，和燕国玩起消耗战。到时候，那个渔翁恐怕就不是赵国，而是齐国了。"

从这一点可以看出，赵奢可以算得上是个文武全才，只可惜他生不逢时。当初赵惠文王在世之时，秦国用15座城池交换和氏璧，双方可谓是斗智斗勇，最终成为一段佳话。而今，赵孝成王竟然因为不信任赵奢等人，甘心用三个和氏璧的城池，交换来一个对赵国有威胁的田单。最终，燕国虽然被心服口服地打败了，还被田单占据了3座城池，但是那3座城池很小，只高百雉。

赵奢很聪明，他对战局以及赵国未来的发展有着清楚的认识，可悲的是赵孝成王昏庸无能，亲小人远贤臣，对赵国面临的局势毫不自知。后来的事情发展完全印证了当初赵奢的预见，但这样的结果并不是赵奢想要的，所以他并不为这一战而骄傲。

如此浪费人力、物力、财力，不重视人才的使用，不根据实际情况调整对外战略，一味遵循先王的教诲，赵国的未来，实在是让人担忧。

第八章　长平之战，战国大局斗转星移

长平，长平

之所以说秦昭襄王嬴稷是个雄才大略的君主，自然是体现在多个方面，然而眼下，他却忧心忡忡。为人大将者，不会在乎一城一地的得失，一军一营的存亡，他要的是整个战争的胜利。而为人君主者，则更要从国家的战略未来考虑。此刻的秦昭襄王，需要的就是长平之战的完全胜利。白起实在是太过狂傲了，赵军加上上党军，可是50万军马！呐喊一声便可天崩地裂，战旗飘荡便能够让日月无光。

稍微通晓兵法的人，一定知道："居险用险必内溃（赵括居于险地，如果再去冒险，则赵军必然军心不稳），居易用易必外蹶（赵军居于有利的地势，而白起则居于平地，若白起不出奇兵，则必然被击败）。"这句话是很有道理的。

此时此刻，赵军其实已经输了一半，无论是军心士气上，还是战略位置上，赵军都处于被动地位。也正是这个时候，历史才能够真正地了解赵括这个人。他只是缺乏锻炼，第一次独立掌兵，就主持一场关乎两个国家甚至是整个战国命运的世纪之战；第一次独立掌兵，便和天下第一高手对决，无论是心态上还是在实力上，赵括都面临着巨大的压力。换做其他任何一个人，早就崩溃，早就丢盔弃甲，早就投降了。然而赵括没有，或许是出于自信，或许是出于一种源自血液的骄傲，他是不会轻易服输的。既然一时间赵军攻不下秦军营垒，赵军索性在丹河谷里重新筑垒，一面坚守，一面寻找机会突围。

之所以说，白起此举是冒了奇险，不是没有道理的。大凡出奇招，就需要掌握一个字——快，这样才能出其不意攻其不备。双方对峙了数天之后，赵括终于发现：虽然赵军东西被夹，南北却还有些漏洞，只要秦军有一路被突破，白起就会满盘皆输。顾不得什么了，眼下争取时间才是最关键的，赵括命令人马日夜不停地向前突围，而白起则日夜不停地修筑营垒。于是，在长平战场上，人们看到了这样一个场景：赵军突破秦军一层垒，白起就再加修一层垒，你冲我堵，你争我夺，很多阵地经常是一日几易其手，战争进入了白热化阶段，到处是军士死后腐烂的尸体，到处是断壁残垣，一片人间末日的情景。

长平成了两国士兵心中的地狱，每日都有成千上万的士兵在这里埋骨；这是一场如梦魇一般的恶战，鲜血染红了大地，汇聚成了河流，红得令人双目晕眩，全身发冷，于是，后人便依据此战的惨烈，将这条河命名为丹河。

双方都在思量，这一场战役，何时才是个尽头？

和赵孝成王消极的静等、无所作为相反，秦昭襄王则主动出击，御驾亲征，仿佛他也知道，这必然是青史永铭的战役。

当然，这并不是秦昭襄王的心血来潮，他知道赵括眼下最大的困境便是缺乏粮草和兵马援军。于是，秦昭襄王决定，自己亲自出马，来个围点打援。然而，秦昭襄王也知道，眼下秦国本土已经出尽全力迎战赵军，剩下的士兵只能勉强配合外交政治上的攻势，守卫国土。于是，秦昭襄王将国内一切事宜交给范雎，自己则来到上党南边的秦国新占区河内（即河南东北部太行山与黄河之间的地域）招募兵马：赐爵一级，只要是15岁以上的男子，都必须被征调去长平，秦昭襄王亲自领着这支刚刚招募到的军队，从太行山北上，迅速地经过碗子城、天井关（今山西晋城境内）一线，不久便来到了长平附近。当然，这些新兵不会担任主战场的任务，他们一部分去为白起营造壁垒以及担任包围任务，另外一部分则北上插入长平与邯郸之间，分路掠取赵人粮草，遏绝救兵。白起正自发愁，自己几乎无多余兵力可用，如果这时候赵军来了一路援军，则秦军就会由主动而陷入被动，被敌人两面夹击了。可是秦昭襄王这一雪中送炭之举，为他除去了后顾之忧。

而另一方面，赵军本来就捉襟见肘的粮草兵马，都被敌人断掉了，饥饿的危机，绝望的士气，马匹的哀鸣，都似乎在预示着，赵军没有希望了。

赵孝成王终于开始担忧了，他害怕，一旦赵括被困就难以逃脱了，要知道，带兵的可是战神白起。如果是王龁，其他国家兴许还会伸出一把援手，但是白起就要细细考量一番了，谁也不敢拿着自己国家数十万军士的性命做儿戏。

甚至有的国家还在想，秦国胜利，五国还能够一起，重拾昔日合纵，一同抗击秦国。然而，如果是赵军胜利，则天下形势便会急转直下，秦国自此龟缩在关中不出来，赵国则会四处征伐，首当其冲受害的，就是魏国和齐国等国家。由此而观之，在秦、赵两国尚没有分出胜负之前，支持任何一个国家都是不明智的。他们不知道，只要他们保持眼前的这种中立，实际上都构成了对秦国的一种支持。只是在这种支持之下，秦军取得胜利之后，不会对他们有所感激，而会将他们作为征伐的下一个对象。

不久，秦昭襄王所率领的援军便和白起大军成功会合，冯亭的上党部队也被司马错、司马梗父子所率领的骑兵及秦昭襄王派来的援兵两面夹击，很快就被歼灭，或者被俘获。冯亭本人战死，大粮山的所有辎重与粮草全归了秦军。至此，赵括外援尽断，所有雄心壮志化作乌有，只能拼死以求突围。

战争到了这个关口，双方大军都已经绷紧了神经。尤其是赵军，45万人马在生死线上垂死挣扎，他们的心理已经扭曲而疯狂；他们的心情无比沉闷和压抑；他们的血性在血腥中一次次喷发，让敌人感到肝胆俱裂。从七月末到九月初的46天艰苦卓绝的时间里，赵军没有一天放弃过进攻，双方都损失惨重，赵军25万人马从此长埋地下，秦军近20万人马也因此梦断黄泉。

赵军把所用的士气都用尽了，剩下的只有绝望的呼喊；赵军把所用的军粮都吃光了，河谷鱼虾草木也早就如同秋风扫落叶一般被一扫而空，剩下的只能是活人吃死人。

由此可见，赵军之顽强，实在是非同一般；也可见这赵括不愧为马服子的称号，其勇悍一点也不逊于其父亲。只可惜他骄傲轻敌，在一开始就用错了战略。更加可惜的是，他也许正确的战略，竟然用到了错误的对手身上。白起知道，此子今日不除，日后自己一死，秦国或许就没人可以抗衡他了。赵括的卓著才能，也为他招来了杀身之祸。

赵括也知道，自己此次可谓九死一生。只要能够冲出去，则大军可活、自己可活，甚至整个战争棋局，也可以扭转。于是，赵括决定做最后的困兽之斗。他知道，为将领者，死在马背上、死在战场上，是一种无上的荣耀。

最后一次冲锋，赵括将剩下的赵军分为了四队。其中一队人马由赵括自己亲自带领。这一次，赵括站在主帅的战车上，向敌人呼啸而去，身边无数的赵军如同潮水一般向前涌去，他们所希望的，只是最基本的生存。

然而，迎接他们的，不是生命的曙光，而是死亡的阴霾。在秦军营垒中，早已严阵以待：最前面的，是盾牌兵，紧随其后的，是三排秦国最强劲的弓弩兵。蜂拥前来的赵军不敌三排弓弩兵那如雨般的轮番射击，纷纷倒下。前面的倒下了，后面的顶上去。不知这前仆后继的壮烈场景持续了多久，留下的只有漫天的箭矢和堆积如山的尸体了。

然而，赵军对这一切都已经不在乎了，不是你死就是我亡，没有第三种选择。很快，踏着同伴的尸体，赵军冲到了秦军营垒的百步之内，与秦军短兵相接了。

秦军的戟长达2.8米，铍长达3.5米，矛则有7米之长。作战时，持有不同兵器的士兵分工配合，互相保护，冲击力与防护力都无懈可击。赵兵虽然个个勇猛作战，但面对如此可怕的战争机器，还是伤亡惨重，多日的饥饿和困顿，让赵军的战力下降了不知道多少，仅剩的血性和悍勇，也在秦军的无情绞杀下，化作一缕青烟飘向幽冥鬼府。

秦军这时候也彻底被震撼了，他们从来没有见过这样一支顽强的队伍。换做是其他国家的军队，早就弃械投降了。能够在没有任何兵马粮草支援的围困下苦撑46天之后，还能向秦军发起进攻并给秦军造成巨大伤害的恐怕也只有赵军了吧。面对赵军的疯狂举动，许多秦军甚至想到了放弃。

然而此时，上天将眷顾抛向了秦军。这时候，秦军的轻骑兵和车战部队剿灭了冯亭上党军后挥师攻来，将胜利的天平狠狠地压向了秦军。只听闻刹那之间，闷雷般的蹄声响起，大地开始晃动；继而看见在赵军的两翼，黑压压的轻骑兵与车战部队迅速地席卷而来，车如疾风，马如闪电。满天的黄土被卷了起来，整个战场都被那一方黄云所遮掩，仿佛是不让老天看到，他的这些子民们，是如何的残忍、残酷、惨绝人寰。

秦军的骑兵先战车一步，率先来到赵军的百步之内，端出了弩机，疯狂地射击那些猝不及防的赵军。很快，数千人马就这样永久地倒在了血泊之中。紧接着，战车杀到。战车上的秦军借助战车的速度，用锋利的长矛快速地刺穿赵军的甲胄，来不及拔出便转向下一个目标；骑兵们也已将生死置之度外，拔出了刀剑疯狂地冲击赵军军阵。果然，赵军乱作一团，士兵们纷纷开始溃逃。但是只要赵括还活着，他们的心中就存有一丝能够创造奇迹的机会。

面对赵军的节节败退，白起自是高兴无比。但他现在一心想要的，只有赵括的性命。随着一支锋利的羽箭迅速地划破长空，赵括重重地倒在地上，同时重重摔在地上的还有赵军众兵士的心。

赵括不甘心，只要再多给他一次机会，自己就可以成为一代名将。可惜，他第一次独自领军出征就被白起扼杀在了摇篮之中，一个年轻而充满梦想的生命就此化作一缕青烟，留在史简中的只有四个耻辱的大字——纸上谈兵。

一切都被淹没在这无尽的悲哀中，战争也在赵括倒下的那一瞬间被定格，长平大战的大幕也就这样徐徐落下。

白起告诉群龙无首的赵军，只要缴械投降，秦军可保全其性命。于是，已筋疲力尽的他们放下了自己手中仅有的武器。

白起站在充满血腥的战场上，仰天长啸，他赢得了这一巅峰之战。无论敌军死亡了多少，白起都冷酷面对，他知道在战场上不是你死就是我亡，适者生存才是正道。为了秦国的未来，他还要做最后一件事情——坑杀。

成者为王，败者寇

苍山如海，残阳如血。

加上上党军和赵括的军队，被秦军俘虏的赵军，总数达到40万。

成者为王败者寇。胜利的一方自然耀武扬威，秦军从统帅到小兵，都沉浸在胜利的喜悦当中，以喝酒吃肉来庆贺这场伟大的胜利。为了这场得之不易的胜利，秦军付出了巨大的人力、财力、物力，前后数十万人马丧身黄泉。

失败的一方在哀叹失败的同时，也在心中暗暗庆幸自己能够在这场绞肉机式的战争中存活下来。秦王和白起都在军营中饮酒，对这一切不禁唏嘘感叹。昔日二人都立下了天下之志，眼看如今大事可期，二人却都已经是两鬓斑白。时不我与，不知道这二人还能不能等到天下一统的那一天。

白起在这期间，已经向秦王说了自己一统天下的战略规划，如今赵国已经被秦军彻底地打败，天下之大，莫能与之敌者。秦国的当务之急，就是首先灭掉赵国，与此同时，快速恢复秦国的国力，继而展开一系列灭国大战。首先锁定的自然是韩国和魏国，三晋之地一旦平定，则定鼎天下便是轻而易举。最后把其余三个国家分开，并各个击破：稳住齐国后，先攻燕国，再除楚国，最后攻打齐国，如此一来，则天下定矣。

武安君将自己的计划一说出，秦王拍案叫绝，这正和他与范雎所商量的战略不谋而合。想当年，自己还只能以质子的身份寄人篱下，如今山河倒转，自己竟然有实力君临天下，世事变化之无常，实在是让人感叹。

秦昭襄王知道，自己这一生能取得如此成就，多亏了三个人，一个是宣太后，将自己扶上了秦王的位置，并为秦国打下了坚实的基础；一个是范雎，没有他和他“远交近攻”的战略，秦国不可能在列国舞台上如此游刃有余；最后一个人自然就是白起，没有他，秦军何以无敌于天下，何以打败强大的赵军？

赵军惨败，留下了40余万的俘虏，如何安置这些俘虏，成了摆在秦国面前的一道难题。

白起知道，眼下的赵军的40万俘虏，每日消耗的军粮就让秦国力不从心了。长平之战几乎掏空了秦国的存粮，到如今秦军自己的粮草供给都已经十分紧张，很快就会有缺粮的危险。除此之外，赵国军卒还是个未知的隐患，是个随时可能爆炸的炸弹。留在军营里面肯定行不通，迁到秦国土地充斥其民，很可能会导致相互仇杀和战乱，甚至还有可能会有人暗自和赵国私通。如果放回赵国，只要赵王振臂一呼，他们必定能够被重新招募起来，三年长平大战秦军死伤过半，足以窥见赵军战力之强悍，如果他们再次被招募起来，必定知耻而后勇，成为秦军的心腹之患。

事情考虑到这里，众人心里明白，只有一种方法，才能够使秦国永绝后患，那就是——杀。

秦昭襄王虽然杀伐果断，但是从来没有想到，自己会屠杀40万手无寸铁的俘虏。这种事情一旦做下，虽然能够极大地震慑敌人，但也无疑会留下千古骂名。于是，秦昭襄王没有知会白起，便回到秦国了。行前还留下口谕，让白起便宜行事，全权处理长平的战俘问题。

王龁茫然了，王翦也迷茫了，司马梗也心悸了。他们知道秦国的选择，就是杀掉战俘；也知道，秦王是不愿意背负这个骂名的。既然这场战争是白起最先开始的，那么这个结束，也让白起来完成吧。反正经过多年的大战，白起已经双手血腥，杀一个人是杀，杀一万人还是杀，白起不在乎，只要有利于秦国的事情，他就是背负千古骂名，也在所不惜了。

当时的人对于杀害投降俘虏的事情，都很忌讳。秦王本人更是不能背负这个坏名声而引起天下人的公愤，司马梗、王龁、王翦都是有血性的男子，都想着能够帮助白起分担罪责，但是白起不需要，因为他是统帅，是秦军之中谁也无法逾越的人。

其实，下决心杀害40万赵军已然艰难无比，但是还有更加艰难的事情摆在后面，那就是如何动手。要知道，那可是整整40万人马，就是一个个站在那里任秦军砍杀，也不知何年何月才能够杀完。若是在动手之前被他们察觉而有所防备并奋起反抗，秦军大营必定会乱作一团。

于是，白起下令，趁着赵军还没有丝毫防备，将他们驱赶到阳谷方向。而在此之前，秦军还从这些俘虏当中，找出240个不满14岁的人。他们是幸运的，因为白起决定不杀他们，但是他们也是不幸的，白起为了震慑赵国，决定让他们观看秦军屠杀赵国俘虏的全部过程。

于是，秦军将40万赵国俘虏分为10个大营，让10个将领分别统领，同时还调拨了20万秦军负责维持治安。白起为了不引起俘虏的怀疑，还下达了一份假的诏令，让他们准备好明日接受秦军的选拔，凡是合格的人，都会被充到秦军的军营当中，不合格的人，都会给予路费，遣返回到赵国。赵军俘虏深以为然，以为白起是大仁大义之人，却不知这份假的诏令背后隐藏了巨大的杀机，他们不知道等待自己的将是地底无尽的黑夜。

这夜，注定是不平凡的一夜，山风呼号，如同地狱的召唤；野地浮动，恰似生命的传说。秦军将10个大营的俘虏集中驱赶到了一个山谷，继而分兵堵住谷口，再将无数的山石和点燃的木柴从两侧的山崖上一股脑地砸将下来，直到这时候，赵军俘虏还以为今晚可以美餐一顿，然后美美地睡上一觉。可惜，等待他们的却是如暴雨般砸来的山石和火种。此时，赵军饿得一点力气都没有，根本无力反抗，大部分要么被柴火烧成焦尸，要么被山石砸破脑袋，甚至被巨石整个儿地从身上碾过去，变成一摊肉饼，偶尔有几个强壮些挣扎着爬到山上的赵卒，也迅速被山顶的秦军杀死，并扔回山谷之中。

整整一个晚上，秦军数十万大军都如同疯子一般杀红了眼，黑夜见证了人性的丑恶。第二天，天空忽然飘下了瓢泼大雨，似乎是对数十万亡灵的沉痛哀悼。但愿死者安息，但愿那一切鲜血和罪恶，能够被冲洗，能够被原谅。

汉代扬雄就长平之战的坑杀事件，就发出如此感慨：“长平之战，四十万人死，原野肬人之肉，川谷流人之血，蚩尤之乱，不过于此矣。”

雨后的青山像泪水洗过的良心，白起冷峻的外表下，是颗冰冷的心。似乎他已经感觉到，自己的使命已然完成。不管是骂名还是功名，都留给别人去评说。此时秦军每一个士卒，都将发红的眼睛期待地看向了白起。那40万人头，便是他们梦寐以求的军功爵位。白起看着那些充满期待的眼神，点了点头，算是答应了。不知是谁第一个冲向了尸山血海，尽情享受着“丰收”的喜悦，白起还戏谑地称那些头颅堆起来的山为“白起台”。

40万无头的残尸，没有人去掩埋。此后方圆百里之内，无论人畜都不敢有丝毫逾越和靠近，那里，常常听见有人哭泣，或许是那些孤魂野鬼为无家可归而伤感，或许是那些春闺梦里人在绝望之后的哀嚎。

直到唐开元十一年（公元723年），唐玄宗李隆基巡幸至此，还能够看见漫山遍野白骨森森的景象。为了安抚他们的亡魂，唐玄宗亲自致祭，命高僧设水陆法事七昼夜，超度坑卒亡魂，并将该谷命名为“省冤谷”。

除此以外，唐玄宗还为他们收骨、筑坟，并在该地修建了一座骷髅王庙，“择其骷骨中巨者，立像封骷髅大王”，以祭奠那40万悲凄的孤魂野鬼。此后长平之地便流传着一个传统——当地的官吏，无论是哪朝哪代，哪种级别，每年春秋时节，都会代天子到此致祭。一直到今天，还残存着一座庙宇，里面供奉着赵括夫妇的塑像。

骨头不好啃

40万饥饿疲惫的俘虏在无尽的绝望中葬身“杀谷”，原先被挑选出的240人，眼睁睁地看着自己的同胞们，曾经的战友们，一个个梦断黄泉。他们体内早就没有了泪水，有的只是满腔的仇恨。当他们被释放回国，传布这场恐怖消息的同时，也在心中暗自发誓，将来一定要报仇雪恨，只是此刻的赵国已经没有了这个实力，甚至连这个想法也成了一种妄想。

240人回到赵国时，没有预想的责难，有的只是声震天地的哀嚎。赵国的青壮年在这一年，几乎全部陨落，赵国很多地方，只剩下妇孺和老人，如此国家怎么能够不没落?

白起要的就是这个效果，赵国45万人马出征，却仅仅余下240个年纪幼小的人能够回到自己的家中。邯郸城中的赵国朝堂，充斥着一股恐慌之气。一片悲风苦雨之中，只听见子哭父，父哭子，兄哭弟，弟哭兄，祖哭孙，妻哭夫，儿媳与婆婆相拥而泣，丈夫和妻子隔世而恸。只看见整个赵国的孝旗白幡遮天蔽日，冥币纸钱四处飘零。

就在这个噩耗传到赵国，举国震惊、朝野惊惧、万家哀痛之时，唯有一个人未流下一滴泪水。这个人就是赵括之母，因为她的眼泪，在赵括出发之前，就早已经流干；因为这个结局，在赵括出发之前，她就早已经预料到：“自括为将时，老妾已不看作生人矣。”这是她对赵王最后的警告，对赵括最后的劝诫，可惜他们都没有听从自己的建议。

于是，还没有等到战争结束，赵括之母便改用赵奢封号“马服”为姓，后来简称马氏，因为她知道，此战赵括必败无疑。

赵王这时候终于清醒过来了，也明白了昔日赵括之母苦苦劝诫自己的良苦用心，可是时光不可倒流，如今再谈这些，还有什么用呢？赵王知道，这一切的过错都是因为自己听不进忠言，都是因为自己好大喜功，不信任老臣。可是他除了承认自己的错误之外，什么也做不了。改过自新吗？也许下一次他还会犯同样的错误；责怪赵括吗？他已经为国尽忠、战死沙场了，他的家人也早就劝诫过自己，还不惜和赵括划清界限。赵王知道，赵括之死，最伤心的不是其他赵人，而是赵括之母；最悲愤的不是自己，还是赵括之母。

这一回，赵王显得很明智。他一边重金抚恤赵括的家人，让他们安心生活；另一边，则重新起用廉颇，希望能够通过廉颇，让赵国不至于灭亡，这是一个等待奇迹出现的过程，其残酷性和奇迹一样少见。

白起还是准备出手了，他知道，自己制订的计划——灭掉赵国，就要实现了。只要赵国一灭亡，则天下初定，自己再挥师回返，占领整个三晋之地，继而攻灭楚国，再图燕国和齐国，则一统天下，就不再是一个梦了。

公元前260年十月，长平之战刚刚过去一个月，白起便带领着刚刚调整完毕的30万大军，以迅雷不及掩耳之势攻克了上党地区其余的城池，自此，上党全境都划入秦国的版图。

紧接着，白起为了进一步扩大战果，直接将30万大军兵分两路：一路往西，由司马梗带领，数日之间便攻占了赵国在山西的太原郡，至此，山西全境尽归秦有，赵国所谓的太行之险几近成了摆设；另一路则沿着太行山一线北上，由王龁率领，也在数日之间接连攻占军事重镇皮牢、武安，不久，秦国两路军马汇合，兵锋直临邯郸城下。

刹那间，赵国真正地感到了亡国的危险，整个邯郸城都充斥着恐惧。长平大战的惨状犹历历在目，他们害怕如果邯郸被攻克，白起会直接给赵国来个疯狂屠城。

由于双方的实力差距实在是太大，对于赵国来说，眼下战事无论如何也是不敌的。如今的赵国，只剩下老弱病残，把他们拉上战场，只能算做炮灰而起不到任何别的作用。

赵王几乎都要绝望了，难道赵国几代相传，到了他的手上，就要亡国了吗？他不甘心。

而此时一个关键人物的出现，让赵王的心中升起了希望。这个人，就是大纵横家苏秦的弟弟苏代。苏代见群臣束手无策，知道自己发迹的机会到了，遂向赵王保证，只要将自己送到秦国，让他对范雎说上几句话，秦军必定会不战而退。

赵孝成王如同溺水的人抓住了一根救命的稻草。顿时大喜过望，给予了苏代大量的金银珠宝，赵王将自己最喜欢的宝贝都给了苏代，只要能够保住邯郸，一切要求都可以答应。

于是，苏代在一片希冀的眼光中，义无反顾地走出了邯郸，走进了咸阳。一路无话，苏代很顺利地就见到了范雎。

一见面，苏代便打开天窗说亮话，向范雎问道："听说大秦武安君白起即将攻打赵国邯郸？"

范雎道："的确如此。"

苏代闻言，突然惊呼道："那么，您的位置必将不能保证了！这实在是让人痛心疾首的事情。"范雎也大惊失色，并装作不知道什么缘故，遂问询苏代其因由。

苏代笑而答道："武安君白起用兵如神，功勋了得，在他的带领下，秦军无敌于天下，成为整个天下最为炙手可热的人物。长平之战，白起一举擒杀赵括，如今更是趁势围攻邯郸，一旦赵国一亡，秦就可以称帝，白起也将封为三公。

“白起领军以来，为秦攻拔70多城，斩首100多万，南定鄢、郢、汉中，北擒赵括之军，虽周公、召公、吕望之功也难以超过他。这样一来，您必然会在白起之下，可是你还甘心那样吗？即使您不愿处在他的下位，由于其盖世的功劳，您也不得不屈居下位了。除此以外，相信丞相知道，秦曾经攻韩国、围邢丘、困上党，上党百姓直接投向了赵国，可见天下人很少愿意归附秦国，成为秦国的居民的。现在秦军即使灭掉了赵国，秦的疆土北到燕国，东到齐国，南到韩、魏，的确是扩大了不少，但是秦国所得的百姓，却没多少，如何能够保证这些地区不发生乱事呢？照在下看来，丞相还不如向秦王建议，让韩、赵割地求和，这样一来，白起便得不到灭赵的功劳，而赵国也会渐渐地归附秦国。”

其实，范雎早就考虑到了这一点，此时此刻要灭亡赵国，实力上能够达成，但是在时机上则还不成熟。加之如果让白起领了头功，自己的地位便会一落千丈，这白起可是一直瞧不上自己。既然如此，索性许韩、赵割地以和于秦。如此既解武安君之兵权，又得割地之功，自己的位子便能够稳如泰山了。

魏人景春曾说他们：“岂不诚大丈夫哉！一怒而诸侯惧，安居而天下熄。”可见当时的纵横家，就凭借三寸不烂之舌，就抵得千军万马的效果。

主意一定，范雎便马上让人接受了苏代所带来的金银财宝，给苏代安排了下榻之处，自己则迫不及待地来到了咸阳宫觐见秦昭襄王，并对秦昭襄王说道：“秦兵连年征战，如今已是劳顿不堪，请允许让韩国和赵国割地求和，如此士卒可以休整，秦国也可以借此休养生息，为将来进一步战争做好准备。”

秦昭襄王不察这范雎的心思，很是犹豫，要知道，自己早就和武安君白起商量好，长平之战完胜之后，便火速攻下邯郸，占据赵国，继而一统天下。眼看秦军已经兵临城下，要占领邯郸、灭亡赵国，实在是举手之劳。

当然，秦昭襄王也有不攻的理由。恰如苏代所言，眼下的时机还不成熟。

赵国的地盘实在是太大了，而且刚刚经历了长平大战，赵人定然不会甘心归附秦国，他们的心里，对秦人都恨不得寝其皮、食其肉、挫其骨。秦国一旦占领了赵国，定然难以安定下去，如果要寻求安定，必然要派遣大量的兵力，这样就极大地分散了秦军的战斗力。除此以外，赵国东北边的土地和齐国、燕国接壤，离秦国的关中则有数千里之遥，一旦赵国灭亡，这些地区要么投降了燕国或者齐国，要么被这两个国家所占据，秦国犯不着为他人作嫁衣。到时候，秦国不甘心让燕国和齐国得了好处，也不能够违背远交近攻的战略向这两个遥远的国家开战。

而且，秦国此时的实力，也不允许擅自和第三个国家开战，特别是强大的齐国。秦国经历了数年的长平战争，兵源疲敝，国库空虚，昔日齐国就是在这样的情况下，擅自攻打宋国，而被其他国家联合进攻以致国破家亡的。秦昭襄王可不相信，秦国也能够出现一个田单一样的人物。而且即使秦国能够复国，那个君主也一定不再是他秦昭襄王。

除此以外，秦国还有广大的新占领区，这些地区的居民都是三晋的居民，一直心向韩、赵、魏这三个国家，如今被迫生活在秦国的阴霾下，本来就心不甘情不愿。加之白起坑杀了40万赵军的降卒，让那些居民心有余悸。秦国的当务之急，不是开疆拓土，而是稳固已有的占领区，让那些居民能够安定下来。

俗话说，害人之心不可有，防人之心不可无，秦昭襄王知道，当身居他们这个位置时，已经不能够用忠义来形容他们了，当至高无上的权力握在手心之时，谁也无法形容那种感觉，谁也无法拒绝那种诱惑。白起忠于秦国，这是无可非议的事情，但是他是否忠于秦王，就不得而知了。或许他只是忠心于自己本身，如今他已是手握重兵，功劳齐天，在秦军中的权威，比起秦昭襄王来，有过之而无不及。加之白起在长平之战中，再次展现了他的心狠手辣，秦王不相信他不会觊觎自己的位子。

纵观历史，功高盖主之人大凡落得个悲惨的下场，不管秦王如何英明神武，面对对自己的位置如此有威胁的臣子，他还是心有芥蒂的。于是，不久之后，白起便接到了来自咸阳的一纸诏令，要求他班师回朝。

要城没有，要命一条

看着眼前秦昭襄王用羊皮写就的诏书，白起的心里如打翻了五味瓶。这秦昭襄王一向英明过人，面对如此千载难逢的大好良机，怎么能够白白放过呢？如果此时不趁势灭掉赵国，不消数年，满怀着对秦国仇恨之心的赵国新一代便会成长起来，成为和当初的赵军一样强大的军队，到时候再想灭亡赵国，谁也无法保证还能找到如现在这般的天赐良机。如果眼前不灭亡赵国，那么秦国一统天下的凌云壮志便很可能变成镜中花、水中月。

直到有一天，在回返咸阳的途中，白起听说，苏代竟然收了赵孝成王的重金，并来到秦国面见了丞相范雎，挑拨离间两人的关系。范雎害怕他的功劳高过自己，以至于失去他现有的地位，所以便向秦王献谗言，劝秦王退兵。白起知道自己被召回的原因肯定没有表面上这么简单，背后一定隐藏着更为深刻的原因。于是，白起到了咸阳宫，向秦王一问究竟。

秦王首先告诉他，是出于对整个国家的考虑，让秦军休养生息才有实力应付其他国家。白起心中充满疑惑，这可能是秦王考虑的重要因素，但是绝对不是决定性的因素。在白起的心中，其实已经很明了，或许秦王是害怕自己功高震主。然而他不敢确定，直到秦王提及范雎来见过他，白起心中已明了，顿时哑口无言。

白起甚至没有告退，便悄无声息地走出了咸阳宫。他意识到，自己把一生都献给了秦国，到头来，却是招致范雎的谗言、秦王的猜忌。白起是一个纯粹的军人，因而永远无法理解秦昭襄王和范雎的那些政治等方面的考虑，他知道，自己一生恐怕再也没有了出头之日。如今大局已定，秦军只需要如同王翦、王龁、司马梗等一般的将领，就能够让秦军变得逐渐强大。

如果说在此之前，白起对于范雎还只是不屑与之计较，那么到了现在，他的心中则产生了一丝愤恨。因为秦王是秦国的主人，君让臣死臣不得不死，白起无法将怨气发在自己的主人身上。于是，害得白起最终不能建立盖世功业、实现天下一统的人，很容易便从秦王身上转移到了范雎的身上。甚至整个秦军都认为，范雎是个小人，由于嫉妒、不服气白起，为了一己私利而置国家利益于不顾。

秦昭襄王和范雎为了秦国的长远大计着想，不得已要侵犯白起所在军队集团的根本利益。这个集团要求秦国在对外战争中，以武力歼敌为主要的或唯一的手段，从而为军人创造立功升迁的机会。而范雎和秦昭襄王不同，他们站在更加高远的位置来看待对外战争。在国际舞台上，光靠战争是远远不够的，政治和外交手段，是实现国家理想必不可少的。而白起的战争，只是实现一统大业之理想的其中一环，秦国断然不会为了单单考虑白起的利益而放弃国家的利益，因小失大。

当白起的军队怨声四起的时候，范雎就成了秦王的替罪羊。范雎知道，如此下去，自己终归难逃白起集团的围攻，秦王是不会手软的，他乐于看到自己和白起斗下去，只要不威胁秦国和秦王的地位就成。为求自保，范雎最终决定，既然自己和白起已到了不是你死就是我亡的对立状态，何不彻底将他扳倒？否则一旦他日国家再需要白起之时，就会是自己的遭殃之日了。

于是，范雎开始为白起的倒台、为自己的将来密谋筹划着。但是现在白起的声望依旧如日中天，平白无故地找白起的麻烦，无异于是自找没趣。

但果放任这种将相不和的局面一直上演，则秦国就会在一次次萧墙之争中，面临衰落的危险，这是范雎、白起和秦昭襄王都不愿意看到的事情。

而另一边的赵国，赵孝成王终于安心地舒了一口气，这苏代还真是厉害，携带着赵国一点金银财宝前往秦国，三言两语之间，就让秦军退去。即使是廉颇手握百万雄兵，怕也没有这么容易吧。

公元前259年正月，就在家家户户欢快地庆祝着新年新气象的同时，赵国和秦国也达成了最终协议，赵国同意给秦国割让6座城池，秦国和赵国暂时性修好。虽然协议上说的是永久性修好，但是谁都明白，一旦秦国国力稍稍恢复，就必定会卷土重来。

这一年的春节，无疑是秦昭襄王最高兴的一次，秦国国运昌隆，假以时日，秦国必定能够一统天下。只可惜，秦昭襄王明白，自己已经老了，或许这个愿望，还需要等到自己的后代才能实现。也就是在这个时候，在邯郸城内一个普通的秦国质子府中，一个貌似平常却特殊至极的小生命带着结束乱世的使命，来到了这个危险残酷又充满了挑战的战国，他的到来没有传说中的祥云满天，更没有什么神龙坠地，远在咸阳的秦昭襄王甚至都不知道，嬴氏家族又诞生了一个朝气蓬勃的生命。这个新生命被命名为赵政，人生世事变幻无常，有谁能够料到，在短短的38年以后，整个天下都将颤抖着匍匐于这个婴儿的脚下。因为这个婴儿不是别人，正是以后的天下共主，中国历史上第一个统一天下的皇帝——秦始皇嬴政。

其他国家从未料到秦国会在38年之后一统天下，因为从眼下的情势看来，秦国和赵国打了数年，虽然最终完胜，但却只是惨胜。因此，赵国中很多人都认为强秦撤兵，与其说是苏代去秦国说服了范雎，还不如说是因为秦国已经不堪重负，被迫撤兵的。

这之中，便以虞卿为代表。

虞卿见秦国和赵国就要履行割让六座城池的协约，便马上赶到赵王宫殿，向赵王进言道："秦国何以会退兵呢？还不是因为秦军力所不能及，疲倦不堪的缘故，可是大王现在的做法，毫无疑问是将秦国力所不能及的6座城池白白地献给了秦国，这种做法，无疑就是拿起石头砸自己的脚，帮助秦国来攻打自己；换个角度看，如果来年秦国收了城池却不守信誉前来攻打赵国的话，赵国还能用什么来阻止秦国的侵略？这不是置赵国于无救的境地吗？"

赵孝成王一听，觉得很有道理，遂决定撕毁和秦国的协约，只要秦国灭赵国之心不死，割让再多的城池也没有任何用处，反而会助长秦国的实力，损害自己的国力。

然而，这之后秦国楼缓来了，并听说了虞卿给赵王的建议。于是，他也马上给赵孝成王建议道："虞卿只知其一不知其二，虽然这样做可以暂时地获取一些好处，但是一旦秦赵两国的关系恶化，则列国必将前来攻打和掠夺赵国，到时候赵国拿什么去应对呢？"（《战国策·赵策》）

楼缓的话也不无道理，这让赵孝成王左右为难，和也不是，不和也不是。其实，赵孝成王没有那么长远的眼光，他看中的就是赵国短暂的安危和城池的多寡。只要虞卿能够找出让列国不动的方法，他就会毫不犹豫地为了6座城池而放弃协约。

当然，歪打正着的事情也是有的。在这种狭隘的眼光下，赵王竟也做出了正确的事情。

然而，虞卿实在是难以保证能够让赵国周边国家不打赵国主意。于是，他苦思良策，终于，他胸有成竹地来到了王宫，对赵王说道："楼缓此言，简直就是鼠目寸光、一派胡言，这6座城池反正也是保不住了，与其给了秦国，让他们来攻打赵国，不如给了齐国，让他们帮助赵国来抵御秦国，到时候韩国和魏国听说齐国和赵国已经联手，必然会加入抗秦联盟，秦国焉能不惧怕？必然会主动请和。"

赵王一听，此计甚妙，虽然这六座城池怎么也保不住，但至少还可以保证有一个甚至几个强大的外援来帮助赵国，如此，秦国便不敢轻举妄动，即使他动了，这些国家也都不是泛泛之辈，秦国要想取胜，还真不容易。

于是，赵王直接撕毁了和秦国的协议，并向秦国楼缓说，赵国坚决不交城池，所有的条约都是屈辱性的不平等条约，赵国概不承认。

这下秦国可是真的发怒了，只是一时之间，哪里能够快速地组织军队，前去攻打赵国呢？无奈，秦王只能把赵国前去议和的平原君赵胜给扣押了。而其理由更是让人大跌眼镜，竟然是因为他收留了魏国相国魏齐并让他寄居于自己的门下。

可怜的魏齐竟然成了出气筒，穷途末路的他找到了赵国相国虞卿，虞卿此人不知为何，也许是出于义气，竟然置赵国相位于不顾，和魏齐跑到了魏国，并向信陵君魏无忌求救。可惜，关键时刻，信陵君没有答应，走投无路的魏齐只能拔剑自刎。秦国没有了扣留平原君的理由，于是将他放回了赵国。

对于秦国而言，辛苦经营多日的和谈计划，竟然就这么不了了之，自然不会甘心。于是，秦国决定给赵国点颜色看看，顺便也拿回一点好处。

围城

转眼9个月时间过去了，真可谓此一时彼一时。这9个月的时间，赵王将邯郸的防务交给了廉颇全权负责。而这一次，大秦武安君白起却没有出马，由此构成了一个不平衡的战争。

秦昭襄王听说武安君生病了，也许是故意称病，也许是因为秦军这次攻打邯郸的将领不是别人，正是五大夫王陵。这次，秦军只率领了10万兵马，在秋收过后，便信心百倍地兵临赵国。

秦昭襄王和范雎可是经过充分的思考，这王陵虽然官职低微，甚至比起左庶长还低上一级，但是对付赵国的老弱残兵，已经是绰绰有余了。秦军历来名将辈出，秦王认为正好可以借此机会培养一下王陵，让秦军对白起的依赖不断降低。白起太过桀骜不驯，很多时候竟然不听从秦王的号令，这令秦王心生不满。

然而，后来的事实证明了白起的桀骜不驯不是没有道理的，王陵很顺利地就到达邯郸城外，却一直无法进入城内。

原来，赵国经历长平大战之后，其精锐力量已经所剩无几，如果和秦军硬抗，无异于是在自掘坟墓。于是，赵军干脆实施坚壁清野的政策，将秦军到邯郸的进军路线上的城池都放弃，迁其人口，扫其粮草兵马。如此，秦军一直走过的是一条无人之境，到达邯郸后才发现几乎整个赵国的力量都集中到了邯郸。看来赵国是准备和秦军死战到底了。

整个邯郸城的赵军起码有20万人马，他们是一群特殊的群体，大多数人都是超过40岁的老者和小于18岁的少年。这些人的亲人，大多死在长平一战中，因此他们都把秦国的士兵看做自己不共戴天的仇敌，刻骨铭心的仇恨比任何凌厉的士气和杀气都可怕。

而让王陵更加恐惧的是，这次守备邯郸的竟然是和白起实力相当的大将——廉颇。整个赵国邯郸城内，都弥漫着一种哀伤之气。长平之战，白起一举坑杀了赵军士卒40万，让赵人在心有余悸的同时对秦军充满仇恨。此次守城之战，他们都心存必死的决心。

由此可知，秦军攻打邯郸，比起当初对阵长平还要艰难。廉颇再一次展现了他防守的严密性，整个邯郸简直是固若金汤。任凭秦军如何猛攻，就是攻不下来，三个月过去，秦军损兵折将不说，战事还没有丝毫的进展。

如今秦军可谓骑虎难下，赵国都成这样了，要是还攻不下来，显得秦国太不济事，秦军太过无能，秦王也太过昏庸了。撤军倒是一个好方法，可是秦昭襄王怎么能够咽得下这口气。秦军好不容易才有今时今日的成就，不可能因为区区20万老弱残兵，就让这群虎狼之师无功而返。于是，秦国给王陵增兵20万，还给他下了死命令：务必攻克邯郸，否则就地免职。

公元前258年，嬴政一岁了。他在邯郸和其父亲一起焦灼地等待着秦军攻打赵国的结果。此时的嬴政已经能够走路了，而且还能勉强说一些话语。

可是，这一个春节，秦军王陵再一次让他们失望了。秦军冒着严寒，昼夜不停地攻打着坚固的邯郸城，始终没有任何结果。而廉颇依然深得赵王信任，白天坚守不出，夜晚则派遣赵军北军的精锐骑兵，前去袭扰。不及两个月，王陵便损失了5座军营，更是死伤了数万士兵。

秦王这下再也沉不住气了，他知道如果秦国再不派遣有智谋的大将过去，不仅攻克不了邯郸，秦军也会受到更大的打击。

恰在此时，白起也听说了前方的战事，他认为自己扳倒范雎的机会到了。不是他容不下一个丞相，而是不能容忍一个在战场上呼风唤雨之人，还需要时刻堤防范雎在背后暗算，而且这种暗算比起战场上的血肉拼杀，更加难以防备。这就是所谓的“明枪易躲暗箭难防”，为了能够放心大胆地攻伐六国，白起决定先将范雎扳倒。

所以第一次，秦王前去请白起出山时，白起直接拒绝了。

秦王自然不会死心，遂问起因由，白起毫无顾忌地回答道：“邯郸实未易攻也，且诸侯之救日至。彼诸侯怨秦之日久矣，秦虽胜于长平，士卒死者过半，国内空，远绝河山而争人国都；赵应其内，诸侯攻其外，破秦军必矣。”（《史记·白起王翦列传》）

白起如此说话，聪明的秦王自然听得出来，白起很明显是在推脱。想当年白起以7万孤军攻楚，拔鄢夺郢也只在弹指之间，楚国因此而痛失半壁江山。现在的邯郸确很坚固，而且还有名将廉颇做守将，但是以白起的才能，要攻克邯郸其实也并不是什么天大的难事。而诸侯即将来救云云，秦王就更不会相信了，当年长平之战诸侯还不是坐观成败？如今赵国之危更胜当初，各国只会作壁上观，有甚者说不定还会趁火打劫，不久之前在赵国北境屡屡袭扰的燕国，就是个活生生的例子。当然，一旦诸侯意识到秦军攻克邯郸的后果，来援救一下也不是不可能的，但是以往的例子都无比鲜明地指出一个事实，诸侯联盟不过是个纸老虎，一旦秦国稍稍动手动脑，则会树倒猢狲散。最后白起说，“士卒死者过半”，这还算是一个事实。可是眼下围困邯郸的秦军，可是整整30万军马，只要白起一出手，就能立刻化作50万、100万，实在不构成任何具备实质性的问题。

想到这些，秦昭襄王立马觉得白起实在是不识抬举，但是现在要以大局为重，所以必须找出问题的症结。这解铃还须系铃人，白起的态度与范雎有很大的关系，他既然容不下范雎，就让这范雎去解决这一问题。

岂料白起非但没有来和范睢唱出一段将相和，反而给范睢煮了一锅闭门羹。范睢本来就不是心甘情愿地前去请白起的，于是，范睢回到秦昭襄王处，直接告状说：“武安君假称有病，不肯为将。”

白起终归是一个单纯的军人，这使得他能够在战场上不顾一切，却也使他在政治上不谙一切。他以为，凭借自己的盖世功勋，无论如何也不会比不过一个依靠嘴皮子，从茅厕爬上朝堂的外人。所以他选择了和范睢直接对抗，他不明白，范睢此时所代表的已经不是单纯的丞相，还代表着秦昭襄王的颜面以及秦国的利益。

果然，秦昭襄王在听闻了范睢的报告之后马上龙颜大怒。这时候，秦王想到了另一个在长平大战中表现出色的人，那个人就是王龁。秦王不相信，秦国除了白起就没有了将才可用。

于是，秦国以王龁为将，再增援10万大军，星夜兼程赶到邯郸。秦军有雄踞天下的威势，猛虎下山的悍勇。秦王相信，只要这一股大军到达邯郸，邯郸守军必然丢盔弃甲。秦军要占据邯郸，平定赵国，如同探囊取物一般。

王龁到达邯郸之后，立马撤掉王陵的主帅大权。至此，秦军先后已经派遣了40万大军进攻邯郸，是邯郸20万老弱残兵的两倍之多。在如此人多势众的优势下，从公元前258年秋到第二年春天，足足5个月的时间，秦军硬是没有半分推进。

这一幕在王龁和廉颇的眼中很是熟悉，和当初二人在长平之战的立场一样，廉颇依然处于守势，王龁依旧处于攻势，不同的是，秦国日益强大，而赵国则渐渐衰弱。但是最终的结果还是和三年前一样，秦军依旧拿岿然不动的赵军没有半点办法。

对于这一切，范睢有着他自己的想法，最开始秦军只有十万大军，攻不下邯郸还可以说是数量上的差距，如今秦军无论是在单兵素质上还是在军队数量、装备上，比之赵国强盛了许多倍。秦军过去可是无往不胜，面对邯郸只要不顾一切地攻击就可以了，和赵国拼伤亡也无所畏惧吧。

因此，范睢得出一个结论：不是秦军攻不下邯郸，而是不愿意攻下邯郸，他们之所以这样做，无非是用无声的示威来支持他们心中的战神白起。并且让秦王知道，只有白起才是天下无敌的，秦国除了白起之外，无人可以攻得下邯郸。

范睢将这个猜测告知了秦王，秦王顿时吓了一大跳，这不是逼宫吗？如此下去，白起必然会威胁到自己军权的稳定。秦王不会允许这样的情况继续下去，哪怕是自毁长城，不惜让秦国的军力一落千丈，他也要巩固自己的统治地位。

范睢意识到以白起为首的军事集团，虽然客观上威胁了秦王的大权，但是其剑锋真正所指的不是别人，正是自己。此次作战无论白起去还是不去，范睢都不会被他们赦免。与其坐等成败，不如绝地反击。

这时候，范睢想到了两个人，一个是自己的结拜兄弟郑安平，另一个则是帮助自己来到秦国，并向秦王举荐自己的王稽。这二人自范睢发迹之后，都得到了重用。所谓养兵千日用兵一时，范睢于是决定让郑安平出马，只要他能够攻克邯郸，则不仅白起危机化解，自己的地位也会日益巩固。

得罪上司的下场

所谓愚者千虑亦有一得，智者千虑必有一失。范睢的如意算盘，这一次并没有打响。因为他只是了解当初的郑安平，为朋友两肋插刀，其义气天下少有。料来经过这么多年的锻炼，其勇敢和谋略也必定有所提升。他没有料到郑安平在这几年内，除了沾沾自喜，坐享荣华富贵之外，真正的带兵从政的本领，一点也没有提升。

范雎本以为只要郑安平一到邯郸，加上邯郸所在的40万大军的配合，攻下连日来损兵折将、疲惫不堪的赵军残兵余勇，实在并非难事。岂料就在这时候，列国眼看战争的天平开始奇迹般地偏向了赵国，便开始蠢蠢欲动了。

这期间发生了两起著名事件，一个是毛遂自荐，另一个则是信陵君窃符救赵。前者在赵国平原君的带领下，偕同20多名门客前往楚国。毛遂通过这一次出使楚国大显身手，最终让楚王答应了加入赵国提倡的合纵联盟。在楚国的带领下，各国纷纷开始结盟。其中魏国出动了8万大军，楚国出动了10万大军，很快就突破了秦军设在邯郸外围的防线。由于秦军根本没有料到会有哪个国家敢在秦国如日中天之时出手帮助赵国，因而其战略重点也就想当然地放在了攻打邯郸城上。猝不及防之下，秦军所面临的战局急转直下。

秦昭襄王彻底急了，而正在这个时候，白起那边传过来一句话："如果大王早先能够听取我白起的计策，怎么会落得今日的下场？"在秦王的眼中，白起非但一点也不关注秦国的战局，反倒在举国同悲之时幸灾乐祸。

而白起一点也没有察觉到自己处境的不妙，因此，他还是和往日一样我行我素，并在心中冷笑：郑安平不过是个江湖草莽，如何能够打仗？大王离开了自己，则秦军必然溃败不已；但如果秦国没了范雎，不过是少了一个磨嘴皮的人，对于国家而言，只有百利而无一害。

白起是战功卓著的大将，其战略眼光之敏锐，少有人能及。就在他说这些话的时候，前线秦军正在面临出征以来最大的危险。秦军的40万主力大军竟然全线溃败，唯独剩下郑安平率领的2万秦军还在邯郸城下苦战，并陷入了魏国、楚国和赵国联军的包围之中。

没有办法，面对秦军的生死存亡之危局，秦王决定，不再低声下气地去求武安君白起了。他直接下了诏令，启用白起为主将前往前方救援。

这时候的白起也是真的想要前去作战了，他那几天天天在研习兵法，熟悉邯郸城内外的地理，思考廉颇的战法。他希望自己有生之年，还能够和廉颇来一次真正的对决。然而在此之前，他却想要让范雎下台，否则将来自己一旦功成而返，还是抵不过范雎的一席谗言，自己还是会出力不讨好。

白起试图通过这种方式来测量自己和范雎的价值孰轻孰重，却不料，这同时也是在挑战秦昭襄王的底线。不过秦昭襄王依旧没有处置白起，因为在他的棋局中，白起依然是个可堪大用的关键棋子。如今这颗棋子竟然不听从自己的指挥，秦昭襄王遂大怒道："爱卿，不管你是真的生病了还是假意称病，寡人都强自要求你，即使是躺在担架上，也要做秦军攻伐邯郸的将领。如果立下了功劳，便实现了寡人的愿望，寡人一定不会亏待你。反之，则别怪寡人翻脸无情。"

白起好歹也是秦国权倾一时的人物，为秦国立下了不世功勋不说，更是和秦昭襄王一起成长的人物。秦昭襄王如此对待他，实在是不给他面子，一个有血性的男子，是不会甘心在别人的威逼下就范的。于是，白起再次展现了他吃软不吃硬的性格，向秦王放出狠话道："臣下知道，此行前去，虽然没有功劳，也可以免除自己的罪责；如果臣下不去，虽然没有罪责，但却是免不了被诛杀的结局。然而，臣下宁愿不去指挥而被秦王杀死，也不忍心做一个屈辱的将领，请大王明察。"

终于，秦王拂袖而走，背影中满是落寞，而白起依然桀骜地看着东方的天空，他似乎知道，或许自己这一次，让秦昭襄王彻底地失去了对自己的信任和期望，自己也许会被放逐，也许会被弃而不用，也许会被杀……总之，这一生，自己必定再也难以重复当年的辉煌了。而六国的噩梦也必将从这一刻结束，秦国一统天下的梦想，只能留待后人来完成了。因为即使白起有心杀敌，也无力回天了。

公元前257年十月，随着前线战事的进一步恶化，秦昭襄王也彻底地放弃了白起。一纸诏书下去，白起武安君的爵位被废除，成为一个士卒。这样也好，白起从一个小小的士卒开始，到一个小小的士卒结束，也算是走了完满的一个轮回。

但是，这也许只是他自己的心境，在别人的眼中，昔日屈原被贬，最终投入汨罗江之中，和白起被贬，流放西北苦寒之地，是何其的相似？但不同的是，屈原有着汪洋恣肆的满腹才华，能够在青山绿水之间，抒发自己的不满和怨愤。而白起呢？空有着和廉颇来一次巅峰对决，扫除朝中的奸邪小人，继而灭绝赵国一统天下的雄心壮志，此刻却由于自己的固执和褊狭，被秦王流放。所以，白起干脆选择称病不走，以希望有朝一日，秦王能够看到他的一片丹心，能够回心转意。

其实，秦昭襄王内心何尝不是千回百转？昔日自己不过是为了秦国的长远前途着想，为了保全自己的大王之位而着想，谁想到今日秦军竟然面临这样的败局，而且一切的根源都是白起。这个人是秦国的栋梁，也是秦国最危险的所在。秦国如果缺了他，则统一天下的大业会延后不知道多少年，但如果秦国有了他，却对他不加限制，很可能以后秦国就要江山易主了。

因此，秦昭襄王选择了继续信任和重用范雎，只有这样，才能够让白起为首的军事集团认为是因为范雎，秦王才会如此对待他们的战神的。一旦他日白起已经不具备任何威胁，或者秦国的战事形势逐渐好转，则范雎的政治生涯，也就走到头了。而眼下，时机还远远不成熟。

这年十一月，范雎举荐的郑安平的粮草终于断绝，而且在多次尝试过突围未果之后，他毅然选择了投降赵国。赵王这一次很慷慨，封郑安平做了武阳君。长达三年的邯郸之战以秦国的失败，赵国的胜利结束。但是这次战争中，秦国因为底蕴深厚、国力充实，不过是暂时损伤了元气，而赵国则就此一蹶不振。

这一下，秦国的军事集团终于找到了范雎的弱点，并准备抓住这一点打击范雎。秦国自商鞅变法以来，制定了连坐之法。照此，范雎任人不善，应该收三族（指父、母、妻三族）。然而秦昭襄王此时还要借助范雎对抗白起，所以只下令，“有敢言郑安平事者，一律与郑安平同罪”，不仅没有治罪于范雎，还对他加重了赏赐。

这一下，秦国军事集团真正地见识了秦王的偏心，他们本来就不服范雎，秦王如此做，无疑加重了这种矛盾纠纷。范雎已经意识到自己的处境的危险，为求自保他只能选择先下手为强。

然而，一波未平一波又起，就在郑安平之事刚刚平息下来之后，范雎的另一个亲信河东郡太守王稽，也出了问题。

原来，信陵君所率领的魏国和楚国的联军，在击溃围困邯郸的秦军之后，紧接着马不停蹄，乘胜追击。大军很快就攻打到了秦国河东郡的治所汾城（今山西临汾）。这一次，秦军主力直接选择不战而退，撤往河西。把烂摊子丢给了王稽。秦军摆明了是针对范雎，他们可以退，但是王稽可是一方太守，肩负着保土抗敌的重责，轻易退不得。一旦汾城失守，则范雎必受牵连，料想这一次，秦王再怎么袒护他，也不敢违拗国法，和整个秦国作对。

咸阳这边，秦昭襄王可真是没有办法了，眼看着秦军一点也不听从号令，竟然从邯郸直接退到了河西。如果以前还只是怀疑，那么现在，一切事实摆在眼前，这一切，一定是出于白起的影响。他们都是白起的老部下，见白起平白受屈辱，遂为其打抱不平。

可是他们竟然拿秦国的根本利益来当做儿戏，这是秦王万万不能容忍的。暴怒之下，秦王直接下令，不管白起病得怎么样，就是睡在担架上，也要离开咸阳，去往他的发配之地。

白起本来还准备继续留在咸阳，以待时变，但已经忍受不了秦王派遣人来，天天催促自己。于是，白起收拾起行装，带着几个随从，静静地走向了咸阳的西大门。岂料，整个西门上竟然满是秦军，他们的哽咽声会聚起来，感染了整个咸阳。那些人，有白起认识的，但更多的是白起不认识的。在他们的心里，白起是永远不败的战神，值得他们膜拜。

英雄末路

范雎知道，白起虽然走了，但是他的势力并没有丝毫削减。远离咸阳之后，他的行动可以更加自由，不受秦王的掌控。于是，范雎再一次向秦王献计道："臣听闻白起要走之时，对大王对他的处置很是不服，心中存有怨言。他在秦国称病，并不是真的生病了，臣担心，如若他到了别的国家，很可能成为秦国的心腹之患。"

这正如商鞅当初在魏国时，魏国丞相对魏王所说的话，要么重用商鞅，要么就杀了商鞅。可是魏国大王没有听从魏国丞相的嘱咐，最终没有重用商鞅，也没有将他杀掉。

而此刻，秦王听从了范雎，已经贬斥了白起。如今范雎又这么说，即使白起已不具备任何威胁，将其杀掉也无大碍，如此一来反倒可以证明秦王对范雎的重视。秦王何乐而不为?

其实秦王知道，白起为秦国出生入死，立下赫赫战功，其他六国人人视他为不共戴天的死敌。除了秦国之外，没有一个国家会真正地重用他。但眼下他在秦国不但不听命于秦王，还对秦王的地位造成了威胁。秦王将其杀掉，显得合情合理。

这就是君王，当一个人有用的时候，会对其实行王道；反之，当一个人已失去利用的价值时，会毫不犹豫地抛弃他，甚至对他霸道。主意一定，秦王急忙派遣使者，向白起追去，同时还给他赐予了一柄自尽的宝剑。

不知是谁走漏了消息，秦王和范雎密谋诛杀白起的消息，竟然传到了白起旧部的耳中。于是，司马梗、王翦、蒙骜、胡伤、鹿公、张若等凡是没有在前线的秦军高层元老，都飞马追向白起，为白起报信说有小人向大王进谗言，大王已动了杀白起的心思。

白起闻言，心中一片惨淡，终归还是没有摆脱死亡的阴影。满以为自己逃离了咸阳，秦王就会放过自己。可惜眼下秦国已经不需要自己了，自己对于秦王，只是一种威胁。

白起望了望天空，其目光一一掠过这些和自己一起征战沙场多年的老将们、老友们，平静地说道："我常常听说，秦国并非成就功名大业难，而是得到贤才难；秦国并非得到贤才难，难的是能够充分地重用这些贤才；用这些贤才也不难，难的是能够信任他们。如今大王既然已经不再信任我，我死了便是，又有什么大不了的。"

老将们还想再劝劝白起，可又不知道从何说起。要知道白起一个垂暮老人，秦国都不能容他，他又有何容身之处呢?

终于，秦王所派遣的人来了，并赐予宝剑让白起自杀。白起还是很平静，仿佛这一场死亡是他早就预料到的。白起长叹一身，道："我的确是应该死，长平大战之中，赵军数十万降兵，我欺骗了他们并悉数坑杀了他们，万死也难以抵过。"

可是王翦、司马梗等人都知道，白起一生戎马，为秦国打下了半壁江山，杀了赵国的降兵，也是不得已而为之，要论功与过，实在是没人能够定论。这一切，还是留待后人评说。

而眼前，他们只看见白起拿起宝剑，往脖子上轻轻一滑，这个让六国战栗匍匐的战神，让秦国为之喝彩和自豪的神话，便重重倒地，消散在历史的风尘当中。秦王杀了白起，想要杀一儆百，以儆效尤。然而，那些军人是不会那么简单地服从的。其中尤以司马梗最为激进，秦王无奈，只得再杀了司马梗，来平息这场风波。

秦人认为白起和司马梗二人是无罪枉死的，遂人人都很可怜他们，乡邑皆为武安君白起立祠祭祀。

此时此刻，范雎的心情无疑是复杂的，他知道，自己并非如同外人所看见的那样，地位如同泰山一般牢靠。不仅军方和范雎的矛盾难以调和，秦王也渐渐地不再重用范雎。更为严重的是，秦王还接收到了一份密函，上面言辞凿凿地说，范雎的亲信王稽有叛国通敌的行为。而不久后，王稽便在咸阳街头被诛杀，范雎跌入了自入秦为相国以来的最低谷。

面对越来越严峻的处境，范雎的心中，已经萌生了退居山野的想法，这时候，一个人的到来，使他最终坚定了这种想法并付诸实施。

这个人，就是蔡泽。

蔡泽，其生卒年不详，战国时燕国纲成（今河北怀安）人，善辩多智，游说诸侯，秦昭襄王拜为客卿。然而，在此之前，他虽然有着一身抱负，却屡屡不得机会施展。无奈之下，竟然想到了求卜问卦。

当时，正好有一个看相的名士经过纲成，这个人曾经还给赵国大臣李兑看过相，并成功预言他能够在100天之内掌握大权。此人名叫唐举。举也写作“莒”。《荀子·非相》中描述唐举说：“今之世梁有唐举相人之形状、颜色而知其吉凶、妖祥世俗称之。古之人无有也学者不道也。”

蔡泽见了唐举，如获至宝，在确定了唐举曾给李兑看过相这件事之后，忙向唐举问道：“依照先生看来，像我这样的人将来有什么作为呢？”唐举装模作样地看了一番蔡泽之后，忙笑着说道：“先生的鼻子向着天空，肩膀太宽了，让脖子看起来特别的粗短，凸起的额头，塌下的鼻梁，罗圈腿。先生这种相貌，不才以为，只有圣人才有呢。”

蔡泽闻言，不禁哈哈大笑，他自然明白，这不过是唐举开个玩笑而已，遂继续问道：“生死有命富贵在天，在我看来，富贵那是我本来就有的，我想要先生帮助我看的，是我寿命的长短。”

唐举摇头晃脑一阵，遂说道：“因为先生长相不能见人，所以先生的寿命，此后竟然还有43年之久。”

蔡泽闻言，笑着表示感谢，遂坐上马车离开了唐举的住处，随后对他的车夫说道：“上天真是待我不薄，为人者，能够每顿都有米饭和酒肉，赶着马车奔驰，手抱黄金大印，腰系紫色丝带，在人主面前备受尊重，享受荣华富贵的时间竟然长达43年，还有什么不能满足的呢？”

于是，蔡泽信心满满地离开了燕国，希望能够到赵国大展拳脚，可惜，到了赵国之后，蔡泽依旧郁郁不得志，这还算了，赵国竟然碍于他的名声，直接将他赶出了赵国。无奈之下，蔡泽只能前往韩国、魏国碰碰运气，却不料在半路上，他竟然连自己的锅鼎之类的炊具都被强盗抢走了。恰好这时候，郑安平和王稽之事传到他的耳中，蔡泽立马觉得说不定自己的机遇就在此时。于是，他星夜兼程到达秦国，辗转成为了秦王的客卿。

不过，在这期间，蔡泽还真的费了一番心思。蔡泽到达咸阳之后，住最豪华的客店，吃最名贵的酒食，并大言不惭地对客店老板说，自己即将成为丞相，一旦自己做了丞相，就一定会重重地酬谢。

老板闻言，顿时大笑不止，这不是全天下最好笑的笑话了吗？这人八成是个疯子，他一无是处，凭什么做秦国的丞相，而且当前秦国的丞相范雎，可是刚刚整垮了战神白起，可谓权倾朝野。这蔡泽何德何能，胆敢如此大言不惭。

蔡泽也大笑不止，而且比起客店老板笑得更加放肆，并继续说道，这老板什么也不知道，自己不日就会受到秦王的召见，到了那时候，秦王马上就会免除范雎的职务，让自己上台。

蔡泽的这番言语，虽然没有人当真，但却很快就传开了，不久，竟然连范雎府上也出现了这种流言。这让范雎对蔡泽感到十分好奇。而蔡泽想要的，正是这个效果。

于是，范雎直接将蔡泽请进了相府，他想看看，这世界上什么人会这么狂妄大胆。如此名不见经传的人物，竟然妄图谋取自己的相位。

见了蔡泽，范雎差点哑然失笑，此人其貌不扬，实在看不出有什么过人之处，与自己一表人才、满腹经纶相比，实在是天壤之别。于是乎，范雎傲然问道："先生有什么了不得的能耐，竟能夺我相位？"

在此之前，蔡泽早就做好了万全的准备，见范雎发问，遂不慌不忙地答道："君侯的见识是多么的浅短呢，众所周知，君主贤明、臣属正直，是整个国家的幸事和福气，父慈子孝、夫信妻贞为一家的大幸之事。然而，自古至今，多少贤臣良将最终郁郁而终。"

顿了顿，蔡泽继续说道："比干忠正却不能续殷存，子胥智谋却不能保吴完，申生孝敬却不能止晋乱。这到底是什么原因？身与名俱全者，最上；名可法而身死者，居中；身存而名辱者，最下。商鞅、吴起、文种这些人，对君王竭力尽忠，立下汗马功劳，最后竟惨遭杀害，不得身名俱全，实在可悲。拿现在的君侯来说，声名功绩远远比不上以上三者，但是禄位贵盛、私财丰厚却有过之而无不及。再看秦王对君侯的信任，又比不上秦孝公对商鞅的信任、楚悼王对吴起的信任、越王勾践对文种的信任。"

作了这番比较之后，范雎对于蔡泽之才，已经有了一番认识，同时对于他想要表达的意图，在心中也有了一点雏形。遂听蔡泽继续说道："现在，如果丞相还不知进退之术，我怕您的祸患会比商鞅等人更重。您不会不知道：天地万物，四时之序，无功者来，成功者去，这是最明白不过的道理；日中则移，月满则亏，物盛则衰，此乃天地常数；进退盈缩，与时变化，此乃圣人大道。可惜普通人常被一己私利诱惑，并不能领会其中的道理。正如鸿鹄、犀、象，它们居住之地原本远离危险，却因被诱饵诱惑，终不免于死。"

这蔡泽之辩才果然了得，三言两语之间，就将范雎说得背心发凉，只听蔡泽继续说道："书中有言：成功之下，不可久处。君侯相秦，计不下坐席，谋不出廊庙，坐制诸侯，利施三川，以实宜阳；决羊肠之险，塞太行之道，斩断三秦通途，令六国不得合纵；栈道千里通于蜀汉，使天下皆畏秦。秦之欲已得，君之功至极，正当秦国分功之时，却不思退避，则有商鞅、吴起、文种之祸。君何不让归相印，择贤者而授之？"

话说到这个份上，范雎对于蔡泽的论调，实际上已经很明了了。蔡泽论人事、谈安危，语语动人，字字惊心。范雎何等聪明，一点即通。他知道，自己谗言杀白起已经犯了众怒，再加上郑安平和王稽的事情，自己在秦国政坛上，已经是岌岌可危了。与其最终落得个和商鞅、吴起等人一样的悲惨下场，还不如现在就急流勇退，尚能保个安全之身。于是，范雎奏请了秦昭襄王，盛赞蔡泽之贤，并且举荐了蔡泽担任丞相。

范雎没有想到，秦王竟然很畅快地答应了自己的请求，可见秦王在最近，也萌生了惩办自己的心思，至少难以再重用自己。因为秦国眼下的形势，需要更多地仰仗军事集团的支持。

而这蔡泽行事，还真是出人意表。他才做了几个月的宰相，便担心因他人的怨愤而被杀，遂直接退了下来。后来别人问他因由，他直言不讳地解释，自己可不是范雎，范雎大难不死必有后福，而自己只要大难不死，后福什么的就不在乎了。不过他虽然辞去了相位，却还是继续参与秦孝文王和秦昭襄王时期的政事，到了秦始皇时期，还受到了重用。燕太子丹就是经过他的游说，才到秦国做了质子。

这是后话，暂时不表。

而范雎在秦昭襄王五十二年（公元前255年）辞去相位之后，死在自己的封地应城，也算是得到了善终。

这里有必要提一下，关于范雎之死，除了善终（主论调）之外，历史上还有很多种其他的说法。比如林剑鸣先生在《秦史稿》的编撰中，对于范雎之死就进行了论述，和《史记》所记载的范雎之死大有不同。其间言道，在云梦秦简的《编年纪》中论道："（秦昭襄王）五十二年，王稽、张禄死。"这个张禄，就是范雎初到秦国之时的化名。可见范雎在公元前255年，因王稽之事受到了连坐，就已经死了。

但只是说范雎死了，却并没有说他被秦王杀了。而依据司马迁写史书的严谨，再加上后来的蔡泽的事情都是真实的，可以证明，就在王稽之事爆发这一年，蔡泽便来到了秦国，游说了范雎，范雎也在辞去相位之后不久便与世长辞了。

范雎死了，他的一生有功有过，但是对于秦国的发展以及整个战国历史的发展进程而言，他所作出的贡献是无与伦比的。

第九章　赵氏最后的辉煌

便宜不能随便捡

墨子在《墨子·非乐篇》中说道："民有三患：饥者不得食，寒者不得衣，劳者不得息，三者民之巨患也。"诚然，饥饿的人没有食物可以吃，寒冷的人没有衣物可以穿，劳动者受着剥削，日夜不得休息。这些是百姓心中恐惧的事情。但是在战国时期，最大的恐惧并不是来自这些，而是来自战争。

战争双方的参战部队数量和最后的伤亡数量，比起春秋时期大了许多倍，以白起为例，数次战争下来，敌军就有了160万的伤亡，足见战争给当时人们带来了多大的阴影。

仅仅长平一战，赵国即有50万将士长埋黄土。赵国军队经历如此巨变，能够参战的部队已经不多，以至于后来的邯郸之战，赵国老弱残兵仅仅20万人马，还是多亏了廉颇的坚壁清野政策，才得以凑齐。

当时的赵国军队，可以分为四部分，第一部分就是赵国旧都晋阳的守军，主要负责包围秦军右翼，总共有7万人马，如果赵国有实力，大可以通过晋阳军队进攻秦国的侧翼，同时也是拱卫赵国北方的重要门户。第二部分则是赵括屯留在中牟的3万守军，可以通过这支部队抵御强秦军队入侵赵国邯郸的左翼，同时又可以防备魏国趁火打劫。第三部分则是防备匈奴和燕国的代郡守军，常备军力约合5万人马，这支部队的灵活性很大，在战时可以扩编为10万人马。第四部分军队自然是赵国军队的重中之重，这支军队还可以具体地划分为武安守军和武城守军，兵力总数可达10万人马。

廉颇凭借20万老弱残兵，能够抵挡住秦军45万精锐之师的连番攻击，除了廉颇战略得当，邯郸赵国人破釜沉舟、众志成城以及魏国、楚国的支援之外，邯郸本身防御设施的坚固和完备，也是很重要的因素。众所周知，当时的邯郸是战事最为频繁的城市之一，特殊的地理位置和战略位置，让赵国不得不加强防御，让其成为当时最为坚固的城池之一。

但是，秦军毕竟太强大了，又是携胜利之威而来，在气势上可谓一往无前。赵国在这一过程中，也数次面临危急，这一切，如果没有廉颇等人稳扎稳打、步步为营的精彩指挥，或者没有赵国上下特别是赵军的舍生忘死，这种危急是不可能一一化解的，赵国人也在这一战争中，显示了他们别具一格的人文气质，非战之时其乐融融，必战之时则是坚强不屈，他们的血气阳刚，他们的精神昂扬都表现了出来。

邯郸之战的胜利，与其说是廉颇指挥有道；或者说是赵军的胜利、联盟大军的胜利，不如说是赵国百姓的胜利。无可厚非的是，当时赵国平民为保卫邯郸，付出了包括生命在内的一切，“赵亡卒数十万，邯郸仅以城免”，就显示了邯郸之战的悲壮和惨烈。

如果不是大势所趋，加上秦国在制度上已经远远地走到了东方六国的前面，赵国凭借其尚武的精神、百姓的坚强，不说一统天下，也定然能够长期立于不败之地。

当时的燕国就不信这个邪，在长平大战之后，燕王急忙命令丞相栗腹为领兵大将，想要趁火打劫。关于栗腹，历史上的记载很少，只说当时他见赵国“壮者尽于长平，其孤未壮”的悲惨状况，于公元前251年大举攻赵。

当时的各诸侯国之间的界限虽然并不是很严格，一个国家的百姓到其他国家去，几乎没有什么大的限制，但是在战争期间，对于间谍的防备还是比较严密的。燕国出于对赵国的重视，遂让丞相栗腹亲自出马，以祝寿为名，前往赵国一探虚实。到了邯郸，方才确信在长平一战中，赵国的青壮年几乎被白起坑杀殆尽。于是栗腹得出结论：此时此刻正是大举攻赵的最佳时机，其国内只剩下孤儿寡母，如果燕国乘虚而入，必定得胜。

既然这样，燕国目前需要做的，就是选取一个最得力的将领，领燕国精锐之师前往攻取赵国，不战则已，战必胜。

燕王想到了国内最为得力的干将乐间。乐间是名将乐毅的儿子，乐乘的同宗，因父亲的缘故被封为昌国君，是纯正的燕国人，其具体生卒年不详。

在燕王找到他之时，乐间便直接拒绝了燕王要拜自己为将的要求，乐间认为，虽然赵国和秦国连年征战，使得国力耗损、军民大伤，但是无可厚非的是，这样的做法恰恰让赵国的普通百姓熟悉了军事，正所谓全民皆兵，指的大概就是此时赵国的情景。因此，乐间担心，如果此时的燕国军队出兵伐赵，名不正言不顺，势必士气大损，而赵国军民皆哀，哀兵必胜，未免燕国军队会战败，乐间遂不接受燕王让自己出征的诏令，甚至还一度反对燕王和丞相的决定。只可惜忠言逆耳却少有人知道其利于行，燕王见有如此千载难逢的机会，让燕国做一回渔翁，怎么可能放过呢？

燕王最终没有听取乐间的意见，既然乐间不肯带兵出征，燕王只能退而求其次，拜丞相为将。此次出征的燕国军队总数达到了60万，也有人说燕国此次总共有两路大军以及战车两千乘。主将栗腹亲自率领其中的40万大军攻击赵国的鄗城；另外20万大军则由副将卿秦率领，主要负责攻击代城。

不日，燕国大军便到达了宋子（今河北晋县南），转瞬之间就会兵临邯郸，为了化被动为主动，廉颇、乐乘遂和赵王商议，主动出击、各个击破，在燕国大军兵向邯郸之初，廉颇便向赵王分析了燕国和赵国军队之间的局势，廉颇认为，燕国此次前来攻打赵国的军队多达60万，可谓人多势众。而赵国刚刚遭逢大战，国内损兵折将，能够用于正面抗击燕国军队的人马并不是很多。但是赵国剩下的军队，只要略加调教，就一定能够成为一支视死如归的大军，无往而不胜。燕国的军队则认为赵国必败，骄傲的兵锋之下，隐藏的是失败的诱因。加之落井下石的做法为人所不齿，士气定然会大受影响。一个是长途跋涉，人困马乏；一个是以逸待劳，如此对比，赵国大可以和燕国一战，而且只要采取各个击破的策略，燕国军队必然会四散奔逃。

此时此刻，赵孝成王虽然对廉颇的战略并不是很理解，但是他至少有一个长处，那就是现在他对廉颇十分信任，既然廉颇这么说，那就这么办。

于是，赵孝成王紧急派遣廉颇和乐乘，统领25万大军，也有人说是13万大军，应该有不实之处，首先敌我差距太过悬殊；其次则是赵国全民皆兵，在邯郸一线就有10万大军，此时赵国的兵力总数还是在40万以上。率领大军前往中途迎击燕国大军。

当然，既然燕国军队有两路人马，赵国军队也分作了两路人马，廉颇自领兵20万，前往鄗城抗击燕国军队的主力大军；另外5万大军则由乐乘率领，在代城坚守不出，以阻挡燕国大军南下的步伐。

纵观当时燕国和赵国的形势，从燕国方面看来，燕国和赵国的关系一向是不错的，以前赵国还和燕国在军事上有过合作，将领们都能够往来帮助御敌，此次贸然攻击赵国，燕国军队中的许多将士皆不能理解这种做法而心生懈怠；同时燕国丞相栗腹用兵不善，大军来袭，赵国最惧怕的就是60万大军铁板一块，如此赵国军队既不能正面攻击，亦不能各个击破。但是栗腹却将大军分兵几处，希望能够同时出击，全面攻取赵国，奈何最终被赵军集中优势兵力，各个击破了；还有一个重要的原因：赵国的领兵大将可是战国名将之一的廉颇，生平几乎未尝一败，而燕国主将则是栗腹，其指挥才能自然难以企及廉颇。乐间分析得也很有道理，燕国的军士战力并不是很强，很多甚至不及赵国的一般平民。如此，燕国军队就很可能失败了。

而从赵国方面看来，廉颇等著名将领都是从赵国和秦国的战争中滚爬过来的，邯郸一战很好地见证了赵国军力的强势和指挥将领的才华，燕国无论是在军力上还是在将领上，都难以企及；赵国全民皆兵、举国同哀，自然是哀兵必胜；还有一个客观的原因，当时为了防止秦国军队的长驱直入，赵国在邯郸一线组织了一支生力军，操练严谨，军力强劲，其尚武的国家风气很好地被利用起来。如此，注定了赵军的胜利。

果然，就在燕国大军进驻鄗城，准备大举攻击之时，廉颇便率领大军迅猛攻击，此次赵军同仇敌忾，人人奋勇冲杀，加之廉颇指挥得当，赵军很快就将燕军打败，其主将栗腹也被斩杀。在代地这边，由副将卿秦率领的20万大军，听说主将已经被赵军斩杀，顿时军心大乱。乐乘也当真了得，见此机会，当机立断地号令全军：全力攻击。就像预先已经排练好了似的，燕国军队兵败如山倒，几乎没有什么悬念，其主将卿秦即被俘虏。

燕国两路大军的败亡，对于赵国而言，影响力是巨大的。赵军在胜利的前提下，充分地扩大了战果，廉颇更是率领大军，乘胜追击敌人500里，甚至一度围困燕国的都城蓟（今北京西南）。燕王只能割让5座城池向赵军求和，赵军考虑到：十则围之五则攻之，赵国目前的实力，并不适合攻打燕国的都城，遂同意了燕国的求和行动。

此次战役，蕴涵了两个契机。首先，燕国军队损失惨重，使得东方六国抗击强秦的势力又大打折扣，加速了秦军统一六国的步伐。

其次则是为赵国在内外交困的情况下得到了喘息的机会。赵国自长平大战之后，地位可谓一落千丈，列国都想在这一过程中分一杯羹，经此一役，赵国军队让其他国家重新认识了赵国——瘦死的骆驼比马大，由此，其他图谋不轨的国家也要三思而后行。本来，经历长平一战的赵国军队，已经视战争如梦魇，这次的大胜则在一定程度上恢复了他们的自信。此外，通过这次战役，赵国中一大批优秀将领得以脱颖而出，如李牧、乐乘、庞煖等人，赵国不至于在军事上出现前后的断层。综上可见，赵国的重新振兴，并不是没有希望的。

而且事后，赵王还特别信任廉颇，封其为信平君，担任赵国的相国。此后六七年时间内，在廉颇的带领下，赵国多次击退了各国的进攻，并在公元前245年攻取了魏国的繁阳（今河南内黄西北），赵国的国力得到了一些复苏。赵国也终于从内外交困中走了出来，经受住了赵国有史以来最大的挑战。

廉颇老矣，尚能饭否

千古江山，英雄无觅，孙仲谋处。舞榭歌台，风流总被，雨打风吹去。斜阳草树，寻常巷陌，人道寄奴曾住。想当年，金戈铁马，气吞万里如虎。

元嘉草草，封狼居胥，赢得仓皇北顾。四十三年，望中犹记，烽火扬州路。可堪回首，佛狸祠下，一片神鸦社鼓。凭谁问：廉颇老矣，尚能饭否？

——辛弃疾《永遇乐·京口北固亭怀古》

辛弃疾报国无门，空有一腔热血，却因为政府的无能而只能黯然感叹，他知道，并非前不见来者，自己并不是孤独的。当年的孙仲谋，谈笑间樯橹灰飞，是何等的快意恩仇，可是历史上不如意者十之八九，昔日的廉颇虽然名重一时，不也是经常为赵王所猜忌，为馋臣所不容？

不久之前，就因为秦国的反间计，让廉颇被赵括所代替，最终长平兵败；而现在，赵国已经走投无路了，赵王只能继续信任廉颇。可是一旦危急过后，廉颇的命运又会怎么样呢？

其实，在此之前，廉颇便深刻地感受到，什么叫做世态炎凉，人心不古。就在廉颇被免职之后，便闲置在家无所作为，门客们见廉颇已经失去了势力，便一个个争相离开，甚至都没有几个人多看廉颇一眼。

长平之战后，廉颇重新受到大王的器重，被任命为三军主将，而又恰在此时，曾经离开自己的那些人，都纷纷回到了身边。廉颇心想，这些人都是趋炎附势之辈，没有几个人是真正地忠心于自己的，与其养一群随时可能反戈一击的不忠之人，倒不如独自一个人清净。所以廉颇直接拒绝了他们的要求，并让他们自谋出路。

更让廉颇咋舌的是，这门客不但不以自己的行为为耻，还振振有词地对廉颇说，在当时那种大浪淘沙的时代，门客离开或者回来，都是依据主人的财势而决定的，那应该是很平常的事情。就如同买卖一般，一个人有钱有势，有志大展宏图的人自然会甘心归附，一个人如果无钱无势，即使是一般的人才，也知道君子不立危墙之下，自然要离开。如此明白清楚的道理，大家都心照不宣，无须互相埋怨。

廉颇没有再说什么，他知道凭借自己的一人之力，无论如何也难以改变世人早已形成的价值观念。门客尚且如此，那么君王呢？或许有一天，在自己无用的时候，君王也会毫不犹豫地抛弃自己。纵使自己还能堪大用，但是如果君主找到了可以更好的取代自己的人，自己的下场又会如何呢？

廉颇不敢想，因为该来的总是要来，担心也没有用。廉颇只能用尽全力，保全赵国的大好河山。

公元前247年，秦王嬴政登基即位，两年之后，一直重用廉颇的赵孝成王死去，其子赵悼襄王顺势即位。赵悼襄王生年不详，卒于公元前236年，嬴姓，赵氏，名偃。本来，赵孝成王的位子，应该由尚在秦国做质子的太子即位，但是在大臣郭开的帮助下，赵偃如愿以偿地当上了赵国君主。

这种做法当然会引起许多太子派系和忠君派系的反对，廉颇便被认为是赵孝成王派系的一员。

说起赵悼襄王，还得从他的谥号说起。其中有个悼念的悼字，主要是从三个方面解释的：首先，恐惧从处曰悼；其次年中早夭曰悼；最后，肆行劳祀曰悼。而襄字则有两种解释：辟地有德曰襄，甲胄有劳曰襄。这就表明，赵悼襄王壮志未酬身先死，而且还喜好战争，希望通过战争能够重塑当年赵国的强盛。

当然，赵悼襄王是有实现其理想的主观条件的，他虽然即位比秦王晚了两年时间，但是他并不和秦始皇一样，做了长达8年时间的傀儡君主。因为在他即位之初，便大肆打击权臣，集中全国权力于一身。

而廉颇就是赵悼襄王的首要打击对象。

所谓一朝天子一朝臣，就在赵国的国力得以恢复，廉颇也下定决心辅佐君王，准备重现赵国的辉煌之时，奸臣郭开出现了。郭开是赵悼襄王身边的红人，早在他还没有登基即位之时，郭开就是他身边的亲信。但是此人却并没有什么真正的才能，只是擅长溜须拍马，是个十足的小人。廉颇的性子就如同白起一般：直来直往，疾恶如仇。二人同朝为官，结仇生怨也就成了在所难免的事情。甚至有一次赵王召开宴会，廉颇当着众人的面，指责郭开的不是，由此埋下了一条祸根。

后来在长平之战中，秦国使了范雎的反间计，言及廉颇与秦私通，消极避战，秦国惧怕的不是廉颇，而是赵奢之子赵括。于是，赵王便准备使用赵括换下廉颇。纵使蔺相如和赵括之母都苦苦劝谏，赵王就是不听。究其原因，除了赵王专横跋扈，独断专行之外，郭开的谗言也是赵王做出这等误国误民的决定的重要原因。

历来奸臣和昏君总是相伴而生，相辅相成的。故《商君书·修权》中说道：“君好法，则端直之士在前；君好言，则毁誉之臣在侧。”正是由于赵王的昏庸无能，任用奸佞，才让郭开等人有了可乘之机。

前人之事后人之师，白起一生，几乎所向无敌，却最终败在了范雎的一番言语之上。今日的廉颇，何尝不是面对这种危局？这当然不能全然将责任都归给那些馋臣谗言，如果君王能够明人克己，不嫉贤妒能，馋臣又怎么能够轻易地陷害得了忠臣良将呢？廉颇自赵惠文王开始，紧接着辅助赵孝成王，到现在的赵悼襄王，可谓三朝元老。即使再怎么愚钝，也知道自己位高权重、木秀于林，赵王可能会对其生出戒心和嫌隙的。

果然，赵悼襄王一即位，便更加重用郭开，廉颇很自然地就陷入了君王惧、佞臣恨，朝不保夕的危难环境之中。不久，赵悼襄王便听信了郭开的劝谏，解除了廉颇的军事权力，革除了他的一切官职，以乐乘代替廉颇。

同时，还派遣使者，要求廉颇回到邯郸待命。廉颇自然知道，自己只要一回去，就很有可能会招致杀身之祸。义愤之下，廉颇遂率领大军攻击乐乘，赵军人人敬仰廉颇，见主将受辱自然不甘心，于是便产生了同仇敌忾之心。不久，乐乘便支撑不下去了，只能逃回邯郸。

此时此刻，摆在廉颇面前的，有两条路：要么起兵闹事，另立新主；要么改朝换代，自立为王。廉颇能征善战，威震诸侯，对他而言，要成就君王大业实在是易如反掌。但他一不另立新主，二不自立为王，最终选择了“奔魏大梁”。这又是什么原因呢?

其实，在此之前，便有乐毅奔赵国的先例，廉颇去魏国，就是为了让赵王能够觉醒。当初乐毅是燕国的名将，曾经率领大军大败东方强国齐国，可惜后来燕国新王即位，对其心生嫌隙，迫使乐毅投奔赵国。后来齐国田单大败燕军，燕国国势危急，最终只能遣使来赵，请乐毅重新出山。

廉颇就是想通过此举，让赵王能够好好反省自己的过失，继而重新启用自己。只可惜，“用贤如转石，去佞如拔山”（《宋史·刘黻传》），任用贤才，就像转石头一样容易，铲除佞人，却像搬山一样艰难。赵悼襄王刚愎自用，怎么可能感受得到廉颇的一片良苦用心呢?

当时廉颇完全可以去比魏国更加强盛的齐国，或者去军事力量较强的燕国，何以会选择被白起打得一蹶不振的魏国呢？由此可见，廉颇其实是想通过魏国来抗击秦军，所以廉颇最终投向了魏国的怀抱。

魏王也素闻廉颇的贤能，同时也知道，廉颇身在曹营心在汉，不可能为魏国全力卖命，所以当廉颇到了大梁之后，魏王并没有重用他。廉颇对这一切，也并不在乎。他所看重的，是有朝一日，赵王真正能够醒悟过来。眼下赵国国势日衰，秦国也屡次围攻赵国，相信不久之后，赵国求援的人就会到来。

不出廉颇所料，那个求援的人就是宦官唐玖。

此人和郭开可谓蛇鼠一窝，本身就是一个嫉贤妒能的人，加之在此之前，郭开便暗中给他送了许多的钱财，让他回来之后，向赵王说廉颇的坏话。恐怕廉颇的希望要落空了。

在赵王的授意下，唐玖带着一副名贵的盔甲和四匹快马，星夜兼程来到大梁，以慰问廉颇。实际上是看看廉颇还能否担当大任。廉颇做了那么多年的相国，对于赵王的这点举动的意图自是十分清楚，于是，廉颇便在唐玖的面前，山吞海吃了一顿。据历史记载，当时廉颇为了显示自己老当益壮，竟然一顿饭吃了一斗米和十斤肉。吃饭过后，竟然顾不得上茅厕而直接披挂上马，挥刀自如，其英明神武可是一点不减当年，廉颇就是要唐玖给赵王传达一个信息：自己能吃能喝，身体特好，沙场之上依旧所向无敌，希望大王能够重新启用自己。

可惜明枪易躲暗箭难防，就在廉颇暗自庆幸，自己还心有余力，大王就找到了自己的时候，唐玖却在郭开的名利引诱下，向赵王如实说了廉颇能够一顿吃一斗米、十斤肉的情况，甚至还有意加深了赵王对廉颇的认识：廉颇和唐玖在一起，不多时间便上了三次茅厕，可见其新陈代谢功能的强大。

可赵王不这么认为，一个人上战场，就是要有忍的功夫，廉颇连大小便都难以制止，频繁发生，教赵王如何能够安心将国家军队交付给廉颇呢？于是，廉颇失去了扶持赵国的最后一次机会。

可是，廉颇并没有就此失望，就在赵王决意不用廉颇的同时，楚王悄悄地将廉颇迎到了楚国，并封其为大将，以图通过廉颇能够使得楚国的军事力量重新强大起来。廉颇也希望能够借助楚国的军力，策应赵军对秦军的行动，以减轻赵国的军事压力。只可惜自楚国迁都之后，楚军便人才凋零、士气低落，廉颇初来乍到，他们自然不服，最终廉颇只能无功而失望。

此时此刻，没有人能够明白廉颇的心思，他的心中无时不想着能够为赵国的子民做一些事情，能够为赵军抗秦承担重任，只可惜报国无门，只能叹息：“我思用赵人。”

满怀忧国忧民之心的廉颇，最终因为报国无门而只能客死他乡，公元前241年，这位支撑赵国数十年军事的元老，终于在楚国的寿春闭上了眼睛。

廉颇身为战国名将之一，一生征战无数，几乎未尝一败，攻城略地，收徒抗敌，为时人所敬仰；为人则古道热肠、仗义执言，一旦自己有错，则知错就改，心胸坦荡，为后人所拜服。司马迁在《史记》中这样评价廉颇："廉颇一身用与不用，实为赵国存亡所系。此真可以为后代用人殷鉴矣。"恰如其分地论述了廉颇之于赵国的兴衰荣辱，更说明了战国时代，人才才是决定一个国家命运的根本所在。

边关一"牧"

战国名将，如廉颇、乐毅、白起、王翦、田忌、孙膑、庞涓等人，无不是智计高绝，谋划奇诡。却少有人如同李牧那般，在狂澜既倒、大厦将倾之时，临危不乱，可谓智谋无敌，仁义无双，骁勇无匹，这三者兼备之后，李牧便能够将军务政事和人生大道融为一体，贯通始末，成就明体达用的所谓境界。

在介绍李牧之前，有必要对当时的北方形势做一番计较。

据司马迁在《史记》中的记载，在公元前3世纪后半叶，匈奴已经开始成为一支相对统一的、强大的民族，单于领导着这个强大的民族国家，其地位也就等同于中原地区的天子。在单于之下，有两个最大的官职，即屠耆王，意为左、右贤王。左贤王一般是匈奴单于的继承人，住在单于大帐的东面。右贤王则与之对应，住在西面，此外，匈奴还形成了一定的官职和高低等级，如左、右谷蠡王，左、右大将，左、右大都尉，左、右大当户，左、右骨都侯，然后是千夫长、百夫长、十夫长。这是匈奴从文化的相似性到权力的集中化的一个重大进步。这个游牧民族，在行进时被组织得像一支军队，而且历来喜好攻打掠夺的地方就是富饶广阔的南方中原地区。

匈奴历来号称是马背上的民族，部族的骑马技术本就高中原华夏人一筹，加上骑兵的机动性以及他们娴熟的弓箭技术，使得中原地区的王朝在面对他们之时，头疼不已。昔日赵武灵王就是学习胡服骑射，才让赵军得以成为宇内第一等的军事集团，赵国也正因如此，才步入了其生命的巅峰。

当时和北边匈奴部族接境的国家，除了赵国之外，还有西边的秦国和东方的燕国。

赵国早在赵武灵王之时，便率领大军攻破了楼烦和林胡两个部落，并且修筑了自代郡（今河北蔚县）经阴山山脉南麓，到高厥（今阴山山脉西端）的长城，设立了代郡、云中郡（今陕西榆林）、雁门郡（今山西西北部宁武以北）等郡县。

燕国则主要依靠大将秦开，此人曾经率领燕国骁骑，大败东胡部落，迫使其向北方撤离，长达千余里。为了防止匈奴部落的再次入侵，燕国也不遗余力地修筑了从造阳（今河北怀来）到襄平（今辽宁辽阳）的长城，并且设立了渔阳（今北京密云）、右北平（今河北平泉）、辽东（今辽宁辽阳）、上谷（今河北怀来）等郡县，戍边屯民。

秦国则主要是在宣太后掌权时期，依靠美色之计，加上白起的勇略，最终一举平定义渠，自陇西（今甘肃陇西），再经过北地（今甘肃宁县）后到达上郡（今陕西绥德），修筑了绵延千里的长城，从而最有效地防止了义渠国旧部的北逃和北方匈奴部落的进一步入侵。

前面提到的诸国防御的部落，大多是广义的匈奴的一支。有很多还在这一过程中被汉化，从而和中原百姓相似。真正的匈奴帝国，就是在其他部落被中原各国联合抵御，逐渐削弱的过程中，不断地强盛起来的。

李牧的生年不详，是赵国柏（今河北邢台）人。早在赵惠文王时期，李牧就已经成长为一名可疑独当一面的优秀将领。匈奴仿佛是和李牧相生相克，伴随着李牧的成长，匈奴也逐步强盛，并且经常出兵侵袭赵国的北部边境，无奈，赵惠文王只能派遣李牧领军，凭借赵国修筑的长城和边塞，戍边抗敌，驻守代地。

李牧知道自己所面对的是怎样可怕的一群敌人，边塞之上甚至盛传，匈奴部族中竟然有茹毛饮血之辈，这比之西边强秦的斩首获取军功，还要可憎可怕。

因此，李牧戍边的第一件事情，就是要稳定军心，激励士气。在这一方面，李牧采用了比较朴素的方法，他每天命人杀几头牛，以犒赏军中立下功勋的军士。这既可以让军士们更加奋勇杀敌，也能够让他们看到自己的一番心意。与此同时，李牧还亲自出马，教授军士骑射之术，树立了将领亲近一般军士的典范，整个赵军可谓其乐融融、关系融洽。

当然，实现这一切的前提是，李牧有充足的军费保障。其实，早在李牧戍边之初，赵王便赋予了李牧特权，可以根据战争的需要，不经请示便设置官吏、任命僚属，并且代地的田租赋税标准全部由李牧确定，其上缴所得无须供奉赵王，可以自行支配。如此，只要李牧能够成功地抵御匈奴的入侵掠夺，要自给自足基本不成问题。

无疑，这是李牧经过深思熟虑之后，针对匈奴大军的不同特点制定的战略。为了加强防御，李牧完善了长城防线上的烽火台，并且派遣精兵强将日夜守护，同时派遣了大量的探马，前去侦察匈奴大军的动向，防止匈奴大军的偷袭。

李牧知道，单单靠这些是远远不够的，即使赵军有强大的情报网和完善的防御体系，但如果匈奴大军真的来了，依靠其来去如风的作战风格，留给赵军的反应时间其实是很少的。他们的到来，只为了抢夺物资，并不是为了占据土地。因此，李牧和边境的军民约定，一旦匈奴入侵，则全部坚壁清野、示敌以弱，从而麻痹敌军，让敌军无法得到自己的物资，进而为赵军歼灭匈奴大军创造机会。

是以每次匈奴大军前来，烽火台便会报警，无须李牧下令，大家便依据约定，将细软收拾好，并退守城池之中。不管匈奴大军如何骂阵，赵军就是坚守不出，匈奴吃力不讨好，多年下来，这种战略便逐步显示出其明智之处，匈奴耗费了大量的人力物力，却并没有获取半点粮草，没有诛杀半个敌人。

可是久而久之，这种战略也显现出了它的弊端，赵军虽然起到了示敌以弱的效果，赵国的赵王和普通的军士却没有真正明白李牧的高超之处。甚至在边境之上，赵国士兵三五成群，私下议论，认为李牧胆小怯战，遂而生出了愤愤不平之感。

将在外，军令有所不受。战场形势千变万化，君王即使再过贤明，也难以全部明白为将者的良苦用心。为了取得战争的胜利，将在外，就只能随机应变，不可能听从君王明显错误的决断。

赵孝成王即位之后，也不明白李牧何以一直坚守不出，在他的眼中，李牧此举无疑是在毫无意义地消耗赵国的赋税粮草，消磨军队的士气。于是，赵孝成王派遣了使者前来，对李牧大加责备，并严令李牧，要么马上出击匈奴，要么回到邯郸。

大凡天纵奇才，总是有一些独立的特性，不为外物外人所动，不为闲言碎语所迷，李牧知道，匈奴已经有所行动了，只有放长线，才能钓大鱼，对于赵王的责难，李牧没有半点申辩，依旧我行我素。他相信，赵王定然会明白自己的苦衷，李牧甚至还认为，为将者，就是需要得到君王的信任。

于是，李牧在赌，赌匈奴的轻敌进而会妄动；赌赵王的信任进而会毫无保留地相信自己。可是他赌对了敌人，却没有赌对自己的君主。赵王见李牧不为所动，遂愤恨不已，一纸诏令，将其调回都城邯郸，并且派遣了另外一员大将来替代李牧。

俗话说，新官上任三把火。这位将领一到边关，便急于建功，他奉赵王号令，每次匈奴大军一到，赵军便全线出击。可是匈奴军队的战力实在是太过强悍，特别是在野战之中，赵军更显得不足。三番四次下来，赵军损兵折将不说，还消耗了大量的军备，粮草也被掠夺，边民不得安生。

直到这时候，赵王才想起了还是李牧在位之时好，虽然没有功劳，却也没有任何损失，对于战略重心在中原地区，和诸侯争霸的赵国而言，北方的安定才是最重要的。

本来赵王准备亲自出马，请李牧重新出山，但却拉不下面子，只能派遣使臣前去。岂料这李牧还是以前的那个执拗的脾气，不但没有半点收敛，而且还更甚往昔。使臣好心好意地前来传达诏令，李牧竟然闭门不出，坚持认为自己生了病，遂不能上任。

眼看边关战事日紧，赵王被逼无奈，只能下强制命令，让李牧无论如何也要火速前往边关救急。李牧也知道，事情到了这个时候，已经恰到火候了。既然赵王不能全部地信任自己，那么自己只能略施小计，逼迫赵王就范。

此时赵王有求于李牧，只能耐心地听取李牧所言，答应他的一切要求。其实李牧的要求说难也难，说容易也容易。既然坚持要李牧出马，李牧自然不敢怠慢，但是赵王必须要答应李牧，一切照旧，不得干预。

赵王心想，这李牧自然如此坚持，兴许有他自己的理由，反正只要他一去，边关就能获取暂时的安定，国民不会有多少损失，何乐而不为呢？于是，赵王答应了李牧的请求，李牧也重新回到了雁门。军中将士见李牧前来，虽然很多对其为人很钦佩，却对他的避战做法而感到不耻。

李牧没有说什么，毅然下令，一切依照此前自己的政令行事。一连数年时间过去，匈奴大军也数次入侵，可是在李牧的策略下，匈奴每次都一无所获，同时还生出了轻敌之心，认为李牧此人胆小无能，不敢和匈奴征战。但匈奴阵营中也不乏有识之士，见此顿生疑虑，认为李牧固然胆小，但是其策略对于匈奴而言，无疑是很有效果的。

李牧对这一切流言飞语，依旧不为所动。

在李牧的心中，一个宏大而深远的计谋早已经诞生了。他和几名值得信任的将领商议决定，给匈奴来一个诱敌深入，设置伏兵，歼灭敌军。此时此刻，边境上的赵军在李牧的舆论引导下，渐渐地将对李牧的不满，转移成了杀敌建功、抗敌报国的愿望。此时此刻，万事俱备只欠东风。

为了保证此次作战的必胜，李牧从赵军中精心挑选了1300辆战车，1.3万匹精壮的战马，5万多骁勇善战的兵士以及10万名百步穿杨的弓箭手。继而进行多兵种联合作战的操练，不禁使得赵军军威大盛，战力增强，士气也与日俱增，人人摩拳擦掌，准备和匈奴大战一番。

这一天很快来临。公元前244年春，赵军向匈奴主动出击。在李牧的指示下，大批百姓漫山遍野地放牧牛羊，自然，这批牧民只是个诱饵。匈奴自然不会轻易上当，遂派遣了一小股的匈奴士兵前来一探虚实。李牧闻讯，也率领了一小股赵军出击。匈奴兵和赵军一交战，方才发现，这李牧不禁胆小如鼠，而且还一点都不会打仗。方才一次冲锋，赵军便大败而逃，连山坡上放羊牧马的数千百姓也弃之不顾，任由匈奴俘虏。看来，过去匈奴对李牧的看法，实在是言过其实了。

多少年来，匈奴第一次获取了这么大的胜利，单于也感到十分高兴，再经过手下那些建功心切的人的挑唆，匈奴单于刹那间便觉得头脑发热，遂率领大军大举入侵，准备一扫多年来一无所获的晦气。

而赵军这边，李牧早就知晓了匈奴大军的动向，并且在其必经之地布下了奇兵，先并不急于出击，等到匈奴大部队到来后，李牧当即下令进攻。为最大程度地消耗敌军，赵军先采取的作战方式是守势的协同作战，战车阵从正面迎战，从而成功地阻滞匈奴骑兵的行动；同时，赵国的步兵集团也居中阻击，后置弓弩兵轮番远程射杀，赵国的骑兵及精锐步兵岿然不动，隐藏于赵国军阵的侧后方。

第一轮冲击下来，匈奴军损失惨重，于是李牧乘势将控制的精锐部队由两翼加入战斗，一时之间，对匈奴军队形成了钳形攻势，将匈奴大军包围在战场之中，经过几年养精蓄锐，厉兵秣马，训练有素的赵军将士们已经摩拳擦掌多时，急于建功立业，个个生龙活虎，不顾一切地冲向了敌军。整个赵军配合严密，仿佛是一架运转严整的机器，负责在两翼包抄的1.3万名赵军骑兵，如同两把锋利的砍刀，不费吹灰之力便撕开匈奴人曾经无敌于天下的军阵，10万名匈奴兵士便在这一瞬间，被赵军成功地扼住了咽喉，垂死挣扎。原本是一场势均力敌的较量，却在李牧的运筹之下，以一场单方面屠杀的方式决胜。最终匈奴方面只剩下单于率领少量的亲随狼狈地逃窜。

当然，此次李牧对匈奴一战的胜利，绝对不仅仅是赵国的胜利，也是古代农耕民族对于游牧民族的胜利，它为中原地区遏制强大的北方游牧部族的入侵提供了典范、树立了榜样，对后世的战争也起到了巨大的启发作用。

李牧在取得了这次战役的胜利之后，并没有就此止步，而是乘胜追击，灭掉了赵国北部边境上的匈奴附属国家，如襜褴、东胡等族，在李牧大军的打击下，都遭受了重创。赵国北方边境得以长期和平，此后10多年，匈奴不敢和赵国言兵。

李牧就此声名大噪，成为了赵国继赵奢、廉颇之后，最为杰出的将领。

可是，和匈奴不同，西方的秦国可不容易上当，李牧在稳定了北部边境，而赵国国内廉颇遁走，赵奢不在之后，被迫返回中原，对付强大的秦国。一个名将的荣誉就此光芒四溢，一个名将的悲哀也就此激情演绎。

赵国最后的大将

在匈奴遭受李牧重拳出击之后，此后10多年，其人不敢南下而牧马。

整个北方的天空，一片安静祥和。李牧功成身退，但并没有就此坐享其成，他在公元前246年回到邯郸做了一般的官员，还在一次出访秦国的任务中，以相国的身份和秦国签订了盟约，令秦国归还了赵国的质子。一年之后，赵孝成王便去世，留下了昏聩无能的赵悼襄王，气走廉颇。朝中赵奢、蔺相如等真正的能臣接连去世，这时李牧做了赵国的朝中重臣。

不久之后，燕国趁机进攻赵国，被赵军打败。公元前243年，赵悼襄王派遣李牧乘胜追击，攻打燕国。燕国的武遂（今河北徐水西北遂城镇）、方城（今河北固安南）很快就被李牧大军攻克，李牧再次向世人展示了他一代军事大将的风范。

8年之后，赵悼襄王逝世，赵王迁即位，是为赵幽缪王，此人更是无道无德，宠信奸臣，打压忠臣，赵国基本上已经被秦国宣判了死刑。先王死，新王立，正是国之大殇，青黄不接之时，秦国自然不会放弃这样一个好机会，派遣了大将樊於期攻取了赵国的平阳（今河北邯郸磁县东南）、武城（今山东武城西）两座城池。赵将扈辄在武遂被杀，所领军10万悉数被秦军斩首。

樊於期，原名桓齮，今河北蠡县鲍墟乡南庄村人，战国末年秦国武将，此次秦国挂帅的便是樊於期。

为了扩大战果，樊於期于公元前233年率领大军乘胜追击，从上党出发，穿越了魏峨的太行山，深入到了赵国的大后方。赵国军队不敌，其赤丽、宜安（今河北蒿城西南）两座城池也很快就被秦军攻克。

秦军遂长驱直下，兵锋所指直向邯郸进军，形势万分危急。如果这一次再让秦军围住了邯郸，诸侯就再也难以凑集当初的合纵大军来援救赵国了。

此时的李牧正在雁门镇守，赵王闻讯急忙派遣飞骑前往雁门，拜李牧为大将军。李牧临危受命，急忙率领大军，星夜兼程从雁门南下，以求在秦军围困邯郸之前，于半路之上抵御和阻击秦军。

与此同时，邯郸方面也派遣了一路大军，很快就和南下的李牧大军会师。大军转而向西行进，和秦军对峙于宜安附近。眼下的情景很明显，秦军连战连胜，士气如虹，如果仓促之间让赵军和秦军硬碰，则赵军取胜的机会必然不大。所以李牧采取了高筑营垒、坚守疲敌的策略。不管秦军如何地骂阵、叫阵，赵军就是不为所动，军队要速战速决，最为讲求的便是一鼓作气、再而衰、三而竭，樊於期身为秦军大将，自然明白这个道理。

昔日廉颇为赵国大将之时，同样是坚壁清野，固守不出，待得秦军疲惫，粮草不济之时，便能够不战而屈人之兵，进而乘胜追击。樊於期认为，此次李牧同样的坚守不出和秦军对峙，想必也打着和廉颇一样的算盘。

但是秦军千里跋涉，远征赵国，粮草必定不济。长久下去，如果战事没有推进，则最终会不战自溃。于是，樊於期定下了一条计策，亲自率领主力进攻肥下，企图给赵军造成一种错觉，以诱使赵军放弃城池，出门救援。只要赵军走出了城池，则秦军就可以在运动中歼灭敌人。

李牧早就看穿了敌人的一切，对于樊於期的诱敌救援的计策，丝毫不为所动。这时候，赵军之中也产生了分歧，尤其是偏将赵葱急忙向李牧建议，要求火速出击，救援肥下。李牧只能向大家细心解释，如果敌人去攻击，我便去救援，就会受制于人，乃兵家之大忌。

在说服将领之后，李牧又为赵军定下了破敌之策：当前秦军为了吸引赵军前去救援肥下，主力军队离开了大营，所以营中的兵力必然十分薄弱。赵军多日以来一直是避而不出，这让秦军觉得赵军肯定不敢出城相战。如此，赵军只要出战，便能够起到出其不意掩其不备的作用。

果然，赵军大军突然出现在秦军大营面前之时，秦军惊愕不已，虽然没有太大的慌乱，但是敌我之间的实力差距太大了，所以李牧很快便扫清了秦军大营的留守人员，其全部辎重也被赵军俘获，可谓大获全胜。

在李牧出战之后，樊於期经过认真的思考，遂决定率领秦军主力，回去救援秦军大营。可是他没有料到，李牧会那么迅速便将秦军大营攻克。更让人匪夷所思的是，李牧对秦军的每一个举动，似乎都能够事先预料，竟然在半路上备下伏兵，待秦军一到，便从正面阻击秦军。眼看着秦军殊死一战，即将攻破正面赵军的防守，突然从两翼之间杀出了另外一股赵军，看那规模俨然正是赵军的主力。秦军再一次猝不及防，很快便被赵军杀得溃不成军。

樊於期最终只能率领为数不多的亲随突破赵军的重重围困。但是他不敢回到秦国，害怕回到了秦国，秦王会追究樊於期兵败的责任。当今天下，只有一个国家实力未损，和秦国的关系也比较紧张，是樊於期可以投靠的国家，那就是燕国。可是他却不知道，秦国统一天下的步伐，不是一个边陲之国或者是一个绝世名将可以阻挡的。

秦王政听闻了这个消息，震怒不已，将樊於期的三族全部诛杀，同时还通告天下，谁能够献上樊於期的人头，秦王必定会赏赐其千金，封万户侯。樊於期最终没有逃脱死于非命的命运，为了成就荆轲名动天下的刺杀，毫不犹豫地献上了自己的头颅，让荆轲拿去做了觐见秦王的见面礼。

赵军通过这一次大胜，对秦军造成了沉重的打击，赵国也得到了暂时的喘息之机。甚至连赵王也认为，赵国只要有李牧在，秦国就休想灭掉赵国。于是，赵王给予了李牧超然的地位，封其为武安君。

在赵王眼中李牧已然成了赵国的白起，普天之下，只有李牧才能够与秦军一较高下。

从这次战役中，李牧首先对整个战局和秦军的动向意图洞若观火，首先便采取坚守不出，待秦军疲敝，再乘胜追击的策略。秦军想用一计策诱敌出城，李牧便将计就计，给秦军来了一个围点打援，秦军大破。赵军李牧的声名，在这之中也达到了鼎盛。

樊於期走了，但是秦国还有王翦、蒙恬等一大批优秀将领。

秦王政统一天下的进程，也不会因为一场战役的成败，受到影响。

公元前232年，秦王政再派遣数十万大军进攻赵国，此次秦军分了两路。其中一路大军从由邺（今河北临漳西南）出发，向北进发。秦军的战略意图很明显，只要能够渡过漳水，就能够迅速地奔袭赵国的都城邯郸。

为了保证此次战争的胜利，秦王政还亲自率领秦军主力由上党的井陉（今河北井陉西北）出发，企图从邯郸的北部进击赵国。只要秦军到达邯郸北部，便能够将赵国一分为二，首尾不能相顾，如此则赵国危矣。

李牧深刻地认识到了这一点，所以在秦军进攻进到番吾（今河北平山南）之时，李牧便率大军对其进行顽强阻击。秦军攻击邯郸南部，也因为漳水和长城的阻隔，而举步维艰。

李牧见状，当机立断地改变了赵军全面阻击的战略，南面的赵军主要负责守卫，而北方的赵军则在恰当时机内进击秦军。如此，便能够集中优势兵力，各个歼灭敌人。于是，赵军大将司马尚奉李牧之命，在邯郸南部据守长城，让秦军不得进入。另一边，李牧亲自率领赵军向邯郸北方进击。不出数日，赵军便在番吾和秦军遭遇，李牧亲自督军，对秦军发起了猛攻。秦军不得寸进，遂心生慌乱，赵军士气更加旺盛，很快便击溃了秦军。李牧也不追击，而是迅速挥师南下与司马尚大军合兵一处。

秦国南部大军很快获悉了北方大军的溃败，更听闻赵军李牧大军已经到达。于是，象征性地和赵军开战一番之后，发现实力虽未损但却难以取胜，只能班师回去。李牧通过自己高超的指挥艺术，再一次击败了不可一世的秦军。

但是赵军虽然一再取得与秦军交战的胜利，却是杀敌一千自损八百，此时的赵国已经与长平之战以前的赵国不可同日而语。秦国已经更加强大，即使三番四次大战下来，接连损兵折将，但却并没有损耗元气。

反观赵国，其军事实力则丧失殆尽，即使秦军败退，赵军要想追击，也是有心无力。因此，原本会歼灭秦军的战役，变成了只能击溃秦军的结局。李牧也深刻地明白赵国的危机，为今之计，只能退守邯郸，才能够自保。

然而，让赵王始料未及的是，赵国可谓屋漏偏逢连夜雨，就在国家朝不保夕之时，韩国和魏国却投降了秦国的阵营，并时常受到秦国的差遣，前来攻取赵国。赵王只能再次派遣李牧为将，前往南部抵御韩国和魏国的大军。可是人力有时穷，一个李牧又怎么能够抵挡敌人接连不断的战争呢？更何况，敌人还有比战争更可怕的手段。

公元前229年，秦王政再次派遣大将王翦率领秦军主力从井陉南下，同时杨端和则率两河内的秦军，总共数十万大军围困赵国国都邯郸。其实，秦王政之所以选取在这时候出击，正是看准了赵国的虚弱。当此之时，赵国已经是日薄西山，同时赵国的北部边境代地爆发了大地震，引起了赵国境内大面积饥荒。李牧只是在军事上有所建树，但其并不懂为政为民之术，即使他有心改变赵国国力不断衰弱的情景，也是鞭长莫及。此时的李牧，已经成为了赵国军中的主心骨，没有了李牧，赵军打仗就如同无头的苍蝇。赵王也看到了这一点，秦军一入侵，便火速任命李牧为大将军，司马尚依然作为副将，倾尽全国的兵力财力前去抵御秦军。

李牧绝非浪得虚名，在他的指挥下，赵军很快将来犯的秦军击溃。

最危险的敌人在身后

这时候，王翦出现了，他并不是对政治一窍不通的武人。一个个事实证明，如果不谙政治，不懂外交，不仅在战争中难以明白大局，国内也会受到某些人的猜忌，从而处处受制。为将者，自然希望自己制人而不愿意受制于人。

当时秦赵之间的战事存在着一个很明显的现实：李牧是秦军最大的敌人，只要这个人存在一天，秦军就很难在战事上有所推进。多年以来，李牧皆未尝一败，这让赵军士气大盛，而秦军则心生畏惧。

于是，王翦和秦王政商议，既然明招无用，那么就只能用阴谋了。

当初尉缭得到李斯的举荐来到秦王跟前，为秦王制定了兼并立国的策略，同时还向秦王陈述了统一山东六国的顺序。尉缭认为，韩国、赵国、魏国、楚国、齐国、燕国中，韩国的实力是最弱小的，也是最容易攻取的。而要想要一统天下，首先要做的就是得到三晋的臣服，只要赵国和魏国一灭，则秦国定鼎天下的大业就算完成了七分。到时候，燕国、楚国和齐国要想有所作为，就是螳臂当车了。

然而，秦王政还是担心，就这样毫无道理地前去攻打赵国会引起局势的紧张，说不定会再次引发一次合纵。当此秦国统一天下的关键时刻，万万不能出现一点差错。

于是，尉缭再次向秦王献计，可以让自己的学生王敖前去赵国，收买前番对廉颇下毒手的郭开，只要这个人能够为秦国所用，可以胜过秦国的十万精锐之师。另外则要大将王翦率领十万雄兵，声言要去攻打魏国，如此，就可以为王敖的外交活动提供坚实的后盾。

秦王同意了尉缭的要求，王敖遂在尉缭的交代下，首先来到了魏国，向魏王大肆挑拨韩、赵、魏三家的关系。并且向魏王陈述当下的形势：韩国早就唯秦国马首是瞻，而赵国也和秦国关系良好，如果秦兵前来攻伐三晋，必定首先攻打魏国，魏国该怎么抵挡呢？

魏王一听，魏国面临的局势如此不利，于是向王敖问计。

王敖建议道，魏国大可以把邺城献给赵国，这样，赵军必定要分兵把守，如此一来，秦国如果去攻击邺城，就不是攻击魏国而是赵国了，赵国就成了魏国的替罪羊。

魏王被王敖三言两语就说动了，于是把邺城的地图和割让邺城的国书给了王敖，并且让他代替魏国前去赵国，说服赵王出兵守备邺城。

王敖到邯郸后，并没有直接前去找赵王，而是找到了郭开。王敖带着秦国丰厚的财富，且出手阔绰，让郭开不得不动心。郭开拿了王敖所带来的三千金，收了三座城池，再从头到尾明白了王敖要他做的事情后，接着马不停蹄地赶到宫殿，向赵王进谏。赵王身边并没有明智贤达之人，所以郭开一开口，这件事情很轻松便办成了。

如此，秦赵两国又重开了战事。

秦军在战场上屡次败于李牧之手。秦国千里跋涉前来远征赵国，自然不会甘心就这样白白地撤兵，也不可能和赵军长期对峙，所以最好的方法是给赵军来一个釜底抽薪。这时候，郭开又被秦国重用了一次。

当然，要成功实行这个反间计，首先要给予郭开重金，同时也让他感觉到自己没有了后顾之忧，如此，他才会毫不保留地、全心全意地帮助秦国。

一切按照计划进行，秦军王翦到了前线，没有发动一次攻击就派遣了一名使者前去同赵军讲和。李牧哪里知道，在此之前，王敖已经奉秦王和尉缭的命令，来到了秦国军队的大营，要求他们和赵军讲和；不久之后，王敖又去了赵国邯郸贿赂郭开，让他向赵王说当前李牧和秦军王翦对峙，之所以这么久的时间还没有发动攻击，是因为李牧得到了秦国的无上好处，只要邯郸一破，秦王就可以封李牧高官。

而另一边的李牧，在不明就里的情况下便回到了邯郸，向赵王报告了秦军求和的情况。赵王尚搞不清秦国的意图，一时之间也没有答应李牧。然而，李牧前脚刚刚走出宫殿，郭开后脚便进来向大王报告了李牧受贿，欲要谋害赵国的消息。

赵王大惊失色，这李牧也太大胆了些，竟然只告诉自己秦军要和赵军讲和，而他擅自主张对赵王封官以及自己得好处的事情，却是只字未提。

于是，赵王决定派遣使者前去探个究竟，这使者也害怕进入赵军大营，一个不慎就被李牧杀了。再一看，秦国使者竟然大张旗鼓地进出赵营，看来所言非虚。于是，这个使者将情况如实报告了赵王。

郭开遂向赵王建议，以相国的位子为诱饵，召李牧回来，同时用赵葱代替李牧，切不可让秦军和李牧达成共识，占了先机。

此时的赵王已经是六神无主了，郭开是自己的亲信，又说得头头是道，所以对于郭开的建议，赵王皆毫不犹豫地采纳。赵王马上委派宗室赵葱和齐人投奔过来的颜聚去取代李牧和司马尚。“将在外，君命有所不受”，如此关键时刻，换将势必会有损士气。长平一战血的教训还历历在目，为将者要面对千变万化的战场形势，最重要的就是独立的行事权力。为了赵国的江山和百姓，李牧只能暂时不接受赵王的调令。

其实李牧也知道当初的廉颇是何等结局，当初的乐毅是何等的悲凉。赵国名将辈出，英雄遍地，奈何奸人当道贤人危，赵王又昏聩无能，自己一个人又怎么能够改变这种现状呢？也许这一次，自己不但难以保全邯郸，甚至连自己的性命也不能够保全。

赵王见李牧不为自己的调令所动，就和郭开商议暗中布下全套，将李牧捕获并斩杀了他。司马尚也受到了牵连，被赵王弃而不用。如此生死存亡的危急关头，赵国斩杀大将，实为国家不幸。奸臣当道，主上昏庸，是自取灭亡。

就在李牧被杀的三个月之后，赵军便在王翦的猛攻下大败，东阳地区（约今河北邢台地区）被秦军占领，主将赵葱战死沙场，副将颜聚则逃亡邯郸。公元前227年，邯郸被秦军攻克，诸侯不能救，赵王和颜聚都被俘虏。

但此时赵国并没有彻底灭亡，公子嘉有幸逃往代地（今河北蔚县东北）称王。然而，代地十分弱小，公子嘉又没有什么作为，根本无法阻挡秦军一统天下的步伐。在秦军的攻击下，代很快便灭亡了，从此赵国从名义上和实际上都消失了。这一年，是秦王政二十五年（公元前222年），距离秦国一统天下，诛灭六国还剩下一年的时间。

一代大将李牧就这么死了，和他生前战死沙场的愿望差得太远，赵国用人不信，自毁长城，从而加速了自身的败亡。

当然，历史记载可能在李牧致死的具体原因上有所差别。《战国策·秦策四》中说，秦谋士顿弱北游燕国，赵国杀李牧；《战国策·秦策五》则说，赵国的另一位奸臣韩仓受到了秦国的贿赂，最终成为了谋害李牧的真凶；《列女传》中则提到，赵王的母后和赵平都侯春平君相通，受到了秦国的贿赂而让赵王杀害了李牧；还有一种说法，从司马迁而来，认为赵王的母后是个歌女，因为受宠遂使其子僭越成为太子，公子嘉则被废除了太子之位。公子迁（赵王）昏庸，品行恶劣，重用奸臣，打压贤达，最终杀害了李牧。

无论如何，可以看出，李牧是秦国统一大道上的绊脚石，秦国不除不快；同时赵国内部已经严重腐化，成了一个扶不起的阿斗。李牧能够在敌强我弱的情况下，屡屡取胜，不愧为战国名将之一。此外，李牧前期对匈奴作战时，更是取得了辉煌的胜利。

而另一边，奸臣郭开在赵国灭亡了之后去到秦国。他也有自知之明，认为以秦王政雄才大略，他这种宵小之辈定不会得到重用，于是主动告假回家。

郭开回到了家中，取出了暗藏的无数黄金，装上了十几辆大车，一路喜气洋洋地前往秦国。岂料就在半路上，杀出了一股盗匪，被杀人越货。

也许是秦王的有意安排，也许是李牧的旧部所为，可是一切都不重要了，奸臣郭开得到了他应该得到的结果。

第十章　楚国“约纵”，无力挽狂澜

向姐夫求援

回过头来，回到秦昭襄王时期，战国末期的各国都有许多可歌可泣的故事。

似乎秦昭襄王已经认定了赵国未灭，不以为家。也许在长平之战之前，秦昭襄王就和白起立下了宏愿：第一步长平大战，秦军以完胜结局；第二步便是攻取邯郸、灭亡赵国；第三步则是扫除近秦几个国家；最后再灭亡燕国和齐国。

如果是白起出手，也许秦国早就到达第三步甚至是第四步的阶段了，岂料这白起无论如何，竟然只是赖在咸阳，风雨不动安如山。

秦王不相信，没有了白起，这邯郸打不下来。于是乎，秦王接连派遣了王陵、王龁，后来又听信范雎的建议，将范雎的义兄郑安平也派遣到了邯郸支援王龁。前后围困邯郸的秦军总数达到了45万。第一波是王陵率领的10万大军，攻击邯郸多月，损兵折将不说，邯郸的战事没有取得丝毫的突破；后来将王陵换成了王龁，并对邯郸不断增兵，但还是攻不下邯郸，反而且战且退，一直退到了秦国的河西之地。

所谓哀兵必胜。赵军背负了丧失数十万同胞的悲痛和耻辱，此时必定拼死抗击秦军。除此之外，秦军消极进攻以声援白起，也是导致这种战争结果的重要原因。更为重要的是，当战争的天平逐渐向邯郸倾斜之时，东方列国遂逐渐降低了对强大秦军的畏惧之心，都开始蠢蠢欲动。当然，如果没有这么一批人，在列国之间游动，不晓之以理，动之以利，列国必会一直坐山观虎斗。即使参与援救邯郸，那时间也会推迟很多时间。

这群人中的佼佼者，就是如平原君赵胜，其门下食客毛遂以及魏国信陵君等人。

齐国的孟尝君田文、楚国的春申君黄歇、赵国的平原君赵胜以及魏国的信陵君魏无忌被称为“战国四公子”，他们之所以能够有如此大的影响力，主要是由于当时的社会思想的影响。这种思想主要有三种倾向：

首先，“战国四公子”有着高超的智能和道德。在这个风起云涌、诸强争霸的时代，靠的就是人才。其次，他们都是各国的贵族，有着高贵的出身。作为社会上高阶层的人，其影响力自是比普通的无名之辈高出很多。

再次，在不平等的社会等级制度基础上强调社会和谐的思想。这种思想的代表学说便是荀子所提倡的等级制度。每个人都需要接受他在一个等级结构中的特定地位，并且，他还需要尽其所能履行与那个地位有关的社会职责。如平原君赵胜，就担当着为赵国谋求人才的职责，如豢养客卿；执行外交任务的职责，如在列国游说。而如毛遂者，则是客卿中的代表，他们强调的是食君之禄忠君之事，要尽其所能，实现自己的功名大业和其所依附的领主及其国家的政治理想。

当时秦军围困邯郸已经一年有余，赵孝成王眼看秦王灭赵国之心不死，认为就凭赵国这些老弱残兵，实在是难以长久地抵御强大秦军的连番进攻。而且秦军为尽快攻克邯郸一再增兵，如此下去，邯郸必招架不住。

于是，赵孝成王请来平原君赵胜，给自己出谋划策。

平原君想，唯今之计，只能向其他国家求援了。原本列国在秦国围困邯郸期间，还作壁上观。眼下形势已经很明朗了，秦国要攻克邯郸，非一时三刻之功。但一旦赵国被秦国所灭，则其他国家也难以逃过亡国之祸。

前面提到，赵国将本来承诺献给秦国的6座城池转而献给了齐国，遂获取了齐国的同情和支持。而赵国刚刚经历了长平大战，元气大伤之下，对其他国家已经构不成任何实质性的威胁，所以只要赵国能够派遣使者前去其他国家求援，则其他国家就很可能来援救赵国。

六国实力不一，眼下还能够称为强国的，除了齐国之外，也只有楚国和魏国了。韩国早已经倒向了秦国的大树之下乘凉，燕国一心经营和匈奴的关系。从这个角度而言，只有齐国、楚国和魏国能够为赵国所用。而且楚国和魏国与秦国的仇怨很深，其处境也最危险，因此，这两国成了赵国需要联合的重点考虑国家。

于是，平原君赵胜决定，首先前去魏国，向信陵君求援。这信陵君不仅才德兼备，深谙当前的国际局势，知道此时救赵国，是必须要做的事情。而且他还和平原君赵胜有亲戚关系。原来，平原君的妻子，正是魏国信陵君的姐姐。他们的私交甚密，所以求援一事也就容易得多。

其次，平原君则决定前去楚国求援。

此时的楚国，执掌君主大权的，就是楚考烈王，而楚国也有一个名士——春申君。楚考烈王和春申君二人，如果一个是树干，另一个是树枝的话，就恰好展现了强枝弱干的政治局面。当年白起率领10万秦军，以神话般的速度一举攻破楚国的都城，还烧毁了楚国历代君主的陵墓。从此，楚国国势衰微，国际地位也一落千丈。受此重创，楚国一直坚持独善其身的军事策略。经过多年的休养生息后终于有所起色，但绝不会轻举妄动，而且楚考烈王昏庸无能，没有审时度势的能力。

因此，对于成功说服楚国援军赵国之事，平原君也没有把握。他在去楚国之前说道："假如用和平方法能够取得成功就太好了，那样邯郸之围就有希望在短时间内解决；假如和平方法不能取得成功，也必定要想尽办法，即使在华屋之下用'歃血'的方式，也一定要'合纵'盟约签订再返回赵国。随从人员不到外边去寻找，从门下的数千食客中选取20人做随从队伍。此行肯定困难重重，但相信通过大家的一致努力，就会获得成功。"（《史记·平原君虞卿列传》）所谓"养兵千日用兵一时"，平原君的门客们在遴选之前，个个摩拳擦掌，准备为平原君和赵国效力。平原君在这3000门客中经过层层选拔，最终只选定了19人和他一同前去楚国，没有达到平原君选择20人的计划。

一时之间，平原君不禁感叹：想自己耗尽家财礼贤下士，四处招募才德兼备之士，门下食客无数，天下闻名遐迩。但却没有料到，真的到了关键时刻，竟然连20个合格的人才都不能选拔出来。这选拔标准虽说苛刻而艰难，但却不应该是这样的结果。

滥竽充数，随便找个人，还是严格标准，就让这19人和自己一起前去楚国？无论怎样，都会对自己的名声造成一定的破坏。

正在平原君犹豫不决之时，一个人的出现，打破了这个进退维谷的艰难局面。这个人，就是毛遂。

请把我放进口袋

毛遂生于前285年，卒于公元前228年，毛遂并不是赵国人，而是薛国（今山东枣庄）人，后来听说赵国平原君礼贤下士，其门下有食客三千，只要有才，都能受到厚待，便遂辗转来到赵国。

当此之时，毛遂正为赵公子平原君赵胜的门客，距离他第一次来到平原君府上，已经有3年时间，这3年正是赵国国势急转直下的3年，毛遂见赵国江河日下，心中幽愤不已，但却没有机会让他报国。于是乎，他干脆整日研习各家之长，准备来个厚积薄发，是故3年以来，毛遂都未曾展露丝毫的锋芒。

毛遂见到平原君，直接上前来胸有成竹地向平原君推荐道："毛遂听闻，先生就要前去楚国，准备和楚王签订'合纵'盟约，而且还听说，先生和赵王约定，选取门下食客20人一起去楚国，而不是到非食客中去寻找有才德之人，这应该是一个事实吧。先生经过严格的筛选，最终只能选取19个合格的人员，看先生如此犹豫不决，我便来向先生请命，能够准许毛遂和先生一起出使楚国。"

对平原君而言，这毛遂可是个生疏的面孔。平原君和颜悦色地问道："以前没有见过先生，不知道先生来赵胜门下，有多长的时间了？"毛遂也不介意，直接回答道："到今天为止，已经3年有余了。"平原君就奇怪了，这人来了3年，如果确实有才能，自己不可能不知道的，遂毫不客气地说道："贤能的士人在这个世界上，好比锥子放置在囊中，它的尖梢不消多时，就会逐渐显现出来；更好比一块金子放在土壤乱世当中，只要露出表面就会散发光芒，先生刚刚也说了，您到赵胜的门下，已经3年时间，也许是赵胜眼拙耳聋，先生可听见，有谁称道您的才能？赵胜平时也留心关注门下食客的才能，却从没有听见任何人称赞你。依照我的愚见，你肯定没有什么拿得出手的才能，才会无人称赞吧。因此，还请先生原谅，此次出使事关重大，先生大可以留在赵国，免得受那风霜之苦。"

毛遂说："恰如君侯所言，我今天来此，不过是为了请求进到囊中，请求进入泥土表面罢了。如果我早就处在囊中的话，便会像禾穗的尖芒那样，整个锋芒都会挺露出来（锋芒毕露），何止那尖梢露出来呢？假如我早就在那个泥土表面，也不会仅仅显出一丝光芒，而会大放异彩。"

平原君一惊，这人虽然有点大言不惭，但是观察其言行，的确是胸有成竹、锱铢在握的样子，能够说出这番话，定然非比常人。且给他一次机会，把他放入囊中，收入泥土，看看他能够放出多大的锋芒，释放多大的光彩。

这就成就了中国历史上家喻户晓的著名典故——毛遂自荐。

但是，平原君虽然承认了毛遂，却不代表其他人也认可平原君的做法。尤其是和平原君一起出使楚国的那19人，他们认为毛遂在三年的时间内，没有表现出任何过人之处，此次能够被平原君选取，一定是他出言谄媚或者是凭借运气，是故都以嘲笑的眼光看待毛遂。

毛遂见此，并没有直接和他们发生争执，而是转而和他们议论天下大势，开始之时，大家对毛遂还不屑一顾，但是渐渐地，大家便发现，这毛遂果然有才华，胸中韬略，口中辩才，无不让人惊叹不已。

不久，平原君一行20多人便来到了楚国，在好朋友春申君的引荐下，平原君很顺利地见到了楚王。然而，和楚王的谈判却显得很不顺利。

平原君刚刚要开口邀请楚国参与合纵的事情。楚王便直接对平原君说及，千万不要和楚国说什么合纵联合的事情。多少次血的教训，证明各国都是为了自身利益考虑。若真要合纵，只要秦国稍稍使出一个离间计，或者重点打击某个国家，这合纵联盟就会树倒猢狲散，不攻自破，若秦军再趁势追杀，各国必会损兵折将。

平原君见楚王态度消极，便绞尽脑汁，欲要说服他，奈何楚王就是油盐不进，坚持不参与合纵；若要参与，也只是场外呐喊、向秦国示威等象征性行为。要楚国出兵攻打秦国，是绝对不可能的。

说来平原君和楚王都还是很有耐心的，竟然能够从早上太阳刚刚出来，一直辩论到中午太阳当空，但是谁也没有办法说服谁，以至于两人就僵持在那里。众人都知道，楚王之所以没有发怒，不过是因为春申君的关系、楚赵两国的国家关系以及基本的外交礼仪的制约。要说服楚王参与合纵，还需要给他一个充足的理由。

见谈判陷入了僵局，平原君所带来的随从们都着急了，他们知道，楚国可以拖得起，但是在水深火热中的邯郸却实在是拖不起了。

剑下谈判

于是，他们联合推举毛遂上台。因为在这些日子以来，他们都了解到，毛遂之才智，要远在他们之上。或许通过他的三寸不烂之舌，能够收到奇效，说服楚王。

毛遂见状，当仁不让地拿着宝剑，一步步登上了台阶，眼中坦荡、浩气凛然地说道："合纵的事情，利害关系如此简单，尔等竟然从早上一直说到现在，这种事情还有什么好争论和犹豫不决的，你们何必一直争论到现在呢？"

楚王正和平原君争论不休，几乎达到面红耳赤之时，竟然半路杀出个程咬金。楚王恰好发愁，自己的一腔怒火无处发泄，见此人如此无礼，遂大声喝道："来者何人？竟然如此大胆，在这里大放厥词。"

平原君一见，这毛遂果然不负众望，关键时刻，终于站了出来，且看他如何说辞。见楚王发问，平原君昂起头来，向楚王介绍道："这正是不才门下的食客。"

楚王真的发怒了，小小的一个食客，竟然也如此胆大妄为。于是，楚王声震言辞地说道："一个小小的食客，本来就没有说话的份，此时寡人和平原君正在说话，他更不应该插话。如此无礼之人，还不赶快下去，要寡人责罚吗？"

毛遂依旧不为所动，反而手握剑柄，上前几步，向楚王说道："这是什么道理？合纵可不是大王和平原君二人的事情，而是山东所有人共同的事情，且不说我是平原君座下食客，有参政议政的权利，即使我是一介平民，大王也没有任何权力，可以将我赶了出去。"

见自己的一席话将楚王震慑住了，毛遂进一步阐释自己的道理道："我知道大王之所以现在会狠狠地责备我，是仰仗楚国的人口众多、兵力强劲，可是这一切有什么作用呢？即使楚国再怎么人多势众，在这十步之内，大王却是半点依赖不上，大王的性命，悬在毛遂的手里。现在应该感到害怕的，不是我而应该是楚王你啊。现在平原君是我的主人，而他正在你我的面前，试问大王有什么理由，无视平原君而责备我呢？况且，毛遂早就听说过，当年商朝创始者汤，能够以七十里的地方统一天下，周王朝的文王，能够以百里的土地使诸侯称臣，难道是由于这二位圣王的士卒众多、国力强盛吗？依我看，他们之所以能够成功，是因为他为完全依赖于他们的条件而奋发他们的威势。”

说到这里，楚王感到，这毛遂有点见识，顿时生了想要听下去的心思。毛遂见自己终于将局势稳定了下来，不觉暗自松了一口气。

打铁要趁热，毛遂接着将楚国必须出兵的理由说了出来，而且一切都是从楚国的角度出发，因为他知道，无论什么都比不上关乎自己生死存亡的切身利益。

据平原君的回忆，毛遂当时是这样说的："天下谁人不知，谁人不晓，昔日春秋五霸之首的楚庄王，有三年不鸣鸣必大，三年不飞飞冲天的气势，可是发展到了今天，楚国的这种气势还存在吗？当年，楚国在这股气势之下不断强盛：土地方圆五千里，持戟的士卒上百万，车千乘、骑万匹，粟能够支撑十年，成就霸业、尊为霸王，都要依靠这些势力才行，以楚国的强大，天下无人可以抵挡。可正是因为秦国，使得楚国连番损兵折将，丧师失地，甚至后来，连楚怀王也客死他乡，这是任何一个有血性的国家都难以忍受的事情。白起是个什么人？不过是一个小小的竖子罢了，但却是用兵如神，心狠手辣，竟全然不顾楚国的百万雄兵，仅率领几万部众就发兵来和楚国交战，一战而拿下鄢、郢，逼得楚国迁都到现在的寿春，二战而烧掉夷陵，烧毁了楚国先王的陵墓，三战而侮辱大王的祖先。这是百代的仇恨，而且是赵国都感到羞辱的事，连楚国的三岁小儿，也知道此仇不共戴天的道理，而大王却不知道羞耻。合纵这件事是为了楚国，并不是为了赵国呀。合纵能够救楚王于危难之中，而不是为了救助赵王。"

毛遂之言语可谓一针见血，楚王听完，可谓痛彻心扉。毛遂只不过是从楚王的兴衰对比出发，激起了楚王的羞耻之心。但是世易时移，楚国的国力已经是今非昔比，要赶上和超过秦国无异于痴人说梦，就是要达成当年楚庄王时的辉煌，也比登天还难，既然如此，救助赵国只不过是寻仇，而无法让楚国真正地强大起来，甚至还会削弱楚国的实力。但是，赵国是必须救助的，因为楚王明白，秦国一旦攻灭了赵国，近秦三国必定会成为秦国下一步攻伐的目标。

明白了这一环，楚王当即做大彻大悟状，连连顿首道："是，是！先生说得实在有道理，楚国还有什么可犹豫的呢，两国谨以彼此的社稷江山来订立'合纵'盟约。"毛遂问：就这样将两个国家的合纵联盟订立，大王可是决定了？"楚王毫不犹豫地说道："一言既出驷马难追。"

于是，毛遂对楚王左右的人说："取鸡、狗和马的血来，赵国谨以国家的荣誉和信誉，和楚国歃血为盟。"楚王点头准许，相应人等很快就将毛遂所需用铜盘端了过来，递给了毛遂，毛遂捧着铜盘跪着献给楚王，说道："大王，请以歃血来签订两国合纵的盟约，其次是和我的君侯平原君的盟约，再次是和毛遂之间的盟约。"楚王高兴地签订了公私两全的3份合约。完事之后，毛遂左手拿着铜盘和血，而用右手召唤那19个人说道："请先生们在堂下，和楚王相继歃血。先生们碌碌无为，依赖别人办成了这件事情，但是既然参与了其中，就要全心全意的参与进来。"

很快，平原君便拿着合纵的盟约，回到了赵国，楚王也决定，让春申君率领8万楚国的精锐之士，前去邯郸营救赵国。然而，春申君虽然星夜兼程没有停顿地行军赶路，却有人先他一步，率领十万魏军大败围困邯郸的秦军，这个人就是魏国信陵君。春申君只能无功而返。

邯郸之战的胜利，平原君认为，他要感谢的，不仅是魏国和楚国，不仅是信陵君和春申君，更应该感谢的，是自己的这位以往名不见经传的食客毛遂，心中感慨之际，平原君毫不忌讳地说道："以往我鉴选人才，多的千人，少的百人，自以为没有失去天下的人才，到了今天才发现，竟然将有如此大才的毛先生忽视了，试问以后我哪里还有颜面继续鉴选人才呢？毛先生一到楚国，只是三言两语之间，就使赵国的威望高于九鼎和大吕。以我的名声，和楚王争论了半天，也没有达到先生所言的半分效果，可见毛先生的三寸不烂之舌，就能够强似上百万的军队。这既是我赵胜的耻辱，也是我赵胜的幸事，更是整个赵国的幸事。"

从此，毛遂便成了平原君赵胜的上等宾客，为其效力。

第十一章　败秦存赵，信陵君孤臣纵横

养士时代

周赧王五十七年（公元前258年），历史上著名的信陵君窃符救赵一事发生，从此信陵君这个人成为了家喻户晓的人物。对于当时战国的形势而言，他的这一举动不仅挽救了邯郸、挽救了赵国，更阻止了秦国灭除六国的步伐，保障了魏国的暂时平安。

当时属战国末期，秦国吞并六国日急，战争进行得频繁而激烈。公元前260年，长平之战，秦军惨胜、赵军惨败，40万赵国精壮之士被白起坑杀。秦国为了完成一统天下的宏伟蓝图，遂乘胜进围赵国首都邯郸，企图一举灭赵，再进一步吞并韩、魏、楚、燕、齐等国。当此之时，各国的形势都十分紧张，特别是赵国都城邯郸被围甚急，诸侯或者被秦国的兵威所慑，不敢援助，或者出于隔岸观火的考虑，想要坐收渔翁之利。然而赵国势单力孤，赵王遂命平原君赵胜想办法到其他国家求援，因为魏国是赵国的近邻，又是姻亲之国，所以平原君第一个想到了魏国。对于魏国来说，唇亡齿寒，户破堂危，救援赵国就等于是救助自己，赵国存在就等于魏国也存在，反之，赵亡魏也将随之灭亡。但是，经历连番的大败，魏国君主对于秦国的虎狼之师已经生出了巨大的畏惧之心，所以不肯发兵救赵。这才有了信陵君窃符救赵之事。

世人只知道信陵君窃符救赵，却少有人知道上述背景，甚至连信陵君何许人也，也不甚了解。

信陵君名叫魏无忌，其生年不详，公元前243年，因沉迷于酒色而英年早逝。信陵君是魏昭王的少子，安釐王的同父异母的弟弟，是魏国名正言顺的贵族阶级。信陵君一个重要的才能便是其军事指挥才能，在他的领导下，魏军多次挫败秦国一统天下的图谋，而他也因此成为战国末期魏国著名的军事家。关于其封号的来源，《史记》记载说，安釐王元年（公元前276年），魏无忌被封于信陵（今河南宁陵县），所以后世皆称其为信陵君，与齐国孟尝君田文、楚国春申君黄歇、赵国平原君赵胜并称战国四公子。

当然，在最初的时候，信陵君的军事天赋并没有全部体现出来，人们之所以尊敬他、崇拜他，是因为信陵君能够广纳贤才，豢养了大量的食客士人。

其实，这一切都要归功于当时社会喜好养士的风气。当时的士，范围是很广泛的，除了代表农与工肆之人等底层阶级的墨家之外，很多人都代表了地主阶级参与政治活动。其实，养士在春秋时期诸侯卿大夫的促进下，便逐渐开始和发展，到了战国时期，山东各国，除了君主喜好之外，许多王侯将相争着养士，士成为社会上最活跃的一种人。而信陵君就是在这样的社会风气影响下，加之自己的名誉、财富、地位以及才德，变得人人敬服。史书记载道："公子为人仁而下士，士无贤不肖皆谦而礼交之，不敢以其富贵骄士。士以此方数千里争往归之，致食客三千人。"

当时的士主要可以分为四类，一类是学士，如儒、墨、道、名、法、农等专门家，其中以儒家、墨家的影响最大，但是法家却最为适用，各家都通过著书立说，反映当时社会各阶级的思想，提出有利于各自阶级利益的政治主张，在文化上作出巨大贡献的同时，也在政治上产生了巨大的影响。

养士的声名很大，所以当他们到了一个国家之后，其待遇就会异常的优厚，尤其是其中的著名人物，更是享受着无与伦比的尊崇。如儒家大师孟子，每次外出游学，便有车数十乘作为其仪仗队，还有侍从数百人来服侍孟子及其座下弟子。孟子在各国之间往来，因为其名声显赫，各国从君主到底层贫民，都争相一睹其风貌，一闻其论述。而这一期间，君主将相都馈赠孟子以黄金，供给他及其随从衣食和住宿。

还有一类影响力较大的人，被称为策士，也就是擅长合纵连横策略的纵横家。这一类人对政治有深刻的理解，自己也有实际可用的才能，他们能够凭借口舌之利，让自己的主张得到君主或者那些大贵族们的认可并且得到施行，最终功成名就。

后人根据当时人们对政治的议论，还形成了一本专门记述这些议论的专著——《战国策》，其中最具代表性的人物，就是苏秦和张仪，这两个人同是鬼谷子的弟子，却侍奉不同的君主，让战国之世更加风云激荡。

此外，还有一类被称作方士或术士，粗略看来，他们似乎对整个战国的局势影响不大，而且大多还是一些旁门左道。但是仔细分来，这些人还可以划分为两种。

第一种是天文、地理、历算、农业、医药、技艺等学科的专家，同样的著书立说，让他们的思想得到了广泛的传播，尤其是在民间，其实用性很大。另外一种则是用阴阳哲学、神仙之术、卜筮、占梦以预测吉凶、房中术等骗取衣食的游方之士，当然，在当时看来，他们的言论最接近其心灵的真实存在。这一类人在一定程度上促进了原始宗教的发展，其中阴阳、神仙等思想，为中国传统道教的发展奠定了一定的理论基础。

另一类是当时社会最看不起却影响巨大的人——食客。毫无疑问的是，这一类人的数量极其多，战国四公子之所以能够成名，在一定程度上也是拜他们所赐。据记载，当时信陵君的门下食客就要数千人，其中的类别十分复杂，包括鸡鸣、狗盗、任侠（恶霸），甚至还有奸人、罪犯、屠夫、赌徒、刺客等无赖。

其中，还有很多人做了许多的荒唐之事：齐国孟尝君田文，有一次曾路过赵国。赵人久闻其大名，听说了这个消息之后，纷纷聚集在田野间观看，岂料见面不如闻名，赵人直言不讳地说道："孟尝君之名何其盛，竟然只是个短小的男人。"

田文认为自己受到了莫大的侮辱，遂大怒不已。其门下的食客见状，也纷纷怒目回视。岂料那些赵人不但没有终止讥笑，反而变本加厉。孟尝君门下食客大多出生于江湖草莽之间，见主人受辱，愤而下车，斩杀围观赵人数百人。他们又怕孟尝君会因此英名有损，就索性一不做二不休，把一县人全部杀完，才策马而去。

没过多久，田文失位，树倒猢狲散，食客们各自四散而去；田文复位，食客们又纷纷回来。可见如果不加以认真挑选，食客很可能只是骗吃骗喝而一无是处。

贵族领主为了招揽宾客可谓无所不用其极：赵国平原君为了供养宾客，不惜散尽家中财物；楚国春申君为了收揽真正的人才，给予了其上等宾客以著珠履的国士待遇，而且还修建了一个客都，供上等宾客居住；而齐国孟尝君则经常和宾客吃同样的饭，并赠送礼物给宾客的亲戚；信陵君待士更谦恭，不惜花费重金、四处搜求隐士为己所用，成为战国四公子当中影响力最大的人。

特殊的时代为孕育养士提供了特殊的土壤。在这群雄争霸的战国乱世，养士的盛行构成了一幅色彩绚丽的水彩，为历史留下了浓墨重彩的一笔。

开始于七十岁的事业

战国时代，地主阶级的权力日益增长，贵族统治者权力削弱，领主地位日益危殆。

虽然如此，但这并不代表贵族领主和统治君主之间就没有矛盾，贵族领主们豢养士人的名声在外，所谓树大招风，各国君主自然不敢掉以轻心。是故如同战国四公子等人，虽然贤名满天下，却很容易就招致君主的防备甚至是嫉恨。所以在很多场合，历史所展现的这些公子们，都是游手好闲的样子，拿着国家的俸禄，依靠封地来过活并培植自己的势力，虽偶尔参与议论国政，却很少有人真正地能够左右国家政治。

据《史记·魏公子列传》记载，有一日，信陵君正和魏王惬意地下着棋，几局下来，信陵君都未尝一败。魏王自然不甘心，正准备大杀四方之时，一个卫兵急急忙忙走了过来，向魏王报告说，魏国刚刚接到北部边境的烽火战报，赵国军队大举入侵魏国的北部边境。

魏王一听，顿时大惊失色，遂让信陵君稍等片刻，待他召集大臣们一起商议好应对之策之后，再和信陵君对弈。

岂料信陵君竟然丝毫不为所动，反而让魏王不要惊慌，气定神闲地说道："赵王不过是找了随从军士，一起狩猎而已，不会是来攻打魏国的。"魏王闻言，自然不会相信，心中忐忑不安，虽然坐了下来，和信陵君继续博弈，但却显得身在曹营心在汉。正在这时候，北方又传来了战报，证实了信陵君所言非虚，魏王顿时感到胸中泛起一股凉气，遂好奇地问道："公子怎么能够知晓这件事情的？"信陵君也直言不讳地说道："臣门下有食客无数，他们各怀才能，很容易就能够探知赵王的所作所为，一旦他有什么不轨的行为，食客们就会将之报告给臣，臣也就顺势将这件事情告诉给大王。"

通过这件事情，魏王进一步见识了信陵君的才能以及其背后深厚的实力，为避免大权旁落，他只能在很多时候限制信陵君的权力，国家大事都不敢擅自交付给他处理。

信陵君即使再怎么愚钝，也知道魏王是有意冷落和防备他。何况他是如此聪明之人呢？可是，对于这一切，他都不在乎，他心中所想的，就是培养士人，积蓄人才，韬光养晦，厚积薄发，让魏国逐渐摆脱衰落的命运，让那些不得志的人才能够大展拳脚，让自己能够青史留名，成就一番功名大业。

正是无巧不成书，就在信陵君准备到深山大川之中找寻隐士贤才之时，一个人的名字传入了他的耳朵。这个人就是侯嬴。

这个侯嬴也正是一个隐士，而且此人就在魏国都城大梁（今河南开封）做夷门（司马迁曾说过，他曾经寻访过大梁的夷门，此门就是大梁的东门）的一个小小的守城官吏。信陵君知晓他之时，他已经年逾古稀，因为家境贫寒，迫于生计只能隐去才华，在这里当一个名不见经传的小吏。

信陵君知道此人一定有才能，可惜被埋没在市井之中。于是，信陵君便备了一份厚礼，前去拜访侯嬴。岂料这人确是人穷志不穷，无论如何也不肯接受信陵君的馈赠。并且还对信陵君说道："小臣出身寒微，却一点没有失去志气，数十年之间，一直修身洁行，虽然现在小臣困顿不已，却不想要人来可怜小臣，是以公子的财物，小臣是断断不会接受的。"信陵君听完此言，才知道自己大错特错了，要知道，一般有才能的士子，都很崇尚气节。自己和他地位不等，身份悬殊，如此态度对待人家，不是施舍是什么？君子不受嗟来之食，这让侯嬴如何能够接受？

知错能改，善莫大焉，公子知道了自己的错误，遂在家设筵席大会宾客，不久便高朋满座。待大家都就座后，只有上座的一个位置尚是空着。信陵君让大家且自行饮酒吃肉，说笑谈天，他和随从则坐上马车，前去迎接侯嬴。

侯嬴早就听说了信陵君礼贤下士，只是从未真正地见识过。此番见信陵君亲自来迎接自己，侯嬴也毫不客气地上到车上，坐到了上座位置，心中暗想，如果不是真心的，他一定会面露不悦之色。岂料信陵君竟然亲自架上马车，对侯嬴的所作所为没有露出丝毫的不悦之色，反而更加地恭敬，看不出一点做作的嫌疑。

侯嬴也真有一套，既然这样，就再考验一下你，遂对信陵君说道："小臣有一个好友，在市集中做屠夫，小臣有个不情之请，希望公子能够把马车驾到那里，小臣想要去看看他。"公子心想，那个人既然是侯嬴的好友，如果侯嬴确实有才能，那么谈笑有鸿儒，往来无白丁，他的这位好友即使是个屠夫，也必定有其非凡的才能。于是，信陵君毫不犹豫地将车辗转驾到了侯嬴的好友朱亥处。

侯嬴见朱亥正在摊铺上，遂立马下了车，和朱亥拥抱到了一起。说起来也真奇怪，看不出这朱亥究竟有什么过人之处，面相也一般，更不像信陵君心中所想的那样英明神武。但是侯嬴见了他，竟然如同换了个人似的，全然不顾信陵君还在焦急地等待着，只顾着和朱亥在那里有说有笑。

其实，侯嬴也正是在这个过程中，暗自观察信陵君的脸色，心中暗想，只要信陵君稍微露出不悦之色，自己就不必跟着信陵君去了，还是做一个安安分分的隐士比较自在。让侯嬴意外的是，虽然时间过去很久，信陵君的面色却越显得温和，如春风一般暖人心扉。

信陵君面对侯嬴的故意拖延，竟然没有丝毫的不耐烦，反而面带憧憬，脸泛欢欣。整个大梁城，有谁不认识信陵君？众路人见他不仅亲自驾车并苦苦等待一个和屠夫为伍的糟老头子，不禁心有疑惑。更别说信陵君的随从了，他们见此，早已经在心中将侯嬴骂得狗血淋头，同时也暗自奇怪，以往信陵君办事，可是最崇尚雷厉风行的，今天竟然会耗费这么长的时间，卑躬屈膝地等待一个名不见经传的老头，实在是让人费解。

到了这个时候，历史所考验的，已经不仅仅是随从的耐心或者是信陵君的耐心，更考验的是侯嬴的耐心，也正是因为这样，信陵君才真正地被成就，历史也才真正地包含了他们，并被他们的气节所感染。

终于，侯嬴意识到，自己无法再继续下去了，或许信陵君的耐心可以无限制地久等下去，但是侯嬴觉得，那样太残忍了。于是，侯嬴辞别了朱亥，和信陵君一道回了其府上。二人到信陵君府上时，大家酒兴正酣，信陵君随即向大家一一引荐侯嬴，并对其大加赞赏。引荐完毕，二人就座。之后，信陵君站了起来，亲自为侯嬴敬酒，其门下食客不禁暗自嘀咕，以往没有听说过此人，莫非他真的有什么过人的才干，让信陵君如此的降尊纡贵。

酒至酣处，侯嬴终于忍不住了，觉得是对信陵君掏心窝子说真心话的时候了，遂真诚地对信陵君说道："侯嬴本是夷门的一位小小守城官吏，但是公子却毫不忌讳，亲自驾着马车来迎接侯嬴，侯嬴本来就身处藏污纳垢之所，公子其实不应该过分地亲近侯嬴，但是今日公子却故意来亲近侯嬴。侯嬴想要成就公子礼贤下士的名声，所以长久地站着，让公子的车骑在市集中等待，过路的人看到公子，见公子的样子更加恭敬，世人都认为，侯嬴是个不识抬举的小人，而认为公子虽位高权重，却能礼贤下士，如此，投奔公子的贤能之士必定源源不绝。”

信陵君一听，这侯嬴所言句句属实，而其行为更是出人意表，他愿意牺牲自己的名声来成就自己的名声，自己还有什么不能信任他的呢？于是，侯嬴便成为了信陵君府上的上卿。

不久，侯嬴又向公子举荐了一个人才，这个人就是朱亥，侯嬴是这样介绍的：“小臣和公子在路上所看望的那个朱亥，表面上看起来是个屠夫，实际上是个贤人，只是世上很少人知道他的本质所在，他也乐得以屠夫的身份隐居在世俗之中。”信陵君听这侯嬴竟然如此抬举朱亥，朱亥必定有过人之处，于是多次去看望朱亥，并带去了大量的礼物，岂料这朱亥竟然从来不曾答谢于他，信陵君不禁心生疑虑，这是个什么样的人呢？竟然不知道知恩图报的道理，如此眼高于顶的侯嬴，何以会和一个市井小民交往甚密呢？

信陵君不知道，其实就在这短时间内，他已经通过自己的真诚，和侯嬴、朱亥结下了不解之缘，一旦有需要，这二人必定会为其效死力。

秦国靠不住

时为秦国称霸于诸侯，天下莫可御者。

前文提到，自范雎入秦，封侯拜相之后，便徐图公报私仇，而其最大的仇家，自然是魏国的丞相魏齐。魏齐知道自己罪责难逃，遂被迫逃去赵国，并躲在平原君家中寻求庇护。本来赵国和秦国尚未展开长平大战，赵国并不畏惧秦国，是以魏齐的安全在一时之间得到了保证。孰料秦国竟然将平原君诱骗到了秦国并加以软禁。同时还派遣使者对赵王说道：“只有将魏齐的人头送来，秦国才会放了平原君。”当时的赵国听说秦王如此恐吓，哪敢收留魏齐？立刻就将他赶出了赵国。只有当朝宰相虞卿，竟直接放弃了赵国的相国之位，和魏齐逃到了大梁，用意很明显，就是想要通过信陵君去到楚国。

信陵君和虞卿不一样，他手下有食客三千，封地上有数十万百姓，国家还有许多大事情要他承担，如果他帮助了魏齐，必定会招致范雎的嫉恨，如此，秦国也就有了攻伐魏国的借口，本来就江河日下的魏国，势必会雪上加霜。于是乎，当这二人前来投奔信陵君之时，信陵君犹豫不决，心中着实不敢擅自和他们相见，还找借口对门客问道：“不知这虞卿是怎么样的人？能否信任于他？”恰好这时候，侯嬴正在信陵君旁边，侯嬴见信陵君有心放任不管，遂说道：“夫虞卿蹑屩檐簦，一见赵王，赐白璧一双，黄金百镒；再见，拜为上卿；三见，卒受相印，封万户侯。当此之时，天下的人都想要结识他。魏齐此人要比虞卿穷困得多，虞卿却不留恋其高官厚禄、功名地位，反而将丞相的印章还给了赵王，捐万户侯而和魏齐逃往他乡。有急切的需求的人，需要归附公子，公子却说他是怎样的人。人固然不是很容易了解的，了解一个人也不是不容易的。”

信陵君听后，心中惭愧不已，亲自驾着车，到野外去迎接他们。魏齐听说，一开始信陵君并不想要见自己，而且自己还连累了平原君和虞卿受苦受难，遭受无妄之灾，秦国势大，反正已经无法逃避，遂愤而自杀。赵王闻讯，遂派人来取了魏齐的人头，换回了平原君。对于此事，信陵君一直耿耿于怀，以至于多年过去，提起这件事情还愧疚不已。

信陵君正是因为考虑到个人的荣辱比起国家的兴亡，实在是微不足道，所以才会犹豫是否要帮助魏齐。可见他在国家大事上，一点也不含糊。

在魏国安釐王即位十几年之后，齐国和楚国订立盟约，一起攻伐魏国，恰好这时候唐雎出使秦国，说服了秦昭襄王发兵，魏国得救。但是这魏王却是个毫无见识、鼠目寸光之人，他见秦国强大而且还有襄助之劳，遂决意亲厚秦国一起讨伐韩国，魏国上下都不能劝阻。

只有信陵君心知秦国乃虎狼之国，有席卷天下，包举宇内，囊括四海之意，并吞八荒之心。遂向魏王纵论天下大势，借以劝阻魏国莫要亲厚秦国：

“秦国人和狄戎的习俗何其相似，他们有着虎狼一样的心肠，贪婪凶狠，贪慕名利而从来不讲信誉，也不管礼义德行是什么，他们也一点不知道。对于整个天下，他们不曾施厚恩，积大德。只要事情对他们有好处，秦国人就会好像禽兽一样，连亲兄弟也不放过，这是天下人所共知的事情。比如穰侯魏冉本是秦王的舅父，在秦国而言，可谓居功至伟，可是贪婪的秦国为了自己，竟然把他驱逐出咸阳以致客死异乡；秦王的两个弟弟一直安分守己，不曾犯错，其封地却一再被秦王削弱。秦国对于至亲之人，都能如此绝情绝义，何况对仇敌之国呢？如今大王与秦国共同攻伐韩国，只要韩国对秦国不具备任何威胁，并且秦国也在这一过程中获得了足够的好处，魏国就会更加接近秦国这一火海而特别的危险，臣特别感到迷惑不解，大王何以会选择联合秦国来威胁自己的国家呢？大王不明白这个道理就是不明，臣下没有来向您奏闻这个道理就是不忠。”

如果说一开始，魏王乍听信陵君反对自己和秦国联盟，还心有不服，那么到了现在，魏王则感到心服口服，要是没有信陵君，自己又要犯错误了。信陵君见自己的劝阻已经有了效果，遂进一步说道：“当今的韩国，不过是在孤儿寡母的统治下苟延残喘，大王应该知道，韩国必将会不断地衰落下去。况且韩国还需要和强大的秦国、魏国大军交战，如此的内忧外困，它还能够支撑得了多久？一旦韩国灭亡，秦国势必要占有原来郑国的土地，此地和大梁相邻，到时候魏国便会如羊入虎口一般，说不定哪一天秦国就会找魏国的麻烦，大王拿什么去阻挡？大王的本意是好的，臣知道，大王不过是想要收回原来魏国的土地，可是即使魏国和秦国联盟了，秦国就会坐视魏国的强大吗？”

信陵君三言两语之间，就将魏王给唬住了，只听信陵君继续说道：“秦国不是一个安分的国家，韩国灭亡后必将另起事端，另起事端必定要找容易的和有利的目标，找容易的和有利的目标必定不去找楚国和赵国。原因何在？如果必须跨越高山黄河，再穿过韩国的上党去进攻赵国，这是重复阏与一战的失败，秦国一定不会重蹈覆辙。如果从河内取道，背对邺城和朝歌，横渡漳水和滏水，与赵军在邯郸郊外决战，这就会遇到智伯那样的灾祸，秦国自然不敢这样做。进攻楚国要通过涉谷，行军三千里，路途遥远且目标不易攻取，秦国也不会这样做的。如果从河外取道，背对大梁，右边是上蔡和召陵，与楚军决战于陈城郊外，秦国又不敢。所以，秦国一定不会首先进攻楚国和赵国，更不会首先进攻卫国和齐国。”

其实，信陵君分析到了这一步，魏王已经知道了魏国的形势。信陵君继续说道：“韩国灭亡之后，秦国出兵的时候，除魏国外没有它国可以进攻。秦国本来就已占有怀邑等地，如果其在垝津筑城逼近河内，那么河内的共城与汲邑必定会面临危险；秦国占据郑国故地，得到垣雍城后将荥泽决开，水淹大梁，大梁就会失陷。大王的使臣去秦已成过失，而又在秦国对安陵氏进行毁谤，秦国早就想诛灭它了。秦国的叶阳、昆阳之地与魏国的舞阳相邻，听任使臣毁谤安陵氏，秦军就会绕过舞阳北边而从东边靠近许国故地，这样一来南方一定危急，魏国肯定会陷入危险的境地当中。”

此外，信陵君还就私人和国家的关系进行了论述，他知道魏王和韩国王室交恶，是故说道："憎恶韩国、不喜爱安陵氏是可以的，可是魏国更需要担心的是，秦国会选择进攻魏国。以前，秦国在河西晋国故地，去大梁有千里之远，黄河及高山将其阻挡，周与韩将其隔开。林乡一战以来，秦国已攻打魏国七次，有五次攻入囿中，其攻陷边境城邑后，毁文台，烧垂都，砍伐林木，猎尽麋鹿，围国都。秦军又到达大梁以北，往东打到陶、卫两城的郊外，往北打到平监。丧失给秦国的有山南山北，河外河内，几十个大县，几百个名都。秦国在离大梁一千里的时候，就已经造成了如此祸患。又何况让秦国灭了韩国，据有郑国故地，没有黄河大山的阻拦，东、西二周和韩国都再也不能阻挡秦军的脚步，到时秦军离大梁只有一百里，只要他们挥师东进，则魏国必定会大祸临头。"

其实，魏王之所以想选择和秦国联盟，不过是为了韩国占据的那一亩三分地，是故信陵君重新提出了合纵的主张，他说道："从前，合纵很少取得成功，因为楚、魏之间互不信任，而韩国不愿参加盟约。现今韩国已经遭受战祸三年了，秦国逼迫它屈从并同自己媾和，韩国虽知要亡却不肯听从，反而将人质送到赵国，以示愿与秦国死战。楚国与赵国必定集结军队相助，他们都知道秦国对各诸侯国虎视眈眈，野心极大，只有把天下各诸侯国完全灭亡，使海内之民都臣服于秦国才会善罢甘休。所以臣愿意用合纵的主张报效大王，大王应该马上接受楚国和赵国的盟约，挟持韩国的人质来保住韩国，借此向韩国索地，韩国一定会送还。这样做军民不受劳苦就可以重得旧地，其效果要超过与秦国一起去进攻韩国，且不会有与强秦为邻的祸害。"

最后，信陵君还从保全韩国和失去韩国正反两个方面，论述对魏国的利弊："保全韩国对魏国有利，这是上天赐给大王的良机。开通共城、宁邑到韩国上党的道路，且让这条路经过安城，颁布法令让进出的商贾都要纳税，这就好比魏国把韩国的上党作为抵押。拥有这些税收就可充足国库，韩国必定会感激魏国，如此，诸如反叛魏国这等对魏国不利的事情，韩国定然不敢做。到此为止，韩国其实已经不再是独立的，而成为了魏国的一个郡县，魏国得到韩国作为郡县，大梁、卫国、河外等地区必然受到拱卫，秦国也不敢擅自征伐。如果不保存韩国，东、西二周，安陵也会陷入秦国的重兵围困，进而灭亡，到了楚国和赵国也大败之后，天下就没有国家不惧怕秦国了。群雄束手，诸侯拥立，秦国不久就能够一统天下。"

在信陵君的忠言劝谏下，魏王最终决定，不和秦国建立联盟，也暂时不进攻韩国，只可惜，后来韩国终被秦王所灭，5年之后，魏国也被灭亡。但是可以论定的是，信陵君贵为魏国公子，却没有养尊处优、目光短浅，反而有着高瞻远瞩的战略眼光，不愧为被后人所敬仰的出色军事家。

偷出来的援军

公元前260年，赵国45万大军，在赵括的错误战略下，悉数在长平被杀。两年之后，秦军在王陵的率领下，兵临邯郸城下并加以重重围困。可是，经过两年的对峙，秦军不断地增添人马，却始终难以攻克邯郸。而镇守邯郸的，就是赵国名将之一的廉颇。只因为白起不忿范雎，所以坚决不出征，秦王只能用王龁替代王陵。所谓千金易得、一将难求，在大将廉颇的守护下，邯郸城固若金汤。王龁用尽招数，却还是奈廉颇不得，战争的天平在不知不觉之间，已经开始向赵国倾斜。为了尽快解除邯郸之困，平原君遂前往魏国求救。

信陵君的姐姐是赵国平原君的夫人，平原君自然毫无顾忌地向信陵君陈述了韩、赵、魏三家一体，互为依存的关系，也向他说明了，秦国一旦灭亡赵国，魏国也必定危急的事实。信陵君也知道，韩国灭亡了，魏国危急，其实赵国灭亡了，魏国何尝不是一样的危急呢？是故信陵君向魏王陈述了这些利害关系。魏王经过左右权衡，艰难挣扎，最终决定让将军晋鄙领兵十万救赵。

然而，晋鄙大军却在邺屯留了下来，扎筑起了营垒，名义上是救赵国，实际上则是持左右观望的态度，在邺隔岸观火，以待时变。

信陵君听闻了这个消息，心中震惊不已，如此贻误战机，陷赵国邯郸于危险境地，真是愚蠢至极。其实，在此之前，秦王就派遣来了使者，向魏王威胁道："秦军旦夕之间就能够攻克邯郸、灭亡赵国，诸侯任何一个国家如果胆敢救援赵国，秦军邯郸战事一结束，必定首先去攻打它。"同时，秦国还许以魏国以重利，试图暂时稳住魏国，魏王果然上当。

而另一边，平原君则是急切得如同热锅上的蚂蚁，他派往魏求救的使者接连不断，却一直都没有结果，遂责怪信陵君道："赵胜之所以和公子结为婚姻亲戚，是因为我考虑到了公子的高义，能够在关键时刻，急人之难、救人之困。今邯郸旦暮之间，眼看马上就会在秦军的铁骑之下被攻克，而魏国的援军却久久不能到达，何以体现公子的高风亮节呢？难道这一切都只是徒有虚名吗？纵使公子瞧不起赵胜，认为我不配和你结为姻亲关系，而投降了秦国，你也不能不怜惜自己的姐姐啊。"

信陵君见平原君如此说，心中可真不是个滋味，便派门下食客辩士多次前去劝谏魏王。只可惜任你说得天花乱坠，魏王就是不为所动。秦国太强大了，任何一个国家，也不敢在老虎身上拔毛，魏王深切地知道，魏国军队已经元气大伤，不复当年的悍勇和强势，对抗秦军无异于是以卵击石。

黔驴技穷之下，信陵君为了不失信义，遂准备做困兽之斗。他率领门下食客，带领100辆车马前去援救赵国。哪怕是拼死一搏，同归于尽，也比遭受平原君的指责而良心不安来的好。

恰好，这一行战车路过夷门是遇见了侯嬴，侯嬴见状甚感奇怪，遂问询信陵君，这是在做什么。信陵君正感到一腔怨愤无人能懂得，见侯嬴前来，遂引为知己而坦言相告，希望这侯嬴能够知恩图报，即使不和自己前去赵国，也起码给自己出谋划策，看看有什么好办法能够击退秦军。

岂料这侯嬴竟然将往日的恩情忘得一干二净，见信陵君前去送死，只是淡然说道："公子好自为之，去赵国大展拳脚，小臣就不跟随你了。"信陵君见状，顿时失望透顶，只能驾着车马，继续前进，到了大梁城数里之外，心中更加感到不忿："天下谁人不知，谁人不晓，我对待侯嬴，可谓关怀备至，今天我就要去送死了，侯嬴竟然一句离别的话都没有，所以，我感到什么是世态炎凉，人心不古。我倒要看看，这侯嬴的心到底是什么做的，怎么能够对我的前途不闻不问呢？"

于是，信陵君驱车回到了夷门，希望能够解除心中的疑惑，见到侯嬴，不待信陵君发问，侯嬴便笑着说道："小臣早就知道，公子会回来的，公子喜好结交士人，你的美名已经传到天下。今日公子因为急人之难，却没有其他办法，只能披挂上阵，亲自去支援邯郸，攻打秦军，公子这样做法，无异于羊入虎口，不会有丝毫的功劳，更对邯郸没有半点帮助。既然如此，公子养了这么多的食客，又有什么用处呢？然而，公子一直厚待我侯嬴，此番公子离去，臣却连送也没有，因此，臣知道公子必然心中不平，要回来问个清楚明白。"

信陵君一听，看来自己的猜测没有错，这侯嬴不是忘恩负义之辈，他的胸中应该早已经有了定计。于是，信陵君连忙向侯嬴问道，该如何解决眼下的危局。侯嬴向信陵君使了一个眼色，信陵君当即知道，未免隔墙有耳、人多嘴杂，遂寻了一个僻静之所，和侯嬴单独相处。

见周围没有外人，侯嬴神色紧张地再向四周望了一番，确信安全之后，便神秘地对信陵君说道："侯嬴听说，调集晋鄙大军的兵符，常常放在王上的卧室之内。当今后宫之中，有佳丽无数，却唯独一人最得大王宠信。这个人就是如姬。她因为大王的宠爱，所以能够经常出入大王的卧室之中，依照侯嬴看，找如姬帮忙办这件事情，十之八九能够成功。"

信陵君知道，此计甚妙，只可惜如何能够让她心甘情愿地帮助自己，成了最大的难题，只听侯嬴胸有成竹地说道："侯嬴听闻，如姬的父亲被人杀害，如姬求了三年，希望魏王和其他大臣能够为她报仇雪恨，可是却一直没有成功，如姬无奈之下，哭诉着找到了公子，公子什么也没说，派遣门客直接将其仇家的人头送给了如姬。如姬定对公子心怀感激，哪怕是要她为公子去死，她也会奋不顾身，只是公子一直没有找她罢了。只要公子开口，请如姬出山，则如姬必定赴汤蹈火为公子盗取兵符，掌控晋鄙大军的大权也就会落入公子的手中，如此，公子便可以北上去救援赵国、西去抵御秦国，这正是王霸的大业。"

信陵君听完，大呼妙计，这侯嬴果然有才智，在这样的紧要关头，能够想出这么巧妙的方法。于是，信陵君连夜入宫，找到了如姬。如姬听闻信陵君大驾光临，心中欢喜无限，屏退了左右。信陵君将心中所想一一向如姬陈述，如姬也知道，此事不管成与不成，自己都会面临巨大的危险，可俗话说"滴水之恩当涌泉相报"，莫说信陵君为自己报了杀父之仇，就是冲着他的为人，即使肝脑涂地，也势必要毫不犹豫地帮助信陵君。

不日，如姬终归有惊无险地将虎符盗取了出来，交到了信陵君的手中，并让信陵君小心。道了一声珍重，信陵君便马不停蹄地找到了侯嬴，准备一起前去调集晋鄙的大军。

然而，侯嬴却还是表示不赞成公子的举动：信陵君即使拿了虎符去和晋鄙的另一半虎符会合，却难免晋鄙不会心生怀疑。如果他一时之间不愿意交出兵权，反而先向大王请示一番，则信陵君出兵救援赵国一事，就不能成功了，而信陵君还会因为擅自调动军队，以图谋不轨之罪而受刑。

于是，侯嬴向信陵君推荐了一个人，这个人就是前面提到的屠夫，也是侯嬴的好友朱亥，只要有他相伴左右，到时候一旦晋鄙不听从信陵君的吩咐，他必然能够代替信陵君将其诛杀，如此，可策万全。

信陵君听了侯嬴之计策，瞬时间大哭了起来，侯嬴胸中疑惑，公子何以会哭泣不已，难道是害怕此行祸福难料？于是，侯嬴将心中的疑惑说了出来。信陵君回答道："晋鄙是魏国的大将，曾经为魏国立下了赫赫战功，是魏国不可多得的将才，但是他却一直忠心于魏王，和我并没有什么私交，此次前去，恐怕他不会轻易将兵权交付给我，到时候朱亥必定会杀了他，魏国痛失如此良才，我心中痛苦不已，才会哭泣的，哪里是害怕死亡呢？"

但是，到了这个时候，再怎么痛苦也必须忍痛割爱，否则一旦魏王知道了兵符不在，信陵君危险不说，救援赵国的事情也就没了希望。

于是，信陵君和侯嬴火速找到了朱亥，邀请他一同前去，保全信陵君。

朱亥也是个真豪杰，二话没说，就答应了信陵君的请求，因为在他心中，深刻地感念着信陵君的恩德。在世俗人的眼中，他朱亥不过是个市井杀猪宰牛之辈，然而信陵君却从来没有瞧不起他，而且还多次亲自前来拜访他，赐予他许多礼物。一直以来，朱亥都没有任何感激的话、感谢的行动，只是因为，他认为自己的那点小小的礼其实没有什么用处，信陵君欣赏的，不过是他这个人而已。如今信陵君有急难，朱亥自然要肝脑涂地、为其效死力。

在途中，朱亥不吐不快，将心中所想告知了信陵君，一时之间，让信陵君感动不已，他知道，自己没有看错人，士为知己者死，他们能够在一点恩惠下，为自己效死力，自己也大可以将他们引为知己。

信陵君知道，这一切都是拜侯嬴所赐，遂对侯嬴拜了又拜，侯嬴遂说道："我本来应该随同公子前去的，只可惜老人体衰，已经走不动了，我将留守此地，拖延魏王的查访者，并在心中默念公子到达晋鄙大军驻地的日子，到时候我一定会面朝北方，自刎以为公子送行。"信陵君见侯嬴死志已决，心知无法再去改变，只能挥泪辞别。

此时此刻，信陵君的心情正应了那一句话：人生得一知己，夫复何求？

市场上的贤人

信陵君一行很快就到达了魏国10万大军的屯军之所邺，一路无话。信陵君很快就见到了晋鄙，将自己手上的半块兵符拿了出来，与晋鄙手中的另外一半合在一起，没有丝毫误差。

不过晋鄙心中还是很奇怪，魏王在自己带兵之初，就特别下令，让自己好生带领魏军，切不可以擅自去救援邯郸，不可擅自和秦军交战。如今魏王只字未提，连诏令也没有发出，只有信陵君带着半块兵符到此，莫非大王不察，让信陵君盗取了兵符？且先试上一试。

于是，晋鄙望了望信陵君身边的那个大汉，即朱亥，稍感诧异，遂问询道："承蒙大王器重，晋鄙率领魏国10万精锐，在此边境之上，静待时局的变动，继而随机应变，此乃国家兴亡的重任。今日见公子前来，竟然只有单车，恐怕于理不合，这是为什么呢？如果公子说不出理由，叫我哪里敢擅自给公子兵权呢？"

信陵君一听，就知道这晋鄙果然非比常人，一时之间也不知道该如何应对。再看看军营周围，竟然全是带甲之士，只要晋鄙将令一出，他们便会一拥而上。看来，这晋鄙对于信陵君，早就有了防范。

见此事不能善了，危急时刻，朱亥怒目圆睁，"呼呼"地从袖子中抽出了重达40斤的铁锥，轮了一圈之后，轰然向晋鄙砸去。晋鄙不料想，这名不见经传的大汉，胆敢在10万大军中，对自己动手。猝不及防之下，被朱亥砸成了一摊肉泥。

军中将士见状，纷纷拔出手中宝剑。信陵君急中生智，对大家大喝一声，说道："兵符在此，晋鄙不服从大王命令，图谋不轨，意欲谋害我等，已被我就地正法，相信大家对于晋鄙的犯上作乱之举，都不知情，所以只要誓死跟随与我，奉大王号令，前去解救了邯郸，则不但无过，反而有功。"

众人其实早就听说了信陵君的名声，此番即使心中有所疑虑，但因为军人的天职就是服从，他们只能从了信陵君。况且无论功过，他们都不会受到牵连，眼下晋鄙已经死了，只要他们能够立下功勋，料来不会出什么问题。对于秦军往日的所作所为，他们早就想报仇雪恨了。

信陵君有惊无险地做了邺城10万魏国军队的统领，他知道，此次魏军前去，面对的可是秦国的精锐之师，魏国军队的战力不如秦军，十之八九会被秦国军队剿灭，为免魏国以后落得个家中无人，信陵君遂对全军下令道："父亲和儿子，如果都在此次出征的大军之中的，则准其父亲回去家里；兄弟都在魏军中的，则准其兄弟回到家中；如果是个独子而没有兄弟的，也准其回到家中，赡养老人，抚养子女。"

听闻这条军令，除非是逼不得已必须回到家中的，一般的军人，都愿意留下来，甚至是曾经忠心于晋鄙的人，也愿意留下来为信陵君效死力。最终，魏国选取了8万士气高昂、心存必死之心的精锐战士。虽然数量远不及秦军，但是士气高昂、人人都抱着必死的决心参加战斗，是故其战力大大提升。

果然，这8万魏军如同猛虎下山，和赵军里外夹攻，楚国大军未到，就把秦军打得落花流水，邯郸之围就此解除。

赵王和平原君感念信陵君的大恩大德，遂一起到了邯郸的郊外，来迎接信陵君。赵王对其拜了又拜，顿首称谢道："从古至今，天下的贤达之人并不在少数，但是如同公子者，则可以说是前无古人。"信陵君听了这话，感到自己的一番努力终于没有白费，就连曾经辱骂过自己的平原君，也亲自背着箭袋子，为信陵君引路。

信陵君对于这一切，都心怀感激。然而，他的眼光却看向了遥远的南方，也正是侯嬴所在的大梁。从今以后，自己恐怕再也难以回到魏国了，与此同时，侯嬴也很可能已经面向北方，自杀多时了。

而事实也确实如此。就在他成功地夺取了魏国10万大军的统领大权之后，侯嬴就已经在北乡自杀。信陵君窃兵符的主意是侯嬴出的，而且朱亥也是侯嬴介绍给信陵君的，侯嬴自然惧怕魏王追究；再者侯嬴料想信陵君此去定然能够击溃秦军，但是必不能再回魏国。古语云"士为知己者死"，既然信陵君这位知己已经走了，自己也垂垂老矣，只能以死来慰藉思念之苦。

而另一边，魏王在听说了信陵君盗取兵符，杀害大将晋鄙并擅自调动兵马和秦国为敌之后，大怒不已。大梁城中传出消息，只要信陵君回到大梁，魏王必定严惩不贷。其实魏王并不是真的要处罚信陵君，眼下秦军已退，赵国不亡，则魏国也得到一时的安全。

但是魏王害怕秦军会兵锋转向，攻伐魏国。是以魏王将一切的罪责都推给了信陵君，也好让秦军找不到攻打魏国的理由。

在赵王和平原君的挽留下，已经走投无路的信陵君假意推脱了几天之后，便顺势留在了赵国。时光荏苒，岁月如梭，一转眼之间，信陵君在赵国已经待了足足十年的时间。

这十年时间，赵王和平原君对信陵君一直心怀感激，便商议给信陵君五座城池，作为他的封地。信陵君听闻了这件事情，也感到异常高兴，心中不免有些飘飘然。

信陵君不知道，自己已经陷入了一种危险的境地之中。

幸好他门下有一食客见信陵君如此作态，便直言不讳地对信陵君说："有些事情可以不忘记，然而有些事情却不可以不忘记，夫人对公子有恩德，公子切不可以忘记她；公子对其他人也有恩德，希望公子能够忘记。公子轻视魏王的诏令，夺取了晋鄙的十万大军，用以援救赵国，公子对于赵国，可谓居功至伟，但是对于魏国而言，特别是魏王而言，公子则并不是忠臣，做的事情自然也不符合魏国利益，公子却骄傲，认为自己有莫大的功劳，窃以为，公子这样做，是不合道理的。"

信陵君听闻门下食客这么说，顿时感到无地自容、自责不已。别人问他为何会这样时，信陵君说，自己罪孽深重，一方面对不起魏国和魏王，另一方面对于赵国则无尺寸之功，还享受如此尊崇的待遇。赵王邀请信陵君来饮酒，一听信陵君这么说，也就不好意思将五座城池封赏给信陵君，只将鄗（今河北柏乡县北）作为公子的"汤沐邑"。不久以后，信陵君将八万魏军交付了魏国，还对魏王表示了自己的愧疚，魏王自知自己的才智不及信陵君，魏国没有他，其他国家便不会顾及魏国，是以魏王也多次表示，希望信陵君能够回到大梁，以往的过错也一笔勾销，魏国还将信陵封赏给了信陵君。

信陵君毫不客气地接受了信陵，但却并不急于回到魏国。

在赵国这边，他也没有闲着，依旧延续着自己喜爱养士的风格。这时候，信陵君正好听闻，赵国有一个叫做毛公的大才，在赌徒之中做个隐士。另外还有一个人叫做薛公，他在卖浆人家中隐藏，也有不一般的才能。除此以外，这二人竟然还是经常在一起游玩的好友。

大凡有大才的人，如果做了隐士，要么是为了真正过闲云野鹤的日子，要么是为了找到自己真正的伯乐一展才华而暂时隐退。他们都会有一个特点：不轻易和别人相见。这二人也这样，对于信陵君，也一直藏而不见，只是信陵君不知道，这二人的心里到底是怎么想的，可是无论怎么样，都要努力一番跟着这二人。

于是，信陵君偷偷打听到了二人的住所，趁着二人相邀外出游玩的机会，信陵君也加入了其中。二人见信陵君谈吐不凡，心胸开阔，爱惜人才，不耻下问，遂倾心和信陵君交往，信陵君也倾慕这二人的才华和洒脱的气质，一时之间，这三人便成了要好的朋友。

然而，平原君对这一切却并不是很赞同，他对自己的夫人说道："一开始之时，我听闻夫人的弟弟信陵君天下无双，现在看来，信陵君竟然不顾身份，和赌徒、卖浆者一起游玩，信陵君太轻浮了。"

其夫人一听，还真是这么回事。于是，她便将平原君对信陵君的看法告知了信陵君，希望他能够马上回头。岂料信陵君也毫不客气，针锋相对地说道："一开始之时，我听说平原君贤达之人，因此才会背弃魏王，千里迢迢率领大军前来营救赵国，也成就了平原君的名声。但平原君外出游玩之时，不过只有豪放的举动而已，却没有求取真正的士人。无忌还在大梁的时候，就听说了这二人的贤达，到了赵国之后，一直恐惧不能见到，无忌和他们一起外出游玩，尚且担心他们不想让我一同前往，今日平原君竟然认为这是一件羞耻的事情，他也是不能够和我等一起游玩的。"

老家并不安全

经此一事，信陵君觉得，自己再待在赵国，只会徒惹麻烦。遂整顿行装，准备离开赵国，到别的地方去。而在这一期间，秦国听说信陵君在赵国，魏王身边没有可用之人，遂多次出兵，大举攻伐魏国，魏国军队则是屡战屡败。魏王也感到了事态的严重性，如果信陵君再不回到魏国，则秦国必定会一点一点地将魏国的大好河山蚕食。所以魏王便派遣了使者，前去请信陵君回国。然而信陵君却惧怕这是魏王的计策，将自己骗回去之后，就会对自己下毒手，为免食客劝谏，信陵君下了严令："有敢为魏王使通者，死。"

一时之间，信陵君门下食客，对这件事也噤若寒蝉，唯独他在赵国结识的毛公和薛公，直言相谏道："公子之所以在赵国受到重视，并且闻达于诸侯，就是因为有魏国的缘故。今日秦国攻伐魏国，魏国告急而公子竟然不理不顾，使得秦军攻克了大梁，捣毁了魏国历代先王的宗庙陵寝，以后公子还哪里有面目能够在天下立足呢？"

公子听闻了这句话，遂决意回到魏国。平原君此时也来到信陵君府上，免冠谢罪，希望他能够留下来，而且平原君的门客听说了这件事情之后，也有一半的人，愿意离开平原君而跟随信陵君一起，只是希望他能留下来。

但是信陵君心意已决，平原君之事不过是个导火索，毛公和薛公的话才是让他下定决心的关键。平原君和赵王都不能留住他，不日，信陵君便驱车回到了魏国都城大梁。

魏王听说信陵君愿意回到魏国，一时喜不自胜，亲自到大梁城外相迎。魏王见到信陵君，更是喜极而泣，信陵君多年未回到故土，自然也是热泪纵横。不久，魏王便封信陵君为上将军，统帅魏国军队。如此一来，信陵君成了为数不多的既是贵族又掌握实权的人。

不过信陵君也确实不负众望，凭借自己在政治、外交、军事上的非凡才能频频救魏国于水火之中。魏安釐王三十年（公元前247年），秦军再次大举进攻和占领魏国土地，信陵君自知仅仅依靠魏国的军队，万万难以抵挡强大的秦军。遂派遣使者，同时前往列国求援。这些国家知晓了是信陵君担任魏国的军队统帅，对此次联合抗秦的信心大增，加上秦军的威胁日盛，遂纷纷派遣大军，前来援救魏国。

信陵君也就在这一期间，率领除齐国之外的东方五国大军，在北线打破了秦军于汲县设立的防线，在南线则攻击管城（今河南郑州）地区，以解除秦军对魏国都城大梁的威胁，秦军一路大败，尤其是在北线，更是溃不成军，联军趁势乘胜追击，连战连胜，一路打到了河外，秦军也被联盟大军包围。自此，秦军苦心经营多年的伊阙、温县、邢丘、汲县防线告破。然而，在南线，联军攻击管城之战事，却进展不大。由于管城的秦军守将正好是个魏国人，信陵君便想要招降，遂找到了管城守将的父亲缩高让他劝儿子投降。岂料这人是个死脑筋，必不赞成信陵君的看法，认为开城投降不是弃暗投明，反而是叛国投敌，信陵君想尽了办法，缩高就是不为所动，最后信陵君只能威胁他，要么让自己的儿子投降，要么就杀了他。

这缩高也真是硬气，见此事无法善了，直接自杀，南线战事就此陷入了僵局。

此时此刻，在河内地区，联军依然包围着秦军。秦军虽然陷入不利的境地，但是其战力尚在，士气尚存，如果援军一到，他们里应外合，必定会反败为胜。于是，信陵君为了能够速战速决，亲自冒着飞箭石雨，向敌军冲锋，秦军阵营因此打乱。无奈之下，秦军在蒙骜的率领下，再次向西边突围。联军依旧不放过痛打落水狗的机会，一路追到函谷关（今河南灵宝北）。

秦军知道联军此刻军威大盛，不可以直迎其锋芒，遂学起了廉颇，龟缩在关门之内，不管联军如何骂阵，他们都坚守不出战。辗转数月时间过去，大军见无法攻克函谷关，而粮草也快要支撑不住，遂撤了回去。

但是通过此次诸国联合作战，魏国夺回了关东地区的大梁土地，信陵君也因功而被拜为上相，魏王还封赏了信陵君五座城池。然而，此次合纵，虽然重创了秦军，但是对于魏国等东方六国而言，并没有什么大的实质性作用，而且整个东方都将在秦军更为强大的攻势下，俯首待命。当然，在这一次合纵中，列国都见识到了信陵君的军事才能，他也借此得以威震天下。据传，当时许多国家都派遣了使者，前来向信陵君学习兵法，信陵君自然来者不拒，还著书立说，成就一部《魏公子兵法》。后世的《汉书·艺文志》中，在论述兵形势家之时，便有《魏公子》二十一篇，足见信陵君对于后世影响力的深远。

自此之后，因为信陵君的缘故，秦国一度放慢了向东方侵略的步伐。秦王知道，魏公子一日不除，就一直是秦国的心腹大患。于是，秦国再次使出最为擅长的离间计来搞垮信陵君。为策万全，此次秦王可谓全方位出击。

一方面，秦王让人拿着无数的金银财宝来到魏国，贿赂被信陵君击杀的大将晋鄙的门客。于是，这些人便诋毁信陵君，说他在外十年之久，现在虽然做了魏国的将领，但是其他国家的将领好像都听从他的号令，诸侯列国只听说魏国有信陵君，却没有听说魏国有魏王。而且，听说信陵君还准备在魏国南部自立为王，诸侯都畏惧信陵君的威势，是故都表示愿意拥护信陵君。

另一方面，秦王还派遣了使者前往魏国，不去朝见魏王反而去见信陵君，一路之上，大造声势，各国都知道了这件事情。使者到了信陵君处，便向信陵君假意问询他是否已经做了魏国的王。尽管信陵君百般辩护，但是三人成虎，一时间谣言满天飞，世人都认为他有意自立为王。而魏王也不再信任他，信陵君最终被罢免，秦国的离间计再次成功。

信陵君知道，此后自己必定难以翻身了，便借故称有病一直不上朝，转而和宾客整日整夜饮酒作乐。由于仕途失落，信陵君心中郁闷，便沉溺于声色犬马之中，四年之后，终因为对身体伤害太过，患病而死。而在同一年，魏王也驾崩。

此后，魏国更是江河日下，秦国则是一路高歌猛进。

信陵君的事迹永远被历史所铭记。汉高祖刘邦在就任大汉天子，夺取天下之后，每次经过大梁，都会去祭祀信陵君。高祖十二年，还给信陵君配备五户人家守墓，世代祭祀信陵君。

司马迁也在《史记·魏公子列传》中论述道："天下诸公子亦有喜士者矣，然信陵君之接岩穴隐者，不耻下交，有以也。"对信陵君礼贤下士的良好品德给予了很高的评价。

第七卷

天下一统，成王败寇谁与争锋

第一章　奇货可居，秦庄王掌权

买卖国君

吕不韦，出生年不详，卒于公元前235年。吕不韦之名，几乎达到了家喻户晓的地步，他是当时最为富有的商人，他将“天下熙熙，皆为利来，天下攘攘，皆为利往”的古代谚语，发挥得淋漓尽致。

关于吕不韦的祖籍，历史上众说纷纭，几无定论，比较可靠的是说他为卫国濮阳（今河南濮阳）人，还有一种说法，认为吕不韦就是赵国人，由于史料有限，难以求证。唯一可以确信的是，吕不韦不是秦国人。《史记》记载了吕不韦的商业活动：“往来贩贱卖贵。”《战国策》中也有一段类似的记载。稍加分析，便能推测出他的财产极可能是靠经营奢侈品积聚起来的。在阳翟（今河南禹州）经营珠玉产品的时候，吕不韦深谙低价买进，高价卖出的经营之道，不久便积累起了千金的家财。这为他以后的发迹，奠定了深厚的经济基础。

这一年，吕不韦到达了邯郸，带足了钱财，准备做一桩大买卖。机缘巧合之下，吕不韦竟然结识了当今秦国国君的孙子嬴异人。

秦昭襄王四十年（公元前267年），太子嬴悼死在魏国，后来被运回秦国，举行了国葬，其陵寝就在芷阳。两年之后，秦昭襄王将其第二个儿子安国君立为太子。

安国君有个非常宠爱的妃子，即华阳夫人，是安国君的正室，只可惜她没有儿子。因此，一旦安国君即位，太子人选便只能从他的20多个儿子中选取。而嬴异人（也叫子楚，生于公元前281年，卒于公元前247年），因其母亲夏姬不受宠爱，他在秦国也不受重视，太子之位肯定是与他无缘的。后来他作为秦国的人质，被送到了赵国邯郸。

当时的列国形势很紧张，秦国自白起执掌兵权之后，便将赵国作为秦国最大的敌人，长平一战奠定了胜局，后来更是兵临邯郸。由此可以知道，异人在邯郸的日子并不好过。当时，赵国对于异人，可谓人人唾弃鄙视，而他自己也没有足够的钱财，只能过着穷困潦倒的生活。

几乎所有人都认定，嬴异人不仅难以回到秦国，还很有可能客死异乡，更谈不上继承秦王大统了。直到吕不韦到来后，才真正地发现了嬴异人的价值所在。在吕不韦的眼中，嬴异人就是一件最有价值的商品，现在可能一文不值，但只要自己经营有道，将来必定能够让他身价猛增，自己也可以一本万利。

其实，在来赵国之前，吕不韦并不认识嬴异人。吕不韦一见嬴异人就被他不一样的气质所折服。经过打听，才知道他就是秦国的质子。

吕不韦见有如此良机，便向其父亲问了三个问题。首先，吕不韦问其父亲，如果是种地，能够有几倍的利润？其父亲回答说十倍；继而吕不韦再问道，如果是贩卖珠宝玉佩呢？其父亲回答说，那可就高了，起码一百倍；最后，吕不韦大胆地问道，如果是扶持一个人，做一个国家的君主呢？其父亲抽了一口凉气，回到道，千万倍，甚至是难以估计的。

经过一番问答，吕不韦终于下定了决心，要好好经营嬴异人。

于是，吕不韦便在一个天朗气清的上午，前去拜会嬴异人。一见面，吕不韦便表现得喜不自胜，高兴地说道："只要依靠我，就一定能够光大你的门庭。"嬴异人听闻他这么说，遂笑着说道："你要光大我的门庭？可是依照我来看，你需要先光大你的门庭才行呢。"吕不韦知道，这不过是嬴异人的玩笑之语，是故并没有作真，而是进一步向嬴异人论述道："公子，这你就不明白了，我的门庭固然需要光大，但是这一切还不都需要依靠你，才能够达成。"

话说到这个份上，嬴异人立马明白了吕不韦的心思，反正自己此时此刻也无所依靠，随着秦国和赵国的关系逐渐紧张，自己很有可能会遭遇不测。这吕不韦的大名，他也听说过：经商有道，家财万贯。嬴异人认为，自己大可以将之纳为己用。

只听吕不韦说道："现在秦国君主已经垂垂老矣，安国君成了秦国国君继承人，众所周知，华阳夫人就是安国君最为宠幸的一个妃子，然而她虽然有选择下一个太子的权力，却没有自己的子嗣，眼下的局势很清楚：公子的兄弟多达20余人，公子又排行中间，不受秦王宠幸，长期被留在诸侯国当人质，即使是秦王死去，安国君继位为王，鞭长莫及之下，公子拿什么去和安国君的那些儿子去争夺太子大位呢？"

嬴异人一听，吕不韦说得很有道理，自己难道就一直默默无闻待在赵国邯郸吗？或者有一天，秦国大军压境之时，赵军会毫不犹豫地杀了自己。嬴异人自然不会甘心如此籍籍无名下去，遂向吕不韦问道："先生说得不错，但是如何做，才能够挽救眼下这种危局呢？"

这一下，吕不韦终于来劲了，他知道，嬴异人这件商品，终于成了自己的独家品牌，依靠自己的实力，加上嬴异人的潜力，这个买卖实在是前途无限。吕不韦高兴地说道："公子现在处境危急，穷困潦倒，又客居在赵国，没有什么有价值的东西可献给亲长，结交宾客。要改变这种状况，就必须要依靠一个有经济实力而且不对你造成任何威胁的人。恰好在下家有千金，愿意全部拿出来帮助公子，只要拿着这些钱财前去秦国游说，侍奉好安国君和华阳夫人，则将来的太子大位，就非公子莫属了。"

嬴异人听了这话，顿时大喜过望，遂向吕不韦保证，一旦将来自己坐上了太子大位，甚至成为了秦国的国君，则愿意和吕不韦共同享有秦国的一切权力。无疑，这种承诺是极具诱惑力的，也是吕不韦最想要的答案，只有这种一本万利的生意，才值得他倾家荡产甚至是舍生忘死地去博弈一回。

吕不韦将家中的一千金分为两部分，每一部分为五百金，分别用于结交宾客和购买珍奇玩物。为了保证这次投资的准确性，尽量降低投资的风险，吕不韦甚至亲自去到秦国，首先拜会了华阳夫人的姐姐，通过她，吕不韦很顺利地就见到了华阳夫人。把自赵国带来的最为珍奇的物品献给了华阳夫人。

可以想象这样一个情景，华阳夫人一介女流，见这么多稀奇古怪的玩意儿放在自己的面前，自然喜笑颜开，对吕不韦则更是亲厚有加，并向他保证，无功不受禄，只要他有需要，而自己又力所能及，就一定不会辜负他的希望。

吕不韦见自己一番经营，中间人终于上钩了，心中暗喜。只要这位中间人能够对"商品"产生兴趣，并保证帮助吕不韦推销他的那件"商品"，那么自己的这件奇货，就必定能够成功脱手，卖出绝高的价格。

当然，首先吕不韦必须要对这款“商品”的性能作一个简要的介绍：嬴异人天赋异禀，才华横溢，即使在困境之中，也能够成功和许多宾客结交，天下有能力的人，都愿意和他交往，其礼贤下士的名声，已经能够和魏国公子信陵君相提并论了。听完吕不韦的叙述，华阳夫人派人暗中打探，发现吕不韦所说果然不假，竟然连秦国的某些著名人士，也有心归附嬴异人，可见这件“商品”，确实是质量过硬。

其次，吕不韦极尽所能来吹嘘华阳夫人对嬴异人有多重要：夫人在嬴异人的眼中，简直就如同苍天一般，天下没有人的地位可以超过夫人。嬴异人虽然身在邯郸，却心在秦国，他对夫人和太子的思念，日盛一日，但却无法如愿得见你们的容颜，只能够以泪洗面了。听了吕不韦声情并茂的陈述，华阳夫人对嬴异人不禁心生怜悯之心。最后，吕不韦为了让华阳夫人彻底将身家压到这件商品上，便从其切身利益角度出发进行说服：只有买了这件“商品”，才能够永保荣华富贵。

为了收到更好的效果，吕不韦实行旁敲侧击的手段，并没有直接告知华阳夫人这些有关利弊之语，而是收买了其姐姐，让她代为转达：“君主身边的妃子，很少是依靠其才能来侍奉君主的，因为依照惯例，是不准许后宫干预朝政的。更多的人，是依赖自己年轻貌美，让君主赏心悦目，才能够得到荣华富贵的。然而，这一类人却有一个弊病，一旦年老色衰、人老珠黄，则君主势必会舍弃她而另寻新欢，宠爱也就随之减少。现在夫人在太子身边，依靠年轻和美貌，集万千宠爱于一身，自是风光无限。但是夫人却没有儿子，这种风光的日子还能持续多久仍是个未知数。要保全自己的地位并使之长久，只有趁早结交一个有前途而且孝顺自己和太子的王子并将之立为继承人，像亲生儿子一般对待他、扶持他。无论夫人的丈夫是在世还是辞世，夫人的地位都能得到保全。甚至一旦那位继承人做了大王，夫人的地位也会水涨船高，可谓是一举两得的好事。

“现在咸阳的街头巷尾之间，都流传着嬴异人的贤能，只可惜他自己在诸位王子中间，并不是很突出，如果按照其次序，是不能被立为继承人的。其生母不受宠爱，嬴异人只能将自己的一切都托付给夫人。只要夫人扶持他，将来就不愁失去宠爱，一辈子高枕无忧了。”

华阳夫人见自己的姐姐这么说，终于下定决心，紧锣密鼓地开始了扶持嬴异人的行动。

送货上门的学问

经过一番舆论宣传和造势，吕不韦终于将自己家中的这件奇货推销了出去，只要这个中间人华阳夫人能够说动“买家”安国君，将这件商品收购，则自己的身价必定无限增长。

在一个温馨的夜晚，华阳夫人摆了一桌的好酒好菜，热情地将安国君请了过来。二人就那么席地而坐，注视着对方。安国君心想，此生如果没有这个女人，自己纵使做了大王，又有什么意义呢？华阳夫人也想，自己老了之后，这个男人还会和现在一样宠爱自己吗？也许会。即使他会，可是如果他不幸去世了呢？

终于，华阳夫人率先打破了沉默，深情款款地说道：“臣妾一生，最为高兴的事情，就是能够遇见大王，更是得到了大王的万千宠爱。可是臣妾却一直有一个遗憾——没能够为大王生下一个子嗣，这是臣妾心中最大的隐痛，只希望大王能够准许臣妾去收养一个义子。”

安国君对她百依百顺，一听见华阳夫人有收养义子的想法，当然会毫不犹豫地答应。只是整个天下，华阳夫人最好能够收养一个嬴氏子孙，否则即使将来自己有心传授衣钵给他，恐怕也难以让嬴氏族人心服口服。于是，安国君问道，谁能够有这样的福分，成为夫人的义子呢。

华阳夫人忙高兴地说道："自然是夫君儿子中的一位，虽然他们都很优秀，但是臣妾最中意的，还是嬴异人。"

竟然是嬴异人？此时的嬴异人，不是远在邯郸做质子吗？何以能够得到华阳夫人的垂青呢？安国君将心中的疑惑提了出来，只要华阳夫人有合适的理由，他大可以准了此事。

华阳夫人遂告知安国君，他认为嬴异人能够甘心在赵国做质子，借以稳住赵国，对秦国而言，无疑是立下了汗马功劳；秦国多次攻伐赵国，嬴异人都能够安然无恙，可见其才智超凡；天下许多贤达的士人，都知道嬴异人的声名，可见他能够广结天下英豪；他虽然身处赵国，却丝毫不忘夫君和我，不时派人前来问候，并献上他搜集的珍奇玩物。话音未落，华阳夫人将心一横，把嬴异人赠给他的一些物品，选了一两件精品，送给了安国君。

安国君闻言，仔细思考一番：这嬴异人不管是真情还是假意，能够让华阳夫人在自己耳边吹风，都不可小视。自己大可以准了他做华阳夫人的义子，日后再仔细地考察，如果将来他的确是可造之才，自己大可以将江山社稷交付于他。

就此，嬴异人这件"商品"，终于成功进入了"买家"的视野。

当然，不止华阳夫人擅长吹耳边风，其他妃子也不是易与之辈。华阳夫人担心，安国君耳根子太软，一旦其他人从中作梗，这件事情很可能会告吹。于是，华阳夫人索性来个一哭二闹三上吊，同时秋波流转、几番撒娇，终于让安国君答应给予自己一个保证。安国君无奈，只好刻下玉符，并且还答应暂时让嬴异人做继承人，一旦确信他有才能，便将江山社稷交付与他。

为了增大嬴异人成才的可能性，华阳夫人和安国君商议，干脆请拥有这件"商品"的商人，好好管理一下他的"商品"。如此，吕不韦便顺理成章地做了嬴异人的师傅，安国君和华阳夫人还将许多礼物交给了嬴异人的师傅吕不韦，让他代为转交给嬴异人。

这件事情告一段落，眼下最紧迫的事情，就是如何才能够将嬴异人从邯郸营救归来。吕不韦深知，人家的"订单"下了，自己如果不能够成功的"送货上门"，一切都如同镜花水月一般。仅仅凭借自己的财力当然不够。即使富可敌国，如果不能智取，也很难成功地将嬴异人送回秦国。如今有实力救援嬴异人的，就只有两个人，一个是赵王，另一个自然是秦王。嬴异人对于赵王而言，和鸡肋没什么两样：食之无味弃之可惜。如今的嬴异人已经身价倍增，吕不韦当下最需要做的，就是在赵王知晓嬴异人的价值之前，将嬴异人救出邯郸。

于是，吕不韦将目光盯向了安国君的后台老板——秦昭襄王，只要他金口一开，继而对赵国全面施压，料想赵国也不能不让嬴异人回国。

这一次，吕不韦还是采取了旁敲侧击的伎俩，他没有直接去找秦昭襄王，也没有直接去找王后，而是找到了王后的弟弟阳泉君。

吕不韦一见到阳泉君，便来了一招先声夺人："君之罪责，万死难辞，你可清楚？"听说这人做了嬴异人的老师，可是怎么会一见面就如此指责自己呢？杨泉君很奇怪，遂向吕不韦请教，自己何罪之有？

吕不韦暗笑了一下，自己在气势上就占据上风，不怕你不入彀中。遂义正词严地对阳泉君说道："你不过是王后的一个兄弟，但是看你的待遇，再看你的排场，比起白起、范雎，也是有过之而无不及，安国君和你比起来，也是小巫见大巫。可是你扪心自问一下，这一切你是依靠的谁呢？自然是你的姐姐，她是王后，所以你才能得到秦王的庇护，享受无限的荣华富贵。凡事预则立不预则废，试想如果有一天，大王驾鹤西去，留下你和自己的姐姐，若安国君做了大王，却不信任你们，你们该如何自处呢？依照我看来，到时候你们不仅难以保全现在的名利和地位，说不定你们还会面临性命之忧呢。”

阳泉君一听这话，顿时感到情势的危机，便决心以后要收敛一些。可是即使我不犯人，也不代表就会人不犯我。于是，阳泉君客气地向吕不韦问询，该如何做才能够保全自身。

吕不韦等的就是此刻，他将心中早就准备好的一番说辞说了出来：“当今太子将来必定会继承秦国的君王大业，而他成了秦王之后，必定会对秦国的政局重新清洗，有用的人则留下，无益的人则除之。到时候华阳夫人那里定然是门庭若市，因为她是安国君最为宠信的人。可是到了那个时候，华阳夫人已经做了王后，还有什么理由去帮助别人呢？除非现在她还只是夫人之时，别人就帮助了她，她才会知恩图报。恰好我知道，华阳夫人因为没有子嗣，遂收了一个义子，即尚在赵国做质子的嬴异人。此人知恩图报，才智卓绝，天下闻名，你如果能够帮助他回到秦国，无论是对于华阳夫人、对于安国君还是对于嬴异人，你都立下了大功。如此，你还会担心将来会对你不利吗？你的地位必定会固若金汤。”

吕不韦之言，可谓醍醐灌顶，让阳泉君顿生恍然大悟之感。于是，他便去求了王后，王后很顺利地答应了阳泉君，去找秦昭襄王求情。但事情的进展并不是很顺利。秦昭襄王何许人也！他考虑的自是比他人周全：眼下秦国和赵国的关系紧张，秦国如果主动去找赵国，赵国必然会坐地起价，到时候必然会增加营救的难度。秦昭襄王想，只要赵国主动前来求和，秦国就可以顺势提出质子回国的要求，神不知鬼不觉地救出嬴异人。因此对于王后的求情，他并没有立即答应。

吕不韦知道，秦国这边只能先依赖安国君、秦王王后等人先稳住秦王，赵国这边，就需要自己亲自出马了。

于是，吕不韦打点好秦国这边之后，便马不停蹄地回到了赵国邯郸。值得一提的是，安国君为了能够成功地营救嬴异人，竟然还给吕不韦赠送了三百金，王后给了二百金，就连华阳夫人，也给了一百金，外带一箱子衣物。可见此事已经成功了八成，剩下的两成胜算，就在赵王身上了。

到达邯郸之后，吕不韦直接去到了嬴异人的住处，把自己在秦国的所作所为悉数告知了嬴异人。并将六百金和衣物都给了嬴异人，让他在以后多加运作，把这些好钢都用在刀刃上。嬴异人听完，心中喜不自胜，他知道，自己很可能要回到秦国，成为秦王了。

此后，吕不韦真正成了嬴异人的心腹，被引为恩师。心中所想所思，嬴异人无不一一告知吕不韦。

当然，作为一个商人，谋求利润的最大化才是吕不韦最需要做的。于是，他准备进一步投资，甚至不惜血本，来加工和完善自己的这件“商品”。他相信，自己赚取的，绝对不止是一个一人之下万人之上的位子，而是整个天下。

姓吕还是姓嬴

如果说，嬴异人是吕不韦最为看重的一件“商品”，那么，千古一帝嬴政，则是吕不韦倾其一生、注入血本的最大“投资”。

早些时候，吕不韦便在邯郸的一个不知名的角落，发现了赵姬这一风情万种、婀娜多姿、倾国倾城的绝代尤物，并花了大价钱将之购入自己的囊中，如此貌美无双而又能歌善舞的女子，就是许多王宫之中，也很少有过。吕不韦的眼光的确独树一帜。

一个偶然的机会，嬴异人见到了赵姬。这嬴异人在他乡为质子，虽然身份显贵，待遇却不怎么样，别说妻子，连个小妾也没有。正值青春热血的嬴异人，看到如此尤物，顿时如鬼迷心窍一般，红光满面，激动得语无伦次。

而这一幕，正巧被吕不韦看在眼里。多日过去，嬴异人茶不思饭不想，每每想起吕不韦身边的那个不知名的姬妾，便口干舌燥、心神恍惚，但是看吕不韦的眼神和行动，就知道那为女子定然是他的眼中宝、心头肉，自己这一生，恐怕和那位女子就此错过了。

吕不韦满意地笑了笑，知道自己的这件产品也成型了。于是，他便找来赵姬，向她说出自己心中的想法：今后只要她能够和嬴异人相亲相爱，不久她便能坐上秦国王后的大位，而他们二人只是从明处转到暗处，一切其实都没有什么变化。起初，赵姬还有些许不愿意，但是最后便答应了吕不韦的要求。

这一晚，吕不韦大办宴会，主人是吕不韦，客人是嬴异人，而主角却是赵姬。

不一会儿，四周便弥漫开来一种旖旎的气息，嬴异人也变得醉眼婆娑，直到这时候，吕不韦才伸手拍了三下，顿时赵姬粉墨登场。这时候，吕不韦发话了，他说，眼下的这个女子，可是吕不韦最为重视的人，为了能够得到她，自己可是费尽了心思、绞尽了脑汁、倾尽了家财，今后有了她，只怕别人拿丞相的位子和他交换，他也要考虑一二。嬴异人其实也不傻，自然明白吕不韦在有意和无意之间，抬高赵姬的身价。然而酒过三巡之后，看着赵姬那风华绝代的舞姿和闭月羞花般的容颜，什么君子不夺人所好的思想，早就被他抛到了咸阳郊外，脑中剩下的，便只有眼前的这个女子了。

赵姬似乎也感觉到了嬴异人炙热的眼光，眼波流转之间，走到嬴异人面前，给他敬酒；酒过之后，赵姬更是疏开长袖，若即若离，飘然不已，惊鸿一瞥，貌合神离。

赵姬此人，真个是“手如柔荑，肤如凝脂，领如蝤蛴，齿如瓠犀，螓首蛾眉。巧笑倩兮，美目盼兮”。“增之一分则太长，减之一分则太短”、“嫣然一笑，惑阳城、迷下蔡”，其绰约之姿、流盼之美，实在是动人心魄。

顾不得礼义廉耻，嬴异人忽地站了起来，向吕不韦庄重地说道：“先生切勿见怪，我知道君子不夺人所好，但是此女子无论是气质还是容貌，都让我大为叹服，今生如能娶她为妻，则死而无憾了，希望先生能够成全。”

吕不韦顿时做大怒状，对嬴异人喝道：“公子可知，赵姬可是在下的小妾，在下一番好意，让她给你敬酒，以歌舞助兴，公子怎么能生出这种心思呢？”

嬴异人一听，顿时跪在地上，要知道，这吕不韦可是自己的老师，自己这样做，实在是不得已而为之——谁让赵姬将自己的全部灵魂都勾去了呢。

吕不韦叹了一声，感慨地说道：“公子切勿如此，在下知道，公子这么多年过的是什么样的日子。一个人客居他乡，孤苦无依，连个说贴心话、做真心事的人都没有。吕不韦虽然无才无德，但却知道什么才是最重要的，为了能够让公子回到秦国，不惜散尽家财，又怎么会吝啬自己的一个小妾呢？只要公子一句话，即使她深得我的宠爱，也必须要忍痛割爱。只是在下担心，怕她不从，又担心委屈了公子。关键是你们能两情相悦，在下也乐得成人之美。”

嬴异人听完，顿时喜出望外。而另一边，吕不韦其实早就和赵姬商量好了，只要嬴异人说了出来，他们一定会答应。当然，在这之前，他们还得在嬴异人面前做一场戏，表现夫妻情深，生离死别，最后为了国家大业，公子幸福，只能忍痛分离。而又需要做得恰到好处，让嬴异人觉得，自己的确是欠了吕不韦天大的人情，而赵姬也是真心地从了自己，让嬴异人有充足的成就感。

接下来吕不韦再次做了一笔小小的投资：他作为女方“家长”，将赵姬热热闹闹地嫁到了嬴异人家里。嬴异人和赵姬二人也算是患难夫妻，感情日盛一日。而吕不韦这边，则是在高兴之余有些许酸楚，不管是真的感情还是灵肉游戏，吕不韦在一时之间都难以割舍掉赵姬在时的点点滴滴。可是一切已经成了现实，他也只能将心胸敞得更宽阔些了。

没过多久赵姬就怀孕了，一年之后，一个男婴诞生，他就是即将扭转中国历史巨轮，让天下无数人世代仰望的秦始皇嬴政。

关于秦始皇的出生问题，历史上给予了很多的解释。《史记》就曾记载，赵姬来到嬴异人之处时已经怀孕，而嬴异人却并不知道。文中还描述，“至大期时”，赵姬生下嬴政，因此他的生父是吕不韦——虽然由于怀孕期长，使得嬴异人和当时的其他人都相信，嬴政的确是嬴异人的儿子。《古代中国的政治家》一书中，对秦始皇异常出生的记载持怀疑的观点，并对其尽心了详细的论述。

主要有四点理由：首先，谈到此事的只有《史记·吕不韦列传》中几段难以理解的文字，这有力地说明这一卷的很大部分可能已被窜改。其次，《战国策》中关于吕不韦的类似的文字在许多地方与《史记》有很大的出入，丝毫没有提及嬴政是吕不韦私生子的传说。再次，《史记》中关于私生子的传说，依据只有一句话，而这句话却有着奇怪的和含意不清的措词，这就很容易使人联想到它是经过了他人之手被窜改了。最后，这个传说与在《战国策》中记载的另一起王室私生子事件非常相似。

这起事件发生在楚国，当时楚国有一个地位与秦国吕不韦十分相近的政治家，向膝下空虚的楚考烈王进献一怀孕之姬。其儿子生下之后，成了楚考烈王的合法继承人，坐上了楚国的王位。由此可以猜测，秦始皇是吕不韦私生子的说法，很可能是受到了楚国这一事件的影响。

但无论如何，前无古人后无来者的始皇帝嬴政，终于来到了这个世界上，从此开始了他不平凡的一生。

三天国君

邯郸城外，秦国再一次增兵换将，王龁替代了王陵，顺便还带来了20万兵马。此时围困邯郸的秦军，已经足足有40万兵马。秦昭襄王不夺下邯郸是不会善罢甘休的。吕不韦听说，秦国那边也是矛盾重重，白起和范雎的争斗，已经影响到了邯郸的战局。白起不来，邯郸在廉颇的坚守下，便不能攻破。吕不韦还听说，其他国家也在望风而动，听说平原君已经找魏国和楚国谈好了，这两个国家正准备兵马，前来援助邯郸。

本来秦国和赵国对于吕不韦而言，不过是两个市场，谁胜谁负他都不是很在乎，只要自己能够赚钱，在乱世之中求得锦衣玉食就可以了。可是眼下他将全部的精力都投给了秦国质子嬴异人，如果两国如此僵持下去，他的苦心经营就会前功尽弃。

吕不韦自然不会任由这种事情发生，他知道不能让自己散尽了家财，奉献了娇妻美妾之后还一无所得。于是，吕不韦狠下心肠把自己的积蓄都给奉献了出来，赠送给了邯郸守城的将卒。并告诉他们，自己全家老小来到邯郸做生意，却没有料到遇上如此大的战事，不仅不能赚钱还可能性命不保，所以自己不惜把这次做生意的成本拿了出来，让守城将卒通融一下，自己也可以平平安安地回到家中。守城将卒中，有人认识吕不韦，见他是真心想要回家，而且出手阔绰，遂答应了他。

吕不韦日后能够成为一人之下万人之上的人物，实在有过人之处。此时此刻，他没有丝毫犹豫，便将赵姬母子秘密地藏在了赵姬的娘家，而且其娘家还是赵国的富豪人家，身份显贵，所以赵姬母子才能够成功地躲藏起来。另一边，吕不韦则将嬴异人打扮成了一个随从，就在当天夜里，有惊无险地混出了邯郸城。

一到城外，他们便不趋不避，直接朝着秦军军营走去，秦军攻城的士兵很快就发现了他们，开始以为他们是赵国的探子，于是将其抓捕。吕不韦见状，忙大喝一声，告诉他们，这可是秦国王孙，列位断然不能妄动。秦兵果然被震慑住，遂将他们带到了王龁的军营之中，王龁一见面忙向嬴异人请安，并给他换了衣物，设宴款待。同时还告诉他，秦昭襄王这两天也在军营之中督战，嬴异人可以和他见面。

吕不韦正愁秦军再次交战，列国定然不安，自己不知如何才能够平安带嬴异人回到秦国。不想喜从天降，秦王竟然也在这里，一切都进行得出乎预料的顺利。秦王见了他们也是欣喜不已，果然是骨肉情深，血浓于水，也许是近日常常听说嬴异人的不凡，也许是自己对于罔顾其性命攻打邯郸的愧疚，秦王表现得异常兴奋。他给嬴异人赏赐了许多财物，为免夜长梦多，还特派了兵马，护送嬴异人尽快回到咸阳。

一路无话，吕不韦一行在数日之后，便进入了函谷关，再过数日，便进入了咸阳。一到秦国国都，嬴异人便表现得非比寻常起来，仿佛有一种王者的霸气。除此以外，他更表现得异常睿智，首先想要见面的不是安国君，不是那些繁华酒肆，更不是自己的其他亲人，而是和自己没有血缘关系的华阳夫人。

这让吕不韦暗自怀疑，当初他见赵姬之时表现得那么急色或许正是嬴人大智若愚的表现，是他为了更好地笼络自己才出此一招。一时之间，吕不韦不禁暗自庆幸自己下对了注。

当然，在此之前，吕不韦还需要好好装扮一下嬴异人，因为华阳夫人是楚国人，所以吕不韦特意吩咐让随从带来了特制的楚国衣物。他认为嬴异人如果能够穿着楚国衣服前去觐见华阳夫人，必然能够很快地亲近华阳夫人，收到意想不到的效果。

果然，华阳夫人一见嬴异人一身的楚国服饰装扮，便心生疑惑，向嬴异人问询道："你是个秦国人，即使做了质子，也是在赵国邯郸，怎么会穿着楚国的衣服呢？"

嬴异人见华阳夫人问询自己，顿时失声痛哭道："不肖子孙被困赵国，虽然生活凄苦，却从来没有忘记秦国的一山一水，一草一木，对于秦王，对于慈母，对于华阳夫人，都心怀感恩，思念不已。"

华阳夫人一听顿时明白了，他穿着楚国服装很可能是知道自己是楚国人，思念自己不得见，只能整天穿着楚国服饰了。不论如何，他今日前来，能够如此细心，足见其孝心。一直以来没有儿子的华阳夫人，内心的孤苦寂寞和磅礴的慈母之爱一瞬间涌上心头。

真情也好，假意也罢，吕不韦都不关心，他在乎的是这位中间人似乎已经彻底地融入到嬴异人一边。对于这样的结果，吕不韦很满意。

嬴异人名正言顺地成了安国君的继承人，同时吕不韦也终于收到了回报，秦昭襄王将之封为秦国客卿。但是吕不韦不会就此甘心，他知道只有嬴异人即位，他才能得到和他的付出所相称的回报。

然而，让吕不韦担心的事情还是摆在他的面前。秦昭襄王虽然年纪已大却依然老当益壮，不时还能够去御驾亲征，而安国君也是身体健壮。到嬴异人成为国君，不知要等到何年何月。即使真的到了那个时候，说不定他吕不韦已经化作一抔黄土，长埋地下了，他的宏图伟愿也只能在九泉之内，含恨长眠了。

老天似乎听到了吕不韦的心声，公元前251年，一个黄叶满天飞舞的萧瑟季节，在秦国政坛上风云了半个世纪有余的秦昭襄王，终于带着雄霸天下的豪情和未能一统天下的不甘，离开了人世间。安国君顺利即位，是为秦孝文王。

这一刻，吕不韦虽然在名分上没有多大的提高，但是其地位却明显提高了，要接近秦王已不是什么难事。可是这一切，依旧不是吕不韦想要的，因为他想要的是更多、更大的权力。秦孝文王自然不会满足他，且不说他的才能几何，但是他这样一个具备大野心的人，秦孝文王就不会放心大胆地任用他。

这一次，吕不韦几乎没有担心多久，秦孝文王便一睡不醒，没有证据表明，秦孝文王是如何死亡的。只说当日他处理了一些朝中杂务，会见了一些秦国宾客，回到寝宫，第二天就没了生机。

但是很多人都在猜测，他的死亡一定不是正常的。因为距离安国君加冕才仅仅三天的时间，其地位尚不稳固，一切事情都最有可能在这一期间发生，他的死很可能是吕不韦下毒所致。

不过没有人去关心他的死因，他很快就被下葬了。秦国再次进入了一个新的时期，这个时期，轮到了吕不韦纵横捭阖。

这一年，是秦庄襄王元年（公元前249年），嬴异人正式更名为嬴子楚。他任命吕不韦为丞相，封为文信侯，以河南洛阳十万户作为他的食邑，吕不韦真正实现了他的政治理想。多年来的奇货，终于实现了他的价值。

还有一件事情，让吕不韦感到未来充满了希望，那就是赵国在不久之前，送回了赵姬母子，而秦王顺势将嬴政册立为了太子。值得一提的是，在此之前，秦始皇名为赵政，和其母亲一个姓氏，到了此时，才正式更名为嬴政。

昔日的嬴异人还不过是秦国在赵国的一个质子，随时都会面临性命之忧，现在却成了当今天下权势最为深厚的风云人物；昔日的吕不韦不过是一个被儒生瞧不上眼的贩夫走卒，现在却成了一人之下万人之上的丞相，成为天下为之震动的人物；昔日的赵姬，也不过是一个小小的姬妾而已，不想今日也成了王后，其儿子将来还会成为秦王。

传奇女子赵姬

赵姬是战国时期最具传奇色彩的女性之一，关于其真实的姓名，历史中少有记载，故史学界俗称之赵姬。

对于赵姬，历史上多数持否定的观点，有些酸楚的文人多次出言讽刺，极尽挖苦之能事，甚至是侮辱赵姬，其实她也有自己的无奈。

一切都仿佛是被迫接受，又仿佛是她在有意为之，和吕不韦里应外合，成就自己的同时也成就别人。

也正是赵姬，让秦国后期的历史变得更为传奇，让秦始皇的性格更加饱受别人的争议。

赵姬名字中的一个“姬”字，更是让人联想无限。很多人认为，这和赵姬的职业有关系，很可能当时的赵姬就是邯郸城中某一歌舞酒肆中的歌姬，吕不韦见其貌美如花，才华横溢，便挥手千金，将她赎身。

其实，这种说法是站不住脚的。吕不韦既然能够毫不吝啬地将赵姬献出来，在一切政治斡旋中表现得如鱼得水，与其理性和智慧是分不开的。这样一个为了前途可以舍弃一切的人怎会冲动地为了一个女人，擅自动用家财为之赎身呢？更何况，后来的赵姬成了嬴异人的人，嬴异人好歹也是一直活动在邯郸街头巷尾的人物，如果真的有这么样的一个尤物，他是不会不知道的。后来赵姬在吕不韦和嬴异人逃出邯郸之后，能够成功地躲藏，也是多靠了其娘家的身份，如果她是一个烟花柳巷之人，就不可能在赵王的羽翼下，孤儿寡母藏那么长的时间。

所以，有人说当时的“姬”字其实是对妇女美丽的称呼，也常常用于称呼自己的妻妾。

历史还在向前发展，而赵姬的传奇也还在继续。就在赵姬到达咸阳不久，她名义上的丈夫秦庄襄王就死了。关于秦庄襄王的死，历史上普遍认为，他多年来在邯郸穷困潦倒，生活清苦，是故身体一直不好。在秦国做了三年秦王之后，患上重病，没有支撑多久便驾鹤西去。

从此，秦王政的时代到来了。

秦王政即位之后，吕不韦因为功勋，被封为“仲父”。仲父一词自古乃是对管仲的尊称，到了秦王政时期，伯仲亚季，就分别是大伯（叔），二伯（叔），三伯（叔），四（小）伯（叔）的意思。由此足见，吕不韦权势之重，已经达到了他人生仕途的巅峰。

在这一期间，发生了一件让整个秦国王室蒙羞的事情，即仲父吕不韦和太后赵姬竟然经常在寝宫之中幽会。

由此而观之，也许吕不韦和太后赵姬之间是有着深厚的感情的。当初的赵姬，虽然擅长歌舞，但却是个十足的不解风情的少妇，后来变成了万种风情的赵姬，应该说是时势造成的。她对于嬴异人很可能是强颜欢笑，为了满足吕不韦和自己的政治野心，赵姬不得已出卖自己的肉体，践踏自己的灵魂。

而吕不韦在秦庄襄王死后也日益权大，秦王政都需要看他的脸色行事，在他的眼中，已经把自己当做了秦国的太上皇。只可惜秦王是不会答应的，而且随着其年岁的增长，其霸气也不断外漏。因为在嬴政的眼中，自己已经是嬴氏王朝的子孙，容不得半点玷污，自然对于吕不韦和自己母后不检点的做法也心存芥蒂，一旦他亲政定要惩治他们。更何况，老秦人虽然实力衰落，比起新兴的地主阶级，略显不如，但是比起一个吕不韦而言，其实力还是很客观的。

秦王政要的，不是自己顺应吕不韦，也不是顺应秦氏的那些老贵族们，而是要利用他们，让整个天下都匍匐在自己的脚下。

最终，吕不韦发现了这个孩子的不平凡之处，如果自己现在不悬崖勒马，他相信，他日嬴政亲政之后，自己定然难得善终。于是，吕不韦当机立断，和太后赵姬断绝了关系。

太后生子

秦王政亲政的前夕，后宫中发生了一系列的剧变。后人评价秦始皇时，对其毁誉参半，既有巨大的功绩，也有凶残的个性。

在某些政策上，他的确是比较偏激的，这一切也许是后天环境所致。一个曾经在邯郸籍籍无名的秦国小子，居然能够坐在天下的巅峰大位之上，其内心一定发生了翻天覆地的变化；登上王位后，那些曾经和他亲厚的人，要么成了他的政敌，要么对他别有用心，这肯定对他的内心也有影响；表面上光鲜亮丽的秦王朝，其内部实际隐藏着很多的肮脏龌龊，这对他必定也会造成无法磨灭的印记……正是在这样变迁的潜移默化中，在这样残酷的政治环境中，秦王政逐渐从一个纯真的孩童演变成为一个杀伐果断、毫不手软的君王。

自从秦王政的父王过世之后，秦王政的母亲，也就是赵太后便逐渐疏远了他。号称仲父的吕不韦不仅没有尽到父亲的责任，反而处处针对他，防备他。吕不韦独揽大权，一手遮天，全然不将他这个秦王放在眼里。当时后宫之中甚至还传出流言飞语，说赵姬和吕不韦有染，这让对自己父王一向爱戴的秦王政难以接受。不久之后，咸阳城中更有人传言，说秦王可能是吕不韦的私生子，这让秦王政更加愤恨。

但是秦王政除了忍受之外别无选择，因为他的羽翼尚未丰满，此时如果稍微露出一点不满，便会招致吕不韦的打击。太后赵姬离开咸阳去到雍地的宫殿中后，秦王感到更加孤立无援。于是，他为了打击吕不韦的势力，开始大力培植自己的势力，这时他最依靠的人是李斯。

秦王政极力笼络李斯，一来是因为李斯贵为荀卿的关门弟子，的确是不世出的奇才，对于秦国的发展也有自己独到的见解；二来他本身是吕不韦的门客，秦王政大力提拔他，吕不韦不会反对，至少在一开始，还意识不到李斯的存在对自己的威胁；第三，也是最为重要的因素，李斯忠心于秦王政，一开始他就明确地向秦王政表示，自己只忠心于一个人，这个人不是吕不韦，也不是秦王，而是他自己。他自己要飞黄腾达，要真正地有一番成就，所以他要全心全力地依附秦王，忠心于秦王。

李斯被提拔上来，做了太尉，但是还不足以和吕不韦经营了10多年的丞相之位相提并论。秦王政于是想到了依靠自己母后去制约吕不韦，至少在名义上，太后赵姬才是秦国的最老资格者。

但是太后赵姬只知道整日沉溺于自己的事情，几乎很少干预朝中大事，即使曾经偶尔听政，所有大事全是让吕不韦全权处理。如今她又身在外地、鞭长莫及，如何能够让太后为秦王政所用呢？

恰好这个时候，一个人的出现引起了秦王政注意，他就是嫪毐。

太后似乎特别信任嫪毐，竟然为此多次前来找秦王，要秦王给嫪毐封赏，甚至还要给他封官。经过秦王政的观察，嫪毐虽然是个宦官，其能力却是不容小觑。太后既然有所相求，秦王政正好做个顺水人情，既可以让太后为自己所制，也可以让嫪毐和吕不韦相争，自己乐得作壁上观，最终坐收渔翁之利。秦王政对于太后，还是有一些感情的，尽管宫闱盛传太后经常做一些出格的事情。

当时秦王政除了能够向太后赵姬说出一些心事之外，还有一个人，也可以说得上话。那个人就是秦庄襄王嬴子楚的生母夏太后，只可惜夏太后在秦王政七年（公元前240年）去世了。在夏太后去世之后，秦王政越来越感到，自己身边无人，心理也逐渐发生了变化。

值得一提的是，夏太后死后，并没有和孝文王葬在一起。为了表示对华阳太后的尊崇，华阳太后和孝文王一起合葬在寿陵。正好夏太后的儿子秦庄襄王就葬在芷阳，为了向东能够看到自己的儿子，向西可以看见自己的丈夫，夏太后向秦王交代，请求单独埋葬在杜原之东，秦王准之。史称，夏太后预言，百年之后旁边还会出现一个万户的城邑。

这时的秦王已经变得越来越亲近自己的近臣，经常召集李斯等人前往宫廷，和他们纵论天下大势。

从种种迹象发现，嫪毐和太后之间似乎有不可告人的秘密。嫪毐只不过是一个宦官，何德何能，竟然有仆人书童上千人，依附他以求仕途通达的食客也达到了千人以上。这些人空有一腔才华，满心抱负，殊不知君子不立危墙之下，随着嫪毐的得寸进尺，秦王政早就忍受到了极限。要不是顾忌太后和吕不韦，秦王政早就想要对他动手了。

可是这些士人门客看到的只是秦王对嫪毐越加亲厚，甚至还封他为长信侯，以山阳（今河南焦作东南）地区为其住地，又以河西、太原郡为其封田。太后赵姬却深知自己的处境，随着嫪毐的日益猖獗，秦王政的逐渐成长，迟早有一天秦王会对付嫪毐。如果她和嫪毐的这段纠葛被秦王政知道，则嫪毐的毁灭就在转瞬之间。

果然，秦王政九年（公元前238年），嫪毐身边的一个人终于将这件事情告诉了秦王，他声称嫪毐实际上并不是真正的宦官，而且太后和他搬到外地去居住也是为了避免咸阳众多耳目的发现。实际上，嫪毐和太后赵姬常常淫乱私通，而且还生下了两个儿子，已经将他们隐藏了起来。

这位告密者还告知秦王，嫪毐自称“假父”，甚至他还密谋，等秦王政死后，就让他和太后的儿子继承王位。秦王政听后大怒不已，以前对他们之间的事虽然早就听闻了许多闲言碎语，但是他并没有当做事实去对待，今日竟然被人提了出来，不仅是王室的丑闻，也是自己的悲哀，更是对秦国王位的威胁。

秦王政绝对不会允许这样的事情出现。史书没有记载那个告密者的结局如何，但是从秦王政一面杀伐一面痛苦的表现中可以断定，这个告密者也必定会难逃死罪。秦王政下令彻底查清此事，他要证明这一切都是虚妄胡诌的，流言止于智者，秦王政要将自己变成那个智者。

调查结果果然止住了流言，因为它变成了真相。更加严重的是，这一切的始作俑者，竟然是当今相国——仲父吕不韦。

秦王大怒不已，可是一方面牵涉到自己的母亲，一方面牵涉到帝国的支柱，如果惩治了他们，必然会引起国家动荡。眼下秦王自己的根基虽然有所稳固，但是如果同时和双方交恶，胜算必定大大降低。但是如果不惩治他们，则非但秦王本身会受到整个天下的耻笑，整个秦国王室也会因此蒙羞，如此一来便是对秦国先祖的不忠不义不孝之举。

于是，秦王政和李斯商议，先稳住吕不韦，然后加紧对付嫪毐。

嫪毐被封为长信侯，又得到河西太原郡，从此过上了骄奢淫逸的王侯生活。但是他并没有放松对都城咸阳的密切监视，就在秦王政准备对他动手之时，他便在第一时间得到了消息。“先下手为强，后下手遭殃”，嫪毐决定先发制人。他趁着秦王政在雍城蕲年宫举行加冠之礼时，盗取了秦王的御玺和太后的玺，调动了数千县卒、宦卫士卒官骑攻击蕲年宫。

秦王政虽然身在外地，举行加冠之礼，但是却也丝毫没有放松对嫪毐的监视。他准备自己加冠之后，第一时间除掉嫪毐。在此之前，秦王早就命相国昌平君、昌文君领咸阳士卒在雍城郊外不远处，随时候命以策万全。

嫪毐叛军刚刚发动攻击，秦王平乱的军队就随之而来，经过一番激战，叛军很快就被打得一蹶不振，秦王下令：“参加此次平乱的军士，凡立下战功的均拜爵厚赏，即使是宦官，只要参战的也拜爵一级。”（《史记·秦始皇本纪》）这更加激励了军士的勇猛作战，结果嫪毐的军队大败，叛军中有数百人被俘虏，秦王政毫不犹豫地将之杀死，唯独剩下嫪毐和其死党数十人仓皇逃窜。

嫪毐的实力在此一战被彻底打垮，其他诸侯国从没有得到他的恩惠，秦国又是如此的强大，他国自然不会帮助他而得罪秦国。因此嫪毐势单力薄，已经对秦王构不成任何威胁了。

秦王政一纸诏令，通告全国，能够生擒嫪毐的人，赏赐钱百万；能够杀死嫪毐的人，赏赐钱财五十万。这无疑是向嫪毐宣告他已经被判了死刑，也在向全国宣告，秦王自己希望能够手刃此人。不出三日，嫪毐的行踪便泄露了，他和其死党被秦王一网打尽。嫪毐最终遭受车裂之刑，其三族被诛。

太后内心一定是很矛盾的，一方面秦王竟然全然不顾及自己的感受，杀了自己心爱的男人；另一方面她再也不必为这一段荒谬的感情胆战心惊了；她还有值得欣慰的一方面，即秦王政终于强大起来，能够凭借自己的力量护卫自己的权势。

跟随嫪毐的那些死党，比如内史肆、佐戈竭、卫尉竭、中大夫令齐等20人皆受枭首之刑。那些奢望追随嫪毐，能够飞黄腾达的宾客舍人们也遭受了鱼池之殃，罪轻的人为供役宗庙的取薪者——鬼薪，罪重者达到了4000余人，全部被剥夺了爵位，迁到蜀中，徙役三年。

最让太后赵姬伤心的应该是她和嫪毐的两个儿子，竟然也被秦王一同杀害。对于秦王来说，太后和嫪毐的两个儿子无疑是他，也是秦国永远的耻辱，如若不杀难解他心头之恨。秦王的残忍让许多大臣感到脊背发凉。

太后并没有因为是秦王的生母而脱离干系，她也受到了惩罚。秦王将其驱逐出咸阳，迁到城外的棫阳宫居住。秦王政还向文武百官以及秦国的百姓宣布，和赵姬断绝母子关系，永不再见。“身体发肤，受之父母”，中国人最重视的就是孝道，秦王这一举动，有些不近人情。于是，许多人准备向秦王进谏，让他宽容地对待赵太后。秦王政认为进谏之人肯定与嫪毐有交往，和太后有交情，这时自己刚刚亲政不久，就必须要杀一儆百，树立权威。于是，秦王明令朝臣敢有为太后之事进谏者，“戮而杀之，蒺藜其背”。（《史记·秦始皇本纪》）。但是令秦王没有想到的是，政令颁布后，竟然还有27个大臣前来进谏。事情发展到这一步，秦王政贵为秦国君王，自然一言既出驷马难追，遂忍痛将这些大臣全部处死，并将其尸体挂到了咸阳的宫墙之上，以儆效尤。

赢到尽头总是输

不过，在这期间有一个人不得不提，这个人就是茅焦。茅焦，生卒年不详，只知道他是齐国人。

秦始皇一连杀了27位大臣，果然起到了杀鸡儆猴的效果。秦国之中已无人再敢向秦王进谏了，谁也不想拿着自己的性命去做原本就没有希望的事情。但是在战国那个激情飞扬的时代，总会有那么一些人，明知前方路途艰难也要去冒险。聪明而抓住机会的人，从此一飞冲天；糊涂而没有掌握好时机的人，就此魂断黄泉。这时候，秦国的一个门客茅焦挺身而出，甘心做一个冒险者，用自己的生命来赌一次。

在此之前，茅焦便在咸阳城内外大造声势，四处宣扬：儿子竟然不顾孝道，将母亲囚禁，将秦国搞得天翻地覆，这是何等道理？他还向世人宣称，自己并不是秦国人，本来应该各人自扫门前雪，休管他人瓦上霜的，但是天下人管天下事，他实在是看不过去了，所以才前来劝谏大王收回成命。

秦王听说这件事情后，并没有立刻派人杀了他，而是下了诏令，让茅焦前去见他，让他说出道理来，能说服秦王固然很好，不能的话就只能杀身成仁了。

秦王政这次并没有要故意杀害茅焦，因为在见茅焦之前，他派使者前去告诉茅焦：

“先生怎么有这么大的胆子，大王正在怒火之中，接连杀了27位大臣，你一介布衣，难道就不怕步那些劝谏大王而被杀之人的后尘吗？”

茅焦很坦然地叫来了侍者并对其吩咐，给他准备一缸温水，他要沐浴更衣，不久后他就要前去觐见秦王，可谓凶多吉少，准备好了就有恃无恐了。同时他对使者说道：“囚禁太后，在下不能赞成，所以准备前去冒死劝谏。古书上说，二十八星宿都居住在周天环宇之上，如今已经有27个荣登神位，这下我来了，正好凑够二十八宿之数，何惧之有？”

起初来使还以为茅焦不过是疯人疯语，并没有当真，岂料他在沐浴之后，真的大大咧咧地准备前去觐见秦王。茅焦此举吓坏了与他一起居住的那些人，他们皆认为，茅焦此去定然是凶多吉少。秦国刑法中有连坐之法，他们害怕因为茅焦的缘故，殃及他们这些池鱼。不等茅焦到达咸阳宫，便私自瓜分了茅焦的行李，各自四散奔逃。

听闻使者的回报，秦王政当即无名火起。愤怒之下，秦王命人准备了一口大锅，里面注入一锅的水，并让人将水烧开，这恐怕是对茅焦的恐吓。做完这一切后，秦王政更是拿出了君王剑，端坐在大位之上，气势汹汹地让茅焦进见。

茅焦一进入宫殿便发觉气氛有些不对，如果自己贸然进去，恐怕还来不及开口，秦王便要让自己血溅三尺。为了减弱秦王的怒气，茅焦故意缓缓地步入宫殿，以缓和压抑紧张的气氛。

使者看不下去了，这样子慢吞吞地走，比起八十岁的老太婆都不如，何年何月才能够见到秦王？于是，使者便催促茅焦，让他快点，别让秦王等急了。

茅焦依旧不慌不忙地说道：“在下还想要慢点呢，相信使者也清楚，在下这一去，可是竖着进去，横着出来，何必急于一时呢？”

使者听了他的这番话，不禁替他悲哀，这人何苦要来自寻死路呢？

历史仿佛在那一瞬间变得无比缓慢，茅焦这一行，也好像走过了一生的时间。待其终于走到秦王政的面前，不慌不忙地向秦王政行过礼后，继而用缓慢的语速对秦王道：“众所周知，如果一个人长寿，是不会忌讳谈论死亡的；如果一个人是国君，是不应该忌讳研究国家是否会灭亡的。这是什么原因呢？一个人如果忌讳死亡，他的寿命是否会变得更加长久呢？一国君主如果忌讳亡国，他的国家是否就一定能够长久地保存呢？自然不能。大凡贤明的君主，都不会忌讳谈论身死存亡，不管是国家也好，对个人也罢。不知道大王是否也是这样？”

茅焦很聪明，他用短短几句话就将秦王纳入自己的言语彀中，迫使他听从自己接下来的说辞，还通过这种旁敲侧击的手法，让秦王的怒气稍稍缓解。秦王问道：“你说这句话，可有什么深意？”

茅焦心中暗自笑了，遂向前一步，向秦王政说道：“阿谀奉承的话，忠臣从来不讲；违背世俗的事，明君向来不做。然而看看现在，大王的行为是多么的荒唐。草民虽然不能擅自称呼自己为忠臣，但是见大王犯错，就不得不说了，否则会让草民觉得，自己辜负了大王。”

秦王政停顿了一会，心想这茅焦貌不惊人言却能够压众，遂向他问道：“有什么话你大可以说出来，不必藏着掖着。”

茅焦知道，这时候秦王的怒气明显消散了不少，对自己说话的语气也客气了不少，遂大胆地说道：“天下何以会那么尊敬秦国呢，秦国的军事和经济力量强大，固然是很重要的原因，但是还有更为重要的原因在于，历代秦王都具备雄才大略，大王更是举世无双的英明君主，深得人心。然而现在大王却做了一些不得人心的事情：首先车裂了你的假父，为不仁之举；其次则杀死了两个弟弟，为不友之举；再次则将太后软禁在外，为不孝之行；最后还轻率地杀害忠贞不二的大臣，这和夏桀、商纣有什么区别？公道自在人心，大家即使嘴上不说，但是心里面定然不会服气。如果全天下都听说了大王的这些举动，还有谁愿意归附秦国，信奉大王呢？如此一来，秦国危矣，大王危矣，这怎不叫人担心呢？”

秦王听了他这番话，心中顿时七上八下。自己虽然挥手间便会让别人流血漂橹，但是一个人的声誉好坏是极其重要的。魏国有信陵君，信陵君有好声誉，是故英才毕集在他的门下，魏国得以不亡；楚国有春申君，春申君有好名声，是故山东群雄拜服在楚国的威仪之下，合纵乃成，楚国方安。身为秦王的自己如果没有了好的名声，则人心尽丧，谈何一统天下？

其实这时候，秦王已经被茅焦的语言所动。茅焦也看中了秦王这点，于是直接解开衣服，走出了秦王的大殿，伏在殿下等待受刑。其实茅焦若想真心受刑很容易，直接跳到大锅中就可以了，那样他就真的是求死心切，必死无疑。但是茅焦并不想死，他之所以这么做，目的就是向秦王展示一下自己的必死决心以及一片赤胆忠心。

秦王自然知道茅焦的意图，也明晰茅焦话中的道理，于是亲自走出大殿扶起茅焦，对他说道：“赦你无罪！先生快快请起，穿上衣服，不要受了寒气。先生的话很有道理，寡人愿意听从你的金口之言，眼下寡人应该怎么做呢？”

于是茅焦进一步对秦王政进言道：“大王首先要做的，就是厚葬以前前来劝谏的那27位大臣，因为他们是秦国真正的忠臣，只有这样才不会寒了天下忠臣的心；其次，大王要赶快将太后接回来，免得落得个迁徙母后的千古骂名，这样也有利于收买人心，一统天下的大业也会因此而顺利许多。”

秦王顿时说道：“只有先生的这番话才真正地合寡人心意。以前的人，只知道指责寡人的过错，哪里像先生一般，用一统天下的道理让寡人茅塞顿开。先生的意见很好，寡人答应一切按照先生说的办。”

于是，秦王悉数遵从了茅焦的建议，厚葬大臣，接回母亲，而且还是亲自驾车前去迎接赵姬。只是众人都心知肚明，秦王这么做只是为了统一大业，他和太后之间已经产生了一条难以逾越的鸿沟，不可能恢复以前的关系了。而对于吕不韦，于公于私，秦王都不会轻易放过他。

太后赵姬并没有十分在意之前的事，回到咸阳之后，装作若无其事的样子设酒宴款待了茅焦，还不断地称赞茅焦道：“天下最正直的大臣，莫过于先生了。在危急时刻，先生能够挺身而出，不仅让我们母子能够破镜重圆，也让秦国的江山社稷转危为安，功劳之大，实在是难以形容。”

经此一事，茅焦走入了秦王的视野，成了秦王政尊敬和信任的人，被秦王立为太傅，尊为上卿。

在诛除了嫪毐及其党羽之后，秦王政转而将矛头对向了吕不韦。本来秦王准备一不做二不休，但是却又两个方面让他担心。首先是宫廷内外盛传，自己是吕不韦的私生子，宁可信其有不可信其无，假如这件事情是真的，那么自己若亲手杀害了吕不韦，就会犯下大忌讳；其次，朝中遍布吕不韦的党羽，而且大多数人都来为吕不韦求情，连李斯都认为，杀之恐怕会引起众怒。之前秦王杀害赵姬的两个尚在襁褓中的孩子以及20多位进谏大臣，已经让群臣震惊，秦王威慑群臣的效果已经达成，即使他再怎么残忍，也不能够将朝堂之上超过半数的文武百官杀死。

无奈之下，秦王免除了吕不韦的死刑，却剥夺了他的丞相职位，将他贬谪到河南地界。但这件事情让秦王政真正见识了吕不韦实力的强大和根基的深厚。秦王政发现，吕不韦在当地居住的一年之中，山东诸侯国竟然多次派遣使者前去看望他，秦国境内也有不少的宾客前去拜访他。秦王深知吕不韦如果发动变乱，自己必然难以应付，秦国也会在萧墙之争中衰落不少，山东诸国便会得到喘息的机会。秦国要一统天下，便只能静待时变。

于是，秦王政亲自给吕不韦写了一封信，信中提到：

“你对于秦国，实在无尺寸之功，但却得到了河南作为自己的封国，有十万户的民户听从你的调遣。

“你对于秦国，实在是没有半点亲属关系，但是却得到了仲父的称号，你难道就不觉得自惭形秽？

“聪明的人，就一定懂得进退之理、升落之道。你眼下可有一个选择，足以保全性命，那就是速速前往蜀中，不要再在河南逗留，不要再和宾客诸侯交往。”

据司马迁《史记》记载说，吕不韦这时候很伤心，因为嬴政毕竟是自己的儿子，父子相争不是什么好事情，而且自己的胜算其实并不大，还会白白地削弱秦国。吕不韦本来就是一个商人，自然知道天下的生意总是输赢参半，有人赚钱，就必定有人会折本。如果叫他说出实情，秦王政必定更加难以接受，自己也免不了杀身之祸。即使听从了秦王的建议，前往蜀中，也必定会过上囚徒般的生活，说不定有朝一日还会被杀。吕不韦长叹数声，差点潸然泪下，遂饮下了毒酒，顷刻之间便毒发毙命。

纵观吕不韦的辉煌的政治生命，以美酒开始，以鸩酒终结。其实已经没有了什么遗憾，也许唯一觉得对不起的，就是孤苦无依的赵姬。

不过，赵姬最终还是得到了善终，秦王政十九年（公元前229年），太后去世，谥号为帝太后。赵姬死后，经秦王政允许，和庄襄王一起葬在芷阳。

第二章　东周灭亡，无可奈何花落去

太子的替身

春申君本名黄歇，年轻之时，黄歇四处游学，拜师学艺，在行万里路的同时，也极大地增长了见识，提升了自己的谋略。尤其是他的辩才，更是深受楚顷襄王的欣赏。

也正是在楚顷襄王还是太子之时，黄歇便作为质子留在秦国，对于秦国的了解很深厚。后来回到楚国，楚怀王已死，楚顷襄王遂开始重用黄歇。

公元前272年，秦国白起打败了魏国和韩国的联合军队，韩、魏两国遂听命于秦国，准备大举进攻楚国。楚顷襄王无奈，只能派遣辩才出众的黄歇出使秦国。黄歇遂对秦昭襄王上书，言及当前的国际形势，认为秦国和楚国势均力敌，一旦步入不死不休的境地，则最终的结果必然是两败俱伤，韩国、赵国、魏国和齐国则从中渔利。与其做吃力不讨好的事情，倒不如和楚国一道，攻打其他国家。这种事情对于秦国，自然有百利而无一害，秦王就答应了黄歇的提议，和楚国结盟。

为了表示楚国的诚意，楚顷襄王遂派遣黄歇和太子熊完前去秦国做人质，此次一去便是十年时间。

公元前263年，楚顷襄王熊横一病不起，眼看就要一命呜呼，遂遣人来到秦国，请求秦王准许太子熊完和春申君回到自己的国家，让太子能够继承楚国国君的大位。

然而，秦国却认为，如果楚王驾崩，楚国太子不能回到自己的国家，国内必定变乱丛生，更加有利于秦国，所以秦国说什么也不让太子熊完回去。

黄歇认为，如果这时候去直接找秦王，对其言说楚国太子回国的要求，不但不会有什么效果，搞不好还会弄巧成拙。这时候，范雎还在位，而且最得秦昭襄王的信任。于是，黄歇决定去说服范雎。

黄歇一见到范雎，便对其陈述了利弊所在。兵法云，知己知彼百战百胜，黄歇直言秦国和楚国目前的形势，认为眼下秦国之所以不让楚国太子回国，无非是为了能够借以要挟楚国或者让楚国在群龙无首之下生出祸端。殊不知，祸兮福所倚，福兮祸所伏，看似楚国会遭受重创，实际上，楚顷襄王早就做好了准备，纵使太子不能够回到楚国，楚国也能很容易就从众多王子当中找出最合适的人继承大位。那个人虽然不是名正言顺，事急从权，其才智一定不会低于当今的太子。不仅秦国和楚国的友好关系会就此破裂，太子熊完虽然身在秦国，却会因为无法返回楚国而失去了价值。

秦国最需要的就是一个友好的楚国和为秦国马首是瞻的楚王，除了太子熊完之外，黄歇认为其他人都很难办到。只要秦国能够放归太子，则太子即位之后，必定感念秦王的恩德，对秦楚之间的友好关系必定百般呵护。由此可见，放回熊完则双方都有利，反之则必定不利于秦国。

其实在此之前，范雎就已经对放归太子熊完与否的问题进行了深刻的思考，也认识到了其利弊所在，只是如果不给予楚国一点难处，楚王就不会感恩。范雎要做的，就是将一件事情的利益最大化。

黄歇既然代替楚国太子表了态，范雎也乐于向秦昭襄王传递其意图。秦昭襄王何等聪明，自然很容易就明白了黄歇所言的道理。只是秦昭襄王更担心，如果此时的楚顷襄王并没有病，却故意装病。如果是这样，到时候不仅楚国的把柄不在，楚国得以安定。连春申君黄歇这样的人才也得以回到楚国，对于秦国而言，无疑是一件危险的事情。

要知道，此刻秦国正和赵国在长平对峙，战争的天平随时会倾向于一方，只要那一方的筹码稍微有所加大。秦国自然不会放任楚国倒向赵国一边。

于是，秦昭襄王下令，让熊完的师傅回去探望一下楚顷襄王的病情，实际上，这只是一个缓兵之计。

黄歇也认识到，虽然自己说的头头是道，但秦国实际上并没有下定决心放了太子熊完。黄歇也清楚地知晓楚顷襄王以前身体就不好，加上国家日益衰弱，经常沉溺酒色，此番来报病情加重，一定不是虚言。

此时此刻，楚国的国政都把持在王室宗亲阳文君的手中，一旦大王驾鹤西去，则他必定扶持自己的儿子成为新任太子，其他王子自然不会服气，只有熊完才是名正言顺的王位继承人，他回不去，楚国就会在一场王位争夺中陷入混乱，本来就江河日下的国势，必然会就此一蹶不振。

解决一切问题的关键，就是尽快送太子熊完回国。

既然秦国迁延不进，拖延时间。黄歇也就不再抱有希望。于是，在黄歇的心中，便产生了一条妙计：自己依然留在太子行宫之内，而太子熊完则换上从楚国而来的使臣的马夫的衣服，和楚国使团一起，走出咸阳，走出秦国的关卡。

果然，在黄歇以身犯险的情况下，楚太子有惊无险地走出了秦国，回到了自己的国家。而黄歇在这一段时间内，则向外宣称，太子熊完卧病在床，一律不会宾客。

早不生病，晚不生病，偏偏在这个节骨眼上生了病。这让秦昭襄王心中，逐渐地生出了疑虑。黄歇也不说什么，在秦昭襄王派遣人来查探之时，便让和熊完身材体型相似的属下，扮作熊完的模样。如此，才得以蒙混过关。

可是黄歇知道，纸是包不住火的。太子即位时，这件事情便会东窗事发，到时候秦王必定会治自己一个欺君之罪。于是，数日之后，黄歇便向秦昭襄王主动说出了实情，只可惜此时秦国要追，已经来不及了。秦昭襄王自然大怒不已，遂对黄歇动了杀机。

幸好此前黄歇便打点好了一切，料敌于先地向范雎进言，说自己一旦被楚王重用，则必定劝谏楚王继续亲善秦国。范雎一听，觉得还是很有道理。于是，在秦王执意要杀了黄歇之时，范雎便向秦王劝谏，如今杀了黄歇也无济于事，反而会和楚国结下冤仇，于秦国的长远利益不利。为今之计，只有让黄歇回到楚国，秦楚之间的关系才能够得到保持和巩固。一旦秦国安定了其他地方，不愁报不了此仇。

秦昭襄王也不过是出于一时气愤，气顺了，道理也就明晰了，最终，秦昭襄王听从了范雎的建议，派遣秦军护送黄歇，安全回到了楚国。

黄歇回到楚国之后，的确没有跟秦国为难，首先是因为此时的楚国已经没有了和秦国一较高下的实力，其次则是春申君要忙着和其他一些国家进行外交活动，以扩大自己的声威，增强楚国的实力。

三个月之后，楚顷襄王便去世，熊完继承王位，就是后来的楚考烈王。同年，黄歇也终于飞黄腾达，实现了自己的人生抱负，被楚考烈王封为楚国令尹，封为春申君，同时还赐了淮北十二县作为春申君黄歇的封地。当时，淮北之地经常有战事发生，主要交战国家就是齐国和楚国，于是春申君向楚王请求交换封地，于是，在楚王的授意下，春申君将淮北十二县封地换到了江东。

长平之战后，秦国趁机攻打赵国邯郸，赵国平原君遂前来向楚国求援，这时候，楚考烈王和春申君都想到了昔日被困咸阳的困顿，只是秦国在此之前就已经放出话来，谁敢救援赵国，秦国在击垮赵军之后，必定首先攻击它，所以二人都有一些犹疑不决。

最终在毛遂的一番唇枪舌剑下，楚考烈王同意出兵，和魏国军队一起，击败了秦军。而且在信陵君的率领下，五国联军还一度打到秦国的函谷关一带，秦军损兵折将达30万人。此次合纵，致使秦国一统天下的计划得以推迟，春申君也功不可没。

公元前256年，在楚考烈王的率领下，春申君向北征讨鲁国，第二年便将之灭掉，在此期间，荀况因为声望很高，春申君遂让他做了兰陵（今山东苍山）令。

援救赵国、灭掉鲁国，不仅让春申君神威大显，也在客观上促进了楚国的复兴。综合看来，春申君对外则主要采取穷兵黩武的政策，对内则与齐国孟尝君、赵国平原君以及魏国信陵君一样，积极招揽有才之士，不管三教九流、莽夫谋士，春申君都积极地和他们交往。礼遇加厚待，自然应者云集，一度门客达到3000人，在数量上甚至还一度跃居战国四公子之首。

可是在质量上，就让人难以评价了。黄歇的那些门客之中，大多数人喜欢好勇斗狠，争强好胜，奢侈浮华。

据传，春申君的好朋友平原君，有一次派遣了门客前来拜访春申君。春申君是个好客之人，对于门客的前来，也感到很高兴，遂将之安排在上等的宾馆入住。

可是这些门客却不识抬举，比什么不好？竟然想着去向楚国夸耀赵国的财富。当然，这本也算是他们爱楚国的表现，他们却将这种夸耀变成了对自己身价的展示。于是，这些门客特意在头上插上玳瑁簪子，亮出装饰着珍珠宝玉的剑鞘，不可一世地前去拜见春申君，岂料一见到春申君的上等门客们，他们竟然都感到自惭形秽。要知道，这些人竟然都穿着宝珠做的鞋子！这就叫做辱人者恒辱之。从另一个层面上看来，春申君对于门客，可谓用尽心机、散尽家财。

然而，春申君通过这件事情，也渐渐生出了比较之心。当年的信陵君是何等的英雄气概！挥手间便令万众臣服，谈笑间便让秦军流血漂橹。

不仅楚考烈王艳羡不已，就连春申君也是又忌又妒，遂蛊惑周赧王振臂一呼，重组合纵联盟。只可惜最终由于各种原因，不仅合纵失败，连西周国也被秦国灭掉，周赧王也沦为秦国的属民。

眼看秦国坐大，春申君虽然有心灭秦，却无力回天。为国谋者最大的悲哀莫过于此。

借钱打仗

自韩、赵、魏三家分晋之后，历史进入了战国初期，也就是东周晚期。

历史依旧在向前发展，而且到了战国之后，其变化更为剧烈。整个社会都在从宗族制度向家族制度变迁。

不论地主或农民，都需要建立起家长擅权的家族制度来。儒家的孝悌观念，直接体现在家族制度中，其要求子弟服从父兄。《仪礼·丧服篇》也提到：“未嫁从父，既嫁从夫，夫死从子。”表示整个社会的家族观念是妇女服从男子。在这种君君臣臣父父子子的观念构架下，一个宏大的社会文化体系被构建出来，巩固了新兴地主阶级政权，同时也使得这种观念得以强化。

和西周相比，东周的统治阶级的地位不断受到各种挑战，王室权力逐渐弱化。周平王东迁之后，七个异姓小宗族从王，他们每年都会定期给周王室供奉，周王则表示给予他们世世代代的爵位。这等于是在身份上给予了他们合法的继承权利。西周有周、召、毕、毛等大宗族，到了东周时期，这些大宗族不断没落，伴随而来的则是周王室的衰微。天子丧失了威权，而王国内新册封的宗族在实力上又远远赶不上西周的强势，所以最终招致了宗族制度的削弱。

《论语·季氏篇》一文中，就提到：“礼乐征伐自天子出。”可见西周时期，周王室大王的地位是如何尊崇，诸侯从不敢僭越。而转眼到了东周早期，齐、晋两国先后霸诸夏，楚霸诸蛮，秦霸西戎，诸侯在自己的领地内，成为高于一切的权威所在。其他诸侯虽然没有称霸，但是对于天子的号令也不再甘心听从，只是敷衍了事。这在很大程度上反映了从东周早期开始，周王室的权力便逐渐被分散了，而诸侯的权力则逐渐凌驾于旧式贵族的权力之上。

到了东周后半期，战国七雄都开始信奉“政逮于大夫”，政“自大夫出”。依靠士的力量，地主阶级得以强大和巩固自身的权势，这些士人多数是新兴贵族或者旧式贵族家中的食客家臣，只忠心于自己的主人而不是国君。《左传·昭公二十五年》记载，所谓“家臣也，不敢知国”，就是说的这个道理。

如果说西周原本的贵族是第一宗族，东周诸侯为第二宗族，那么战国中后期不断发展壮大的士大夫阶级就是第三宗族。第一宗族被第二宗族取代，代表了周王室的衰微，诸侯并起；第三宗族取代第二宗族，则是代表了封建国家的确立。也正是到了这个时候，周王室的存在已经成了一个象征意义的符号。

《史记》记载说，此时整个东西二周至周赧王时，只剩下三四十座城池，不足三万户人口。而且东西二周还分而治之，东周公管理一半，西周公管理一半，周赧王只是名义上的天子。

昔日秦国为了让天下人都攻伐齐国，骗齐王和秦王各自称为东西二帝，但是最后却迫于各国的压力，他们不得已取消了帝号。足见此时的周赧王虽然没有了任何势力，但其影响力还存在。

长平大战之后，东方六国已经没有了和秦国抗衡的实力，秦国一统天下的日子指日可待。

正好在这一时期，邹衍的五德终始说开始兴盛起来。邹衍是齐国人，生卒年不详，据推断大约生于公元前324年，死于公元前250年左右。他活动的时代后于孟子，与公孙龙、鲁仲连是同时代人。邹衍认为："五德从所不胜，虞土、夏木、殷金、周火。"又说："代火者必将水"，"数备将徙于土"，只要秦国自认为水命，并广为宣扬，就正好可以将其代周氏的合法性提升。

邹衍为了详述这种关系，认为虞（舜）朝、夏朝、商朝、周朝的历史是一个胜负转化、前后相继的历史发展过程。它严格按照土、木、金、火、水依次相生相克，而且每一个王朝都具备阶段性，又按照始于土、终于水、徙于土的关系，让王朝之间循环往复，因而具备周期性，"阴阳消息"的矛盾运动推动着"五德转移"，又对"并世（当世）盛衰"起着决定作用。阴阳两种势力相互冲突和斗争存在于在木胜土、金胜木、火胜金、水胜火的每一发展阶段。两者交争，"胜者用事"，胜利者最终成为书写历史的人。在一种周期律中，把一切兴衰荣辱都预先决定了，凡帝王者之将兴也，天必先见祥乎下民，只要一个王朝要衰落或者是兴起，天都会降下一定的指示。

齐国和燕国称帝，都借用了邹衍的理论，但是真地将之变为现实的，则是秦国。当时秦昭襄王为了灭亡周王室，就言辞凿凿地说及秦国是水命，一定会取代火命的周朝。当然，到了秦始皇之后，为了秦能够千世万世，便对这种理论做出了一定的变动。

关于周王室的灭亡，还需要从信陵君率领合纵大军打破秦军开始说起。

此次合纵，让楚考烈王见识到了信陵君的军事才能，对魏国有此良才，艳羡不已。而春申君则为此感到不服气，凭什么自己就比不过信陵君呢？春申君认为，他缺乏的就是一个证明自己的机会。

眼下正好有这么一个机会，秦国和赵国遭逢大战，秦国一败涂地，赵国自然不足虑，长平一战至今，能够打败秦国不过是多亏了其他诸侯的帮助，赵国已经元气大伤，无法再掀起什么大风大浪起来。而秦国则不然，虽然刚被赶到函谷关以西，但是其实力并没有大的亏损，仍然是天下实力最为强劲的国家。

只可惜，春申君没有看到这点，他认为秦国和赵国一样，经历大败之后，就会一蹶不振，还认为自己终于可以做一回渔翁。于是，春申君决定豪赌一把，联合六国再来一次合纵攻秦，眼下刚刚经历了大胜，各国肯定摩拳擦掌，跃跃欲试。楚国只要振臂一呼，天下英雄必定云集而响应。春申君将这个想法告知了楚王，楚王并无异议，只是眼下列国都不能自保，单单依靠楚国的旗帜，怕别国不会甘心派出军队。

春申君想了想，认为这件事情很好解决，楚国大可以让周王室号召各国，加上打击秦国的巨大好处，列国诸侯一定会望风归附。楚王应允了。

春申君遂派遣了说客前去找周赧王，认为他是天下共同的主人，诛除叛逆是他分内的事情，只要他说一句话，列国都会俯首听命的。

周赧王怎么也没有料到，本以为自己已经被世界所遗忘了，今日竟然有人如此尊崇、尊敬他，一时之间，恍如隔世的那种威凛天下的气势，又重新回归到了周赧王的身上。

当然，周赧王如此，也是有自己的考虑的，他深知自己在诸侯心中的地位——用得着的时候，尊称一声“大王”；用不着时，自己去求他们，也不会有人会理睬自己。他知道，此时此刻，自己重新对诸侯有用了。更为重要的是，他在这一刻也有事求助于诸侯。

原来，就在不久之前，前方传来战报：秦军大军集结，兵锋所向直指韩国的阳城（今河南登封东南）。当然，假途灭虢之事，秦国也是很乐意做的，他们就是要借机灭掉周王室，控制天下巅峰权力的象征物——九鼎。

东周灭亡

为求自保，周赧王毫不犹豫地就答应了春申君的提议，为了增强自己的权威，增大这个合纵的成功度，周赧王还决定，在号令天下共同讨伐秦国的同时，再招募一支周王室自己的军队。周赧王一提出这件事情，西周公便表示全力支持。在西周公的配合下，整个周王室硬是捉襟见肘的凑齐了五六千兵马。

所谓三军未动粮草先行，兵马是有了，可是粮草还没有。周赧王和西周公便商议，干脆向民间征集，只可惜周王室之地虽然算不得贫瘠，但却因为年连战乱，诸侯不朝，供养周王室都显得不足，指望他们供养军队实在比登天还难。

当然，那些贵族除外。二王遂向他们立下字据、晓以重利，承诺一旦将秦军打败，就将其中的战利品给予他们。这些贵族们，平时虽然养尊处优，但是却没有人忘记秦国历年来给予他们的耻辱。眼下秦国日渐强大，越来越不将他们放在眼里。如今有此机会教训一下秦国，他们自然乐于去做，而且他们认为依照六国的实力，打败秦军也不是什么难事，战利品自然会获得。如此一石二鸟之事，何乐而不为呢?

俗话说，有钱能使鬼推磨，6000人马就在这批钱的支持下，高速运转下来。刹那间，周赧王仿佛觉得，自己终于再现了300多年前，东周先祖的辉煌：一人号令，天下莫敢不从。于是，周赧王上位的第一件事情，就是发布了两条号令，一条与六国相约在伊阙会师，六国军队携手并进，共击秦军；另一条自然是封侯拜将，侯倒是不必封了，天下诸侯横行就让周赧王这一生苦不堪言。既然是打仗，拜将才是最重要的。这次，天子军队的将领就是西周公。

周赧王心想，这一次六国军队莫不说倾巢出动，即使来了一半，在自己的带领下，也必定能够将秦军打得溃不成军，让他们知道，周王室的大王也不是任由别人揉捏的。

可是他不知道，当今的天下已经是乾坤大变，恰逢魏国、赵国和秦国大战罢歇，秦国虽然战败，但是其底气雄厚，元气没有多大损伤，而魏国和赵国则不同，本来就已经是江河日下，这下更是雪上加霜，周赧王号令之下，他们也是有心无力，自然不会出兵。东方六国中，实力还算强盛而且没有什么损伤的齐国，却正忙着和秦国称兄道弟，如此关键时刻，为了自己的利益自然不会和秦国兵戎相见。韩国则正忙于守备阳城，防止秦军的入侵，自顾不暇之下，对六国联盟也只能在一旁呐喊助威。最终真正派遣军队前来的，就只剩下楚国和燕国，不过这两个国家一直准备着坐山观虎斗，此次前来，自然不会用尽全力，所以最终与周赧王的6000人马合兵一处，也才5万人马不到。

当前的形势很明显，如果周赧王和白起一般用兵如神，则这5万兵马未尝不能和秦军一战，可惜他不是白起。但是如果周赧王就这么撤军，不仅自己面子尽失，恢复周王室兴盛的理想也就没有办法实现，以后再想找到这样的机会，可就难上加难了。

于是，周赧王和春申君决定，干脆就在伊阙等，只可惜，从希望到失望，最后到绝望，他们发现，六国的军队的确不会来了，就连春申君，也想溜之大吉了。周赧王终于明白，当所有人都是看客的时候，自己最好不要一个人冲上舞台，否则最后剩下的，就只有他一个人。

虽然六国把此次攻伐秦国的事情当做一个儿戏，但秦国却是被吓出了一股冷汗，秦国固然不惧合纵联军，却不想徒惹麻烦，做对自己没有半点好处的事情。为了速战速决，秦军可是做足了准备。兵法上说，不战而屈人之兵，才是上策。所以秦国在明白自己是虚惊一场之后，便火速调集函谷关戍边的10万秦军，整日操练兵阵，剑气纵横，杀声震天。不久，春申君便被吓跑了，后来，燕国的残余军队也溜之大吉，看这种局势，没有人会去虎口拔牙，最后，连周赧王召集的6000军马，也作鸟兽散。

此次合纵，损伤最大的就是周王室了。要知道在此之前，周赧王可是给了国人承诺。如今大业未成，军马先散，周赧王怎么去面对国人？无独有偶，另一边，春申君也感到自己颜面大失，领着千军万马前来，竟然连呐喊助威都没有，直接被秦军吓跑了。

春申君还好，回到楚国顶多被楚王奚落几句，或者被国人嘲笑几句，风声一过，自己照样做楚国公子。但是另一边的周赧王，日子可没有春申君好过了。

就在周赧王回去周地的当天，那些曾经对周赧王寄予厚望的贵族们，都找上了门。他们各自带着家臣，拿着周赧王给予他们的契约，来到周赧王的宫门之前，如果可以用强的话，相信他们已经将周赧王大卸八块了。即使如此，也叫周赧王够受了，这么多年，周赧王即使被诸侯瞧不起，也不至于如此狼狈。

无奈之下，周赧王只能躲到宫内不出来，可是大家见周赧王已经没有什么权威了，顿时群情激愤起来，一个个砸桌子提板凳，快要把王宫拆了。周赧王于是觉得，这王宫也待不下去了，心中灵光一现，顿时想到了后宫之中有一座高台，可以龟缩在上面。周赧王如同溺水的人抓住了一根救命的稻草，当他最终到达高台之时，心中不禁感慨，落难的凤凰不如鸡，落难的金龙不如狗。这就是典故债台高筑的来源。

然而，更让周赧王心忧的是，秦军已经攻克了韩国的阳城，转瞬之间大军就要兵临城下，前来攻打西周城了。无奈之下，西周公向周赧王献策，与其让秦国攻打，最终城破人亡。不如主动献降，秦国没有了白起坐镇，料来不会擅自杀降。更何况自己好歹也是王室后裔，秦国说不定还会好吃好住地招待着，这样也省得别人整天都惦记着自己的那一亩三分地。

周赧王一听，这个提议虽然有损王室颜面，但是事已至此，也只能权宜处理了。于是，周赧王偕同36城池的3万户居民，一道西去，来到咸阳宫，见到秦王，曾经不可一世的周赧王也只能黯然跪下，叩首谢罪，请求秦王接收周王室的土地，并将一张地图交付给了秦王。秦昭襄王也感到很兴奋，曾几何时，秦国还需要对周王年年朝贡，岁岁叩首。如今周王室的王都匍匐在自己的脚下，虽然秦国还没有一统天下，但是能够看到这一幕，也算是此生不枉了。

这时的秦昭襄王表现得很慷慨，他将周王室的土地接收以后，顺便还将梁城（今陕西韩城南部）封给了周赧王，周赧王从此号称周公。另一种说法称：秦王派出一支军队到洛阳，把周赧王姬延捉住后将其废为平民。这个立国879年的周王朝就这样灭亡了。不久，周赧王便无声无息地离开了人世间。周王朝800年天下，终于连象征物都土崩瓦解，秦国即将在不久之后，取代周王朝。

周赧王死了，留下的不过是一声叹息。在秦国的眼中，他是真龙落浅滩也好，是真虫冒充龙也罢，都不再重要了。即使是周王室的那36座城池，在秦王眼中，也不过是弹丸之地，唾手可得。秦王真正在乎的，是天子权力的象征——九鼎。

九鼎，据传是大禹在建立夏朝以后，用天下九牧所贡之金铸成九鼎，象征九州，世代相传之后，九鼎成了国家权力或者天子权力的传国之宝，和后世的天子玉玺有异曲同工之妙。《史记·封禅书》记载："禹收九牧之金，铸九鼎。皆尝亨鬺上帝鬼神。遭圣则兴，鼎迁于夏商。周德衰，宋之社亡，鼎乃沦没，伏而不见。"就说明了九鼎的由来、变迁和最后的消失。

到了商代，用鼎的多少成了一种显示身份贵贱的制度，通常，士用一鼎或三鼎，大夫用五鼎，王室天子用九鼎，祭祀天地祖先时，也需要九鼎大礼。九鼎是象征国家最高权力的传国宝器。按《尚书·禹贡》的记载，九州分别是：冀州、兖州、青州、徐州、豫州、雍州、扬州、梁州、荆州等。而在《周礼·职方》中则记载，九州中的梁州和徐州被幽州和并州取代。《尔雅·释地》中则称，青州和梁州不在九州之列，应该是幽州和营州。

秦在灭周后的第二年就把周王室的九鼎西迁到咸阳，但等到秦始皇灭六国，统一天下时，九鼎却已不知去向。有人说九鼎中的一鼎在泗水彭城沉没，其余8个到了秦国。所以秦始皇在出巡泗水彭城的时候，曾派数千人马潜水打捞，但并无所获。

剩余的鼎被秦王陈列在秦国的太庙之中，并且就此昭告天下，让各方诸侯前来朝贺，不来者就视同和秦国作对。到秦始皇之时，秦国真正实现了雄霸天下的雄心壮志，一个崭新的时代、一个迸发激情和热血的时代，在前后相继的轰隆之声和金戈铁马的嘶鸣声中，徐徐到来。

联合攻秦

战国初期的楚国，农业相对于中原地区十分落后，加上南方部落众多，需要分散许多兵力去镇压和防备，因此在中原诸侯看来，楚国其实不堪虑。可是后来楚国的发展，实在是令人侧目。自西周以来，楚国陆续兼并了许多小的诸侯和部族，不断地开疆拓土。

例如公元前334年，乘着吴越争霸的时机，楚威王以迅雷不及掩耳之势，夺取了越国在今浙江以西的土地，使得楚国的影响力和实力大增，楚威王不愧是楚国春秋争霸以来，最具备雄心壮志的一位君主。到楚顷襄王之时，遣将军庄跻率领楚国军队进入了云南，从滇池（今云南昆明）开始向四周扩散征伐，数年之间便扩地数千里。只可惜，后来秦国强大的军队从蜀中出发，夺取了楚国的黔中郡，庄跻归路阻绝，于是，庄跻遂在滇建立了国家，并自称滇王。

在楚威王之后，楚国国土面积雄踞诸侯之首，东至海滨，直面东海、黄海；西有治所设在今天湖南沅陵县的黔中郡和治所设在重庆巫山的巫郡，与古代的巴国及秦国为邻；南据苍梧（今湖南南部九疑山），与百越为邻；北方直至中原地区，与魏国、宋国、韩国、齐国等国家为邻。

综合看来，楚国是一个多民族的诸侯国家，在广大的国土境域之内，主要有苗族、土家族、原始的华夏族、壮族和许多其他少数民族，在统一的国家之内，各色文化得以交流和交互影响，最终产生了别具一格的以巫文化和华夏文化的融合为基本的楚文化，在共同的文化因素下，统一的国家前景出现了，可见此时此刻的楚国已经具备了统一的文化基础。在800余年的时间内（西周时期开始，战国末年结束），不断对外扩张经营、对内革故推新，为秦国建立秦朝，乃至于后来楚人灭秦，汉朝建立，大一统的封建帝国的建立，都少不了楚国的经营所遗留的影响。秦国在武力上，楚国在文化上，都为统一的华夏奠定了坚实的基础。

只可惜，后来白起兵威大盛，在商鞅变法余荫下的秦军，一路所向披靡，最终攻克了楚国的国都郢，楚王无奈，只能迁都鄀（今湖北宜城），不久之后又迁都陈，最终在公元前241年，定都于寿春（今安徽寿州）。此时的楚国实力已经大减，但是其影响力仍在，其文化的渗透力不减反增，甚至此时楚国的土地面积，也仍可以和秦国一较高低。尤其是在春申君诛灭鲁国，援助赵国打击秦国后，楚国的国土面积再次成为战国最大，秦国和赵国则次之，齐国、魏国、燕国又要少一些，而韩国本来面积就不大，加之秦国不断地侵占啃食，沦为国土面积最小的国家。

秦朝和汉朝能够建立和巩固一个统一的封建帝国，还有一个至关重要的因素：当时的人口总数达到了2500万，庞大的人口数量和巨大的流动性，使得各国在互相交流的同时，也足以用统一的思想掌控广大的土地。从《史记》中各国兵力的配置，可以大致看出各国人口的数量。

在公元前280年左右，秦国的强大还没有真正全面地体现出来，楚国、魏国和齐国依旧是最强大的国家。当时魏国的兵力总数达到了70万，五人出一兵，则其人口起码有400万。齐国全国有70多座城池，在公元前279年的即墨之战中，田单在即墨一城中就得到了壮士5000多人，足见整个即墨城池差不多有五万人口，而整个齐国的人口总数，也当达到350万以上。西方的秦国和北边的赵国，在长平一战中秦国兵力就动用了六七十万，而赵国也损兵折将45万，可见两国的人口数量起码超过了800万。其他国家如韩国，兵力数量为30万，人口自然可以达到150万以上；而后来的燕国和赵国的战争中，燕国丞相率领了60万大军进攻，足见其人口也达到了300万左右。楚国的强势也体现在人口上，在白起诛灭楚国大军之前，楚国的兵力总数，无论战力如何，也达到了恐怖的100万，人口自然也高达500万。

然而，楚国终没有完成如秦国一般的社会体制改革，虽然期间也有过萌芽，甚至楚威王以来，楚国君王也学着四处招揽人才，帮助楚国强盛。但那些措施都只是短时期内取得了一定的成效，楚国迫切需要一个可以维持其不断进步和强盛的体制。可惜机遇就这样擦肩而过，商鞅把机会带给了秦国。

楚怀王之后，楚国更是江河日下，到了春申君之时，已经是日薄西山。

公元前249年，秦国乘着灭掉西周国的余威，派遣大军直抵东周国，灭掉了周王室的最后一个象征物，整个秦国真正实现了称霸天下的宏愿。昔日楚王问鼎，便引起了天下人的非议，今日秦国已经明目张胆地将九鼎握在自己的手中。昔日秦国和齐国并称东西二帝，只是个虚名尚且战战兢兢，瞻前顾后，今朝的秦国早已经具备了霸道天下的实力，不久的将来，秦王登基天子大位也不在话下。

过去的楚国是何等的风光强大，此番春申君连连地打击秦国，灭掉鲁国之后，更是使得楚国实力大增。眼看着秦国做大，楚国自然不会坐以待毙。于是，再一次合纵产生了。这一次合纵，发生在公元前242年，参与的国家主要包括楚国、赵国、魏国、韩国和燕国，楚考烈王当之无愧地做了六国盟约的首脑。值得一提的是，一向和秦国亲厚的齐国，似乎还没有意识到危机的加深，依然选择不参与合纵联盟。春申君则被六国推举，做了五国联军的前敌总指挥。

这一次似乎很顺利，五国联军借道魏国和韩国，很快就兵临函谷关。只可惜，此时的五国联军虽然声势浩荡，但是在其壮阔的外表下已经失去了为一个目标奋斗的向心力。尽管春申君一片雄心，却没有能够凝聚各国军队的力量。而且列国每一次到达函谷关外，都很难攻克进去，否则秦国早就灭亡了数次了。一来各个国家都想着别人出力，自己占便宜，所以最终让秦军占了便宜。加上函谷关是一个一夫当关万夫莫开的关口，易守难攻之下，各国都很难攻下。秦军也明白，一旦诸侯联军攻克了函谷关，此去便是一马平川，敌军便会长驱直入、直接攻打到咸阳城门下。所以秦军无论付出多么惨重的代价，也必定会死守此地。

多年以来，诸侯很少能攻克函谷关。当初秦孝公从魏国手中夺取了河西之地，何尝不是对于函谷关的重视。

出乎秦军意料的是，相比上一次信陵君所率领的合纵大军，春申君所部简直是不堪一击。秦军刚刚打开关口，略微试探，各个诸侯的军队便作鸟兽散。所谓兵败如山倒，春申君怀疑，这山倒得也太快了。

吕不韦对这次合众抗秦的事情，做了比较精粹的概括：联合起的是一股乌合之众。这岂是气势如虹，战力强劲的秦国大军的对手？

此次合纵便如同一场闹剧般，不了了之。可是楚考烈王并不打算就这样放过别人，这个别人不是秦国，因为他有心无力。楚王想要责难的是，楚国的顶梁柱春申君。

楚王认为，这一次合纵之所以战败，就是因为春申君指挥不当。他哪里知道，即使是天纵奇才，军事天才，在面对秦国大军的精兵强将之时，也要三思而后行。更何况还有各国君主的怀疑，同行的猜忌，要战胜秦军实在是难比登天。

百足之虫死而不僵，春申君在这一次合纵中，虽然没能够大展神威，但是其在国内的影响力仍然不可小觑。楚王也不能擅自治他的罪，只是怪罪他的无能，就此冷落了春申君。

买一送一的王后

自禹传子启家天下以来，中国古代历代王朝王位的继承，都需要从上一代君王的子嗣中寻找，一般是嫡长子继承制度，偶尔也有所打破。而实现这一切的基础，就是需要君王有大量的嫔妃，继而有许多的子嗣。民间有“不孝有三无后为大”的说法，君王之家更是严重。任凭君主在位之时如何的雄才大略，盖世英雄，不管其土地有多么的广袤，江山有多么的巩固，军事有多么的强大，社会有多么的发展，政治有多么的稳固，如果没有子嗣可以继承自己的帝位，或者子孙无能，最终还是会江山易主，白白地为他人作嫁衣。

此时的楚考烈王也担心自己将来没有子嗣，但是他并没有考虑到是自己的原因，遂四处找寻美女来充实后宫，可是多年过去了，后宫百花虽然屡次盛开，却从来没有结下半点果实。

连春申君也着急了，可是他也想不到什么好方法，只能去民间招募那些长相看得过去，并且适宜生儿育女的妇女来服侍楚考烈王，这一举动，使得楚考烈王的后宫更加热闹了。然而出乎春申君意料的是，她们的到来，依然没有给熊氏江山带来惊喜，两年过去了，那些最适宜生长的土地，却依然没有半点反应。

春申君又为楚王找了大量的大夫，希望能够出现奇迹，同时还为楚王继续招募美女，甚至还将其触角伸到了其他诸侯国。

赵国人李园，听说楚王在招募妃子，认为这是一个飞黄腾达的机会，便马不停蹄地将自己的妹妹送到了楚国。不过这李园并不是一个鲁莽之人，他经过自己打听，知道楚王之所以广招嫔妃，原来是因为他不能够生儿育女。如果就这样贸然将自己的妹妹送进楚王王宫，肚子有反应则万事大吉，如果没有，自己的妹妹一去，则无异于是石沉大海。

这不仅是为自己的妹妹铺路，也是在为自己的前途添砖。李园对自己的妹妹很自信，身量苗条、体格风骚、一双丹凤三角眼、两弯柳叶吊梢眉，十足一个绝世美人。

于是，李园找到了春申君，想要找寻一个机会，将自己的妹子介绍给春申君，恰好春申君以礼贤下士闻名天下，李园便趁机做了春申君的随从。

当然，他不能直接将自己的妹妹引到春申君面前，那样就会让春申君感到他别有用心。春申君不知道，他的身边潜伏着怎样一个富有心计的人，此人的危险，比之秦王尚且有过之而无不及。

为了让春申君主动上钩，李园便在某个时间，向春申君请假，回去自己的家中，返回之时，更是迁延不进，后来回到春申君面前，已经晚了数个时辰的时间。如果是迟到一时半刻，春申君还能够勉强原谅，可是他竟然回来得这么晚，春申君就要问一下原因了。

李园回答说，是因为齐王竟然要派遣使臣来求娶自己的妹妹，李园自然要好好地招待一番，免得将来自己的妹妹吃亏。哪知道和那个使臣一喝酒，便忘记了时间，如此，才延误了时间。

春申君一听，原来是这样，也算情有可原。甚至春申君还来了兴趣，问询李园，齐国使臣给他带来了什么礼物没有。其实，在春申君看来，既然齐国都能够派遣使者前来求婚，这李园的妹妹定然也非凡品。

李园干净利索地说，齐国没有带来任何礼物。春申君便很奇怪了，这使臣打的什么算盘？莫不是对李园的妹妹还不是很肯定？于是，春申君问李园，可否将其妹妹带过来，自己见上一面。李园假意犹豫了一番，最终表示，春申君对他有知遇之恩，自己的妹妹能够见到春申君是她的福分。

果然不出李园所料，春申君一见李园的妹妹，便惊为天人。此女只应天上有，人间哪得几回见？见春申君上了钩，李园毫不犹豫地将自己的妹妹做饵，投给了春申君。他知道，只要春申君能够为自己所用，不愁自己不飞黄腾达。

春申君不比楚考烈王，才数月不见，李园便听闻自己的妹妹怀上了春申君的孩子。李园的妹妹也有她的过人之处，不仅不计较自己嫁给何人，更是在被人迎娶之后，使出百般解数，很快便得到了春申君的专宠。

这次自己怀上身孕，她第一时间并不是告诉了春申君，而是自己的哥哥李园。

李园遂和她商议，让她找机会给春申君吹吹枕边之风。李园的妹妹也很机灵，在告知了春申君自己怀有身孕之后，便向春申君进言，说及当前的楚王的确很尊重春申君，春申君也得到了信任和重用，此时此刻，春申君在楚国可谓一人之下万人之上，呼风唤雨、无所不能，楚王有那么多的兄弟，哪一个不是羡慕或者嫉妒不已？

可是20多年的丞相地位，并不能代表春申君能够长盛不衰，当今楚王已经年过不惑，却没有半个子女，楚王不知什么时候就会寿终正寝，到时候即位的必定是他的兄弟。到时候新任的楚王必定会让自己的亲信掌控大权，春申君势必会受到冷落。加上春申君在位之时，对楚王兄弟的诸般得罪，将来他们一旦掌握了大权，就必定会报仇雪恨，如此一来，春申君就会大祸临头，不仅宰相的大印保不住，江东十二城的封地保不住，还很可能会有性命之忧。

春申君一想，夫人果然是全心全意为自己思考，她说的情景，将来也必定会出现，可是如何规避这种风险？春申君纵有天纵奇才，也难以想出办法。

见春申君面现愁容，心怀忧虑，李园的妹妹继续向春申君出谋划策。她认为，唯今之计，只有以假乱真，浑水摸鱼才是上策。

春申君很奇怪，问夫人有什么高见。

李园的妹妹分析到，眼下自己虽然已经怀孕，但却无人知道，而且表现得也很不明显。恰好自己刚刚来到春申君府上，别说外面人不知道，就是春申君府上的人，认识自己的也不多。只要这时候将自己献给了楚王，自己有自信能够得到楚王的宠信，加上春申君的尊贵地位，要得到楚王的宠爱，就易如反掌了。

到时候，春申君的儿子也就成了楚王的太子，楚王一死，则春申君的儿子便顺势成为了楚王，整个楚国都成了春申君的囊中之物，比起遭受如同秦国商鞅那样的祸患而言，哪一个好，哪一个不好，自然清楚明了。

话说到这里，春申君顿时来了精神，其实在李园的妹妹说出这番计较之前，春申君便已经开始谋划具体的实行措施，这种事情宜早不宜迟，否则到时候漏了陷，春申君就吃不了兜着走了。

不日，春申君便来到楚王面前，向楚王进言，说自己在赵国之时，物色了一个绝色美人，身材丰腴，遂带了回来，准备进献给楚王。楚王心想，比起那些主要负责生育的妇女而言，能被春申君称为绝色的，定然是个尤物。更何况她身材丰腴，也自然很容易生育，遂让春申君把他带进宫来。

原来，在李园之妹向春申君献出这一条计策之后，李园便把她安置到了一个秘密的住所，以此来消除别人的怀疑。

李园之妹很容易便见到了楚王，和春申君一样，楚王见了她，也是目瞪口呆，差点失了大王的威仪。加上春申君的举荐，楚王更是毫无怀疑便将她纳入后宫，不久之后，太医便查出，李园之妹竟然怀上了王种。楚王更加兴奋，心想真是天佑楚国，终于守得云开见月明了。楚王遂将李园之妹封为王后，更让人惊喜的是，李园之妹十月怀胎诞下的，竟然是个王子，楚王当即把他立为太子。

而另一边，李园也是一人得道鸡犬升天，受到了楚王的重用，参与国家机密大事。

春申君之死

李园的目的终于达到了，从一开始注意春申君，继而吸引住春申君的目光，最后让自己的妹妹得到春申君的宠信，李园以其狡诈的心机和完美的谋划，出色地完成了第一步。如果春申君能站在今人的视角上看问题，就会意识到李园有多么可怕。然而，更加可怕的是，李园和其妹妹更是沆瀣一气，不惜让春申君将自己的夫人送进王宫，也要谋求飞黄腾达的机会。

直到李园能够在朝堂之上和春申君分庭抗礼，直到楚考烈王渐渐冷落自己，春申君才真正地意识到危机的来临。可是他也仅仅是认为，这是政见不合或者是各谋前程，与人无尤。

春申君哪里知道，李园已将他视为眼中钉肉中刺，将来自己妹妹的儿子做了楚王，最为尊贵的人，永远只有一个。如果让楚王知道了春申君是他的父亲，那自己的地位还怎么能够得到保障呢？索性一不做二不休，李园散了大量的家财，豢养了许多名刺客，这一切除了李园自己知道外，连其妹妹也没有告诉。他的目的很明显，就是找准机会，派遣刺客前去暗杀春申君，到时候自己就可以在楚王死后独掌大权，在楚国一手遮天。

天下没有不透风的墙，李园自以为做得天衣无缝，岂料还是百密一疏。无意中，这件事情被一些有心人知晓了，并告知了春申君，只可惜春申君一直没有重视起来。

不久，楚考烈王病重，眼看就要一命呜呼，大权也即将交接，大凡王朝更迭，君权易主之时，便是政治局面最为黑暗的时候。春申君门下食客中也不乏有识之士，其中有一个叫做朱英的人，对眼前的局势看得比较清楚，同时为春申君感到担忧，遂向春申君进言道："世上有不期而至、难以预料的福，反之，也有难以预料而不期而至的祸。恰如今日，您处在生死无常的世上，侍奉喜怒无常的君主，招惹了是非难辨的仇敌，那些不期而至的人，也必然不会少的。"

春申君疑惑地问道："先生还请说明白，什么叫不期而至、难以预料的福呢？"

朱英回答道："您担任楚国的丞相，已经25年有余，虽然在名义上，您只是一个宰相，但在实际上，国家的军政大权都掌握在您的手中，和楚王其实没有什么两样。楚王病重是众所周知的事情，早晚有一天会驾鹤西去，到时候，年幼的国君便需要由您来辅佐，就好像伊尹、周公一样，国家大小事务都掌控到了您的掌上，等君王长大之后，您也就功成身退。这就像是，您在楚国的南面称王称霸，雄踞楚国的大权，不期而至，难以预料的福就这样来到您的面前。"

春申君心想，这的确是自己以前没有想到，也难以预料的福气，可是什么叫做不期而至、难以预料的祸患呢？春申君在一时之间，还不能理解，遂向朱英请教。

朱英转身面朝南方，叹息了一声，向春申君解释道："如果国家大权都让您掌控了，那么李园又会被置于何地呢？到时候他不能够执掌国政，就定然会成为您的死敌。的确，整个楚国的军事大权都掌握在您的手中，可是远水救不了近火，您不可能将数十万大军随时带着身边。而反观李园，虽然没有军事权力，但是他却私密地豢养刺客，这件事情已经是不公开的秘密了。等到楚王去世，李园第一步要做的，就是入宫夺权，届时您也必定成为首要诛除的敌人。如此一来，不期而至，难以预料的祸便从天而降了。"

春申君听了朱英的这番话，虽然有所触动，但却并不怎么相信。出于对朱英的尊重，春申君接着问道："先生再说说，什么又叫不期而至的人呢？"

朱英自以为春申君已经被自己说动，遂向春申君建议道："先下手为强，后下手遭殃，既然李园不仁，就不要怪您不义了。我知道您大仁大义，定然不愿意做那下三滥的事情。多年以来，您对我们这些宾客礼遇有加，待遇优惠，所谓养兵千日用兵一时。我愿意为您除掉李园，只要您安排我做郎中，等到楚王一去世，李园闻讯，必定抢先入宫，我会随机应变，找机会替您杀掉李园。这就是我前面提到的不期而至的人。"

春申君听了后，立马感到这朱英太激动了，忙向朱英劝诫道："先生怎么能产生这种偏激的思想呢？我劝先生要放弃这种打算。李园生性软弱，从过去和现在，我和李园的关系都不错，无论如何，也不可能到那个地步的。"

朱英还准备再谏言，但见春申君面色露出不善，知道无论自己怎么说辞，春申君也不会相信自己所说。今日自己的这番话，他日一定会不胫而走，到时候春申君自身难保，自己也必定会受到李园的嫉恨，到时候李园大权在握，自己就一定会遭受池鱼之殃。就在此后数日之后，朱英离开了春申君。

恰如朱英所料，17天之后，楚考烈王便离开了人世，春申君的灾难也随之来临。春申君得到消息之后，连夜进入王宫。其实到了这个时候，春申君也还有机会的，在半路上，他还在思考朱英的话，不过宫中大事待定，自己万万不可以耽搁，而且出于对李园性格软弱的考虑，春申君很快便否决了朱英的判断，最后一次和生机擦肩而过。到了棘门，才发现沿路都是刺客。不用说，一定是李园早就来到了宫中，布置了杀手。春申君的头被刺客瞬间斩落，丢到了棘门外面，落得个身首异处的下场。

春申君之死，让人唏嘘长叹的同时，也不禁发人深省：越是到了关键时刻，越是要分清敌我，认清形势，如此，个人才能够免遭祸患，国家才能够长治久安。

春申君一死，李园之妹的儿子顺势即位，是为楚幽王。

但事实上，《史记·春申君列传》记载有误，楚考烈王并非无子，在幽王之后的哀王和楚国末王负刍，都是考烈王之子，这在许多历史记载和考证中也得到证实。结果，李园献妹的故事仅是故事，还影响到秦王政的身世之谜，虽可谓流传深远，但终究与历史不符。

第三章　合纵失败，六国灭秦梦碎

秦国，李斯的选择

李斯原本是楚国上蔡（今河南上蔡西南）人，年轻时候做过楚国的一员小吏，专门负责掌管文书，每日过着重复且无聊的日子。在这样的大争之世，做一个籍籍无名的人，并不是李斯所想要的。

而眼下楚国早已经是日薄西山，李斯即使有万般才华，也不知道该如何施展。这么多年，李斯都觉得自己时光虚度，胸中无韬略，袖里无乾坤，这样的人到了任何一个国家，都会是碌碌无为。只有首先丰富自己，加大自己的筹码，才能够在其他国家中施展抱负。

为了实现厚积的志向，李斯来到了荀卿这里，向他学习“帝王之术”。

荀卿原本是赵国人，他来到齐国的稷下学宫。从如云的高手之中最终脱颖而出，成为名重一时的人物，可谓大器晚成。到了齐襄王时期，学宫不在，稷下冷清，曾经和荀卿一起的那些风云人物们，都已经淹没在历史的风尘之中。只有荀卿依旧如日中天，功名显赫，地位尊崇，桃李满天下。

可是最终荀卿还是受到了奸人的陷害，黯然离开了给予他无限的光荣和尊贵的齐国后，荀卿来到了楚国，在春申君的帮助下，做了兰陵（今山东苍山西南兰陵镇）令。可是荀卿不甘心，不是因为其仕途的暗淡，而是自己的一腔学识竟然没有遇到真正的得意弟子，在其有生之年，如果得遇一名门生，能够继承其衣钵，荀卿便觉得自己死而无憾了。

而正在这时候，李斯满怀希望向荀卿求学而来。不久之后，韩非也意气风发地来到了荀卿的面前，荀卿正愁自己后继无人，遂全心全意地教授他们，加之这二人都是天资聪颖，很快便成了荀卿的得意门生。

这不禁让人心生疑虑，荀卿可是儒学大师，其旗号可是孔孟之道，而孔孟之道推行的是仁政、礼治，如何能够在充满奸诈和征伐的战国之世，成就君王天下事，赢得生前身后名呢？

其实，荀卿和孟子并不是简单的继承和发扬光大的关系，他一改过去孔孟之道空谈政治理想的弊端，从当时的政治局势出发，打破常规，对传统的儒学进行了改造，使之更加适合社会的发展和新兴地主阶级统治集团的需要，并且广泛地吸收了法家的治国主张，主要涉及如何治理国家、平定天下的“帝王之术”。

正好，李斯和韩非满怀着出人头地、飞黄腾达的理想，到此学习治国之道。只是，荀卿还没有将自己的学问全部传授给自己的这两个得意门生，这两个人便想要离开自己去谋取前程了。

韩非倒是很容易确定自己要求投效的国家，那就是韩国，只是荀卿担心，韩国早已经是一蹶不振、江河日下，韩非要想到韩国之后力挽狂澜，实在是难比登天。将来韩国无救，韩非将如何自处？

李斯经过艰难的选择，最终确定了自己前去投效的方向——秦国。因为他深刻地认识到，当今天下虽然尚且存有七个雄霸一时的国家，但是最终能够一统天下的只有秦国。

军事上，长平一战过后，赵国便无力和秦国大军争锋；国力上，齐国虽然强盛，却不复当年稷下学宫兴盛之时的繁荣，君王无能，军事颓废，自乐毅攻伐齐国之后，便只能安居一隅，无力争夺天下。

其他国家更是不值一哂，甚至是自己的师弟韩非所去的韩国，也终免不了败亡的下场，他不知道韩非此去是福是祸，唯一可以确定的是自己和韩非相生相克，定然不能去一个国家。一山不容二虎，到时候二虎相争必有一伤。

昔日荀卿也到过秦国，只可惜秦国并没有接受他的政治主张。他很奇怪李斯为何会选择去秦国。李斯回答道："先生有句名言：青，取之于蓝而青于蓝；冰，水为之而寒于水。先生当年到达秦国，秦王之所以没有接受先生的政治主张，无外乎先生的主张并不适合当时的秦国。如今世易时移，加之学生对先生的学术进行了改进和创新，相信到了秦国，必然能够大展拳脚。师弟韩非曾经说过：纵观天下，四海之内唯独秦国能够成就千古帝王的不拔之基业，虽然七国争雄，其余六国却弱上了不止一筹。今日学生既然学有所成，就必定要抓住机会，与天下间纵横捭阖。"

说到这里，李斯略微感慨，继续言道："昔日学生看到两只老鼠，一只蜗居在茅厕之中，吃着肮脏恶臭的人粪，还时刻胆战心惊，害怕被活着的动物发觉；另一只则居住在安逸的粮仓之中，每日锦衣玉食，无人打扰，过着鼠上鼠的生活。这种对比和落差，让学生想到了自己眼下的处境和那些成就功名大业的人之间的差距，人生最耻辱的事情莫过于卑贱，最大的悲哀莫过于穷困，学生自然不会甘心一直籍籍无名，碌碌无为，因为学生担心，如果一直卑贱和穷困下去，就必定会遭受别人的冷嘲热讽。处在这种大争之世，我辈既然有满腹的才华，就必须要一展所长，继而名利双收，这才是做读书人应该做的事情，因此，学生要去秦国，以实现自己追名逐利的理想，望祈先生成全。"（《史记·李斯列传》）

荀卿闻言，没有说什么，只是在他的眼中，明显地露出很复杂的表情，或者是不舍得，或者是不甘心，或者是在担心，李斯此去不知道是福是祸。

而此刻的李斯，眼里只有功名利禄、辉煌前程，哪里看得到荀卿的良苦用心呢？怀揣着对未来的美好向往，李斯兴奋地踏上了去秦国的征程。

城门失火，殃及池鱼

李斯踌躇满志地来到咸阳，本以为自己会有一番奇遇，和当初的范雎、蔡泽等人一样，只要能够见到秦王，就能够一飞冲天，一鸣惊人。

只可惜，现实总是比想象要残酷，李斯费尽了心思，却一直没有见到秦王。而且不久之后，秦王便一命呜呼，嬴政即位，年仅13岁，由丞相吕不韦辅政。他既不能像范雎一般，有人为之引荐；也不能如蔡泽一样，依靠三寸不烂之舌将吕不韦说下台，让自己取而代之，因为此时的吕不韦正如日中天，怎么可能急流勇退呢？

于是，李斯只能退而求其次，找到了吕不韦。

当然，吕不韦可不同于信陵君，不管你是什么身份，有没有能力，都直接纳为自己的门客。在李斯登门拜访之后，吕不韦对其进行了一番拷问。具体内容大致是问李斯如何会到他这里来？过去师从何门？学了什么治国之道？将来在秦国将如何作为？李斯对吕不韦的问话很重视，于是将自己胸中的韬略略微陈述了一番。当然，在此之前李斯也考虑到吕不韦会不会妒忌他的才能，可是等到李斯受到吕不韦的器重之后，李斯才发觉自己以小人之心度君子之腹了。

让吕不韦万万没有想到的是，秦王竟然和他舍下的这位门客完美地结合了。当吕不韦意识到这件事情的时候，自己的权利已经在神不知鬼不觉当中，被秦王和李斯转移和消化了。

其实，李斯受到了吕不韦的重用之后，便等于得到了一张觐见秦王的通行证，李斯也由此可以向秦王纵论天下，为其出谋划策。

所以在获取了独立觐见秦王的机会之后，李斯当机立断，向秦王鼓吹自己的政论："机不可失失不再来，古之成大事者，不但需要超世的才华，坚忍不拔的意志，更需要把握时机的独到眼光。昔日的秦穆公是何等的英雄盖世，可是最终还是没有完成一统天下的宏伟蓝图，原因就是时机尚且不成熟，周王室和周王余威尚存，人心未丧。同时天下群雄逐鹿，诸侯并起，天下分裂割据，形成了秦穆公、齐桓公、晋文公、宋襄公以及楚庄王五位霸主，各国东西对峙、南北不容，没有一个国家有实力一统天下。而如今的天下局势，已经发生了巨大的改变，自秦孝公之始，'商君佐之，内立法度，务耕织，修守战之具，于是秦人拱手而取西河之外'，自此，秦国历经了六代君王，人人卧薪尝胆，苦心孤诣，励精图治，终于形成了今日虎踞龙盘，掌控天下的局面，六国无不唯秦国马首是瞻，这就是秦国的机遇。如此千载难逢的机会，秦王万不可以错过，正好可以趁着六国羸弱，周王室灭亡，一举完成统一大业，依照目前秦国的强盛，要问鼎天下还不是和散出灶台上的灰尘一般易如反掌，秦国此时不动，更待何时？"

这次会面虽然时间很短，秦王甚至都没有和李斯促膝长谈的机会。但是通过李斯的言论，秦王仿佛已经看到了不久之后强大的秦国，变成天下唯一的秦朝，秦王成为天下共主的美好局面。兴奋之余，将李斯封为长史。

李斯并不满足于这样的官职，于是李斯抓住机会，向秦王再次进言："天下诸侯所以并立，就是因为人才分散，各自忠心自己的国家，如此国家才乱而分裂。秦国要实现一统天下的宏图伟愿，就必须要广泛地结交四方的宾客名士，愿意和秦国交好，为秦国服务的人，秦国就要投桃报李，赠给他们丰厚的礼物。反之，如果有不愿意侍奉秦国而又有才能的人，秦国就必须要派遣大量的刺客将之诛除，以此来根除六国存在的根基。而秦国就可以大肆利用那些存活下来的人，让他们的君王昏聩无能，继而派遣大军征伐，如此，天下可定。"

这一次，秦王再次被李斯的言论打动，无疑，李斯进一步规划了秦国一统天下的具体措施，秦王遂加封李斯为客卿，主要为秦王研究具体的统一天下的计策。

君臣之间，终于达成了理想目标和政策措施的共识，李斯甚至还为秦王制定了先灭掉韩国，以震慑其他国家，最后定鼎天下的战略。只是理想和现实，总是会存在着巨大的差距的。就在秦王下定决心准备一统天下的时候，秦国后宫之中，吕不韦和太后赵姬之间的情事东窗事发，东方六国特别是赵国，隐约中有复苏的迹象。更让人担忧的是，一个人的到来明显地延缓了秦国攻灭六国的时间，这个人就是郑国。

郑国是韩国人，具体的生卒年不详，是战国时期著名的水利学家，在当时被称为水工。此次赴秦，是因为韩国听闻秦国有灭除韩国的计划，产生了阻止秦国侵略、削弱秦国国力，使其无力东征的图谋，韩国遂派遣郑国前来秦国游说。

郑国到了秦国之后，立马建议秦王引泾水——泾水即泾河，发源地在今天的宁夏回族自治区泾源县，流经了宁夏、甘肃和陕西三省区；与渭河在陕西省高陵县陈家滩汇合，泾河水清澈、渭河水浑浊，是故有“泾渭分明”之说。东注北洛水为渠，从而使关中肥沃。秦王欣然采纳了郑国的建议，并命他为主持修渠工程的指挥官。

郑国肩负国家使命，同时对于自己的作品也是用尽了全力，只是两者不能两全，于是，郑国经常陷入矛盾的心理之中。经历了一番痛苦的思想斗争之后，郑国最终决定，为了自己的国家，可以效死力，但是自己的作品，也一定要全力以赴，如此，才能够无愧于心。

然而，不久之后，秦国便发现了韩国和郑国的图谋，遂罢黜了郑国的官职，并意图杀了郑国。郑国无所畏惧，为国为民，死不足惜，只是他的杰作还没完成，毕生最大的愿望还没有实现，怎么甘心就这样离开人世间呢？于是，郑国向秦王申诉，说自己非但无罪反而有功。

秦王问他，为何会那么说？

郑国直言不讳地说，当初自己来到秦国，的确是作为一个间谍，为削弱秦国而来。可是秦王只知其一不知其二，虽然这一工程在很大程度上耗损了秦国的国力，延缓了秦国攻灭六国的步伐，却给秦国留下了万世不拔的根基。有了这项工程，秦国的千秋万世都会得到它的好处，秦国恰好利用此段时间，积蓄力量，厚积薄发。自己死不足惜，如此宏伟的工程没有完成，才是自己、是秦王、是秦国也是后世千秋万代的遗憾，因此，郑国请求秦王能够让他把工程完成。

秦王很欣赏郑国的坦诚，也深刻地明白，秦国自长平之战以后，对东方六国的战事，进展并不是很大，恰好可以利用这段时间厉兵秣马，以待时变，遂答应了郑国的请求。

秦王不知道，自己此时看似一个微不足道的决定，最终竟然诞生了历史上功垂千秋的伟大作品——郑国渠。

郑国渠从秦王政元年（公元前246年）开始修建，历时10年有余方才全部完成，耗费了大量的人力物力财力。但是其功用也是奥妙无穷的。它从仲山（今陕西泾阳西北）出发，引经河水向西到瓠口作为渠口，利用西北微高、东南略低的地形，沿北山南麓引水向东伸展，注入北洛水，全长300多里。据郦道元的《水经注·沮水》记载，郑国渠大致流经今天泾阳、高陵、富平、三原、蒲城等县。灌溉面积达4万多公顷，使得每亩土地增产到一钟（六石四斗），可谓泽被万民。所以《史记·河渠书》说道：“于是关中为沃野，无凶年，秦以富强，卒并诸侯，因命曰郑国渠。”秦以后，此渠灌溉范围虽有缩小，但历代不绝，至今仍然灌溉着关中地区的许多土地。正应了当地的一句名言：郑国千秋业，百世功在农。

然而，郑国虽然得到了秦王的谅解，其他客卿却遭受了池鱼之殃。

在郑国事件爆发之后，秦国朝堂可谓风声鹤唳草木皆兵，群臣中甚至还有人向秦王谏言道：“目前有大量的外来宾客士人，大多数都不怀好意，为了自己国家的利益，不惜以身试法，来秦国搞破坏活动，唯今之计，只有防微杜渐，把他们都驱逐出国家，才能够免除秦国遭受威胁。”

秦王以为有理，遂下了逐客令，李斯虽然贵为客卿，也在被逐出的名单之列。李斯自然不甘心就这样离开秦国，遂向秦王写了一封信，陈述逐客令的弊端和不分国界寻求有才之士的必要性，这就是著名的《谏逐客书》。

不想离开你

其实，李斯要成功地说服秦王，实在不是一件容易的事情。首先，李斯也在秦王下令逐出的名单之列，没有充分的证据能够证明，自己是清白之身，这种尴尬的身份让李斯有口难辩。其次，秦王这个人可不是易与之辈，李斯必须要把握好尺度，与虎谋皮必须要措辞严谨，不然就必定会费力不讨好。再次，郑国渠事件对于秦国上下影响深厚，要消除影响可不是一朝一夕的事情。

可是李斯满怀希望而来，壮志未酬，自然不甘心就此离开秦国，即使其他国家给予他更为丰厚的待遇，却难以给予他如同秦国这样强大国家的机遇。于是，李斯只能冒死进谏，上书直言。李斯上书说：

“臣今日听闻，秦国上下、大小官员，无不焦躁不安，认为客卿对国家有害，认为他们都一心为了自己的国家而做了间谍，前来损害秦国的利益。臣不才，窃以为这种想法实在是滑天下之大稽。

“遥想穆公当年，是何等的英雄气概，威霸天下，是何等的爱惜人才，懂得不拘一格地任用有才之士。穆公为了强大秦国，使得秦国的根基得以不断地巩固，遂遍访西戎，终得由余；上下宛地，竟得百里奚；迎接蹇叔于宋国，求取丕豹于晋国，搜求公孙支，从晋国投效秦国。

“这五个人有一个共同之处，那就是全部来自外国，穆公毫不避讳地任用他们，使西戎20多个部落得以归附秦国，秦国得以立下根基，称霸西北。穆公一跃而成春秋五霸之一。

“自三家分晋以来。魏国和齐国先后强大起来，眼看秦国就要落后于东方诸国，河西之地也落入魏国手中，对外用兵总是丧师失地，老秦人私斗成风，国家颓废不前。恰在这时候，秦孝公的出现挽救了秦国。他力排众议，慧眼独具，放手让魏国一个失意落魄的书生商鞅在秦国变法，在商鞅的改革下，秦国得以移风易俗，百姓得以富裕兴盛，国家得以富强繁荣，秦国借此一跃而成天下雄国，居高地而虎视中原，控兵弦而问鼎天下。先攻伐楚国，俘虏了他们的军队；后攻伐魏国，夺取了他们的城池。秦国得以开疆拓土；秦军也借此大展神威，国家强盛，百姓殷实，天下垂首待命。

“商君虽死，其政策却得以在秦国继续沿用，历代秦王都尊奉以法治国的惯例，历代秦民都知晓秦国律令的严厉；历代秦臣都明晰自己的权责。如此，秦国才得以千秋万代，保持强势。

“秦孝公驾崩，惠王得以坐拥秦国天下，向四方搜求人才，一个人的出现让秦国更加强盛，这个人就是张仪。秦惠王用其计策，西并巴蜀，攻取三川；北获上郡，魏国顿首；南占汉中，包举蛮夷，连楚国的国都鄢、郢都掌控在秦国的手中，楚国的国王也成为秦国笼中的小鸟困兽；秦军继而向东方迈进，占据险地成皋，割据富庶之地，让秦国得以休养生息。六国合纵就此解散，列国纷纷向西方的秦国俯首称臣。

“这种情况一直延续到了今天，一直未曾改变。其他秦王英明神武，臣在此就不赘述了，单单说秦昭襄王，就不拘一格、毫不犹豫地任用了从魏国得以死里逃生的丞相。除此以外，秦王还运用了他的谋略和智慧，铁腕和铁血，将穰侯废黜、华阳君驱逐，大秦王国得以加强，私家弄权得以杜绝，多年之后，秦国侵占了列国的土地，打击了诸侯的兵势，秦国终成今日之辉煌，不拔之基业，固若金汤之地位。

“上述四位君王，无疑都是杀伐果断、英明无双、雄才大略之人，但是他们却还需要依靠客卿的力量。由此而观之，客卿之于秦国，没有半点过失。试想，如果四位君王都和现在一样，将其他国家的客卿驱逐，将士子才人疏远，秦国怎么能够有现在这般的强盛和富裕呢？

“打个比方，如今大王，身怀昆山的宝玉，佩戴宝贵的随珠和璧，胸挂明月珠，腰佩太阿剑，座驾为纤离马，竖立着翠凤旗，敲击着鼍皮鼓。和客卿一样，他们之中大多都并非是秦国土生土长的，但是大王并没有因为它们来自外国而心怀不满，这是何种原因呢？

“按照现在群臣的观点，只要是来自其他诸侯国的客卿，都一律弃而不用并驱逐出秦国。那么大王是否也必须要用秦国生出的产品，美丽的夜光璧不能装饰朝廷；精巧的犀牛角、象牙制的器物只能弃之不用，后宫之中切不可有郑、魏的美女，宫外的马棚也不能养駃騠好马，江南的金锡决然不可以作为秦国的器物，西蜀的丹青必须要丢弃或者退还。

“进一步说来，秦国有多少装饰后宫、娱乐心意、满足耳目的产品，都是来自其他国家和地区，难道秦国就这样将它们全部丢弃。如果是这样，嵌着宛珠的簪子，大王就应该扔了；配上珠玑的耳饰，王妃都应该丢了；用东阿丝织而成的衣服，大家都应该脱了；锦绣的修饰品也只能丢弃。就连那些化俗为雅、艳丽美好的赵国女子，也不应该让他们立在君王之侧。

“秦国的音乐才是正宗好听、赏心悦目的。大王应该多听听瓦瓮瓦器的敲打之声，原始的竹筝才是真正高雅的艺术，拍打着大腿，呜咽着哼唱才是秦国真正的音乐。而郑卫桑间的民间音乐，大王是绝对不能够听取的；韶虞武象的朝廷乐舞，大王是定然不会观看的，不是秦国的，怎么能够在秦国使用呢？

“可是秦国的现实并不是这样，君不见，秦国早就抛弃了传统的击瓮，转而去接近郑卫的音乐，也早就不用古老的弹筝，反而去听取韶虞的雅乐，这又是什么原因呢？无非是使得秦国人更加心情舒畅、生活舒适。

“可是，反观秦国的用人之策，却与生活享受的物品恰恰相反，竟然不问功过、不闻是非，不论亲疏，不见曲直，只要不是秦国人，一律驱逐出境。这种政策让人感到匪夷所思，难道秦王的心中，只有那些用于享受享乐的美女、金银财宝、珠宝玉器、音乐舞蹈，而一点也不重视秦国的人民和秦国的前途、普天之下的能人？这种做法，怎么能够宾服诸侯、雄霸天下、囊括四海、包举宇内呢？

“臣以为，只有土地宽广而肥沃，国家的粮食才能够富实和充裕；只有国家人口众多，军队才能够保证数量，进而训练有素，作战骁勇。登上泰山何以能够小看天下呢？就是因为泰山能够不嫌弃一粒外来的泥土。黄河和大海怎么有那么雄壮和宽广呢？就是因为它们不会去摒弃外来的流水。君王何尝不是如此？只有广泛地接纳庶民百姓，才能够宣传他的德行和政策。

“由此而观之，不管土地是来自哪个方向，不论百姓来自哪个国家，四季风调雨顺，鬼神才能够降下福音，昔日三皇五帝之治天下，则天下大治；攻天下，则天下束手待命的原因，就是如此。

“可是眼下的秦国，却准备抛弃忠心于君王的百姓来帮助别的敌对国家；把宾客士人都辞退了，去其他诸侯国建功立业。如此作为，天下的士人可是看着的，叫他们怎么敢亲厚秦国呢？如此作为，和帮助盗贼，给予他们武器来盗取自己的粮食，又有什么两样呢？

“天下之大，无奇不有。多少珍贵的器物来自他国，秦国却可以将之看做自己的宝贝；多少美貌的少女来自诸侯国，秦国却可以将之看做自己的人而亲密无间。士子能人何尝不是如此，有的的确不是什么好人，来到秦国定然有着不可告人的秘密。但是大王怎么可以以偏概全呢？要知道大多数人都更加愿意效忠秦国的。如果秦国坚持这样的策略，驱逐四方的士子宾客，则敌国的实力定然大涨，敌国的百姓必定大增，秦国由此而日益虚弱，其他国家则借机不断富强，秦国更是得罪了天下人和四方诸侯。真的到了那个时候，谁能够保证，秦国不会面临灭顶之灾呢？

“臣不惴简陋，望请大王三思。”

秦王自然也不是昏聩之辈，读罢李斯这篇才华横溢，激情捭阖的书信，不禁心怀大畅。秦国有了这等良才，何愁大事不成？

于是，秦王当机立断，取消了逐客令，李斯也借机平步青云，受到秦王更大的重用，做了主管刑法律令的廷尉。秦国更加注重招揽诸侯的贤才，重用列国客卿，这些人大多数都怀有成就功名大业的志向，在功成名就的同时，也为秦国的统一大业做出了突出的贡献。如王翦、李斯、王崎、茅焦、王贲、李信、尉缭、王离等人，在秦始皇时代，从政治到经济，从文化到军事，都奠定了秦国强大的根基和稳固的伟业。

第四章　分久必合，天下归一

礼下于人，必有所求

在秦国做人质的燕太子丹仓皇从咸阳逃回了燕国。不知道他是出于对国家未来的担忧，还是出于对个人前途的考量，其内心突然之间便充满了仇恨。也许这些仇恨在咸阳受苦受难受辱之时就已经潜滋暗长了，只是回到了自己的国家后，那些仇恨才开始蒙蔽他的眼睛。

于是，太子丹找到了太傅鞠武，并对他义正严词地说道：“燕国和秦国已经是势不两立，尚请太傅不吝赐教，来改变这种危局。”鞠武想了想回答道：“当前秦国的势力如日中天，国力雄厚，兵威正盛，如果他们再用武力胁迫韩、赵、魏这三个国家，那么易水以北的燕国也是祸福难料。太子大可以忘记屈辱，不能够因为这点小事而让国家面临危险。”太子丹说：“那太傅要好好地谋划一番，使学生既能够出了心中的一股怨气，也可以让燕国高枕无忧。”太傅很犯难，只能暂时说道：“请让我好好思考一番。”

想当年，太子丹也在赵国做过人质，并且和秦王政从小一起玩耍。可是他没有料到，昔日和自己一起吃饭、一起打架、一起玩乐和受罚的同伴，转眼间便叱咤九天上，成了天下间人人敬服的秦王。更让这一切充满戏剧色彩的是后来太子丹竟然做了燕国的质子到达秦国。

秦王政到了这个时候早已经是六亲不认，其心中只有整个天下。恰如尉缭所言，秦王政只能和人共患难，不能同享福。所以太子丹在秦王政的眼中，和一般的仆人没有什么两样，甚至有时候秦王政还会对他“特别照顾”。

面对落差如此巨大的人生际遇，太子丹在饱受折磨的同时，心中有不平衡也是很正常的。即使太傅有心相劝，也难以改变太子丹一往无前的决心。恰如难以阻挡秦国鲸吞天下，燕国终将灭亡的命运。

而另一件事情让风雨飘摇的燕国雪上加霜。

当时和赵国李牧交战大败后的秦将樊於期，走投无路之下来到了燕国。太子丹很仗义，二话不说便将樊於期收留了。太傅感到事情不妙，便对太子丹进谏道："万万不能收留樊於期，秦王十分残暴，燕国又是秦国的眼中钉、肉中刺，燕国本来就已经朝不保夕了，如果秦王知道樊於期被我们收留，这就好比把肉丢在饿虎所经过的道路上，一场大祸就要从此产生了。即使管仲和晏婴来辅助燕国，也无力改变燕国被屠灭的结局。唯今之计，太子大可以祸水他引，让樊将军到匈奴那里去，只要不泄露风声则燕国可保，樊於期也可安然无恙。只要再让我到西边去联合韩、赵、魏三个国家，到南方去让齐、楚两国参与联盟，到北边去和匈奴订立合约，合纵之势一成，则大事可期。"

按理说，这应该是保全燕国最可靠的方法，但是太子丹却认为，鞠武的计划耗时太长，自己一刻也难以等待。更何况樊将军是因为穷途末路了才会千里迢迢地来投奔他，如果因为惧怕秦国的威胁而拒人于千里之外，实在是于道义不和，所以太子丹只能让鞠武另择他法。

鞠武见太子丹如此死心眼，长叹一声说道："明知道燕国势弱，还要和强秦相抗；明知道行动危险，却还希望一路平安；结怨深厚却没有什么翔实可行的计划；复仇心切却没有足够强大的实力。这让我也是左右为难，不如去找田光先生，此人身处燕国却言观天下；深谋远虑且勇敢沉着，相信他会给你好的建议。"

然而，太子丹对于此人，只是听闻其名却从来没有见过面，并不认识他，只能让鞠武代为介绍。鞠武长叹了一声，只能答应，心中暗想太子丹要引火烧身，只能自求多福了，自己该做的也都做了，不该做的也做了，到了这个时候，任何人都难以保全燕国了。于是，鞠武便去将田光请来，和太子丹一道商议国家大事。这田光也很爽快地便答应了。

太子丹为了能够让田光心甘情愿地为自己想一个好计谋，竟跪着迎接田光，并倒退着走为田光引路，还跪下来替田光拂拭坐席，以显示对田光的尊敬。当然，太子丹这么做的原因是秦国和燕国已经到了势不两立的局面，他需要田光为他想出一个办法来解决。

但是田光直言不讳地说道："太子恐怕要失望了，一匹好马在年轻力壮的时候可以日行千里，夜行八百也不在话下。可到它衰老力竭的时候，连劣马也不能跑过。如今的我就如同好马衰老一般，智计衰竭，身体也不行了。既然太子找到了我，我也不能让太子失望，有一个人倒是可以帮助太子尽快达成心愿，这个人就是荆轲。"

于是，太子丹一面嘱咐田光，让他千万要守住秘密，一面让田光帮助自己找到荆轲。田光平时和荆轲交情深厚，所以引荐荆轲前去会见太子。荆轲听闻这个消息心中不免激动了一番，这或许是他出人头地的好机会，所以荆轲很痛快地答应了田光的要求。

田光又对荆轲说道："我听说，忠厚老实之人，行得正、坐得直，别人也不会对其心生怀疑，如今太子却告诫我说：'我们一起商议的都是国家大事，希望先生不要泄露半句出去。'由此可见，太子丹并不信任我。为人做事让人怀疑，这哪里是有气节的侠客呢？"

田光的意思很明显，他认为自己为人很失败，不具备一个侠客应有的气节。他接着又说道："荆轲请快去告诉太子，死人是最能够保守秘密的，我定不会泄露国家大事，因为已经死了。"说完，田光便自刎而死。荆轲自始至终都没有说一句劝解的话，或许他早已和田光心灵相通，或许这是一个侠客注定的命运：生命本无所谓有，生命亦无所谓无，只要在生死之间得到了气节，死与生其实没有什么区别。

荆轲很顺利便见到了太子丹，告知了关于田光的一切，包括他的遗言。太子丹闻讯，不知是心中感佩还是别有他图，瞬间便双腿跪地行走，泪水更是如黄河泛滥一发不可收拾。

待一片号啕化作呜咽，太子丹才徐徐对荆轲说道："先生不懂我，我之所以告诫田光先生不要泄密，是想实现重大的计划罢了，哪里是要他自取灭亡呢？现在田先生以死明志，是我最不希望看到的事情。虽然我不杀伯仁，伯仁却因我而死，叫我怎么能不伤心欲绝呢？"

荆轲虽然不善言辞，却将事实看得很清楚。田光之死，其实都是太子一手造成的，因为田光知道此去报复秦王，很难保证一定成功，稍有差池，田光便可能成为千古罪人，受尽千万人的唾骂。一个侠客最重要的不是生命，而是名誉。更何况如果果真出了什么事情，太子丹必定会怪罪到田光的身上，何不一剑解千愁？但出于对死者的敬重和承诺，荆轲也要明知山有虎，偏向虎山行。

太子丹每次找到救命的稻草时，都会用两种东西，一种是他的眼泪，一种便是他的膝盖。这一次，还是没有例外，在见到荆轲之后，太子丹立马跪了下来并行九叩之礼。

完毕之后，太子丹向荆轲说道："田先生的死实在是冤枉，他把所有的希望都交付给了我，岂不知我是个无能的人，先生既然来到了我的面前，还请不吝赐教。有先生在，真是上天的恩赐，是对燕国这些后代们的馈赠。"

太子丹果然是驾驭人的高手，充分发挥了死者田光的"余热"，唯恐荆轲会反悔而不支持自己。在对荆轲进行了一番夸大其词的赞美之后，太子丹更对天下的局势进行了分析，言辞全都是关于秦国贪得无厌的举例，说秦国有吞二周而亡诸侯、履至尊而制六合、执敲扑而鞭笞天下的野心。

而眼下的情景对赵国而言很不妙，韩王被秦军俘虏，韩国的土地被秦国占领，南方的楚国和北方的赵国都岌岌可危。王翦的大军已逼近漳水、邺城，而李信又出兵太原、云中。眼看赵国无论如何也抵挡不住秦国的攻势，转瞬之间便会俯首陈臣，到时候燕国便会任人宰割了，这原因很简单，燕国前番刚刚和赵国发生大战，60万大军铩羽而归，北方匈奴又经常不安分，燕国兵连祸结多年，举国之力也不足以和秦国一较高下。

而诸侯接连臣服在秦国的脚下，没有谁胆敢和孤立无援的燕国联合，合纵的威武壮阔的局面已经不可能见到了。

于是，太子丹便思考用勇敢的侠客出使秦国，只要许以重利，秦王必定贪恋，到时候燕国就能够劫持秦王，天下诸侯的土地也可以被归还。当年曹沫劫持齐桓公，何尝不是这样？即使秦王不答应燕国的要求，侠客大可以一剑要了他的性命，秦国必定内乱不止，君臣必定相互猜忌，六国也必定重新联合，秦国更可能从此灭亡。如此宏伟蓝图，让人心惊胆战而又心向往之。于是太子丹请来了荆轲，让他为自己推选一个人才入秦，或者荆轲自己愿意一力承担下来，太子丹将感激不尽。

经太子丹这么一说，荆轲的血液开始沸腾了。只是多次的打击让荆轲始终不敢面对自己和正视自己。他知道这是一个千载难逢的机会，成与不成，自己都可以一飞冲天，从此迈入侠客的至高境界。但是他也害怕自己一去，燕国便要灭亡，而田光先生的知遇之恩，自己将无法报答，荆轲对田光的承诺就无法实现。于是，荆轲只能说："这是关系燕国存亡的大事，我才智驽钝，剑术低下，恐怕会有负太子的重托。"

太子见荆轲心中犹豫不决，遂再次大大地赞美了一番荆轲，让他恢复自信，同时再次利用了自己的膝盖给荆轲叩头，如此荆轲只好答应。

荆轲刺秦王

不管是求取功名还是谋财害命，凡是来秦国见秦王的人，都找到了一条百试不爽的规则：贿赂秦王的宠臣。这一次，荆轲找到了中庶子蒙嘉，给他带了价值千金的礼物，让他在秦王面前美言几句。蒙嘉也许不知道这荆轲是燕国派遣过来的刺客，也许是他早已经知道了，不过在秦王的吩咐下来了一个将计就计。

秦王听了蒙嘉的介绍后，知道此次荆轲前来不仅斩下了樊於期的头颅，还有燕国督亢的地图。这是因为燕王惧怕秦王的威势，所以愿意臣服秦国，和山东诸侯一般，做秦国的郡县，但是又害怕秦王会趁机对付他，才派遣了荆轲前来。

秦王对此事很高兴，他让荆轲在咸阳宫内享受了九宾之礼。秦王穿上朝服端坐在朝堂之上，眼睛直盯盯地望着荆轲手中的那个匣子。荆轲很从容地拿着装着樊於期头颅的匣子走到了秦王面前，一切都进行得很顺利。然而，让荆轲担心的事情还是发生了：只见拿着装着督亢地图匣子的秦武阳面色发白，浑身发抖，冷汗直冒，脚下发虚，一看就是被吓坏了。荆轲心中一惊，急中生智地走上秦王之处，同时还对秦武阳笑了笑，让秦武阳淡定一些。然后他转头对秦王说道：“他是北方荒野之地的粗人，没有见过这么大的阵仗，今日得见真龙天子，心中崇敬、忐忑，遂而恐惧天子的威仪，万望大王不要怪罪于他，让他能在大王面前，从容地完成使命。”秦王似乎察觉到了什么，但他只是看了看四周并没有说什么，遂让人把秦武阳手中的地图拿过来。

荆轲依言取来了地图，心中不断回想过去自己演练了无数遍的刺杀动作，同时他也在犹豫，到底该不该杀了这个和自己素不相识的人？但是很快樊於期期待的眼神便出现在荆轲的脑海中。于是，荆轲将地图慢慢地展开，进而图穷匕见，说时迟那时快，荆轲左手拉住秦王的衣袖，右手挥着匕首狠狠地刺了下去。这时候，现实再一次证明，似乎荆轲的剑术并不是很高明，如此近的距离即使秦王早有防范，荆轲也可以在电光火石之间，将秦王诛杀于手下。但是荆轲的匕首还是落空了，更让人匪夷所思的是，秦王挣脱了荆轲，伸手去拔剑。这时历史再次给了荆轲一次机会，那把剑因为太长，一直拔不出来。荆轲却依然没有抓住机会，只是追着秦王，绕着柱子跑，如果荆轲真的是剑术高手，这样的闹剧未免太让人啼笑皆非了。

此时此刻，秦国朝堂之上呈现出了有史以来最大的混乱。因为秦国早有法律，为免在朝堂之上出现不轨的行为，大臣们都不能够带兵器入殿。而那些侍卫虽然带了武器，却因为没有秦王的命令而只能在殿外候着。正在秦王被荆轲追杀，群臣乱作一团之时，一个名叫夏无且的御医把身上带着的药囊向荆轲扔去。这个药囊极大地影响了荆轲，使秦王有了喘息之机。

群臣趁机大喊让秦王把剑背在背上，再拔出来。这一次，荆轲剑术的低下最终成了他的致命之处，秦王拔出宝剑随意砍落，荆轲的左腿便被斩下。重伤的荆轲只能躺在地上，知道刺秦之事怕是注定要失败了。可是，剑客的尊严不容许他放弃，遂将手中的匕首“嗖”地射了出去，可是依然没有伤到秦王的一根汗毛。秦王挥剑不停地砍，荆轲浑身上下满是伤痕。刺秦重任就在这种匪夷所思的一场闹剧中，宣告彻底失败。不过这时候的荆轲，倒是变得从容和坦然了。他靠着柱子，叉开双腿，哈哈大笑道：“因为想要活捉你，让你能够归还诸侯的土地，所以才导致了事情的失败。”

不知道秦王作何感想，如果他对荆轲到来的目的，事先并不知道，则秦王可能会感佩此人的胆略，深感郁愤不已；如果他早就听说了荆轲要来刺秦，则除了耻笑荆轲的愚蠢，或者是太子丹的愚蠢之外，实在是找不到和眼前情景相对应的感想。

荆轲已经死了，刺秦也以失败告终，但荆轲却成为了此后中国历代侠客的典范。

群臣在这一次事件中，为挽救秦王的性命，也做出了自己的努力。是故刺秦事件之后，秦王政论功行赏。夏无且因为护驾有功，得到了秦王的赏识。

国内既定，秦王大军就要兵临燕国城下了。一时之间，赵国旧地的秦军数量不断增加，王翦也在秦王的命令下开始攻打燕国，不久便攻陷了燕国都城蓟城（今北京）。

燕国王室只能率领精锐部队，暂避秦军锋芒，一路且战且退，到达襄平（今辽宁辽阳）。秦王自然不会就此放过他们，秦军在优秀青年将领李信的带领下，疯狂地追击燕军，眼看燕国最后一块阵地就要失去，燕王顿时成了热锅上的蚂蚁。

这时候，代王赵嘉向燕王建议，不如杀了太子丹以平息秦国的愤怒。燕王依言而行，他哪里知道此时秦国想要的已经不再是一个人或者是一个国家，而是整个天下。虽然秦国暂时放过了燕国，转而攻击其他国家。但待其得天下初定之后，秦军便将燕国灭掉，燕王喜也被俘虏，秦国终于一统天下。

此时，距离太子丹之死，才区区5年时间。

荆轲死了，太子丹死了，燕国也亡了，只留下荆轲刺秦的传说。或许荆轲这一生，最值得欣慰的就是交到了一个好友——高渐离。在荆轲去世，燕国灭亡之后，高渐离也多次试图杀了秦王为荆轲和燕国报仇，只可惜最终失败被杀。

六国的末路

荆轲刺秦失败，燕国便跟着灭亡了。

之所以说这次秦国攻打燕国是一次惩罚性的攻击，是因为在尉缭的设计下，燕国应该在韩国、赵国、魏国、楚国四国灭亡之后，才会在秦国的铁蹄之下臣服。燕王为了能够让秦国退军，最终接受了臣下的建议，将太子丹缢死后，将其头献给秦军，秦军才撤退。但秦军撤退并不是宽恕了燕国，而是急于回去献上主凶的人头。最终灭亡燕国之时，秦国并没有半点手软，但此时此刻的燕国已经实力大损，要灭除燕国实在是不费吹灰之力，所以秦国并不急于一时。5年之后，燕国便从历史的版图中被抹除，改头换面成了秦国的郡县。

其实，早在秦王政亲政之初，秦国灭亡六国、一统天下的内在和外在条件已经成熟。秦王拥着统一天下的决心和睥睨天下的实力，而且其野心也在日益膨胀。与之相比，六国的内部统治阶层则腐败无能，天灾人祸更导致人民的贫穷不断加剧。如此一来，秦国统一天下不再只是幻想。这时候，秦国之于东方六国，如同一只老虎和数只野牛之间的搏斗，如果他们能够同心协力，则很有可能重创秦国；如果他们各自为战，只为自己着想，秦国就会在不知不觉中，完成一统天下的宏图霸业。

韩非于公元前233年死去，他死后3年，秦国便攻克了韩国的都城新郑（今河南新郑），韩王安只能率领残部向秦军投降。

韩国的灭亡带来了一系列的连锁效应，各国犹如多米诺骨牌般纷纷倒下，天下诸侯由此而惊惧不已。此前赵国和秦军正陷入胶着状态中，在紧张的气氛中，赵国居然轻易跳进秦国间谍布置下的圈套，把那位唯一可以暂时挽救国家名将李牧逼得自杀而死。从此，秦军便再也没有了真正可与之抗衡的对手。秦国继白起之后的名将王翦也就此成为天下第一将。在他的带领下，秦军发起了对赵国最后的进攻，赵王迁兵败投降。赵王迁的哥哥赵嘉向北逃走，在代郡集结了十余万残军，希望能够重新创立合纵联盟，继续抵抗秦国的入侵。

但是其他国家都不认可赵嘉的合纵思想，认为合纵联盟已经不可能重新建立，即使能够建立起来也无法抵抗秦军的进攻。燕国太子丹也有这样的思想，在手忙脚乱的情况下，太子丹最终发起了对秦国的刺客攻势，最后以失败告终。

三晋之地，韩国和赵国相继灭亡，唯独剩下魏国还在苟延残喘，就在太子丹死亡的第二年（公元前225年），秦军以风卷残云的气势，很快便兵临魏国都城大梁（今河南开封）。不过这一次秦军并没有直接进攻，而是再次利用了河水的作用。秦军连夜把黄河的堤防掘开，几乎兵不血刃，便灭亡了魏国。魏王假在被秦军擒获之后，就地处决。

最后还剩下两个国家，等待秦军去征伐，一个是楚国，一个是齐国。楚国经过这些年的休养生息，厉兵秣马，元气有所恢复。因此与楚国的战争是秦军扫灭六国面临的关键一战，也堪称艰难的最后一战。

这时年轻将领李信刚刚从襄平大胜归来，带着一身的光彩和荣耀。此时秦王政开始思考攻楚的问题，攻灭楚国无疑充满了艰难和挑战，而一个君主要权衡天下内外大事，一方面要防备军事上的溃败，另一方面则要防备大臣或者大将尾大不掉，功高震主。

所以到底派遣谁去攻克楚国是秦王政当前最为疑惑的问题。王翦身经百战，战功显赫，攻下楚国不在话下。但正是这样，秦王对他才有所犹豫，因为他的功劳已经很大，功高震主的道理秦王是懂得的。李信刚刚经历战事，经验、计谋、威信上都比不上王翦，却是秦王政重点培养的对象，他甚至还想要在军中让李信和王翦抗衡。

在秦国兼并天下、横扫八方的过程中，没有王氏和蒙氏家族的支撑，秦军很难如此快速地攻灭六国。蒙骜、蒙恬、蒙武祖孙三代，各个居功至伟、威名赫赫；王翦、王贲父子也不屈居人后，古人来者都屈指可数。是故《史记》评论道："秦始皇二十六年，尽并天下，王氏、蒙氏功为多，名施于后世。"山东六国之中，除了韩国之外，其他六国都是在王氏父子的帅旗下相继攻灭的。相比于蒙恬、蒙骜等人，秦王政更需要防范的是王翦。

王翦自然知道秦王政的心思，白起的结局还历历在目，警示着每一个秦国将领：了却君王天下事，不一定能够赢得生前身后名。

所以王翦之子王贲在接连攻克了楚国的十余座城池之后，便毫无怨言地把帅印交给了李信，把最后的功劳让给了他，也是把自己的祸患消灭在李信的功劳之中。

在此之前，秦王政还对王翦和李信作了一个对比。他问王翦，需要多少兵力才能够攻灭楚国，王翦毫不犹豫地说要60万。秦王政暗自抽了一口凉气，60万大军可是秦国压箱底的实力。于是，秦王再去问李信同样的问题，李信人如其名，自信满满地说只要20万大军。

李信说要20万大军看似轻狂，实际上也有一定的根据。当时攻打燕国之时，李信不过是带领了数千人马，就灭掉了燕国的数万大军。

秦王最终选择了李信，同时心中也忐忑不已，不知李信是否真的可以用20万大军灭掉楚国。

而王翦则扛着一把锄头去到了乡间，从此过上了乡村田园式的生活。那时王翦突然生出了一种异样的感受，其实他这一生只做了两样事情：进攻和防御。白起、蒙骜、王龁、樊於期，这些曾经他崇拜的、共事的、尊敬的将领，都驾鹤西去；廉颇、乐毅、田单、李牧，这些沙场上最高明的对手，也魂归黄泉。生命如此灿烂，如夏花般开满了每个原野，又在残酷的深秋中，翩然落下，没有感伤，只有执著。

而另一边，李信和蒙恬大军已经挥师大举进攻楚国。

天下一统，战国落幕

秦军派出两路大军同时出发，一路由李信率领。李信所部很快就从南阳郡向东方进发，他采取的是秦军惯常的作战手法，分割包围，继而歼灭，并没有直接前去攻打楚国的都城寿春。李信大军是秦军主力，很快便攻克了平舆（今河南平舆）以及楚国原来的都城陈（今河南淮阳）。另一路大军则由蒙恬率领，他们很快将寝丘（今安徽临泉）攻占，以掩护主力大军的行动。双方最终会于城父（今安徽亳州）。按照李信的战略意图，楚国的国土会就此分割，秦军便可以各个击破。同时可以占据居高临下的有利地形，整个楚国都城能够尽收眼底。这种战法在以往的战役中百试不爽。

战前，李信对当地的地形做了充分的考察，认为如果进入楚国广袤和开阔的平原地带，秦国的大兵团就能够如同潮水般向前一波波推进，楚国军队势必难以抵挡。

只可惜李信只知其一不知其二，秦国大军纵然可以阶梯式地推进，殊不知楚国大军也可以利用那些河网和丘陵在不知不觉中隐藏，然后靠近秦军。果然，楚军跟了秦军三天三夜，最终使得秦军全线溃败，7名都尉被斩杀，李信仓皇而狼狈地逃回了秦国。

事实证明，李信在军事谋略上远远不及王翦。

当秦军大败的消息传到秦王政的耳中时，可以想象当时的他是多么懊悔和愤怒。纵然如此，也无法改变秦军大败的事实。秦王立刻驾着马车，来到了王翦的老家频阳。

一见面，秦王便打开天窗说亮话，一说自己和李信的错误，二便是请王翦出山。王翦没有立刻答应秦王，而是向秦王诉苦，说及自己身体不好，脑子不灵光，手脚不便利，要秦王对他好点。

这秦王也是快人快语，秦国军队刚刚经历了大败，自己焦头烂额，只有王翦先帮助了自己，自己才能够帮助王翦。自己诚意十足，亲自来请王翦出山，万万不可以推辞。

这一刹那，王翦想到了昔日的秦昭襄王和白起，秦昭襄王面临攻灭邯郸的关键之战，秦军数战不敌，秦昭襄王只能卑躬屈膝前来请白起出山。只可惜白起孤傲无比，一点也不给秦昭襄王面子，最终范雎屡进谗言，迫使秦昭襄王诛杀了白起。

识时务者为俊杰，王翦伸出了六个手指，口中说道：没有60万大军，去了也是大败而归。秦王这次只好应允。然而在秦王的心中，对王翦还是心存忌惮的，举国之精锐都交到了王翦的手中，东出可以平天下，西进则可以灭秦国，拥有如此雄师的王翦对秦王是很大的威胁。于是，秦王想到了笼络王翦。他对王翦说，战事一结束，自己就搬过来，和王翦一起住。

于是，王翦再次挂帅出征，秦王亲临灞上，为王翦践行。酒也喝了，天地诸神都祭拜了，祝酒词也念了，这王翦却不动了。

秦王很奇怪，怎么不走了呢?

王翦明白秦王的心思，但是秦王却未必明白王翦，王翦此举，就是要秦王也能够体谅和明白自己。当然，最直接和有效的方式，就是语言："大王，臣老了，估计几年之后就不能动了，再想要为秦国立功，为大王建业，就会有心无力。同时臣也发现，自己的担心已经很多。此次前去攻灭了楚国，臣必定是功成身退，到时候就要孤苦无依，连一日三餐，住宿出行都不成了。所以臣希望，大王能够给赏赐多点金银钱财、良田美宅。如果能够满足臣的这个愿望，臣就安心了。"

秦王瞬间便明白了，王翦表面上是在请赏，实际上是要自己不要猜疑。于是，秦王保证道："将军为秦国立下了不少汗马功劳，本王自然不会让你受穷的。"

王翦道："臣就只要一些良田美宅、金银钱财，其他的给了臣也没用，只要臣死了，子孙能够温饱，臣死也瞑目了。”

秦王大笑不已，遂答应了王翦，可是王翦还是表示自己不放心，遂不厌其烦，一连给秦王捎了五封信，找秦王要这要那。王翦此举，彻底地打消了秦王的疑虑，可是却引起了王翦身边副将蒙武的好奇，老将军这么做，实在是让人百思不得其解。于是，蒙武便向王翦求教。

王翦自然将心中所想一一说了出来，他说此举可以消除秦王的疑虑，赏赐之物却可以分给将领。蒙武恍然大悟，极力称赞。

王翦哈哈大笑，为名将者不仅要努力在战场上纵横捭阖，攻无不克，也要在政治上韬光养晦，攻守进退皆有道。

公元前232年，王翦率领60万大军，浩浩荡荡地来到了楚国境内。一时之间，楚国上下积极备战，杀敌图存，士气高昂。但是王翦并没有直接攻上去，因为他知道眼下只有先消灭敌人的锐气，进而以威武雄壮之师攻去，才能够收到奇效。

于是，王翦命令大军高筑营垒，只要守卫好军粮和粮道就行。任凭楚国军队如何谩骂、挑战，秦军就是坚守不出。而这时候，楚国大军以为秦军主力已经撤退，转而去防守自己的边境。于是，楚国大军急忙向东方撤离。王翦等的就是这个时候，秦军以逸待劳，楚军惊弓之鸟，在一连串的歼灭战之后，楚王负刍最终选择了投降。

天下初定，此时此刻，只剩下东方的齐国还和秦国并立于世。

不得不说王翦在政治上很老辣，故而有了那句歇后语——王翦请田，明哲保身。不止如此，王翦在攻灭了楚国之后，还南下攻灭百越，设立郡县，立下不世功勋，秦王知道了他的忠心，遂封其为武成侯。

而比起王翦，更加深谋远虑的人是范雎。

当初范雎为秦国立下了远交近攻的策略，使得秦国50年时间之内，坐看山东诸侯的破灭。50年的时间内，齐国和秦国的邦交极为和睦，政府使者、民间商旅往来络绎不绝。

公元前237年，齐王田建曾率领庞大的使团前去访问秦国，秦王政在咸阳宫中用盛大的礼仪接待了齐王。在秦王的授意下，秦国上下，不管是高级官员还是其他各国的使节，一一匍匐在田建脚下，诚惶诚恐，不敢抬头。田建因此而虚荣心大涨，认为这秦王政和秦国值得齐国深交。

于是，田建和秦王政设置祭坛，烧香祭酒，结为异姓兄弟。如此，齐国自然成为了秦国的兄弟之邦。为了彻底地拉拢齐国，使其不成为秦国一统天下的绊脚石，秦国不惜花费重金，让前来咸阳的齐国使团满载而归。一时之间，曾经的虎狼之国，摇身一变成了齐国最忠实的盟友。

来而不往非礼也，秦国也不断派遣各种使节携带大量黄金珠宝出使齐国。其中不乏大量辩才出众的客卿，他们一面游说统治阶层不要改变外交政策，一面诱使他们堕落，跳入贪污腐败的陷阱。除了钱财以外，那些使者还携带了剑客和锋利的宝剑，只要谁不愿意，便刺杀之，这是典型的李斯战略。

如此一来，对于任何的合纵行动，齐国几乎都拒绝参与。为了表示自己对于联盟的忠实，齐王每次都会为秦国的胜利派遣使节团前往咸阳道贺。秦国横扫各国，鲸吞天下时，齐国始终隔岸观火，置身事外，一连享受了50年之久的和平和繁荣。但是在繁荣的外表下，齐国隐藏的危机正暗暗滋长，最终招致国破家亡。

公元前221年，末日终于降临到了齐国的身上。可以猜测，齐国一定不乏有识之士看出局势的变化，只可惜未得到重用或者被秦国杀了，这时齐国纵有天才降临，也难以挽回大局。

这一天的到来，让田建也深刻地感到了齐国所面临的危机，遂和宰相后胜商议对策。他不知道，早在30年前，田建的这位宰相就已经被秦国收买了。可是，后胜似乎也意识到，自己往日的荣光将不复存在，“飞鸟尽、鸟弓藏；狡兔死、走狗烹”，这种道理再也明白不过。

只可惜，二人的悔悟都为时晚矣，秦国大军从原来的赵国境内挥师南下，没有遇到任何有效抵抗便占领了齐国都城临淄，齐国便在这样一个混沌的过程中断送了国运。

后胜收了秦国无数的好处，和他预料的一样，最终被秦王政杀了，田建则被流放到共城（今河南辉县），当了45年的太平国王。据说齐国灭亡之后，还有很多人跟随齐王，只是后来发现已经没有了任何前途，便树倒猢狲散，只留下田建和自己年幼的儿子相依为命。忧国伤怀的齐王，在荣华富贵和三餐难保的巨大落差之下，最终忧郁而死，其儿子也自此不知下落。

齐国的遗民听到消息，曾为他作一首悼歌：

松耶柏耶？
住建共者客耶？

历经260多年的战国，终于在秦国历代君王特别是秦孝公、秦昭襄王、秦王政，历代贤臣如商鞅、范雎、李斯，历代名将如司马错、魏冉、白起、王翦、蒙恬等人的共同努力下，宣告落幕。山东六国全数灭亡，唯独卫国还存在到了秦二世，可能是太小的缘故。

轰轰轰烈的大一统时代就此到来。

贾谊豪迈激扬的文字开始飞扬：奋六世之余烈，振长策而御宇内，吞二周而亡诸侯，履至尊而制六合，执敲扑而鞭笞天下，威震四海。南取百越之地，以为桂林、象郡。百越之君，俯首系颈，委命下吏。乃使蒙恬北筑长城而守藩篱，却匈奴七百余里。胡人不敢南下而牧马，士不敢弯弓而报怨。（《过秦论》）

李白快意恩仇的诗句开始出现：秦王扫六合，虎视何雄哉；挥剑决浮云，诸侯尽西来。

苏洵在秦国故土、阿房宫旧址上开始长吁短叹：六国破灭，非兵不利，战不善，弊在赂秦。赂秦而力亏，破灭之道也。（《六国论》）